실크로드

실크로드

동서양을 가로지른 문명의 길

리웨이 엮음 ㅡ 정주은 옮김

시그마북스
Sigma Books

실크로드
동서양을 가로지른 문명의 길

발행일 2018년 8월 1일 초판 1쇄 발행
엮은이 리웨이
옮긴이 정주은
발행인 강학경
발행처 시그마북스
마케팅 정제용, 한이슬
에디터 권경자, 김경림, 장민정, 신미순, 최윤정, 강지은
표지 디자인 최희민, 김문배
내지 디자인 엠디엠
교정·교열 신영선

등록번호 제10-965호
주소 서울특별시 영등포구 양평로 22길 21 선유도코오롱디지털타워 A404호
전자우편 sigma@spress.co.kr
홈페이지 http://www.sigmabooks.co.kr
전화 (02) 2062-5288~9
팩시밀리 (02) 323-4197
ISBN 979-11-89199-14-2(03910)

穿越丝路
主编: 李伟

이 도서의 국립중앙도서관 출판예정도서목록(CIP)은 서지정보유통지원시스템 홈페이지(http://seoji.
nl.go.kr)와 국가자료공동목록시스템(http://www.nl.go.kr/kolisnet)에서 이용하실 수 있습니다.
(CIP제어번호: CIP2018017515)

* 시그마북스는 (주)시그마프레스의 자매회사로 일반 단행본 전문 출판사입니다.

"바스쿠 다가마와 마젤란이 위대한 항해를 하기 전 주요 고대문명들은 이미 육로와 해로를 통해 공생권을 형성했었다. 이러한 경제무역, 문화, 정치상의 교류는 일종의 고전판 글로벌화였다."

A. G. 홉킨스

머리말
문명의 이야기를 이어가다

2015년 5월 끝자락의 어느 날 나와 촬영기사 위추중은 신장 뤄창에서 출발해 동쪽으로 차를 몰아 아얼진산을 넘어 칭하이로 들어갔다. 그날은 유난히 일찍 일어나 날이 채 밝기 전에 출발했다. 앞으로 약 1,100km를 달려야 하는데 차이다무분지 북쪽 가장자리에서 출발해 칭하이 더링하에 이를 때까지 그럴듯한 도시 하나 없기 때문이었다.

우리는 쿤룬산맥 남쪽 기슭을 따라 동쪽으로 향했다. 길 왼편으로는 그 이름도 유명한 타클라마칸사막이 끝없이 펼쳐져 있었다. 바로 전 이틀 동안 우리는 사막도로를 통과해 북쪽의 쿠얼러에서 남쪽의 체모에 이르렀다. 지평선 끝에서 떠오른 태양이 모래사막을 붉게 물들였다. 뤄창현을 떠난 지 얼마 지나지 않아 농2사 36단을 지나자 갈림길이 나왔다. 그중 한 갈래는 북쪽으로 이어진 비포장도로를 따라 타클라마칸 한복판으로 들어가는 길인데 갈림길에는 뤄부포(로프노르)를 가리키는 화살표가 그려진 표지판 하나만 덜렁 세워져 있었다.

순식간에 표지판을 지나쳐버렸지만 뤄부포라는 세 글자가 마음 깊이 들어와 지워지지 않았다. 어디선가 '돌아갈까?' 하는 목소리가 계속해서 튀어나왔다. 그렇게 30분 정도 머리를 쥐어짜며 고심한 끝에 60~70km를 더 가고 나서야 위추중에게 돌아가자는 말을 건넸다.

우리는 다시 그 갈림길로 돌아와 사막 한복판으로 시선을 던졌다. 황무지의 단조로운 풍경이 눈에 들어왔다. 가장자리에는 풍화된 자갈이 굴러다녔고 안쪽으로는 끝을 알 수 없는 모래바다가 이어져 있었다. 풀 한 포기는 물론이고 살아 있는 것의 흔적이라곤 어디에서도 느껴지지 않았다. 지난 10여 일 동안 지겨울 만큼 봐온 익숙한 풍경이었다. 이 갈림길에서 200km 떨어진 곳에 뤄부포가 있었다. 이곳은 바짝 말라버린 뤄부포에서 가장 가까운 곳이었다. 나는 어서 차를 내달려 전설 속의 그 땅 위에 서고 싶었다. 아마 실크로드를 걸어본 사람이라면 누구나 꿈꾸는 바가 아닐까?

하지만 우리는 결국 포기할 수밖에 없었다. 추가로 도로 정보를 수집하지 않은 탓에 이 비포장도로의 상황에 대해 잘 몰랐고, 물과 음식도 준비하지 못한 데다 동행할 차량이 없었기 때문이다. 대략 일주일 선쯤 둔황 서쪽의 모구이청에서도 뤄부포를 조망한 적이 있다. 폭력적이기까지 한 강렬한 태양과 물기라고는 조금도 머금고 있지 않은 거센 바람은 이 땅에 들어서는 자라면 누구라도 순식간에 바짝 말려버리기에 충분했다.

우리는 왔던 길을 되돌아가기로 했다. 교통수단과 통신기술이 고도로 발달한 오늘날에도 뤄부포로 가는 길은 여전히 두려움을 자아냈다. 그러니 오직 자신의 두 발에만 의지해야 했던 수천 년 전에 이 땅은 분명 죽음의 땅이었을 것이다.

2015년「삼련생활주간」은 실크로드를 그해의 주제로 정해 총 6호에 걸쳐 표지기사를 실었다. 앞서 말한 내용은 우리가 인터뷰 및 탐방 중에 겪은 사소한 에피소드에 불과했지만 내게는 깊은 인상을 남겼다.

도대체 왜 우리 선조들은 생명의 위험까지 무릅쓰고 숱한 난관을 이겨내며 미지의 땅, 미지의 문명을 찾아 나선 것일까? 오가는 데만 수십 년이 걸리는 그 길에 엄청난 노잣돈까지 쏟아 부어가며 얻은 것은 대체 무엇이었을까? 이 길은 어떻게 오늘날의 중국을 일궈냈을까? 또한 세계는 중국으로 인해 어떤 변화를 겪었을까? 낭만적인 상상 따위는 거둬내고 봤을 때 현재 이 길 위에 있는 나라들은 어떤 관계를 맺고 있을까?

우리는 탐사 방향을 다음과 같이 정리했다. 1. 중국은 어떻게 세계를 발견했는가? 2. 중국인은 어떻게 바다로 나가게 되었는가? 3. 도시, 물질과 생물의 교류는 어떤 방식으로 이루어졌는가? 4. 문화와 종교가 실크로드를 따라 전파된 과정은 어떠했는가? 5. 오늘날의 세계는 실크로드로 인해 부흥하고 재구성되었는가?

이를 위해「삼련생활주간」기자들은 1년간 카자흐스탄, 우즈베키스탄, 키르기스스탄, 아르메니아, 조지아, 이탈리아, 말레이시아, 싱가포르, 인도네시아 등 실크로드상의 여러 나라들을 직접 찾아가 탐방과 촬영을 진행했다. 이 밖에도 촬영팀 4명과 함께 중앙아시아에서 20여 일 동안 촬영을 진행해 단편 동영상 세 편을 제작했다.

우리는 지속적인 교류는 물론 한시적인 교류조차 문명의 발전에 있어 매우 중요한 내용임을 깨달았다. 교류를 포기하고 개방을 포기하는 것은 곧 문명이 나아갈 길을 끊어버리는 것을 의미했다. 중국과 세계는 이 위대한 길을 통해 문명의 역사에서 서로를 만들어가 오늘날의 모습을 갖추게 되었다. 융합과 교류로 서로 소통하는 것은 항상 인류의 기본 관점이었다. 이러한 의미에서 실크로드의 부흥은 문명의 새로운 발전을 이끌 것이다.

저자들의 심도 있는 고찰과 인터뷰, 연구 덕분에 이 책이 나올 수 있었다. 이들은 여전히 분절화된 시대에 보다 체계적인 이야기와 지식을 전달하기 위해 노력하고 있다. 이 글들은 2015년 「삼련생활주간」의 주요 보도기사가 되었다. 우리는 이 기사들을 다시 모아 새로 발견한 사실, 이야기적 요소 및 생동감 넘치는 서술에 집중해 책으로 만들었다. 이는 실크로드라는 거대한 주제에 다가선 시도이기도 하다.

실크로드는 영원한 이야기의 주제로 서로 다른 시대, 수많은 생명이 그 안에 녹아 있다. 우리는 미약하나마 이 길에 새로운 활력을 불어넣고자 한다.

차례

제5장　실크로드와 비상: 일대일로 배후의 전략

제1장

중국, 세상 속으로
실크로드

지리상의 대발견과 세계관[1]

실크로드는 중국의 고도 장안長安을 동쪽 기점으로 삼아 중화 문명이
발원한 관중평위안을 가로지른다. 황허를 지나 좁고 긴 허시저우랑
으로 들어서면 한쪽에는 눈 덮인 치렌산이, 다른 한쪽에는 드넓은 사
막이 펼쳐진다. 허시저우랑을 벗어나면 길은 세 갈래로 갈라진다. 그
중 하나는 로프노르 일대를 두루 거쳐 쿤룬산맥 북쪽 기슭의 오아시스
를 따라 뻗어나간다. 다른 하나는 누란 고성을 거쳐 톈산산맥 남쪽 기
슭을 따라 서쪽으로 나아간다. 그리고 마지막 하나는 사막을 가로질러
하미에 이르러 톈산산맥 북쪽 기슭을 따라간다. 타클라마칸사막에는
크로라이나, 체르첸, 정절, 엔데레, 니야 등 찬란하게 빛나는 고성 유적
이 곳곳에 흩어져 있다. 뒤이어 이 세 갈래 길은 각기 톈산과 파미르고
원을 넘는데 북쪽 루트와 중앙 루트는 페르가나분지의 역사적 도시 타

---

1 글_ 리웨이

슈켄트에서 한데 합쳐지고, 남쪽 루트는 갖은 고생 끝에 아프가니스탄에 이른다. 타슈켄트에서 이미 한 길로 수렴된 북쪽 루트와 중앙 루트, 그리고 아프가니스탄까지 온 남쪽 루트는 다시 남북 양로를 따라 사막과 오아시스를 가로지르며 이란고원으로 들어간다. 그리고 엘부르즈산맥과 자그로스산맥을 따라 서북쪽으로 나아가 페르시아 문명의 중심지를 건너뛴다. 그러고 나면 길은 다시 두 갈래로 나뉜다. 서북쪽으로 길을 잡으면 타브리즈를 거쳐 아나톨리아고원으로 나아가 이스탄불에 이르고, 서남쪽으로 향하면 메소포타미아평원으로 파고들어 바그다드와 다마스쿠스를 거쳐 지중해 동쪽 연안에 자리한 항구도시 안타키아에 도달하게 된다. 동양에서부터 가져온 물품은 이곳에서 마침내 배에 실려 지중해를 건너 로마, 보르도, 마드리드로 운송되었다.

실크로드는 마치 나부끼는 실크처럼 아시아의 회갈색 중심지를 가

중국 영토 내의 실크로드는 사막을 가로지르는 구간이 매우 길다.

로지르며 동양 문명, 인도 문명, 아랍 문명, 페르시아 문명과 유럽 문명을 서로 이어놓았다.

한편 실크로드는 몹시 험난한 길이기도 했다. 도중에 10여 개나 되는 사막을 건너야 하고, 평균 해발고도가 4,000m 이상인 파미르고원을 올라야 하며, 섭씨 40도가 넘는 사막을 가로질러야 한다. 또 혹한의 설산에서 노숙은 물론 눈사태, 눈 재해, 모래폭풍을 만날 위험까지 감수하며 식수 부족, 길을 잃을 위험, 강도의 위협에도 대비해야 한다. 아직까지도 실크로드상에는 목숨을 담보해야 하는 위태로운 지역이 많이 남아 있다. 실크로드가 생겨난 이후 대부분의 시간 동안 이 길을 오가는 방식과 교통수단은 전혀 변하지 않았다. 예나 지금이나 실크로드를 오가기 위해서는 오로지 낙타와 마차, 사람의 두 발에 의지해야 한다. 20세기 초에 실크로드를 건넌 여행자는 기원전 1세기의 장건과 마찬가지로 죽을 고생을 해야 했다. 아니, 심지어 더 많은 위험에 시달려야 했을지도 모른다. 중앙아시아의 지속적인 건조화로 많은 수원이 말라버렸기 때문이다.

고대 중국인이 계속 서쪽으로 눈을 돌린 까닭은 당시 세계의 다른 문명지역인 중앙아시아와 남아시아, 서아시아 및 유럽으로 향하는 길이 있었기 때문이다. 문명은 몹시도 매혹적인 횃불과 같아서 아무리 자욱한 안개가 깔려 있더라도 사람들은 어슴푸레한 빛을 따라 피안에 이를 수 있다.

유럽은 중국에서 얼마나 멀리 떨어져 있는가? 이는 킬로미터 같은 척도로 잴 수 있는 게 아니다. 이 길을 다 가는 데 걸리는 시간은 햇수로 계산해야 하고 용기와 의지, 신앙의 도움을 받아야 한다. 장건이 실크로드를 개통한 이래 중국인은 점차 이 길의 주요 이용자가 되었다.

사절, 승려, 신도, 군인들이 미지의 영역을 탐색하고 난 뒤 먼 곳의 소식을 가져와 사람들의 시야를 넓혀주었다. 이러한 지식과 견문에 대한 역사가들의 기록은 중국인이 세상을 발견하고 인식하는 데 도움을 주었으며, 뒤이어 중국인의 세계관을 형성했다. 이 같은 관념은 오늘날에도 여전히 중국인에게 깊은 영향을 미치고 있다.

　이 길은 오랜 세월을 거치면서 차츰 서쪽으로 연장되었다. 중국인이 자신의 용기와 생명력으로 고된 여정과 측량을 이어간 끝에 이뤄낸 것은 당연히 중국의, 중국에 의한 지리상의 대발견이었다. 그리하여 중국인은 세계를 발견하고 인식하는 과정에서 넓은 시야로 세계를 받아들였으며 또 이 덕분에 동서양 문화의 교류와 융합이 가능했던 것이다. 이 길을 계속 연장하는 과정에서 중국은 물론이거니와 세계도 그 영향을 받았다. 따라서 이 길이 만들어낸 결과도 당연히 중국인만의 세계관이 아니라 인류 공동의 지식체계다.

　인류는 고산을 넘고 큰 강을 가로지르면서 자연의 한계를 기술적으로 정복했다. 한계를 뛰어넘자 전혀 다른 세상이 펼쳐졌다. 고산을 넘고 큰 강을 건너고 새 길을 열면서 한 지역에서 또 다른 지역으로 들어서 문화의 교류와 융합을 이루었다. 이 또한 문명의 성취라고 볼 수 있을 것이다. 그리고 길 자체는 특수한 연결고리가 되어 서로 다른 민족과 문화, 자원을 잇고 서로 간의 왕래를 촉진함으로써 문명의 공동번영을 이룩한다. 실크로드의 지난 2000년 역사를 돌이켜보건대 전쟁의 포화에 휩싸이든 자연재해에 무방비로 노출되든 이 길을 통한 왕래가 끊겼던 적은 없었다.

　오늘에 이르러 다시금 실크로드를 오간 역사와 이 과정에서 문명이 한데 어우러진 역사를 되짚자니 선조들의 위대함에 탄성이 절로 나온다. 마찬가지로 시선을 과거에서 미래로 돌리니 앞으로 이 길이 중국과 세계를 어떻게 만들어갈지 자못 궁금해진다. 이것이야말로 만만찮게 어려운 문제다.

세계 제2의 경제대국인 중국이 일대일로一帶一路를 연결고리 삼아 평화·교류·공유를 상징하는 방식들로 세계와의 인연을 다시 맺어가면서 미래는 손에 잡힐 듯 뚜렷해지고 희망으로 가득 찼다. 힘차게 다시 일어난 중국은 어떤 미래를 그려갈까? 우리가 역사를 되짚고 고대 중국과 세계를 이은 실크로드로 시선을 돌리는 까닭은 바로 그 답을 찾기 위해서다.

중국식 세계 발견법[2]

중국은 실크로드를 따라 지리상의 대발견을 이루면서 지리적 한계를 뛰어넘어 다른 문명을 인식하게 되었다. 덕분에 개방적인 세계관과 상대적으로 평등한 교류방식으로 다른 문명과 긴밀하게 상호작용할 수 있었다. 중국은 실크로드를 통해 끊임없이 세계를 발견했고 세계도 점차 중국을 이해하게 되었다.

세계로 향하는 문을
열어젖히다

란저우에서 서쪽으로 길을 잡아 우샤오링을 넘으면 곧바로 허시저우랑에 들어서게 된다. 북쪽에는 네이멍구 자치구 아라산고원으로 이어

---

2 글_ 리웨이

지는 사막이 자리하고 있고, 남쪽에는 산등성이가 줄기차게 오르내리며 이어지는 치롄산맥이 버티고 있다. 산꼭대기의 눈이 녹아 흘러내린 물이 모여 강을 이뤄 사막으로 흘러들면서 푸르른 오아시스와 드넓은 초원이 생겨났다.

기원전 119년 한나라 때부터 허시저우랑에 쌓아올려진 장성은 장예, 주취안을 거쳐 서쪽으로 뻗어나가 둔황에 이른다. 거기에서 다시 서쪽으로 향해 로프노르를 건너고, 콘체강을 따라 내려간 뒤에는 성벽 대신 봉수대를 쌓아 신장 톈산 기슭 쿠차에 도달한다.

한장성을 축조할 때는 그 지역에서 많이 나는 재료를 쓴 까닭에 주로 위성류, 갈대, 모래자갈을 섞어서 벽체를 만들었으므로 이를 홍류장성(홍류는 위성류를 말함-옮긴이)이라고도 불렀다. 중원 왕조는 이 장성에 의지해 언제 어디에서 공격해 올지 알 수 없는 초원민족에 맞섰다. 보병이 요새를 지키며 기마병과 공방전을 벌임으로써 유동적이던 전쟁터를 고정적인 전쟁터로 바꿔놓았다. 그리하여 중원으로 뻗치던 전쟁의 불길을 변경지역에 묶어둘 수 있었다. 봉화도 적의 급습에 대응할 시간을 벌어주었다.

이 밖에도 한나라 시기의 장성은 실크로드를 지키며 여행자에게 식수와 기타 보급품을 제공하는 역할을 했다. 한나라 장성의 궤적은 곧 옛 실크로드의 노선이었다. 각각의 봉수대는 사막 안에 있는 섬과 등대처럼 나아갈 방향을 알려주었다.

허물어진 장성 담벼락을 따라 서쪽으로 향해 주천을 지나 과저우에 이르러 다시 서남쪽으로 방향을 틀어 200km가 넘는 사막을 건너면 유서 깊은 도시 둔황이 맞아준다. 둔敦은 크다는 뜻이고 황煌은 성하다는 뜻이다.

그럼에도 불구하고 오늘날의 둔황은 끊어진 길의 종착역으로 보일 뿐이다. 그러나 2,000여 년 전에는 둔황이 실크로드의 교통중심지이자 중원 왕조로 드나드는 관문이었다. 서쪽으로 가려면 둔황 서북쪽에 있는 위먼관을 나서거나 서남쪽에 있는 양관을 통해야 했다.

위먼관은 서한 시기 무제가 설치했는데, 둔황 서북쪽에 있는 샤오팡판청이 그 옛날의 위먼관이라고 보는 견해가 일반적이다. 좁고 긴 사막지대의 모래언덕 위에 우뚝 솟은 위먼관 남쪽으로는 알칼리성 토질의 소택지가 있고 북쪽으로 멀지 않은 곳에는 하라후가 있다. 거기에서 다시 북쪽으로 향하면 장성이 있고, 장성 북쪽에는 카슈가르의 옛길이 있다.

샤오팡판청은 황토만을 사용해 판축기법으로 쌓은 성으로 남향이며 직사각형 모양이다. 샤오팡판청의 정남향, 장성의 안쪽에는 위먼첸치

간쑤에 위치한 한장성 유적. 기원전 119년 한 왕조는 허시저우랑에 장성을 축조하기 시작했으니 이 유적은 무려 2,000년 동안이나 비바람을 견뎌온 셈이다.

우쑤이라는 봉수대가 있는데 이는 한나라 때 서역 적군의 침입에 대비한 일종의 경보시스템이었다. 샤오팡판청은 네모난 쟁반 같은 형태로 북쪽과 서쪽에 각각 문이 있었는데 북문 바깥쪽으로 100m가 채 안 되는 곳에 수리강이 흐른다.

하지만 샤오팡판청은 내부가 농구장 크기에도 못 미칠 만큼 매우 작다. 그런 이유로 샤오팡판청이 결코 그 이름도 유명한 위먼관이 아닐 거라고 보는 전문가들도 적지 않다.

왕유의 시 「위성곡」에 곡을 붙인 '양관삼첩'이라는 노래도 이와 비슷한 심경을 표현하는데 구성진 시가는 이별의 슬픔을 감추고 있다. "서쪽으로 양관을 나서면 옛친구가 없다"라고 했는데 서쪽으로 양관을 나서면 무엇과 마주치게 될까? 굳이 말할 필요가 있겠는가? 왕유가 살았던 시대에 양관을 벗어난다는 것은 곧 나라 밖으로 나간다는 뜻과 같았으니 말이다.

양관 유적지는 둔황 서남쪽으로 70km 떨어진 구동탄에 있다. 옥문의 남쪽에 있기 때문에 양관이라고 불렸다. 지난날의 양관성은 이미 흔적조차 찾을 수 없게 되었고 둔둔산에만 봉화대 하나가 남아 있을 뿐이다. 산 아래 남쪽으로는 사막이 끝없이 펼쳐져 있는데 양관의 유적은 바로 이 아득한 사막 아래 묻혀 있다. 멀지 않은 곳에 있는 난후 오아시스는 모래언덕에 둘러싸여 있지만 여전히 싱그러운 초록빛이 가득하며 포도덩굴이 바람결에 흔들리는 모습은 마치 정교한 분재를 보는 듯하다.

양관과 위먼관의 위치는 모두 심사숙고 끝에 정해진 것으로 사막의 마지막 수원지를 차지하고 있다. 거기에서 서쪽으로 향하면 보기만 해도 간담이 서늘해지는 황막한 로프노르로 들어서게 된다. 아득하게 펼쳐진 이 땅에서는 누구도 생사를 장담할 수 없다. 오랜 세월 이곳은 중국인들에게 미지의 세계로 나가는 심리적 마지노선으로 여겨졌다. 다시 말해 이곳을 벗어나면 아득히 멀고 위험천만한 세상이 기다리고 있다는 뜻이 되었던 것이다.

기원전 126년 장건은 서역에서 장안으로 돌아오면서 최초로 나라 밖 소식과 지식을 가져왔다. 이로써 중국인은 더 이상 뜬구름 잡는 상상 속 이야기에 발목 잡히지 않고 몇천 km 밖으로 시야를 넓힐 수 있게 되었다.

그러면서 한무제는 대대적인 흉노 토벌전을 개시했다. 그중에서도 기원전 121년 봄과 여름에 걸쳐 가장 중요한 전투가 치러졌다. 20세에 불과했던 표기장군 곽거병은 사막 깊숙이 들어가 우회해서 출격해 흉노를 크게 무찔렀다. 혼야왕이 한나라에 투항하면서 허시저우랑의 지배권은 한나라에 완전히 귀속되었다. 한무제는 우웨이, 장예, 주취안, 샤저우(둔황) 등 사군을 잇달아 설치했으며 둔전제를 실시하고 백성을 이주시켰다.

이 전투의 의의는 장건이 서역출사에 성공한 것 못지않다. 허시가 한나라 땅이 되면서 마침내 중원 왕조는 서쪽으로 들어갈 열쇠를 얻게 되었고 실크로드를 개통할 수 있게 되었으니 말이다.

한나라 시기 중국의 실크로드 개통은 단순히 교통로를 넓혔다는 데 의미가 있는 것이 아니다. 이로써 중화 문명이 외부세계에 의식적인 관심을 갖게 되었고, 본토 문화의 활동공간이 크게 확장되었다. 이후의 왕조들은 외부와 교류하는 전통을 이어갔고 이는 당나라 때 이르러 최고조에 달했다.

한번 열린 세계로 통하는 문은 다시는 닫을 수 없게 되었다.

옛 세계에서 가장
길었던 길

둔황 서쪽 200여 km 밖에는 검은 고비사막이 펼쳐져 있다. 1년 내내 거센 바람이 휘몰아쳐 고운 모래를 날려 보낸 자리에는 달걀만 한 검은 돌만 남아 마치 탄광지대에 들어선 듯한 착각을 불러일으킨다. 거기에서 다시 앞으로 나아가면 야르당 지형이 펼쳐지는데 이곳은 이미 모구이청이라는 이름의 관광지로 개발되었다.

야르당은 위구르어로 '험준한 흙언덕'이라는 뜻이다. 매우 건조한 지역에서 오랜 세월 거센 바람에 끊임없이 침식이 진행되면서 대지가 온갖 기기괴괴한 모양으로 잘린 것을 말한다. 그중에는 회랑 기둥 모양도 있고 사자나 호랑이 같은 맹수 모양도 있으며 군함, 성을 닮은 모양도 있다. 그 안을 걷노라면 방향을 분간하기 어려워 길을 잃기 십상이다.

야르당 지역을 지나면 로프노르 지역으로 들어서게 된다. 로프노르가 널리 알려진 데는 더없이 신비롭고 극악한 자연환경도 한몫했지만 로프노르 서북쪽에 있는 누란 고성이 지난날 실크로드상의 요지이자 가장 험난한 구간에서 찬란한 빛을 발한 도시였던 이유가 크다.

장건이 서역으로 가는 길을 뚫고 난 뒤 실크로드는 차츰 고정된 루트를 형성했다. 일반적으로는 장안을 기점으로 관중평위안을 거쳐 황허를 건너고 허시저우랑에 들어서 둔황에 이른다. 둔황에서 위면관, 양관으로 나와 서쪽으로 향하면 또 다른 저우랑(회랑)지대인 로프노르의 함몰지대와 알칼리성 사주, 사구로 들어선다. 북쪽에는 쿠루커타거산이 있고 남쪽에는 쿰탁사막이 있으며 기후가 매우 건조한 탓에 수원이 거의 다 말랐다. 바이룽두이사막을 넘고 로프노르를 지나면 이윽고 누란 고성에 이른다. 둔황에서 로프노르를 거쳐 크로라이나에 이르는 코스는 총 거리가 400여 km에 이르는데 실크로드 전체 구간 중 가장 험난한 코스다. 로프노르 지역은 지표가 극도로 건조하며 일교차가 섭씨 30~40도를 넘는다. 열팽창과 열수축 효과로 인해 지표 밖으로 드러난 암석이 갈라지면서 폭죽소리나 짐승의 울음소리 같은 소리가 들려 오기도 한다.

실크로드의 옛길은 크로라이나에서 두 갈래로 나뉜다. 이 중 서남쪽으로 향하는 길을 남도라고 부르는데 타림분지의 남쪽 가장자리에 이르러 쿤룬산맥 북쪽 기슭의 산길을 따라 서쪽으로 향한다. 쿤룬산맥의 눈 녹은 물이 아래로 흐르면서 차르클리크, 체르첸, 민펑(니야의 현재 이름-옮긴이), 호탄 등 크고 작은 오아시스를 형성했다. 실크로드는 이 오아시스들을 한데 이어 구마, 카르길리크에 이르러 파미르고원을 올라 민타카고개를 넘어서 카슈미르나 아프가니스탄 지역으로 들어간다.

크로라이나에서 서북쪽으로 향하는 길은 중도中道라고 부른다. 중도는 타림분지의 북쪽 가장자리를 지나 톈산 남쪽 기슭을 따라가면서 투루판, 카라샤르, 쿠를라, 룬타이, 쿠차, 아크, 카슈가르 등 오아시스를 거쳐 파미르고원을 넘고 중앙아시아 페르가나분지로 들어서 서쪽으로 길을 잡으면 타슈켄트에 도달할 수 있다. 또는 아크수강의 북쪽 강줄기를 따라 포베다산 입구를 넘어 톈산 서북쪽을 따라가면 오늘날 키르기스스탄에 속하는 이식쿨호 지역으로 들어가고 톈산 서북 기슭에 있는 오늘날의 카자흐스탄에 속하는 탈라스, 심켄트를 따라가면 톈산 남쪽 기슭에 있는 타슈켄트 오아시스에 이른다.

크로라이나를 지나는 옛길은 한나라 때 황금기를 구가했다. 이는 흉노가 북쪽 하미 지역을 장악하고 북부의 교통로를 침략한 이유가 크다. 이러한 정치상황 덕분에 크로라이나는 중서교통의 거점으로 거듭날 수 있었다.

중원 왕조가 점차 초원민족을 정복하면서, 특히 흉노세력을 서역 정치무대에서 쫓아내면서 실크로드에도 변화의 물결이 일었다. 둔황에서 출발해 크로라이나를 거치지 않고 곧바로 투루판으로 향하면서 로프노르와 바이룽두이사막 길을 뚫게 된 것이다.

당唐대 이후 실크로드 북도는 점점 더 정비되어 사통팔달의 요로가 되었다. 이 길은 더 이상 둔황을 거치지 않고 주취안 과저우에서 곧장 서북쪽으로 향해 모허옌치사막을 건너 하미에 이른다. 하미에서 서남쪽으로 향해 톈산을 넘으면 중도와 연결된다. 또는 북쪽으로 향해 스먼쯔산 입구를 넘어 톈산 이북 바르쿨에 이르러 서쪽으로 길을 잡아

신장 투루판 자오허 고성은 한나라 시기에 세워졌으며 실크로드의 요충지였다.

짐사르, 창지, 우쑤 등 오아시스를 거쳐 사이람호를 지나 귀쯔거우를 넘어 카자흐스탄 알마티, 탈라스를 지나 타슈켄트에 이른다. 북도와 중도의 차이점을 들자면, 전자는 톈산 북쪽 기슭을 따라 서쪽으로 향하고 후자는 톈산 남쪽 기슭을 따라 나아간다는 것이다.

당나라 때 북도가 번창한 까닭은 두 가지로 볼 수 있다. 하나는 티베트의 세력이 강해지면서 끊임없이 남쪽 루트를 침략하고 있는 상황에서 당나라가 투르크를 제압하면서 톈산 북쪽 기슭을 장악한 것이고, 두 번째는 당나라 때는 고대 신빙하기 이후 약한 온난기였기 때문에 톈산 이북 초원지대는 진한 시기 기후보다 훨씬 따뜻했다는 것이다.

실크로드 북쪽 루트와 중앙 루트는 중국 국경을 벗어나서 중앙아시아 아무다리야강, 시르다리야강 유역으로 흘러드는데 이 사이를 트란스옥시아나라고 부른다. 북도와 중도는 우즈베키스탄의 타슈켄트 오아시스에서 외길로 합쳐져 서남쪽으로 뻗어나가 옛도시 사마르칸트와 부하라를 지난다. 그리고 나서 카라쿰사막을 지나 투르크메니스탄의 마리에 이르러 코페트다크산맥 어귀를 넘어 이란의 옛도시 마슈하드에 도착한다. 마슈하드는 이슬람교 시아파의 성지로 이란, 인도, 중앙아시아, 아프가니스탄 사이 교역의 중심지였으며 실크로드상의 경제거점이었다. 마슈하드에서 서쪽으로 향하면서 길은 다시 남북 양로로 갈린다. 북쪽 루트는 엘부르즈산을 넘어 이란의 수도 테헤란에 이르는데 역사는 이 길을 아시아의 큰길이라고 불렀다. 남쪽 루트는 카비르사막 뒤쪽 담간을 따라 테헤란에 이른다. 테헤란에서 만난 두 길은 서쪽으로 뻗어나가 카즈빈을 거쳐 타브리즈에 도착한다. 타브리즈는 이란과 캅카스(코카서스), 터키의 무역중심지이자 조로아스터교의 성지였다. 이곳에서 서북쪽으로 향해 아나톨리아(소아시아반도)를 넘으면 역사적인 도시 이스탄불에 도착하며 이곳에서 해로를 이용하면 동유럽, 남유럽, 서유럽에 닿을 수 있었다.

실크로드 남쪽 루트는 아프가니스탄 동남부를 중심으로 하는데 역사상 이곳은 토카라 지역으로 불렀다. 실크로드 남로는 여기에서 두 갈래로 나뉜다. 한 갈래는 동남쪽으로 향해 카슈미르를 거쳐 파키스탄과 인도 지역으로 들어서 남아시아 대륙 전체를 연결한다. 또 다른 길은 계속 서쪽으로 향해 칸다하르, 카불을 거쳐 이란 남부지방으로 들어선다. 남쪽 기슭에 있는 밤, 케르만, 이스파한을 거쳐 서아시아 메소포타미아 유역의 중심지인 바그다드에 이른다. 메소포타미아평원을 가로질러 시리아 팔미라 오아시스를 거쳐 서쪽으로 가면 지중해에 도달한다. 이곳에서 육로나 해로를 통해 유럽으로 향하거나 아프리카 이집트로 갈 수 있다.

우즈베키스탄 사마르칸트주 근처 작은 마을에서 양모 카펫을 파는 노부부가 느긋하게 앉아 카펫을 사러 온 손님과 이야기 나누고 있다.

고대 로마 시대 지중해 동부 연안의 티레(오늘날 레바논 남부 도시인 수르를 가리킴)는 자타공인 실크로드 항구였다. 현지인들은 오래전부터 근해에서 자생하는 조개류에서 자주색 염료를 뽑아냈는데 이것이 바로 그 유명한 티리언 퍼플이다. 이 밖에도 중간교역상을 거치면서 실크 가격이 천정부지로 치솟았기 때문에 티레의 수공업자들은 동양에서 가져온 비단을 가닥가닥 실로 나눈 다음, 다른 섬유를 섞어 더 싸고 가벼운 옷감으로 탈바꿈시켰다. 그리하여 티레는 적수를 찾을 수 없는 실크가공의 중심지이자 중요한 실크로드 서쪽 종착역이 되었다.

중위도 지역을 따라 뻗어나간 이 루트는 오아시스 도시들을 하나로 이어주었기 때문에 오아시스길이라고도 부른다. 오아시스길은 유라시아의 주요 간선도로를 통과한다.

이와 상대되는 것으로 고위도 지역을 지나는 초원길이 있다. 고고학 자료를 바탕으로 판단하건대 유목민족이 오가는 주요 루트였던 초원길은 이미 기원전 1000년 이전에 형성되었다. 이 길은 황허 중류에서 출발해 오르도스, 몽골 초원을 거쳐 알타이산맥을 넘어 카자흐스탄 초원으로 들어선 다음 카스피해 북부 연안, 흑해 북부 연안을 거쳐 다뉴브강 유역에 이른다. 또는 흑해 서부 연안을 거쳐 해로를 따라 유럽의 심부에 이른다. 흑해 서부 연안 평원은 그리스와 가까워 고대 그리스인은 일찍부터 흑해 연안에 식민도시들을 건설했다. 뛰어난 항해술을 바탕으로 고대 그리스인은 배를 타고 흑해를 건너 그리스 본토와 로마제국에 도달할 수 있었다.

세계사를 살펴보면 몇 차례 민족대이동이 있었는데 그중 아리아인이 이동하고 흉노, 에프탈(백색 훈족) 등 투르크계 유목민족이 서쪽으로 이동할 때 이용한 길이 바로 이 초원길이다. 초원길에 대한 일반적인 이해는 모두 고고학상의 발견을 바탕으로 한다. 그중 가장 중요한 발견이 바로 알타이산맥 북쪽 기슭에 있는 파지리크 고분군이다. 18세기 초 이 지역에서 잇달아 출토된 동물 문양 황금 예술품은 이른바 시베리아 컬렉션을 이루었는데 표트르 대제가 매우 좋아했기 때문에 표트르 대제 컬렉션이라고도 불렸다.

구소련 고고학자들은 1920년대에 이르러서야 마침내 컬렉션의 비밀을 밝혀냈다. 파지리크 고분군은 고대 유목민족이 축조한 거대한 적석 쿠르간이었다. 파지리크의 고고학적 발굴은 인도와 중앙아시아 황금 산지의 수수께끼를 푸는 열쇠가 되었다. 이 발굴을 계기로 사람들은 분명히 황금이 나지 않는 땅임에도 인더스 문명과 아무다리야강 컬렉션에 황금 예술품이 있는 까닭이 알타이산맥 지역에서 원료를 들여왔기 때문임을 알게 되었다.

그러나 이보다 더 중요한 성과는 고분에서 중국 전국 시기 때 실크를 발견했다는 것이다. 두꺼운 영구동토층에 덮여 있었던 덕분에 이 실크들은 온전한 형태를 보전할 수 있었다. 이를 근거로 미국의 고고학자 타마라 라이스는 이렇게 말했다. "기원전 5세기부터 기원전 4세기까지 파지리크는 동서무역의 중심지였다."

초원길은 평탄한 지세가 강점이었다. 항가이산과 알타이산 사이의 몽골 초원은 경사가 완만했다. 알타이산의 상대적 고도는 높지 않았고 비교적 통행이 편한 협곡 입구와 골짜기가 산속 여기저기에 있었다. 카자흐스탄 대초원은 끝이 보이지 않을 만큼 드넓었으며, 지세가 평탄해 $100 \sim 200$만 km^2 안에는 산이라고 부를 만한 것이 없었다.

남러시아 초원과 흑해 연안 평원은 지세가 더욱 낮고 평탄해 말을 타면 순식간에 지날 수 있었다. 또 초원 곳곳에 수많은 강과 호수가 있어 말 먹일 물과 풀이 넉넉해 기마부대가 행군하는 데 더할 나위 없는 조건이었다. 때문에 그 옛날 몽골의 기마부대가 서양을 정벌하러 갈 때 그들은 상상을 초월하는 기동력으로 이 초원들을 휩쓸고 곧바로 동유럽의 중심으로 진격할 수 있었다.

그러나 초원길도 극복하기 어려운 단점이 있었으니 바로 루트 전체가 고위도 지역에 해당하기 때문에 기후가 한랭하다는 것이었다. 특히 몽골 초원과 카자흐스탄 초원은 시베리아 한랭고기압 중심에 가까웠기 때문에 겨울철과 봄철에는 날이 몹시 춥고 거센 눈폭풍이 휘몰아쳐 유목민족이 아니면 적응하기 힘들었다. 또 초원길이 지나는 루트의 면적이 광활한 데 비해 거주민이 적어 보급품을 얻기 어려웠다. 도시는 말할 것도 없고 한곳에 정주하는 사람들이 모인 마을조차 드물었다. 남러시아 초원은 15세기 이후 러시아의 카자흐인들이 이주하면서 점차 개간되었다. 카자흐스탄 초원은 1950년대 러시아 대기근이 발생하기 전까지만 하더라도 사람의 발길이 닿지 않은 처녀지였다. 또 몽골 초원은 오늘날까지도 유목이 발달해 있다.

그러나 이 모든 것을 압도하는 최악의 단점은 초원길이 당시 문명의 중심지들로부터 너무 멀리 떨어져 있었다는 사실이다. 고대 문명국들은 대개 북위 20~40도 사이에 자리하고 있었다. 초원길을 돌아가려면 아주 많은 시간을 소모해야 했다. 그래서 초원길은 몽골의 한국汗国(칸이 다스리는 나라)이 발흥했을 때에만 일시적으로 발전했다. 서양 사절과 전도사는 초원길을 오가며 몽골의 칸을 알현하기 위해 당시 세계의 중심지였던 카라코룸(오늘날 몽골 아르한가이 서북쪽)으로 향했다. 헤딘은 『실크로드』에서 이렇게 말했다. "실크로드는 시안에서 출발해 안시, 카슈가르, 사마르칸트, 셀레우키아를 거쳐 티레에 도착하는데 직선거리가 6,700km에 이른다. 만약 에둘러가는 지역까지 합치면 총 거리가 약 9,600km에 이르는데 이는 적도의 4분의 1에 해당하는 길이다. 티끌만큼의 과장도 섞지 않고 말하건대 이 교통로는 옛세계 전체를 관통하는 가장 긴 길이었다."

실크로드는 그 자체로 끊임없이 발견하고 개선한 결과물이다. 지난 2,000년 동안 두 다리에 기대 사막과 설산을 건넌 끝에 사람들은 가장 안전하고 빠르며 편리하게 잘 뚫린 루트를 찾아냈다. 이는 언제나 1개 혹은 2~3개 루트가 아니라 거미줄처럼 사방팔방으로 뻗은 방대한 교통망이었다. 그래서 자연재해나 사회환경의 변화로 그중 하나 또는 몇 개 루트가 막히거나 끊기더라도 나머지 루트들이 여전히 제 기능을 발휘했기 때문에 실크로드는 언제나 막힘없이 뚫려 있었다.

카스피해는
바다인가 호수인가

중국인이 흉노 때문에 서쪽으로 가지 못하고 있을 때 서양인은 이미 동쪽을 탐색하기 시작했다.

기원전 5세기 서양 역사학의 아버지 헤로도토스는 그리스와 페르시아의 전쟁에 대해 쓴 『역사』를 완성했다. 이 책에서 헤로도토스는 자신이 보고 들은 것과 『아리마스페아』의 자료를 바탕으로 당시 사람들이 알고 있는 중앙아시아 지역의 지리와 인문에 대해 이야기했다. 폴 페디슈는 헤로도토스가 역사가이기 이전에 지리학자이자 지방학자, 여행가였다고 했다. "사람들은 당시 그가 역사서를 쓰려고 했던 것이 아니라 세상이 어떻게 해서 각각의 대륙으로 나뉘었으며 이 대륙들은 어떻게 생겼고 어디까지 미치는지를 연구하고 싶었을 뿐이었다고 추측하고 있다."

중앙아시아 지리와 관련해 헤로도토스가 인류에게 베푼 가장 큰 공헌은 카스피해에 대해 최초로 기록했다는 것이다. 헤로도토스는 카스피해가 다른 바다와 연결되지 않은 독립된 바다이므로 거대한 호수로 봐야 한다는 입장을 확실히 밝혔다. 그런데 헤로도토스는 중앙아시아의 또 다른 대형 호수 아랄해에 대해서는 언급하지 않았다. 또 중앙아시아의 두 줄기 큰 강 아무다리야강과 시르다리야강을 같은 강으로 착각해 그것이 옥수스강일 거라고 생각했다.

헤로도토스는 지리보다는 민족에 관한 기록에 더 많은 관심을 보였

❶ 시베리아 스키타이 적석묘에서 출토된 견직물. 중국 춘추전국 시대 초나라에서 온 것으로 생각되며 도안은 극락조다.
❷ 전형적인 스키타이 동물문양의 황금 장식패
❸ 흑해 연안에서 출토된 스키타이 귀족 여성의 머리장신구. 중앙의 부조된 두상은 그리스 여신 아테네로 스키타이인이 점차 그리스 신을 받아들이고 신앙을 존중했음을 증명한다.

❶ 이 거울은 극동 스타일이면서도 뒷면의 도안은 그리스, 근동, 스키타이 스타일이 섞여 있다.
❷ 이처럼 둥글게 말린 동물 형태는 중국에서 최초로 출현했지만 훗날 스키타이 디자인의 전형적인 스타일로 발전했다.

다. 당시 유라시아 초원 곳곳에 거주하던 주요 민족은 스키타이족이었다. 페르시아인은 스키타이족을 사카인이라고 불렀고 중국 문헌에서는 색인塞人 또는 색종塞種이라고 기록했다. 스키타이인은 여러 부족으로 나뉘는데 헤로도토스는 이들 부족의 분포와 이동에 대해 상세히 설명하고 있다.

헤로도토스는 주로 기원전 8세기부터 기원전 7세기에 진행된 민족 대이동에 대해 서술했다. 원래 흑해 북부 연안에 살던 킴메르인은 동쪽에서 온 스키타이족에게 쫓겨나 정든 고향을 떠나야 했는데 이 스키타이인은 이세도네스인 때문에 서쪽으로 이동해야 했다. 그리고 이세도네스인은 더 동쪽에 살던 이웃부족 아리마스피인(외눈박이 부족)에게 쫓겨난 것이었다. 그 후 2,000년 동안 실크로드상에서는 민족대이동이 수차례 도미노처럼 발생했다.

헤로도토스 사후 200년이 흐른 뒤 젊은 알렉산더 대왕은 대군을 이

스키타이인은 오늘날 러시아 연방 투바공화국 국경 내 스키타이 왕들의 계곡으로 이동했다.

❶ 스키타이인의 투구

❷ 흑해 연안에서 출토된 스키타이족 황금 물병. 부조된 문양은 스키타이 전사가 스키타이 활시위를 당기는 모습이다.

❸ 그리핀이 산양을 잡아 죽이는 모습을 표현한 황금 장식은 권력을 상징한다.

❹ 남시베리아에서 출토된 황금 빗. 부조로 표현된 스키타이 전사가 그리스 스타일의 투구를 쓰고 같은 스타일의 갑옷을 입고 있다.

끌고 원정길에 올랐다. 그리스군은 단 3년 만에 중앙아시아를 휩쓸고 아프가니스탄 동북부까지 진출해 현재 발흐라고 불리는 박트라까지 점령했다. 또 북쪽으로 아무다리야강을 건너 중앙아시아의 요지인 우즈베키스탄의 사마르칸트를 함락시켰다. 이듬해 알렉산더 대왕은 남쪽으로 향해 힌두쿠시산맥을 넘어 인더스 유역을 점령했다.

알렉산더가 데려간 지리학자들은 실크로드상의 강을 시찰했다. 그들은 서아시아 유프라테스강과 티그리스강의 상황을 매우 정확하게 이해해 두 강의 발원지와 유량, 흐름, 계절적 특징 등에 대해 비교적 정확하게 서술했다. 또 중앙아시아의 아무다리야강과 시르다리야강에 대해서도 헤로도토스보다 더 많은 사실을 파악해 두 강이 서로 다른 강이라는 사실을 확인했다.

다만 두 강의 흐름에 대해서는 잘못 판단했는데 두 강이 아랄해가

기원전 326년 알렉산더 대왕과 인도의 왕 포로스가 히다스페스강에서 전투를 벌였다. 알렉산더 대왕의 동방원정은 최초의 지리적 고찰이었다.

신장 남북을 잇는 현대식 고속도로가 톈산을 넘는다.

아니라 카스피해로 흘러든다고 생각했다. 사실 이 시기 그리스 지리학
자들은 카스피해와 아랄해가 있다는 사실조차 몰랐거나 둘을 하나의
호수로 착각하기도 했다. 카스피해와 아랄해가 중간에 황무지 하나를
두었을 뿐, 둘 사이의 거리가 가까웠다는 점을 감안하면 그럴 만도 했
다. 고대에는 카스피해와 아랄해의 면적이 지금보다 훨씬 컸기 때문에
둘 사이의 거리도 더 가까웠을 것이다.

  카스피해가 바다인지 호수인지를 두고도 그리스인은 잘못된 결론
을 내렸나. 그늘은 고대 그리스 지리학의 영향으로 '바다는 대륙을 둘
러싸고 있다'는 학설을 신봉했다. 따라서 카스피해가 틀림없이 바다와
이어진 내해 또는 해만海灣일 거라고 단정했다. 심지어 카스피해와 흑
해가 이어져 있다고 생각하기도 했다. 이런 잘못된 판단은 1,000여 년

동안 이어지다가 13세기에 이르러서야 카스피해가 내륙 호수라는 사실을 완전히 받아들이게 되었다.

실크로드 루트와 중앙아시아 지역에 대한 그리스인들의 탐색은 그리 오래 지속되지 않았다. 알렉산더 대왕이 동방원정에서 돌아온 지얼마 지나지 않아 세상을 뜨면서 거대한 제국은 조각조각 갈라지기 시작했다. 이후 그리스 문명은 점차 중앙아시아 지역에서 물러났다. 그리스 문명이 도달한 최동단은 페르가나분지였다. 결국 그리스 문명은 좀더 동쪽으로 나아가 톈산이나 파미르고원을 넘지 못했다. 그래서 산너머의 화하華夏 문명에 대해서는 제대로 알지 못한 채 그저 동방에 세리카라는 신비로운 나라가 있고 이 나라에서 아름다운 실크를 생산한다는 사실만 인지한 채 물러갔다.

신화를
벗어나다

국가 차원에서 중앙아시아의 지리를 탐색한 것은 서양이 중국보다 앞섰다. 일단 지리적 조건이 중국의 발목을 잡은 것이 큰 이유였다. 동쪽에서 중앙아시아로 들어가려면 드넓은 사막과 높은 산악지대를 지나야 하지만 서쪽에서는 훨씬 쉽게 접근할 수 있었다. 또 유목민족의 침략도 중국과 서양의 만남을 가로막았다.

장건이 서역으로 출사하기 전까지도 서쪽 세계에 대한 중국의 이해는 신화와 전설 단계에 머물러 있었다. 그중 가장 대표적인 것이 바로 『목천자전』에서 전한 정보다. 총 8,500여 자에 이르는 『목천자전』

은 기원전 4세기 이전에 지어진 것으로 알려져 있다. 이 책은 주목왕(기원전 10세기 전후 인물)이 서방으로 순행을 떠났다는 가정하에 쓴 서양 여행기다. 수레를 타고 낙양을 떠난 주목왕은 먼저 북쪽으로 길을 잡아 하투(오르도스)의 음산 지역에 도착했다. 거기에서 서쪽으로 발길을 돌려 곤륜산에 도착해 마침내 서왕모가 있는 곳에 도달한다. 주목왕과 서왕모는 서로 선물을 교환하고 연회에서 시가를 주고받았지만 결국은 아쉬움을 뒤로한 채 헤어질 수밖에 없었다.

당시 중국인은 서왕모가 중국 대륙의 서쪽 땅을 다스린다고 생각했다. 이 밖에도 책에서는 곤륜지구, 군옥지산, 용산, 요지 등의 지명도 언급하고 있다. 이들 지역의 위치에 대해서는 학자들 사이에서도 의견이 분분하다. 어떤 이들은 곤륜지구가 신장 북부의 알타이산이고 요지는 신화 속 자이산호로 알타이산맥 서쪽 기슭 카자흐스탄 국경 내에 있었을 것이며, 서왕모가 다스리는 땅은 헤로도토스가 말한 아리마스피(외눈박이 부족)일 것이라고 주장한다. 또 어떤 이들은 곤륜산, 용산, 군옥지산이 모두 지금의 곤륜산이 있는 곳을 가리킨다고 추측한다. 문헌자료가 너무 적고 구체적인 증거가 부족한 탓에 주목왕의 서방순행 이야기는 그저 지어낸 이야기로 볼 수밖에 없다. 그러나 신화 속 이야기처럼 환상이 넘치는 이 이야기는 중국인을 위해 신비로운 세상을 엿보는 창을 열어젖혔다.

실제로 자신의 두 발로 서방세계를 둘러본 첫 번째 탐험가는 장건이었다. 그는 한나라 사람들에게 더 많은 정보를 알려주었다. 『사기·대원열전』을 보면 당시 사람들의 서방세계에 대한 인식 정도를 알 수 있다. 장건이 서방세계로 가는 길을 뚫기 전까지만 하더라도 중국인의 지리 관념은 여전히 짙은 운명론적 색채를 띠고 있었다. "중국은 세계

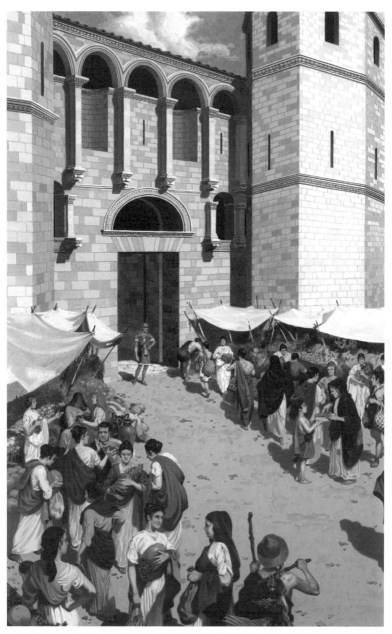

로마 제국 디오클레티아누스궁전 밖 채소 시장의 시끌벅적한 풍경을 묘사한 회화작품

의 중심이고 북쪽은 드넓은 사막, 서쪽은 눈 덮인 얼음산, 동쪽은 망망대해 그리고 남쪽에는 장려지지瘴癘之地, 즉 전염병이 창궐하는 열대밀림이 있는데 쉽사리 건너뛸 수 없는 이러한 지리적 장벽은 하늘이 중국의 동서남북 변경에 배치한 것이다. 사방 변경과 중앙 사이는 온갖 오랑캐가 섞여 사는 땅이고 변경 밖은 보통 사람이 쉽게 발을 들일 수 없는 땅이다." 이처럼 폐쇄적인 지리 관념은 중국 고대의 내향적 종법사회를 반영한 것이다. 이는 고대 화하의 자손들이 새로운 세계를 탐색하는 데 적잖은 걸림돌이 되었다.

이러한 의미에서 장건으로 대표되는 서한 왕조는 현상을 타파한 개척자였다. 장건이 걸음을 내디딜 때마다 새로운 역사가 쓰였고, 그가 가져오는 소식들은 서방세계를 보는 불완전한 지식을 메워갔으며 의문이 드는 정보는 후인들의 무한한 탐색욕구를 불러일으켰다. 훗날 동

터키 최대 시장인 이스탄불은 한때 동로마 제국의 수도로 중국과 밀접한 교류를 이어갔다.

한 시대에 이르러 감영이 대진국(로마 제국)에 가려다가 안식국(파르티아 제국)까지만 갔다가 되돌아오면서 더 많은 새로운 지식이 전해졌다. 동진의 법현은 64세 고령에 인도로 불법을 구하러 떠났다. 그는 타클라마칸사막을 두 번이나 건너면서 처음으로 인도 아대륙 현지를 답사했다. 현장은 한발 더 나아가 10여 년에 걸쳐 신장, 중앙아시아를 건너고 인도 전역을 답사하며 130여 개 국가의 정보를 가져왔다. 고대 지리역사학의 최고 걸작으로 꼽히는 현장의 『대당서역기』는 중앙아시아와 인도를 이해하는 백과사전이었다. 전쟁포로로 끌려간 당나라 사람 두환은 아랍 지역을 두루 돌아다니며 성지 예루살렘을 방문하고 아프리카 땅까지 밟았다. 위구르족 네스토리우스교 성직자였던 라반 바르 사우마는 고대 중국에서 가장 먼 거리를 여행한 사람이었다. 그는 베이징을 출발해 실크로드를 따라 유라시아 대륙 전체를 건넌 뒤 이스탄불에서 배를 타고 지중해를 건너 나폴리, 로마를 거쳐 프랑스 보르도에 이르며 로마 교황과 영국 국왕, 프랑스 국왕을 알현했다.

장건 사후 1,000여 년 동안 중국인은 실크로드 탐색의 선봉에 섰다. 그 이유 중 하나는 중화 문명이 다른 나라들과 끈끈한 관계를 맺길 바랐기 때문이고 둘째는 중국인이 폐쇄적인 천하관에 갇히지 않고 바깥세상에 대해 지대한 관심을 가졌기 때문이다.

지리적 공간에 대한
이해

바깥세계를 이해하려면 먼저 지리부터 알아야 한다. 중국인은 서역에 발을 들이기 전까지 허시저우랑 이서지역의 지리상황에 대해 아는 것이 별로 없었다. 주요 산맥들을 가리키는 명칭이 몹시 혼란스러웠다는 점은 매우 주목할 만한 사실이다. 치롄산, 톈산, 쿤룬산은 중국 서부에 위치한 3대 주요 산맥이다. 치롄산은 허시저우랑 남쪽, 톈산은 타림분지 북쪽, 쿤룬산은 타림분지 남쪽에 자리하고 있다. 오랜 세월 이 세 산의 명칭은 분명하게 나뉘지 않고 뒤엉켜 있었다. 선진 시대에 치롄산은 쿤산, 즉 쿤룬산으로 불렸다. 훗날 톈산과 치롄산의 명칭은 서로 뒤바뀌고 혼용되었다. 일부 역사서에서는 톈산을 치롄만산이라고 부르기도 했다. 사실 현대 학자들의 연구결과 쿤룬산이든 치롄산, 치롄만산이든 토카리아어 klyomo의 음역으로 성천聖天을 의미한다. 다시 말해 톈산도 klyomo의 의역이라는 뜻이다.

토카리아어를 사용하는 대월지인이 톈산, 치롄산 지역에서 활동했기 때문에 klyomo가 중원으로 전해져 지명으로 쓰이게 되었다. 이를 여러 번 중역하는 바람에 쿤룬산, 치롄산, 톈산이 혼용되는 상황을 초래한 것이다. 허시저우랑은 중원으로 옥을 수입하는 통로였기 때문에 선진 사람들은 대월지인이 사는 지역 근처 산에서 옥이 생산된다고 생각했다. 그리하여 쿤룬산과 옥 사이에 연결고리가 생겼다. 훗날 장건이 우전국(호탄) 남산에서 옥이 생산된다고 보고하자 한무제는 남산을 쿤룬산이라 명명했다. 중국의 서부지역 지리에 대한 이해가 깊어지면서 이 세 산도 차차 제 이름을 찾아갔다.

중국이 실크로드를 직접 탐색하면서 서부지역 지리에 대한 인식도 점차 뚜렷해졌다. 이러한 지리적 정보는 중요한 자료로서 정사에 기록되었다. 처음으로 서역전을 기록한 역사서는『한서』였다. 한서는 거의 50개국의 수도, 장안에서의 거리, 가구 수, 인구, 군사 규모, 서역도호부 치소 소재지와의 거리 및 이웃국가, 풍토, 산물, 한나라와의 교류 상황 등 다양한 정보를 기록했다. 이리하여 장안을 중심으로 동심원을 형성했는데 반고는 서역국가들을 장안으로부터의 거리 및 한나라의 정치적 통제범위 안에 있는지 여부에 따라 '도호가 다스리는 곳까지 몇 리 거리' 또는 '도호에 속하지 않음', 이 두 가지로 나누었다. 그리하여 서역국가들은 내신內臣, 외신外臣, 불신不臣 등 세 등급으로 나뉘어 모두 이 동심원 안 어딘가에 배치되었다.

한나라 때 안식국(지금의 이란에 있었던 파르티아 제국)은 가장 먼 나라로 기록되었다. 오늘날 이란의 담간에 자리했던 안식국의 수도 헤카톰필로스는 낙양에서 2만 5,000리나 떨어져 있었고, 안식국의 동쪽 국경 메르브도 낙양에서 2만 리나 떨어져 있었다. 이로 볼 때 비록 수치는 부정확하지만 한나라가 당시 서방에 있던 주요 도시까지의 거리를 측량했음을 미루어 짐작할 수 있다.

이러한 기록들은 서역국가를 알아가는 밑거름이 되었다. 예를 들어 가장 큰 나라인 오손국 인구는 60만 명에 달했지만 작은 나라인 휴순국의 인구는 1,000명에 불과했다. 인구비율로 계산했을 때 각 나라의 군사 수는 평균 성인 남자의 3분의 1을 차지했다.

『한서』부터 시작해서 편찬자들은 실크로드의 흐름에 지대한 관심을 보이며 루트의 변화를 상세히 기록했다. 예를 들어 『한서·서역전』에는 이렇게 기록되어 있다. "위먼관, 양관으로부터 서역에 이르는 길은 두 갈래다. 선선을 출발해 남산 북쪽 기슭에 이르러 강을 따라 서쪽으로 가서 사차에 이르는 것이 남도인데 서쪽으로 총령을 넘으면 대월지를 지나 안식국에 이른다. 차사전 왕국의 도성을 나서 북산을 따라가다가 강을 따라 서쪽으로 가서 카슈가르에 이르는 것이 북도인데 북도는 서쪽으로 총령을 넘으면 대원, 강거, 엄채에 이른다."

훗날 엄채는 알란인으로도 불렸는데 서양 문헌에 기록된 고트인이 바로 그들이며, 아랄해 부근에 최초로 거주했다. 아랄해는 고대 그리스 로마인들의 시야에서 거의 벗어나 있었지만 한나라 시기 중국인은 이미 그들에 대해 어느 정도 인식하고 있었다. 『사기·대원열전』에서 우전국(호탄)의 서쪽 강이 서해로 흘러든다고 했는데 이 서해가 바로 아랄해다. 또 엄채가 "큰 못에 임해 있고 드넓기 그지없으니 이것이 바로 북해다"라고도 했다. 여기에서 말하는 북해는 아랄해를 가리키는 것일 수도 있고 아랄해와 카스피해를 통틀어 말하는 것일 수도 있다.

589년 수나라가 전국을 통일하고 한나라 말 이후 수세기 동안 이어진 전란을 매듭지으면서 중원 지역은 안정을 되찾았다. 공명심에 불타던 수양제는 서역 경영에 대한 야심을 키워갔다. 다시 수많은 서역상인들이 교역을 위해 장예를 찾았는데 수양제의 신하였던 배구는 군주의 뜻을 받들어 이 상인들에게서 실크로드상의 지리적 상황 및 교통 루트를 상세히 수집해 『서역도기』 세 권을 집필했다. 이 책에서 배구는 44개국의 지리적 위치, 풍속을 상세히 기술했을 뿐만 아니라 서양인의 초상화까지 그려넣었다. 아마 화가는 당시 돈황을 찾은 동로마 제국인을 그린 것으로 여겨진다. 그러나 안타깝게도 『서역도기』는 물론 초상화까지 실전된 지 오래며 『수서·배구전』에만 실크로드의 3개 루트와 이 루트의 종점이 불림국(동로마 제국)과 서해(지중해와 흑해)였다는 것에 대한 기록이 남아 있을 뿐이다.

당시 배구의 기록을 근거로 실크로드 옛길을 재구성해보면 이렇다. 실크로드 남도는 타림분지 남쪽 가장자리를 따라 파미르고원을 넘어 아프가니스탄 북부에 도달한 뒤 남하해 인더스강을 따라 인더스강 하구와 인도 서해안에 도달한다. 중도는 타림분지 북쪽 가장자리를 따라 파미르고원을 넘어 서쪽으로 가다가 이란고원을 건너 지중해 동부 연안에 이른다. 북도는 이오를 출발해 포류해, 철륵부, 돌궐한국을 거쳐 북류하수를 건너 불림국에 이르러 서해에 도달한다. 여기에서 말하는 북류하수는 시르다리야강을 가리킨다. 이 루트는 이오(지금의 하미)를 출발해 톈산을 넘어 포류해(바르쿨노르를 가리킴)를 지나 톈산 북로를 따라 서쪽으로 나아가 투르크 왕국과 이리허를 지나 시르다리야강(북류하수)을 따라 아랄해 북부 연안을 돌아 서쪽으로 향해 카스피해 북부를 거쳐 우랄강과 볼가강을 건너 흑해에 이른다.

이미 5세기 북위 시기에 중국인은 서역의 지리적 상황을 전반적으로 파악하고 이 지역을 지리적 특성에 따라 구분했다. 437년 북위의 동완과 고명이 외교사절로 오손과 파락나, 대원, 페르가나와 자설(우즈베키스탄 타슈켄트)을 찾아갔다. 동완은 이후 서역을 4개 지역으로 나누었다. 첫 번째 지역은 파미르고원 동쪽에서 사막 서쪽에 이르는 지역으로 파미르에서 위면관, 양관에 이르는 오늘날의 신장 지역에 해당한다. 두 번째는 파미르 서쪽에서 해곡 동쪽에 이르는 지역, 즉 파미르고원 서쪽에서 중앙아시아 북부에 이르는 지역으로 오늘날의 우즈베키스탄 페르가나분지 일대를 말한다. 세 번째 지역은 자설 이남, 월지 이북으로 오늘날의 아프가니스탄 동부 파키스탄 북부를 가리키며 서양에서는 토카리스탄이라고 부른다. 네 번째 지역은 두 바다 사이, 수택 이남으로 북방 유목민족의 땅인 아랄해와 북해 사이를 가리킨다.

네 번째 지역인 두 바다 사이와 수택의 위치에 대해서는 학자들 간에도 의견이 분분하다. 실크로드 전문가 위타이산에 따르면 두 바다는 이탈리아반도 동쪽의 아드리아해와 서쪽의 티레니아해를, 수택은 흑해

우즈베키스탄 마르길란시의 바자르. 이곳은 실크제품으로 유명하다.

를 가리킨다. 이 말이 맞다면 일찍이 5세기부터 유럽 지중해 지역은 중국인의 지리 레이더망 안에 들어와 있었다는 뜻이 된다.

사실 북위 시기에 실크로드상의 중요한 교통거점과 주요 도시는 이미 중국 역사서에 기록되었다. 중국 역사가들은 중앙아시아를 흐르는 2개의 중요한 강줄기인 아무다리야강과 시르다리야강도 현지어 발음으로 기록했다. 예를 들어 수당 시기 중국은 시르다리야강을 약살수라고 불렀는데 이는 진주라는 뜻의 팔라비어 약사르타^{Jaxsarta}의 음역이다. 톈산에서 발원한 시르다리야강 상류는 페르가나분지를 지나고 하류는 키질쿰사막 동쪽 가장자리를 거쳐 아랄해로 흘러든다. 역사상 이는 유목민족과 정주민의 거주지를 나누는 경계선이었다. 실크로드의 주요 루트는 파미르고원을 넘어 남쪽으로 시르다리야강을 건넌 다음, 서쪽으로 향해 지중해 동부 연안에 이른다.

사마르칸트시 구르 아미르 외부의 객잔에서 상인들과 말이 쉬고 있는 장면을 묘사한 회화작품

50

민족과 역사에 대한
인식

유라시아 대륙의 중심에는 다양한 여러 민족이 활발히 활동했는데 실크로드는 그들이 거주지를 옮기고 서로 뒤섞이는 무대가 되었다. 어떤 민족은 초원에 부는 바람처럼 한순간 흔적도 없이 사라져버렸지만 중국인은 서쪽 세계를 탐색하는 과정에서 끊임없이 그들의 이야기를 발견하고 추적해 소중한 기록으로 남겼다. 고고학자 스타인도 말하지 않았던가! "중앙아시아에 관한 우리의 역사적 지식은 대부분 한문 사료에서 얻은 것이며, 고대 중앙아시아에 관한 기본적인 사실도 한문 사료에서 얻었다."

대월지는 토카라계에 속하는 나라로 서한 왕조가 처음으로 외교관계를 맺고자 한 서역국가이자 중앙아시아 역사상 가장 영향력을 떨친 대국이었다. 선진 시대의 문헌 『관자』를 보면 "북쪽은 우씨의 옥을 사용했다"라는 기록이 있다. 여기에서 말하는 우씨가 바로 대월지, 다른 말로 월지다. 대월지는 그 옛날 허시저우랑에 거주한 중원 왕조의 이웃국가였다.

기원전 2세기 월지는 흉노와 오손에게 쫓겨나 정든 고향을 등진 채 40여 년간 떠돌아다녀야 했다. 허시저우랑에서 이곳저곳을 전전하다 아무다리야강 유역에 이른 그들은 마침내 대하국(박트리아 왕국)을 점령하고 아무다리야강 남쪽 연안 박트라로 수도를 옮겼다. 그러면서 월지인의 생산방식과 생활방식도 대하국의 영향을 크게 받아 유목생활을 하던 데에서 점차 정착 농경생활로 달라지게 되었다. 『사기』, 『한서』를 보면 대월지의 이동과정에 관한 상세한 기록이 남아 있다.

아무다리야강 유역으로 옮겨간 월지인은 얼마 지나지 않아 5개의 나라로 나뉘어 다섯 흡후가 다스리게 되었다. 『후한서』는 이 다섯 흡후의 이름과 각기 다스린 영토에 대해 상세히 기록했는데, 그중 귀상(쿠샨)흡후가 가장 강대했다. 기원전 20년경 귀상흡후 구취각은 5개로 나뉜 나라를 통일하고 인더스강 유역까지 정복해 귀상 제국, 즉 쿠샨 왕조를 건국했다. 그 후 쿠샨 왕조는 끊임없이 영토를 확장해 아무다리야강에서 갠지스강 중류의 광활한 지역을 모두 쿠샨 왕조의 통치하에 두어 그 영토가 오늘날의 아프가니스탄 동남부와 우즈베키스탄 중부, 파키스탄, 카슈미르, 인도 북부에까지 이르렀다. 기원전 4세기에 이르러 쇠락의 길로 접어들기 전까지 쿠샨 왕조는 세계에서 가장 강대한 나라 중 하나였다. 당시 실크로드상에서 가장 강력했던 4대 제국은 쿠샨 왕조와 로마 제국, 안식국, 중국이었다.

서한 서역도호부 및 서역 각국을 표시한 지도

불교가 세계적인 종교가 될 수 있었던 것은 모두 월지인의 공이다. 월지인은 불교를 국교로 삼았는데 제국의 세력이 확장되면서 불교도 동방의 여러 지역으로 퍼져나갔다. 월지인은 불교의 전파에 두 가지 중요한 공헌을 했다. 첫 번째로는 구두로 전파되던 부처의 가르침을 문자로 기록한 것이다. 두 번째는 그리스 로마 예술을 참고해 불상을 만들어 세계적으로 유명한 간다라 미술을 창조한 것이다. 불상이 만들어지면서 불교는 문자를 알고 있는 소수 승려들의 손에서 해방되었다. 일반 신도들은 불경을 읽지 못하더라도 부처에게 예배를 올릴 수 있게 되었다.

이토록 중요한 민족이자 국가였지만 중국의 사료를 제외하고는 대월지와 관련된 기록을 거의 찾아볼 수 없다. 서양에서는 19세기가 되어서야 역사상 쿠샨 왕조라고 불리는 강대하고 비중 있는 나라가 존재했다는 사실을 알게 되었다.

에프탈은 흉노족, 선비족 이후 발흥한 유목민족이다. 남아 있는 사료가 많지 않은 탓에 에프탈의 역사에 대해서는 제대로 알려지지 않은 부분이 많다. 위타이산의 주장에 따르면 에프탈학은 아직도 가설단계를 벗어나지 못하고 있다. 중국 역사서를 살펴보면 에프탈인은 알타이산 지역에서 유목생활을 하던 흉노족의 후예일 것으로 추정된다. 에프탈인이 대월지를 침략한 뒤 백인종인 대월지인과 피가 섞인 까닭에 유럽인들은 이들을 백흉노라고도 부른다.

서기 370년 무렵 에프탈인은 파미르고원 서쪽 지역인 제라프샨강 유역으로 이동했다. 420년대 들어 강대해진 에프탈인은 아무다리야강을 넘어 사산조 페르시아 제국을 침공했지만 격퇴당했다. 430년대 에프탈인은 토카리스탄으로 남하해 대월지인의 쿠샨 왕조를 무너뜨리고

대하국이 있던 자리에 나라를 세우고 발흐를 수도로 삼았다. 대월지인의 쿠샨 왕조와 마찬가지로 훗날 에프탈인은 100여 년 동안 중앙아시아의 패자로 군림했다.

외교사절로 에프탈을 방문한 북위의 송운은 귀중한 역사기록을 남겨 후세 학자들이 이 신비로운 민족을 이해하는 데 큰 도움을 주었다. 송운이 남긴 에프탈의 전성기 때 영토에 대한 기록을 보면, 동쪽으로는 파미르고원 호탄 일대에서 시작해 남쪽으로는 아프가니스탄 동부 가즈니 및 인도 서북부의 간다라에 이르렀으며 북쪽으로는 톈산 북쪽 기슭에 미치고 서쪽으로는 카스피해 동쪽 및 이란 동남부 호라산 지역까지 이를 정도로 세력이 매우 강대해 40여 개 국가를 조공국으로 거느렸다.

송운의 기록에 따르면, 에프탈은 유목국가로 성을 쌓지 않고 겨울철과 여름철 식수와 초지가 있는 곳을 찾아 거주지를 옮겨 다녔으며, 문자가 없고 예법과 도덕이 없었다. 열두 달을 1년으로 삼되 달의 크기에 차이가 없었고 윤년도 없었다. 왕이 거주하는 장막은 폭이 40보 정도 되며, 왕은 비단으로 만든 옷을 입었다. 왕은 금으로 만든 네 마리 봉황을 침대 다리로 삼은 황금 침상 위에 앉았다. 왕비도 비단 옷을 입었는데 몹시 화려하고 바닥 아래로 3척이나 늘어뜨려지는 탓에 반드시 뒤에서 누군가가 들어줘야만 했다. 왕비는 머리에 높이 솟은 모자를 썼는데 길이가 8척에 달했고 대각선 길이가 3척이며 장미문양 오색 장식이 있었다. 왕비는 흰 코끼리와 네 마리 사자로 장식된 황금 침상에 앉았다. 대신의 아내들도 모두 높이 솟은 모자를 썼는데 그 형상이 마치 보개와 같았다.

실크로드를 분주히 오간 사절과 승려, 상인들은 먼 곳에 있는 부족들의 정보를 가져왔다. 이러한 정보는 중국 사관의 기록을 거쳐 세계 역사를 연구하는 중요한 자료가 되었다.

당나라 때 중국은 아라비아인의 발흥을 확실히 인식하고 있었다. 『구당서』는 아라비아와 이슬람교의 발전과정에 대해 기록했다. 페르시아인(무함마드)은 마디나(메디나를 가리킴)에서 낙타를 놓아기르다가 사자인의 말을 듣게 된다. "산 서쪽에 동굴 3개가 있는데 그 안에 무기를 숨겨두고 검은 돌 위에 흰 글자를 새겨두었다. 이 글자를 읽으면 왕이 될 수 있다."

사자인에 관한 이 전설은 명상수행을 하던 무함마드의 이야기에서 비롯되었다. 무함마드는 40세 때(610년) 집을 나와 메카 동북쪽에 있는 히라산 동굴에서 명상수행을 했다. 명상에 전념하던 그는 알라의 이름으로 가르침을 전하라는 계시를 받고 종교 교리를 전파하기 시작했다. 그러나 메카 귀족들의 박해가 심해 622년 9월 20일 밤 무함마드는 추종자들을 데리고 메카를 떠나 야스리브로 향해 정교합일 국가를 세운다. 후에 야스리브는 예언자의 도시라는 뜻의 메디나로 명칭이 바뀐다. 무함마드가 이끄는 가운데 아라비아반도는 통일을 향한 발걸음을 시작했다.

『한서』에서 시작해 중국 역사서는 정도의 차이만 있을 뿐 하나같이 서역국가들에 대해 이런저런 기록을 남겼다. 그 내용도 민족의 기원, 의복양식, 풍속습관, 건축양식, 문자, 문화, 전설 등 매우 다양했다. 이처럼 상세한 기록은 이들 민족과 국가의 생활방식, 문화, 역사를 이해하는 데 큰 도움이 된다.

중앙아시아 사마르칸트에서 현장은 '자갈'이라는 군사조직에 대한 기록을 남겼다. "자갈 사람은 성품이 용맹하고 죽음을 고향에 돌아가는 것과 같이 여기므로 전투에서 당해내지 못하는 적이 없다." 이들은 용맹하고 전투에 능한 용병집단이었다. 사마르칸트 현지 주민은 소그드인들로서 대체로 상업과 농업에 종사했기 때문에 사마르칸트는 다른 민족의 전사를 고용해 자신들의 땅을 지켰다. 자갈 군대는 중앙아시아 국가뿐만 아니라 수당 시대 중원 지역에서도 활동했다. 자갈은 고대 투르크어로 saːg이고 오른쪽을 뜻한다. 다시 말해 자갈은 우측부대라는 뜻일 가능성이 높다. 훗날 오스만 제국이 타민족 청년 중에서 가려 뽑은 황실기병은 시종일관 우측을 지켰다. 이와 반대로 정예금위군은 좌측에 자리했으며, 보병이 대부분이었고 모두 타민족 출신 용병이었다.

중국 역사가들은 여러 민족의 헤어스타일에 대해서도 자세히 기록하고 있는데 대개 변발과 삭발 두 가지로 나누었다. 훗날 학자들의 연구결과 헤어스타일에 따라 그들의 문화적 속성도 구분할 수 있었다. 일반적으로 변발은 북방 유목민족의 영향, 삭발은 서방 페르시아 문명의 영향을 받은 스타일이었다.

대진과
불림

실크로드 서쪽 끝자락에 자리한 로마 제국은 중국 고서에 대진국으로 기록되었다. 로마 제국이 분열한 뒤 동로마 제국(비잔틴 제국)은 불림이라고 불렸다. 로마는 당시 세계에서 중국과 어깨를 나란히 한 고대 문명국으로 최대 실크 소비국이자 중원 왕조가 오매불망 교역을 바라던

나라였다. 서기 97년 동한의 반초는 감영을 대진국으로 파견했지만 페르시아만에 가로막혀 로마 입성의 꿈을 이루지 못했다.

대진이라는 이름은 아마도 고대 페르시아인이 로마를 지칭할 때 쓴 Dasina에서 비롯되었을 것이다. Dasina는 왼쪽을 뜻하는데 왼쪽은 곧 서쪽을 가리켰다. 한편 중국 역사서에서 진秦이라는 명칭은 한나라 때부터 강대한 나라를 뜻했다. 대大라는 글자는 단순히 크고 강하다는 뜻만 있는 것이 아니라 멀다는 의미도 내포하고 있다. 따라서 칭화대학 역사학과 장쉬산 교수는 대진이라는 이름이 중국 고유의 명칭과 새로운 음역이 합쳐져 만들어진 글자일 것이라 생각했다. 양한(전한과 후한을 합쳐 부르는 말-옮긴이) 시대 중국과 로마는 거의 동시에 유라시아 대륙 양 끝에서 발흥해 멀리 떨어져 있었음에도 국력과 지위·문화·교육·제도가 유사했던 동서를 대표하는 강대국이었다. 중국이 로마 제국을 지칭한 대진, 즉 멀리 있는 강대국이라는 이름은 그 속에 담긴 뜻이 매우 의미심장하다. 중국 역사서는 동로마 제국을 불림이라고 불렀다. 이는 로마Rum라는 단어가 아르메니아어, 페르시아어와 같은 중개언어를 거쳐 한문 서적에 쓰이면서 만들어진 외래어 음역이다.

비록 로마 제국에 이르지는 못했지만 감영은 실크로드 상인들과 서방 여러 국가들에게 거대하고 풍요로운 중국에 대해 소개함으로써 수많은 서방사절과 상인들을 중국으로 불러들였다. 로마 지리학자 마리누스의 기록에 따르면 동한 초기 마에스 티티아누스라는 마케도니아 기성이 동서교역에 송사했다. 그는 서기 99년경 대리인의 위탁을 받아 대상(카라반)을 꾸렸다. 그들은 아마도 지중해 동쪽 연안 티레에서 출발해 안식국의 수도 헤카톰필로스(오늘날 이란의 담간), 안식국 동쪽 변경의 메르브(오늘날 투르크메니스탄의 마리)를 거쳐 쿠샨 왕조 국경 안으로 들어갔다가 다시 대하국의 고도 발흐를 거쳐 타슈쿠르간을 통해 중국으로 들어가 실크로드 남쪽 루트를 따라 호탄, 크로라이나, 돈황 등지를 거쳐 마침내 서기 100년 낙양에 도달했다. 마에스는 황궁에서 한화제를 알현하고 금인자수를 하사받았다. 이 일은 동한 황실사관에 의해 기록되었고 범엽의 『후한서·화제본기』에 편입되었다.

동로마 제국은 여러 차례 중국으로 사절을 파견했지만 유감스럽게도 중국의 사절은 비잔틴에 이르지 못했다. 시리아 땅을 밟아본 적 있는 당나라 사람 두환은 동로마 제국의 지리적 위치를 비교적 정확하게 기록했다. 원나라 네스토리우스교 성직자였던 라반 바르 사우마도 이스탄불에 갔었고 로마에서 교황을 알현했다. 하지만 라반 바르 사우마는 중국으로 돌아오지 않았고 견문록을 남기지도 않았다. 대진국와 불림국에 관한 중국 역사서의 기록은 대부분 실크로드 상인들이 전하는 소식을 바탕으로 하고 있다. 이러한 정보들은 입에서 입으로 전해진 뒤 중국인의 상상까지 섞여들어 서방 문명세계에 대한 중국인의 초기 인식을 형성했다.

중국인의 눈에 비친 로마 제국은 일단 매우 부유한 나라로 진귀한 보물들이 즐비했다. 예를 들어 『후한서·서역전』대진국 부분을 보면 다음과 같은 내용이 있다. "금은보화가 많이 나는데 그중에는 금·은·야광벽, 명월주, 해계서, 산호, 호박, 유리, 낭간, 주단, 청벽이 있다. 금실로 수를 놓아 계(모직물)와 다양한 색의 능(비단)을 짜고 금도포와 화완포를 생산했다." 『위략·서융전』에서 열거한 대진의 진귀한 보물은 이보다 훨씬 많아 그 수를 헤아리기 힘들 지경인지라 범엽은 『후한서·서역전』에서 터무니없을 만큼 기괴하다고 빈정거릴 정도였다. '대진경교유행중국비'에 기재된 바에 따르면 대진의 주요 보물로는 화완포, 반혼향, 명월주, 야광벽, 이 네 가지를 들 수 있다. 이처럼 진귀한 보물들 중에는 로마에서 생산된 것이 아니라 페르시아나 인도에서 들어온 것도 있었다. 그러나 중국인은 이 보물들이 모두 대진국에서 온 것이라고 굳게 믿었다.

화완포는 사실 석면의 긴 섬유로 짜서 불에 타지 않는 피륙이었다. 로마인은 이러한 광물질에 해박했기 때문에 그들이 중국에 판 상품 가운데 화완포가 포함되었을 가능성이 크다. 이러한 옷감은 고대 중국인이 보기에 신기하기 그지없는 물건이었을 것이다. 한환제 시기 대장군 양기는 화완포로 홑옷을 만들었는데 불로 태우면 '더러운 얼룩이 지워져 깨끗하고 새하얘졌다'라고 했다.

명월주와 야광벽은 로마 제국의 고급 유리제품에서 얻을 수 있었다. 고고학적 발견에 따르면 로마 유리는 한나라 때 이미 중국으로 전해졌다고 한다. 당시 로마는 세계 유리생산의 중심지였고 중국은 로마산 유리제품에 열광했다. 고대 중국인들에게 명월주와 야광벽은 그야말로 진귀한 보물의 대명사나 다름없었다. 이것으로 로마 유리를 통칭할 정도였으니 얼마나 귀하게 여겨졌는지 능히 짐작할 수 있다.

이 밖에 종종 언급되는 보물이 바로 산호다. 한나라 때의 한 문인은 장안 바깥 한무제의 상림원에 산호수가 있다고 했다. 일반적으로 중국어 산호는 고대 페르시아어 sanga(돌)의 음역이라고 알려져 있다. 그렇다면 최초의 산호는 서방에서 중원으로 전해졌을 가능성이 높다. 페르시아에서는 산호가 나지 않으니 틀림없이 대진국에서 전해졌을 것이다. 지중해는 고대 산호의 주요 생산지였으니 말이다.

『태평광기』에 보면 대진인이 산호를 양식해 수확하는 과정이 기록되어 있다. 큰 선박이 먼저 철망을 바다 밑에 내리면 산호가 철망에 붙어 서서히 자라는데 작은 것은 길이가 3척 정도이고 큰 것은 1장丈이 넘었다. 3년 뒤 산호 뿌리를 잘라 양망기를 사용해 철망을 수면 위로 끌어올리면 산호를 건져낼 수 있다. 두우도 대진 바다의 산호주珊瑚洲에 대해 언급했는데 그도 『태평광기』에서 소개한 채취법과 동일한 방법을 소개하되, 산호가 처음에는 노란색이지만 3년이 지나면 붉은색으로 변한다는 사실을 특별히 강조했다. 이는 사실에 꼭 들어맞는 내용이다. 지중해산 산호는 대개 붉은색이기 때문이다.

중국 역사서는 불림국의 수도 콘스탄티노플(오늘날의 이스탄불)에 대해 생생하게 묘사하고 있다. 콘스탄티노플 동쪽으로는 높이가 20장이 넘는 성문이 있었다고 했는데, 1장을 3m로 계산하면 높이가 60여 m에 이르는 거대한 성문이었다. 성문은 위쪽부터 아래쪽까지 금으로 장식되어 있었고, 몇 리 밖에서도 육안으로 확인이 가능했다. 문헌과 고고학적 발견으로 추측하건데 이 황금의 문이 콘스탄티노플의 주요 성문이었을 것이다.

왕궁 안은 화려함의 극치를 선보였다. 왕실의 문은 삼중문으로 되어 있었는데 두 번째 문에는 시간을 표시하는 독특한 장치가 있어 정해진 시각이 될 때마다 금구슬 하나가 떨어지면서 금으로 만든 실제 사람 크기의 조형물이 나와 시간을 알렸다. 궁전 기둥에는 크리스털이 가득했는데 아마도 모자이크 장식품이었을 것으로 생각된다. 로마인은 석회모르타르(석회와 모래를 일정 비율로 혼합해 물로 반죽한 것)로 집을 지었고 여름에는 수도관을 통해 지붕으로 물을 끌어와 그 물을 흘려보내 집의 온도를 낮췄다. 역사학자 양셴이는 로마 제국에 대한 중국 역사서의 기록은 비록 과장된 면이 없지 않지만 대체로 사실이라고 했다.

중국 역사서는 옛 로마 제국의 정치제도에 대해서도 기록하고 있다.

"그 나라의 왕 중에는 평범한 사람이 없었으니 모두 현자를 왕으로 세웠다." 이 기록은 로마의 제도적 특징과 관련이 있다. 로마 제국에는 제위 계승에 관한 법률이 없어서 계승 문제는 줄곧 논의의 대상이 되었다. 이 사실은 로마 귀족들이 계승자를 두지 않았던 점에서 더욱 두드러진다.

로마 제국이 건국된 지 100년이 지나는 동안 단 한 사람의 황제도 아들을 후계자로 세우지 않았다. 이처럼 로마 군주제 안의 공화제적 색채와 제위 계승이 세습을 통해 이루어지지 않은 점은 대동이상大同理想을 가진 고대 중국인의 눈에는 상고시대의 선양제와 대동소이한 것으로 여겨졌다. 선양제는 고대 중국인이 선망하던 정치이상이었는데 중국 역사가들은 이역만리 로마인들에게 이 이상을 부여했다.

중국 문헌에서 대진은 한당과 견줄 수 있는 나라로 기록되었고, 사람들은 대진국을 또 다른 문명의 중심지로 여겼다. 이 나라는 산물이 풍부하고 정치는 현명하며 풍속이 순박하고 왕은 위엄이 있는 유토피아나 다름없었다. 이러한 의미에서 중국인은 세상에는 다른 문명의 중심도 있다는 사실을 인식하게 되었다. 한나라 때는 이러한 문명의 중심이 대진국, 즉 로마 제국이라고 생각했고 당나라 때는 불림국, 즉 동로마 비잔틴 제국이라고 생각했다.

중국의 눈에 비친
세계와 세계관

대당 정관 20년(646년) 오랜 세월 세상을 주유하다 이제 막 돌아온 현장법사는 당태종의 요청으로 『대당서역기』를 저술해 당나라 때 중국이 이해한 세상을 보여주었다. 현장은 이런 말을 남겼다. "전륜왕이 아직 시기에 순응해 세상에 나지 않았을 때 섬부주는 네 주인이 나누어 다스렸다. 남쪽 상주의 나라는 날씨가 덥고 습해 코끼리를 기르기에 알맞다. 서쪽 보주의 나라는 바다와 맞닿아 있고 보물이 많이 난다. 북쪽 마주의 나라는 날씨가 춥고 척박해 말을 기르기에 알맞다. 동쪽 인주의 나라는 날씨가 따뜻하고 좋아 사람이 많이 산다."

세상은 사람, 말, 보물, 코끼리, 이 네 주인이 다스린다는 설은 인도의 사천자설에서 유래했다. 현장이 살았던 시대에 동쪽의 인주에 해당하는 곳은 동쪽에 있는 당나라였고, 북쪽의 마주에 해당하는 나라는 투르크(돌궐)였으며 남쪽 상주에 해당하는 나라는 인도였고, 서쪽 보주에 해당하는 나라는 불림국과 페르시아였다. 사천자설은 유라시아 대륙에 존재하던 서로 전혀 다르면서도 중요도는 똑같았던 4개의 문명에 대해 이야기한다. 현장은 각 문명의 특징에 대해서도 간단히 정리했다. "동쪽의 인주는 매우 어질고 의롭다. 북쪽의 마주는 천성이 거칠고 사납다. 남쪽의 상주는 특이한 술법을 많이 익힌다. 서쪽의 보주는 상업에 밝아 교역을 한다."

이러한 세계관을 맨 처음 중국에 들여온 사람은 현장이 아니었다. 위진 시기 인도에서 중국으로 전해진 『불설십이유경』에 다음과 같은 내용이 있었다. "동쪽의 진천자는 백성이 매우 흥성하다. 남쪽의 천축 천자는 땅이 넓고 코끼리가 유명하다. 서쪽의 대진국 천자는 땅이 풍요롭고 금은보화가 넘친다. 서북의 월지 천자는 땅이 드넓고 좋은 말이 많다." 당시 사천자는 각각 동진, 천축, 대진, 월지에 해당했다.

사천자설은 한때 유라시아 대륙의 수많은 민족 사이에서 광범위하게 전해졌다. 9~10세기에 이르러 사천자설은 아라비아의 여행가 이븐 와합의 여행기에서 또 다른 형태로 모습을 드러냈다. 아라비아인의 기록에서 사주는 오주로 바뀌었다. 한가운데에 있는 자는 압바스 왕조의 칼리파로 왕 중의 왕이라고 불렸다. 아라비아인은 다른 문명에 대해서도 대략적으로 설명하고 있다. 중국 왕은 질서와 평화를 지키는 데 능하고 투르크 왕은 용맹하고 사나우며 인도 왕은 도덕적이고 고상하며 동로마 왕은 미인 왕이라고 불릴 만큼 신체가 단정하고 생김새가 아름답다고 했다. 이러한 구분은 아라비아인의 급부상이 유라시아 대륙의 정치형세에 미친 충격을 반영하고 있다.

남해에서 중앙아시아까지 사천자설이 널리 퍼졌다는 사실은 당시 사람들이 자신들이 사는 세계, 즉 유라시아 대륙에 대해 어떤 공통된 인식을 갖고 있었다는 것을 의미한다. 이는 동서세계의 문명구도를 드러냈다. 비록 각각의 문명이 이러한 세계관을 서술할 때 종종 자신의 문명을 더 가치 있게 여겨 가장 높은 자리에 두는 경향이 있었지만 결코 다른 문명의 존재와 가치를 무시하지 않았다. 사천자(또는 오천자)는 항상 같은 시기에 나타났고 각기 나름의 장점이 있었다. 이는 근대 식민시대가 도래하기 전까지의 세계주의를 나타냈다.

여기에서 다시 한 번 실크로드의 가치가 드러나는데, 서로 다른 문명들을 하나로 잇고 서로를 발견하고 평등하게 교류하는 토대가 된 것이라 할 수 있다. 실크로드가 확장되면서 중국은 점차 더 드넓은 세계를 발견해갔고 세계도 중국에 대한 이해를 넓히게 되었다.

세계 지리지식은 이탈리아 선교사 마테오 리치가 중국에 전한 복음이었다는 관점이 아주 오랜 시간 동안 유행했다. 만력 29년(1601년) 마테오 리치가 북경에 도착해 명신종에게 『만국도지』를 바쳤다. 이 지도는 서양에서 유행하는 세계지도를 원본으로 한 것이었다. 명나라 황제의 환심을 사기 위해 마테오 리치는 중국을 지도의 중앙에 두었는데 그 후 중국은 세계지도를 제작할 때 대체로 마테오 리치가 배치한 방식을 따랐다. 마테오 리치가 전한 서양의 최신 지리지식은 그가 제작한 12판짜리 세계지도에 고스란히 담겨 있다.

서쪽 세계를 탐험한 사람들[3]

장건의
첫 번째 보고서

신장 동남부의 뤄창(차르클리크의 중국어 지명)은 중국에서 가장 큰 현으로 저장성 2개를 합친 크기만 하다. 북쪽에는 로프노르사막이 있고 남쪽에는 신장, 칭하이, 시짱, 세 성과 맞닿은 아얼진산이 있다. 아마도 뤄창은 가장 편벽한 곳에 있는 현일 것이다. 그보다 조금이라도 큰 도시는 하나같이 뤄창에서 1,000km 이상 떨어진 곳에 있고 성 정부 소재지도 모두 1,500km 이상 떨어진 곳에 있으니 말이다.

뤄창에서 동쪽으로 315번 국도를 따라 미란 고성 유적을 지나 아얼진산을 넘으면 칭하이 차이다무분지의 사막으로 들어선다. 1,100km

---

3 글_ 리웨이, 지도 정리_ 싱위

를 달려 더링하시에 도착할 때까지 사람 사는 곳은 전혀 찾아볼 수 없다. 모래와 자갈이 이곳의 주인이다. 거친 바람 탓에 사구가 천천히 이동해 고속도로를 덮어버렸다. 이때는 모래를 치우는 차가 올 때까지 기다려야만 계속 이동할 수 있다. 야르당 지형이 만들어낸 고도孤島가 도로 양쪽으로 어지럽게 서 있어 마치 미혼진迷魂陣으로 들어가는 듯하다. 작열하는 태양 아래 지표면의 온도는 섭씨 50도를 훌쩍 넘어 풀 한 포기 볼 수 없고 낙타가시나무조차 구경할 수 없다.

  기원전 138년 장건이 처음으로 서역에 출사했다가 장안으로 돌아올 때 바로 이 길을 걸었다. 『사기·대원열전』에서는 이 과정을 "남산을 따라 약강(뤄창)으로 가서 중원으로 돌아간다"라고 짧게 설명하고 있다. 여기에서 말하는 남산은 곤륜산을 가리킨다. 흉노의 세력범위를 피해 가기 위해 장건은 곤륜산 북쪽 기슭을 따라 타클라마칸 남쪽 가장

1375년의 카탈루냐어 지도. 이 지도는 마르코 폴로 여행단이 실크로드를 지나는 모습을 표현했다.

자리에서 동쪽으로 향해 약강에 도착한 뒤 아얼진산을 넘어 청해 강인
羌人의 구역으로 들어가 청해호를 건너고 황수, 조하계곡을 지나 중원
으로 돌아왔다.

어떻게 이 루트가 가능했을까?『사기』에서는 더 자세하게 부연설명
을 달지 않았다. 하루 동안 최대 30~50km를 걸을 수 있다고 가정하
면 장건은 적어도 한 달 동안 황막한 차이다무분지 위를 걸었다는 말
이 된다. 이토록 극악한 환경에서 엎친 데 덮친 격으로 흉노족에 사로
잡혀 포로가 되기도 했다. 이것만 보아도 옛사람들의 활동범위와 생존
능력은 오늘날의 상식을 훨씬 뛰어넘었음을 알 수 있다.

장건이 장안을 떠나 서역으로 출사한 것은 기원전 138년의 일로 그
의 나이 47세 때였다. 한무제 유철은 그로부터 3년 전 제위에 올랐다.
당시 한나라 강토는 그다지 크지 않았는데 서쪽 국경은 지금의 간쑤

장건은 두 차례나 서역으로 출사해 동서를 가로지르고 유라시아를 연결하는 육상 실크로드를 개척했다.

린타오 지역인 농서였다.

기원전 176년 서한의 문제는 흉노족 묵돌선우가 보낸 서신 한 통을 받게 된다. 이 편지는 『사기·흉노열전』에 수록되었다. 흉노의 수장 묵돌은 편지에서 지난 1년 동안 한나라를 상대로 벌인 전쟁에서 승리를 거두고 나라 안을 침입해 변경지역에서 살육과 약탈을 벌인 일을 자랑했다. 그러면서 흉노족이 서쪽에서 이미 월지를 무찌르고 누란, 오손, 호게를 정복해 총 26개국을 흉노에 복속시켰다고 했다. 중원 왕조는 흉노가 말한 4개국 중에서 월지의 이름만 들어봤을 뿐이었다. 월지는 원래 허시저우랑에서 활동하던 강대한 유목민족인 대월지를 말했다.

그 밖의 누란, 오손, 호게는 흉노가 보낸 서신을 통해 처음으로 중원에 전해졌다. 그중 누란은 로프노르 서남쪽에 위치해 있었고, 오손은 오늘날 신장 동북부 하미 일대에 있던 나라였으며, 호게는 신장 서북부 알타이산 남쪽 기슭에 자리한 나라였다. 서신에서 언급된 26개국은 타림분지 주변에 있던 오아시스 국가들을 가리켰다. 묵돌선우는 자신이 이미 한나라 서쪽에 있는 중요한 국가들을 물리치고 톈산 남북쪽과 타림분지 지역 전체를 정복했다고 했다.

흉노가 보낸 서신을 통해 한나라 황제는 처음으로 서쪽 지역에 대한 정보를 얻었다. 26개국은 실제 숫자가 아니었기 때문에 묵돌선우가 정복하기 전 타림분지에 얼마나 많은 오아시스 소국들이 있었는지는 알 길이 없고 그들의 역사는 더더군다나 알기 어렵다.

서역을 정복하면서 흉노는 한나라를 완벽하게 포위하고 봉쇄했다. 북쪽 연산, 음산에서부터 오늘날의 간쑤 황허 서쪽으로 이어져 칭하이에 이르러 강족과 손을 잡고 중원의 북부와 서부를 완전히 봉쇄했다. 한나라는 북부 변경에서 여러 차례 반격을 시도했지만 모두 패배하고 말았다.

　제위에 오른 한무제는 군대, 특히 기병의 훈련을 강화해 전쟁준비에 박차를 가하면서 새로운 외교전략을 세우는 데 힘을 쏟으며 함께 흉노에 맞설 동맹국을 찾았다. 이러한 상황에서 장건이 100여 명의 사절단을 이끌고 흉노에게 패한 대월지를 찾아 서쪽으로 향했다. 그러나 장건은 당시 문무백관 및 백성들과 마찬가지로 서역의 지리, 민족과 국가의 분포에 대해 아무것도 아는 바가 없었다.

　당시 대월지는 흉노에게 두 차례나 패해 이미 서쪽 중앙아시아 아무다리야강 유역(오늘날 우즈베키스탄 및 아프가니스탄 북부)으로 옮겨간 뒤였다. 대월지의 이동은 도미노처럼 전체 서역, 중앙아시아 부족의 이동과 개편을 불러왔다. 이러한 변화에 대해서도 장건은 아는 바가 없었다.

　장건의 사절단은 출발한 지 얼마 되지 않아 흉노족 기병에게 사로잡혔다. 흉노 왕은 그를 융숭하게 대접하며 흉노족 여자를 아내로 주었다. 그러나 장건은 시종일관 자신의 사명을 잊지 않고 사절이 신표로 삼고 있는 부절을 몸에 지니고 있었다. 13년의 포로생활 끝에 흉노족의 감시에서 벗어날 기회를 포착한 장건은 서쪽으로 수십 날을 간 끝에 오늘날 페르가나분지에 위치한 대원국에 도착했다.

　장건은 처음 출사할 때 천산 남쪽 기슭으로 길을 잡았다. 『사기·대원열전』은 출사했다 돌아온 장건의 보고서에 따라 저술된 것으로 로프노르 서안에 있는 누란과 타림분지 북쪽에 있는 룬타이(『사기』에서는 윤두로 기록되어 있음)에 대해서는 언급했지만 카슈가르강 유역의 소륵(카슈가르)에 대해서는 언급하지 않았다. 이로 볼 때 장건은 누란을 출발해 오늘날의 쿠처 아커쑤, 원쑤 등지를 거쳐 톈산 남쪽 기슭을 따라 베델 고개에서 톈산을 넘어 나린강에 이른 다음, 남쪽으로 가 대원국에 도착했을 것으로 판단된다.

장건이 억류되었던 지점에 관해서는 여전히 의견이 분분하다. 어떤 학자들은 『사기·대원열전』의 기록에 근거해 장건이 흉노에서 대원에 이른 시간을 달이 아니라 날짜 단위로 기록했다고 판단해 장건이 잡혀 있던 곳이 대원에서 그리 멀지 않았을 거라고 주장한다. 아마도 흉노가 지배하던 서역의 중심인 동부도위, 바로 오늘날의 신장 룬타이현이었을 가능성이 높다.

한나라의 풍요로움과 강대함에 대해 익히 들어온 대원국 왕은 한나라와 우호관계를 맺고 싶은 마음이 간절했지만 흉노에 가로막혀 한나라에 사절단을 보내지 못했다. 그러던 와중에 장건이 제 발로 찾아왔으니 대원국 왕은 기쁨을 감추지 못하며 통역과 길잡이를 보내 장건을 강거에서 대월지까지 호송하게 했다.

당시 대월지는 아무다리야강 남안의 풍요로운 대하국(아프가니스탄 북부) 정복을 눈앞에 둔 상황이었다. 대하국은 땅이 비옥하고 풍요로웠다. 이곳을 찾은 대월지인은 점차 유목생활을 버리고 정착해 농경생활을 시작하면서 날이 갈수록 사회가 안정되고 있었다. 그런 상황이었기에 더 이상 흉노와 살육전을 벌이고 싶지 않았던 대월지 여왕은 한나라의 동맹 제안을 완곡히 거절했다. 장건은 1년 넘게 체류하면서도 외교적 목적을 달성하지 못했다.

장건이 귀국길에 오른 것은 기원전 127년경이었다. 대하국을 떠나 동쪽으로 길을 잡아 총령(파미르고원)을 넘어 타림분지로 들어가 분지 남쪽 가장자리를 따라가다가 곤륜산 북쪽 기슭을 끼고 나아갔다. 오늘날의 타슈쿠르간, 호탄, 체르첸을 거쳐 차르클리크에 도착했다. 그런 다음 흉노의 세력범위를 피해 가기 위해 동남쪽으로 꺾어 청해로 들어갔다. 장건은 이 길을 잘 몰랐다. 아마도 흉노족에게 잡혀 있을 때나 서역에 출사해 있는 동안 귀동냥으로 들은 길이었을 것이다. 그러나 당시 서역 전 지역이 이미 흉노의 영향권 아래 있던 터라 장건은 애먼 고생만 하고 다시 흉노에 사로잡혀 감금되었다. 그러나 1년 뒤 천우신조로 흉노에 내란이 발생한 틈을 타 도망쳤다. 그리하여 기원전 126년 마침내 장안으로 돌아올 수 있었다. 장건이 서역으로 출사한 지 13년째 되는 해, 처음 출발할 때는 100여 명에 달했던 사절단 가운데 살아돌아온 사람은 장건과 그의 하인 당읍부뿐이었다. 한나라는 서쪽으로 가는 길을 내고자 엄청난 대가를 치른 셈이었다.

장건이 서역에 다녀오기 전까지 유라시아 대륙을 관통하는 주요 교통로는 초원길이었다. 이 길은 몽골 대초원, 톈산 남쪽 기슭, 카자흐스탄 대초원, 남러시아 초원을 거쳐 유럽 흑해 연안에 도달했다. 그러나 장건이 서역에 다녀오면서 오아시스길이 뚫렸고, 이 길은 이내 유라시아 대륙을 오가는 주요 교통로이자 고정 루트가 되었다. 장건이 서역을 왕복하면서 지난 두 길은 훗날 실크로드의 남쪽 루트와 중앙 루트가 되었다.

『사기·대원열전』과 『한서·서역전』이 바로 장건의 견문을 바탕으로 편찬된 역사서다. 비록 원래의 정치적 임무는 완수하지 못했지만 장건은 서방세계의 지리와 민족에 관한 방대한 정보를 가지고 돌아왔다. 한나라 서쪽 지역을 덮고 있던 무지의 안개가 서서히 걷히면서 전혀 다른 세상이 중원 문명 앞에 펼쳐진 것이었다. 한나라는 그들과 교류하면서 교역하고 싶은 마음이 간절했다. 장건이 직접 보고 들은 내용은 역사서에 기록되면서 중국인이 외부세계를 인식한 최초의 자료가 되었다.

장건이 직접 서방세계를 다녀오기 전까지만 하더라도 서방세계에 대한 중원 문명의 지리적 개념은 매우 모호하고 혼란스러웠다. 약수弱水가 하늘을 가로지르는 강으로 흐르고 서왕모라는 존재가 있다는 등 허무맹랑한 이야기가 난무했던 것이다. 장건은 처음 출사했을 때 약수나 서왕모 같은 전설의 사실 여부를 확인하기 위해 직접 조사했다. 그러고 나서 이런 이야기는 전설에 불과할 뿐 자신이 직접 확인하지는 못했노라고 했다. 사마천도 장건이 남긴 첫 번째 자료를 바탕으로『사기』에 기록을 남기길『산해경』,『우본기』등의 책에 나온 서역 지리와 관련된 기록은 사실과 다른 내용이 너무 많아 믿을 수 없다고 했다.

중앙아시아에는 시르다리야와 아무다리야라는 두 줄기 큰 강이 있다. 장건은 처음으로 아무다리야강에 대해 보고했다.『사기』에서는 이 강을 그리스어 명칭인 Oxus를 번역한 규수嬀水로 기록했고,『한서』에

출토된 당나라 때 도용. 물건을 가득 실은 낙타가 실크로드를 오가는 모습을 표현했다.

서는 원음에 더 가까운 방식으로 박추수라고 번역했다. 당나라 때는 오호하라고 번역했다. 오늘날의 명칭인 아무다리야강은 중앙아시아에서 투르크화를 거친 투르크어 명칭이다. 비록 중앙아시아의 아랄해 근처에는 이르지 못했지만 처음으로 아랄해에 대해 기록한 사람은 아무다리야강을 대택(大澤, 큰 못)이라고 불렀다.

돌아오는 길에 장건은 파미르고원을 넘었다. 그는 유사 이래 처음으로 파미르고원을 넘은 탐험가였다. 또한 그는 우전남산을 직접 시찰했다. 장건은 이 산에서 옥이 산출되며 우전하, 즉 오늘날의 허톈허가 흐른다는 사실을 발견했다. 장건은 우전하가 바로 황하의 발원지며 이 강이 동쪽으로 흘러 로프노르(당시에는 염택이라고 부름)로 흘러든 다음, 땅 밑에서 흐르다가 청해 적석산에서 다시 지표면 위로 흘러나온다고 추정했다. 장건이 이러한 상황을 한무제에게 보고하자 한무제는 곧바로 전설 속 신선이 사는 곤륜산을 우전남산이라고 정했다. 이리하여 전설에나 등장할 뿐 실체가 모호하던 곤륜산은 마침내 구체적인 위치가 정해지게 되었다.

그러나 황하의 발원지에 관한 장건의 추측은 틀렸다. 우전하는 타림강의 지류일 뿐이며, 타림강의 하류에 로프노르가 형성되었다. 우전하가 최종적으로 로프노르로 흘러든다고 한 것은 맞는 말이었지만 로프노르와 황하는 아무런 관계가 없다. 한무제는 곤륜산이 황하의 발원지라고 확신해 신선과 중국의 젖줄을 하나로 묶어버렸다. 이는 당시 사람들이 숭상한 천명에 꼭 들어맞았을 뿐만 아니라 서역으로 영토를 확장해 대통일을 이루고자 하는 염원을 드러낸 것이었다.

『사기 · 대원열전』에서는 천산-총령 이서지역의 서역국가 위주로 소개했고 분지에 자리한 국가들은 누란을 비롯한 4~5개 국가만 소개하는 데 그쳤다. 이는 사마천 시대의 한나라가 흉노를 협공할 목적으로 총령 이서지역의 대월지, 오손, 안식 등의 대국에만 관심을 가졌기 때문이다.

장건은 탁월한 탐험가이자 뛰어난 정보 전문가였다. 그는 파미르고원 이서지역의 10개국에 관한 정보를 가지고 돌아왔는데 그중 대원, 강거, 대월지와 대하는 장건이 직접 방문했던 나라들이었다.

대원은 장건이 처음으로 발을 디딘 중앙아시아 국가였다. 그래서 사마천은 『사기』에 이렇게 적고 있다. "대원에 관한 기록을 처음으로 전한 사람은 장건이다." 대원은 페르가나분지, 지금의 우즈베키스탄 중부에 위치한 나라였다. 서한 시대 대원은 산물이 풍부하고 인구가 대략 30만 명에 달했으며 명마와 포도, 목숙(거여목)의 산지로 유명했다. 대원은 서북쪽으로 타슈켄트와 통하고 서남쪽으로는 사마르칸트, 부하라 등 오아시스 도시와 통했다. 『사기』는 「대원열전」에서 장건의 시찰 보고를 총괄했을 뿐만 아니라 대원을 좌표로 삼아 주변 국가들의 위치를 확정했다.

강거는 시르다리야강 북쪽 연안에 자리한 스키타이 유목민족 부락으로 시르다리야강 남쪽 연안의 소그드인이 강거의 지배 아래 있었기에 한나라 문헌에서는 소그드인을 '강거인이며 통치의 중심지는 사마르칸트'라고 기록했다. 대월지와 대하는 아무다리야강 유역, 즉 오늘날의 우즈베키스탄 남부와 아프가니스탄 동북부에 자리한 나라였다. 대월지는 당시 선대왕의 부인이 집권하면서 대하국, 즉 서방 문헌에 등장하는 박트리아를 정복한 상태였다. 장건은 대하국의 수도를 란스성이라고 불렀는데 이는 그리스어 Alexandria에서 비롯되었다. 이 도시는 아무다리야강 남쪽 연안에 위치해 있다. 1920~1950년대 프랑스와 미국 고고학팀은 이 지역에서 고고학 발굴을 실시해 아프가니스탄 북부 마자르-이-샤리프 서쪽으로 23km 떨어진 와지라바드 부근에서 박트라의 유적을 발견했다.

장건이 이 도시를 직접 찾은 까닭은 이곳 시장에서 중국 사천을 통해 전해진 죽장과 피륙을 발견했기 때문이다. 장건은 이를 바탕으로 사천에서 인도를 거쳐 대하까지 이르는 또 다른 길이 있을 거라고 추측했다. 정말로 그렇다면 흉노의 세력권인 서북지방을 거치지 않고도 서역국가들과 왕래할 수 있게 된다. 이 또한 중국 서남부지역을 일컫는 서남이西南夷를 개발하려는 한무제의 결심을 굳히는 이유가 되었다. 비록 전설 속의 촉신독도는 찾아내지 못했지만 이때부터 한나라는 서남지역을 광범위하게 개발했다.

중앙아시아에서 장건은 안식에 관한 소식을 들었다. 안식은 이란에 위치한 나라로 서방의 사서에서는 안식을 파르티아 제국이라고 불렀다. 중국인은 파르티아 왕족의 이름인 아르사케스를 따서 파르티아 제국을 안식이라고 불렀으며, 안식국 사람들에게는 안씨 성을 붙였다. 동한 시기 말 중국에 불교를 전파하러 온 안세고, 안현도가 바로 안식국 사람들이었다.

장건은 안식의 서쪽에 조지, 즉 셀레우코스 왕조에 속하는 오늘날의 시리아가 있고 서남쪽에 여건(다른 이름으로 이현이라고도 함), 즉 프톨레마이오스 왕조에 속하는 이집트가 있다는 정보를 전해 들었다. 안식국 북쪽으로 북해의 북쪽에서 카스피해, 아랄해를 거치며 동쪽으로 향해 추강, 이리강 유역에 이르는 지역에서 활동한 유목민족으로 엄채와 오손이 있었다. 엄채는 중국 역사서에서 알란인이라고도 불렀다. 훗날 이들은 서쪽으로 이동해 캅카스산맥 북쪽에 자리를 잡았는데 이들이 바로 오늘날 오세트인의 선조들이다.

앞에서 언급한 10개국은 상세함에서 차이가 있을 뿐 한나라로 돌아온 장건이 한무제에게 바친 보고서에 모두 언급된 바 있는 나라들이다. 장건은 강거, 엄채, 오손, 대월지를 행국行國, 즉 유목국가로 분류하고 그 외 국가들을 토착, 즉 농경국가로 분류했다. 장건의 보고서가 없었다면 기원전 2세기의 중앙아시아 역사는 인류역사에서 완전히 사라졌을지도 모른다.

기원전 119년 장건은 다시금 서역으로 출사해 오손으로 향했다. 한무제는 오손과 동맹을 맺어 흉노의 오른팔을 자르고 서역국가들과 외교관계를 맺고자 했다. 이때 한나라의 전략은 이미 흉노를 제압하는 것에서 한걸음 더 나아가 영토를 확장해 만천하에 중원 문명의 위대함을 떨치는 것으로 바뀌었다.

두 번째 서역출사길은 규모부터 달랐다. 수행원만 300명에 달했고 각국에 보낼 선물로 소와 양 1만 마리, 값어치가 천금에 달하는 비단과 돈까지 바리바리 챙겨 서역으로 향했다. 비록 역사서에서는 두 번째 출사길의 구체적인 경로에 대해 기록하고 있지 않지만 당시 한나라의 세력범위를 근거로 추측해봤을 때 아마도 실크로드의 중앙 루트를 이용했을 것으로 판단된다. 다시 말해 허시저우랑을 거쳐 톈산 남쪽 기슭을 따라 서쪽으로 향해 아커쑤 근처에 이른 다음 북쪽으로 방향을 틀어 톈산을 넘어 오손국의 도성인 적곡성에 도달했을 것이다. 적곡성은 오늘날의 키르기스스탄 내 이식쿨호의 동남쪽에 있었다.

얼마 후 장건이 파견한 사절들도 하나둘 장안으로 돌아오면서 자신들이 방문한 나라의 사절들을 데리고 돌아왔다. 이때부터 중국과 중앙아시아, 서아시아 국가들 사이의 왕래가 정식으로 이루어지기 시작했다. 서쪽으로 향하는 사절들의 발길이 끊이지 않아 많게는 1년에 수십 개, 적게는 대여섯 개의 사절단이 서한에서 서역 각국으로 향했다. 사절단의 규모는 많게는 수백 명, 적게는 100여 명에 달했다. 파견된 곳이 물리적으로 너무 멀었던 까닭에 한 번 파견되었다 돌아오기까지 적게는 몇 년에서 8~9년이 걸렸다. 동쪽을 찾는 행상과 외국 상인들의 무리도 끊이지 않아 변경지역에서는 날이면 날마다 그곳에서 묵는 상인들을 볼 수 있었다. 이후 중국과 서역국가들이 서로 왕래할 때 이용하던 육로는 계속해서 서쪽으로 확장되어 엄채(아랄해와 카스피해 사이), 조지(이라크 메소포타미아) 등의 국가까지 이어졌다.

실크로드를 통해 장건이 파견한 사절들은 멀게는 이란고원에 자리한 안식국까지 이르렀다. 안식국의 왕은 기병 2만 명을 동쪽 변경까지 파견해 사절을 맞았다. 이름이 알려지지 않은 이 사절은 안식국의 수도인 헤카톰필로스, 즉 오늘날 이란의 담간에 발을 디뎠다. 헤카톰필로스 유적은 이란 동북쪽 호라산 지역, 엘부르즈산맥 동단의 남쪽 비탈, 옛 실크로드의 중심에 자리하고 있다.

두 번째 출사에서 돌아온 지 얼마 지나지 않아 장건은 세상을 떠났다. 그는 세계에서 가장 유명한 개척자였으며 그가 걸음을 내딛고 새로운 역사를 써나갈 때마다 새로운 이정표가 세워졌다.

장건이 출사하기 전까지 중원 문명은 아직 서역국가들과 아무런 관계도 형성하지 못한 상태였다. 사마천은 장건의 선구적인 업적을 일러 착공鑿空, 즉 길을 뚫었다고 표현했다. 장건은 온갖 고난을 이겨내고 먼 곳의 지식을 가져와 당시 중국인의 시야를 크게 넓혀 세계에 대한 새로운 인식의 장을 열어주었다. 중국과 서방국가들 사이의 광범위한 문화 교류도 이로부터 시작되었다.

대진을 발견한 감영

장건이 서방세계에 발을 디딘 지 200여 년이 지난 서기 97년 또 다른 사절 감영이 길을 나섰다. 그의 목적지는 당시 대진국이라 불리던 로마 제국이었다.

장건이 서역으로 가는 길을 개통하고 얼마 지나지 않아 유럽으로 전해진 중국의 실크는 눈 깜짝할 사이에 로마 제국을 사로잡았다. 상인들이 실크로드를 오가기 시작하면서 1세기 무렵의 중국인은 차츰 안식국의 서쪽에 그보다 더 강대하고 문명이 발달한 대진이라는 나라가 있다는 사실을 알게 되었다.

대진을 발견했다는 것은 곧 서방세계에 한발 더 가까워졌다는 뜻이었다. 중국인이 인식하는 지리적 한계선은 유럽의 경계선 안쪽으로 들어가 옥문관에서 4만여 리나 떨어진 지역에 이르렀다. 이는 감영의 원행이 있었기에 가능한 일이었다.

『후한서·서역전』에 따르면 동한 시기 서역도호에 임명된 반초는 서기 97년 감영을 대진에 사절로 파견해 조지에 이르렀다. 훗날 서역도호 반초의 아들 반용이 감영의 출사 경험을 바탕으로 『서역기』를 저술했다. 안타깝게도 이 책은 오래전에 실전되었지만 불행 중 다행으로 『후한서·효화효상제기』와 『후한서·서역전』에 일부 내용이 실려 전해진다.

감영은 당시 서역도호 소재지인 타건성에서 출사길에 올랐다. 타건성은 오늘날 신장 아커쑤시 신허현 서남쪽에 있었다. 감영의 출사 경로에 대해서는 아직까지도 갑론을박이 이어지고 있다. 현재는 양공러 교수의 의견이 가장 널리 인정받고 있는데 그의 주장에 따르면, 감영은 톈산 남쪽 기슭을 따라 서쪽으로 향해 카스(카슈가르)를 거쳐 사차(야르칸드)에 이른 뒤 남쪽으로 길을 잡아 총령을 넘어 인더스강 지류 협곡으로 들어서 당시 계빈이라고 불리던 나라 안으로 들어섰다. 계빈은 오늘날 히말라야산 서남쪽 카슈미르 지역에 자리한 나라였다. 여기에서 감영은 서쪽으로 길을 잡아 오늘날의 파키스탄 북부를 거쳐 서남쪽으로 향해 이란 동부 시스탄 지역, 즉 당시의 오익산리국에 이르렀다. 총령에서 계빈, 오익산리까지 이르는 길은 매우 험난했다. 파미르고원과 카라코람산맥 양쪽의 고산 협곡지대를 지나야 했고, 어떤 지역은 출렁다리에 의지해 협곡을 건너야만 했다. 역사서에서는 감영이 현도를 건넜다고 했는데 여기에서 말하는 현도가 바로 현수교다.

비록 남쪽으로 총령을 넘는 길이 몹시 험준하기는 했지만 이 길은 중앙아시아 페르가나분지 지역을 멀리 돌아갈 필요 없이 곧바로 인도로 갈 수 있는 지름길이었다. 훗날 법현 등 구법승이 인도로 갈 때 이용했던 길이 바로 이 길이었다.

오익산리에 도착한 감영은 이내 실크로드 최남단 루트를 이용할 수 있었다. 그는 오늘날 이란의 남부지역을 출발해 밤, 이스파한, 마리완을 지나 이라크 메소포타미아 지역으로 들어가 마침내 조지국에 도착했다. 조지국의 위치에 대해서는 실크로드 연구자들 사이에서도 갑론을박이 뜨겁다. 서한 시기 『사기·대원열전』에서는 안티오크를 번역한 지명으로 조지국을 거론했는데 이는 오늘날의 터키 항구도시 안타키아이자 당시 셀레우코스 왕조에 속했던 나라를 가리킨다. 그러나 감영이 활동하던 시대 셀레우코스 왕조는 이미 로마 제국에게 정복당해 역사에서 사라진 상태였다. 따라서 감영이 찾은 곳은 이라크 바스라 서북쪽에 위치했으며, 기원전 166년에 세워진 또 다른 안티오크였다는 것이 일반적인 의견이다.

　사실 감영은 동쪽에서 서쪽으로 안식국 전체를 통과해 페르시아만 해변에 닿았다. 그러나 대진국을 향한 감영의 발걸음은 여기에서 멎고 말았다. 『후한서·서역전』에 따르면 감영이 페르시아만을 건너 대진국으로 가려 할 때 안식국 뱃사람들이 뱃길이 너무 멀어 느린 바람을 만나면 2~3년은 걸려야 대진국에 도달할 수 있고 배에서 지내는 동안 병에 걸리기 쉬우며 고향생각이 간절한 탓에 정신이 이상해져 바다에 빠져 죽게 된다며 가로막았다고 한다.

　안식국은 중국이 로마 제국과 직접적인 관계를 맺길 원하지 않았다. 실크로드상에서 안식국은 동서교통의 거점으로서 오랫동안 실크무역을 통해 막대한 이윤을 독점하고 있었기 때문에 실크 생산국과 소비국

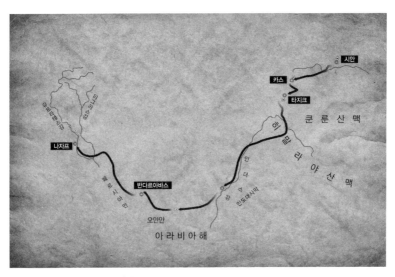

동한 감영의 서행길 노선을 표시한 지도

이 직접적으로 거래를 트는 것을 꺼려했다. 사실 당시 조건을 보면 감영이 페르시아만에서 배를 탔더라도 지중해에 도달할 가능성은 희박했다.

포르투갈인 바스쿠 다가마가 배를 타고 남아프리카공화국 희망봉을 돌아간 것도 그로부터 1,400년 후의 일이다. 감영은 안식국 사람들의 거짓말을 믿고 대진국을 찾는 사명을 포기했다.

감영은 비록 로마 제국에 입성하는 데 실패했지만 중국이 서방세계로 통하는 길을 뚫은 역사에 새로운 이정표를 세웠다. 사마천은 서한의 사절들이 여간과 조지를 거쳐 갔다고 했지만 이를 증명할 길은 없다. 다만 중국인이 발을 디딘 최서단이 안식국 헤카톰필로스라는 점은 신뢰할 만하다. 감영의 발걸음은 그때까지 개통된 교통로를 서쪽으로 1,000리 정도 더 넓혔고 이로 인해 중국인이 도달한 지리적 한계선은 메소포타미아 지역 페르시아만 해변까지 이르게 되었다.

현장, 중앙아시아와 인도를 가다

당나라 정관 원년 서기 627년 가을, 중원 지역이 서리 피해로 곡식을 거두지 못해 곳곳에 걸식을 하는 백성들이 넘쳐났다. 그러나 바로 얼마 전 동돌궐의 침략을 겪은 당나라는 이재민을 구제할 여력이 없었기에 이재민들에게 수확이 있는 곳이면 어디든 찾아가 각자 살길을 강구하라는 명을 내렸다. 이렇게 기근으로 살던 곳을 등진 사람들 중에 승려도 1명 끼어 있었는데 그가 바로 현장이었다.

기근이 발생한 해, 현장은 27세의 젊은 승려였지만 이미 중국 내 여러 지역을 두루 거치며 삼장법사라는 호칭까지 얻었다. 오랜 세월 힘든 공부와 수행을 했지만 현장은 여전히 선인들이 번역한 불경에 허점이 많고, 몇몇 중요한 경전은 아예 중국에 전해지지도 않았음을 깨닫게 되었다. 따라서 현장은 인도에 가서 열심히 불도를 닦은 다음, 진짜 경전을 가지고 돌아오겠다고 결심했다. 이리하여 인류탐험사에 길이 남을 기적과도 같은 여정이 시작되었다. 현장은 3년 동안 신장을 거쳐 중앙아시아를 돌아 인도에 이르면서 128개국을 지났고, 2만 km에 달하는 거리를 걸었다.

당시 세워진 지 얼마 안 된 신생국이었던 당나라는 끊임없이 돌궐과 전쟁을 치렀다. 당나라 조정은 신하와 백성들이 돌궐과 결탁할 것이 두려워 당나라인의 출경을 엄격히 제한했다. 여러 차례 조정에 과소(당

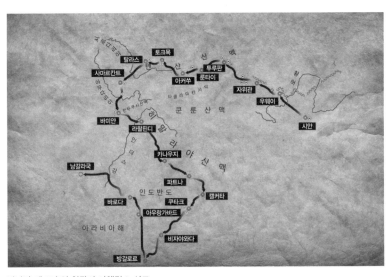

당나라 때 고승인 현장의 서행길 노선도

나라 때 관문 통행증-옮긴이)를 신청했다가 거절당한 현장은 불법적인 경로를 통해 변경을 넘기로 결정했다.

현장이 살았던 시대에 실크로드상에는 이미 상당한 변화가 있었다. 크로라이나(누란)는 이미 버려졌고 당나라 때의 옥문관(위먼관)은 둔황 동쪽 200여 km 밖의 과주(과저우)로 옮겨졌다. 서역으로 들어가는 길은 과주에서 서북 방향으로 막하연적이라고 불리는 사막을 건너 이오(하미)에 이르렀다. 이 방향은 오늘날 신장으로 들어가는 간신도로와 비슷하다.

하미는 당시 서돌궐이 지배하던 땅에 속했다. 현장은 이곳에서 북쪽 루트를 타고 톈산 북쪽 기슭을 따라 가한부도성(오늘날 신장 지무싸얼을 가리킴)으로 간 다음, 서쪽으로 길을 잡아 중앙아시아로 들어갈 작정이었다. 그러나 고창국의 왕 국문태의 요청으로 서남쪽으로 길을 돌아 지금의 투루판에 자리했던 고창국으로 향했다. 현장이 긴 여정을 완수할 수 있었던 것은 큰 도움을 준 두 사람 덕분이었다. 그들은 바로 고창국의 왕 국문태와 서돌궐의 수장 통 야브구 카간이었다.

고창국은 중서교통의 요충지에 자리해 역사상 수차례 중원 왕조가 서역을 경영하는 데 중심이 되었던 곳이다. 독실한 불교 신자였던 고창국의 왕 국문태는 현장을 만류하기 위해 갖은 애를 썼지만 현장이 인도로 갈 뜻을 굽히지 않자 하는 수 없이 보내주기로 했다. 국문태는 현장을 위해 만반의 채비를 갖춰주었다. 현장을 시중들 사미승 4명과 하인 25명을 딸려 보냈을 뿐만 아니라 20년은 족히 쓰고도 남을 금은과 필요한 물품을 마련해주었다. 이 밖에도 24통의 서신을 쓰고 각각의 서신에 비단을 한 필씩 딸려 보냈는데 이는 고창국 서쪽에 자리한 24개국에 현장을 도와달라는 뜻으로 보내는 선물이었다. 그중 가장 중요한 서신이 바로 서돌궐의 수장 통 야브구 카간에게 보낸 것이었다.

고창국 호위대의 호송을 받으며 현장은 고창국을 떠나 서쪽으로 향했다. 아기니국(오늘날 신장의 옌치, 즉 카라샤르), 굴지국(구자라고도 불린 오늘날 신장의 쿠처), 발록가국(오늘날 신장의 아커쑤)을 거친 다음 능산을 넘었다. 일반적으로 능산은 아커쑤 서북쪽, 톈산에 속하는 보다링이었을 것으로 생각된다. 이곳은 한나라 때부터 오손을 오가는 주요 통로였다. 산 위에 베델고개가 있는데 현장은 바로 이 고개를 넘어 천산 남쪽 기슭에서 북쪽 기슭에 이르렀다.

현장이 천산을 넘은 때는 마침 한겨울이어서 사방이 온통 얼음과 눈으로 뒤덮여 이동하기가 몹시 힘들었다. 식사를 할 때는 솥을 들어 올려 불을 피워야 했고, 밤에는 차디찬 눈 바닥에 자리를 깔고 잠을 청해야 했다. 갖은 고생을 다한 끝에 7일 만에 능산을 넘기는 했지만 30여 명 중에 살아남은 사람이 고작 8~9명에 불과했으니 3분의 2가 설산에서 목숨을 잃은 셈이었다. 천운으로 목숨은 건졌지만 살아남은 사람들도 하나같이 손발에 동상을 입었다. 이토록 많은 사람이 피해를 입은 것으로 보아 아마도 설산에서 눈사태를 만났던 것으로 판단된다. 현장은 훗날 『대당서역기』에서 눈사태를 폭룡이라고 기록했다.

천산을 빠져나온 현장은 오늘날 키르기스스탄 영토 안에 자리한 이식쿨호에 이르렀다. 이식쿨호는 천산 서쪽에 위치하고 있으며 길이 165km, 넓이 57km, 가장 깊은 곳의 수심이 702m에 달하는 호수다. 호수에 염분이 함유되어 있는 데다 수심이 매우 깊어 겨울에도 얼지 않기 때문에 현지인들은 이식쿨호를 열해라고 불렀고, 투르크어로는 Issyk kul 또는 함해라고도 불렀다.

당나라 때 이식쿨호 지역은 실크로드 북쪽 루트를 이용하기 위해서 반드시 거쳐야 하는 곳이자 북쪽 루트에서 중앙 루트로 갈아타는 중요한 연결지점이었다. 이식쿨호를 지나 서쪽으로 가면 당시 서돌궐 왕국이 있던 쇄엽성에 이르렀다.

쇄엽성은 오늘날 키르기스스탄 토크목 서남쪽으로 약 8km 떨어진 곳에 있었다. 쇄엽성은 천산 서부 북쪽 기슭에서 가장 큰 도시이자 무역의 중심지였다. 천산남로는 언기(카라샤르)를 거쳐 오습을 지나 천산을 넘은 다음, 쇄엽에 도착한다. 여기에서 천산 북쪽 기슭을 따라 서쪽으로 향해 서투르키스탄에 이르는 천산북로와 합쳐진다. 쇄엽성은 서쪽으로 약 300km 떨어진 곳에 있는 달라사성(오늘날 카자흐스탄의 제즈카즈간에 위치)과 함께 이 일대 오아시스를 지배했으며 남쪽으로 시르다리야강과 아무다리야강 사이의 소그디아나 오아시스 국가들과 통했다. 쇄엽에서 달라사를 거쳐 시르다리야강 북쪽 연안을 따라 서쪽으로 가

당나라 〈직공도〉 권, 염립본 그림. 이 그림은 성당 시기 외국 사절단이 당나라에 공물을 진상하던 모습을 묘사하고 있다.

면 남러시아 초원과 이스탄불에 이르렀다. 이로 보아 쇄엽성은 오아시스길과 초원길이 만나는 곳이자 중앙아시아 무역의 중심인 소그디아나 지역을 동쪽과 연결하는 역할을 했던 곳으로 보인다. 훗날 당나라가 서돌궐을 격파하고 쇄엽진을 세우면서 이곳은 안서사진 최서단의 통치구역이 되었다.

628년 현장은 고창국 왕의 친필 서신을 가지고 쇄엽성에서 서돌궐을 다스리는 통 야브구 카간을 만났다. 당시 돌궐은 바야흐로 전성기를 맞은 터라 훗날 현장은 카간의 사치스러움과 기세에 대해 이렇게 묘사했다. "카간은 초록빛 비단 두루마기를 걸치고 있었는데, 머리카락을 드러내고 한 장 길이 실크로 이마를 동여매 뒤로 늘어뜨렸다. 200여 명의 신하들은 모두 비단 두루마기를 걸치고 머리를 땋은 채로 좌우를 둘러싸고 있었다."

돌궐 카간은 적국에서 온 승려를 진심으로 환대하며 여비까지 두둑이 챙겨주었을 뿐만 아니라 신하에게 직접 쓴 서신을 전하며 현장이 국경을 안전하게 넘을 수 있도록 호위하라고 명했다. 카간은 서신을 통해 다른 돌궐족 군주들에게 당나라 승려를 환대하고 보호해달라고 당부했다. 덕분에 현장은 한결 가벼운 마음으로 여정을 이어갈 수 있었다.

서돌궐은 당시 중앙아시아 지역의 실질적인 지배자였다. 서돌궐 카간의 지원 덕분에 현장은 중앙아시아를 더 깊고 넓게 이해하고 유람할 수 있었다. 때문에 현장은 서둘러 인도를 찾는 대신 아무다리야강과 시르다리야강 유역을 두루 살피며 중앙아시아에 자리한 나라들을 빠짐없이 둘러보았다. 현장은 먼저 자시(오늘날 우즈베키스탄 타슈켄트), 삽말건(오늘날 우즈베키스탄 사마르칸트), 포갈(오늘날 부하라) 등을 찾았다. 서북쪽으로 가장 멀게는 아랄해 가까이에 자리한 화랄자모(현장은 화리습미라고 부름)까지 갈 수 있었다. 그러나 안타깝게도 현장은 조금만 더 가면 닿을 수 있는 아랄해에는 가지 않았다.

하지만 당나라 때 사람들은 이미 아랄해의 존재를 알고 있었다. 『구당서』, 『신당서』에서는 아랄해를 뇌저해라고 불렀는데 이 명칭이 처음 쓰인 것은 『수경주』에서였다. 중국 고대 문헌은 세계 최초로 아랄해에 대한 기록을 남겼지만 고대 그리스 로마인들은 줄곧 아랄해와 카스피해를 혼동했다.

힌두쿠시산은 파미르고원에서 서남쪽으로 뻗어가 아프가니스탄을 가로지르고 길이가 약 960km에 이르는 이란고원과 인도 아대륙(남아시아)의 경계선에 위치한 큰 산맥이다. 아무다리야강과 카불강이 여기에서 갈라진다. 전하는 바에 따르면 힌두쿠시라는 산 이름은 페르시아어에서 비롯된 것으로 인도인을 죽인다는 뜻이라고 한다. 산이 매우 높고 몹시 춥기 때문에 원래 더운 지역에 살던 인도인은 산을 넘다가 추위를 견디지 못해 종종 얼어 죽었기 때문에 이런 이름이 지어졌다고 한다. 현장은 이 산을 흑령이라고 불렀다. 628년 여름의 끝 무렵, 현장은 힌두쿠시산을 넘어 마침내 인도에 도착했다.

인도에서 현장은 북천축, 중천축, 남천축 지역을 모두 돌아보았고 스리랑카 근처까지 이르렀다. 가장 오래 머문 곳은 인도 불교의 중심지였던 날란다사원(오늘날 비하르주 라즈기르 근처)이었다. 현장은 그곳에서 5년 동안 불법을 공부한 끝에 덕망 높은 고승이 되었다.

서기 641년 현장은 귀국을 결심했다. 그는 실라디탸(계일왕이라고도 함)와 다른 인도 친구들의 만류에도 발라야가국(지금의 알라하바드)이 개최한 대회에 참가하고 난 뒤 그간 방문한 곳에서 얻은 불경과 불상 등을 가지고 육로를 통해 당나라로 향했다.

돌아가는 길에 현장은 지름길을 택했다. 북쪽으로 향해 힌두쿠시산을 넘은 다음 서쪽으로 향해 총령을 넘었다. 그리고 와칸회랑을 거쳐 타림분지 남쪽 가장자리로 길을 잡아 호탄, 니야, 선선(크로라이나의 다른 이름)을 지나 실크로드 남쪽 루트를 따라 돈황으로 돌아와 옥문관으로 들어갔다.

645년 1월 24일 마침내 현장은 장안으로 돌아왔다. 그런데 10여 년 전 현장이 몰래 국경을 빠져나갔던 것과 판이하게 달라진 점이 있었으니 바로 엄청난 환영을 받았다는 사실이다. 현장은 총 657부의 경전을 520상자에 담아왔고 불상들도 챙겨왔다. 마침 낙양에 머물고 있던 당태종은 즉시 현장을 불러들였다. 당태종의 요구에 따라 현장은 자신이 보고들은 바를 바탕으로 총 12장 12만 자에 달하는 『대당서역기』를 집필해 141개 국가의 상황에 대해 기록했다. 그중 현장이 직접 다녀온 나라는 128개국이었다. 『대당서역기』는 중국인이 당시 중앙아시아와 인도의 상황을 이해하는 백과사전이 되었다.

두환,
아프리카를 가다

서기 757년 5월 25일 중국인 두환은 말록에 있었다. 이 도시는 중국 고서에서 목록이라고도 불리던 오늘날 투르크메니스탄의 마리에 자리했던 메르브를 가리킨다. 목록은 당시 이슬람 제국 호라산의 중심도시이자 실크로드상의 교통거점이었다. 두환은 훗날 『경행기』에 '그곳은

5월이 한 해의 시작'이라고 기록하고 있다. 5월이 1년 중 첫 번째 달이란 뜻이었다. 중국인은 이슬람 제국을 대식국이라고 불렀다. 대식국은 연대를 기재할 때 헤지라력을 사용해 창시자 무함마드가 아라비아반도의 메카를 떠난 날(622년 7월 16일)을 헤지라력 기원 원년 1월 1일로 삼았다. 헤지라력 원년 1월 1일과 중국의 음력 5월이 겹치는 날은 757년 5월 25일, 중국의 음력 5월 2일이다.

두환은 대략 752년 7월에 말록에 도착해 이곳에서 5년을 보냈다. 그전에 두환은 당나라 서역도호의 군관으로 쇄엽 지역에 주둔하고 있었다. 당나라 장군 고선지가 당나라에 주둔하던 돌궐 도시국가의 왕을 실수로 죽여 그 아들이 반역을 일으켜 아비의 복수를 하고자 대식국에 도움을 요청했다.

그리하여 대식국은 군대를 이끌고 탈라스(오늘날 카자흐스탄의 제즈카즈간에 위치)에서 전투를 벌였으니 역사는 이를 탈라스 전투라고 불렀다. 돌궐부족이 배신한 탓에 당나라 군대는 손써볼 틈도 없이 전투에서 패하고 말았다. 많은 병사들이 대식국 군대의 포로가 되었고 두환도 그중 한 명으로 잡혀갔다.

이로써 두환의 실크로드 여행이 시작되었다. 두환은 장장 11년 동안 중앙아시아, 서아시아, 아프리카까지 두루 오갔다. 762년 두환은 바닷길을 통해 광주로 돌아와 여행 도중 보고들은 바를 바탕으로『경행기』를 집필했다. 이 책은 이미 실전되었지만 그의 숙부인 두우가 저술한『통전』에 총 1,700여 자에 이르는 일부 내용이 수록되었다. 두환이 기술한 내용을 통해 중국인은 처음으로 이슬람 제국과 아프리카에 대해 알게 되었다.

두환은 여정은 이러했다. 먼저 쇄엽을 출발해 석국(오늘날 우즈베키스탄의 타슈켄트)으로 압송되었다. 석국을 떠나서는 아마도 동쪽에 있는 발한나국(키르기스스탄 페르가나분지에 위치)으로 갔을 것이다. 그다음에는 중앙아시아 아무다리야강과 시르다리야강 유역의 중심, 즉 오늘날의 사마르칸트 근처에 있던 강국으로 갔다. 그리고 나서 계속 서쪽으로 가 말록국(투르크메니스탄의 마리)에 도착했다.

많은 실크로드 여행자들이 말록에 갔었지만 주목할 만한 기록을 남긴 사람은 두환이 처음이었다. 두환이 기록한 말록은 매우 아름다운 곳이었다. 비록 사막 한가운데 있었지만 오아시스 안 촌락의 울타리가 서로 이어져 있고 나무가 서로 비추는 광경이 펼쳐졌으며, 도시는 가옥의 벽이 높고 두터우며 시장의 상점들이 질서정연했다. 관개시설이 발달해 토지가 비옥하고 다양한 과일과 채소를 생산했으며 상공업도 상당히 번창했다고 한다.

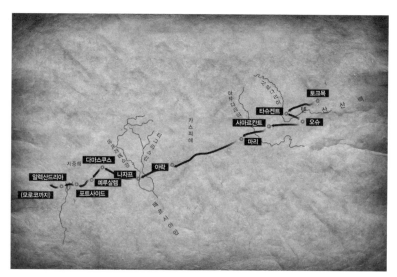

당나라 때 두환의 서행길 노선도

대식국 왕이 새 수도인 바그다드를 건설하기 위해 말록에 주둔하고 있던 호라산 대군을 아구라로 소환했다. 아구라는 메소포타미아 지역의 쿠파를 가리킨다. 두환을 비롯한 중국인 전쟁포로들도 군대를 따라 메소포타미아 지역에 도착해 바그다드 도시 건설에 참여했다. 『경행기』에서 두환은 특별히 중국 장인들의 이름을 기록했다. 중국의 제지술은 바로 이 중국 전쟁포로들을 통해 아랍세계에 전해졌다.

『경행기』에 기록된 지방은 대부분 두환이 직접 가본 곳들이었다. 두환은 오늘날의 시리아인 점국에도 가보았다. 당시 시리아는 오늘날의 레바논, 팔레스타인 등을 포괄하고 있었다. 두환은 동로마 제국의 지리적 위치를 매우 정확하게 묘사했다. 즉 시리아 이서지역에 산(타우루스 산맥을 가리킴) 하나만큼 떨어져 있고, 서쪽과 남쪽은 바다와 마주하고, 북쪽은 하자르 카간국과 국경을 맞대고 있다. 하자르는 서쪽으로 이동한 서돌궐족의 한 갈래로 7세기 초에 이미 카스피해 이서, 코카서스 이북지역으로 이주했다. 7~8세기 사이에 하자르인은 아랍인을 상대로 잇달아 전쟁을 벌여 코카서스산맥을 경계로 세력범위를 나누었다. 하자르인은 계속해서 서쪽으로 세력을 확장해 우크라이나 흑해 북쪽 연안까지 세력범위에 포함시켰다. 수나라 이후 중국은 동로마 제국을 불림이라고 불렀다. 두환은 불림이 바로 한나라 때의 대진, 즉 로마 제국이라고 적시했다.

이 밖에도 두환은 동로마 제국에 관해서도 잘 알고 있었다. 두환의 기록에 따르면 현지인은 백인종이고 음주를 즐기며 독실한 기독교 신자들이고 뛰어난 유리 제작기술을 자랑했다. 그리고 의술이 특히 고명했다. "대진은 안질과 이질을 잘 고친다. 병이 나기도 전에 병을 발견하기도 하고 뇌를 열어 벌레를 잡아내기도 한다." 두환이 여기에서 말한 것은 당시 지중해 동쪽 연안에서 유행했으며 유구한 전통을 자랑하던 '두개골을 열어 눈이 안 보이는 병증을 고치는 치료법'을 말했다. 이러한 의술은 당나라 때 경교(기독교 네스토리우스파) 신도들에 의해 중국에 전해졌다.

두환은 성스러운 도시 예루살렘에 이르렀던 사실을 기록으로 남긴 최초의 중국인이다. 그는 예루살렘을 앙살라국이라고 불렀다. 그리고 계속 서남쪽으로 향해 시나이반도의 사막을 건너 이집트 알렉산드리아에 도착해 아프리카 땅에 발을 디뎠다.

두환은 자신이 마지막으로 이른 곳은 마린국이라고 했다. 마린국의 위치에 관해서는 상당한 의견 차이가 있다. 그중에는 북아프리카의 리비아, 튀니지, 모로코 일대를 가리킨다는 의견도 있다. 이곳은 대식국의 마그레브성으로 성도는 오늘날 튀니지의 고성 까이라완에 있었다. 다시 말해 두환은 이집트에 도착한 이후 더 서쪽으로 향해 지중해 남쪽 해안을 따라 모로코, 심지어 대서양에까지 이르렀다는 뜻이다. 이와 달리 마린국이 동아프리카 에티오피아에 자리했던 악숨 제국이라는 주장도 있다. 즉, 두환이 남쪽으로 내려가 나일 삼각주를 건너 나일강을 따라 아스완에 이르러 누비아사막을 지나 에티오피아에 도착했다는 것이다.

두환이 가봤던 마린국이 도대체 어디인지는 여전히 풀리지 않는 수수께끼다. 그러나 두환은 처음으로 아프리카를 마주한 중국인의 생각을 기록했다. "그곳의 사람들은 피부가 검고 풍속이 거칠며 토양이 척박해 쌀과 밀이 나지 않고 초목도 나지 않는다. 말은 말린 생선을 먹고 사람은 흘망을 먹는다. 흘망은 대추야자를 이르는 말이다. 장기瘴氣로 인한 질병이 매우 심하다."

두환이 갔던 곳이 아프리카의 어느 지역이었든 그는 세계 탐험사상 괄목할 만한 기록을 남겼다. 두환 이후로는 10세기에 이르러서야 아랍의 지리학자 이븐 하우칼과 알 마수디가 아프리카 연해를 고찰하며 여행기를 남겼다. 유럽인 최초로 홍해를 돌아보고 기록으로 남긴 사람은 벤하민이었다. 그는 홍해에서 에티오피아, 소코트라에 이르렀다가 나일강을 따라 카이로로 돌아왔는데 그의 발걸음은 두환보다 400년이나 늦은 것이었다.

두환의 여정은 유라시아 대륙 전체를 관통했다. 오늘날의 키르기스스탄, 우즈베키스탄, 카자흐스탄, 투르크메니스탄, 시리아, 이라크, 이란, 이집트, 리비아, 튀니지, 모로코 등을 지났으며 3개의 종교권을 넘나들었다. 그는 이슬람교를 대식법이라고 부르고, 기독교를 대진법이라고 불렀으며, 현교(배화교, 조로아스터교)를 심심법이라고 불렀다.

네스토리우스교도
라반 바르 사우마

1275년 네스토리우스교도인 위구르인 바르 사우마는 북경을 출발해 예루살렘 순례길에 올랐다. 종교적인 목적 외에도 그는 쿠빌라이 칸이 비밀리에 내린 사명을 수행해야 했다. 바로 유럽에 가서 각국의 동향을 파악하고 정보를 수집하는 것이었다. 쿠빌라이 칸은 그의 군대가 아랍인이 점령하고 있는 예루살렘을 공략할 경우 유럽 각국의 군주들이 원나라를 지지할지 여부가 알고 싶었다. 당시 몽골 귀족 중 상당수가 네스토리우스교를 믿었다. 쿠빌라이의 어머니 소르칵타니, 홀라구

칸의 정비 도쿠즈 카툰, 기와르기스 등이 모두 네스토리우스교도였다. 쿠빌라이도 그 영향으로 기독교에 호의적이었다.

바르 사우마와 동행한 또 다른 네스토리우스교도는 위구르족 웅구트부 출신인 마르쿠스였다. 위구르족은 시대의 변천에 따라 불교, 네스토리우스교, 이슬람교를 신봉했다. 경교는 기독교 섭사탈리(네스토리우스파)의 다른 이름으로 수당 시기에 중국으로 전해졌다. 1225년 바르 사우마는 북경의 네스토리우스교도 가정에서 태어났다. 그의 아버지는 북경경교회에 몸담았던 순찰사였다. 바르 사우마는 어려서부터 성직자가 어울린다고 여겨져 경문을 배우고 23세에 세례를 받고 네스토리우스교도가 되었다. 바르 사우마는 훗날 라반 바르 사우마로 불렸는데 라반은 시리아어로 대가, 장로라는 뜻이다.

고대 중국인으로서 가장 먼 곳까지 가본 사람은 바르 사우마다. 그

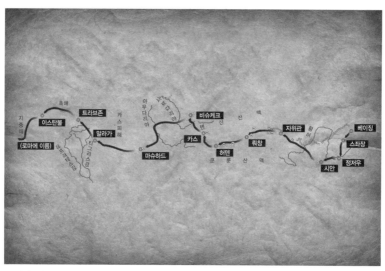

13세기(원나라 시기) 라반 바르 사우마의 서행길 노선도

는 유라시아 대륙 전체를 횡단해 터키 이스탄불에 이르렀고, 배를 타고 바다를 건너 이탈리아에 발을 디뎠으며, 심지어 프랑스 보르도 지방에도 가보았다. 그는 로마 교황을 알현했을 뿐만 아니라 영국과 프랑스의 왕도 만날 수 있었다. 바르 사우마는 유럽에 발을 디딘 최초의 중국인으로 기록되었다.

그런데 흥미로운 점은 오랜 세월 바르 사우마와 마르쿠스의 여정이 알려지지 않았다는 사실이다. 주된 원인은 바르 사우마가 중국으로 돌아오지 않았기 때문이다. 그들의 여정은 페르시아어로 쓰였다가 이후 시리아어로 번역된 전기에 기록되었다. 1887년에 이르러 쿠르디스탄 출신의 궁색한 점성술사가 터키 네스토리우스교도에게서 이 전기의 필사본을 얻었다.

이 책은 곧바로 파리에서 출판되어 각계의 관심을 받았다. 이후 바르 사우마의 전기를 연구한 글들이 유럽의 여러 잡지에 발표되었다. 그리하여 바르 사우마의 이야기는 점차 더 널리 알려지게 되었다.

바르 사우마가 기나긴 여정을 성공리에 마칠 수 있었던 데는 다음과 같은 두 가지 중요한 요인이 있었다. 첫 번째, 몽골 제국이 정복전쟁을 완성해 중국 중원 지역부터 서아시아, 동유럽에 이르는 길이 모두 몽골 제국의 지배하에 있었다는 것이다. 실크로드는 처음으로 아무런 장애물 없이 시원하게 뚫리게 되었다. 원활한 무역보호, 여행의 안전보장, 자유로운 통행, 종교의 자유 등 다양한 부분에서 몽골 제국의 대칸들은 당시 기독교 국가나 이슬람교 국가 군주들에 비해 훨씬 진보적이었다. 두 번째, 당시 몽골 제국은 매우 강대한 국가였다. 그래서 서역 국가들과 기독교는 몽골 제국과 연계해 아랍의 이슬람 세력에 맞설 수 있기를 희망했다. 그런 이유로 바르 사우마와 마르쿠스는 서방세계의 뜨거운 환대를 받을 수 있었던 것이다.

바르 사우마 일행은 실크로드 남쪽 루트를 따라 갔다. 허시저우랑을 지나 바이룽두이사막을 건넌 다음, 타림분지 남도를 통과해 서쪽으로 향해 허텐에 이르러 카슈가르를 지나 총령을 넘어 오늘날 카자흐스탄의 타라즈에 이르렀다. 그곳에서 바르 사우마와 마르쿠스는 오고타이 한국의 카이두를 만나 카이두가 직접 교부한 통행증을 받아 순조롭게 여정을 이어갈 수 있었다. 바르 사우마 일행은 옛 실크로드를 따라 계속해서 서쪽으로 향해 일한국이 통치하던 페르시아 지역(오늘날의 이란, 이라크)에 들어가 마슈하드, 말라가를 거쳐 타브리즈에 도착했다. 여행 도중 일행은 얼마 남지 않은 기독교 교회당과 수도원을 모두 방문하며 기독교 관련 인사들을 만났다.

당시 몽골인은 이집트와 시리아 일대를 지배하던 이슬람교 맘룩조와 격전을 치르고 있었기 때문에 바르 사우마와 마르쿠스는 예루살렘에 갈 수 없어 일한국에 몇 년간 머물렀다.

그렇게 하염없이 기다리고 있는데 바르 사우마와 마르쿠스의 운명을 통째로 뒤바꿀 일이 벌어졌다. 그들은 타브리즈에서 네스토리우스파의 총주교 마르 덴하를 알현했다. 마르 덴하는 그들이 몽골어와 투르크어를 할 줄 알고 칸이 있는 원나라 대도에서 왔다는 사실을 알고 두 사람에게 포교를 맡기고자 했다. 1280년 네스토리우스파 총주교 마르 덴하는 마르쿠스를 당시 중국 북부 양대 교구인 거란(중국을 가리킴)과 웅구트의 대주교에 임명했고, 바르 사우마를 순시총감에 임명해 고국으로 돌아가 포교에 전념하도록 했다. 이윽고 바르 사우마와 마르쿠스는 귀향길에 올랐다. 이듬해 두 사람이 한참 고국으로 돌아가고 있을 때 마르 덴하가 바그다드에서 사망했다는 소식을 전해 들었다. 두 사람은 생각을 바꿔 발걸음을 돌렸다. 바그다드로 가서 마르 덴하의 장례를 치르기 위해서였다.

이어 새로운 총주교를 선출할 때 마르쿠스는 각 지역 주교들의 만장일치로 동방교회 대주교로 추대되어 마르 야발라하 3세가 되었다. 바르 사우마를 따라 서쪽으로 예루살렘 순례를 떠나려던 마르쿠스는 하루아침에 생각지도 못한 신분상승을 이루게 된 것이었다.

마르쿠스가 총주교에 당선된 데에는 복잡한 종교적·정치적 배경이 작용했다. 네스토리우스교는 서기 431년 에베소공의회 이후 페르시아를 중심으로 한 동쪽으로 세력범위를 넓히기 위해 고군분투한 끝에 큰 성공을 거두었다.

그러나 7세기에 등장한 이슬람교가 페르시아 지역에서 네스토리우스교의 지위에 도전하기 시작했다. 9세기 지하드(성전)가 진행되면서 이슬람교는 중앙아시아에서 엄청난 기세로 발전하기 시작해 우위를 점하게 되었다. 페르시아 일한국의 몽골 통치자도 이슬람교에 대한 호감을 감추지 않으면서 네스토리우스교의 입지는 점점 더 좁아졌다. 그래서 몽골 통치자와 특수한 관계에 있는 마르쿠스가 네스토리우스교의 총주교로 임명된 것이었다. 『당원이조지경교唐元二朝之景敎』에서 말했듯이 "마르쿠스가 법왕에 당선된 까닭은 순전히 당시 몽골 세력이 강대했기 때문이다. 당시 전 세계의 통치권과 법제를 장악한 사람은 모두 몽골 출신 왕족이었기 때문이다. 따라서 반드시 몽골어에 능통하고 몽골의 시정방침을 제대로 이해하고 몽골 민족의 풍속과 습관에 해박한 인물이 법왕 자리를 계승해야만 했다. 그런 연유에서 마르쿠스는 더할 나위 없이 적합한 인물이었다."

한편 바르 사우마와 마르쿠스는 일한국 통치자 아르군 칸의 지지도 얻었다. 칭기즈 칸이 죽자 몽골 제국의 사한국은 차츰 분열하기 시작해 명의상으로만 원나라 황제 쿠빌라이의 대칸 지위를 인정할 뿐 사실상 각자 독립적으로 나라를 다스렸고 심지어 서로 전쟁을 치르기도 했다. 페르시아 지역을 지배하던 일한국은 칭기즈 칸의 후손이 통치하는 나라로 원나라와 같은 가지에서 나온 까닭에 서로 매우 끈끈한 동맹관계를 유지했다. 아르군 칸은 쿠빌라이의 힘을 빌리는 동시에 유럽 기독교 국가와 돈독한 관계를 맺어 이슬람교 세력과 다른 몽골한국의 침략에 맞서고자 했다.

심지어 아르군 칸은 예루살렘을 수복하면 협력에 대한 보답으로 그 땅을 유럽 기독교에 돌려주겠다고 약속했다. 당시 로마 교황청과 유럽 각국은 수차례에 걸친 십자군 원정이 실패로 끝났음에도 불구하고 아랍 영토를 점령해 예루살렘 왕국을 세우겠다는 야심을 포기하지 않고 외부의 원조를 받고자 했다. 그래서 기독교도이자 몽골인이며 쿠빌라이의 밀사이기까지 한 바르 사우마와 마르쿠스가 동서양을 잇는 중요한 인물로 급부상하게 되었던 것이다. 이런 복잡한 배경에서 1284년 일한국 아르군 칸의 명을 받들어 바르 사우마는 사절단을 이끌고 유럽 국가를 방문했다.

1287년 3월 바르 사우마가 이끄는 사절단은 바그다드를 출발해 그 옛날 상인들이 다니던 길을 따라 서북쪽으로 향해 흑해에 이른 다음, 배를 타고 비잔틴 제국의 수도인 콘스탄티노플에 도착해 안드로니쿠스 2세 팔라이올로구스의 환대를 받았다. 그 후 다시 배를 타고 두 달간 바다를 건넌 끝에 이탈리아의 나폴리항에 도착했다. 그 과정에서 1287년 6월 앙주 가문과 아라곤 연합왕국의 해전을 목격하기도 했다. 나폴리항에 상륙한 바르 사우마 일행은 서둘러 로마로 향했지만 교황

호노리우스 4세는 이미 4월에 서거한 상태였다.

당시는 새 교황이 선출되기 전이라 바르 사우마는 계속해서 서쪽으로 향했다. 같은 해 9월 바르 사우마는 프랑스 수도 파리에 도착해 국왕 필리프 4세에게 아르군 칸의 친서와 선물을 바쳤다. 필리프 4세는 바르 사우마 일행에게 예를 다하며 아르군 칸이 예루살렘을 탈취할 때 군대를 파견해 돕겠다고 약속했다. 또 사절을 파견해 아르군 칸에게 답신을 보낼 뜻을 밝혔다. 그리고 일행에게 파리대학을 비롯한 프랑스의 명승고적지 방문을 청했다.

파리에 한 달 남짓 머문 뒤 바르 사우마 일행은 다시 서남쪽으로 길을 나서 가스코뉴(오늘날 프랑스 보르도)에 도착해 영국 왕 에드워드 1세를 알현했다. 영국 왕은 아르군 칸이 잃어버린 땅을 수복하는 데 유럽 각국의 참여를 요청했다는 말을 전해 듣고 매우 기뻐하며 사절단에게 많은 선물을 하사했다. 바르 사우마는 사절단을 이끌고 12월 중 제노바로 돌아가 겨울을 보내면서 로마에서 소식을 전하기를 기다렸다.

이듬해 봄 교황 니콜라우스 4세는 즉위하자마자 바르 사우마 일행을 접견했다. 바르 사우마는 교황에게 아르군 칸과 마르 야발라하 3세가 보낸 선물과 친서를 바쳤다. 새 교황은 아르군 칸이 기독교를 예로써 대하고 유럽 각국에 예루살렘 수복에 동참할 것을 요청한 것에 감사의 뜻을 밝혔다. 1288년 4월 바르 사우마 일행은 부활절 행사를 지켜본 뒤 많은 서신과 예물을 가지고 필리프 4세의 사절단과 함께 로마를 떠나 제노바를 거쳐 왔던 길을 되돌아갔다.

아르군 칸은 바르 사우마가 순조롭게 사행임무를 마치고 돌아온 것에 매우 기뻐하며 큰 상을 내렸다. 1294년 바르 사우마는 바그다드에서 세상을 떠났고, 마르쿠스도 1317년 타브리즈에서 타계했다. 결국

두 사람은 죽기 전에 고국 땅으로 돌아가지 못한 셈이다.

바르 사우마의 유럽행은 몽골인에 대한 서양인의 생각을 바꿔놓았다. 그들은 몽골 통치자와 힘을 합쳐 이교도에 맞서고자 했다. 심지어 로마 교황청은 몽골 통치자를 천주교도로 개종시켜 교황청의 세력을 동양 각국으로 확장하고자 했다. 이러한 정치적 목적을 이루는 가장 쉬운 방법은 사절 겸 전도사로 성직자를 파견해 종교적 영향을 확대함으로써 정치적 이익을 실현하는 것이었다.

바르 사우마 이후 실크로드는 전도사의 시대를 맞이했다. 몬테코르비노, 오도리코를 비롯해 교황의 특사 조반니 마리뇰리 등이 이 시기 실크로드를 걸었던 전도사들이다. 그중 몬테코르비노는 중국에 34년간 머물면서 포교에 일생을 바쳤다. 그들은 중국과 유럽 국가 간의 상호 이해와 교류의 폭을 넓혔다. 바로 이 시기에 중국의 인쇄술과 화약무기 등 과학기술이 페르시아, 아랍 및 유럽 등에 전해졌다. 또한 페르시아와 아랍의 발달된 천문학, 의학 등 대량의 지식도 중국에 전해졌다. 그들은 자신들이 보고 들은 바와 여정을 기록으로 남겨 풍요로운 동양에 대한 서양인의 동경심을 자극했다.

마지막 외교관
진성

1413년 11월 정화는 대규모 선박을 이끌고 위풍당당하게 네 번째 항해에 나섰다. 세계사에 기록된 대항해시대가 도래하기 직전이었다. 거의 같은 시기 명나라 성조 주체는 300여 명으로 구성된 사절단을 파견해 간쑤, 주취안을 출발해 티무르 제국의 수도 헤라트(오늘날 아프가니스탄 서북부에 위치)로 향했다.

사절단 중에는 문서를 담당하는 진성이라는 이름의 관리가 있었다. 진성은 명나라의 직업 외교관으로서 외올아(오늘날 차이담분지 및 그 근처 간쑤, 신장의 일부 지역)와 안남(오늘날의 베트남) 지방에 외교사절로 다녀온 바 있었다.

그 후 20년 동안 진성은 중앙아시아 지역 외교사절로 다섯 차례나 파견되었는데 가장 멀리는 이란의 이스파한 지역까지 갔었다. 처음 출사했다가 돌아온 진성은 두 편의 보고서를 작성했다. 한 편은 여행노선을 기술한 것이었고, 다른 하나는 중앙아시아 이슬람 도시의 생활모습을 자세하게 기술한 것이었다.

14~15세기까지 실크로드가 지나는 지역에서 일어난 가장 큰 역사적 사건은 바로 막강했던 몽골 제국이 완전히 와해된 것이었다. 몽골 제국이 역사에 이름을 드러낸 때로부터 최강의 제국으로 거듭나기까지 걸린 시간은 고작 수십 년에 불과했다. 다시 말해 몽골 제국은 겨우 수십 년 만에 문명세계의 절반을 정복했던 것이다. 그랬던 몽골 제국이 산산조각 부서져 역사의 뒤안길로 사라지는 데도 그리 오랜 시간이 걸리지 않았다. 남송을 정복한 지 100년도 채 되지 않아 그나마 킵차크한국이 남러시아 초원에서 1세기 정도 버텼을 뿐 다른 몽골인들은 모두 몽골 초원으로 되돌아갔다.

세워신 지 얼마 되지 않은 명나라는 1368년 원나라 대도를 공격했고 원나라 세력은 고비사막 북쪽으로 도망쳤다. 거의 동시에 중앙아시아를 주름잡던 티무르가 트란스옥시아나를 장악해 티무르 제국을 세웠다. 30여 년에 걸친 정복전쟁을 통해 티무르는 페르시아부터 소아시아에 이르는 광활한 지역을 정복했다.

명나라와 티무르 제국의 초기 관계는 결코 우호적이지 않았다. 티무르는 중국 사절단을 억류하기도 했고 무력으로 중국을 침략해 이슬람 국가로 만들 계획도 세웠다. 심지어 이를 실행에 옮기기 위해 20만 대군을 이끌고 중국으로 향하기까지 했지만 행군 도중 세상을 떠나고 말았다. 티무르가 죽자 그의 넷째 아들 샤 루흐가 권력을 쥐었다.

샤 루흐는 명나라와 척을 지고 싶지 않아 몇 년간 억류하고 있던 명나라 사절을 풀어주고 명나라에 사절단을 파견했다. 중앙아시아의 다른 나라들도 잇달아 북경에 사절단을 파견하고 특산물을 바쳤다. 이러한 상황에서 명 성조 주체는 뛰어난 외교관 진성을 파견해 중앙아시아 지역을 답방하게 했다. 명 성조는 티무르 제국의 계승자에게 국서를 전달했을 뿐만 아니라 다른 중앙아시아 도시국가에도 국력을 과시하

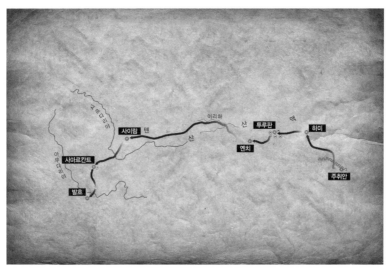

명나라 사신 진성의 서행길 노선도

며 명나라의 영향력을 확대하고자 했다.

진성 일행은 주취안 자위관을 떠나 사막을 건너 하미, 투루판에 도착했다. 여기에서 사절단은 두 무리로 나뉘어 한 무리는 천산 북쪽 기슭을 따라 갔고, 진성은 다른 한 무리를 이끌고 그때까지 아무도 기록하지 않은 새로운 길을 개척했다. 진성 일행은 튀커쉰을 거쳐 오늘날의 아라거우, 카이두강, 궁나이쓰강 협곡을 따라 이리하 골짜기로 들어갔다. 두 무리는 이곳에서 만났다가 다시 각자의 길을 갔다. 한 무리는 기존의 이리하-초하-탈라스강 길을 따라 서쪽으로 향해 천산을 에둘러갔다. 한편 진성 무리는 서남쪽의 톈산 산간지역을 향해 나아가 이식쿨호에 이른 다음, 다시 오솔길을 걸어 오늘날의 카자흐스탄 사이람에 이르러 서남쪽으로 방향을 바꿔 타슈켄트, 지자흐를 거쳐 사마르칸트에 이르렀다. 이곳에서 잠시 휴식을 취한 뒤 사절단 일행은 티무르의 고향 갈석(샤흐리삽스를 가리킴), 테르미즈를 거쳐 아무다리야강을 건너 발흐, 안드코이, 메이마네에 이르렀고 최종적으로 합렬, 즉 헤라트에 도착했다.

진성이 사행임무를 완수함으로써 중국과 중앙아시아 무슬림 국가 사이의 교류가 이루어지게 되었다. 명나라 영락제 주체가 다스리던 시기, 수많은 중앙아시아 국가 및 지역의 사절단이 북경을 찾았다. 기록에 따르면 헤라트와 사마르칸트에서 20개의 사절단이 찾아왔고, 다른 중앙아시아 도시국가에서 온 사절단이 32개였으며, 하미 북부 일대 오아시스에서 온 사절단이 44개였다고 한다.

1424년 영락제가 세상을 뜨면서 명나라와 외국과의 교류는 점차 줄어들었다. 그러다가 결국 중앙아시아, 동남아시아, 페르시아로 사절단을 보내는 것을 중지하기에 이르렀다. 대항해시대가 도래하면서 수천 년 동안 번영했던 실크로드를 찾는 이도 차츰 줄어들었다. 진성을 비롯한 그 시대 서역을 찾았던 인물들의 시대는 이로써 막을 내렸다.

※참고문헌: 『실크로드 고도 연구』, 『실크로드 오아시스 연구』, 『실크로드 고고 연구』, 『3세기부터 6세기까지 오아시스의 변천』, 『돈의 여행-콘스탄티노플에서 장안까지』, 『실크로드 고고 15강』, 『서역통사』, 『사기』, 『몽고산수지도』, 『대당서역기 전역』, 『진성과 그의 사행 연구』 등

페르가나의 과거와 현재[4]

장건의 서역출사 성공은 그의 시대에 있어 콜럼버스의 아메리카 발
견에 버금가는 쾌거였다. 지금에 이르러 다시 그가 걸었던 길을 되
짚어 간다 해도 여전히 이 길은 신비로움으로 가득할 것이다.

다시 발견되기를
고대하는 세계

20일 일정의 중앙아시아 여행이 절반 정도 지났을 무렵 마침내 옛이야
기로만 전해 듣던 실크로드상의 고도 사마르칸트에 도착했디. 쉽 없이
장거리를 이동하고 작열하는 태양에 줄곧 시달렸더니 온몸이 천근만
근이었다. 우즈베키스탄 가이드 조니가 아프로시압 고성 유적지로 안

---

4 글_ 쉬징징, 사진_ 장레이

내한다는 말을 듣고 살짝 실망스러웠다. 일본, 이탈리아, 프랑스, 북아메리카에서 찾아온 여행단체를 보면 오늘날 사마르칸트의 명성이 레기스탄 광장과 그 주변의 웅장한 이슬람 건축물로 쌓은 것임을 알 수 있다. 그런데 아프로시압 고성 유적지라니! 어제 지나오면서 본 그곳은 사마르칸트 북쪽에 잡초가 무성하게 자란 고지대 황무지에 불과했고 여행책자에서도 아주 짧게 몇 마디 소개하고 만 지역이었다. 1220년 칭기즈 칸은 아프로시압성을 무참히 짓밟았다. 그전까지만 하더라도 이곳은 소그드인이 건설한 오아시스 도시국가가 한창 번영을 구가하고 있었다.

계단을 따라 아프로시압성에 오르니 사람의 흔적을 찾아보기 어려운 작은 박물관이 가장 먼저 기다리고 있었다. 입장권을 사고 나니 그때까지 나에게 열심히 여행책자를 사라고 권하던 여인이 순식간에 안내원으로 돌변했다. 그녀는 나를 어두컴컴한 전시실로 데리고 갔다. 전시실은 3면이 벽화로 되어 있었다. "1960년대에 정부가 이 일대 도로를 정비하다가 우연히 궁전 유적을 발견했습니다. 지금 보시는 것은 모두 7세기에 그려진 벽화입니다." 안내원의 설명을 들으니 갑자기 귀가 솔깃해졌다.

그녀는 왼쪽 벽화부터 안내해주었다. 벽화에 쓰인 파란색, 빨간색, 노란색은 여전히 선연한 색채를 자랑했고 소그디아나의 왕 바르후만과 그의 부모, 처자식, 낙타를 타는 위병, 제사에 바쳐진 가축, 흰옷을 입은 종교지도자의 모습을 확인할 수 있었다. "이 벽화는 성묘하는 장면을 묘사한 것으로 조로아스터교의 전통을 따르고 있어요." 가운데 벽화에서 바르후만은 화면 한가운데 위쪽에 단정히 앉아 있고 주변에는 각국에서 찾아온 사신들이 자리했다. 안내원은 복식을 통해 그들

페르가나분지 가장자리의 아르슬란봅은 세계 최대의 야생 호두나무 숲속에 자리하고 있다.

중 페르시아인과 고려인을 구분해보라고 했다. "알아보시겠어요? 한가운데에서 왕을 알현하는 6명은 당나라 사신들이에요. 앞줄의 몇 명은 손에 비단을 받쳐들고 있고 맨 뒤에 있는 사람이 올리브열매처럼 생긴 것을 꿰어서 들고 있는데 그게 바로 누에고치예요."

생각지도 못한 수확에 감탄하기도 전에 세 번째 벽화가 시선을 사로잡았다. 그림 속 풍경은 몹시도 낯이 익었다. 왼쪽에 귀밑머리가 높이 솟아 있고 얼굴이 통통한 미인이 배를 타고 있었다. 그 옆에 탄 남성은 도포를 걸치고 두건을 매고 있었다. 화면 오른쪽에 같은 복색을 한 남자는 말채찍을 휘두르며 긴 창으로 짐승을 사냥하고 있었다. 더 볼 것도 없이 당나라 때 풍경을 묘사한 벽화였다. 3세기경 소그드인은 대상을 꾸려 장안과 낙양, 이집트의 알렉산드리아 사이를 오갔다. "원래 이 벽화는 궁전 접대실에 있었어요." 안내원은 설명을 덧붙였다. "이는 소그디아나 왕이 자신의 나라와 당나라 사이가 매우 가깝다는 사실을 만천하에 알리고자 했음을 뜻하죠."

세월에 묻혀 있던 연관성이 불쑥 모습을 드러냈다. 아프로시압궁전 유적의 작은 박물관에서, 얼핏 들으면 익숙하지만 사실 아스라하기만 한 추상적인 개념인 실크로드가 갑자기 구체적인 모습을 드러내기 시작했다.

박물관을 나와 잡초가 무성한 황무지를 지나 발굴된 유적을 둘러보았다. 머리 위의 푸른 하늘에 바람이 불고 구름이 일자 문득 나 자신이 여러 역사의 시공간에 동시에 자리한 듯한 착각이 들었다. 오늘날의 사마르칸트는 벽화 속의 그 시대와 별다른 관계가 없어 보였다. 조로아스터교는 일찌감치 역사의 뒤안길로 사라져버렸고 이제는 이슬람 고적의 짙푸른 그림자가 멀리 지평선을 따라 길게 드리워졌다. 멀지 않은 곳에 양떼를 모는 사람이 보였다. 나는 그가 우즈베크족인지 타지크족인지 분간할 수 없었다. 전설 속의 소그드인은 이미 오래전에 오늘날 중앙아시아 민족과 혼연일체가 되어 사라져버렸다.

한 달 전쯤 내가 친구들에게 키르기스스탄과 우즈베키스탄으로 여행을 간다고 선언하자 다들 내가 무슨 미지의 땅이라도 찾아가는 듯한 반응을 보였다. "거기는 여행하기에 꽤 열악한 곳이라고 하던데?", "엄청 위험하다던데 조심해.", "그곳 사람들은 뭘 먹고 산대? 무슨 언어를 쓴대? 이슬람 국가 아니야?", "멀어? 시차는 몇 시간이야? 비행기 타고 몇 시간이나 가야 해?" 사실 여행 가기 전에 따로 공부하지 않았다면 나도 중앙아시아 하면 초원, 사막, 낙타의 방울소리만 떠올렸을 것이다. 중앙아시아는 심리적으로 아프리카보다도 멀리 떨어져 있었고, 문화적 인식을 논하자면 전체 세계지도에서 가장 완벽하게 공백으로 남아 있는 곳이었다.

그러나 아프로시압에서 나는 다음과 같은 사실을 절실히 깨달았다. '눈앞에 펼쳐진 이 낯선 땅은 지난날 중국인이 가장 잘 알던 타국이자 중화 문명과 광활한 세계가 직접 맞닥뜨린 곳이다.'

기원전 138년 박망후 장건이 서역국가 개통에 나섰다. 역사학자 젠보짠은 이를 콜럼버스의 아메리카 대륙 발견에 버금가는 업적이라고 평가했다. 장건의 서역출사 성공을 계기로 서역국가들에 대해 전혀 모르던 중국은 점차 지식의 범위를 넓혀갔다.

"사설늘이 줄사길에 서로 만나고 외국으로 향하는 사절이 많을 때는 수백 명에 달하고 적어도 100여 명을 헤아렸다. 한나라는 1년에 많으면 십여 무리의 사절단을 보냈고 적어도 대여섯 무리를 보냈다. 멀리 간 사절은 8~9년이 지나야 돌아왔고 가까운 거리를 간 사절도 수년이 지나야 돌아왔다."

『후한서·서역전』에서는 역사가 반고가 "여러 나라의 풍토와 풍속을 책에 상세히 기록했다"고 했다. 『수서·서역전』에서는 서역과 중앙아시아 20여 개 국가의 위치와 풍토, 풍속을 기재하고 있다.

당나라 현장이 서역에 다녀오기 전에도 조위 시기의 주사행, 서진의 축법호와 승건, 후진의 법현과 지맹, 북위의 혜생과 송운 등 수많은 승려들이 실크로드를 오갔다. 북위에서 서역으로 불경을 구하러 간 승려만 해도 5,000여 명을 헤아렸다.

당나라 때까지 나라에서 파견한 관리는 총령 이서지역으로 가서 각 지역의 풍속, 산물 및 과거와 현재에 버려져 쓰이지 않는 곳을 조사하고 모두 그려 바쳐야 했다. 661년 당나라는 광활한 파미르고원 지역을 포함해 우전(호탄) 서쪽, 페르시아 동쪽에 총 16개 도독부, 80개 주를

키르기스스탄 아르슬란봅 아이들

설치했다.

그중 강거도독부는 오늘날 우즈베키스탄의 사마르칸트 지역을 가리킨다. 대원도독부는 우즈베키스탄 타슈켄트 지역이고, 안식주는 우즈베키스탄의 부하라 지역에 해당한다. 구사주는 사마르칸트 이남의 샤흐리삽스, 귀상주는 사마르칸트 서북쪽으로 96km 떨어진 곳에 있었고, 휴순주는 오늘날 우즈베키스탄·키르기스스탄·타지키스탄에 걸쳐져 있는 페르가나 지역이다.

아프로시압 유적 박물관에서 벽화를 보며 가장 감탄한 부분은 심리적 친근감이었다. 그림 속의 당나라 남녀는 하나같이 흥에 겨운 모습이었다. 화가는 동쪽에 자리한 제국에 삶의 정취를 더하기 위해 특별히 어린 새끼에게 먹이를 주려고 하는 가축을 그려넣었다.

한나라 때 장액군 소무현의 백성들이 중앙아시아로 이주해 현지 소그드인 사회에 섞여 들어가 작은 나라들을 하나둘 세우기 시작했다. "갈래에 따라 왕을 나눠 안, 조, 석, 미, 하, 화심, 무지, 사라고 부르니 세간에서는 이를 구성九姓이라 불렀고 모두 소무를 성씨로 삼았다." 소무구성昭武九姓에는 장안에 머물던 외국 상인도 있었고 당나라의 전사나 장군도 있었다. 그들 중 일부는 중국 역사의 발전과정에 참여하기도 했다. 안사의 난을 일으킨 안록산과 사사명, 거란에게 유운 16주를 할양하고 후당을 멸망시킨 석경당이 모두 소그드인이었다.

화문장군이 오랑캐의 노래를 잘 부르고 엽하번왕이 한어를 유창하게 하던 시대는 일찌감치 막을 내렸다. 중앙아시아를 여행했던 20일간 나는 역사와 현실, 낯섦과 익숙함 사이를 끊임없이 오갔다. 이는 나 자신의 개통 여행이기도 했다. 케케묵은 역사에 파묻혀 있던 실크로드가 마침내 윤곽을 드러낸 것이다.

새로운 길의
탄생

길은 무엇을 의미할까? 이 물음에 답하기 위해 선조들의 발길을 따라 실크로드를 복원시키고자 한다.

장건의 서역출사 경로를 두고 역사학계에서는 의견이 분분하다. 일 반적으로는 그가 이르렀던 대원국이 페르가나분지에 위치해 있었다고 본다. 이어서 장건은 페르가나분지에서 남쪽으로 내려갔다. 대월지는 대략 우즈베키스탄 남부와 아프가니스탄의 접경에 있는 테르미즈 고 성에 자리했다. 개통 여행의 종착지는 아프가니스탄 국경 내에 있었다. 오늘날의 관점으로 보면 장건의 발길이 닿은 곳은 중국에서 그리 멀지 않은 곳이었다.

627년 가을 승려 현장이 장안을 출발했다. 시안 츠언쓰(자은사)에 가 면 돌에 새겨진 그림을 볼 수 있다. 여기에서 현장은 승복 차림에 염주 를 목에 걸고 짚신을 신고 허리에 작은 보따리를 메고 왼손에 경전을 들고 오른손에는 불진을 들고 경전이 든 상자를 메고 있으며 상자 위 에 우산 하나를 받치고 우산 앞에는 기름등을 걸어두었다. 현장은 장 건보다 더 먼 곳에 이르렀다. 그는 키르기스스탄 서북쪽의 이식쿨호, 키르기스스탄 수도 비슈케크 일대, 우즈베키스탄 수도 타슈켄트, 페르 가나분지, 사마르칸트, 부하라를 포함해 최서단의 화리습미가국, 즉 오 늘날 우즈베키스탄 히바 일대에 중심부를 두었으며 페르시아어로 호 라즘이라고 불리는 나라까지 갔었다. 우리의 여정은 이러한 좌표들을 하나로 이어나가는 것이었다.

오늘날의 키르기스스탄에 들어가기 위해 현장 일행은 신장 아커쑤를 지나 톈산을 넘고 해발 7,000m가 넘는 한텡그리산을 돌아 서남쪽에 있는 해발 4,284m의 베델고개를 선택해 7일 동안 밤낮없이 험준한 산길을 걸었다.

오늘날 그 옛날의 천산고는 이미 전설 속으로 사라졌다. 새벽 무렵 비행기가 우루무치 상공으로 힘차게 날아올랐다. 발밑으로는 살을 에는 차디찬 바람이 불어대고 하늘가로는 우뚝 솟은 새하얀 설산이 위용을 자랑했다. 하늘로 날아오를수록 구름이 두꺼워지고 어렴풋해지더니 두 시간 뒤 비슈케크에 착륙했다. 우리는 그곳에 머물지 않고 세계에서 두 번째로 큰 고산호수인 이식쿨호를 보기 위해 비행기를 타고 올 때 지나쳤던 길을 거슬러 동쪽으로 향했다. 차는 키르기스스탄과 카자흐스탄 국경선을 따라 동쪽으로 내달렸다. 비슈케크에서 동쪽으로 뻗은 길의 이름은 실크로드였다. 과연 이름처럼 약 60km를 달리니 토크목에 도착했다.

전하는 바에 따르면 시선 이백이 쇄엽에서 태어났다고 한다. 648년 당나라 조정은 구자를 평정하자마자 쇄엽진을 설치했다. 한때 이곳은 당나라 안서사진 중 가장 서쪽에 있던 군진이었지만 8세기 이후 점차 황폐해져갔다. 20세기 구소련 고고학자들은 토크목 서남쪽으로 8km 떨어진 아크 베심에서 거대한 흙더미로 풍화된 성벽식 건축물을 발견했고 매우 정교한 도자기 파편과 당나라 건축에서 유행했던 연화무늬 와당을 출토해 이 일대가 바로 전설 속의 쇄엽이 있던 곳이었다고 결론내렸다.

오늘날의 여행자들은 11세기에 지어졌다는 부라나 미나레트를 보기 위해 토크목을 찾는다. 벽돌로 지어진 이 원주형 탑은 소련의 복원을 거쳐 현재 25m가 남아 있으며, 오렌지색 야생양귀비가 가득 핀 드넓은 들판에 서 있다. 부라나 미나레트는 토크목 지역이 쇄엽의 몰락과 더불어 역사 속으로 사라지지 않았음을 보여준다. 부라나 미나레트에서 100m 정도 떨어진 곳에 9세기 돌궐인이 남긴 돌로 만든 묘비가 있다. 그 시기 중앙아시아는 아직 완전히 이슬람화되지 않은 상태였다. 이러한 묘비는 불교의 영향을 그대로 드러낸다. 여기에는 사람의 구체적인 형상이 새겨져 있는데 이는 이슬람교 교리에서는 금하는 것이기 때문이다. 12세기 부라나 미나레트는 거란인이 세운 도시인 발라사군, 즉 중국 고대 서요의 수도를 직접 목격했다.

그런데 예상 밖의 일이 벌어졌다. 사람이 없을 것이라 생각했는데 하필이면 내가 간 바로 그날, 부라나 미나레트는 그야말로 인산인해를 이뤘다. 와글와글 떼 지어 몰려다니는 학생들부터 온가족이 함께 나들이 나온 듯한 현지 여행객들로 발 디딜 틈조차 없었던 것이다. 나는 속으로 참을 인자를 새기며 10여 분을 기다렸지만 도통 탑에 오를 기회가 오지 않았다. 가이드였던 올가는 부라나 미나레트가 키르기스스탄의 애국교육 기지이자 인기 있는 웨딩촬영지라고 했다. "키르기스스탄에 남아 있는 유적지는 그리 많지 않아요. 남부의 우즈겐에 있는 고대 왕릉들을 제외하면 부라나 미나레트가 유일한 셈이죠."

현재 토크목에는 6만 명이 거주하고 있다. 1864년 제정 러시아는 이곳에 새로운 도시를 건설했다. 1938년 소련 정권은 비슈케크로 통하는 철도를 부설했다. 키르기스스탄의 기준에서 토크목은 대형 유리제작소, 채석장 등의 기업들이 들어와 있어 경제적으로 꽤 발달했으며 대외개방 조건이 자국 내 최고 수준인 도시다. 최근 2년 동안 중국 기업도 이곳에 진출해 정유공장 건설에 투자했다. 도시 내부로 들어가면서 길가에 세워진 비행기 한 대를 발견했다. 이 일대는 옅은 안개가 끼어 있어서 비행훈련을 하기에 매우 적합하기 때문에 키르기스스탄의 항공훈련 기지가 되었다고 한다.

그로부터 5일 뒤 남부의 주요 도시인 오슈에 이를 때까지 눈에 띄는 큰 도시는 하나도 없었다. 사실 수도인 비슈케크에 키르기스스탄 인구의 약 4분의 1인 125만 명이 살고 있고, 제2의 도시인 오슈에 50만 명이 살고 있다. 이 두 도시 인구의 총합이 키르기스스탄의 전체 도시민이라고 할 수 있다.

키르기스스탄의 경제 형태는 어떠한가? 내가 받은 느낌은 모든 것이 지리와 밀접한 관계가 있다는 것이었다. 비슈케크에서 남쪽으로 40km 떨어진 곳에 톈산의 지맥인 키르기스산에 형성된 알라르차 국립공원이 있다. 하지만 우리는 동쪽으로 향했다. 가는 동안 설산 사이에 펼쳐진 비옥한 농경지가 눈에 들어왔다. 고속도로는 구불구불한 물길을 따

키르기스스탄 영내의 톈산산맥은 수많은 골짜기를 형성하고 있다.

라 이어졌다. 그 물길은 톈산 북쪽 기슭에서 두 번째로 큰 강줄기인 추강이다. 추강은 키르기스산과 와이이리산-추이리산의 사이에 형성된 드넓은 계곡이다. 빙하가 녹은 물과 빗물로 채워진 강은 농사짓는 데 필요한 물을 아낌없이 공급했다. 이것이 바로 토크목이 쇄락과 담을 쌓고 번영을 구가하게 된 이유다. 1220년 전진교의 도사 구처기는 칭기즈 칸의 요청으로 중앙아시아로 향해 서역정벌 중인 몽골군을 만나러 갔다. 그의 수행제자였던 이지상은 『장춘진인서유기』에 추강 주변의 농사상황에 대해 이렇게 기록했다. "풍토와 기후는 금산 이북과 달라 평지가 매우 많은 고로 농사와 누에치기를 업으로 삼고, 포도로 술을 담그는데 과실이 중국과 똑같다. 여름과 가을에 비가 내리지 않지만 강의 물을 끌어다 관개하면 곡식에 물을 대는 데 충분하다. 동북서남, 좌측에 산이 있고 우측에 강이 있어 만 리까지 이어진다."

키르기스스탄 톈산산맥 산자락 아래 자리한 코치코르의 작은 마을

이지상은 만 리라는 표현을 즐겨 썼는데 과장된 감이 없지 않다. 토크목을 떠나 동쪽으로 한 시간쯤 가니 기암괴석이 늘어선 협곡 안으로 들어섰다. 다시금 눈앞이 밝아졌을 때는 구름 한 점 없는 새파란 하늘이 지평선까지 이어져 있었다. 이식쿨호에 도착한 것이다.

이식쿨호는 세계 고산호수 중 수심이 가장 깊고 수량이 두 번째로 많으며, 동쪽에서 서쪽까지 총 182km에 이르는 어마어마한 크기를 자랑했다. 우리는 호수 북쪽 연안을 따라 이동했다. 농경지가 시야에서 사라지고 스산한 마을 몇 곳과 양떼와 소떼를 몇 번 지나친 끝에 저녁이 다 되어서야 호숫가 중간쯤에 자리한 촐폰아타에 도착했다. 촐폰아타는 소비에트 정권 시대 최고의 휴양지로 레오니트 브레주네프도 이곳을 자주 찾았다고 한다. 촐폰아타 북쪽으로 산자락의 고지에 펼쳐진 광활한 지대에는 빙하기의 암석덩어리가 가득한데 야생동물을 주제로 한 수많은 암석화가 남아 있다. 가장 오래된 것은 기원전 1500년경 청동기시대까지 거슬러 올라간다.

오늘날 촐폰아타의 아름다운 호숫가와 산자락 곳곳에는 리조트가 형성되어 있고 상당히 눈에 거슬리는 대관람차까지 들어서 있다. 5월 초 차디찬 바람이 스쳐 지나가는 촐폰아타는 무척이나 적막해보였다. 그러나 7~8월이 되어 비슈케크의 온도가 섭씨 40도까지 치솟으면 호숫가를 따라 파라솔 떼가 형성된다. 그러면 부유한 카자흐스탄 사람은 이곳에 몰려와 섭씨 28도의 상쾌함을 즐긴다. 그들은 오가는 행상에게 청어를 사서 맥주에 곁들여 먹는다. 이 청어는 이식쿨호에서 잡아 올려 소금에 절인 다음 바람에 건조시킨 것이다. 나는 가는 길에 50솜(6위안 정도)을 내고 30cm 크기의 청어 한 마리를 샀다. 껍질을 벗겨 먹으니 살도 두툼하고 고소한 것이 비린내만 꺼리지 않는다면 꽤 먹을 만했다. 그런데 소련 정권은 이 지역을 외국인에게 개방하지 않았다. 호수 동쪽 끝에는 군사기지가 있었으며 소련 해군은 호수 안에서 고정밀 어뢰를 테스트했다. 지금도 오래된 해군 쾌속정으로 구성된 함대가 화물과 여행객들을 운송하는 데 쓰이고 있다고 한다.

이튿날 아침 잔교 끝까지 걸어간 나는 잠깐 그렇게 서 있었다. 밤중에 한 차례 가랑비가 내려 공기는 신선했고 호수 북쪽 쿤게이 알라타우산맥은 또렷하게 모습을 드러냈다. 산꼭대기에는 눈이 조금 내려앉고 산허리에는 운무가 흐르고 있었다.

이식쿨호는 해발 1,600m에 자리한 호수로 높이가 그리 높지 않음에도 불구하고 그 광활한 땅에 농업문명을 번영시키지 못한 까닭도 지리적 여건 때문이다. 현장은 겨울철에 이식쿨호에 이르러 호수가 얼지 않은 것을 보고 열해라고 이름 지었다. 다른 많은 고산호수들처럼 이식쿨호도 염수호다. 호숫가에 가서 물을 떠 마셔보니 살짝 짠맛이 느껴졌다. 시간이 좀 흐르자 수면을 가린 운무가 점차 흩어져 호수 남쪽으로도 어렴풋하게나마 눈 덮인 봉우리들이 모습을 드러냈다. 바로 테르스케이 알라타우산맥이었다.

위성 구름사진을 보면 이 거대한 호수가 사실은 쿤게이 알라타우산맥과 테르스케이 알라타우산맥 사이의 움푹 들어간 지형임을 분명하게 알 수 있다. 이식쿨호는 대략 80여 개에 이르는 강줄기가 모여 이루어졌다. 우리가 호수를 따라 오면서 본 지형이 그토록 메말라 보인 것은 이 강줄기 가운데 북쪽 산줄기에서 온 것이 겨우 3개에 불과하기 때문이었다.

진성은 이식쿨호가 "수많은 절벽과 골짜기에서 우렁차게 흐르는 샘, 수많은 물줄기를 바다의 너른 품에 받아들인다"고 기술했다. 진성은 현장과 마찬가지로 남쪽 호반을 따라 갔다. 고산의 눈 녹은 물은 풍요롭고 드넓은 초원을 형성했다. 그러나 거기에서 더 남쪽으로 가면 톈산산맥이 키르기스스탄 국토의 절반을 동북쪽에서 서남쪽으로 비스듬하게 휩쓸어버린다. 여행책자에서는 이를 두고 키르기스스탄에서 가장 아름다운 풍경이라고 했다. 우리는 원래 키르기스스탄에서 가장 큰 고산담수호인 송쿨호수에 가려고 했지만 눈 때문에 일정을 변경할 수밖에 없었다. 듣자하니 5월에는 아직 눈발이 휘날려 한 달 뒤에 유목민들이 방목하는 가축들을 고산목장으로 몰고 오면서 쌓인 눈을 치우고 나서도 오프로드 차량의 도움을 빌려야만 송쿨호수의 비경을 엿볼 수 있다고 했다. 그러나 송쿨도 톈산산맥의 주변부일 뿐이다. 그런 연유로 실크로드의 루트에도 영향을 미쳤다. 그 당시 투루판분지에 있던 고창국 국왕의 건의로 현장은 고창국이 보낸 문서와 예물을 가지고 남쪽 호반을 따라 이식쿨호를 에둘러 돈 뒤 곧바로 쇄엽 일대로 향했다. 그곳에서 현장은 서돌궐의 카간을 알현하고 자신을 호송할 기병대를 얻었다. 『대당서역기』를 보면 쇄엽에서 철문관(오늘날의 우즈베키스탄 테르미즈 부근)에 이를 때까지 현장은 더 이상 험난한 길을 걷지 않고 순탄하게 여정을 이어갔음을 확인할 수 있다.

폐쇄와
개방

이식쿨호를 보고 나서 우리는 페르가나분지를 향해 사흘 동안 달렸다. 촐폰아타에서 서쪽으로 되돌아가면 만날 수 있는 이식쿨호 동쪽 끝에 있는 발릭치는 분기점이 되는 도시다. 도로는 작은 도시 중앙을 가로질러 거대한 시멘트 곡식 저장창고, 줄줄이 늘어선 러시아 목조가옥과 소련식 아파트를 차례로 지나쳤다. 적막하고 스산한 도시에서는 사람의 모습을 찾아보기 어려웠다. 생기 없어 보이는 주민 몇 명이 길가에 쇠로 만든 선반을 펼쳐 소금에 절인 물고기를 걸어놓고 꿀을 늘어놓은 채 지나가는 차에 탄 사람들이 흥미를 보이길 기대하고 있었다. 중앙터미널을 지나갈 때 가이드 올가가 터미널 지붕에 있던 레닌 동상이 마침내 없어졌다는 사실을 발견하고 깜짝 놀랐다. 광장에 있던 레닌 동상은 작년에 옮겨졌다. 하지만 레닌은 여전히 운전학교 문 앞을 굳게 지키고 있었다. 내가 볼 때 발릭치에 새로 지어진 건물은 현대적인 모스크 아니면 키르기스족의 영웅 마나스 서사를 음송하는 마나스치의 동상인 것 같았다.

발릭치라는 이름은 키르기스어의 어부라는 단어에서 비롯되었다. 소련 정권 시기 이식쿨호의 어업은 매우 발달했다. 발릭치는 덕분에 선박운수의 중심지가 되었다. 도시를 떠나면서 철길 하나를 발견했는데 제2차 세계대전 당시 독일군 전쟁포로가 부설한 것으로 비슈케크로 향하는 것이었다. 한때 러시아인은 발릭치의 주요 주민이었다. 키르기스스탄은 오랜 세월 소련의 산업을 형성하는 고리 중 하나로 존재한 탓에 독립한 뒤에 원료·생산·소비의 연관성이 끊겨버렸고, 이는 현재 키르기스스탄 경제의 가장 큰 문제가 되고 있다. 이로써 발릭치의 운명도 정해진 셈이었다. 그런 상황에서 관리가 제대로 이루어지지 않은 탓에 이식쿨호의 어업자원은 고갈위기에 놓였고 러시아인들이 대거 본국으로 돌아가면서 도시는 순식간에 몰락의 길로 접어들었다.

우리가 발릭치를 떠나 키르기스산 남쪽 기슭의 골짜기로 들어서자

짙푸른 고산습지와 졸졸 흐르는 시내가 우리를 둘러쌌다. 이곳은 발릭치와 전혀 달랐다. 이곳에 사는 키르기스인들은 전혀 다른 생활방식을 유지하고 있었다. 소련의 산업화와 도시화도 그들의 삶을 바꾸지는 못했다.

차안에서 멀리 바키르의 유르트가 보였다. 바키르를 만난 것은 순전히 운이었다. 보통 이 계절에는 유목민들이 아직 자신들이 모여 사는 마을에서 목장으로 돌아오지 않기 때문이다. 바키르는 밖에서 일을 하고 있었는데 그녀의 남편은 외출 중이었고 열 몇 살 된 아들은 나뭇가지로 활을 만드느라 정신이 없었다. 일하는 남자는 바키르가 고용한 사람이었다. 이틀 전 온가족이 몇 km 떨어진 마을에서 목장으로 옮겨왔기 때문에 서둘러 울타리를 만들어야 했다. 바키르네 소 50마리, 말 60마리, 양 13마리는 근처 언덕에서 느긋하게 노닐고 있었다.

10월 1일이 되면 바키르는 겨울철의 매서운 추위를 피하기 위해 마을로 돌아갈 것이다. 그전까지는 초원이 곧 그녀 삶의 전부다. 유르트 안에는 텔레비전도 없고 인터넷도 되지 않는다. 초원의 전통명절과 오래된 경기가 가족의 가장 큰 오락거리다. 그중에서도 가장 인기 있는 경기는 사람들이 달리는 말 위에서 몸을 굽혀 한 손으로 무게가 50kg에 달하는 머리가 잘린 양을 들어 올리는 경기로 가히 기마술의 경지를 확인할 수 있다. 기수들은 양털 한 줌을 입에 무는데 이렇게 하면 아무리 고통스러워도 소리를 지르지 않을 수 있고 혀를 깨물 일도 없기 때문이다.

바키르는 나를 향해 환하게 웃으며 반짝이는 금니들을 드러냈다. 중앙아시아 민족은 전통적으로 금니를 몹시 좋아한다. 그녀는 17세에 결혼했다. 내가 지나는 자리에서 그녀는 이미 30년 동안 방목을 하고 있

키르기스스탄 수사미르 마을 밖에서 자전거 타는 법을 배우고 있는 소년들

었다. 바키르가 말했다. "모든 유목민의 목장은 다 정해져 있어요. 저는 매년 정부에 목장 관리비를 내야 하죠." 아마도 이것은 오늘날의 국가체제가 그녀에게 미치는 가장 큰 영향일 것이다. 이 밖에도 그녀는 여름이 되면 마유를 팔고 겨울에는 소고기와 양고기를 팔았다. 그녀는 소련의 해체가 자신에게 어떤 영향을 미쳤는지에 대해서는 기억하지 못했다. 목축으로 생산된 제품의 가격은 해마다 달라지기 때문에 그다지 불평할 것도 없다고 한다. 바키르는 행복한 꽃송이라는 뜻이라고 한다. 그녀는 여전히 이 산비탈에 피어 있다. 필요한 순간이 오면 그녀는 엽총을 꺼내들고 산간을 어슬렁거리는 늑대들을 쫓을 것이다.

키르기스는 산속의 유목민이라는 뜻이다. 그들의 선조는 예니세이강 상류 지역에 거주하다가 훗날 서남쪽으로 이동해 톈산 지역에 이르러 현지 투르크족, 몽골족과 섞였다. 요즘의 시각으로 봤을 때 원시적인 생활방식은 여전히 키르기스인의 삶 속에 살아 있고 그들의 정체성을 형성한다.

비슈케크는 마유주를 젓는 막대기라는 뜻이다. 바키르는 암말만 길렀는데 마유는 그녀의 가장 주된 수입원이었다. "여름에 우리는 마유를 마셔요. 갈증해소에 최고거든요. 그런데 우즈베크인은 녹차만 마신대요." 이런 세상에! 중앙아시아 유목민족과 농경민족을 음료로 구분하게 될 줄이야!

암말은 한동안 신선한 풀을 먹어야만 여름이 오기 전에 많은 젖을 만들어낼 수 있다. 키르기스인은 발효된 마유로 도수가 낮은 알코올 음료 쿠미스를 만든다. 기원전 2세기 말 중국 한무제 때 추강 골짜기 일대에는 강거국이 있었고 거기에서 동쪽으로 가 이식쿨호에서 이리강 계곡에 이르는 곳에는 오손국이 있었다. 한나라가 화친을 위해 오손 왕에게 시집보낸 세군 공주는 〈황곡가〉를 남겼다. "궁려(게르의 음차)로 방을 삼고 모전으로 벽을 삼으며 고기를 먹고 낙을 마시네." 여기에서 말하는 낙이 바로 마유로 만든 음료 쿠미스다. 13세기 프랑스인 기욤 드 뤼브루크는 마유주를 만드는 방법과 과정에 대해 상세하게 기술했다. "그들은 커다란 가죽 주머니나 자루에 마유를 붓고 특별히 제작한 막대기로 젓기 시작한다. 막대기 아랫부분은 크기가 사람머리만 한데 속이 비어 있다. 있는 힘껏 마유를 쳐대면 새로 빚은 술처럼 마유에 거품이 생기기 시작하고 시큼하게 발효된다. 그런 다음에는 버터가 만들어질 때까지 계속해서 휘젓는다. 이때 맛을 보고 약간 매운맛이 나면 그것을 마신다. 마시면 포도주처럼 매운맛이 나고 마신 뒤에는 혀끝에 살구즙 맛이 남는다. 속을 편안하게 하고 약간의 취기가 돌게 하며 배뇨를 원활하게 해준다." 이는 마유주를 만드는 방법에 관한 가장 상세한 역사기록이었다.

여름이 되면 길가에 쿠미스를 파는 천막이 줄줄이 늘어선다. 그 맛이 몹시 궁금해 한번 사마시고 싶었는데 때가 안 된 탓인지 파는 상인을 찾아볼 수 없었다. 오슈에 가서 바자르를 구경하다가 마침내 쿠미스를 파는 상인을 발견했다. 그는 뱀가죽으로 만든 자루에서 커다란 콜라병을 꺼내 건넸다. 뚜껑을 열었더니 아주 특이하고도 강렬한 누린내가 코를 찔렀다. 살구즙이라더니 아무래도 뤼브루크가 낭만적으로 표현하려고 무진 애를 쓴 것 같다. 그래도 호기심을 누를 수 없어 억지로 한 모금 맛보았다. 시큼하면서도 매우 자극적인 맛이었다.

때가 때인지라 대접할 마유는 없었지만 바키르는 자신의 유르트를 구경시켜주었다. 흔히 게르라고 불리는 이러한 형태의 거처는 몽골인의 전유물이 아니었다. 일반적으로 키르기스인의 천막은 카자흐인의 것보다 작지만 몽골인의 게르보다는 크다. 바키르는 자부심이 뚝뚝 묻어나는 말투로 말했다. "우리는 5년에 한 번씩 유르트 바깥의 양모펠트를 바꿔줘요. 이 천막은 사용한 지 20년이나 된 거예요. 지금 이것과 같은 천막을 사려면 1,000달러에서 2,000달러까지 줘야 해요." 이식쿨호 남쪽에 천막제작으로 유명한 마을이 두 곳 있다. 뛰어난 솜씨를 자랑하는 장인들은 세간의 존경을 받는다. 키르기스스탄은 그들의 작품을 국례國禮로 사용하기도 한다.

바키르의 천막은 지름이 약 4m 정도였다. 문 가까이에 있는 화덕 위에서는 타락죽이 끓고 있었다. 다른 곳은 모두 깔끔하고 질서정연하게 정리되어 있었다. 유르트 생활에는 나름의 규칙이 있다. 문 왼쪽은 남자 주인이 잠을 청하는 곳으로, 이곳에는 사냥도구와 기마도구를 보관한다. 여성과 아이들은 문 오른쪽, 화덕과 가까운 자리에서 잔다. 유르트 한가운데에는 도기화로가 들어 있는 바구니에 불을 피울 수 있다. 온가족이 그곳에 둘러앉아 식사를 하거나 손님을 접대한다. 가이드 올가가 위를 올려다보라고 했다. 천막 천장 위의 양모펠트를 젖히자 동그란 구멍이 드러났는데 바로 불을 피울 때 나오는 연기와 먼지가 빠져나가는 환기구멍이었다. 나무토막 6개가 동그란 구멍이 난 곳에 가로 3개, 세로 3개, 십十자 형태로 교차했다. "우리나라 국기 모양 기억나요? 바로 저거예요." 유르트에서는 이 구조를 툰둑이라고 부르는데 이는 키르기스인의 토템신앙에서 비롯된 것으로 우의와 힘, 단결을 상징한다.

바키르와 헤어지고 나서 계곡과 초원, 협곡의 입구, 이들 사이에 자리한 자그마한 마을들을 계속해서 가로질렀다. 사방은 탄성이 절로 나올 만큼 아름다운 설산으로 둘러싸여 있었다. 7세기 초 중앙아시아는 점차 이슬람화되어갔다. 바키르처럼 오늘날의 키르기스인은 설령 정성을 다해 종교의식을 행하지 않더라도 자신이 무슬림이라는 점을 자각하고 있다. 이는 묘지에서 가장 여실히 드러난다. 많은 키르기스인들이 무덤을 만들 때 여러모로 마음을 쓴다. 벽돌을 쌓아 돔형 지붕과 아치형 문이 있는 이슬람 건축물의 축소판을 만들고 복잡하든 간소하든 하나같이 무덤 꼭대기에 초승달과 별 표시를 꽂아둔다.

여행하는 동안 수많은 묘지를 지나쳤다. 왜 그렇게 빈번하게 지나쳤냐면 무덤이 길가에 있기 때문이었다. 올가의 설명에 따르면 이러했다. "과거 유목민들은 이동하는 중에 가족이 죽으면 시신을 길가에 묻었는데 이 전통이 지금까지 이어지고 있어요. 요즘은 한곳에 정착해 살더라도 여전히 길가에 대규모 공동묘지를 조성하죠." 길가에 자리한 묘지들은 그저 바삐 지나쳐 가는 여행자에 불과한 나에게 강렬한 인상을 남겼다. 드넓은 목초지를 황토색으로 물들인 돔형 건축물 중에는 이미 풍화되어 무너진 것도 있었는데 먼 곳에서 바라보자니 꼭 버려진 성 같았다.

하지만 아무리 이해해보려고 해도 뿌리 깊은 전통 중에는 상식적으로 도저히 이해할 수 없는 것도 있었다. 한번은 산속 외딴마을에서 하룻밤을 묵은 적이 있었다. 수줍음 많은 25세 여주인은 두 딸을 데리고 여관을 운영하고 있었다. 이튿날 아침 우리는 30분 넘게 차를 타고 달려 또 다른 설산에 둘러싸인 수사미르라는 큰 마을에 도착했다. 나는 한가로이 마을을 둘러보았다. 먼지가 풀풀 날리는 길에서 여자아이들이 물통을 옮기고 있었다. 올가의 설명에 따르면 키르기스 여인들은 집안일을 도맡기 때문에 한시도 쉴 틈이 없다고 한다. "사람들은 아내를 얻으려면 이런 마을에서 찾아야 한다고들 말하죠. 비슈케크에 가본 여자아이들은 화장하고 꾸미는 데만 바빠 이렇게 부지런히 생활하지 않거든요." 그러다가 문득 무언가 생각났는지 올가가 말했다. "그런데 그거 아세요? 어제 본 그 여주인 말이에요. 원래 이 마을에 살았대요. 바로 알라 카추(납치혼) 당한 신부예요." 예전에 「론리플래닛」 가이드북에서 납치혼에 대해 읽은 적이 있는데 그때는 '세상에 이런 일이' 따위의 엽기적 에피소드인 줄로만 알았다. 그런데 이런 말도 안 되는 일을 직접 목격하게 될 줄이야!

납치혼 풍속은 12세기 키르기스한국에서 비롯되었다. 당시 부족들 사이에서 말과 여인을 훔치는 일이 빈번하게 일어났고 이는 급기야 신부 납치로 변해갔다. 1994년 정부는 이러한 행위를 법률로 엄격히 금지했다. 그러나 불법이든 아니든 납치혼은 여전히 성행하고 있었다. 그나마 문명적인 방식은 남성이 여성의 부모에게 딸을 달라는 뜻을 밝히고 결혼예물로 가축을 선물하는 것이다. 그러면 장인장모의 묵인하에 남성은 길거리에서 여성을 납치해 집으로 데려갈 수 있다. 여성의 부모들은 대부분 사전에 딸에게 이러한 사실을 알려주지 않는다. 앞서 말한 여주인이 이런 식으로 결혼한 케이스다. 또 어떤 경우에 납치혼은 말 그대로 납치가 된다. 여성의 가족이 아무것도 모르는 상황에서 남성이 여성을 납치해 자신의 집으로 데려가는 것이다. 남성의 가족이 이 여성에게 신부가 머리에 쓰는 줄루크라는 스카프를 씌우기만 하면 결혼이 성사된다. 인권단체의 통계에 따르면 20% 이상의 납치가 강간과 강제추행으로 끝난다고 한다. 어떤 사람들은 납치혼이 그저 민족의 전통풍속일 뿐이며 이를 통해 혼인비용을 줄일 수 있다고 항변하기도 한다. 그러나 어떤 식으로 납치를 당했든 알라 카추를 당한 여성은 대개 현실을 받아들일 수밖에 없다. 남성의 집에서 뛰쳐나오는 것은 가문의 이름에 먹칠을 하는 것으로 여겨지기 때문이다.

나 또한 여성으로서 이 같은 행위에 결코 전통문화라는 듣기 좋은 미명을 붙여줄 수 없다. 수사미르에서 만난 마을 남자아이들은 짧은 영어 실력으로 우리와 이야기를 나누면서 살갑게 아이폰 6와 SLR 카메라 가격을 물었다. 현대 소비문화의 침투력은 대다수 키르기스스탄 사람들이 여전히 상당히 폐쇄적인 환경에서 생활하고 있다는 사실을 감출 수 없었다.

키르기스스탄은 해발 1,500m 이상의 고산이 국토의 90% 이상을 차지한다. 역사상 실크로드라는 이 거대한 도로망은 이 땅에 불교 문명, 이슬람 문명, 투르크인, 몽골인을 데려왔을 뿐만 아니라 키르기스 민족까지 창조했다. 그러나 키르기스스탄은 지난 수백 년간 쇠락을 거듭했다. 소비에트연방 시대, 키르기스스탄은 모스크바를 통해서만 세계와 관계를 맺었다. 소비에트연방 해체 후 키르기스스탄 경제는 심각한 어려움에 직면했고 아직까지도 중앙아시아에서 가장 낙후된 국가 중 하나로 남아 있다. 발릭치에서 보았던 독일군 전쟁포로가 부설했다는 철도는 지금도 여전히 식량과 유류제품을 운송하는 데 쓰이고 있다. 고된 노동에도 끄떡없는 말은 여전히 중요한 교통수단이다. 아직도 많은 지역에 그럴싸한 도로 하나 없는 실정이기 때문이다. 그래서 우리가 탄 차는 시시때때로 시속 30km도 안 되는 속도로 거북이걸음을 해야 했다.

하지만 이와 같은 지리적 특색은 개방을 의미하기도 했다. 총 인구 600만 명, 면적 20만 km²에 불과한 이 작은 나라는 중앙아시아의 한가운데 자리하고 있다. 4개 국가와 국경을 맞대고 있고, 국경선의 길이만 해도 4,170km에 이르며, 그중 1,096km는 중국 신장과 맞닿아 있다.

비슈케크에서 이식쿨호에 이르는 길에서 우리는 중국에서 온 도로 건설노동자들을 만나게 되었다. 어제 올가는 오늘 우리가 가게 될 실제 거리는 200km 정도밖에 안 되지만 도로사정이 나쁘기 때문에 상당히 오랜 시간이 걸릴 거라고 이야기했었다. "중국인들이 아직 공사를 끝내지 못했거든요." 처음 올가의 말을 들었을 때는 별 생각 없이 '잘됐다!'고 생각했지만 가는 도중 계속해서 중국에서 온 건설노동자들을 보게 되자 그제야 올가가 우스갯소리로 한 말이 아님을 알게 되었다. 올가가 말했다. "제 동료 중에 가이드 경력이 30년 된 사람이 있는데 그 사람이 항상 이렇게 감탄해요. '토루가르트 관문(신장 카스에 있음)에서 나린(키르기스스탄 중부 도시, 교통의 중심지)까지 예전에는 아홉 시간이나 걸렸는데 이제는 두 시간 반밖에 안 걸려!'라고요."

주키르기스스탄 중국 대사 치다위는 언론 인터뷰에서 이렇게 말했

키르기스스탄족 자매

다. "키르기스스탄은 자신을 교통중계국으로 여기고 역내 상품 및 무역의 중계지가 되기를 바랍니다." 이는 바로 이 땅이 역사에서 맡아왔던 역할이었다. 2001년부터 중국 도로교량공정유한책임공사는 키르기스스탄에 약 1,400km 길이의 도로를 건설했다. 현재 건설 중인 도로가 약 600km이고, 향후 건설할 계획인 도로가 약 1,000km다. 이는 앞으로 키르기스스탄 도로의 주요, 간선도로의 틀을 형성할 것이다. 세계은행, 아시아개발은행, 유럽부흥개발은행, 유럽연합도 키르기스스탄에서 도로건설 프로젝트를 진행하고 있다. 하지만 자금규모로 따지면 중국 자본이 전체 건설자금의 70%를 차지한다.

유르트에서 가축을 지키던 바키르도 비슷한 변화를 겪고 있다. 목장에는 새로운 물건 두 가지가 늘었다. 하나는 바로 천막 바깥에 기대놓은 중국산 태양광 패널이고 다른 하나는 그녀가 가리키는 맞은편 언덕 위에서 반짝반짝 빛나고 있는 송전탑이었다. "저것도 중국인들이 지은 거예요. 얼마 전에 공사를 마쳤죠."

실크로드의
유산

키르기스스탄에서 가장 좋은 도로는 비슈케크와 제2의 도시 오슈를 연결하는 M41도로다. 이 도로는 키르기스산을 넘어 남쪽으로 향한다. 우리는 수사미르 서쪽에서 방향을 꺾어 이 도로로 갈아타 해발 3,000m에 위치한 좁은 산길 몇 개를 지났다. 지나오면서 펼쳐진 풍광이 어찌나 아름답던지 찬장(쓰촨에서 티베트까지 연결되는 도로) 도로를 자전거로 여행한 적이 있는 카메라맨까지 절로 '굉장하다'를 외칠 정도였다. 해발고도는 순식간에 떨어졌다. 두 시간도 채 안 되는 시간 동안 광활한 설원과 끊임없이 이어지는 초록빛 목초지와 짙푸른 침엽수림을 연달아 지나쳤다. 아름다운 자연풍광에 빼앗겼던 정신을 다시 챙기기도 전에 빽빽한 식생이 모든 것을 지워버렸다. 우리는 서둘러 지난 여정 동안 온몸을 꼭꼭 싸맸던 거위털 점퍼와 두꺼운 코트를 벗어던졌다. 순간 머릿속에는 목마름을 달래줄 차가운 음료 생각뿐이었다.

페르가나분지에 이르니 작열하는 태양이 우리를 맞이했다. 톈산과 기사르 알라이산맥 사이에 위치한 페르가나분지는 키르기스스탄, 우즈베키스탄과 타지키스탄 세 나라에 걸쳐져 있으며 동서 길이가 약 300km, 남북 최대 길이는 약 150km에 8만 km²가 넘는 주변 산지까지 합치면 총 면적이 대략 10만 km²에 이른다. 면적으로만 보면 그다지 크다고 볼 수 없다. 그러나 키르기스산 사이를 며칠 동안 여행하면서 페르가나분지의 중요성을 뼈저리게 깨달았다.

페르가나분지는 나린강을 흘러들게 하기 좋게 서쪽으로 완만하게 기울어져 있다. 나린강은 중앙아시아의 젖줄인 시르다리야강의 최대 지류다. 도로는 이 초록빛 벨벳 리본을 따라 구불구불 이어졌다. 중앙아시아에서 가장 큰 톡토굴 수력발전소를 지나니 촌락과 비옥한 논밭이 대지의 주인이 되었다.

비센클은 머릿수건을 두르고 밭에서 잡초를 뽑으며 친구들과 즐겁게 이야기를 나누고 있었다. 그녀는 진짜 농민이 아니었다. 다른 많은 사람들처럼 5년 전만 하더라도 모스크바에 있는 아이스크림공장에서 일하다가 경제적 상황이 좀 나아지자 고향으로 돌아왔다. 평소 그녀는 근처 작은 도시에 있는 상점에서 일했다. 그곳에는 온수가 콸콸 나오고 인터넷도 연결되는 그녀의 아파트가 있다. 또 두 자녀 모두 그곳에서 고등교육을 받고 있다. 쉬는 날이 되면 이곳에 와서 친구들의 농사일을 도왔다. 그렇게 해서 수확철이면 부가수입을 얻기도 했고 조상대대로 농사일을 해왔지만 아파트에서는 이러한 햇빛을 볼 수 없는 상황에 대한 아쉬움을 달랠 수도 있었다. 도로 건너에서 이사쿠노프가 세 식구가 소유한 1ha 규모의 토지를 돌보고 있었다. 그가 심은 감자, 토마토, 양파는 모두 식탁에서 중요한 채소들이다. "하늘이 돌봐준 덕에 늘 풍작을 이루고 있죠."

페르가나분지는 산으로 둘러싸여 있다. 그 옛날 실크로드를 오갔던 여행객들은 천신만고 끝에 파미르고원을 넘기만 하면 이곳에서 기특할 정도로 온화한 기후와 풍부한 산물을 즐길 수 있었다. 분지 서남쪽으로는 작은 틈이 나 있는데 이곳이 바로 중앙아시아로 들어가는 가장 편한 길이다. 현장은 페르가나분지에 대해서도 기록을 남겼는데 1,400년이 지난 지금 우리가 받은 느낌과 별다를 게 없었다. "토지는 비옥하고 농사가 잘 된다. 꽃과 열매가 많고 양과 말을 기르기에도 알맞다."

『사기·대원열전』에서는 이렇게 말했다. "대원의 흔적은 장건에게서 보인다." 대원은 페르가나분지에 있던 나라다. 흉노로 인한 우환을 해소해야 한다는 사명을 받들고 서역으로 출사한 장건이 이곳에서 이룬 최대의 업적은 바로 한혈마를 발견한 것이었다. "말을 잘 기르며 말의 땀이 피와 같고 그를 일러 천마의 자손이라 부른다." 『사기집해』는 이를 이렇게 해석했다. "대원국은 고산에 있으며 산 위에는 말이 있었는데 그 말을 도저히 잡을 수 없자 사람들이 오색 암말을 산 아래 풀어놓아 그 말과 교배시켜 망아지를 얻으니 그것이 바로 한혈마다."

한무제에게 좋은 말은 곧 나라의 평안을 뜻했다. 이를 위해 한무제는 두 번이나 사막과 고산, 초원을 넘는 험난한 원정을 추진했다. 두 번째 원정에서 군사 6만 명 중 살아서 옥문관을 넘은 군사는 겨우 1만여 명에 불과했다. 엄청난 대가를 치르기는 했지만 마침내 한무제가 학수고대하던 준마가 장안으로 운송되었다.

페르가나분지는 기원전 2000년경부터 말을 기르기 시작했다. 그러나 한혈마는 전설 속에만 존재할 뿐이다. 직접 가서 보니 현지 말은 작달막한 데다 사납지도 않았다. 다만 꽤 야무져 보이는 것이 끈기 있다는 평은 틀린 말이 아닌 듯했다. 현지 말들은 일주일 동안 하루에 100km씩 달리거나 24시간 동안 160~260km를 달릴 수 있다. 그러나 이런 말들은 이미 오래전에 피가 섞여 순종을 찾을 수 없게 되었다. 19세기 후반 제정 러시아가 중앙아시아를 점령한 뒤 체고가 더 큰 러시아산 말과 키르기스 말이 섞이게 되었다. 소련은 이식쿨호와 나린에 목장을 만들고 수입한 외국 말, 특히 유럽 말과 키르기스 말을 교잡해 현대식 기마경기에 더 적합한 말을 탄생시켰다. 현재 키르기스스탄에서 중급의 준마는 여전히 1,000~1,500달러 정도에 거래되고 있지만 전 세계가 호시탐탐 노리던 호시절은 이미 과거가 되었다.

하지만 실크로드는 오늘날 페르가나분지에 또 다른 싱싱한 산물을 남겼다. 이것은 여전히 폐쇄적인 이곳과 외부세계를 잇는 중요한 연결고리가 되고 있다.

분지로 들어가기 전에 나는 아르슬란봅이라는 작은 마을에 들렀다. 기원전 3세기 장화는 『박물지』에서 이렇게 말했다. "장건은 서역으로 출사해 호두를 얻어 돌아왔다." 장건이 어디에서 호두 종자를 얻었는지는 모르겠지만 아르슬란봅에 가면 세계에서 가장 큰 야생호두나무 숲을 볼 수 있다.

아르슬란뵵은 분지 가장자리의 깊은 산속 해발 1,700m 고지에 자리한 마을이다. 마을까지 이르는 길에는 이렇다 할 풍경이 없었다. 평지하나 없는 산길에 뭐 볼 게 있을까 싶었다. 여행책자에서는 도보여행길 두 코스를 추천했다. 하나는 마을 산허리 폭포를 참관하는 여정이고, 다른 하나는 800년 된 호두나무 고목을 보러 가는 여정이다. 시간이 얼마 없는 데다 호두나무 숲 전경을 보고 싶었기에 정해진 길이 아닌 새로운 길을 갈 수밖에 없었다.

29세의 청년 로마가 나의 일일 가이드가 되어주었다. 그는 무척 건장한 편이었는데 키나 생김새가 전형적인 키르기스인과는 거리가 있었다. 그의 말에 따르면 부계는 17세기에 아르슬란뵵으로 이주한 아랍인이고 모계는 카자흐인이라고 했다.

아르슬란뵵은 키르기스어로 삼림의 왕이라는 뜻이다. 키르기스스탄의 산림율이 4%에 도달할 수 있었던 것도 다 이 지역 덕분이다. 여기에서는 예언자 무함마드와 관련된 이야기가 전해진다. 그 옛날 무함마드는 천국을 찾기 위해 사신을 파견했다. 사신은 아름다운 산골짜기와맑고 깨끗한 계곡에 홀려 예언자가 준 과실수 종자를 이곳에 뿌렸는데그것이 자라 숲을 이뤘다. 하지만 예언자 무함마드는 6세기에 태어났기에 현지에서는 또 다른 전설이 전해진다. 바로 기원전 4세기 알렉산더 대왕이 아르슬란뵵으로 원정을 왔다가 이곳의 호두 종자를 유럽으로 가져갔다는 것이다. 오늘날의 연구결과에 따르면 이 숲은 지금으로부터 6,500만~180만 년 전인 제3기의 산물이다. 현재 삼림 면적은 1만1,000ha밖에 안 되지만 한때는 63만 ha에 달했던 적도 있다. 언제부터호두나무가 이 숲을 주름잡는 수종이 되었는지를 설명해줄 확실한 견해는 찾지 못했다. 호두나무는 이란에서 중앙아시아로 들여왔다고 한다. 이 작물의 전래는 아르슬란놉과 그 주변 마을 주민에게는 가히 획기적인 사건이었다.

소비에트연방 시기 이 숲의 소유주는 국가였다. 지역 여행기관 책임자인 하이어트 탈리코프는 당시 삼림보호원이었다. "만약 산양이 호두나무 숲에 잘못 들어오면 바로 총으로 쏴 죽였어요. 호두나무 보호가 가장 중요한 임무였거든요." 마을 주민은 농장의 노동자나 다름없었기에 호두를 어디로 팔지 걱정할 필요가 전혀 없었다. 그러나 소비에트연방이 해체되자 대외 경제관계가 끊기고 말았다. 이에 생계를 위협받은 주민들은 한때 아무렇게나 삼림을 개간하고 방목했다. 최근 2년 동안 키르기스스탄 정부는 삼림벌목을 법으로 금지했다. 이 때문에 마을에 있던 호두나무 가구공장 두 곳이 문을 닫았다. 그러나 삼림만 고려했을 때 더 중요한 전기는 따로 있었다. 예전에 껍질을 까지 않은 호두의 판매가격은 1kg당 100솜에 불과했다. 5년 전 터키인들이 이곳에 와 대량으로 호두를 구매하기 시작하면서 현재 호두 가격은 예전에 비해 다섯 배나 뛰었다.

로마네 세 식구는 삼림 1ha를 분배받았는데 그 땅에는 총 85그루의 호두나무가 있었다. 작년에는 호두가 풍작을 이뤄 로마네는 1톤이나 수확했다고 한다. 이를 위안화로 계산해보니 대략 7만 위안의 수입을 거둔 셈이었다. 키르기스스탄의 1인당 GDP가 이제 겨우 1,000달러를 넘은 점을 고려하면 굉장한 수입이었다. 해마다 이 호두나무 숲에서는 1,500~2,000톤의 호두가 수확된다. 최근 2년 동안 사람들은 새로운 품종의 호두를 심기 시작했다.

로마가 말했다. "터키인들은 인터넷으로 이곳을 알게 되었대요. 요즘은 중국 바이어들도 찾아와요. 터키에 비하면 중국으로 운송하는 일은 식은 죽 먹기죠."

중앙아시아에서 흔치 않은 농경중심지인 페르가나분지는 세계에서 인구밀도가 가장 높은 지역 중 하나다. 소비에트연방이 해체된 뒤 페르가나분지는 우즈베키스탄, 키르기스스탄, 타지키스탄 등 세 나라의 영토에 속하게 되었다. 그중 키르기스스탄 영토에 속하는 면적은 7만 9,900km², 거주인구는 약 300만 명이다. 우즈베키스탄 영토에 속하는 면적은 겨우 1만 8,000km²에 불과하지만 거주인구는 800만 명이 넘는다. 그 까닭은 지형에 있다. 키르기스스탄에 속하는 분지는 면적이 크더라도 대부분이 산악지대지만 우즈베키스탄에 속하는 분지는 경작이 가능한 토지가 많다.

오슈 외곽 5km 지점에 우즈베키스탄과 키르기스스탄의 국경이 자리하고 있다. 국경을 넘으면 곧 드넓은 평야가 펼쳐진다. 시선을 사로잡는 아름다운 풍광이 가득했던 키르기스스탄을 지나온지라 영 적응이 되지 않았다. 차를 타고 달리는 동안 본 것이라고는 논밭과 마을, 도시가 전부였다.

우즈베키스탄에서 담수자원이 가장 많은 곳은 페르가나분지로 약 34.5%가 이곳에 집중되어 있다. 그런 까닭에 일찍부터 관개농업이 매우 발달했다. 우즈베키스탄의 국장國章을 보면 두 가지 농작물이 그려져 있는데 왼쪽이 면화고 오른쪽이 밀이다.

서양의 시선으로 보면 유라시아 대륙을 가로지르는 광활한 도로망은 고대 중국의 실크를 유럽에 전해주었다. 반대로 중화 문명의 입장에서 보면 이 도로망은 또 다른 중요한 방직물을 중국으로 들여오는 역할을 했다. 동한의 『설문해자』에는 면棉이라는 글자가 없었다. 여기에 쓰인 면은 견직물을 가리켰다. 고대 중국인들은 주로 견직물이나

마직물로 옷을 지어 입었다. 면화(목화)의 원산지는 인도로 이것이 중국으로 전해진 경로는 불경이 전해진 경로와 비슷하다. 왕형취안은 『당대직면사고증』에서 기원전 119년에 장건이 두 번째 서역 사행을 떠났을 때 중앙아시아 국가들은 이미 면화를 경작하고 있었다고 했다. 강거(오늘날의 사마르칸트)는 그들의 특산물인 금실로 수놓은 백첩을 중국에 공물로 바쳤다. 따라서 청나라 때 소웅 등은 장건이 목화씨를 중국으로 가지고 왔다고 생각했다.

중국에게 면화의 경제적 의의는 서양국가에서 실크가 갖는 의의보다 훨씬 크다. 9세기 아라비아 여행가 술라이만 알 타지르가 쓴 『중국인도 견문록』을 보면 북경에서 면화를 관상용으로 정원에 심어둔 것을 봤다는 기록이 있다. 천종이와 자오강은 『중국면업사』에서 북송 시대에 마직물이 점차 면화로 대체되었다고 했다. 당시 중국은 인구 수가 처음으로 1억 명을 넘어서 인구성장률이 몇 퍼센트포인트에 이르는 단계에 들어섰다. 이러한 상황에서 면화는 훨씬 경제적이면서도 효율적인 선택이 되었다.

19세기 말 제정 러시아는 페르가나 지역을 점령하고 이곳을 자신들의 방직원료 공급기지로 삼았다. 훗날 소비에트연방 전문가들은 관개지의 면적만 확보할 수 있다면 이윤이 크지만 고온에서 자라기 때문에 자국의 다른 지역에서는 생산할 수 없거나 생산량이 적은 작물 모두를 중앙아시아 지역에서 경작할 수 있다는 사실을 알아냈다. 이리하여 페르가나분지를 중심으로 한 지역은 세계에서 가장 중요한 면화생산지 중 하나가 되었다. 소비에트연방이 해체된 뒤 면화는 우즈베키스탄의 전체 수출품 중 45%를 차지했다. 오늘날에도 우즈베키스탄은 여전히 세계 제2의 면화 수출국이다. 2015년 중국 세관의 통계에 따르면 중국이 우즈베키스탄에서 수입한 상품 중에서 면화가 두 번째로 많았고, 전체 수입액의 32.92%를 차지했다고 한다.

이처럼 경제적인 면에서 면화는 전략적으로 매우 중요하기 때문에 우즈베키스탄 정부는 면화의 경작과 관리를 엄격히 통제했다. 우즈베키스탄은 소련이 주장했던 노동의무를 그대로 베꼈다. 그래서 수확철이 되면 학생들과 공무원들까지 농장으로 보내져 면화수확에 힘을 보태야 한다. 한때 서양은 이 정책을 맹렬히 비난했다. 이에 2008년 우즈베키스탄 정부는 단체나 개인이 미성년자를 강압적으로 노동에 참여시키는 행위를 금지한다는 결의를 발표했다. 법으로 정한 노동가능 연령은 16세다. 그러나 15세 청소년이라도 부모가 서면으로 동의하면 노동에 참여할 수 있다.

우즈베키스탄의 마을과 논밭은 매우 질서정연하게 정비되어 있다.

우즈베키스탄 마르길란시에 있는 한 실크공장에서 여공이 전통적인 방법으로 실크를 짜고 있다.

엷은 황토색 담벼락에 붉은색 지붕을 머리에 인 똑같이 생긴 집들이 마치 검열을 기다리는 위병처럼 도로 양쪽에 빽빽하게 늘어서 있었다. 이는 정부가 출자해서 지은 다음, 대출 형식으로 농민에게 판매한 농촌주택이었다. 자르켄트 마을에서 그 마을 사람인 무스타파의 농장을 참관할 기회가 있었다.

우리를 태운 차는 큰길에서 빠져나가 밭 사이로 난 비포장도로로 갈아탔다. 길 위에 물이 뿌려져 있는 것은 우즈베키스탄인의 손님맞이 풍속이라고 했다. 농장에 도착한 나는 그야말로 입이 떡 벌어졌다. 정성껏 가꾼 논밭은 키르기스스탄에서 봐온 경작지와 비교도 안 될 정도로 광활하고 근사했다. 땅거미가 내려앉기 시작했는데도 대형 농기계들은 여전히 바쁘게 움직이고 있었다. 잘 정돈된 농경지가 두 군데나 있는데도 전통 흙담에 둘러싸인 어마어마하게 큰 규모의 농경지를 또 만들고 있었다. 함께 간 가이드 산토는 부러운 기색을 감추지 못하며 탄식했다. "이곳의 농민은 다들 부자예요. 하지만 누구나 농민이 될 수 있는 건 아니죠."

우즈베키스탄의 토지는 모두 국가 소유다. 그런데 토지사용권은 모든 가정에 공평하게 나눠지지 않았다. 무스타파는 국가로부터 43ha를 임대해 마을에서 일꾼 50명을 고용해 농사일을 시키고 있었다. 정부는 농경지에서 재배하는 작물의 종류, 면적 및 산출 기준에 대해 엄격한 규정을 만들어두었다. 무스타파는 22ha에서는 면화를 재배하고 나머지 21ha에서는 밀을 재배했다. 그리하여 매년 약 88톤의 면화를 수확하고 있다. 면화를 포함해 면화 재배지에서 산출되는 모든 것은 정부에 내놓아야 한다. 면화의 수매가격은 kg당 1,500숨(공시환율로 계산해서 약 0.6달러)이다. 밀은 사정이 좀 달라서 개인이 어느 정도 가져가도 된다고 한다.

　5월의 우즈베키스탄 땅에서 재배된 농산물 중 가장 기억에 남는 것은 바로 뽕나무였다. 페르가나분지를 떠나 줄곧 서쪽으로 이동한 까닭에 우리는 우즈베키스탄 전체를 횡단한 셈이었다. 그런데 오아시스가 있는 곳에서는 어김없이 면화 아니면 뽕나무를 볼 수 있었다. 뽕나무가 밭두렁에 심어져 있기도 하고 모스크 뜰 안에 그늘막 용도로 심어져 있기도 했다. 사마르칸트 일대에서 만난 아이들은 잘 익은 오디를 신나게 따서 나에게도 통 크게 나눠주었다.

　누에치기는 4세기 무렵에 중국으로 전해졌다. 페르가나분지는 양잠업의 거점이 되어 점차 중앙아시아의 다른 지역으로 전파되었다. 우즈베크인의 누에 양식량은 세계 1위이고 누에고치 생산량은 세계 3위에 해당한다. 자르켄트에서 멀지 않은 곳에 있는 마르길란은 예로부터 견

우즈베키스탄 마르길란시 바자르의 상인

직물업의 중심지였다. 오늘날 페르가나분지를 찾는 외국 여행객의 관광코스에는 십중팔구 실크공장 견학이 포함되어 있다.

페르가나의
감춰진 모습

톈산에서 페르가나분지에 이르는 곳에서 바뀐 것은 비단 자연경관과 산물뿐만이 아니었다. 아르슬란봅에 도착했을 때 한 무리의 아낙네들이 길가 그늘에서 음식을 먹고 있었다. 그녀들은 하나같이 화려한 머릿수건을 두르고 화려한 빛깔의 옷을 온몸에 휘감고 있었으며 몽골인을 닮아간 키르기스족과 달리 콧대가 높고 눈매가 깊었다. 그런데 우리를 대하는 그녀들의 태도는 화려한 옷차림이나 생김새보다 훨씬 더 정열적이었다. 운전사가 길을 묻기 위해 차를 세우고 몇 마디 나누지도 않았는데 둥글납작한 커다란 빵 하나가 차 안으로 들여보내졌다. 호기심에 차에서 내렸더니 아낙네들이 곧바로 우리를 둘러싸고 차, 소고기, 양고기, 난 등을 정신없이 건네왔다. 그녀들은 함께 사진을 찍자더니 곧바로 양옆에서 나를 감싸안을 정도로 매우 다정하고 친절했다. 이것이 우즈베크족에게서 받은 첫인상이었다.

농경문화와 유목문화가 합쳐지는 페르가나분지 주변 지역에서 우즈베크족과 키르기스족은 번영한 무역도시인 오슈를 함께 지탱해가고 있다. 오슈는 키르기스스탄 제2의 도시다. 시내에 있는 200m 높이의 술라이만산 정상에 올라가면 시경을 한눈에 담을 수 있다. 도시 바깥쪽은 눈 덮인 산으로 겹겹이 둘러싸여 있다. 동남쪽으로 알라이산

골짜기를 넘으면 신장 남부 주요 도시인 카스에 이르렀고, 서남쪽으로 파미르 도로를 타고 가면 타지키스탄에 이르렀다.

2000년 10월 키르기스스탄은 오슈 탄생 3,000주년 기념 경축행사를 성대하게 개최하면서 오슈를 키르기스스탄 제2의 도시로 정했다. 오슈는 이슬람의 성지인 술라이만투 성산을 빼면 변변한 명승고적 하나 없는 도시지만 자신의 영혼이라 할 수 있는 바자르는 아직까지 유지하고 있다.

몰려든 사람들로 북새통을 이루는 제이마 바자르는 허술하기 짝이 없는 어린이 놀이동산 옆으로 관개수로 같은 아크부라강 서쪽 언덕에 자리하고 있었다. 컨테이너를 개조한 상점부터 통나무로 지은 상점, 노점, 천막이 어지럽게 뒤섞여 있었는데 그 길이가 무려 2~3km에 달했다. 뜨거운 햇살이 내리쬐는 가운데 온갖 색깔의 비닐 천으로 통로 위

키르기스스탄 제2의 도시인 오슈의 제이마 바자르에서 한 남자가 감자를 팔고 있다.

를 가리니 바자르 전체가 더욱 오색찬란해 보였다. 전하는 바에 따르면 실크로드가 생기면서부터 이 자리에 교역시장이 형성되었다고 한다. 제이마는 오늘날에도 여전히 중앙아시아에서 가장 크고 중요한 바자르다.

우리는 동남쪽에서 서북쪽으로 걸으면서 의류시장, 청과시장, 건과와 견과시장, 빵시장, 축산물시장, 피류시장, 농기구시장, 철공소와 가구시장을 지나쳤다. 식품을 판매하는 구역은 전체 바자르에서 면적이 가장 넓고 활기차면서 가장 볼거리가 다양한 곳이었다. 온갖 빛깔의 과일과 채소가 가지런히 정리되어 있고 반짝반짝 빛나는 계산기가 매대 위에 놓여 있었다.

척 봐도 제이마 바자르는 몹시 향토적인 재래시장이었지만 그것이 다가 아니었다. 아무 상인이나 잡고 물어봐도 딸기는 현지산이고 오이는 우즈베키스탄산이고 귤은 파키스탄산, 토마토는 중국산, 사과는 중국, 이란, 심지어 폴란드에서 수입한 것이라는 대답이 거침없이 흘러나왔다. 제이마 바자르에서 활동하는 사람들에게 중국은 전혀 낯선 곳이 아니었다. 이곳에서 팔리는 의류와 옷감은 대부분 중국에서 수입한 것이었다. 조미료를 파는 노점상은 친절하게도 중국산 식초와 간장, 화학조미료들을 보여주었다. 대략 10여 년 전부터 비슈케크와 오슈에서 중국산 조미료가 팔리기 시작했다. 이제 우즈베키스탄인은 평소에도 자연스럽게 중국산 조미료를 사용한다. 오슈시에서 25km 떨어진 카라수가 바로 키르기스스탄 남부지역에서 최대 규모를 자랑하는 중국 상품 집산지로 우즈베키스탄과 타지키스탄 일부 지역에까지 상품을 운송하고 있다.

외국인인 내 눈에 비친 오슈 바자르는 유쾌한 곳이었고 사람들도 더

할 나위 없이 친절했다. 그러나 나는 오슈시에 거주하는 키르기스인과 우즈베크인의 비율이 거의 엇비슷하다는 사실은 간파하지 못했다. 바자르에서 키르기스족 상인은 키르기스어만 사용했고 우즈베크족 상인은 우즈베크어만 사용했다.

올가가 탄식을 내뱉었다. "나는 2010년의 소동이 가라앉고 나서 몇 달 뒤에 오슈로 왔어요. 그때 본 오슈의 모습이란, 당신은 아마 상상도 못할 거예요. 도시의 70%가 폐허로 변했었으니까요. 바자르도 마찬가지였어요." 2010년 6월 키르기스스탄의 정권교체와 극단주의 세력의 영향으로 오슈시에서 우즈베크족과 키르기스족 사이의 유혈충돌이 발생했다. 정부의 공식집계에 따르면 이 사태로 총 442명이 사망했고, 50만 명이 난민 신세가 되었다. 올가가 말했다. "그 사건 이후로 정부는 몇 가지 조치를 취했어요. 예를 들어 다른 민족과 통혼한 사람에게는 장려금으로 10만 솜을 지급하기 시작했죠. 하지만 아무리 정책적 조치를 취해도 갈등의 골은 완전히 메워지지 않았어요. 바자르에서도 여전히 서로에 대한 경계심을 느낄 수 있었죠. 내가 러시아어로 우즈베크인인지 키르기스인인지 물으면 질문을 들은 사람 중 몇몇은 몹시 불쾌하다는 듯 자신은 순수한 키르기스인이라고 몇 번이나 강조하더라고요."

사실 내가 볼 때는 순수한 우즈베크인과 키르기스인은 생김새에 큰 차이가 없어 구분하기 쉽지 않다. 올가가 바자르에서 난처한 순간을 겪은 것도 원래 페르가나분지에서 민족 간의 통혼은 비일비재했기 때문이다.

1870년 제정 러시아가 중앙아시아를 정복하기 전 중앙아시아 지역 사람들은 사회적 계급과 지위, 종교적 신앙(수니파, 시아파, 이스마일파, 수

피파 각 형제단), 경제문화 형태(유목, 농경), 사는 지역, 혈연관계, 씨족-부락 등을 바탕으로 자신의 정체성을 확인했다. 모든 카간국, 심지어 모든 지역의 거주민에게는 자신들을 가리키는 나름의 명칭이 있었다. 그당시 페르가나분지 전체는 코칸트한국의 영토에 속했고 분지 안은 힘없이 뚫려 있었으며 경계도 없었다.

1897년 제정 러시아는 좀 더 쉽게 주민수를 파악하고 현대적인 지방행정 관리체제를 구축하기 위해 모어母語를 바탕으로 중앙아시아 거주민에 대해 첫 번째 인구조사를 실시했다. 1920년대 소련 정권은 언어와 부락 관계에 따라 중앙아시아 지역에서 대규모 국경선 확정 작업을 벌인 끝에 카자흐인, 우즈베크인, 키르기스인, 투르크멘인, 타지크인 등 5개 주요 민족의 이름으로 명명한 사회주의 공화국 연방을 탄생시켰다. 여러 민족이 뒤섞여 사는 페르가나분지는 국경선을 정할 때 큰 골칫거리였다. 막무가내로 그어버린 국경선 때문에 오랜 세월 동안 멀쩡하게 존재했던 경제적·사회적 관계는 완전히 끊겨버렸다. 조그만 페르가나분지에 고립영토(어떤 국가영역의 일부로 외국 영토에 의해 완전히 둘러싸여 있는 영토)가 여덟 곳이나 있다는 점이 이 사실을 잘 설명해준다. 페르가나분지는 세계에서 가장 많은 고립영토가 존재하는 지역 중 한 곳이다.

오슈 국경을 지나 차로 한 시간쯤 달리면 우즈베키스탄 안디잔에 도착한다. 이곳에서는 시중심과 사거리를 가리킬 때 한 단어를 쓴다. 과거 안디잔과 오슈는 페르가나분지 동쪽 무역의 거점으로 끈끈한 관계를 맺고 있었다. 오늘날 중국 난장(톈산산맥 이남)과 동장(하미 지역)의 많은 지역에서 바자르를 안장바자라고 부르는데 여기에서 말하는 안장이 바로 안디잔을 가리킨다. 15세기 무렵 훗날의 우즈베크족이 이 무역로를 따라 대거 신장으로 이주해 상업과 수공업에 종사했으며, 한때 안디잔인으로 불리기도 했다. 소비에트 정권이 민족단위 국가로 재편할 때 오슈에 거주하는 우즈베크족은 전체 인구 중 70.1%를 차지했고 키르기스족이 20%를 차지했다. 소비에트연방 체제에서 사람들은 여전히 다른 민족과도 혼인을 했고, 국경선은 그저 지도상에 그어진 줄에 불과했다.

그러나 이제 오슈에서 안디잔으로 가는 것은 쉽지 않은 일이 되어버렸다. 우즈베키스탄 세관에서는 모든 귀중품에 대해 엄격한 검사를 실시했다. 세관원은 내 여행가방을 열어 옷가지를 하나하나 살펴본 뒤 수납주머니를 꺼내 그 안에 들어 있는 약의 종류에 대해 일일이 설명하라고 했다. 우리 일행이 소지한 하드웨어를 비롯한 각종 저장장치는 전부 컴퓨터로 연결해 자세하게 살펴봤다. 세관원은 내 노트북을 열어 개인적인 사진과 헬스 동영상을 20분간 훑어봤다. 국경을 넘고 나서 얼마 가지도 않았는데 연달아 세 번이나 검문소를 만났고 그때마다 여권정보를 상세하게 등록해야 했다.

그중 한 검문소에서 수배령이 내린 극단주의 세력의 수배전단을 보았다. 1990년대 초 구소련이 해체되자 그전까지만 해도 유명무실했던 국경선이 갑자기 글자 그대로 국경선이 되어버린 것이다. 중앙아시아 각국은 독립적인 민족국가를 관리해본 경험이 없었기 때문에 그들이 신봉하던 민족부흥정책이 주류 민족과 비주류 민족 사이에 갈등의 골을 만들었다. 페르가나분지는 인구밀도가 매우 높고 자원을 둘러싼 경쟁이 몹시 치열했기 때문에 극단적인 민족주의자와 종교적 극단주의자들이 국경을 넘나들며 활동하는 주요 지역이 될 수밖에 없었다.

이러한 긴장감은 페르가나를 떠나 수도 타슈켄트에 이를 때까지 계속 이어졌다. 가이드 조니는 우리를 보자마자 이 길은 타지키스탄 국경과 맞닿아 있으니 고산에 있는 관광지 한 곳 외에는 절대로 사진을 찍거나 동영상을 촬영하지 말라고 경고했다. 아니나 다를까 지나는 길에 있는 터널과 검문소마다 위장복을 입고 군모를 쓴 채 기관총을 들고 복면으로 얼굴을 가린 군인들이 삼엄하게 경비를 서고 있었다.

중앙아시아 문명을 만나다[5]

현장이 태어나기 32년 전 이슬람교의 예언자 무함마드가 태어났다.
622년 현장은 성도 대자사에서 구족계를 받았다. 같은 해 52세의 무
함마드는 메카에서 메디나로 이주하는데 이 해가 바로 이슬람력의
원년이 되었다. 이로써 중앙아시아 문명의 기틀이 마련되었다.

티무르의
성

이번에 중앙아시아를 여행하면서 나는 2주 동안 동쪽에서부터 서쪽으
로 우즈베키스탄을 가로질렀다. 원래는 우즈베키스탄을 표본으로 삼
아 순수한 현재형으로 신흥 중앙아시아 민족국가를 관찰하려고 했지

---

5 글_ 쉬징징, 사진_ 장레이

만 페르가나분지에서의 경험을 통해 내 생각이 틀렸음을 깨달았다. 시간을 기준으로 역사를 나누고 공간을 기준으로 우즈베키스탄과 그 주변 지역 및 민족을 나눈다면 결코 이 나라를 온전하게 이해할 수 없기 때문이었다.

이러한 혼란은 사마르칸트에서 정점을 찍었다. 이 도시의 역사에 관한 전설은 이루 다 말할 수 없을 정도로 많다. 기원전 4세기 알렉산더 대왕은 이 도시를 점령한 뒤 감탄을 금치 못했다. 8세기부터 전해지기 시작한 아라비아 설화 『천일야화』의 작가는 술탄의 신부 세헤라자데의 입을 빌려 사마르칸트의 궁전을 배경으로 신기한 이야기를 시작했다. 그러나 아프로시압궁전에서 본 3개의 벽화를 제외하면 이러한 과거의 흔적을 전혀 찾을 수 없었다. 여행객의 직감으로 봤을 때 오늘날의 사마르칸트는 오직 위대한 티무르 제국에 대한 이야기를 전해야 한다는 사명감에 불타는 잘 가꾼 분재도시로만 보였다.

이야기의 도입부는 매우 웅장했다. 레기스탄 광장 바로 앞에는 여행객들이 발길을 멈추고 광장에 가득한 건축물들을 파노라마처럼 구경할 수 있는 플랫폼이 마련되어 있었다. 광장을 마주 보고 서면 왼쪽으로 15세기 티무르의 손자 울르그벡이 건축한 마드라사가 있다. 가운데에는 17세기의 틸라카리 모스크와 마드라사, 오른쪽에는 18세기에 세워진 시르 도르 마드라사가 있다. 이 두 신학원은 울르그벡 마드라사에 대한 경의의 표시로 지어졌다.

레기스탄 광장의 면적은 상상했던 것만큼 크지 않았고 앞서 말한 세 곳의 이슬람 건축물 내부는 이미 기념품 상점이 점령한 상태였다. 하지만 겉모습만은 확실히 깊은 인상을 남겼다. 건축물 외벽의 복잡한 모자이크무늬는 마치 소리 내어 주문을 외는 것 같다. 모자이크무늬타일이 짙푸른 하늘 아래 눈부신 빛을 발하는 까닭에 건축물은 실제 크기보다 훨씬 더 웅장해 보였다. 그러나 이는 사마르칸트가 비난을 사는 원인이기도 했다. 모자이크 어디를 살펴봐도 깨진 곳을 찾아보기 힘들 정도로 너무나도 새것 그대로이기 때문이다.

옛날 사진을 살펴보면 19세기 말에 발생한 대지진으로 레기스탄 광장 위의 건축물은 거의 무너졌고 건물 벽의 모자이크도 함께 먼지가 되고 말았다. 구소련 정부는 레기스탄 광장과 그 주변 건축물에 대한 복원작업을 실시했다. 하지만 가장 큰 규모의 복원작업은 구소련이 해체된 이후 완성되었다.

티무르와 그 후손들을 안장한 구르 아미르 영묘의 지도가 있었다. 가이드들은 여행객들을 그곳으로 모은 뒤 14세기에 티무르 대제가 어떻게 델리부터 다마스쿠스에 이르는 거대 제국을 건설했는지에 대해 설명했다. 요점은 두 가지였다. 하나는 티무르가 기고만장하던 오스만 제국을 꺾은 덕분에 유럽인들이 재난을 피할 수 있었다. 두 번째로 티무르는 20만 대군을 이끌고 중국으로 원정을 가던 중 병사했다. 한 우즈베크인이 내게 진지하게 물었다. "만약 티무르가 죽지 않았다면 중국을 이길 수 있었을까요?"

영묘의 빈소에는 상징적인 의미의 석관 9개가 놓여 있었다. 실제로 시신이 담긴 관은 땅속 깊이 묻혀 있었다. 가운데에 놓인 흑녹색 관이 티무르의 것이다. 티무르의 관과 관련해 끊임없이 회자되는 이야기가 있으니 바로 관에 새겨진 내용이다. '누구라도 관을 연 자에게는 전쟁의 재앙이 닥치게 될 것이다.' 1941년 6월 20일 소련군이 티무르의 관을 열었다. 묘실 안은 순식간에 질식할 것 같은 냄새로 가득 찼다. 그것이 바로 저주의 냄새였다. 이틀 뒤 나치 독일이 소련을 침공했다. 이야기에 홀린 여행객들은 누구 하나 히틀러가 바르바로사 작전(1941년 독일의 소련 침공 작전의 암호명)을 계획한 것은 그보다 이른 1940년이었다는 사실을 들먹이며 분위기를 깨지 않았다. 사실 그들이 맡은 것은 수지, 장뇌, 장미와 유향이 섞인 냄새였다. 티무르의 시신을 사마르칸트까지 운반하기 위해 방부처리해야 했기 때문이다.

마찬가지로 새로 지어진 건축물 중에는 비비하눔 모스크도 있었다. 전하는 바에 따르면 티무르의 왕비가 델리를 정복한 티무르를 위해 모스크를 지었지만 훗날 원정에서 돌아온 티무르는 그것이 마음에 들지 않았다. 그래서 왕비가 지은 모스크를 부수고 동시대 동방에서 가장 웅장한 건축물을 짓는 과정을 직접 진두지휘했다고 한다.

사마르칸트에서 유일하게 티무르와 어깨를 나란히 할 자격이 있는 인물은 그의 손자인 울르그벡이다. 사람들은 울르그벡의 천문대 유적

티무르의 고향 샤흐리삽스에 있는 모스크

에 박물관을 지었다. 울르그백은 『신천문표』에 1,018개 별자리의 위치를 작성했다. 이는 고대 그리스의 천문학자 히파르코스 이후 가장 정확하게 별자리를 측정한 기록이었다. 이 밖에도 울르그백은 1년의 시간적 길이를 측정했는데 현대과학으로 계산한 결과와 비교해도 별 차이가 나지 않을 정도로 상당히 정확했다.

사마르칸트를 방문한 여행객들은 누구나 티무르 제국이 우즈베키스탄 역사상 정치·군사·건축·과학의 황금시대였음을 느끼게 된다. 그러나 사람들이 간과하고 있는 사실은 티무르가 오늘날의 우즈베크족과 아무런 관계가 없다는 것이다. 티무르는 자신이 칭기즈 칸의 후손이라는 사실을 자랑스러워했다. 제국을 건설하는 과정에서 티무르는 시종일관 칭기즈 칸의 후손으로서 통치의 정당성을 주장했으며 칭기즈 칸의 위대한 업적을 재건하는 것을 목표로 삼았다. 여기에서 짚고 넘어가야 할 점은 오늘날 우즈베키스탄의 역사를 서술하는 과정에서 칭기즈 칸은 잔혹하기 짝이 없는 침략자로 묘사된다는 사실이다. 15세기 킵차크한국의 부족 중에 월즉별이라고 불리는 분파가 화랄자모(호라즘)와 트란스옥시아나를 침략했다. 그들은 사마르칸트를 짓밟고 울르그백이 다스리던 제국을 무너뜨려 울르그백의 친아들이 아버지를 감금시키고 죽이는 지경에 이르게 만들었다. 월즉별인은 코카서스인과 몽골인의 혼혈이었다. 월즉별은 다른 말로 우즈베크라고도 번역된다.

사실 지금으로부터 그리 멀지 않은 구소련 시대에는 우즈베키스탄 사람들도 티무르를 영웅으로 여기지 않았다. 그런데 구소련이 해체되고 나서 5년 후 신정부는 티무르 탄생 660주년 행사를 대대적으로 거행했다. 국가경제가 위태로운 상황에서도 사마르칸트 유적들은 하나하나 새단장에 들어갔다. 전국 각지에 티무르의 이름을 딴 거리와 학교,

행정구역, 공공조직이 끊임없이 생겨났고 그의 이름을 내건 상도 마련되었다. 타슈켄트에는 마르크스 동상 대신 티무르의 동상이 세워졌다. 역사 교과서는 티무르를 우즈베크의 정신적 상징으로 격상시켰다.

사마르칸트에 머무는 내내 나는 찜찜한 기분을 떨칠 수 없었다. 이 반질반질한 분재도시와 오늘날의 우즈베키스탄이 어떤 관계가 있는지 도무지 알 수 없었기 때문이다. 그러다가 머릿속에 어떤 의문이 번뜩 떠오르자 역사의 흐릿한 빛이 현실을 비추기 시작했다. '왜 하필이면 티무르를 선택했을까?'

모든 이데올로기와 정치적 편견을 버리고 나자 너무나도 분명한 사실과 마주하게 되었다. 바로 이 땅의 역사를 되짚어보면 티무르만 한 위대한 통치자를 찾을 수 없다는 사실이었다. 티무르는 이곳에서 살았고 정권을 세웠으며 전 세계에 영향을 미쳤고 이곳에 묻혔다. 더 중요한 점은 티무르가 세운 정권이 오늘날의 우즈베키스탄 영토를 전부 포괄했다는 사실이다. 소련이 만들어낸 우즈베크족은 92개 부락으로 구성되어 있다. 19세기 제정 러시아가 중앙아시아를 점령할 때 이곳에는 아직 히바한국과 부하라한국, 그리고 페르가나분지 일대의 코칸트한국이 존재했다. 심지어 사마르칸트와 부하라의 우즈베크화도 소련이 점령하고 나서부터 시작되었다. 오늘날의 사마르칸트와 부하라 시내에서는 여전히 타지크어가 통용되고 있고 사마르칸트주에 거주하는 인구의 60%가 타지크족이다.

중앙아시아의 역사적 배경을 이해하지 않으면 오늘날의 중앙아시아도 이해할 수 없다. BBC 중앙아시아국 국장 하미드 이스마일로프는 이런 말을 했다. "어떤 의미에서 우즈베키스탄은 영국과 같은 섬이에요. 다만 육지에 봉쇄된 섬이라는 점이 다를 뿐이죠. 우즈베키스탄은 사막과 고산으로 둘러싸여 있어 빠져나갈 길이 없어요."

20세기 초 중앙아시아 일대를 두루 돌아본 미국의 저명한 동양학자 오언 래티모어는 유목과 오아시스 농업을 위주로 한 중앙아시아의 생산방식으로는 충분한 경제적 성과를 거둘 수 없다고 판단했다. 바로 이 때문에 이 땅에는 통일된 강대하고 안정적인 국가가 세워지기 어려웠다. 역사상 칭기즈 칸의 제국이 오랜 세월 존재할 수 있었던 것은 중국 중원 경제지역이 뒷받침해준 덕분이었다. 이에 비해 티무르는 한 줄기 바람처럼 스치고 지나갔을 뿐이다. 그가 죽자마자 티무르 제국은 순식간에 와해되었다.

이 현상은 중앙아시아에 어떠한 영향을 미쳤을까? 중앙아시아는 전략적으로 중요한 위치에 있고 지리적으로 광활한 땅을 차지하고 있는 한편 외부세력의 공격에 맞설 만큼 강력한 정권을 유지할 수 없었다. 그래서 중앙아시아의 역사는 끊임없이 외부세력에게 주도권을 내주었다. 그리스인, 중국인, 아라비아인, 몽골인, 투르크인, 제정 러시아 등 끊임없이 새로운 정복자가 나타나 이 캔버스를 덧칠했다. 마치 팔레트처럼 어떤 색은 다른 색에 덮이고 어떤 색들은 서로 뒤섞여 결국에 가서는 오늘날 내가 본 중앙아시아를 만들어냈다.

정의된
중앙아시아

샤히진다 영묘는 사마르칸트에서는 보기 드물게 웅장함으로 승부하지 않는 유적이다. 내가 도착했을 때는 이미 노을이 지고 있었기 때문에 관광객들은 거의 돌아가고 없었다. 왕릉은 아프로시압궁전 유적과 같은 언덕에 자리해 있다. 티무르 제국의 왕실 여성들은 이곳에 묻혀 있다. 둥근 지붕을 인 묘실이 하나씩 산꼭대기를 향해 쌓여 있었다. 건축물마다 장식스타일이 달랐다. 계단을 따라 오르다 보니 어느 구간의 양쪽으로 서 있는 건축물의 외벽이 다양한 명도의 파란색과 초록색 모자이크 타일로 장식되어 있었다. 바다와 같은 그 차분함은 심장이 멎을 만큼 아름다웠다.

샤히진다 영묘가 이토록 의미를 지니는 까닭은 가장 높은 곳에 있는 묘실 때문이었다. 예언자 무함마드의 사촌인 쿠삼 이븐 압바스가 이곳에 묻혀 있다. 전설에 따르면 쿠삼 이븐 압바스는 중앙아시아에 이슬람교를 포교하러 왔다가 사마르칸트 사람들에게 잡혀 목이 잘렸다. 그런데 이 독실한 전도사는 자신의 목을 들고 땅굴로 걸어 들어갔다고 전해진다. 그 후 신도들이 땅굴 주변에 묘지를 만들었는데 이것이 샤히진다 영묘의 시초였다.

가이드 조니를 따라 압바스의 무덤 안으로 들어갔다. 건축물 내부에는 아름다운 모자이크무늬가 가득했고, 3면의 벽에는 각각 등받이가 없는 긴 의자를 두었는데 네모난 모자를 쓰고 흰옷을 입은 남자가 구석에 가만히 앉아 있었다. 조니는 내게 그중 한 의자에 앉으라는 뜻을 비쳤다. 나는 그가 이곳에 얽힌 이야기를 들려주기를 기다렸지만 그는 아무 말도 하지 않았다. 이어서 전통복장을 입은 여성이 아이를 데리고 들어와 의자에 앉았다. 나는 아무런 준비도 되지 않았는데 이윽고 그 공간에 있던 다른 모든 사람이 두 눈을 감고 두 손을 가슴 앞으로 받쳐들었다. 흰옷을 입은 사람이 갑자기 말을 하기 시작했다. 이맘(예배를 인도하는 성직자)의 목소리가 조그마한 묘실 안에 울려 퍼졌다. 그 1분

동안 만물이 고요해지고 시간의 흐름이 멈춘 듯했다.

의식이 끝나자 조니가 방금 전 이맘이 독송한 것은 『코란』의 한 대목이라고 했다. "소련 때문에 대다수 우즈베크인은 아랍어를 배우지 못해서 『코란』을 읽을 수 없어요. 그래서 이맘이 이런 식으로 사람들이 경전의 내용에 익숙해지도록 도와주는 거죠. 1990년대에는 안 좋은 일들이 일어났어요." 그가 말한 안 좋은 일이란 이슬람 원리주의 운동을 가리켰다.

"정통 종교교육을 못 받았기 때문에 쉽게 미혹당할 수 있어요. 다행히 우리는 그런 상황을 미연에 방지했죠." 자기 이야기는 하지 않던 조니가 불쑥 말을 꺼냈다. "저는 아랍어를 배웠어요. 몇 년 전에 아랍 친구를 사귀게 되었는데 아랍어를 좀 가르쳐달라고 했죠. 이제 기본적인 아랍어는 읽을 수 있어요." "왜 아랍어를 배우고 싶었어요?" "무슬림

우즈베키스탄 사마르칸트시 샤히진다 영묘 주변의 공동묘지

이라면 기본적으로 『코란』을 읽을 줄 알아야 하잖아요."

올해 35세인 조니는 사흘째 우리를 가이드하고 있었다. 개인적인 생각으로 조니는 네모진 돕피doppi를 쓴 다른 우즈베키스탄 남자들과 달랐다. 그는 야구모자를 쓰고 커다란 선글라스에 GAP 후드티를 입은 채 정확한 영국식 영어를 구사했다. 그의 벨소리는 들어본 적도 없는 이름의 오스트레일리아 여성 가수의 노래였다. 누군가 서양의 유행가를 틀어놓으면 조니는 그 가수의 신상정보를 정확하게 읊었다. 심지어 1970년대에 활동한 가수와 밴드에 대해서도 훤히 꿰고 있었다. 물론 전에 조니에게 모스크에는 가냐고 물었을 때 그는 가지 않는다고 대답했었다.

나는 이번 여행을 통해 처음으로 이슬람세계에 발을 디뎠다. 페르가나분지에 있을 때만 하더라도 나는 내가 이미 이슬람 문명에 대해 잘 알고 있다고 생각했다. 국경을 넘을 때 여성 세관공무원은 나와 동행한 5명의 남자 가운데 내 남편이 없다는 사실을 알고 몹시 놀랐다. 흥분한 그녀는 곧바로 동료들에게 이 놀라운 사실을 알렸다. 코칸트 고성에서 나는 울타리 밖에 서서 금요일 예배로 북적거리는 모스크 안을 들여다봤다.

나는 조니가 우즈베키스탄의 또 다른 면, 다시 말해 현대적이고 신식이고 이슬람과 무관한 모습을 대변한다고 생각했다. 그러나 샤히진다 영묘에서 본 조니는 나의 판단을 완전히 뒤집었다. 영묘 주변에도 사람들의 발길이 끊이지 않는 공동묘지가 펼쳐져 있었다. 나는 휴대전화를 꺼내 그중 한 묘비의 사진을 찍었다. 그 모습을 본 조니는 묘비 위에 쓰인 아랍어를 자세히 들여다보고 나서 정중하게 말했다. "묘비에는 『코란』이 새겨져 있습니다. 꼭 기억해야 할 점이 있는데 화장실에서는 절대 휴대전화로 이런 사진을 보지 마세요." 그 말을 듣고서야 나는 이 나라에 대한 나의 인식 정도가 매우 천박한 이원적 대립상태라는 사실을 깨달았다. 나는 조니와 모스크 바닥에 꿇어앉은 사람들을, 오슈의 바자르에서 본 얼굴을 가린 채 전통복장을 한 여인과 사마르칸트의 무도장에서 본 미니스커트를 입고 짙은 화장을 한 여성을 대립시키고 있었다. 그러나 사실 그들의 정신세계에는 모두 이슬람이 자리하고 있을 것이다.

현장이 서역으로 떠났을 때 그가 지나간 대부분의 지역, 특히 인도 문화의 출구였던 페르가나분지는 여전히 불교가 지배하는 세계였다. 거기에서 더 서쪽으로 가면 지금의 이란에 자리했던 사산조 페르시아의 영향을 받아 아프로시압 소그디아 왕국의 지배자는 배화교(조로아스터교)를 신봉했다.

아프로시압궁전 유적에 남아 있는 당나라 때 풍경을 묘사한 벽화는 심각하게 훼손되어 있다. 이에 대해 고고학자들은 누군가가 고의로 파괴했으며 아마 7세기 말 소그디아 왕국을 공격한 아라비아인들이 범인일 것이라고 추측했다. 벽화의 내용은 그들이 믿는 이슬람교의 교리에 위배되는 것이었다. 그로부터 얼마 지나지 않아 이슬람교는 탄생한 지 100년도 채 되지 않아 당나라 서쪽 국경까지 전파되었다. 705년부터 720년까지 서역국가들은 잇달아 당나라에 구조 요청을 해왔다. 당나라 현종에게 보낸 표문에는 이러한 내용이 있다. "적국 대식(이슬람 제국)이 해마다 침략해옴으로써 나라가 편안하지 못하다." 결국 751년 중앙아시아 탈라스(아마도 오늘날 카자흐스탄의 탈라스 근처일 것으로 판단됨)에서 두 거대 문명 사이에 충돌이 발생했다. 이 군사적 충돌은 당나라의 패배로 막을 내렸다.

알렉산더 대왕의 동방원정으로 중앙아시아에 처음으로 외부 문명이 들어왔고 이로 인해 마르길란, 오슈 등의 지명이 남았다. 페르가나분지의 쿠바에서 폐허가 된 휑뎅그렁한 유적지를 참관한 적이 있다. 그곳에서 출토된 불상들은 타슈켄트의 역사박물관에 보관되어 있다. 오늘날의 중앙아시아 5개국에게 불교가 지니는 의미는 겨우 그 정도에 불과하다. 장건이 서역을 오가는 길을 개통하면서 중화 문명도 중앙아시아에 수백 년에 걸쳐 영향을 미쳤지만 실크를 제외하면 구체적으로 어떤 영향을 미쳤는지 확인할 길이 없다. 한마디로 아랍인은 동서양의 대제국들이 결코 해내지 못한 일을 해냈다. 바로 문화와 문명에서 철저하게 중앙아시아를 정복한 것이다.

　잔타오의 설명에 따르면 문명의 핵심으로 돌아가 한당의 유교 문화와 이슬람을 비교하면, 유교 문화는 일종의 세속적인 문명 형태로 특정 농경 정착사회를 기반으로 한다. 역사상 중원 지역을 정복한 유목민족은 결국 정착화를 통해 유가 문명을 받아들였다. 그러나 이슬람은 완전히 다른 문명 형태다. "이슬람교는 극도로 발전된 일신교 신앙으로 형식이 간단하고 우상숭배에 반대하며 역동적이고 문화수준이 낮은 유목민족이 정복적인 성격의 성전으로 확장시켰다. 성전은 유목민족의 약탈 전통과 결합되어 유목민족이 더 쉽게 이슬람교를 받아들일 수 있도록 만들었다. 광활한 중앙아시아 지역에서 이슬람교는 이슬람 신비주의 사상(수피즘)을 통해 전파되었다. 수피즘은 신과의 직접적인 소통을 강조하므로 문화수준이 낮고 제약 없이 제멋대로 행동하는 초원 유목민족에게 꼭 들어맞았다. 일신교 신앙의 이슬람 문명은 근본적으로 보편주의라고 할 수 있는데 민족이나 피부색에 대한 편견이 없다. 이슬람 제국도 노예를 사고 판 역사가 있지만 노예가 이슬람교로 개종하기만 하면 형제로 여겨 다시는 노예로 취급하지 않았다. 이는 전쟁노예로 아라비아 군대에 참가한 수많은 투르크인에게 엄청나게 매력적으로 다가왔다."

이슬람교가 중앙아시아에 뿌리내릴 수 있도록 도운 또 다른 힘이 있었다. 나는 사마르칸트에서 그 유명한 실크카펫공장을 참관했다. 공장 벽면은 각국 원수들의 방문 사진으로 도배되어 있었다. 작업장 안에서는 여공들이 바쁘게 방직기를 돌리고 있었다. 카펫 1cm²를 완성하기 위해서는 80땀을 떠야 하고, 한 땀을 뜨기 위해서는 8단계로 이뤄진 동작을 수행해야 한다. 일반적으로 폭 1.5m짜리 카펫을 짜기 위해 여공 3명이 투입된다. 1m²를 완성하려면 꼬박 두세 달은 매달려야 한다. 작업장에서 완성 중이던 카펫은 오스트레일리아 사람이 주문한 것이었는데 판매가격이 m²당 5,000유로에 달했다.

페르가나분지와 우즈베키스탄의 수도 타슈켄트를 연결하는 도로

중앙아시아는 이슬람화되어간 시간과 엇비슷하게 매우 중요한 변화를 겪었다. 6세기 중반 알타이산 남쪽 지역에서 발흥한 투르크가 점차 세력을 키워 중앙아시아로 들어갔다. 13세기 몽골인이 서방원정에 나섰을 때 부족한 머릿수를 채워준 것도 투르크 유목민이었다. 이처럼 대규모 인구가 이주하고 민족끼리 합쳐진 결과 광활한 중앙아시아 지역의 언어가 동화되었다.

페르가나분지의 견직공업 중심지 마르길란에서 만난 이란 출신 파로는 실크공장에서 카펫 디자인을 맡고 있었다. 우리의 통역을 맡은 사람은 우즈베크인인 산토였다. 산토가 우리의 질문을 우즈베크어로 통역하면 파로가 터키어로 대답했는데 의사소통에 아무런 장애가 없었다. 사실 오늘날 중앙아시아에서는 타지크족이 쓰는 타지크어만 인도유럽어족에 속한다. 터키어, 키르기스어, 우즈베크어, 투르크멘어, 아제르바이잔어, 위구르어 등 수십 가지 언어는 모두 투르크어족의 방언이다. 잔타오는 이러한 언어들 간의 차이가 중국 남방과 북방 간 언어 차이보다 작다고 했다. 잔타오가 투르크메니스탄으로 출장을 갔을 때 수많은 현지인이 그가 투르크멘어를 할 줄 안다고 생각했지만 사실 그가 할 줄 아는 언어는 터키어와 우즈베크어였다.

7세기부터 13세기에 이르는 수백 년 동안 이슬람교라는 공통 신앙 덕분에 투르크인과 다른 민족 사이의 통혼과 혼혈이 쉽게 이루어져 중앙아시아의 투르크화를 가속시키는 한편, 투르크화로 인한 언어의 동일성도 이슬람 문화의 전파에 날개를 달아주었다.

14세기 티무르가 세운 제국은 이러한 두 가지 추세를 대변했다. 티무르가 세운 나라는 투르크 제국이었다. 구르 아미르 영묘에서 가장 존귀한 자리는 티무르의 차지가 아니었다. 티무르는 그 자리를 이슬람교의 종교적 스승을 위해 남겨두었다. 이러한 의미에서 오늘날 사람들이 티무르를 숭배하는 데는 우즈베크족이라는 현대적 민족 개념을 뛰어넘는 광범위한 의미가 내포되어 있다.

지속과
재구성

사마르칸트에서 부하라까지는 차로 다섯 시간 거리였다. 중앙아시아가 이슬람화된 뒤 오아시스는 실크로드의 무역중심일 뿐만 아니라 이슬람 문화의 중심이 되었다. 부하라는 그중 가장 중요한 도시였다. 페르시아의 역사가 주바이니는 몽골인이 침략하기 이전의 부하라를 이렇게 묘사했다. "동방의 도시 중 부하라는 이슬람의 돔이자 그 지역 평화의 도시(압바스 왕조의 수도로 당시 이슬람세계 문화의 중심지였던 바그다드를 가리킴)였다." 위대한 이슬람학자이자 수니파 경전 하디스(이슬람에서 예언자 무함마드의 언행을 담은 전승록)를 편찬한 알-부카리가 이곳에서 태어났다. 14세기에 부하라는 이슬람교 신비주의 수피 종파에서 가장 영향력 있는 낙쉬반디야 종단을 창건하기도 했다.

오늘날 부하라에는 여전히 200여 곳에 달하는 모스크와 100여 개의 마드라사가 보존되어 있다. 가장 유명한 건축물은 12세기에 지어진 47m 높이의 칼론 미나레트다. 부하라에서 이러한 전설을 들었다. 몽골인이 부하라를 공략하고 나서 칭기즈 칸은 직접 군대를 이끌고 성안으로 들어왔다. 미나레트를 지나치던 칭기즈 칸은 고개를 들어 이 위대한 건축물을 올려다봤는데 문득 모자가 땅에 떨어졌다. 칭기즈 칸은 허리를 굽혀 모자를 주우면서 탄식했다. '나조차 이 미나레트에 절을 올려야 하는구나!' 그리하여 칼론 미나레트는 몽골인에 의해 파괴되지 않고 오늘날까지 원형을 보존할 수 있었다.

　다시금 깊이 생각해보니 이 전설은 단순히 건축물의 위대함을 칭송하는 것이 아니었다. 이슬람교 덕분에 중앙아시아는 문화적·문명적으로 주체의식을 구축했다. 이제 세계의 다른 문명 앞에서 중앙아시아는 더 이상 미개하고 하등하지 않았다. 정치적·군사적으로는 잔혹하게 정복당했더라도 문화적으로는 시종일관 존엄과 독립을 유지했다. 티무르가 군대를 이끌고 명나라로 향할 때 그가 믿었던 것은 단순히 군사적인 힘만이 아니었다. 존 킹 페어뱅크는 『중국의 세계질서』에서 이렇게 말했다. "명나라가 멸망할 때까지 중앙아시아인은 대개 중국을 머나먼 제국이자 어느 정도 중앙아시아 상품에 의존해야 하는 시장이며, 언젠

아프가니스탄 출신 투르크멘족인 이 노인은 사마르칸트시에 실크카펫공장을 세웠다.

가는 무슬림이 될 수많은 이교도가 살고 있는 곳으로 생각했다. 중앙아시아인은 중국의 문화가 발달하기는 했지만 중앙아시아 문화보다는 못하며 중국인은 세계에 대해 아무것도 모른다고 생각했다."

사마르칸트에 비해 부하라 고성의 구조는 훨씬 더 완벽했다. 고대의 건축물은 모두 황토색이었다. 가운데 연못이 하나 있고 이 연못을 중심으로 좁은 골목이 사방으로 뻗어나갔다. 무더운 날씨 탓에 부하라의 바자르는 새로운 형태로 바뀌었다. 바로 돔형 지붕이 있는 복도식 건축물 안으로 숨은 것이다. 많은 사람들이 부하라의 고성이 사마르칸트보다 훨씬 생기발랄하다고 해서 활력 넘치는 모습을 기대했지만 결론부터 말하자면 몹시 실망스러웠다.

버스를 타고 도시 안팎을 구경했는데 사마르칸트에 비하면 부하라에는 산업이라 할 만한 것이 없었다. 실크로드가 쇠락하면서 부하라도 점차 폐쇄적으로 변했지만 본질적으로는 여전히 오아시스의 농경지였다. 현대적인 겉모습은 관광업으로 꾸며낸 결과였다. 역사는 여러 방식으로 부하라 사람들을 먹여 살리고 있었다. 그러나 고성의 황토색도 지나치게 새로 단장한 흔적을 가리지는 못했다. 그럴듯한 건물은 모두 여관, 호텔, 커피숍으로 리모델링되었다. 복도식 바자르 안에는 수많은 상점이 들어서 있었지만 현지인은 절대로 그곳에서 향료와 옷을 사지 않는다.

나는 세밀화 거장의 집을 찾아갔다. 그는 내게 세밀화는 철학이라고 소개하며 각각의 색이 갖는 의미를 설명해주었다. 그의 제자가 250년이나 되었다는 책을 꺼내왔다. 책갈피가 매미날개만큼이나 얇았는데 이미 실전된 전설 속 사마르칸트 실크 종이로 만들었다고 했다. 듣자 하니 가장 뛰어난 세밀화 화가만이 이러한 고서의 빈 페이지에 그림을 그릴 자격이 있다고 했다.

확실히 그 그림들은 아름다웠지만 그다지 감흥이 느껴지지는 않았다. 우리가 세밀화에 대해 이야기하고 있던 방 안에는 우리 같은 여행객들에게 제공하는 저녁식사가 이미 식탁 위에 마련되어 있었다. 이 가족은 소련 정권 시절부터 세밀화로 생계를 이어왔는데 여행객에게만 판매해왔다고 한다. 화가의 집을 둘러보니 꽤 괜찮은 생계수단임이 확실해 보였다. 화가는 30대로 보이는 남성과 열두 살 난 소년에게 세밀화를 가르치고 있었다. 그런데 마치 식사 때 노래로 분위기를 띄우는 가수처럼 이날 저녁 두 사람이 우리 식탁 옆에서 계속 그림 연습을 하고 있는 것이 영 꺼림칙했다.

우즈베키스탄에는 이루 셀 수 없을 만큼 많은 수공예공방이 있다. 나는 실크로드가 남긴 수공예가 우즈베크 민족문화의 일부라고 믿는다. 독립 후 우즈베키스탄 정부가 수공예의 부흥을 위해 상당한 자금을 지원한 것도 그런 이유에서였다. 하지만 나는 그 수공예공방들에서 그곳 사람들의 실제 생활이나 정신세계와의 연결고리를 찾을 수 없었다. 구도시에서 우리는 전통 다마스쿠스 검을 만드는 것으로 보이는 수공예공방을 지나쳤다. 사진작가가 카메라를 꺼내자 고개를 숙인 채 철을 두드리고 있던 대장장이가 뭐라고 말을 했다. 가이드였던 조니는 대장장이의 말에 곧바로 얼굴이 굳더니 서둘러 자리를 뜨자고 했다. "사진을 찍으려면 한 장당 3,000숨(공시환율로 계산하면 위안화로 대략 7위안)씩 돈을 내래요. 잘 들어요. 셔터를 한 번 누를 때마다 3,000숨을 내야 해요. 이 사람들 정신이 어떻게 된 것 같아요." 칼론 미나레트에서 멀지 않은 곳에 현지인들이 찾는 진짜 시장이 있다. 그곳에서는 온 방을 장식하고도 남을 만큼 어마어마하게 큰 화학섬유로 짠 양탄자를 수공업으로 짠 양탄자 가격의 끝자리에도 못 미치는 가격에 살 수 있다.

수공예품이 일상생활에서 사라지기 시작한 것은 19세기 말 제정 러시아가 중앙아시아를 통치하면서부터다. 당시 러시아의 현대식 방직기계는 삐걱삐걱 소리가 나는 1,000년이 넘은 중앙아시아의 베틀을 찌부러뜨렸다. 러시아인이 가져온 것은 현대화된 생산력만이 아니었다. 잔타오에 따르면 문명의 각도에서 봤을 때 소련은 중앙아시아 민족을 현대적으로 구분해 연방공화국의 형식으로 중앙아시아를 통할했는데 사실 이는 사회주의 버전의 현대문명으로 중앙아시아를 뒤덮고 재정비한 것이었다. 당시 볼셰비키 당원들은 중앙아시아가 낙후된 부락 또는 부족시대에서 현대로 나아가는 과정에서 반드시 민족단계를 거쳐야 한다고 생각했다.

이처럼 소련이 중앙아시아를 민족단위의 국가로 개조한 또 다른 이

우즈베키스탄 리슈탄의 도자기 장인이 도자기 빚는 기술을 전수하고 있다. 이곳은 한때 실크로드상의 도자기생산 중심지였다.

유는 나누어 지배하는 것이 낫다는 실용주의적인 정치적 요구에 따른 것이었다. 부하라 한가운데에 있는 못가에는 우리가 익히 알고 있는 아판티(나스레딘 호자의 중국식 호칭-옮긴이)가 당나귀를 타고 있는 동상이 있었다. 12~13세기에 살았다고 전해지는 이 현자는 출신이 몹시 불분명하다. 위그르족 사람들은 그가 중국 신장 카스에서 태어났다고 하고, 우즈베크인들은 부하라에서 태어났다고 하고, 아랍인들은 이라크 바그다드에서 태어났다고 주장한다. 또 터키인들은 터키 서남부 악셰히르에서 태어났다고 한다. 이 같은 현상은 곧 이 광활한 지역의 민족, 문화, 사회구조, 풍모가 매우 비슷하다는 것을 의미했다. 사실 우즈베키스탄에 있으면서도 종종 내가 신장에 있다는 착각을 하곤 했다.

　제정 러시아가 중앙아시아를 침략했을 때 반항의 원동력이 되었던 것은 범투르크민족주의와 범이슬람주의였다. 이는 소련에게도 큰 위협이었다. 새로운 민족을 만들어가는 과정에서 모스크바는 중앙아시아의 무슬림이 사용하던 아랍어 알파벳 대신 라틴어 알파벳을 사용하도록 했다. 이는 문화적으로 이 지역과 아랍세계를 갈라놓기 위함이었다. 1928년 똑같은 방법을 취하는 터키에 소련 지도층은 촉각을 곤두세웠다. 1939년부터 1940년까지 중앙아시아 각국의 언어는 라틴어 알파벳에서 다시 수정을 거친 키릴문자로 바뀌었다. 이 또한 러시아어가 중앙아시아에 침투하는 데 도움이 되었다.

　소련의 민족개조는 성공했다. 범투르크주의는 기력을 잃어갔고 사람들은 중앙아시아에 5개의 민족이 있다는 것을 기정사실로 받아들였다. 그러나 중앙아시아의 주체의식 한쪽에는 여전히 이슬람이 아로새겨져 있었다.

　페르가나분지의 코칸트에서 나는 금요일 예배가 있는 모스크를 찾앉다. 여성은 모스크로 들어갈 수 없다고 해서 그냥 그 주변을 한 바퀴 돌았다. 모스크 담장 주변으로는 예배일에 맞춰 시장이 열렸는데 책, 빵, 약, 씨앗까지 그야말로 없는 것 없이 다 팔고 있었다.

현대적으로 도시를 정비하면서 기존의 규칙 몇 가지는 무시되었다. 전통적으로 바자르는 모스크 근처에 붙어 있다. 모스크 바로 옆에는 어마어마한 규모의 노천 찻집이 있었다. 예배시간까지는 30분이 더 남아 있었기 때문에 찻집은 사람들로 발 디딜 틈이 없었고 커다란 솥에 든 양고기 플로브는 손님 앞에 놓이기만 기다리고 있었다. 찻집은 중앙아시아에서 가장 흔히 볼 수 있는 공공장소다. 찻집에 가는 것은 요기를 위해서라기보다도 지인을 만나고 정보를 교류하기 위함이었다. 골목 안으로 더 깊이 들어가 보니 모스크 뒤편으로 공동묘지가 있었다. 거기에서는 여성 2명과 남성 1명이 묘지를 관리하고 있었다. 그들은 묘지 관리인이기도 했지만 의사이기도 했다. 나무 두 그루 아래 놓인 긴 의자 몇 개가 바로 병원이었던 것이다. 거리의 의사는 전통직업 중 하나로 안마를 해주거나 특수한 초목회(초목을 태운 재)로 몸을 치는 등의 방법으로 환자를 치료했다. 가장 중요한 것은 어떤 치료를 하든 그 과정에서 반드시 특정한 『코란』 경문을 외운다는 것이다. 심지어 경문을 읽는 것 자체로 치료가 되기도 한다. 우리가 나무 아래 앉아 있던 시간은 10분도 채 되지 않았는데 그 사이 끊임없이 환자들이 밀려들었다는 사실이 몹시 놀라웠다. 지금 생각해보니 모스크 주변 1km 안에서 사람의 생로병사가 모두 펼쳐지고 있었다.

이슬람 수피파 성도 낙쉬반디의 영묘가 부하라 외곽에 있었는데 그곳의 건축물은 모두 새로 지은 것이었다. 여행객은 거의 없었지만 순례하러 온 현지인의 발길은 끊이지 않았다. 조금만 주의 깊게 관찰해

보면 이곳을 지날 때마다 운전사들이 존경의 뜻으로 속도를 늦춘다는 사실을 발견할 수 있다.

영묘 도로 건너편에는 제물을 바치는 장소가 있었다. 전통에 따르면 경제적인 능력이 허락한다면 성지를 참배할 때 제물을 바쳐야 하는데 대개는 양 한 마리를 바쳤다. 제물을 바치는 곳에는 양을 도살하는 데 쓰이는 단층짜리 건물이 마련되어 있었다. 그 옆 건물에는 총 20개의 화덕마다 지름 1m 크기의 대형 솥이 놓여 있었다. 사람들은 이곳에서 양고기와 여러 음식을 삶았다. 그곳을 나서면 곧바로 노천식당이 펼쳐졌다. 제물을 바치는 장소는 곧 나눔의 정신을 의미했다. 누구라도 이곳에 오면 음식을 얻을 수 있었다. 내가 갔을 때 페루자는 한창 바쁘게 일하는 중이었다. 그녀는 부하라주의 어느 마을에 살고 있었는데 이날 이웃과 친척들을 포함해 모두 15명을 이끌고 제물을 바치러 왔다. 페루자는 20kg짜리 양을 가지고 왔는데 온 마을 사람들이 조금씩 돈을 모아 산 것이었다. 이야기를 나누고 있는데 솥에서 막 꺼낸 양간이 내 앞에 놓였다. 내가 막 한입 베어 물자마자 또 다른 여성이 사워크림 소스로 만든 수프를 건넸다. 페루자는 2년에 한 번씩 이곳에 제물을 바치러 온다고 했다. 그들이 식사준비를 모두 마치자 마을 최고 연장자이자 가장 존경받는 노인도 식탁 앞으로 다가왔다.

우즈베키스탄 시골지역에서 며칠 머무는 동안 전통적인 사회단위인 마할라(단지와 비슷한 개념)가 얼마나 중요한지 여실히 깨달을 수 있었다. 모든 마할라에는 자신만의 모스크가 있고 주민들이 장로를 포함한 지도자를 선출했다. 마할라의 지도자인 악사칼(흰 수염의 남자, 장로, 연장자)도 이런 식으로 뽑혔다. 현지 지도자들은 마을 공동의 일을 조율하고 주관했다. 농촌지역에서는 같은 마할라에 속하는 부녀자들이 함께 돈을 모아 마을 아이들의 교육비로 쓴다고 했다. 우즈베키스탄에도 가까운 이웃이 먼 친척보다 낫다는 의미의 속담이 있다. 나는 나눔과 공동책임의 계약정신이 곧 마할라 공동체를 지탱한다고 생각했다. 이슬람의 보편주의는 바로 마할라 정신을 보다 넓은 세계로 확장시킨 것과 같았다.

가끔 촬영팀이 우즈베크 아이들의 동영상을 찍어주었다. 조니는 다 해진 옷을 입은 아이들을 보면 주머니에 돈을 조금 찔러 넣어주었다. 조니는 우리에게 그렇게 해달라고 부탁하지 않았고 어느 누구도 그에게 이렇게 해달라고 부탁한 적도 없었다. 나는 부하라에서 현지 유대인의 종교학교를 방문했다. 학교는 평범한 민가에 자리하고 있었는데 조금 누추해보였고 안쪽에는 500년이나 되었다는 법기가 놓여 있었다. 벽면에는 힐러리 클린턴과 미국 전 국무장관 매들린 올브라이트의

우즈베키스탄 리슈탄의 한 도자기 공예가가 작업을 하고 있다.

방문사진이 걸려 있었다. 문을 나서면서 조니가 말했다. "예전에 내 친구가 돈 많은 캐나다 유대인 부부를 데리고 이곳에 왔었는데 학교 책임자가 나와서 학교사정이 좋지 않으니 기부를 좀 해달라고 했었어요. 그랬더니 그 부부가 뭐라고 했는지 아세요? 당신들 사정이 어떻든 우리는 신경 안 쓴다고 했대요!" 조니는 두 눈을 부릅뜨며 외쳤다. "이건 우리 무슬림에게는 있을 수 없는 일이에요!"

이슬람의 정신이 우즈베키스탄에 이토록 깊이 뿌리내렸다는 사실을 소련도 인지했다. 그리하여 1928~1933년 사이 구소련 영토 안에 있던 모스크 1만여 곳, 무슬림 초등학교 1만 4,000여 곳, 마드라사 500곳이 문을 닫아야 했다. 이 밖에도 이슬람교의 일부 명절과 의식도 금지되었다. 그러나 소련도 중앙아시아에서 이슬람교를 완전히 무너뜨리지는 못했다.

부하라 고성에 있는 한 종교학교

우즈베키스탄에 도착했을 때는 마침 제2차 세계대전 승리 70주년 기념일을 얼마 앞두고 있었다. 페르가나에서 사마르칸트로 오는 내내 기념행사를 준비 중인 사람들을 볼 수 있었다. '제2차 세계대전의 불길이 중앙아시아까지는 미치지 않았는데 소련을 비판하는 오늘날의 역사적 환경에서 사람들은 왜 이토록 제2차 세계대전 승전일을 중요하게 생각하는 것일까?' 나는 조니와 대화를 하면서 문득 그 답을 깨닫게 되었다. '우즈베키스탄 사람들에게 제2차 세계대전은 성전이었다.'

1941년 독일이 소련을 침략했다. 나치 선전기관은 무슬림에게 독립을 약속했고 수많은 소련군 무슬림은 탈영해 무신론을 믿는 공산주의자와 싸웠다. 스탈린은 곧바로 종교정책을 수정해 모스크를 포함한 종교시설을 재개방했다. 그로 인한 수확은 엄청났다. 페르가나에서 사람들은 모스크 문 앞에 모여 입대를 종용했다. 중앙아시아의 각 연방공화국에 수십 개에 이르는 보병사단, 기병사단, 포병단, 공군단 및 다른 병과가 조직되어 전선으로 달려갔다. 그중 우즈베키스탄에서만 143만 명이 전투에 참가했다. 소련 공산당군이 베를린 군대를 물리치는 데 가장 중요한 역할을 한 주인공은 카자흐인으로 구성된 판필로프 사단이었다. 이 사단은 뛰어난 전투력으로 소련 전역에 이름을 떨쳤다. 독립제국 의회의사당인 라이히스타크 위의 돔에 붉은 깃발을 꽂은 것은 카자흐족 병사였다. 1945년 소련 당국은 일부 무슬림의 메카순례도 허가했다. 그러나 제2차 세계대전이 끝나자마자 소련의 종교정책도 다시 원점으로 돌아갔다.

부하라 도시 유적 안의 건축물들은 대부분 관광객들의 방문만을 기다리는 텅 빈 죽은 공간이 되어버렸다. 그러나 칼론 미나레트 근처의 미르 아랍 마드라사는 아직 살아 있었다. 소련이 지배하던 오랜 세월 동안 미르 아랍 마드라사는 우즈베키스탄에서 정상적인 교육을 허락받은 유일한 종교학교였다. 현재 학교에는 20명의 교사가 있고 매년 3,000명이 넘는 수험생 가운데 단 25명만을 선발한다. 관광객들은 홀에서 발을 멈추고 무늬가 새겨진 벽을 통해 탁구대가 놓인 정원을 일부 엿볼 수 있을 뿐이다.

문을 열어젖힌
이슬람

여행을 준비하면서 적잖은 충고를 접했다. 몇 년 전 극단주의 단체가 키르기스스탄과 우즈베키스탄에서 모골이 송연해지는 사건을 일으킨 바 있었다. 어떤 여행책자에서는 페르가나분지가 중앙아시아에서 이슬람 색채가 가장 짙은 곳이라며 옷차림에 각별히 신경 쓸 것을 당부했다. 그래서 짐을 쌀 때 바지가 충분히 펑퍼짐한지 진지하게 고민했고 머리에 써야 할 때가 있을까봐 특별히 스카프 하나를 챙겨 넣었다.

사실 오슈의 바자르에서 얼굴을 가린 채 검은색 옷으로 온몸을 휘감은 여성을 보기는 했지만 그것 말고 내가 예상했던 옷차림에 신경 써야 하는 순간은 없었다. 페르가나 지역 거리에서는 무릎 위로 올라오는 치마를 입은 여성을 곳곳에서 볼 수 있었다. 사마르칸트와 부하라에서는 민소매셔츠에 반바지를 입은 유럽 여성들에게도 현지인들은 따가운 눈초리를 보내지 않았다.

페르가나분지 지역에서부터는 종종 웨딩드레스숍을 목격할 수 있었다. 우즈베키스탄에는 젊은층이 많기 때문에 결혼에 대한 수요도 높은 편이다. 그런데 나 같은 외국인이 보기에는 도무지 이해가 안 되는 점이 있었다. 신랑신부는 모스크에서 종교예식을 치르는데 피로연에서 입을 서양식 웨딩드레스를 위해 500달러나 되는 거금을 쓴다는 점이었다.

외진 곳에 자리한 실크로드 고도 히바에서 우리는 현지인의 결혼식을 구경하고 싶었다. 히바에서 피로연을 열 수 있을 만한 식당은 두 곳뿐이었다. 한 곳씩 찾아가봤더니 과연 그중 한 곳에서 피로연이 열리고 있었다. 그곳에서 우리는 예식을 구경한 것은 물론이고 주최자가 특별히 마련해준 자리에도 앉을 수 있었다. 우리가 앉은 테이블에도 맛있는 음식들이 차려졌고 신랑의 외삼촌이 직접 접대해주었다.

결혼식장에 들어서자마자 나는 입을 다물 수 없었다. 턱시도와 드레스를 입은 신랑신부 정도만 기대했는데 정작 눈앞에 놓인 것은 어마어

사마르칸트시 울르그벡 천문대 밖에서 신혼부부 한 쌍이 가족사진을 찍고 있다.

마하게 큰 지미집이었다. 결혼식장의 배치는 내가 익히 알고 있는 모습과 크게 다르지 않았다. 우리가 들어섰을 때 결혼식은 이제 막 시작된 차였다. 우즈베크 풍속에 따라 하객들은 먼저 원탁에 앉아 저녁식사를 했다. 결혼식장 한쪽에는 아치형 문과 웨딩휘장이 쳐진 네모난 테이블이 놓여 있었고 신랑신부는 그곳에 나란히 앉아 있었다. 또 다른 쪽에는 전통악기와 현대식 악기를 섞어 사용하는 6인조 밴드가 혼신의 힘을 다해 연주하고 있었는데 음량이 어찌나 큰지 귀가 먹먹할 정도였다.

음량이 점점 줄어들면서 신부가 테이블 앞으로 나와 하객들의 축복을 받았다. 이는 우즈베크 혼례에서 가장 중요한 부분이었다. 신부 발 아래에는 네모난 카펫이 깔려 있었고 카펫 위에는 우즈베키스탄 식탁에서 결코 빠질 수 없는 난 하나가 놓여 있었다. 신부의 가족으로 보이는 또 다른 여성은 카펫 옆에 선 채로 손에 난 하나를 받쳐들고 있었다. 하객들은 잇달아 신부에게로 다가갔다. 여성들은 신부의 머리 위에 스카프를 얹었는데 스카프가 한 장 한 장 바닥으로 떨어져 카펫 위에 작은 언덕처럼 쌓여갔다. 남자들은 카펫 위에 돈을 두었는데 그저 상징적인 의미라 액수는 크지 않았다. 신부는 감사의 표시로 계속해서 몸을 숙였다. 이어서 하객들이 난을 받쳐든 여성에게로 가 난을 조금씩 뜯어먹는 것으로 예식은 끝이 났다.

이어서 우즈베크인은 그들이 가장 사랑하는 춤을 추기 시작했다. 직업댄서가 나와서 결혼식 분위기를 한껏 고조시켰다. 긴 치마를 입은 댄서가 우즈베크 전통춤을 추자 젊은 남성 하객들이 우르르 몰려나갔다. 댄서가 애교 있게 눈짓을 보내며 생기 넘치는 표정으로 하객들에게 함께 춤출 것을 권할 때 보인 몸짓 하나하나는 모두 유희였다.

우즈베키스탄에 대해 알아가면서 전통과 현대, 개방과 보수가 만들어내는 복잡함에 종종 머릿속이 어지러워졌다. 조니가 그 대표적인 예였다. 조니는 내가 그의 패셔너블한 겉모습에 홀려 있을 때 갑자기 독실하고 강인한 이슬람교 신자로서의 모습을 드러냈다. 또 나는 보수적인 전통의상을 입은 사람들 앞에서 몸을 사리며 조심하다가도 그들의 자유분방한 모습에 놀라움을 넘어 경악했다.

1980년대 말부터 중앙아시아 각국에 이슬람 부흥 바람이 불었다. 구소련에서 독립한 뒤 페르가나 지역을 중심으로 새로 생겨난 정의당이 이슬람교를 우즈베키스탄의 국교로 삼아 우즈베키스탄을 이슬람 국가로 선포해달라고 요구했다. 카리모프 정부는 1992년 3월 정의당의 정당 자격을 박탈했다. 결국 설 자리를 잃은 이 극단주의 세력은 아프가니스탄에서 '우즈베키스탄 이슬람 운동'을 창설해 1999년부터 2001년

우즈베키스탄 부하라 고성의 한 식당에서 젊은 여성 몇 명이 아랍 물담배를 피우고 있다.

까지 중앙아시아에서 잇달아 테러사건을 일으켰다. 이어서 우즈베키스탄 이슬람 운동은 중앙아시아 전 지역에 걸쳐 이슬람 국가를 건설하겠다고 선언했다. 이 나라에는 카자흐스탄, 키르기스스탄, 타지키스탄, 투르크메니스탄, 우즈베키스탄과 중국 신장이 포함될 것이라고 했다.

최근 들어 우즈베키스탄 이슬람 운동의 활동영역은 아프가니스탄 지역만으로 통제되어 다시 중앙아시아로 되돌아가지 못하고 있다. 이는 세계 각국이 반테러에 적극적으로 동참하고 우즈베키스탄 정부가 테러활동에 강경하게 대응한 덕분이다. 그러나 이 밖에도 중요한 원인이 하나 더 있다. 바로 내가 보았듯이 이슬람 문화가 사람들의 뼛속 깊이 새겨져 있는 한편, 매우 세속적인 사회이기도 한 때문이었다.

부하라의 좁다란 골목길을 지나다 보면 가끔 문미에 육각형 부호가 그려진 패를 걸어둔 집을 보게 된다. 이 부호는 이 집의 주인이 유대인이라는 뜻이었다. 유대인은 고대 장삿길을 따라 중앙아시아로 망명했다. 유대사회는 6세기부터 부하라에 존재했다. 오랜 시간 동안 이슬람 통치자들은 유대교의 발전을 억제했지만 유대인의 신앙의 자유까지 빼앗지는 않았다. 그리고 이슬람사회는 놀라울 정도의 포용력으로 그들을 받아들였다. 1620년 첫 번째 유대인 교회당이 생기기 전까지 무슬림과 유대인은 부하라에 있는 한 모스크를 함께 사용했다. 기록에 따르면 당시 사람들은 서로의 신앙이 다름에도 불구하고 같은 시간에 어깨를 맞대고 종교의식을 행했다고 한다.

제정 러시아가 중앙아시아를 침략했을 때 부하라 인구 중 7%는 유대인이었다. 우리가 묵은 여관은 18세기에 지어진 대저택이었는데 한때 부유한 유대인 상인의 소유였다. 현지 유대인 예배당의 책임자가 말하길 소련의 정책 때문에 1970년대부터 부하라에 거주하던 유대인 중 대다수가 유럽과 미국으로 이민을 가거나 이스라엘로 돌아갔다고 했다. 이제 부하라에 남은 유대인은 280명에 불과했다. 나는 이렇게 물었다. "이제 부하라에서 유대인을 볼 수 없게 될까요?" 그러자 그는 단호하게 대답했다. "아니요. 우리는 이곳에 남을 겁니다. 이미 무슬림과 함께 지내는 생활에 익숙해졌거든요."

소련은 우즈베키스탄의 모든 도시에 선명한 흔적을 남겼다. 어디를 가든, 어느 민족이 절대다수를 차지하든, 통용되는 언어는 항상 러시아어다. 두드러지지는 않지만 오늘날 중앙아시아의 이슬람 문화도 소련의 영향을 받았음을 확인할 수 있다. 이에 대해 잔타오는 이렇게 설명했다. "소련은 중앙아시아에 현대문명을 가져왔다. 이처럼 산업화를 근간으로 한 새로운 문명 형태는 체제적 종교에 심각한 타격을 가했다. 소련이 추진한 급진적인 세속화 개혁은 오늘날 중앙아시아의 세속화에 지대한 영향을 미쳤다. 오늘날 우즈베키스탄에서 이슬람교는 민족문화를 구성하는 일부로 남아 있다."

타슈켄트 동방연구소 이슬람 문제 전문가 박티야 바부다노프의 설명에 따르면 우즈베키스탄 이슬람 운동은 중앙아시아에 보편적으로 존재하는 권력·이데올로기의 부재와 외국 종교세력의 끊임없는 침투로 인해 생겨났다. 그러나 당시 페르가나분지에서는 보수적인 종교지도자라도 급진적인 와하비파의 공격에 저항했다. 모스크들이 하나둘 다시 지어지면서 이맘의 직위를 둘러싼 파벌싸움이 치열하게 벌어졌다. 많은 사람들이 급진파와의 협력을 거절했다는 이유로 협박에 시달렸다. 어떤 이맘의 아들은 납치되어 살해당하기까지 했다. 한 이맘은 다음과 같은 말을 했었다. "공산당 정권 시절 나망간 지역에 모스크는 단 세 곳뿐이었지만 이제는 130곳이나 된다. 게다가 와하비주의자들이

곳곳에서 그들의 교리를 전파하고 있다. 우리는 그들처럼 많은 후원금을 모으지 못한다. 사람들은 현재 자유롭게 이슬람교를 믿을 수 있다는 사실에 기뻐하지만 와하비주의자들이 외치는 이슬람 혁명을 원하지는 않는다."

여행을 마치기 전날 나는 타슈켄트의 독립광장을 찾았다. 광장 한가운데에는 우즈베키스탄의 새로운 탄생을 상징하는 아기를 안은 여성의 동상이 있었다. 나는 한참 동안 그 동상을 바라보다가 흥미로운 사실을 발견했다. 무슬림이 인구의 96%를 차지하고 우즈베크족이 80%를 차지하는 이 나라의 어머니를 상징하는 동상에서 이슬람의 특징은 물론이고 우즈베크족의 특징도 거의 찾아볼 수 없었다는 것이다. 이는 130여 개 민족이 존재하는 다민족 국가이자 이슬람교, 동방정교와 유대교가 공존하는 오늘날 우즈베키스탄의 상황을 정확히 보여주고 있었다. 마치 그 규모가 미미할지라도 역사의 강줄기가 선사한 부하라의 유대인 커뮤니티처럼 말이다.

정복자가 총칼로 영토를 빼앗던 시대는 이미 지났다. 중앙아시아에 또 다른 변화의 바람이 일게 될까? 잔타오의 의견은 이랬다. "오늘날 중앙아시아는 문화적으로는 이미 주체의식을 구축했지만 정치·경제적으로는 아직 불확실성이 가득한 가운데 길을 모색하는 중이다."

사실 평범한 우즈베크인에게는 이런 거창한 명제를 고려할 틈이 없다. 그들에게는 한때 잊히 혹은 가로막혔던 이 땅에 다시금 외부세력이 들어와 새로운 활력을 불어넣어주는 것이 훨씬 중요했다.

크고 작은 길을 누비는 미국 쉐보레 자동차와 독일 만MAN사 버스는 모두 현지 합자회사가 생산한 것이다. 방직업에서는 한국 공장의 생산량이 매우 많았다. 스페인은 타슈켄트에서 사마르칸트에 이르는 고속철을 건설했으며 두 번째 선로건설도 계획 중이다. 독일은 부하라에서 히바에 이르는 도로를 재건 중이다. 페르가나주에 자리한 작은 마을 리슈탄의 도자기공방에서 뜻밖에도 1999년에 세워진 일본어 학교를 발견했다. 오사카 출신의 이케다 토시로는 2011년부터 4년째 이곳에서 일본어 강사로 자원봉사를 하고 있었다.

이러한 변화를 소개하는 사람들의 말투에서는 기꺼움이 담겨 있었다. 여기에서 다시금 세계와 끈끈한 관계를 맺고자 하는 그들의 열망을 느낄 수 있었다. 오슈의 바자르와 우즈베키스탄에서 만난 사람들은 하나같이 2015년 1월에 출범하는 관세동맹인 유라시아 경제연합에 대해 이야기했다. 비록 아직까지 가입국은 러시아, 벨라루스, 카자흐스탄 3개국뿐이지만 그들은 단언했다. "이것은 좋은 일이에요."

조니는 더 멀리까지 생각했다. "더 큰 공동시장이 생기면 좋겠어요. 여기에 중국까지 포함된다면 상황이 전혀 달라지겠죠. 그렇게 되면 유럽처럼 단일화폐를 발행할 수도 있을 거예요." 현재 조니는 형제들과 함께 시멘트공장을 짓고 있다. 2016년 조니는 중국에 한번 다녀오기로 결심했다. "시멘트공장의 미래는 중국과 어떤 식으로든 관계가 있을 수밖에 없다고 생각해요."

중앙아시아 수자원 고찰[6]

중앙아시아 문명은 아무다리야강과 시르다리야강이 만들어낸 오아
시스 문명이다. 물은 문명의 탄생과 쇠락, 멸망을 결정한다.

행운의
땅

아시아 문명을 살펴보면 매우 흥미로운 지리적·문화적 특징을 발견할
수 있다. 바로 어떤 문명이든 2개의 강을 끼고 탄생했다는 점이다. 티
그리스강과 유프라테스강은 메소포타미아 문명, 양쯔강과 황허는 중화
문명, 갠지스강과 인더스강은 인도 문명을 낳았다. 중앙아시아의 젖줄

---

6 글_ 쉬징징, 사진_ 장레이

은 시르다리야강과 아무다리야강이다. 이 두 강은 파미르고원에서 시작해 거의 나란히 서북 방향으로 뻗어나가 각각 남쪽과 북쪽에서 아랄해로 흘러든다. 중앙아시아 역사에서 매우 중요한 지리적 개념 중 하나가 트란스옥시아나다. 이는 시르다리야강과 아무다리야강 사이를 가리키는 말로 오늘날의 우즈베키스탄 전 지역과 카자흐스탄 서남부를 포함한다. 트란스옥시아나는 광활한 키질쿰사막에 자리하고 있으며, 시르다리야강과 아무다리야강은 바로 이 사막 가장자리로 회랑을 형성했다.

부하라라는 지명은 소그드어에서 비롯되었는데 행운의 땅이라는 뜻이다. 과연 이 이름에는 한 치의 거짓도 없었다. 이 도시는 거대한 사막에 둘러싸여 있었지만 동쪽으로 사막 바깥쪽을 둘러싼 제라프샨산이 제라프샨강을 내어주었고, 남쪽으로 멀지 않은 곳에 아무다리야강이

톈산산맥과 파미르고원의 높고 추운 산지는 중앙아시아 지역의 주요 수원을 제공한다.

있어 관개시설을 통해 물을 끌어올 수 있었다. 부하라 고성 한가운데에는 오래된 저수지가 남아 있다. 예전에는 이 저수지에 함부로 물건을 던지면 목이 잘렸다고 한다. 20세기 초까지 이 저수지는 부하라인들의 식수이자 생활용수였다. 이곳을 지나는 상인에게 부하라는 접점이었다. 동쪽으로는 풍요로운 오아시스가 기다리고 있었고 서쪽으로는 아득한 사막이 펼쳐져 있었다. 아마도 그들에게 행운의 땅이라는 이름은 꽤 의미심장한 느낌을 불러일으키지 않았을까 싶다.

부하라에서 서쪽으로 향해 또 다른 오아시스 도시인 히바에 이르기 위해서는 470km에 이르는 사막을 가로질러야 한다. 어떤 의미에서 히바는 부하라보다 훨씬 운이 좋았다. 이 도시의 모든 것은 물이 선사한 것이었다. 전설에 따르면 대홍수에서 살아남은 노아와 그의 아들 셈과 동행들은 사막에서 길을 잃고 굶주림과 목마름에 시달리던 중 맑은 샘물을 발견하고 이 샘 곁에 히바성을 지었다고 한다.

히바가 있는 지역은 호라즘이라고 불렸다. 지리적으로 봤을 때 동쪽에는 키질쿰사막, 남쪽에는 카라쿰사막이 있고, 서쪽으로는 우스튜르트고원에 접하고, 북쪽으로는 아랄해와 접한다. 현대적인 교통수단이 발명되기 전에는 어느 쪽 길을 택하든 히바에 가려면 수십 일이 넘는 고단한 여정을 감내해야 했다. 하지만 전성기 때 호라즘은 국제무역의 중심지였다. 아무다리야강이 이곳에서 북쪽으로 향해 아랄해로 들어가기 전에 물줄기가 갈라져 풍요로운 삼각주를 형성했기 때문이다.

오늘날 히바와 부하라, 사마르칸트는 우즈베키스탄의 3대 고대 도시로 불린다. 그러나 사실 히바는 오랜 역사 속에서 그저 소규모 정착지이자 중개지였을 뿐이다. 오늘날의 투르크메니스탄에 자리한 코네우르겐치야말로 호라즘 왕조의 도성이었다. 그러나 16세기 말 아무다리야강의 물길이 갑자기 바뀌었다. 그로 인해 코네우르겐치로 가는 물길이 끊겨버렸다. 그래서 사람들은 히바에 히바한국을 세우게 되었다. 오늘날 히바 고성의 모습도 17세기 이후에 형성된 것이다.

내가 볼 때 히바는 부하라의 축소판이었다. 모스크, 궁전, 미나레트, 마드라사가 한 면이 2km가 채 되지 않는 성벽 안에 빈틈없이 다닥다닥 붙어 있었다. 성은 더 작았고 사람도 더 적었다. 어둠이 깔리니 사방이 쥐죽은 듯 고요해졌다. 이로 보아 히바가 수용할 수 있는 자원이 어느 정도일지 짐작이 갔다. 그다지 높지 않은 성벽 위의 전망대에 오르니 사방에서 성을 둘러싼 사막이 지평선까지 펼쳐져 있는 모습이 한눈에 들어왔다. 그 옛날 히바성을 세웠던 물이 이제는 서서히 히바성의 숨통을 조이는 듯했다.

히바성에 있는 주마 모스크에 들어서니 마치 숲속이나 동남아시아

우즈베키스탄의 히바 고성

184

의 어딘가가 아닌지 착각이 들었다. 보통의 중앙아시아 모스크와 달리 이곳에서는 218개의 나무기둥이 완만한 지붕을 지탱하고 있었다. 그중에는 연대가 13세기까지 거슬러 올라가는 것도 있었다. 그 시대에 이미 사람들은 히바가 사막 한가운데 자리하고 있어 지질이 불안정한 데다 지하수를 많이 사용해야 하므로 무게가 많이 나가는 거대한 돔형 천장 건축물을 짓는 것은 옳지 않다는 사실을 알고 있었다.

히바성에는 200개가 넘는 우물이 있지만 거의 바닥을 드러낸 상태였다. 현지인의 말에 따르면 예전에는 물이 매우 달아서 마시기에 좋았는데 1980년대부터 물맛이 점점 짜지기 시작했다고 한다. 지금은 모두 10여 km 떨어진 아무다리야강에서 끌어온 물을 마셨다. 하지만 강물로도 문제를 완전히 해결할 수는 없어 보였다. 숙소에서 수돗물을 사용해보니 확실히 물에서 냄새가 났다. 식당에서 식사를 할 때도 차를 내온 종업원이 자신들은 여과장치를 구비하고 있어 좋은 물을 쓴다고 강조했었다. "물이 왜 변한 거죠?" 내 질문에 히바 출신인 조니가 말했다. "아랄해 때문이죠, 뭐. 가보면 알게 될 거예요."

아랄해의
운명

서북 이북으로 200km 떨어진 작은 도시 누쿠스는 아랄해로 가는 길에 거쳐야 하는 중개지다. 히바를 떠나면서 우리는 아무다리야강을 건넜는데 어려서부터 양쯔강을 보며 자란 내게 아무다리야강은 젖줄이라고 불리기에는 몹시 초라해 보였다. 강변은 생각보다 넓었지만 강 한

가운데 쌓인 모래로 봤을 때 수심은 그다지 깊지 않아 보였다. 나중에 누쿠스를 벗어날 때 한 번 더 강을 건너게 되었다. 옛모습을 잃은 오늘날의 아무다리야강에 강이라는 이름은 과분하고 개울 정도가 적당할 것 같았다.

엄청나게 빠른 아무다리야강의 공간적 변화속도는 아랄해의 시간적 변화속도를 설명해주었다. 50년 전만 하더라도 아랄해의 면적은 6만 6,000km² 정도로 세계에서 네 번째로 큰 호수였으며 스리랑카 면적과 비슷했다. 아랄해 회생을 위한 국제펀드의 공식 사이트에 게시된 정보에 따르면 아랄해의 면적은 이미 74%나 줄어들었고 수량도 85% 가까이 줄어들었다고 한다. 처음 면적이 줄어들기 시작할 때 아랄해는 남과 북 2개 지역으로 나뉘어 북아랄해와 남아랄해로 불리게 되었다. 이후 남아랄해는 다시금 빠른 속도로 말라버려 동아랄해와 서아랄해로 나뉘었다. 내 손에 들린 우즈베키스탄 지도에는 이렇게 표시되어 있었다. 그러나 누쿠스에 도착해서 보니 면적이 가장 작던 동아랄해는 이미 사라진 상태였다. 황당함에 고개를 숙여 지도의 출판년도를 확인해보니 2013년이었다.

사람들이 굳이 시간과 정력을 써가며 아랄해로 향하는 까닭은 지금 가지 않으면 영영 못 볼지도 모른다는 위기감 때문일 것이다. 아랄해로 향하는 길은 장엄한 광경의 지질학 여행이다. 누쿠스에서 멀지 않은 곳에 우뚝 솟아오른 대지가 보였다. 면적이 20만 km²에 달하는 우스튜르트고원이었다. 우스튜르트고원의 최고 해발고도는 350m이며 주변으로 200~300m나 되는 거의 수직으로 뚝 떨어지는 절벽이 이어져 있다. 그 서쪽이 한때 아랄해가 이르렀던 지역이었다.

우리가 탄 차는 고지에서 줄곧 북쪽으로 향해 서아랄해 남쪽 기슭으로 내달렸다. 차를 타고 가는 동안 본 것이라고는 지금까지 지나치면서 본 것과 다름없는 황무지였다. 원래 아무다리야강 삼각주에는 수십 개의 작은 호수가 있어 55만 ha에 이르는 소택지와 습지를 이루었다. 지금도 고원에 딱 붙어 있는 수도체호를 볼 수 있었다. 고원에서 멀리 내다보면 그곳으로 흘러드는 아무다리야강 줄기를 볼 수 있었다. 사실 수도체호는 아무다리야강 삼각주에서 가장 큰 인공저수지다.

과거 실크로드를 오갔던 상인들과 여행객은 우스튜르트고원을 지나 서쪽으로 향했다. 이는 당시 고원의 모습이 지금 내 눈앞에 펼쳐진 황무지와는 달랐을 것임을 뜻했다. 아랄해가 축소되면서 원래 매년 30~35일밖에 되지 않았던 건기가 120~150일로 늘어났다. 야생동물은 173종에서 38종으로 줄어들었다. 한때 이곳에서 삶을 영위했던 유목민들은 묘지와 묘비만 남긴 채 사라졌다. 고원의 서쪽 가장자리에서

아랄해 해안. 통계에 따르면 카자흐스탄과 우즈베키스탄 접경지대의 아랄해 면적은 50년 전에 비해 74%나 줄었고 수량도 85% 가까이 줄어들었다고 한다.

시시때때로 건축물의 흔적이 남은 높은 흙더미가 나타났다. 예전에 수도체호와 아랄해가 충분히 컸을 때는 그들을 서로 연결하는 물길이 있었다. 흙더미들은 이 물길을 지나는 배들에게 방향을 알려주는 등대가 있던 자리였다.

수도체호를 지나치고 나서는 끝이 없는 황무지가 펼쳐졌다. 차에서 내려 잠시 쉬고 있는데 멀리 하얗게 빛나는 곳이 보였다. 그 주변으로는 연기가 피어오르고 있었다. 나는 조니에게 물었다. "저기 보이는 것이 아랄해군요." "아니에요. 아직 한참 더 가야 해요." "그러면 왜 저기에서 취사를 하는 사람이 있는 거예요?" 나는 연기를 가리키며 물었다. "그건 취사하느라 생긴 연기가 아니라 염사예요."

내가 본 하얗게 빛나는 것은 소금에 반사된 빛에 불과했다. 말라붙은 아랄해는 사막과 황무지 사이에 새로운 사막을 만들었다. 사람들은 이를 두고 아랄해 사막이라고 불렀다. 이 인공사막에는 대량의 광물질과 농약 성분이 들어 있는 무기염류와 부식성이 강한 황산염이 모여 있다. 추측에 따르면 아랄해가 $1km^2$ 마를 때마다 매년 8,000톤의 염사를 만들어낸다고 한다.

매년 1,000만 톤을 헤아리는 염사가 강풍을 타고 그렇잖아도 얼마 안 되는 중앙아시아의 담수와 초원, 농경지에 흩뿌려지고 있다. 아랄해 사막은 1990년대 중반에 이미 농경지 200만 ha와 목장 1만 5,000ha를 집어삼켰다. 중앙아시아 관개농경지 중 30~60%가 심각하게 오염되었다. 우즈베키스탄에서는 전체 농업용지 중 60%가 심각하게 알칼리화되었다. 토양 알칼리화의 주범이 바로 염사였다.

염사는 앞으로 우즈베키스탄이 인프라를 구축하는 데 엄청난 비용이 들 것을 의미하기도 했다. 풍력발전기, 태양광발전기, 전력망, 송유관, 천연가스 파이프라인을 막론하고 염사로 인해 금세 부식될 테니 말이다. 모래알갱이가 마찰하면서 전기를 일으키는 탓에 모래폭풍은 곧 움직이는 전기장이 될 것이다. 이것이 송전탑과 만나면 전기장 분포를 변화시켜 전력의 안정적인 공급에 영향을 미치고 엄청난 전기에너지를 일으킬 것이다.

내가 아랄해 흔적 찾기를 포기하고 나니 그제야 아랄해가 모습을 드러냈다. 장장 여덟 시간 동안 차를 타고 달린 끝에 차분히 가라앉은 쪽빛 아랄해가 지평선 위로 모습을 드러냈다. 우리를 태운 차는 곧바로 우스튜르트고원의 절벽으로 내달렸다. 주변 풍경에서 생의 끝에 다다른 처절한 미감이 느껴졌다.

아랄해가 뒤로 물러나자 새하얀 작은 풀이 먼저 모습을 드러냈고 그다음으로 모래톱이 드러나면서 여기저기에서 조개껍데기를 발견할 수 있었다. 그 느낌은 다른 곳에서 조개껍데기를 발견했을 때와는 사뭇 달랐다. 그 이유는 우리 모두 알다시피 이 아름다운 푸른 호수에는 더 이상 살아 있는 조개가 없기 때문이었다. 1960년대 아랄해의 어업은 무척 번창해 연간 어획량이 4만 톤에 달한 적도 있었다. 철갑상어, 창꼬치, 농어, 은빛 잉어가 가득 잡혀 올라왔고 소련의 캐비아는 대개 이곳에서 생산되었다.

1980년대 초 아랄해의 토종 어류 20종이 멸종되었다. 소련 정부는 현지 경제를 유지하기 위해 염분이 높은 물에서도 살 수 있는 어종을 들여왔다. 그러나 그마저도 멸종되었다. 전 세계 해양의 평균 염분농도는 대개 3.3~3.7% 사이지만 아랄해의 염도는 14%나 되었다.

나는 이미 아랄해가 죽어간 과정에 대한 수많은 이야기와 데이터를 읽었다. 이튿날에는 무이낙에서 유명한 배들의 무덤을 구경하러 가기도 했다.

　아랄해 해변가를 떠난 지 여덟 시간 만인 다음날 새벽 5시가 되어서야 전설 속의 무이낙에 도착했다. 누쿠스에는 유명한 사비츠키미술관이 있다. 소련 정권 시절 화가 이고르 사비츠키는 사막의 외진 소도시에서 당국이 금지한 작품을 모으기 위해 백방으로 노력했다. 현재이 미술관은 상트페테르부르크에 있는 러시아박물관에 버금가는 양의러시아 아방가르드 작품을 소장하고 있다. 미술관 큐레이터는 반항의의미가 담긴 작품들에 대한 설명에 열을 올렸다. 하지만 나에게는 다른 작품이 훨씬 더 의미 있게 다가왔다. 바로 아름다운 해변도시였던1960년대의 무이낙을 그린 작품이었다.

　1849년 제정 러시아 탐험대는 처음으로 아랄해에 대해 조사를 진행했다. 이듬해 최초의 아랄해 지도가 탄생했다. 그로부터 3년 뒤 아랄해는 첫 번째 증기선을 맞이했다. 제정 러시아 상인들은 아랄해에서 대규모로 상업적인 어업활동을 시작했다. 1890년 이러한 이유로 무이낙이 생겨났다. 1960년대 무이낙에 도시를 건설할 때 이 지역 인구 4만5,000명 중 3만 명이 어업에 종사하거나 생선통조림공장에서 일했다. 아랄해의 수량이 가장 풍부할 때만 하더라도 무이낙은 반도였다. 풍광이 아름답고 요양하기에 제격이었기 때문에 중앙아시아의 크림반도라고 불렸다. 한때 무이낙에는 소련 각지에서 찾아오는 여행객의 편의를위한 공항도 있었다.

　오늘날의 무이낙은 아랄해로부터 160km나 떨어져 있어 곧 버려질도시로만 보였다. 지난날의 항구에는 곳곳에 녹이 슬어버린 낡은 고깃배 몇 척이 마치 이제 막 땅속에서 꺼낸 미라처럼 사막의 바다에 멈춰서 있었다. 그중 가장 큰 배는 소련 영화에도 등장한 적이 있었다.

릴리뎀 가족은 지칠 대로 지친 우리를 맞아주었다. 올해 62세인 그녀는 한때 주유소를 운영했다고 한다. 그녀의 말에 따르면 현재 무이낙 인구는 과거의 4분의 1밖에 되지 않는다고 하는데 사실 나중에 내가 도시에 들어갔을 때 본 사람은 열 손가락으로도 셀 수 있을 만큼 적었다. 도시를 떠나지 않은 가정에서도 젊은 사람들은 대부분 일을 하러 카자흐스탄으로 떠난 상태였다. 무이낙은 주민들을 먹여 살릴 능력이 없었다. 먹고살 길이라고는 공무원이 되거나 작은 가게를 차리거나 운수업에 종사하는 것뿐이었다. 릴리뎀 가족이 뿔뿔이 흩어지지 않고 이곳에서 함께 지낼 수 있는 이유는 그녀가 손님이 꽤 찾는 가족여관을 운영하고 있기 때문이었다.

사람들이 무이낙을 떠나는 까닭은 단지 경제적인 이유 때문만은 아니었다. 아랄해는 인간에게 미친 듯이 앙갚음을 하고 있었다. 알칼리화는 수원을 오염시켰다. 1980년대 중반부터 1990년대 중반에 이르는 10년간 우즈베키스탄의 간질환 발병률은 4.9배, 신장질환 발병률은 10배, 담석증 발병률은 20배 가까이 높아졌으며 혈액순환 장애와 호흡기 계통 질환 발병률은 60배, 운동기관 질환 발병률은 무려 220배나 높아졌다.

아랄해가 위치한 카라칼파크 자치공화국(카라칼파크스탄), 히바가 위치한 호라즘주 모두 심각한 피해를 입었다. 지금까지도 카라칼파크스탄에서 보고한 식도암 발병률은 세계 평균수준의 25배에 달한다. 다제내성 결핵(MDR-TB·중증결핵), 호흡기질환, 기형아 및 면역이상은 흔히 보이는 질환이다. 릴리뎀이 말했다. "그나마 좀 반가운 소식이 있어요. 2015년에 정부가 마침내 물 위생 문제를 해결했어요. 이제는 수질이 한결 좋아졌어요."

면화의
재앙

나중에 무이낙을 떠나면서 구소련 시대의 유물인 환영표지판을 보았다. 표지판에는 하얀색 물결 위로 솟구쳐 오르는 물고기가 그려져 있었다. 2014년 10월 아랄해 회생을 위한 국제회의가 호라즘주의 주도인 우르겐치에서 열렸다. 우즈베키스탄 대통령 카리모프는 축하서신에서 이렇게 말했다. "몹시 유감스럽게도 이제 아랄해를 예전 상태로 되돌리는 것은 불가능한 일이 되어버렸습니다. 그러므로 현재 급선무는 아랄해 위기가 생태환경과 주변에 거주하는 수백만 주민의 삶에 미칠 부정적인 영향을 없애기 위해 노력하는 것입니다."

아랄해에 재난을 불러온 근본 원인에 대해서는 이미 이견 따위는 존재하지 않는다. 사실 페르가나분지에서 아랄해에 이르는 길에서 본 모든 것이 아랄해의 비극을 증명하고 있었다. 페르가나분지에서 가이드는 일부러 길가에 있는, 주의를 기울여 보지 않으면 있는지조차 모를 개울을 보라고 했다. 그것은 그 유명한 페르가나 대운하의 일부였다. 1939년 소련 정부는 2,000만 루블과 대량의 기계, 건축자재를 투입해 대운하를 짓기 시작했다. 운하는 1939년 8월 1일부터 건설에 들어갔고 연안에 거주하는 주민 16만 명이 건설에 동원되었다. 45일 후 길이 270km, 폭 25~30m, 깊이 34m의 운하가 완공되었다. 운하의 물은 시르다리야강에서 흘러왔다. 시르다리야강의 물로 운하는 50만 ha의 관개지, 6만 ha의 개간지에 물을 댔다. 운하는 2,000개나 되는 집단농장이 있는 땅을 지나면서 우즈베키스탄공화국의 5개 도시, 목화재배 지역과 타지키스탄의 4개 지역에 물을 공급했다. 이후 운하는 350km까지 연장되었다. 그러면서 엄청난 규모로 증축되어 페르가나 지역의 농업용수 및 생활용수 문제를 해결했다. 중앙아시아 전 지역에 셀 수 없이 많은 운하와 집단농장, 국영농장이 건설되었다.

이는 소련의 방대한 자연개조 프로젝트의 축소판이었다. 1959년부터 1980년까지 우즈베키스탄공화국은 수리관개시설과 토양개량에 약 247억 루블을 투자했고, 전대미문의 속도로 새로운 농경지를 개간했다. 그리하여 농경지와 초원은 물론이고 사막에까지 대규모 수리水利센터와 운하, 댐이 속속 들어섰다. "기존의 붉은 사막, 하얀 사막, 검은 사막이 완전히 다른 모습으로 거듭났어요." 우즈베키스탄의 농업은 전례를 찾아볼 수 없을 만큼 번창했다.

소련 전문가의 통계에 따르면 중앙아시아 밭에서 수확하는 농산물의 가치는 ha당 5~10루블에 불과하지만 관개지에서 수확하는 상품의 가격은 ha당 500~2,000루블에 달했다. 관개지에서의 농업생산은 생산량과 가치가 높았을 뿐만 아니라 안정적이기까지 했다. 이윤이 크지만 고온에서 자라기 때문에 소련의 다른 지역에서는 생산할 수 없거나 생산량이 적은 작물 모두 중앙아시아 지역에서 경작할 수 있었다. 우즈베키스탄은 경제적으로 매우 중요한 작물인 면화생산이라는 막중한 임무를 부여받았다.

1950년 우즈베키스탄의 면화생산량은 200만 톤을 넘어섰다. 그러나 면화생산량의 증가는 개간지 확충과 곡물 파종면적 축소로 이룬 결과였다. 페르가나분지 시르다리야강 왼쪽 강가는 원래 기아 초원The Hungry Steppe이라고 불리던 초원이었다. 1956년부터 소련은 이곳을 개간하기 시작했다. 이후 기아 초원은 우즈베키스탄 최대의 면화생산지로 거듭났다. 이로써 우즈베키스탄의 면화생산량은 소련 전 지역 면화

생산량의 70%를 차지하게 되었다.

시르다리야강과 아무다리야강 유역은 역사적으로 매우 발달한 관개문명이 존재했던 곳이다. 그러나 그렇게 많은 인구와 걸신들린 듯 물을 빨아들이는 면화를 길러야 했던 적이 없었다. 1960년대부터 두 강에서 아랄해로 흘러드는 수량이 수직하강하기 시작했다. 1990년대 중앙아시아 지역의 수자원 중 90%가 면화생산에 쓰였고, 그중 70%는 아무다리야강과 시르다리야강에서 끌어온 물이었다.

아랄해의 환경재난 앞에 소련도 속수무책이었다. 소련은 1984년 북부의 물을 남부로 끌어오는 프로젝트를 개시했다. 이는 시베리아 오브강 상류에서 물을 끌어와 2,400km 길이의 시베리아-아랄해 운하를 건설하려는 계획이었다. 그러나 1986년에 소련은 갑자기 이 프로젝트를 중단하겠다고 선언했다. 이 프로젝트를 완수하려면 토르가이고원을 뚫어 140억 m^3에 달하는 토목·석재공사를 해야 하는데 그러려면 소련의 국력을 다 기울여도 부족할 판이었다. 북부의 물을 남부로 끌어오는 프로젝트가 좌초된 또 다른 중요한 원인은 이미 아랄해를 통해 자연의 엄중한 경고를 받은 터라 이 프로젝트가 오브강의 생태균형에 지금은 알 수 없는 어떠한 피해를 입힐 것이 예상되기 때문이었다.

그러나 소련인이 떠난 지금도 문제는 해결되지 않고 있다. 오늘날의 우즈베키스탄은 여전히 심각한 수준으로 면화에 의존하고 있다. 나는 사막 한가운데 있는 누쿠스에도 어마어마한 규모의 면화재배지가 있다는 사실에 경악을 금치 못했다. 사람들은 바짝 마른 밭에서 맨손으로 어린 면화 묘종을 위해 흙을 부슬부슬하게 만들고 있었다. 그러나 토양 알칼리화가 너무 심각해 이곳의 농작물은 더 이상 생장이 어려운 상황이었다.

구소련으로부터 독립한 이후 우즈베키스탄의 면화재배지 면적은 크게 줄어들어 지금은 135만 ha 정도만 남았다. 조니가 말했다. "우리는 의식적으로 면화재배를 줄이려고 하지만 면화재배를 그만두기란 좀처럼 쉽지 않아요. 우리나라 사람들은 면화재배로 먹고살아요. 지금 사용하는 인프라, 공장 등도 모두 과거에 면화산업에 쓸 목적으로 만들었기 때문에 밭에 다른 종자를 뿌리면 해결되는 그런 간단한 문제가 아니에요."

페르가나분지 자르켄트에 사는 농민 무스타파가 관리하는 농장에서는 밭머리의 관개수로에서 물이 콸콸 소리를 내며 흘렀다. 소련 시절 완성된 이런 관개수로는 거의 경화처리를 하지 않았기 때문에 50%의 물이 흐르는 도중에 스며들어 증발해버린다. 무스타파가 말했다. "우즈베키스탄 정부는 현재 경화처리된 수로로 개조하고 있지만 2035년

우즈베키스탄 키질쿰사막 가장자리 지대에서 사람들은 10km 밖의 아무다리야강 인공수로에 의지해 유목생활을 이어가고 있다.

에나 모든 공정이 완공된다고 하네요."

　페르가나분지 지역 사람들도 토양 알칼리화로 인해 고통받고 있다. 매년 농사를 지으면서 대량의 화학비료와 농약을 사용한 탓이었다. 그러나 이곳 사람들은 누쿠스 사람들보다는 요령이 있었다. 전통방식에 따라 무스타파는 매년 파종하기 전에 토양에 물을 흠뻑 주었다. 그러면 물이 진흙 속에 스며들면서 좋지 않은 화학물질들을 끌고 나간다. 경우에 따라서는 세 번까지 반복해서 토양에 물을 준다. 이러한 경작 방식에는 대량의 농업용수가 필요하다. 더 심각한 문제는 침출된 물이 아무런 처리도 거치지 않고 다시 사방으로 연결된 관개시스템 안으로 흘러들어가 모든 수계의 하류로 흐른다는 것이었다.

끝없는
전쟁

아무다리야강은 파미르고원에서 흘러내려온 뒤 먼저 아프가니스탄 변경에 있는 테르메즈에 바짝 붙어 우즈베키스탄 국경 안으로 흘러든다. 그런 다음, 투르크메니스탄으로 나갔다가 히바 근처에서 다시 완전히 우즈베키스탄으로 돌아온다. 히바에서 만난 사람들은 투르크메니스탄이 우즈베키스탄 인구의 6분의 1밖에 되지 않으면서도 물 사용량은 어마어마한데 테르메즈에서는 북쪽이 산맥으로 가로막힌 탓에 먼저 손을 쓸 수 없는 게 안타깝다고 불평했다. 그런데 투르크메니스탄은 현재 카라쿰운하를 건설 중이며, 카라쿰사막에 엄청난 크기의 인공호수를 만들고 있다. 아무래도 히바인들의 삶이 더 고단해질 것만 같다.

물을 둘러싼 이러한 갈등은 키르기스스탄에 있을 때부터 느꼈었다. 페르가나분지로 들어서기 전 도로가 시르다리야강의 최대 지류라는 나린강을 따라 한참을 구불거렸다. 그곳에서 본 중앙아시아에서 가장 크다는 톡토굴 저수지는 깊은 인상을 남겼다. 톡토굴 저수지가 최근 2년 동안 계속 수위 감소를 겪고 있다고 들었는데 그토록 물이 거울처럼 깨끗하고 웅장하면서도 수려할 줄은 상상도 못했다. 마침 길가의 찻집이 20여 m 높이의 절벽 위에 자리하고 있어 댐을 구경하기에도 좋았다. 네모난 모자를 쓰고 긴 수염을 기른 75세의 마나브 압둘라는 자신의 아내와 처제, 동서와 함께 절벽가에 놓인 평상에 앉아 차를 마시며 쉬고 있었다. 그는 맞은편에 죽 이어져 있는 흙산을 가리키며 말했다. "1972년에 처음으로 댐을 봤을 때는 수위가 거의 맞은편에 있는 산 정상에 이를 정도여서 우리가 앉아 있는 이 평상을 덮칠 정도였

키르기스스탄 톡토굴 저수지는 중앙아시아에서 가장 큰 저수지다.

어요."

1920년대 이후 새로 정해진 중앙아시아 국경에 따라 나누자면 빙하가 생기고 눈이 쌓이기에 적합한, 기온이 낮고 해발고도가 높은 산악지형이 많은 타지키스탄의 수자원량이 중앙아시아 지역 총 수자원량의 절반 이상을 차지하고 키르기스스탄의 수자원량도 독립국가연합국가 중에서 3위를 차지한다. 타지키스탄은 아무다리야강 유역의 상류에 자리하고 있어 아무다리야강의 절대유량을 통제하고 키르기스스탄은 시르다리야강의 절대유량을 통제한다. 만약 자국에 있는 수자원만을 이용해야 한다면 우즈베키스탄은 자국 수자원 수요의 14%밖에 해결할 수 없고, 카자흐스탄은 자국 수요의 45%만 해결할 수 있다.

과거 중앙아시아 전 지역의 수자원 이용상황은 바둑판과 같았다. 소련은 자원의 장점을 상호보완하는 모델로 수자원을 분배해 발전, 관개, 생활용수, 항운 및 홍수예방 등 요소의 관계를 통일적으로 조율했다. 소련의 계획에 따르면 여름철에 상류 국가는 수리시설을 개방해 물을 내보냄으로써 하류 국가의 농업관개용수 수요를 만족시켜야 했다. 그에 대한 보답으로 겨울철에 하류 국가들은 상류 국가의 에너지 수요를 만족시키기 위해 천연가스와 석탄자원을 제공했다.

얼핏 봐서는 완전무결해 보이는 이 방안은 소련이 해체되면서 효력을 잃었다. 상류에 위치한 두 나라는 경제적으로 낙후되어 에너지 안보가 무엇보다도 중요한 전략적 목표가 되었다. 키르기스스탄의 에너지 사용량은 매일 4%씩 증가했지만 공급되는 에너지 중 90%를 톡토굴 저수지 하류에 소련인들이 세운 댐과 수력발전소에 의존했다. 최근 20년 동안 기후 온난화로 인해 빙하가 빠른 속도로 녹아내리면서 댐의 저수량이 급격히 줄어들기 시작했다. 2015년 5월 키르기스스탄 정부는 타지키스탄에서 전기를 사들일 수밖에 없다고 선언했다.

겨울철에 안정적으로 전기를 공급하기 위해 최근 몇 년간 키르기스스탄은 겨울철 발전능력을 높여 자국의 에너지 공급수요를 맞추기 위해 여름철과 봄철에 물을 저장하기 시작했다. 그러나 이렇게 되면 우즈베키스탄과 카자흐스탄은 봄철과 여름철에 충분한 물을 공급받지 못해 농업생산에 영향을 받을 수밖에 없었다. 키르기스스탄이 겨울철에 발전을 위해 대량으로 물을 방류할 때 농업 생산활동을 멈춘 하류국가들은 한꺼번에 너무 많이 유입된 수량을 소화하지 못해 겨울철 홍수 피해를 입고 있다.

타지키스탄과 키르기스스탄은 모두 새로운 수리건설계획을 내놓았다. 타지키스탄은 바흐슈강에 로군댐을 세우려고 한다. 현재 타지키스탄의 식량자급률은 40%에 그쳐 식량자급을 이룰 방법을 강구 중이다. 수력발전소는 강수량이 적거나 가뭄이 든 해에도 300만 ha에 이르는 토지에 관개해 늘어난 전기수요를 채울 뿐만 아니라 전기 중 일부를 아프가니스탄에 판매할 수도 있다. 키르기스스탄은 기존의 댐 밑에 캄바라타 수력발전소 건설 프로젝트를 추진하고 있다. 그러나 이에 대해 우즈베키스탄과 카자흐스탄이 강력히 반대하고 있다.

부하라에서 히바로 가는 도중 키질쿰사막에서 우연히 양떼 3,000마리를 몰고 가는 유목민을 만났다. 그는 작은 지프차로 곳곳에 녹이 슨 커다란 물탱크를 끌고 있었다. 그는 10km 떨어진 아무다리야강의 인공수로에서 물을 길어온다고 했다. 이 물탱크 하나면 하루 동안 양떼와 이곳저곳을 돌아다닐 수 있었다. 그와 이야기를 나누는 사이에 내리쬐는 태양에 땀이 비 오듯 쏟아졌고 피부가 따끔거리기 시작했다. 놀랍게도 그 유목민의 집은 그곳에서 170km나 떨어진 부하라의 오아시스지대에 있다고 했다. 멀고 먼 길을 걸어 사막까지 온 이유는 단순했다. "그곳에는 사는 사람이 너무 많아서 방목할 땅이 없어요." 우즈베키스탄 인구는 독립 후 1,030만 명으로 늘어났다. 그 유목민이 쇠로 된 구유를 꺼내 호스로 물탱크에서 물을 빼내 담자 양들이 우르르 떼 지어 몰려들었다.

고지도에 남은 육상 실크로드[7]

중국 고지도에 간접적으로 그려진 실크로드는 실크로드가 뚫린 뒤
지리지식도 막힘없이 뚫렸음을 보여준다. 이러한 고지도로 실크로
드의 영향을 살펴보는 것은 꽤 흥미로운 작업이다.

실크로드는 독일 지리학자인 페르디난트 폰 리히트호펜이 1877년 출
판한 『중국』이라는 책에 처음으로 등장한 개념이다. 리히트호펜은 기
원전 114년부터 서기 127년까지 중국, 아무다리야강과 시르다리야강
사이의 트란스옥시아나, 인도를 잇는 실크무역로를 실크로드라고 불렀
다. 오늘날 통용되는 의미의 실크로드는 시간적으로나 공간적으로 이
보다 더 확장되었으며 아시아, 유럽, 아프리카를 잇는 상업무역로로서
육상 실크로드와 해상 실크로드로 나눌 수 있다.

---

7 글_ 치우롄

강역 행정구역 지도는 중국 고지도 중에서 남아 있는 수량이 가장 많고 유형도 가장 다양하다. 고대에는 여지도라고 불렸으며 표현하는 내용에 따라 천하도, 전국도, 군국도, 성도, 부주도, 현도 등으로 나뉘었다. 실크로드가 생겨나고 확장되는 과정에서 늘어난 지리지식은 서부 강역과 전체 강역에 변화가 생긴 원인 중 하나였다. 서역은 한나라 이후 옥문관, 양관 이서지역에 대한 총칭으로 『한서·서역전』에서 처음으로 쓰였다. 좁은 의미의 서역은 총령 동쪽의 신강(신장) 지역을 가리켰고 넓은 의미의 서역은 좁은 의미의 서역은 물론이고 좁은 의미의 서역을 통해 도달할 수 있는 지역, 다시 말해 아시아 중부, 서부, 인도반도, 유럽 동부와 아프리카 북부를 포함한 지역을 가리켰다. 실크로드는 서역을 거치지만 서역과는 개념이 달랐다. 첫 번째로 서역은 돈황에서 시작되지만 실크로드는 장안에서 시작되기 때문에 거리가 달

실크로드는 카라반이 오가는 길이자 문명이 교류한 길이다.

랐다. 두 번째로 고고학적 발견에 따르면 실크는 전국 시대부터 서한 초기에 서쪽으로 전해지기 시작했기 때문에 사람들이 서역에 대한 인식을 갖기 전에 이미 실크로드가 생겨났다. 그래도 서역과 실크로드는 시공간상 서로 겹치는 부분이 있으므로 여전히 강역도에 표시된 서역 판도의 변천을 관찰하는 것은 나름의 의미가 있다.

한무제가 장건을 서역으로 파견하면서 중원 왕조와 서역국가 간에 정식으로 교류의 물꼬가 트였다. 한나라 선제 신작 2년 서역도호부를 설치해 천산 남쪽 지역, 총령 동쪽 지역의 36개국을 관할하기 시작했다. 당나라 정관 14년(640년)에 안서도호부를 설치하면서 구자(오늘날의 신장 쿠처), 소륵(오늘날의 신장 카슈가르), 우전(오늘날의 신장 허톈)과 쇄엽(오늘날 키르기스스탄 수도 비슈케크 동쪽 토크목 근처) 등 안서사진을 통할해 오늘날의 신장 지역과 중앙아시아 추하 유역에 해당하는 지역을 모두 관리했다. 당나라 현경, 용삭 연간에 안서도호부는 서주(오늘날 신장 투루판시 동쪽의 가오창구청을 가리킴)에서 구자로 옮겨 관할영역을 오늘날의 알타이산 서쪽까지 확대했다가 아랄해 사이의 모든 유목부족과 총령 동서쪽을 넘어 아무다리야강 양안의 성곽도시들까지 넓혔지만 훗날 차츰 축소되어 안사의 난 이후에는 총령 동쪽으로 축소되었다.

그러나 강역도를 제작할 때는 중원 왕조가 실제로 다스린 지역을 경계로 하지 않았다. 그 이유는 중원 왕조의 통치자는 상당히 오랜 시간 동안 중국이 천하의 중심이자 문명의 중심이라고 생각했고, 중국의 황제야말로 천하를 지배하고 모든 것을 소유한 최고의 주재자라고 생각했기 때문이다. 청나라 건륭 연간에 제작된 〈건륭내부여도〉가 좋은 예다. 이 지도는 동북쪽으로 사할린섬에 이르고 북쪽으로는 북극해, 남쪽으로는 인도양, 서쪽으로는 발트해, 인도해와 홍해, 동쪽으로는 동해에 이르는 아시아 전 지역을 포괄한 전도로 천하일통의 영토 개념을 표현하고 있다.

또 다른 측면에서 보면 강역도에 나타난 서역에 대한 표현은 천하관을 드러내는 것 외에도 당시 서방세계에 대한 사람들의 지리지식을 보여준다. 당송 시대 서방세계에 대한 이해는 지중해 동쪽 연안의 서아시아 일대까지 확장되었다. 동서 교통로가 뚫리면서 중앙아시아, 서아시아 출신의 이슬람 학자들이 잇달아 중국에 찾아와 이슬람 지도를 비롯해 아랍인과 유럽인의 지리지식과 세계관을 중국에 전했다. 그러면서 중원 바깥 지역, 다시 말해 넓은 의미의 서역에 속하는 중앙아시아, 서아시아, 유럽, 아프리카를 포함한 천하도가 그려지기 시작했다.

서역 지도 또는 서역을 포함한 강역도에 관해서는 이미 오래전에 문자로 기록된 내용이 있었다. 장건이 서역 사행길에 지도를 그렸는지에 대해서는 입증할 만한 사료가 없지만 훗날 『한서』에 남은 기록으로 판단하건대 흉노에 맞서기 위해 한나라는 서역에 관한 군사지도를 제작했었다. 예를 들어 『한서·이릉전』을 보면 이릉이 한무제의 명으로 흉노를 토벌하기 위해 출정해 "30일간의 행군으로 준계산에 이르러 진영을 세웠다. 부대가 지난 산천의 지형을 지도로 그려 휘하의 기병 진보락에게 준 뒤 돌아가서 보고하게 했다." 이는 당시 이릉이 군대가 지나쳤던 지역의 산천 지형을 지도로 그린 다음, 수하를 시켜 한무제에게 바치게 했음을 뜻한다.

위진 시기에는 수시로 전란이 발생했지만 불법을 구하고 불교를 전파하기 위해 중국과 인도 사이를 오간 구법승의 발길은 끊이지 않았다. 이때 서쪽으로 향한 승려로는 법현, 혜생이 있고 동쪽을 찾은 천축 승려로는 불도징과 수보리 등이 있다. 동진의 고승 석도안은 경전을 구하거나 공부를 위해 서역에 가본 적이 없었지만 다른 승려들의 저술과 구술을 바탕으로 『서역지』를 썼으며, 『불도징전』을 바탕으로 서역에 관한 지리서인 『서역도』를 저술했는데 이때 이미 넓은 의미의 서역에 속하는 중앙아시아와 서아시아, 남아시아를 포함시켰다. 『서역지』와 『서역도』는 실전되었지만 이 책들의 내용을 인용한 『수경주』, 『예문유취』, 『태평어람』을 통해 조금이나마 원서의 내용을 엿볼 수 있다.

수양제 시기 동돌궐은 내란으로 무너지고 서돌궐은 항복한 데 이어 무력으로 토욕혼을 멸망시키면서 중원 왕조와 서역의 관계는 다시금 가까워지기 시작했다. 이에 수양제는 서융교위라는 직책을 신설해 서역 각국의 수장과 특사가 조정에 들어 상업과 교통업무를 처리하는 데 도움을 주게 했다. 배구는 수양제의 명으로 무위와 장액 사이에 주둔하며 지켰다. 배구는 동한 이후 조정이 서역 각국 상황에 대해 아는 바가 거의 없음을 한탄하며 "성씨, 풍토, 복장, 물산에 대한 기록이 전무하며 알려진 바가 없다"라면서 서역 각국이 "병탄과 토벌로 서로 흥하고 망한다. 30여 개국에서 남은 나라는 10개국뿐이다"라고 했다.

배구는 의식적으로 서역에 관한 정보를 모았다. 서역인만 봤다 하면 배구는 그가 자기 나라의 풍속과 산천의 모습을 말하도록 꾀어 『서역도기』세 권을 저술했다. 그러나 안타깝게도 『서역도기』는 세 권 모두 실전되어 『수서·배구전』에 실린 『서역도기·서』에 수록된 자료를 통해서만 그 내용을 연구할 수 있다. 『서역도기·서』에서는 돈황을 출발해 지중해 동쪽 연안으로 가는 3개 노선에 대해 기록했는데 지중해 동쪽 연안과 아랄해 남쪽의 광활한 지역을 포함하고 있다. 북도는 천산북로에서 이오를 출발해 포류해(오늘날 신장 바르쿨노르), 철륵 등지를 지나 서해(지중해)에 도달했다. 중도는 천산남로 북쪽에서 출발한다. 고창(오늘날의 신장 투루판), 언기(오늘날 신장 엔치후이주자치현), 구자(오늘날 신장 쿠처) 등지를 거쳐 서해에 이르렀다. 남도는 천산남로의 남도에서 출발해 선선(누란, 오늘날 신장 로프노르 서북쪽 연안)에서 우전, 주구파(오늘날 신장 엽성 지역) 등지를 거쳐 서해에 도착했다. 아마 『서역도기』에는 이 세 노선을 표시한 지도가 있었을 것으로 추측된다. 『서역도기』를 지은 중요한 목적이 바로 서역으로 가는 길을 알려주고자 함이었기 때문이다.

당나라는 강한 국력 덕에 경제·문화적 교류가 확대되면서 타국의 지형, 군진, 풍속, 물산 등을 표현한 지도제작과 현지상황에 대한 소개를 매우 중요하게 생각했다. 이러한 작업은 대개 조정에서 외빈, 외국 사절의 접대를 맡고 있는 홍려사경이 담당했다.

홍려사경들이 도지를 편찬하는 방법은 두 가지였다. 하나는 외국에서 당나라를 찾은 사절에게 그 나라의 상황을 직접 물은 다음 지도를 제작해 상주하는 것이었다. 그 예로 『신당서·지리지 하』에서는 가탐이 홍려사경을 맡고 있을 당시 중앙아시아, 인도, 심지어 바그다드를 오가는 교통지도를 제작했으며 지도에 "산천의 생김새, 거리의 멀고 가까움을 모두 대략적으로 적시했다"고 기록했다. 또한 가탐은 옛지명은 흑색, 현재 지명은 적색으로 표시하는 방식으로 중원과 변경민족 지역을 포함한 『해내화이도』를 그렸는데 이 지도는 가히 중국 역사지도의 기원이라 할 수 있다. 다만 이 지도들은 이미 실전되어 볼 수 없고 당송 시대의 문헌기록과 송나라 사람이 고쳐 그린 지도를 통해서만 대충 어떤 내용이었는지 짐작할 수 있을 뿐이다.

두 번째로는 현지를 방문해 조사할 특사를 서역 각지로 파견해 그 나라의 산천과 이정을 도지로 편찬해 조정에 상주하게 하는 것이었다. 예를 들어 『신당서·예문지』에는 "고종이 강국, 토하리(토카리아)로 사절을 파견해 그 나라의 풍속과 물산에 대해 들은 바를 지도로 그리게 했다. 사관을 불러 이를 편찬하게 하니 허경종이 이를 받들었다"라는 기록이 있다. 허경종이 편찬한 60권짜리 『서역도지』는 현재 전해지지 않는다.

정리해봤을 때 송대 이전의 강역도 중 오늘날까지 전해지는 것은 극히 드물다. 이는 송대 이전의 문헌은 모사를 통해 전파되었는데 지도를 제작하고 모사하는 것은 문자 문헌을 모사하는 것보다 훨씬 어려웠기 때문이다. 또 다른 원인은 서한 시기의 목록학(서적의 내용을 분류해 도서목록을 작성하는 학문) 학자인 유흠이 『칠략』을 편찬할 때 책만 받고 지도는 받지 않았는데 이러한 책 편찬 전통 때문에 중국 고지도는 보기 드문 것이 되어버렸다. 그러나 송대를 기점으로 중국 고지도는 생존 확률이 높아졌다. 일단 송대에 들어서면서 목판인쇄술이 고도로 발달했다. 또 송나라 사회는 어떤 의미에서는 과거사회였기 때문에 경학과 사학이 송나라 과거시험의 주요 내용이었다. 『상서·우공』, 『한서·지리지』 등의 경전을 해독하기 위해 송나라 학자들은 역사지도와 당대 강역도를 대량으로 제작했다. 이러한 지도는 인쇄되어 책으로 엮이기도 했고 사대부들이 경문과 역사에 통달해 과거시험에 응시하는 데 도움이 될 수 있도록 비석에 새겨져 문묘, 부학, 현학 안이나 문 앞에 세워져 자유롭게 탁본을 뜰 수 있도록 했다. 이와 동시에 당나라에 비해 송나라는 군사력이 약한 편이어서 북송 시대와 남송 시대에 요, 금, 서하 등의 민족 정권과 동시에 존재하며 심각한 위협을 받았다.

앞서 지적한 원인들을 종합했을 때 서역의 모습을 반영한 현존하는 지도 중 가장 오래된 것은 남송의 승려 지반이 편찬한 『불조통기』에 수록된 목판인쇄본 〈한서역제국도〉다. 이 지도는 서한 시기 서역국가들의 지리적 상황과 불교가 전파된 노선을 표시한 역사지도다.

서역에 관한 지도를 제작할 수 있는 사람은 세 부류였는데 첫 번째는 관리들이다. 주로 서역에 가볼 기회가 있거나 서역 사절을 만날 수 있는 신하나 외교부에 소속된 사람들이 여기에 해당한다. 두 번째로는 학문연구에 매진하는 학자들이나 지식인들이다. 다음으로 불교 승려나 이슬람교 신도와 같은 종교인들이다. 학자나 지식인은 직접 서역에 가본 적이 없는 경우도 있었기 때문에 대개 고대 문헌에 나온 자료를 바탕으로 지도를 제작했다.

정부관리들과 종교인들은 서역에 직접 다녀온 경우가 많았다. 그런 이유로 본인이나 그들이 직접 본 내용을 바탕으로 다른 사람이 제작한 지도는 훨씬 더 상세하고 긴 두루마리 형태의 노정도가 많은데 노정을 따라 산맥, 사막, 강, 호수 등 자연지리적 요소는 물론이고 성과 해자, 요새, 사당, 오가는 인물 등 인문지리적 요소도 상세히 그려넣었다. 2002년 일본에서 중국으로 반환된 30m 길이의 명나라 때 〈몽고산수지도〉가 대표적인 작품이다. 이 지도는 산수화 형식으로 명나라 변경 가욕관에서부터 천방(오늘날 사우디아라비아의 메카)까지의 정경을 재현했으며 육상시대에서 해양시대로 전환되는 시기와 마지막 빛을 발한 육상 실크로드의 모습을 반영했다. 베이징대학 고고학과 린메이춘 교수는 지도 감정결과 제작에 참여한 주요 화가는 명나라 가정 연간에 오문화파에 속했던 사시신謝時臣일 것이라고 추측했다. 이 지도는 주로 명나라 초기 〈진성서역사정기도〉와 명나라 초기 부안의 『서역견문록』을 참고해 제작되었다.

중국 고지도 제작에 있어 특징은 정확성이 아니라 실용성을 중시했다는 점이다. 이에 대해 시후이동은 이렇게 말했다. "이 점은 서양과 매우 다른 특징이다. 고대 그리스의 지도는 처음부터 수학적 요소를 중요시했는데 이는 그리스의 해양문명과 관계가 있다. 정확한 위치를 파악해야 항해 중 길을 잃지 않을 수 있으니 말이다." 송나라 때의 〈우적도〉부터 명청 시대의 강역도는 어느 정도 격자망 지도제작법을 사용했다. 격자망 지도제작법은 지도 위에 일정 비율로 격자망을 그린 다음 이 격자망으로 각 지물요소의 방위와 거리를 정하는 지도제작법이다. 오랜 시간 동안 서양의 기준에 따라 과학성과 정확성을 바탕으로 쓰인 중국 고대 지도학사는 격자망 지도제작법을 상당히 높이 평가했다. 사실 최근 들어 중국 사회과학원 역사소의 청이농 등 학자의 연구 결과 격자망 지도제작법은 지도의 정확도 제고에 아무 도움도 되지 않고 그저 지도를 제작할 때 지리요소를 더 쉽게 공간 안에 배치할 수 있을 따름이었다. 중국 고지도의 주요 특징은 그림과 글이 함께 있으며 많은 주를 달아놓았다는 것이다. 예를 들어 두 지역 간의 거리가 얼마나 되는지를 문자로 표기해두었다. 격자망 지도제작법이 나온 뒤에도 상당히 많은 지도가 이 방법으로 제작되지 않았다.

명나라 때 이탈리아의 예수회 선교사 마테오 리치는 해상 실크로드를 따라 중국에 와서 실측법과 지구투영법으로 지도를 제작하는 방법을 알려주었다. 청나라 때 강희, 옹정, 건륭 3대에 청나라 관리들은 중국에 온 전도사들과 함께 대규모 실측활동을 벌이고 경도와 위도, 상송Sanson도법으로 강역도를 제작했다. 그러나 이러한 강역도는 제작되고 나서 줄곧 내무부 조판처 여도방에 보관된 채 황제가 직접 보거나 몇몇 조정대신과 지방의 총독과 순무에게만 하사되었을 뿐 중국사회에서 광범위하게 사용되지 못했고, 이와 관련된 근대적인 지도 제작기술도 중국사회에 보급되지 못했다. 청나라 중기에도 각급 정부, 관리,

학자가 지도를 제작할 때는 여전히 문헌을 참고하고 옛지도를 종합하는 식의 전통적인 방법으로 지도를 제작하면서도 풍부한 지리지식을 강역의 변화에 반영할 수 있었다. 그 이유는 조정에서 강역도를 중요하게 생각하지 않은 탓이 아니라 전통적인 방법으로 제작한 지도도 사용하는 데 문제가 없다고 여겼기 때문이다. 이 점은 광서 연간에 이르러서야 변하기 시작했다.

광서 연간에 좌종당이 섬감(섬서성과 감숙성)에서 회족이 일으킨 반란을 평정하고 신장 영토 대부분을 수복한 뒤 광서 4년(1878년)에 숭후를 흠차대신으로 제정 러시아의 수도 페테르부르크로 파견해 이리 지방을 수복하는 문제를 교섭하게 했다. 중국과 러시아의 담판 과정에서 숭후는 러시아에 속아 지도를 오판함으로써 많은 중국 영토를 잃게 만들었다. 이 일로 청나라 관리들은 전통적으로 제작된 여도(평면지도)는 정확하지 않아 변경 문제를 처리하는 데 근거로 삼을 수 없는 탓에 국경을 정하는 조약을 맺을 때 어쩔 수 없이 외국의 지도를 사용해야 하므로 외국과의 영토분쟁에서 불리한 입장에 놓일 수밖에 없다는 사실을 깨달았다. 이리하여 청나라 양무파 학자들은 서양 지도를 체계적으로 번역하기 시작했고, 관리들도 중체서용(중국의 전통적 학문을 본질로 삼되 서양 문물을 활용하자는 주장)식으로 서양의 측량기술을 도입하고 측량원을 양성하자고 주창했다. 어쩔 수 없이 서양의 언어체계를 받아들이는 고통스러운 과정에서 변경은 있되 경계는 없는 중국 전통에 변화가 생겨났다.

실크로드의 메아리[8]

송나라 때부터 중국의 고지도는 대량 인쇄 및 비석에 새기는 방식
으로 남겨지기 시작했다. 그들 중 일부는 실크로드가 개통되고 나서
중국과 서방 문명이 교류했다는 사실을 입증하는 증거가 되었다.

송
〈한서역제국도〉

이 지도는 남송의 승려 지반이 송나라 이종 경정(1260~1264년) 연간에
편찬한 『불조통기』에 수록되었다. 이 책은 불교사를 백과사전식으로
정리한 것으로 석가모니 불본기를 시작으로 중국 불교 역대 조사들의

---

8 글_ 치우롄

전기를 실었다. 지도는 길이 28cm, 폭 20cm의 목판인쇄본으로 주로
서한 시대 서역국가들의 지리적 상황과 불교가 전파된 경로를 표시하
고 있다.

〈한서역제국도〉는 란저우를 동쪽 기점으로 삼아 서쪽으로는 서해(지
중해), 대진(비잔틴 제국), 남쪽으로는 석산(오늘날의 쿤룬산), 북쪽으로는
한해(오늘날 몽골고원 고비사막)에 이르는 지역을 포괄하고 있다. 천산, 총
령, 북산, 남산, 석산, 적석산 등의 산맥을 사실적으로 표현했으며 황하
상류의 강줄기를 쌍곡선으로 표시하고 물고기 비늘 형태의 물결 모양
으로 바다와 호수를 표현했다. 그리고 지도 정중앙에 자리한 총하(타림
강)는 서쪽에서 동쪽으로 흘러 포창해(로프노르)로 흘러든다. 포창해 남
북 양쪽에 중원에서 서역을 오가는 2개의 루트, 즉 실크로드가 분명하
게 표시되어 있다. 지도상의 실크로드는 감숙 무위에서 시작해 장액,

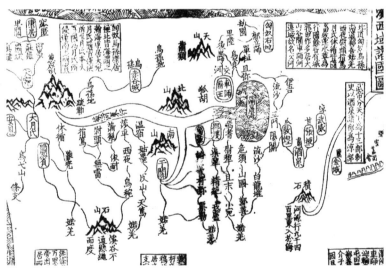

남송 『불조통기』에 수록된 〈한서역제국도〉(중국 국가도서관 소장)

주천을 거쳐 돈황에 이른 다음 남로와 북로로 나뉜다. 남로는 포창해 남쪽 가장자리를 따라 가다가 양관(오늘날 간쑤성 둔황시 서남쪽 난후 지역에 자리함)을 거쳐 우전에 이른 다음, 남산을 돌아 무뢰(오늘날 신장 타스쿠얼간타지크자치현 안에 있는 지역)를 지나 총령 남쪽 기슭을 따라 서쪽으로 향해 대월지(오늘날 아무다리야강 유역 일대), 안식(이란고원), 조지(오늘날 서아시아 메소포타미아)에 이른다. 북로는 포창해를 따라 북쪽으로 향해 이오, 유사(중국 서북 사막지대를 두루 가리키는 말)를 거쳐 차사전왕정(지금의 신장 투루판 부근)에 이른 다음 서쪽으로 향해 오손(오늘날의 이리하, 추하, 발하슈호, 이식쿨호 일대)을 지나 총령을 넘어 대원(오늘날의 페르가나분지)에 도착한 다음, 다시 서북쪽으로 향해 최종적으로 엄채(아랄해, 카스피해 이북에 있던 나라)에 이른다. 〈한서역제국도〉에서 이웃하고 있는 두 지명이 가는 실선으로 연결되어 있으면 두 지역 사이를 오갈 수 있는 길이 있다는 뜻이다. 지도상에 표시된 70여 개의 지명 외에 서역의 행정기구와 교통노정에 대해 문자로 설명되어 있다.

좁은 의미의 서역, 즉 총령 동쪽의 신장 지역은 유라시아 대륙에 있는 중국, 인도, 페르시아, 그리스 등 4대 문명이 뒤섞인 곳이자 중국에서 최초로 불교를 받아들인 지역으로 인도 불교가 동쪽으로 전해지는 과정에서 중요한 역할을 했다. 서한 시대에 불교는 실크로드를 따라 소륵으로 전해진 다음, 동쪽에 있는 구자와 언기(오늘날의 신장 엔치후이족자치현에 자리함)로 전해졌다. 서한 말기, 동한 초기에 불교는 허시저우랑을 통해 중원 지역으로 전해졌다. 그래서 『불조통기』는 한나라 때 서역국가 중 불교를 숭상한 지역을 그린 〈한서역제국도〉를 수록했다.

이 지도는 서역국가들과 그곳을 오가는 교통로를 그린 지도 중에서 현존하는 가장 오래된 지도다. 비록 지도에 그려진 내용이 다소 간략하지만 서역의 지리연혁과 구법승들이 오간 길, 고대 실크로드를 연구하는 데 상당한 사료적 가치가 있다.

원
〈광륜강리도〉

몽골 원나라가 유라시아 대륙에 걸쳐 거대한 제국을 건설하면서 경계가 사라진 영토는 동서양의 과학기술과 문화가 자유롭게 교류할 수 있는 여건을 마련해주었다. 동서 교통로가 뚫리면서 중앙아시아, 서아시아 출신의 이슬람 학자들이 잇달아 중국을 찾아와 이슬람 지도를 비롯해 아랍인과 유럽인의 지리지식과 세계관을 중국에 전했다. 페르시아인 자말 알 딘도 그중 한 명이었다. 1267년 천문학자 자말 알 딘은 육상 실크로드를 따라 상도개평부로 와서 쿠빌라이를 알현했다. 쿠빌라이는 그를 이슬람 천문학자라고 불렀다. 자말 알 딘은 사천대와 비서성에서 만년력 제정, 『대원대일통지』 편찬, 지구의와 채색 〈천하지리총도〉 제작을 주관하면서 중국인의 시야를 크게 넓혔다. 이때부터 중원지역 외에 중앙아시아, 서아시아, 유럽, 아프리카를 포괄하는 지도가 제작되기 시작했다.

그러나 〈천하지리총도〉나 또 다른 원나라 사람 주사본이 제작한 〈여지도〉, 원나라 말 이택민이 제작한 〈성교광피도〉도 실전되었다. 그나마 다행스럽게도 명나라 사람 엽성이 쓴 『수동일기』에 홍치와 가정 연간 판각본 권 17에 원나라 말기 천태승 청준의 〈광륜강리도〉 모사본이 첨부되어 있으며 상세하고 다양한 지도가 있다. 비록 현존하는 〈광륜강리도〉는 명나라 사람 엄귀중이 다시 그린 모사본이지만 학자 첸지아롱이 엄귀중의 〈광륜강리도〉와 『원사·지리지』를 비교해 고증한 결과, 지도에 나오는 지명 600개 중 20여 개의 길, 부府, 주州 명칭을 제외하면 나머지는 『원사·지리지』의 내용과 대체로 비슷했다. 명나라 초 송렴이 집필한 『원사·지리지』는 주로 자말 알 딘이 편찬한 『대원대일통지』의 자료를 이용했다. 첸지아롱은 오늘날 전해지는 〈광륜강리도〉 모사본은 기본적으로 원대의 지도제작 성과로 볼 수 있다고 했다. 게다가 이 지도는 현존하는 지도 중 가장 상세하고 적확한 원대의 강리도이자 명나라 시기의 중요한 지도인 〈대명혼일도〉의 핵심 저본이다.

이 지도는 변경의 지리를 비롯해 중국과 외국의 교통로에 관한 귀중한 정보가 담겨 있다. 지도의 동쪽 기점은 한반도, 일본열도, 류큐제도로 고려의 북경, 동경, 남경, 당성(경기도 화성), 탐라(제주) 및 삼한 등과 왜국의 서복사, 모인국 등을 비롯해 대류큐(오늘날의 일본 오키나와)와 소류큐(오늘날의 타이완)까지 포괄하고 있다. 서북쪽으로는 서역에 이르며 이와 관련해 다음과 같이 상세한 주를 달았다. "서녕 서북쪽으로 50여 리 가면 금산이 있고 그 서쪽으로 200리를 가면 음산이 있다. 그 사이는 온통 높고 험한 고개와 깊은 계곡이다. 거기에서 서북쪽으로 수천 리를 가면 철문에 이른다." 서남쪽으로 월남, 인도에 이르는데 '특마(特摩, 오늘날의 도참)에서 교지 경계로 들어간다'는 주석이 있으며 점성과 강두성(오늘날의 미얀마)도 표기했고 "북로로 서역으로 천국 여러 나라에 이른다"고 언급했다. 특히 짚고 넘어갈 점은 동남쪽 복건 해안 밖으로 "천주에서 배를 띄우면 60일이면 자바에 도착하고 128일을 가면 마팔아국(마아바르), 200여 일을 가면 호르무즈에 도착한다"라고 명확히 기록되어 있다는 점이다. 이는 당시 해외와 동남아시아, 남아시아,

서아시아 사이 교통로에 대한 정확한 기록이자 천주가 원나라 때 항해와 무역의 중심항구였음을 증명하는 내용이다.

　명나라 시기 모사한 지도이기 때문에 이 지도는 엄귀중의 손을 거치면서 내용이 조금 달라졌다. 원래 지도상의 해도와 사막, 멀리 떨어진 구석진 곳 등이 모사본에서는 생략되었다. "해도, 사막, 멀고 궁벽한 곳에 있어 조사가 불가능한 곳은 서술을 생략한다." 이는 명나라 중기 이후 강역이 축소된 것을 어느 정도 반영한다.

명홍무
〈대명혼일도〉

원나라는 중국 역사상 처음으로 천하를 통일한 소수민족 왕조였다. 때문에 원나라는 천하통일을 유독 강조하며 중화와 오랑캐를 구별하는 화이지변華夷之辨을 희석시켰다. 혼일도는 당송 시기 성행한 화이도 대신 당시 사람들에게 익숙한 주요 천하도 형식이 되기 시작했다. 명나라 초기에는 원나라 때의 지리지식과 지도 유산을 계승해 지리적 시야를 전체 유라시아 대륙과 아프리카로 확대했다. 홍무 연간 명나라 조정은 원나라 때의 강역도를 바탕으로 아시아, 아프리카, 유럽 등 세 대륙을 포괄하는 〈대명혼일도〉를 제작했다.

　이 지도의 범위는 동쪽으로는 일본, 서쪽으로는 유럽과 아프리카 대륙, 남쪽으로는 자바, 북쪽으로는 몽골에까지 미쳤다. 명나라를 지도 한가운데 두고 명나라의 영토를 집중적으로 묘사하며 마을, 군영, 보루, 역참, 도랑, 저수지, 방죽, 우물 등 인문지리적 요소와 산천, 호수,

늪지 등 자연지리적 요소를 두드러지게 표현하고 1,000여 개가 넘는 곳에 지명을 주석으로 달았다. 지도상에는 꽤 통일적인 범례가 있다. 명나라 때의 13포정사 및 그에 소속된 부치, 주, 현치는 분홍색 직사각

형 모양으로 주를 달아 지명을 표시했으며 기타 거주지는 그냥 지명으로 표시했다. 황도(오늘날 장쑤성 난징시)와 중도(오늘날 안후이성 펑양시)는 파란색 사각형과 빨간색 글자로 표시했다. 지도상의 산맥은 산수화법으로 묘사했고 황하만 굵은 노란색 곡선으로 표시한 것 외에 다른 물줄기는 모두 회녹색 곡선으로 표시했다. 현재 전해지는 비단에 그려진 채색지도는 중국 제1역사기록보관소에 소장되어 있다. 청나라 사람들은 조정에서 편하게 사용할 겸, 청나라의 천하지배를 확실히 드러낼 겸 지도상에 쓰인 모든 한자에 다양한 크기의 만주 글자를 붙여두었다.

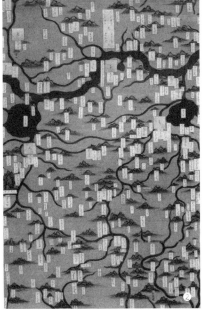

❶ 명홍무 〈대명혼일도〉 부분(중국 제일역사당안관 소장)
❷ 명홍무 〈대명혼일도〉 중 황하 수원 부분

화이도 시대의 중국 고지도는 중원 지역의 축척은 실제보다 크되 각지역의 상대적 관계는 일정한 비율로 환산해서 비교적 정확했다. 그러나 사방의 오랑캐는 지도 안에 편입시켜 천하의 질서를 구축하기 위해 실제보다 작게 그렸다. 혼일도의 시대에 이르러서도 이러한 특징은 계속 이어졌다. 〈대명혼일도〉에서 명나라 영토는 실제 축척보다 훨씬 크게 그려져 지도의 3분의 2 이상을 차지했다. 지도상의 영토와 행정구역은 경계선을 표시하지 않고 서로 다른 색의 사각형 틀 안에 쓰인 지명으로 안팎을 구분했다. 중국을 제외하고 가장 상세하게 그려진 곳은 중앙아시아이고 그다음은 유럽과 아프리카다. 아프리카 남부 희망봉 방향이 상당히 정확한 것으로 보아 이 지도가 이슬람 지리지식의 영향을 받아 제작된 것임을 알 수 있다.

지도상의 내용과 관련된 문헌을 근거로 『중국고대지도문화사』의 저자인 시후이동은 이 지도상에서 표현된 중국 부분은 원나라 주사본의 〈여지도〉를 참고했고 그 외 부분은 자말 알 딘의 지구의, 채색 〈천하지리총도〉 등 이슬람 지도와 원나라 말기 이택민의 〈성교광피도〉의 영향을 받았을 거라고 추측했다. 그런 까닭에 강과 담수호는 파란색으로, 바다와 염호는 녹색으로 표시해 이 지도보다 시기적으로 약간 앞선 이슬람 지도와 지구의에 쓰인 착색법과 일치했다. 원나라 때 이슬람 지도가 중국으로 전해지면서 중국에서 채색지도가 대량으로 제작되기 시작했다.

〈대명혼일도〉는 길이 456cm, 폭 386cm로 현존하는 지도 중 가장 크고 가장 오래되었으며 보존상태가 완벽한 한자로 된 세계지도다. 이 지도는 세계 최초로 아프리카 대륙의 형태를 상당히 정확하게 묘사해 중국은 물론이고 세계지도사에서도 매우 중요한 가치를 지닌다.

명가정
〈몽고산수지도〉

1930년대 〈몽고산수지도〉는 해외로 반출되어 줄곧 일본 사립박물관 후지이유린칸에서 청나라 때 산수화로 소장하고 있었다. 2002년 베이징의 두 소장가가 이 지도를 구입해 베이징대학교 고고학과 린메이춘 교수에게 감정을 의뢰했다. 그 결과 이 지도는 명나라 때 육상 실크로드를 반영한 매우 진귀한 고지도임이 밝혀졌다.

〈몽고산수지도〉는 길이 30.12m 폭 0.59m로 비단에 그려져 있으며 두루마리 형태다. 〈몽고산수지도〉는 명나라 변경 가욕관(오늘날 간쑤성 주취안)부터 천방(오늘날 사우디아라비아 메카)에 이르는 총 211개 서역 지명을 표기했으며 여기에는 오늘날의 중국, 우즈베키스탄, 타지키스탄, 레바논, 튀니지, 터키 등 10여 개 국가 지역이 포함되어 있다. 린메이춘 교수는 〈몽고산수지도〉의 다른 회화본이나 판각본과 비교하면 이 지도는 사실 4분의 3만 남은 것으로 원래 지도는 길이가 40m에 이르며, 동로마 제국의 수도 콘스탄티노플까지 포함하고 있었다고 했다. 또 지도에서 가욕관 서쪽에 영홍후돈 등 장성의 봉화대가 그려지지 않은 것으로 보아 이 지도는 가정 3~18년(1524~1539년) 사이에 제작되었을 것이라고 추측했다.

〈몽고산수지도〉가 제작된 배경은 명나라 중기 이후 변경이 위태로워졌던 상황과 관련이 있다. 명나라 통치자는 건국 이후 줄곧 북쪽에서는 몽골 기병의 위협을 받고 남쪽에서는 왜구의 침략을 받는 문제로 골머리를 앓았는데 이 문제는 명나라 중기로 들어서면서 더욱 심각해졌다.

명가정 각본 『수동일기』 중 〈광륜강리도〉 모사본(미국 국회도서관 소장)

이처럼 위아래로 위협받는 상황에서 국경 수비와 관련된 역사서와 지도가 끊임없이 제작되었다. 이때 제작된 지도와 서적은 수량이 매우 많고 제작 시기도 비슷해 거의 대부분 국경이 심각하게 위협받던 가정 연간부터 만력 연간에 제작되었다.

린메이춘은 비교연구를 통해 〈몽고산수지도〉가 주로 당시 볼 수 있었던 네 가지 자료, 즉 원나라 말기 이택민의 〈성교광피도〉, 홍무 연간의 〈대명혼일도〉, 명나라 초기의 〈진성서역사정기도〉와 명나라 초기 부안의 『서역견문록』을 참고했음을 밝혀냈다. 서역 지리에 관한 일부 자료는 아마도 메카에 성지순례를 다녀온 중국 무슬림에게서 얻었을 것이다.

현존하는 〈몽고산수지도〉로는 명나라 때 제작된 판각본 2개가 있는데 그중 하나는 명나라 가정 21년(1542년)에 마리가 편집을 주관한 『섬

서통지』 중의 〈서역토지인물도〉에 수록되어 있고, 다른 하나는 명나라 만력 44년(1616년)에 섬서삼변총독 유관민이 저술한 『섬서사진도설』 중의 〈서역도략〉에 수록되어 있다. 이 밖에도 타이베이 국립고궁박물원이 소장하고 있는 채색지도 『감숙진수도략』에 첨부된 〈서역토지인물도〉 및 그에 대한 도해인 『서역토지인물략』, 『서역연혁』이 있다. 린메이춘은 〈몽고산수지도〉는 〈서역토지인물도〉의 여러 판본의 저본이라고 했다. 그러나 이에 대해서는 학자들마다 서로 의견이 다르다. 예를 들어 시후이동은 〈몽고산수지도〉는 〈서역토지인물도〉를 바탕으로 더 간단하게 고쳐 그린 것으로 문물로서의 가치와 예술적 가치가 비교적 높을 뿐 사료적 가치와 연구가치는 〈서역토지인물도〉의 다른 판본

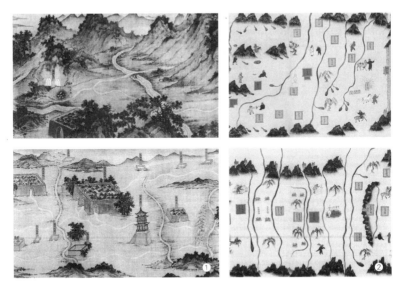

❶ 위 지도: 상우당 명문 〈몽고산수지도〉 권수 가욕관 부분. 아래 지도: 상우당 명문 〈몽고산수지도〉 권중 사마르칸트 부분
❷ 위 지도: 명가정 『감숙진전수도략』의 〈서역토지인물도〉 권수 부분(타이베이 고궁 소장). 아래 지도: 명가정 『감숙진전수도략』의 〈서역토지인물도〉 권미 부분(타이베이 고궁 소장)

에 못 미친다고 했다.

재미있는 점은 〈서역토지인물도〉 채색지도에는 사람과 동물까지 그려져 있다는 사실이다. 지도상에는 말이나 낙타를 끌고 가는 상인과 짐을 메고 가는 여행객, 공물로 바칠 사자를 끌고 동쪽으로 조공하러 가는 사신, 몽골 모자를 쓴 채 날듯이 말을 달리는 병사, 머리를 숙인 채 농사일에 여념이 없는 농부, 수레에 앉아 절을 받는 귀족 등이 그려져 있다.

회회, 전두회회 등 이슬람교를 믿는 민족 외에도 서아시아 여러 도시에 거주하는 한족에 관한 정보를 그림으로 표시했다. 예를 들어 문곡노성(오늘날의 요르단 암만 서남쪽이나 이집트 마그레브를 가리킴)에는 '한족은 모두 더벅머리 위에 모자를 쓴 채 농사를 짓는다', 노미성에는 '이슬람교도와 한족 통역이 있다' 등의 주석이 달려 있다. 이는 원명 시대에 한족이 서아시아로 이주해 생활했음을 보여주는 내용이다. 〈몽고산수지도〉에는 사람과 동물 그림이 없는 것으로 보아 이러한 스타일은 유럽의 지도제작법에서 영향을 받았음이 분명하다. 유럽 지도에는 사람과 동물 그림을 많이 그릴 수 있었다. 이는 우상숭배를 금지하는 무슬림은 이런 식의 지도를 읽을 수 없기 때문에 지리적 정보 기밀을 유지하기 위해 취한 방법이었다.

15~17세기는 세계사상 유명한 대항해시대이자 지리상의 대발견 시대다. 해양시대와 해권시대의 도래는 곧 육상 실크로드 시대의 쇠락을 의미했다. 〈몽고산수지도〉는 세계적으로 육상시대에서 해양시대로 전환되던 바로 이 시기, 서역이 몽골화와 이슬람화된 상황에서 다양한 문화의 상호작용을 현실적으로 그렸으며 꺼지기 직전 마지막으로 타오른 육상 실크로드의 모습을 반영했다.

명가정
〈광여도〉

〈광여도〉는 명나라 가정 20년(1541년)에 나홍선이 원나라 주사본의 〈여지도〉를 바탕으로 원명 시대의 다른 지도를 종합해 제작한 종합적인 대형 지도집이다. 이 지도집에는 총 113폭의 지도가 실려 있으며 그중 주요 지도가 45폭이고 첨부 지도가 68폭이다. 지도는 총 네 부분으로 나뉜다. 첫 번째 부분은 행정구역도로 〈여지총도〉와 두 직예 13포정사 지도가 포함되어 있다. 이는 전체 지도집의 기본이 되는 부분이다. 나홍선은 주사본의 대형 〈여지도〉를 한 장짜리 총도로 축소하고 나눈 다음, 성을 나눈 지도를 16폭 덧붙였다. 두 번째 부분은 변경 방위도로 변경 지도 11폭, 조하·송반·건진·마양 등 수도와 변두리 지도 5폭이 포함되어 있다. 세 번째 부분은 테마 지도로 황하 지도 3폭, 조하 지도 3폭, 해운 지도 2폭이 포함되어 있다. 네 번째 부분은 주변 지역과 이웃나라들로 조선, 삭막(몽골), 안남(오늘날의 베트남), 서역(신장, 중앙아시아, 서아시아)을 그린 사급도가 1폭씩 있고 이 밖에도 동남해이도, 서남해이도(아프리카 최남단을 표시), 일본, 류큐(오키나와의 옛이름), 사이총도 등이 포함되어 당시 세계에 대한 인식을 반영하고 있다.

사급도는 당·송·원·명대의 지리자료를 바탕으로 제작되었다. 예를 들어 서역도에서는 한당 시기 이후의 서역과 중앙아시아의 역사 지명을 주로 표기했고, 명나라 시기 서역의 실제 지리상황은 거의 반영하지 않았으며, 몽골어 지명과 투르크어 지명도 표기하지 않았다. 반면 서역에서 중원 왕조의 정치·군사적 공적을 두드러지게 표현했다.

〈광여도〉는 격자망 지도제작법을 채택하고 있으며 집합부호를 위주로 한 범례부호를 정했다. 전체적으로 체계적이고 정교하며 풍부한 내용을 담고 있는 고지도의 성과를 집대성한 작품이라고 할 수 있다. 명나라 가정 연간부터 청나라 가경 연간에 이르는 200여 년 동안 이 지도집은 수차례 판각 인쇄되어 다양한 모각본이 대량으로 나타났으며, 〈광여도〉와 형식이 비슷한 지도집이 생겨났다.

이 지도집의 또 다른 중요한 영향은 중국에 대한 유럽인의 지리관을 바꿔놓았다는 것이다. 명나라 말부터 중국과 서방세계는 서로 지도지식을 교류했다. 마테오 리치 등 예수회 선교사들이 유럽의 근대적 지리 지식체계와 지도제작법을 중국으로 전하는 한편 이탈리아 예수회 선교사 루지에리, 마르티니와 폴란드 예수회 선교사 미하우 보임 등이 해상 실크로드를 따라 중국을 찾아와 명나라 때의 〈광여도〉 등 중국 지도책을 유럽으로 가져가고 이를 바탕으로 〈중국지도집〉, 〈중국신도

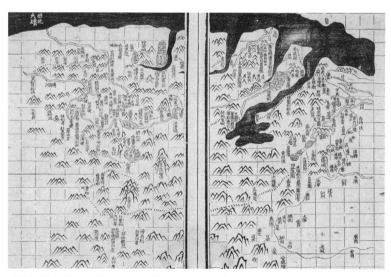

명가정 나홍선 〈광여도〉 중 사급도의 서역도(중국 국가도서관 소장)

지〉 등 라틴어로 된 중국 지리도집을 편집 제작해 중국 지리에 대한 유럽인의 지리지식과 지리책의 체제에 대한 이해도를 높였다.

이전까지 16세기 유럽 학자들은 새로운 방법과 새로운 기술로 신대륙과 구대륙을 포괄한 세계지도를 편집 제작해 유럽 지도학의 근대화로 가는 문을 열어젖혔다. 1584년 벨기에 출신 오르텔리우스는 유럽 최초의 근대 지도첩인 〈세계의 무대〉를 편집 제작했다. 이 지도첩에는 포르투갈의 지도제작상 바부다가 편집 제작한 〈중국 지도〉가 수록되어 있는데 이 지도는 유럽에서 가장 오래된 중국 지도로, 처음 등장한 이후 60년 동안 줄곧 유럽인이 제작한 중국 지도의 저본으로 쓰였다. 이 지도에 묘사된 중국은 유럽의 고전적인 지리지식과 중세 마르코 폴로의 『동방견문록』에서 전하는 이야기와 근대 유럽 식민통치자들의 동남아시아 탐험성과가 뒤섞인 산물로 중국의 윤곽이나 수계가 실제와 전혀 다르다.

1655년 마르티니는 네덜란드 암스테르담에서 〈중국신도지〉를 출판했다. 이 지도지는 〈광여도〉를 저본으로 삼아 경도와 위도, 광물자원 정보를 추가해 더 알찬 내용으로 제작되었다. 이 지도는 중국의 전체적인 윤곽과 연해지역을 표현했을 뿐만 아니라 중국 각 성의 경계선과 행정구역까지 그려 유럽인에게 중국 내륙의 지리적 상황을 최초로 보여주었다. 또한 이 지도는 한반도와 일본열도를 비교적 정확하게 그려낸 최초의 유럽 지도로 동아시아에 대한 유럽인의 이해를 높이는 데 큰 역할을 했다. 이 지도첩은 처음 등장한 이후 1736년 프랑스 지리학자가 강희제의 명으로 제작된 〈황여전람도〉를 바탕으로 편집한 〈중국도집〉이 출판되기 전까지 줄곧 유럽인이 중국 지도를 제작할 때 저본으로 쓰여 동서 지도교류사에서 매우 중요한 의미를 지닌다.

명만력
〈곤여만국전도〉

난징박물관에 소장된 〈곤여만국전도〉는 명나라 만력 36년(1608년)에 이탈리아 예수회 선교사 마테오 리치의 지도를 필사한 길이 346cm, 폭 192cm 크기의 모사본으로 서양의 지리 관념과 지도 형식에 중국의 지도자료를 합쳐 제작한 한자로 된 세계지도다.

〈곤여만국전도〉는 등적투영법, 경위도선, 동쪽과 서쪽 2개의 반구로 이루어진 타원형 지도 형식을 채택해 당시 이미 널리 알려져 있던 세계의 5대주, 즉 아시아, 아프리카, 유럽, 아메리카, 남극 대륙을 그려넣었다. 그중 아시아, 유럽, 아프리카, 아메리카의 대륙과 해양 윤곽선은 유럽의 대항해시대에 실제로 탐측한 결과를 바탕으로 그렸기 때문에 비교적 정확하다. 남극 대륙은 당시 유럽의 전설을 바탕으로 제작되어 실제 면적보다 훨씬 크게 그려졌다. 오세아니아는 당시까지 발견되지 않은 상태였기 때문에 포함되지 않았다. 지도 네 귀퉁이에는 5대주를 보충하는 작은 지도들이 그려져 있다. 우측 상단에는 구중천도, 우측 하단에는 천지의도, 좌측 상단에는 북반구도, 좌측 하단에는 남반구도가 그려져 있는데 이는 당시 유럽인의 지구관을 반영한다.

지도는 세 가지 색으로 5대주를 표현하고 파란색과 녹색을 이용해 입체적 이미지로 산맥을 표현하고 강줄기는 쌍곡선으로 표현했으며 하늘색 물결무늬로 바다를 표현했다. 또한 같은 시기 유럽 지도의 전형적인 제작법에 따라 바다에는 선박과 거대한 고래, 바다괴물 등 해양동물을 그려넣고 남극 대륙에는 상상 속의 사자, 코끼리, 코뿔소, 타조 등 열대지역 동물을 그려넣었다. 지도에서는 글자 크기로 5대주와 그 외 지명을 구별했으며 모든 지명 밑에는 각지의 역사, 풍속과 특산물에 관한 주석을 달아 당시 세계의 상황을 쉽게 이해할 수 있다.

이 지도는 유럽을 풍미했던 오르텔리우스의 〈세계의 무대〉 등 라틴어로 쓰인 세계지도를 저본으로 삼아 명나라 때의 〈광여도〉, 〈대명일통지〉, 〈고금형승지도〉 등 중국 지리책을 참고해 제작되었다. 마테오 리치는 중국 관리와 학자들이 보다 쉽게 지도를 이해할 수 있도록 대서양을 중심에 두는 유럽의 세계지도제작법을 수정해 명나라 때의 중국을 지도의 한가운데 두고 동아시아 지역도 매우 자세하게 묘사했다. 만력 29년(1601년) 마테오 리치가 수도로 가 만력제를 알현한 자리에서 〈곤여만국전도〉를 진상하자 중국 관리들과 학자들이 큰 관심을 보였다. 그 영향으로 중국 학자들은 잇달아 〈산해여지전도〉, 〈양의전람도〉 등의 구 모양 세계지도를 제작했다.

〈곤여만국전도〉가 판각 인쇄되고 전파되면서 중국인의 지리적 시야는 크게 확대되었다. 또 지구가 둥글다는 지원설, 유럽의 지리상의 대발견 성과, 5대주, 4대양, 기후대 등의 지리 개념과 지식 및 실제 측량

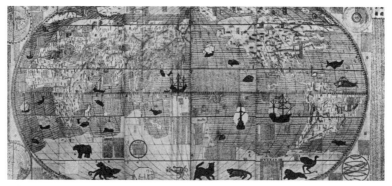

명만력 마테오 리치 〈곤여만국전도〉(난징박물관 소장)

법, 투영지도제작법 등 새로운 방법이 중국에 전해지면서 학자들에게 영향을 미쳤다. 마테오 리치가 지도에 번역한 아시아, 지중해, 나일강, 남극, 북극, 적도 등 지리적 개념을 설명하는 용어는 오늘날까지도 쓰이고 있다. 또한 〈곤여만국전도〉는 당시 유럽 세계지도에서 부정확했던 동아시아 부분을 보완해 중국 지리학의 발전과 중서 문화교류를 촉진했다.

청
〈건륭내부여도〉

이 지도는 청나라 강희제 때 제작된 〈황여전람도〉와 〈옹정십배황여전도〉를 참고해 건륭 황제가 감독을 맡고 청나라 관리들이 주연을 맡아 한족과 타민족 측량사들이 힘을 합친 끝에 건륭 20~27년(1755~1762년)에 완성한 대형 실측 행정구역 총도다. 강희제를 비롯해 서양에서 중국을 찾아온 선교사와 청나라 관리들의 협업이 이루어졌다. 그들은 서양의 근대적 삼각측량법으로 청나라 영토에 대해 대규모 측량을 실시했는데 그 범위가 남쪽으로는 해남도, 동북쪽으로는 흑룡강과 조선, 동남쪽으로는 대만, 서쪽으로는 신강과 서장(티베트)까지 이르렀다. 또 경위도 좌표와 상송도법을 이용해 최종적으로 〈황여전람도〉를 제작했다. 옹정제 시대는 청나라 관리들이 전국지도에서 천하도로 황여전도 실측이 변해간 단계였다. 그 후 〈옹정십배황여전도〉, 〈건륭내부여도〉는 물론이고 동치 연간의 〈대청중외일통여도〉의 제작범위도 모두 청나라 영토를 뛰어넘어 정치와 영토상으로 중국이 천하를 통일했다는 관념을 드러냈다.

강희, 옹정, 건륭 시대 모두 서역에 대한 측량을 매우 중시했다. 강희 50년(1711년) 강희제는 프랑스 예수회 선교사인 자르투와 오스트리아 예수회 선교사인 프리델리에게 측량대의 인솔을 맡기며 장성 밖 하미 일대에서 몽골 지역과 감숙, 섬서, 산서 등 지역을 측량해 지도를 작성하게 했다. 갈단의 반란을 완전히 제압하지 못한 탓에 그들은 신강 동부의 하미 지역만 측량하는 데 그쳤다. 강희 55년(1716년) 강희제는 다시 프리델리를 신강으로 보내 하미 이서지역을 측량해 지도를 제작하게 했다. 이후 프리델리는 이리하 골짜기와 카슈가르 지역까지 이르러 〈합밀갈사도〉와 〈잡왕아랍포탄도〉를 제작해 마침내 총도 안에 포함시켰다. 옹정 연간 갈단 귀족의 반란을 제대로 제압하고 러시아와 서북 경계 조약을 맺으면서 청나라 왕조는 〈황여전람도〉를 약간 수정했다. 이에 따라 가욕관 서쪽의 서역 부분은 전문 만주 문자로 표기했고 서부 영토는 흑해와 지중해 일대까지 확대했다. 일부 지명을 수정하고 추가했으며, 중원에서 서역 각지로 통하는 교통로를 실선으로 표시했다. 당시 청나라는 중앙아시아와 시베리아의 많은 지역이 제정 러시아의 손아귀에 떨어졌다는 사실을 알지 못해 이 지역을 〈옹정십배황여전도〉에 포함시켜 중국의 천하지배 관념을 드러냈다.

건륭 연간에 서역에 대해 대규모 실측을 거친 지도제작을 할 수 있었던 것은 북쪽 변경의 준가르 부족과 남쪽 변경에 자리한 회족의 반란을 평정한 덕분이었다. 건륭 연간의 지도제작은 두 번에 걸쳐 완성되었다. 첫 번째 지도제작은 건륭 21년(1756년) 2월에 시작되었다. 하국종이 총책임을 맡아 파리곤(바르쿨)에서부터 남북 양로로 나눠 북로는 천산 북쪽 기슭부터 이리 지역을 측량해 제도했고, 남로는 투루판 지역을 측량해 지도를 제작했다. 두 번째는 주로 남쪽 변경과 중앙아시아를 측량해 제도했는데 건륭 24년(1759년) 5월에 시작해 명안도, 덕보, 오림태를 비롯해 유럽 예수회 선교사 로차, 데스핀하, 할러슈타인 등이 오늘날의 신장과 중앙아시아 지역으로 가 측량한 후 지도를 제작했다. 두 차례에 걸친 지도제작을 통해 청나라 정부는 하미 서쪽, 발하슈호 동쪽, 톈산 남북 양로 광활한 지역의 90여 곳에 달하는 경위도 데이터를 얻었다. 그 덕분에 〈건륭내부여도〉에 등장하는 일부 서역 지명은 〈황여전람도〉와 〈옹정십배황여전도〉보다 상세도나 정확도 면에서 훨씬 우수하다.

건륭은 마지막으로 청나라의 지배를 확정한 지역을 신강이라고 불렀다. 당시 청나라 정부가 신강이라고 불렀던 지역에는 운남 오몽 지역, 귀주 검동남주, 고주 일대, 안순과 태녕 근처, 사천 대도하 상류의

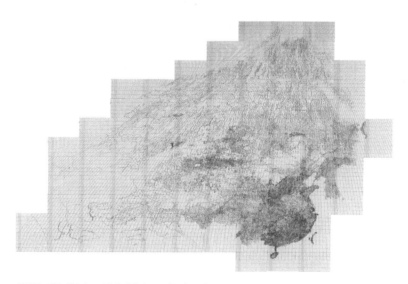

청건륭 〈건륭내부여도〉 부분(베이징 고궁박물관 소장)

대금천과 소금천 지역이 포함된다. 청나라 정부는 준가르 부족의 반란을 평정한 후에 예로부터 서역이라고 불리던 천산 남북지역도 신강이라고 불렀다. 신강 지역을 완전히 장악한 이후 청나라는 신강 지역에 완벽한 역전(역참에서 공문을 주고받던 일)체계와 군대주둔 방어체계를 구축하고 행정구역을 설치한 뒤 성을 만들어나갔다. 〈건륭내부여도〉에는 만주어, 몽골어, 투르크어가 수두룩한 신강 지역에 적화성(오늘날의 우루무치시) 등 새로 세워진 많은 중국식 도시 이름이 두드러지게 그려져 있다. 또한 상형부호로 건륭 황제의 어제비御制碑를 크게 확대해 그려 넣어 청나라와 건륭제가 신강 지역을 개척한 공적을 강조했다. 이로써 지도는 영토의 표시이자 권력의 상징이 되었다.

강희는 서방 문명을 이해하고자 노력했고 과학정신을 숭상한 황제였다. 전국적으로 대규모 실측제도를 실시하기로 결정한 것도 청나라와 제정 러시아가 네르친스크 조약을 맺을 때 강희제가 서양 예수회 선교사들이 가져온 서방 지도가 중국 지도보다 훨씬 정확하다는 사실을 깨달았기 때문이다. 또한 청나라 조정의 벨기에 예수회 수도사로 있던 베르비스트와 프랑스 예수회 선교사 제르비용과 부베 등이 강희제에게 서방의 천문역법과 수학, 지리지식을 강의하며 서양 학문의 광대함과 심오함을 느끼게 한 것도 영향을 미쳤다. 그러나 강희제의 자손인 옹정과 건륭은 그와 같은 절실함이 없었다. 그래서 청나라 전반기에 실측지도상에서는 광범위하게 운용되었던 경위도선과 투영기술이 방치된 채 이용되지 않았다. 청나라 중기의 각 지방정부와 관리, 학자들은 지도를 제작할 때 주로 문헌의 내용과 기존의 지도자료를 종합하는 방식의 중국 전통적인 지도제작법에 따름으로써 전통적인 지도가 여전히 청나라 시기 지도의 주류를 차지했다. 그러나 〈건륭내부여도)와 같은 지도는 선교사들에 의해 유럽에 전해져 중앙아시아에 대한 이해를 높여 세계적인 차원에서 어느 정도 의미를 갖게 되었다.

※일부 고지도 자료는 시후이동의 『중국고대지도문화사』의 내용을 편집한 것이다. 인터뷰에 응하고 글을 쓰는 데 도움을 준 시후이동에게 감사를 표한다. 이외에 거젠슝의 『역사상의 중국: 중국 강역의 변천』, 루량즈의 『중국지도학사』, 린메이춘의 『몽고산수지도』를 참고했다.

제2장

문명, 어우러지다
동서양의 풍물

동서를 이해하다[9]

동양과 서양은 중국어에서 두 가지 의미가 있는 '것東西'이다. 따라서 유라시아 대륙 및 그 해안선 밖으로 가로놓여 있는 실크로드의 흐름 자체가 그것의 주요한 용도를 드러낼 수 있다. 왜 중국어에는 동서(중국어로 東西는 물건을 뜻함)를 판다는 말은 있는데 남북南北을 판다는 말은 없을까?

동서가 언제부터 물건을 가리키게 되었는지에 대해서는 중국 학술계에서도 확실한 결론을 내리지 못하고 있다. 가장 이른 시기로 한나라 때를 꼽기도 하지만 대체로 당나라 때로 의견이 모아진다. 당시에 동·서가 물건을 가리키는 의미의 동서가 된 까닭에 대해서는 다음과 같은 해석이 있다. "당나라 때는 낙양과 장안이 동경과 서경으로 불렸고 장안에는 동시東市와 서시西市가 있었으므로 동서는 상인이나 시민

9 글_ 왕싱

이 시장에서 물건을 기웃거리는 정경을 표현하는 속어로 쓰기에 제격이었다." 그러나 최근 들어 이러한 주장에 맞서는 또 다른 견해를 내놓은 학자가 등장했다. "송나라 이전의 문헌 중에 동서라는 단어가 나타난 빈도는 전통적인 물物보다 훨씬 적었고, 동사動使라는 단어가 물物의 동의어로 자주 쓰였다. 그러므로 동서東西는 북방민족이 남하하면서 동사動使 발음을 잘못 표기한 것일 가능성이 높다."

사실 한나라 때 북방의 육상 실크로드가 개척되었을 때만 하더라도 동·서는 각각의 개념으로 존재했을 테지만 동쪽에서든 서쪽에서든 실크는 좋은 물건으로 여겨졌다. 1877년 독일의 탐험가이자 지리학자인 리히트호펜이 처음으로 이 무역로에 이름을 붙일 때도 실크라는 단어를 사용했다. 리히트호펜은 자신의 저서에서 Seidenstrasse와 Seidenstrassen 등 단수와 복수, 두 가지로 실크로드를 표현하는 세심함을 보였고 한나라 때 이외의 상황에 대해서는 이 용어를 사용하지 않았지만 실크로드는 이미 남북을 대신한 동서처럼 유라시아 무역사에서 가장 흔히 볼 수 있는 어휘가 되었다.

심지어 원래 실크로드에서 가장 먼저 유통된 물품은 실크도 아니었다. 근본적으로 따지고 들자면 육상 실크로드는 마필과 털가죽 교역이 많았으니 말털로드쯤으로 불려야 할 테고 해상 실크로드도 후추로드 정도로 불려야 할 것이다. 또 이 무역로에서 거래된 것 중에는 마필이나 낙타, 산양보다 더 물건(동서)이라고 불려서는 안 될 노예도 있었다. 사람과 자연이 함께 만들어낸 이 실크라는 물품이 언제부터 실크로드의 주요 무역품이 되었는지 알아가는 일은 사실 동서양이 단순한 발자국이 아닌 영혼으로 서로의 거리를 가늠해나간 과정을 탐색하는 것이었다. 1,000년 동안 카라반이 오간 길이 20세기 영국의 지리학자인 헬

포드 존 맥킨더가 『역사의 지리적 중심축』에서 말한 유라시아 대륙의 핵심지역을 뒤덮은 것은 결코 우연이 아니다. 맥킨더의 핵심지역 가설을 입증하는 가장 중요한 조건은 물자의 흐름이다. 유럽과 아시아 사이에 위치한 지리적 중심축인 까닭에 카라반들에게 편의를 제공하는 한편 그들이 가지고 다니는 화물도 이 핵심지역의 가장 중요한 동력이 되었다.

오이, 마늘, 고수, 참깨, 호두, 파, 석류, 무화과, 잠두, 완두, 동부, 포도, 목숙, 재스민, 빈랑, 카람볼라, 능금, 상추, 사탕무, 시금치, 수박, 대추야자, 아몬드, 피스타치오, 옥수수, 고구마, 감자, 땅콩 등 먹는 것을 보급하는 데서 비롯된 무역은 쉽게 기억되었지만 향신료, 금은제품, 유리, 면포, 야생동물 제품 등 특수 지역의 인공적인 부가가치를 많이 내포한 무역은 실크처럼 운이 좋지 않았다. 맥킨더가 1904년에 유라시아

터키 상인이 운영하는 실크 상점

236

대륙 핵심지역 가설을 제기한 것에 반해 동시대의 영국 과학사학자 조지프 니덤은 이런 질문을 제기했다. "왜 현대 이전 중국의 과학기술은 엄청난 발전을 이룬 것일까? 현대에 들어서 중국은 왜 계속해서 앞서 나가지 못하고 과학기술이 낙후된 나라가 되었을까?"

맥킨더는 적어도 서양의 시각에서 당시 서양이 맞닥뜨린 '니덤의 질문'에 대한 답을 찾으려고 시도한 끝에 신지리학 가설을 내놓았다. 신지리학에 따르면 지리학의 주요 역할은 사회 안에서 그리고 국부적으로 변화가 발생하는 환경에서 인간의 상호작용을 탐색하는 것이며, 지리학 발전의 최대 장벽은 자연과학과 인문 연구 사이에서 비롯되는 것이고, 지리학자의 책임은 그 장벽을 넘을 다리를 건설하는 것이며, 그러기 위해 지리학은 반드시 역사를 연구해야 한다. 동양에서 봤을 때 희소식이라면 1,000년 넘게 이어진 실크로드상의 물질적 존재는 항변의 여지없이 충분한 지리적·역사적 소재를 제공했다는 점이다.

니덤은 중국 명나라 숭정 연간에 실의에 빠진 거인 송응성을 중국의 드니 디드로라고 칭송했다. 프랑스의 드니 디드로보다 반세기 일찍 태어난 송응성은 한가한 시간을 이용해 중국 역사상 최대 심심풀이 서적인 『천공개물』을 집필했다. 처음에 책이 완성되었을 때는 알아주는 이 하나 없는 것에 통한의 심정이 들었지만 100년 뒤 서양에서는 17세기 중국의 공예 백과사전이라는 찬사를 얻었다. 드니 디드로도 『백과전서』를 편찬한 공로로 역사에 이름을 남겼다. 후세 사람들이 보기에 드니 디드로의 '물질과 운동은 나눌 수 없다'와 같은 철학적 판단이 가미된 『백과전서』는 이공서적 중 가장 문학적이고 예술적이라고 불리기에 충분했다. 마치 정주이학(성리학)에 조예가 깊었던 송응성의 『천공개물』이 동양인이 보기에 이학서적 중 가장 문학적이고 예술적이지 못한 것으로 보이는 것처럼 말이다.

　명나라 이후 중국에서는 기이재도(器以載道, 그릇에 도를 싣는다)를 연구했는데 이는 송응성과 동시대 인물인 고염무의 '기器가 없으면 도道는 의탁할 곳이 없어진다'는 말에서 비롯되었다. 다만 실크로드 무역사에서 변화무쌍한 것은 언제나 사람의 마음속에 담긴 도였고, 기는 늘 그대로였다. 동양의 옛 성인은 '장인이 일을 잘하려면 반드시 그 연장을 날카롭게 해야 한다'고 했고 서양 고대 그리스에도 '너 자신을 알라'는 말이 있지 않던가! 시대가 변하더라도 사실 동·서를 먼저 알아야 하며, 동서(물건)를 알아야 한다. 다시 말해 좋은 물건을 봤다면 그 물건이 오간 곳에 대해 생각해봐야 한다.

동양의 실크와 서양의 거울[10]

실크와 유리로 동양과 서양을 비교해봐도 좋을 것이다. 비록 실크와
유리가 우리의 경험과 지식체계 속에 함께 담겨 있지는 않지만 그들
사이에서 물건이 오간 여정 및 그 운명은 신비롭게 여길 만하다.

실크로드가 가장 분주했던 당나라 황금시대로부터 1,000여 년이 흐른
1851년 영국 런던에서 만국박람회가 개최되었다. 비록 개막식을 묘사
한 유화에 등장하는 신비로운 인물 '그리스 마스터'는 진정한 중국 측
귀빈이라고 할 수 없지만 후저우에서 온 '영기호사'라는 상표의 비단
12필은 중국 상인 서영촌이 직접 내놓은 전시품이었다. 후저우는 당나
라 때부터 중요한 잠사 생산지로 영기호사가 결국 만국박람회 금상을
수상한 것은 명실상부하면서도 의외의 결과였다. 런던 만국박람회는

---

10 글_ 왕싱

1851년 런던 만국박람회의 주요 박람회장으로 쓰인 수정궁의 내부 모습

태양이 지지 않는 제국이 만천하에 미치는 자신의 영향력을 과시하기 위해 개최한 행사였고, 실크는 당시 서양이 보기에 여전히 완벽한 동양의 것이었기 때문이다. 영국은 스스로가 생각하는 자신의 이미지를 주요 박람회장으로 쓰인 수정궁을 통해 적나라하게 드러냈다. 이때까지만 하더라도 상장에 둘러싸인 아름다운 중국 실크는 수정궁이 서양의 방식으로 과시하고 있는 것이 무엇인지 알아차리지 못했다.

길쌈과
제조의 신화

1세기 고대 로마의 네로 황제는 동양에서 건너온 호화로운 실크를 입고 맹수들이 싸우는 모습을 구경했다. 근시였던 네로는 또 다른 사치품을 지니고 있었는데 바로 에메랄드로 정교하게 만든 한 알짜리 렌즈였다. 당시 이미 유리가 만들어지고 있었고, 동양으로 흘러간 유리제품은 실크와 마찬가지로 귀중한 교역품으로 거래되었지만 유리를 굽는 기술은 장신구를 만드는 정도일 뿐 정교한 광학렌즈를 만들 수 있는 수준에는 이르지 못했다. 네로 시대로부터 1,300여 년이 흐른 뒤 유리는 서양에서 안경의 형태로 새롭게 태어났으며 그 후로도 3세기가 넘는 시간이 흐르고 나서야 똑같이 실크 옷을 입은 청나라 황제 강희의 콧등 위에도 걸쳐질 수 있었다. 그러나 청나라 때도 아주 잠깐 동안 정교하고 치밀한 유리그릇을 제작했을 뿐 이내 그 열기가 사그라지고 말았다. 예수회 선교사 아담 샬이 강희제가 즉위하기 전에 가져온 천문망원경과 중국어로 저술한『원경설』도 어디까지나 노리개로 여겨진 유리의 운명을 바꾸지는 못했다.

그렇다고 하더라도 더 광활한 우주에는 시종일관 동양과 서양을 동시에 보살피는 어떤 특별한 힘이 존재하는 것 같다. 일찍이 사람이 개발한 실크와 유리기술이 고고학적 발견으로 그 존재를 증명할 증거가 나타나기 전에 하늘에는 실크와 유리의 숙명이 담긴 별이 존재하고 있었다. 그리고 이 두 기술은 약속이라도 한 듯 자신들의 탄생신화를 그 별이 휘황찬란하게 빛나던 시대로 가져다놓았다. 동쪽 끄트머리의 실크왕국에서는 그 별을 직녀성이라고 불렀다.

중국에서 직녀성에 관한 신화는 상고시대로 거슬러 올라갈 수 있다. 칠석의 두 주인공 견우직녀가 등장하는 낭만적인 이야기에 어울리지 않게 상고시대 전설에 등장하는 직녀는 적잖이 사나운 편이다. 전하는 바에 따르면 직녀는 엄자씨에 속하는 중국 역사상 최초의 여성 지도자로서 지금으로부터 3만 년 전에 나무껍질로 새끼를 꼬는 법을 발명했다고 한다. 더 중요한 것은 직녀가 수인씨 지도자와의 통혼을 통해 복희와 여와를 탄생시켰다는 점이다.

　세상에서 명성이 드높은 이름을 하늘의 별에 붙여주는 것은 결코 후세 천문학의 독창적인 아이디어가 아니었다. 그 당시 북반구에서 여름철에 밝게 빛나고 위치도 상대적으로 안정적이던 별을 자궁紫宮이라고 불렀는데 이것이 후세에 직녀성이라고 일컬어지는 별이다. 직녀는 훗날 실크를 포함한 모든 동양 방직기술의 수호신으로 변모했다. 천문학 용어로 말하자면 지구 변위의 세차(歲差, 천체의 움직임에 의해 지구 자전축 방향이 바뀌는 현상)로 인해 직녀성은 기원전 1만 2,000년 이전의 매우 오랜 시간 동안 오늘날의 북극성과 마찬가지로 길을 안내하는 별의 역할을 맡았다. 만약 당시에 동서양을 오가는 행상이 있었다면 그들은

예루살렘에서 소장 중인 기원 전후의 유리병들. 향료와 향수를 담는 데 쓰였다.

직녀의 길을 따라갔을 것이다.

다행히 밤하늘 별들의 밝기 기준이 되는 직녀성은 지구상에서 태양을 제외하고 가장 오래전부터 사람들이 주목해온 항성 중 하나였다. 그래서 직녀성은 고대 그리스 신화 시대에 이미 '거문고자리 알파별 베가'라는 서양식 이름을 얻었다. 거문고자리의 그리스식 이름은 오르페우스가 죽은 뒤에 남겨진 리라^{Lyra}에서 비롯되었다. 서양에서 거문고자리와 유리 사이의 연관성은 18세기 후반 유리 하모니카인 아르모니카가 등장하면서 어느 정도 음악적으로 이어지는 듯했다. 그러나 동양에서는 이미 직녀성이 길을 안내하는 별로 여겨지던 시대에 유리 탄생에 관한 이야기가 등장했다. 중국 상고시대의 전설에 따르면, 직녀의 후대인 여와는 오채석을 정련해 하늘을 메웠고 이 오채석이 인간세상에 떨어져 유리가 되었다고 한다.

이 유리가 오늘날의 유리와 같은 '파리'인지에 대해서는 아직까지도 고고학계에서 의견이 분분하다. 단순히 이름만 놓고 보면 오늘날의 유리와 비슷한 것은 전국 시대 이후 중국 역사에서 육리陸離, 유리流離, 유리瑠璃 등 다른 이름으로 불렸으며 송나라 때 이후에야 파리(玻璃, 현대 중국어로 유리를 뜻함)라는 명칭이 주로 쓰이기 시작했다. 청나라 초기 유리와(유약을 발라 구운 기와)라는 단어의 뜻이 섞여들면서 이후 매우 오랜 시간 동안 유리는 건축 부자재 용어로 여겨진 반면 황제가 좋아한 탓에 유리그릇 공예가 발전하면서 파리는 호화로움의 대명사가 되었다. 그러나 10년이면 강산도 변한다지 않는가! 유리공예는 원래 유리를 굽는 기술 중 하나였지만 20세기 들어 지방 특산 파리공예품의 대명사가 되면서 파리라는 단어에서 그 옛날의 호화로움은 지워지고 말았다.

중국 선인들은 옥이 육신의 부패를 막아준다고 믿었는데 서역에서 나는 진짜 옥은 구하기 어려웠기 때문에 초기의 유리 기물은 자연스럽게 옥의 모조품 역할을 맡았다. 마치 안지아야오가『유리 기물에 관한 역사 이야기』에서 말했듯이 말이다. "장옥(고대 중국에서 장례를 치를 때 시신 가까이에 부장한 옥)은 한나라 때 옥기 중에서 매우 큰 비중을 차지한다. 주로 옥의, 신체의 아홉 구멍을 막는 옥구규색, 입에 물리는 옥함, 손에 쥐어주는 악옥 등 네 종류가 있다. 장옥의 대용품으로 파리의, 파리구규색, 파리함과 파리악옥 등도 나타났다. 이 밖에도 파리벽은 전국시대 중기부터 나타나 한나라 때 고분에서도 계속 사용되었는데 이러한 파리벽도 장례에 사용된 유리에 속한다." 유리와 마찬가지로 중국 실크도 초기에는 더 주도적으로 영혼을 이끄는 힘을 부여받았다.

중국에서 전해지는 실크의 기원과 관련된 신화 중에서 전설 속 황제 헌원씨의 원비이자 누에치기의 창시자인 누조든, 촉의 시조인 잠총

실크로드상에서 잠깐 쉬고 있는 낙타 카라반(19세기 판화)

씨든, 장쑤와 저장 일대에서 누에 여신이라고 불리는 마두낭이든 모두 어느 정도 '고치로 이번 생에서 내세를 추구하는' 관념을 잇고 있다. 유리에 관한 서양의 전설은 훨씬 소박한 반면, 실크의 기원에 관해서는 중국『산해경』에 나오는 바와 같이 '구사야가 대종의 동쪽에 있는데 한 여인이 무릎을 꿇고 나무에 기대어 실을 토해내고 있다'는 식의 환상적인 색채가 많이 가미되었다.

고대 그리스의 역사가 크테시아스는 그의 저서에 처음으로 $\Sigma\eta\rho\epsilon$라는 용어로 실크를 생산하는 나라를 지칭했는데 이 말은 '실크를 만드는 사람들'이라는 뜻이다. 사료를 인용하는 것으로 유명한 20세기 미국 학자 라흐는 대작『유럽을 만들어간 아시아』에서 Seres와 중국의 관계에 대해 다음과 같이 고증했다. "그리스도 탄생을 기원으로 연대를 표시한 첫 번째 연대에 중국은 시네와 세리카로 불렸는데 물론 후자가 훨씬 더 빈번히 쓰였다. 중국이 바닷길의 끝에 위치한 나라로 여겨질 때는 시네라고 불렸다. 중국 북부는 멀고 먼 육로의 끝인 '실크의 땅'으로 여겨졌고 아우구스투스 시대의 시인 폼포니우스 멜라와 플리니우스는 중국을 세리카라고 불렀다. 멜라는 아시아의 동쪽 끝에 거주하는 사람을 인도인, 세레스, 스키티안이라고 단언했다. 멜라가 사용한 명칭은 대략 오늘날의 인도, 중국, 달단(타타르)에 해당한다. 세레스가 머무는 지역의 가장 큰 특징은 그곳에서 실크가 생산된다는 것이다. 고대의 작가들은 그곳이 사람이 살고 있는 세계의 끝에 자리했으며 드넓은 영토 위에 수많은 사람이 거주하는 육지이며 그곳에 사는 사람들은 교양 있고 공정하며 검소하다고 생각했다. 또 세레스는 다른 민족과 친밀한 관계를 맺길 원치 않지만 자신들의 실크와 털가죽, 철기를 외국 상인에게 팔고자 한다고 생각했다. 아우구스투스 시대에 세레스

상인들은 로마 제국의 영토에 이른 적이 있을 테지만 공식사절단은 로마를 방문한 적이 없음이 분명하다."

Seres가 가리키는 곳이 중국이든 아니든 라틴어에서 나온 Serica(실크)는 이미 서양 언어에 쉽게 고칠 수 없는 흔적을 남겼다. 6세기 잠종(누에알)이 외국으로 전해지자 Seres가 어디인지에 관해 더 큰 논쟁이 벌어졌다. 그리스도 기원 이전에 '나무에서 실크를 딴다'는 이야기는 확실히 서양의 구미에 더 맞는 신화였으니 그것에서 느껴지는 아득함은 결코 앨리스가 떨어진 이상한 나라 못지않았다. 신화의 시대가 저문 1,700년 뒤 영국에서 매카트니 사절단을 파견해 전설 속의 실크왕국과의 직접적인 교역을 꾀하고자 할 때 가져온 것은 그들의 상상 속에서 동양의 실크가 주는 신비감과 어깨를 나란히 하는 서양 유리공업의 결정체, 망원경이었다.

서양화에 표현된 19세기 중국의 실크공방

246

실크왕국이 꾼
유리 꿈

유럽 대부분의 지역에서 실크는 원래 발음과 비슷한 이름으로 불렸다. 반면에 유리는 고대 중국어에서 여러 가지 이름으로 불렸다. 이는 다른 언어에서는 볼 수 없는 현상이다. 남송 이후 여러 차례의 과도기를 거치면서 파리가 수입된 유리를 가리키는 명칭이 되었고, 유리나 약옥 등 동양의 영리한 수식방식이 담긴 이름은 청나라 초까지 중국산 유리를 가리키는 명칭이 되었다. 고대 로마는 실크에 대해 최초의 기록을 남겼을 뿐만 아니라 자국의 유리공업이 황금기를 맞은 시기에 한나라와 위진남북조 시기에 놓여 있던 중국에 많은 유리 용기와 유리구슬 장식품을 수출했다. 그러나 12세기 전후에 번유리라는 단어가 출현했을 때 여기에서 가리키는 번은 꼭 로마를 가리키는 것이 아닐 수도 있으며, 심지어 동양인이 생각하는 번은 원래부터 로마가 아니었을 수도 있다.

사실 기원전 1세기 폼페이우스는 이미 실크 두루마기를 동방원정의 중요한 전리품 중 하나로 로마에 가지고 돌아왔다. 고대 중국이 지중해에 자리한 로마와 직접적인 문화적 교류나 교역이 있었는지는 유리의 중국어 명칭과 마찬가지로 뒤죽박죽 뒤엉킨 난제다.

현재 가장 합리적으로 들리는 해석은 다음과 같다. "안식국은 한나라와 대진의 교역을 중계하는 곳으로 동양의 실크와 서양의 유리 같은 사치품이 모두 안식국 상인을 통해 유통되고 운반되었다. 만약 한나라와 대진 사이에 직접적인 교역로가 뚫린다면 안식은 동서무역의 독점권을 잃게 된다." 안식국 사람은 바다를 건너는 것이 얼마나 힘든 일인지에 대해서만 강조할 뿐 감영에게 시리아를 통해 대진으로 갈 수 있는 더 직접적인 육로가 있다는 사실은 알려주지 않았다는 것이 이에 대한 증거라고 할 수 있다.

상고시대부터 한나라 때까지 중국의 실크산업은 당시 세계에서 가장 앞선 방직기술을 발명해냈고 채색비단에 씨실과 날실을 교차해서 올록볼록한 무늬를 짜내는 제화기술은 세계 제일이라 불릴 만했다. 그러나 마치 한자 중에는 셀 수 없이 많은 실크를 가리키는 용어가 로마로 가서는 serica를 원형으로 한 이와 비슷한 어휘 몇 개로 줄어든 것처럼 『위략·서융전』에서는 중국의 실크제품이 서양으로 전해질 당시의 괴이한 운명에 대해 똑똑히 기록했다. "(대진은) 중국의 생사를 얻은 다음 이를 풀어내 호릉으로 만들어 안식 여러 나라와 해상에서 거래를 했다." 『유럽을 만들어간 아시아』에서는 이에 대해 더 알아듣기 쉽게 설명했다. "어떤 로마 상인이 로마 서부의 입구를 거쳐 중국에 이르렀는지 또는 어떤 중국인이 대륙을 건너 로마 이탈리아의 변경 안으로 들어갔는지를 증명할 수 있는 확실한 증거는 없지만 대량의 천연 방직 실크를 운반하는 카라반이 쉽게 통과할 수 있도록 대륙을 관통하는 주요 도로는 여전히 일사불란하게 개척되고 있었다. 그들은 이 실크들을 레반트(그리스, 시리아, 이집트를 포함하는 동부 지중해 연안 지역의 역사적인 지명) 지역으로 운반한 다음 유럽으로 가는 선박에 실었다. 많은 양의 중국 실크가 반투명하고 화려한 색상의 방직품을 선호하는 로마인의 입맛에 맞추기 위해 시리아와 이집트에서 재차 가공되었다. 이 점에서 확실히 알 수 있듯이 무겁고 도안이 있는 중국 견직물은 기본적으로 로마인의 관심을 끌지 못했다."

생사를 해체해 다시 짜는 것 외에도 재가공에서 중요한 또 다른 부분은 로마인이 선호하는 화려한 색상의 방직품으로 염색하는 것이었다. 선진 시대부터 오행五行을 존중하고 무릇 군자라면 마땅히 청, 황, 적, 백, 흑, 이 다섯 가지 정색만을 입어야 한다고 믿는 중국인에게 폼페이에서 최초로 풀어내 로마로 보내 과시한 자주색 실크 가운은 예의에서 벗어났을 뿐만 아니라 심지어 『논어』에서 말한 간색인 자주색이 정색인 적색의 지위를 빼앗는 악행을 저지른 것이었다. 그러나 중국에서 건너온, 죽지 않고 신선이 되고자 하는 바람이 담긴 구름무늬 실크가 중앙아시아에서 고대 로마의 심미관을 만족시키는 제품으로 해체된 것과 공평하게 고대 로마인이 자부심을 느끼는 수공 유리제품은 당시 중국 시장에서 그와 비슷하게 괴상한 대우를 받았다.

중국에서는 이미 오래전부터 고대 로마에서 유리가 차지했던 지위를 도자기가 누리고 있는 상태였다. 당시 중국 시장에서는 유리의 투과성이나 양식, 크기 등에 대해 전혀 관심이 없었다. 중국의 실크가 나날이 화려함을 더해갈 때 고대 로마는 동양의 옥문화처럼 온갖 장식을 버리고 본연의 소박함을 간직한 견직물을 추구했다. 마찬가지로 투명한 유리 용기를 제조하는 고대 로마의 기술이 나날이 성숙해갈 때 중국은 유리구슬 중에서 어떤 것이 천연의 진짜 옥인지에 집착했다.

중국 전국 시대와 진한 시기의 유리공예 장인은 청동기를 제조하듯이 압축성형기술로 벽유리를 만들거나 도사들이 단약을 만들 때 사용하던 방식으로 불에 녹여 주옥을 정련했다. 그들은 하나같이 사람의 기술로 서양에서 나는 진짜 옥을 모방해 만들어내고자 했다.

오늘날이라면 동서양의 옛사람들이 유리와 파리에 대해 잘못 이해한 것에 대해 화학적 상식으로 아주 간단하게 설명해줄 수 있다. 고대 중국의 파리는 납·바륨유리였고 서양의 유리는 나트륨·(칼륨)·칼슘유리었다. 한마디로 지역에 따라 유리를 제조할 때 넣는 용해촉진제가 달랐다. 서양의 유리제조법에 관한 최초의 기록은 아시리아인의 설형문자에서 확인할 수 있는데 모래 60푼, 바다식물의 재 180푼, 백악(백색 또는 담황색의 부드러운 다공질의 석회질 암석) 5푼으로 유리를 만들었다. 대량의 초목재를 사용한 것은 한때 현지를 뒤덮었던 식생과 관련이 있고, 그중 때때로 존재하던 칼륨이온은 수세기 후에 고온에 견디는 화학적 유리 용기가 만들어지는 데 밑거름이 되었다. 중초기의 중국 유리제조법은 상당 부분 연홍이라 하여 납과 수은으로 단약을 제조하던 방법에서 비롯되었다. 성분이 다른 까닭에 동서양의 유리 특징도 달라졌다. 또 고대 중국에서는 유리를 저온에서 제조했고 열처리기술이 발달하지 못한 상태였기 때문에 깨지기 쉬우며 고온에 견디지 못하고 투명하지 않다는 지적을 들었다. 고대 로마 장인의 완벽한 제조법으로 만들어진 나트륨·칼슘유리는 고온에서 제조된 것으로 오늘날 보통 유리의 전신 격이었다. 그러나 사실 동서양의 유리를 놓고 절대적인 우열을 가릴 수는 없다. 19세기 서양은 수정궁처럼 평판유리로 만든 건축물로 자신들의 공업기술을 과시하기 시작했지만 이미 1,000년 전 중국에서는 유리를 구울 때 사용했던 산화바륨이 유리의 굴절률을 높일 수 있다는 사실을 발견했다.

고대 로마의 귀족들이 처음에는 그저 동양 잠사의 가벼움을 높이 샀던 것처럼 실크와 유리가 처음 만났을 때 유리는 더 원시적인 상태로만 자신의 몸값을 증명할 수 있을 뿐이었다. 21세기의 관점으로 보면 이러한 무역은 원거리 맞선과 닮은 듯하다. 2,000여 년 전 동서양 사이의 원거리 무역도 중간에 낀 세력 때문에 갈수록 더 복잡해졌다. 안식은 단순히 감영이 바다를 앞에 두고 발길을 돌리게 한 원흉으로 중국 역사서에 거론된 지명이 아니었다. 안식은 한자 이름이 주는 느낌과 반대로 당시 동서무역에서 가장 역동적으로 활약한 나라였다. 서기 224년부터 사산조 페르시아에 정복된 뒤 이란고원에 자리한 이 지역은 역사서에서 주로 사산이라는 이름으로 기록되었다. 사산조 페르시아는 동한 시대부터 삼국 시대, 위진남북조 시대, 수나라를 거쳐 당나라가 개국될 때까지 동방의 역사를 목도했고 고대 로마 제국의 분열과 서로마의 멸망을 지켜보았다. 비록 사산조 페르시아는 서기 621년 영욕의 세월을 뒤로하고 역사 속에 묻혔지만 고대 육상 실크로드의 동서양 끝에 자리한 고객들에게 각각 사산 유리와 파사금이라는 특산물을 안겨주었다.

진짜 옥에 목매는 한나라 사람들은 고대 로마에서 대롱불기 기법으로 제작한 유리 용기에서 지나치게 선명한 장인의 손길을 느꼈다. 비록 중국 동남부 해안에서 고대 로마의 유리병이 출토되었고, 광시 지역에서 고대 로마의 유리제작법과 대롱불기 기법을 모방한 것으로 보이는 칼륨을 함유한 본토의 유리 용기가 적잖이 출토되었지만 현재까지 고고학적 발굴로 발견된 중원 지역의 유리 용기는 원래의 납·바륨 유리 제작법과 주조성형기술로 만든 것들이다. 허베이의 만성한묘에서 출토된 유리 쟁반과 유리 귀걸이가 대표적이다. 이러한 유리 용기들이 고대 중국에서 자체적으로 제작한 유리 용기의 전형적인 예라고 할 수는 있지만 이것들의 영향력은 같은 무덤에서 출토된 금루옥의에 비하면 새 발의 피에도 못 미친다. 진정으로 대롱불기 기법과 중원의 용기와 판이하게 다른 유리 용기를 동양에 판 나라는 사산조 페르시아였다. 사산조 페르시아는 원래부터 유리무역에 익숙했던 문명을 계승했다. 고대 로마 제국이 몰락하자 사산조 페르시아는 원래의 브로커 역할을 버리고 물건을 직접 판매하기 시작했다. 서양 유리의 성분은 변함이 없었지만 사산조 페르시아풍 유리제품이 대량으로 나타나면서 동양인은 점점 유리를 인공적으로 다듬은 사치스럽고 호화로운 장신구로 여기게 되었다.

중국에서 최초로 사산조 페르시아의 유리제조법을 참고한 곳은 광저우 유리제조업계였다. 그들은 중동의 유리제조법에 따라 중국의 초기 유리제품인 단색 또는 여러 가지 색상의 투명한 유리그릇을 만들었다. 고고학적 발견에 따르면 당시 광저우의 유리제조업계는 투명 유리그릇 외에도 창의력이 빛나는 일상 유리용품을 자체적으로 만들었는데 북방에 비해 수준이 훨씬 뛰어났다고 한다. 그러나 남방의 유리공업은 4세기 이후 점차 몰락하기 시작했다. 하지만 아직까지도 그 원인은 밝혀지지 않고 있다.

한편 중국 북방의 실크산업에도 미묘한 변화가 일어났다. 원료를 구하기 어렵고 직조방법이 번거로운 탓에 실크는 전국 시대 이후로 황금과 비슷한 화폐 대체품으로 여겨졌는데 고대 이집트와 고대 로마에서 유리를 두고 황금보다 귀하다고 칭송했던 것과 같은 이치였다. 한나라 때에는 방직효율이 더 높고 제품의 질도 더 좋은 사직기가 나타났다. 이는 로마 유리가 고온가마를 얻은 것과 마찬가지로 실크가 유리와 같이 더 일상적인 영역으로 나아가는 발판이 될 수도 있는 발명이었다. 그러나 당시 실크는 중국 황제가 번방(외국)이나 외교관계를 맺은 이국(오랑캐 나라)에 하사하는 선물로 빈번하게 쓰였기 때문에 중국의 실크 장인들도 구름무늬와 상서로운 동물, '오성이 동방에 나타나면 중국에 이롭다' 같은 명문을 더 정교하게 짤 수 있는 방법을 고민하는 데 주력했다. 일찍이 사산 유리가 로마 유리 대신 동양으로 전해지기 전 동한 시기의 동방이 실크로드 서쪽 끝에 미치는 영향력은 감영이 출사할 때와는 비교도 안 될 정도로 미약했지만 실크 직조기술의 발전은 아무런 영향도 받지 않은 것으로 보인다.

사산조 페르시아 왕조가 발흥하던 시기 중국은 직기 위의 씨줄과 날줄보다 더 복잡다단한 계략이 판치던 삼국 시대였다. 삼국 시대에는 제화기提花機가 더 개량되었을 뿐만 아니라 사람들이 대거 남쪽으로 이동하면서 원래 산동과 중원을 중심으로 발달했던 견직물산업이 점차 사천과 강남이 자리한 남쪽으로 옮겨갔다. 조조는 촉으로 사람을 보내 금직물을 사오게 했고, 제갈량은 지금 백성은 가난하고 나라는 텅 비었으니 적과 싸우려면 금직물을 팔아 자금을 마련하는 수밖에 없다고 했다. 손권도 궁궐 안에 관영 직조기관을 두었다. 실크는 신비롭고 기묘했던 그 삼국 시대에 연합과 분열을 일으키는 저울추 중 하나였으며 바로 이 시대에 후세에 길이 이름을 남긴 촉금이 만들어지기도 했다. 그러나 이후 위진남북조 시대에 들어서 더 주목을 받은 것은 석숭과 왕개 등 호족들이 사치를 겨루느라 역사에 이름이 남게 된 사산 유리였다. 『위서·서역전·대월지』에 다음과 같은 내용이 있다. "그 나라 상인이 도성에 가져가 팔며 말하기를 돌을 오색 빛깔 유리로 만들 수 있다고 했다. 그리하여 현지에서 광석을 채굴해 도성에서 그것을 주조했다. 이내 유리가 만들어지니 그 빛이 서양에서 가지고 온 것보다 더 아름다웠다. 이에 행전으로 알리고 100여 명을 들게 했는데 광채가 꿰뚫고 들어와 비추니 이를 본 사람마다 신명의 조화라 여겨 놀라움을 금치 못했다. 이때부터 중국 유리는 점점 가치가 떨어져 더 이상 귀하게 여겨지지 않았다." 대월지는 삼국 시대 말에 사산조 페르시아 왕조에 의해 멸망했기 때문에 중국 유리의 가치를 점차 떨어뜨린 오색 유리는 사산 유리일 가능성이 크다.

위진 시대 대롱불기 기법이 중원에 전해지면서 사산 유리를 모방한 그릇들이 대량으로 생산되었다. 불기법은 압축성형법 대신 북위 이후 주요 유리제조 방법이 되었다. 서한 시대부터 동양의 황금시대라 부를 만한 당나라 때까지 중국 실크 도안과 무늬 배열방식에서도 종종 서역의 그림자가 발견되었지만 이미 동서양 중 누가 서로에게 영향을 미쳤는지는 따지기 어렵게 되었다. 고고학적 발견과 역사서의 기록을 바탕으로 사산조 페르시아 왕조 때부터 누에의 번식 및 잠사를 얻는 지식을 실크로드 서쪽 끝에 자리한 많은 나라들과 중국 동쪽에 자리했던 한반도 왕조, 일본과 공유했기 때문이다.

개방적인 누에치기와
폐쇄적인 거울의 방

중국의 실크에 대해 언급할 때 동서양의 많은 서적에서 이구동성으로 이같이 말해왔다. "중국은 누에치는 기술에 대해 엄격히 기밀을 엄수했다." 그러나 실제 상황은 이러한 역사서의 기록과 상당히 달랐을 것이다. 역사서를 보면 중국은 적어도 동쪽의 이웃국가에 대해서는 감추는 게 없었다. 『한서·지리지』에 다음과 같은 기록이 있다. "은나라의 도道가 쇠해지자 기자가 조선으로 가서 나라를 세우고 그 백성들에게 예의와 농사, 양잠, 길쌈을 가르쳤다." 그러므로 일찍이 은상 시대에 중국의 양잠기술이 한반도로 전해졌을 것으로 보인다. 일본으로 전해진 구체적인 시기를 증명해줄 사료는 없지만 『삼국지·동이전』에 "정시 4년(243년) 왜왕이 사신 8명을 보내 왜의 비단을 바쳤다"는 기록이 있는 것으로 보아 실크 제작기술이 일본으로 전해진 시기는 늦어도 한나라 이전일 것으로 보인다.

중국 역사학자 레이하이종은 1954년에 다음과 같이 말했다. "예로부터 중국은 양잠법을 비밀에 부친 적이 없다. 일본 및 다른 모든 극동 국가들의 양잠업은 중국에서 전해졌다. 오늘날 전 세계의 양잠기술도 직간접적으로 중국에서 비롯되지 않은 것이 없다. 비잔틴 제국이 6세기에 어떻게 중국에서 이 기술을 배웠는지에 대해서 말하자면 당시 중국은 이에 대해 그다지 주의를 기울이지 않았다. 중국은 외국인이 양잠법을 배우는 것에 전혀 반대하지 않았고 또한 자발적으로 외국에 양잠법을 전해주지도 않았다. 이 일에 관해서는 비잔틴 내부에서도 내막을 알고 있는 사람이 극소수에 불과할 것이다. 왜냐하면 비잔틴 제국은 누에치는 기술을 배우자마자 이를 독점하기 위해 곧바로 국가기밀로 정하고 외부 유출을 금지했기 때문이다. 비잔틴 제국의 통치집단 중 소수가 이런 터무니없는 헛소문을 만들어냈고 유럽의 역사가들은 깊이 생각해보지도 않고 1,400년 동안 그대로 베껴 썼다."

현존하는 비잔틴 문헌 가운데 세 곳에서 동양의 양잠기술이 비잔틴 제국으로 전해진 것에 관한 기록을 확인할 수 있다. 그중 유스티니아누스 1세의 중신이자 6세기 초 비잔틴 역사가였던 캐사리아의 프로코피우스가 『유스티니아누스 시대의 전쟁사』에 남긴 기록이 가장 상세하다. 장쉬산은 그리스 원문을 바탕으로 이 이야기를 번역했다. "대략 같은 시기(서기 552년 전후)에 몇몇 인도인 수도사가 이곳에 왔다가 더 이상 페르시아로부터 실크를 구입해오는 것을 원치 않는 유스티니아누스 황제의 심정을 헤아려 황제를 알현하는 자리에서 더 이상 로마인들이 페르시아인이나 다른 민족에 굽실거리며 그들의 실크를 사지 않아도 되도록 할 방법이 있다고 아뢰었다. 그들은 과거 수많은 인도인이 살던 세린다라는 지역에 오랫동안 머물면서 로마에서 실크를 생산할 방법을 알아냈다고 했다.

유스티니아누스 황제가 자세한 사정을 캐물으며 어떻게 이 일을 해낼 수 있냐고 물었다. 이에 수도사들이 황제에게 아뢰길 "실크를 생산하는 것은 곤충인데 이것들이 일하도록 가르쳐 끊임없이 실크를 생산하게 만들 수 있습니다. 그 나라(세린다)에서 살아 있는 곤충을 가져오는 것은 불가능하지만 아주 쉽고 빠르게 살아 있는 곤충으로 부화시킬 수 있습니다. 왜냐하면 누에 한 마리는 한 번에 수많은 알을 낳는데 알이 태어난 뒤 한참 동안 마구간 똥거름으로 덮어 부화시킵니다. 똥거름은 열을 발생시켜 부화를 촉진합니다." 수도사들이 이렇게 설명하자 유스티니아누스 황제는 그들에게 그 말이 거짓이 아님을 증명한다면 큰 상을 내리겠다고 약속했다. 수도사들은 다시 인도로 돌아갔다가 누에알을 가지고 비잔틴으로 돌아왔다. 그들은 앞에서 말한 방법대로 누에알을 누에로 부화시키는 데 성공했고 뽕잎을 먹여 길렀다. 이후 로마 영토 내에서 양잠업이 이루어지게 되었다."

동양의 잠종이 전해진 과정에 대한 동서양의 사료기록은 마치 실크로드상의 모래언덕처럼 오락가락 종잡을 수 없다. 그러나 이를 통해 간접적으로 확인할 수 있는 긍정적인 사실은 정말로 중국이 양잠기술을 비밀에 부친 적이 없다는 것이다. 아니라면 어떻게 여기저기에서 양잠기술이 발달할 수 있었겠는가? 프로코피우스가 남긴 기록에 등장하는 인도 수도사는 원래 비밀이 아니었을 이 사실에 어쩌면 잠종이 바닷길을 통해 서쪽으로 전해졌을지도 모른다는 미스터리를 덧입힌 것이다.

18세기 영국의 역사가 에드워드 기번은 『로마 제국 쇠망사』로 후세의 존경을 받았지만 잠종의 서양 전래에 관한 이 책의 기술은 역사라기보다는 시에 가깝다. 기번은 인도 수도사와 페르시아인을 페르시아 전도사로 합쳐놓았다. 기번에 따르면 그 페르시아 전도사는 자기 조국에 대한 사랑보다 종교 혹은 이익에 대한 열망이 더 컸기 때문에 지팡이에 잠종을 숨겨 당시 실크 국가의 도성인 남경을 출발해 이역만리로 옮기는 사명을 완성했다고 한다. 이야기는 "유스티니아누스 이후 즉위한 황제 시기에 비잔틴을 방문한 소그드 사절은 로마인의 양잠기술과 제사기술이 결코 중국인에 뒤지지 않는다고 인정했다"는 내용으로 끝맺는다.

기번의 영향은 20세기 전반 프랑스의 유명한 동양학자인 에땅블의 저서에까지 미쳐 1988년에 그가 내놓은 명작 『중국의 유럽』에서도 여전히 이런 거울 속 세상과 같은 문장을 확인할 수 있다. "만약 6세기 중엽 실크의 비밀이 이미 서방국가로 새어나갔다면 그것은 2명의 네스토리우스교 수도사의 고의적인 행위의 결과였다. 그들은 불법밀수를 통해 진귀한 잠종을 속이 빈 대지팡이에 숨겨서 살아 있는 잠종을

영국의 역사가 기번

콘스탄티노플까지 가지고 오는 데 성공했다. 이리하여 유스티니아누스 황제가 양잠업을 발전시키기 시작하면서 유럽의 실크산업이 탄생했다. 마치 오늘날 여러 국가가 스파이를 보내 핵무기나 컴퓨터 등과 관련된 기밀을 훔쳐내듯이 당시 기독교 선교사들의 상황도 다를 바 없었다. 그들은 생명의 위협을 무릅쓰고 의도적으로 자선사업을 해냈다. 중국은 아름다운 실크의 제조비법을 외부로 유출한 사람을 법률로 처벌하기 때문이다."

프로코피우스가 인도 수도사에 대해 언급한 지 2,000여 년이 흐른 뒤 에땅블이 다시금 네스토리우스교 수도사를 언급했는데 이 점은 마치 그 당시 동양이 진짜 옥이 나는 서양의 세계를 동경했듯이 일찍부터 서양의 신앙에 대해 어느 정도 경모의 마음을 품었을 것이라고 의심하게 만들기에 충분했다.

서기 431년 로마 교회가 네스토리우스파를 이단으로 단정하자 신도들은 화를 피해 잇달아 동양으로 향했다. 이때 중국은 남북조 시대였다. 6세기 초 네스토리우스파는 오늘날의 인도와 그 근처에서 영향력을 행사하고 있었으며, 중국으로 전해진 것은 당나라 정관 9년(635년)이었다.

훗날 중국 역사서에서는 네스토리우스파를 가리켜 경교라고 했다. 『중국 누에치기가 서방 비잔틴으로 전해진 문제에 관한 재연구』에서의 고증에 따르면 이러하다. "동쪽으로 도망친 네스토리우스파 신도들은 시리아, 메소포타미아와 페르시아를 거치면서 동쪽으로 전도했다. 5세기 말 경교는 이미 중앙아시아 에프탈 사이에서 발전하기 시작했다. 498년 사산조 페르시아의 샤인 카바드 1세가 자신의 형제와 황제 자리를 다투다가 실패해 에프탈로 도망쳐 에프탈 경교도의 환대와 도움을 받았다. 이집트에서 태어난 그리스 상인 코스마스는 5세기 말부터 6세기 초까지 인도와 석란(스리랑카)을 여행할 때 박트리아인과 흉노인(에프탈인), 페르시아인과 다른 인도인 내에서 수많은 기독교도가 활동 중이라는 이야기를 들었다. 549년 에프탈의 지도자는 사산조 페르시아 왕조 수도에 기독교 선교사 1명을 파견해 페르시아 내의 경교 지도자인 마르 아바 1세(536~552년)에게 이 선교사를 전 에프탈 기독교도의 수장으로 임명해달라고 간청했다. 경교도가 활동하던 지역은 마침 전통적으로 그리스 로마인들이 세레스라고 부르는 지역이었으므로 이 지역에서 발전한 양잠기술을 비잔틴으로 전한 것도 있을 수 있는 일이다. 또한 그들은 오랫동안 페르시아 영토 안에서 활동했기 때문에 페르시아인으로 불릴 자격이 있었다. 처음에 경교가 중국으로 전해졌을 때 경교도는 파사승(페르시아에서 온 기독교 성직자)이라고 불렸고 경교는 파사경교라고 불렸던 점을 증거로 삼을 수 있다. 사실 경교도는 비잔틴 황제의 약속을 얻어낸 뒤 중앙아시아의 어느 지역에서 잠종을 얻어 카스피해 북부 연안의 남러시아 초원길을 따라 비잔틴이 지배하는 흑해 항구에 이르러 그것을 콘스탄티노플로 가져갔을 것이다. 그래서 이러한 활동이 10여 년 뒤 서투르크와 비잔틴 제국이 동맹을 맺는 발단이 되었을 거라고 추측해볼 수 있다. 서투르크와 비잔틴 제국이 동맹을 맺은 기간 동안(568~576년) 투르크-소그드인 사절은 바로 이 길을 따라 두 나라 사이를 왕래했다."

서양 역사서에서 세레스와 세린다 문제로 고민하는 모습은 초기 동서양 교역사에서 인도가 얼마나 특별한 위치에 있었는지를 여실히 보여준다. 그러므로 이 지역은 단지 경교와만 연관된 곳이 아니었다. 예수의 12제자 중 한 사람인 성 도마는 서기 원년에 전도를 하기 위해 인도로 향해 성 도마 기독교도라고 불리는 추종자 무리를 남겼다. 그래서 초기 로마 교회는 전설 속의 인도를 신비한 향료 산지일 뿐만 아니라 전도의 천국으로 생각했었다.

당시 동양에서 서양으로 향료를 운반하기 위해서는 육로도 이용해야 했지만 육상 실크로드 밑에 감춰진 해상 향료로드는 상업적 가치 외에 더 큰 정신적 부가가치가 있었다. 15세기에 시작된 대항해시대에 서양의 세속적인 세력과 교회가 모두 인도에 집착했던 이유가 바로 이것이다. 초기 로마는 인도에서 온 소식이라면 무엇이든 귀를 기울였다. 작은형제회와 예수회 선교사들이 잇달아 이곳을 극동지역 전도의 발판으로 삼은 것도 이상할 게 없다.

해상 향료로드를 통해 로마의 유리제품을 포함한 서양의 사치품들도 수출되었다. 어쩌면 이러한 수출은 중국 남부 연해지방에서 로마 유리제품을 모방한 유리제조업을 탄생시켰지만 중국 실크제품이 서양에서의 신화적인 지위를 공고히 하는 데는 도움이 되지 않았을지도 모른다. 현대 중국어에서는 일반적으로 서양 언어 가운데 silk류를 가리키는 호칭을 사주絲綢라고 번역한다. 그러나 silk는 원래 실크로 짜여진 비단綢을 포함하지 않았고, 대 플리니우스가 말한 나무 위의 양털이라는 원재료의 범주에 머물러 있었다. 1851년 개최된 런던 만국박람회에서 수정궁의 빛나는 유리 아래에서 금상을 받은 영기호사는 생사에 불과했고 심수가 중국 생사를 원재료로 만든 자수작품으로 샌프란시스코에서 열린 파나마 태평양만국박람회에서 상을 받은 것은 한참 후인 1915년의 일이었다. 그러므로 6세기 베일에 싸인 인도인 수도사가 페르시아에서 건너오는 실크의 대안으로 생각한 것도 중국의 생사로 짠, 보다 저렴한 사산 금직물이나 소그드 금직물이었을 것이다.

다행히 사산 금직물이나 소그드 금직물이 그 사이에 섞여 들었는지 여부와 중국의 잠종이 어떠한 경로로 외부에 전해졌는지와 상관없이 비잔틴이 온갖 수단을 동원해 자신의 실크시장을 보호할 때 당나라 시기 중국의 실크산업은 오히려 서양과의 교류 덕분에 전에 없던 호황기를 맞이했다. 무늬를 살펴보면 후세의 중국 실크제품에 지대한 영향을 미친 연주동물무늬가 나타났고, 직조방식에서는 서역의 기술과 합쳐지면서 더욱 근사해진 사문조직과 가로실인 위사만으로 무늬를 내는 방식이 나타났다. 중당 혹은 만당 시기 주방이 그린 〈잠화사녀도〉는 사라를 입은 당나라 사녀들을 묘사했는데 어떤 학자는 그녀들의 팔에 보일 듯 말 듯 채워진 팔찌들이 사실 사산 유리라고 했다. 만약 그의 말이 사실이라면 이 그림은 동양의 실크와 서양의 유리가 어우러진 최고의 예증이 될 것이다.

당나라, 주방 〈잠화사녀도〉(부분)

장쉬산을 비롯한 많은 현대 중국학자들은 왕조와 시대를 불문하고 중국에 양잠기술의 대외유출을 금지하는 법률이나 정책이 있었다는 기록은 없으며 서양 역사서에서 동양의 잠사를 신비롭게 묘사한 까닭은 수출무역과 무관하게 당시 실크산업 자체에 존재하던 각종 민간의 금기 때문이었을 거라고 생각한다.

　　비잔틴 제국과 그 이후의 서방세계가 유리 제조기술을 지키기 위해 취한 온갖 행위들도 동양에서 봤을 때는 불가사의하다 아니할 수 없다. 비잔틴은 20세기 이후의 서양 역사가들에게 전매제와 특권의 천국이라 불렸다. 그만큼 비잔틴은 동서양 사이의 실크전매권을 확보하기 위해 애를 썼고 금은제품, 양털, 도자기 등의 수출입에 대해서도 배당량을 엄격하게 관리했다. 사산 유리가 있기는 했지만 비잔틴이 계승한 로마 유리는 여전히 수출품 항목 중에서 중요한 사치품이었다. 유스티니아누스 2세가 투르크인에게 동양에서 얻은 양잠기술의 비밀을 자랑스럽게 보여줄 때 아드리아해 북쪽 끝에서는 콘스탄티노플에 예속된 어떤 도시가 발전하고 있었다. 얼마 전에 유스티니아누스 대제의 황금시대를 겪은 비잔틴 제국은 이때까지만 하더라도 당연히 800년 뒤에 제국이 몰락하리라는 것을 예상하지 못했으며, 더욱이 베네치아라는 이름의 이 항구도시가 자신들의 유리제조 비밀을 넘겨받으리라고는 꿈에서조차 생각하지 못했다.

　　어느 나라에든 심리적으로 속한 나라와 지리적으로 속한 나라가 정확히 일치하지 않는 도시가 있기 마련이다. 7세기 말부터 공화국으로 자립한 베네치아도 이탈리아에 대해 바로 이런 입장이었다. 그러나 베네치아가 본질적으로 서로마 난민들이 어쩔 수 없이 석호 위에 만들어낸 도시라는 점을 고려하면 그들이 심리적으로 비잔틴에 가까운 것도 비난받을 일이 아니다. 비잔틴 황제가 베네치아에 대해 경계심을 높이든 말든 콘스탄티노플 시민들은 베네치아에 대해 친근감을 느꼈다. 1204년 제4차 십자군 원정으로 콘스탄티노플이 함락되자 유리공예가를 포함한 대다수 장인들이 베네치아로 도망치면서 베네치아 유리가 명성을 얻게 되었다.

1291년 베네치아 의회는 유리가마가 도시에 화재를 일으킨다는 이유로 모든 유리제조공장은 베네치아 석호 북쪽 끝의 무라노섬으로 이주하라는 법령을 반포했다. 이 법령이 순수하게 화재를 피하기 위해서 내려졌든 아니든 이로 인해 어업과 제염업으로 생계를 이어가던 인적 드문 이 작은 섬의 운명은 180도 바뀌었다.

비잔틴에서 이주해온 유리 장인들에게는 여러 가지 특권이 주어졌었다. 예를 들어 검을 찰 수 있었고, 베네치아 정부의 기소 대상에서 제

이탈리아 무라노섬의 유리공예가가 전통적인 대롱불기 기법으로 유리그릇을 만들고 있다.

외되었고, 그들의 딸은 베네치아의 부호들에게 시집을 갈 수 있었다. 무라노의 유리 장인들은 금세 이곳에서 가장 명망 높은 시민이 되었다. 그러나 특권과 함께 엄격한 인신의 구속을 받아야 했다. 대롱불기 기법의 외부 유출을 막기 위해 유리공예 장인들은 베네치아는 물론이고 심지어 무라노를 벗어나는 것도 금지되었다. 1300년 베네치아 의회는 '수정유리 방조품의 판매를 금한다'는 법령을 반포했다. 1453년 비잔틴 제국이 멸망하자 더 많은 유리 장인이 베네치아로 쏟아져 들어와 무라노섬으로 보내졌다. 1454년 베네치아 의회는 '비밀을 누설한 유리 장인은 혹형 또는 사형에 처한다'는 법령을 반포했다. 이리하여 서양에서 베네치아 유리는 비밀을 간직한 무라노 유리로 변모해 그 명망을 이어갔다.

온갖 정교한 유리그릇을 만드는 한편, 무라노섬은 별로 대단치 않아 보이는 고대 로마 시대의 평판유리공예를 계승했다. 금박을 밑면에 입힌 소형 유리 거울은 서기 77년 대 플리니우스의 『박물지』에서 처음으로 소개되었는데 오늘날의 것에 가까운 유리 거울에 관한 최초의 기록은 11세기 무어인이 에스파냐를 통치하던 시기에 쓰였다. 이후 16세기에 이르러 유리 거울은 이미 무라노만의 독보적인 상품이 되어버려서 17세기 프랑스의 루이 14세는 어쩔 수 없이 베네치아의 무라노섬에서 유리 거울 제작기술을 훔치게 되었다. 마치 동양에서 잠종을 훔쳤다는 전설처럼 말이다. 다만 역사학의 발전 덕분에 유리 제조기술을 훔친 이야기는 잠종의 서방 전래보다 훨씬 더 상세하게 기록되었다. 16세기 프랑스와 이탈리아 반도의 전쟁이 남긴 영향 중의 하나는 이탈리아에서 건너온 사치품 선호 풍조가 프랑스 궁정을 장악했다는 것이다. 프랑스 국왕 루이 14세는 실내를 거울로 장식하는 데 열을 올렸지만 거울제조업은 여전히 베네치아가 독점했고, 프랑스는 동등한 품질의 제품을 생산해내지 못했다. 나라를 위해서 그리고 국왕을 위해서 당시 프랑스 재무장관이었던 콜베르는 어떤 대가를 치르더라도 베네치아에서 유리공예 장인을 끌어오기로 결정했다. 그리하여 두 번에 걸쳐 사람들을 파견해 숙련된 거울제조공예 장인을 베네치아에서 프랑스로 데려오는 데 성공했다. 1665년 프랑스는 노르망디에 황실거울제조소를 설립한 뒤 프랑스 장인들이 핵심기술을 습득하고 나서야 베네치아에서 데려온 장인들을 모두 풀어주었다. 1672년 프랑스는 거울 수입을 중단하고 완전한 국산화를 이루었다. 1682년 황실거울제조소에서 생산한 거울로만 꾸민 베르사유궁전의 거울의 방이 공개되었다. 1687년 새로운 거울 제조기술을 발명하면서 프랑스는 베네치아를 뛰어넘어 당시 유럽에서 품질로든 생산량으로든 명실상부 최고라 일컬을 만한 거울 제조국이자 수출국이 되었다. 프랑스가 최신 사치품의 동의어가 된 것도 바로 이때부터다. 아직까지 보존되어 있는 베르사유궁전 거울의 방은 단순히 관광객을 끌어들이는 곳만이 아니라 뛰어난 솜씨를 과시하는 곳이 되었다.

그러나 여전히 서양은 유리를 은밀히 감췄다. 17세기 거울의 방이 대중에게 공개되었을 때도 최고의 기술력이 담

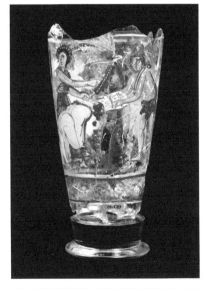

카불 지역에서 발견된 1세기 무렵의 대형 유리 술잔

긴 유리, 즉 광학유리는 여전히 비밀에 부쳐져 외부로 전해지지 않았
다. 비잔틴 제국이 쇠망할 때 동양의 유리공예는 오히려 사산조 페르
시아로 대표되는 이슬람 유리제품으로 인해 이어져 서양의 은밀한 거
울의 방과 같은 운명은 피했지만 서양과는 판이하게 다른 동양의 무늬
비단식 여정을 걸었다.

렌즈가 직녀성을
비출 때

선조들은 고민에 고민을 거듭했지만 후세들은 간단하게 취사선택을
끝냈다. 동서양의 유리가 서로 다른 성분 탓에 그 운명이 갈렸다면 동
서양의 실크는 비슷한 원료를 두고도 서로 다른 길을 열었다. 중국 당
나라 이전에 유리와 실크의 갈등을 목도했다면 당나라 이후 오락가락
하는 번창과 침묵을 보더라도 이상할 게 없다.

초기 중국의 유리 품질이 서양에 미치지 못했던 중요한 원인은 용
해촉진제가 달랐기 때문이다. 서양 고서에 기록된 바다식물의 재나 초
목재는 사실 중국 고대 실크산업에서도 감춰둔 것이었다. 전국 시기에
쓰인 『고공기』에 초목재를 물에 담가 햇볕을 쬐는 법에 관한 기록이
있다. 고치를 켜서 만든 생사를 멀구슬나무재와 대합재를 섞은 온수에
담근 다음 꺼내 햇볕에 말린다. 다 말린 다음에 다시 물에 담갔다가 말
리기를 며칠 동안 반복한다. 한편으로는 수온과 물속의 알칼리성 물질
을 이용해 실에 남아 있는 불필요한 세리신과 불순물을 벗겨내고 또
한편으로는 자외선의 표백작용을 이용해 생사에 독특한 광택과 부드

러운 질감이 생기게 할 수 있다. 이러한 연사방법은 중국 역사상 가장 오래 사용된 방법으로 거의 모든 시기에 이용되었으며, 지금도 생사를 정련할 때는 여전히 알칼리성 약제를 사용한다.

로마를 계승한 비잔틴 유리공예는 콘스탄티노플이 함락되자 존망의 기로에 놓였지만 중국의 실크산업은 이전에 당나라가 쇠락한 뒤로 오대십국이 오락가락하는 전란의 시기를 거의 한 세기나 겪고 북송에서 남송으로의 변천까지 겪으면서도 더욱 번창해갔다.

다른 많은 것들이 그러했듯이 실크산업도 당나라 때 황금기를 맞이했었다. 사료의 기록에 따르면 무측천 시기 직염서에 소속된 직조공만 365명, 내작사 능장 83명, 액정국 능장 150명에 이르렀고 당현종 시기 귀비원에는 양옥환의 자수복식을 만들기 위한 직조공이 700명이나 되었으며 각 지역에 설치된 관금방에 소속된 인원은 헤아리지 못할 정도로 많았다. 사영 방직작업장에도 재산이 엄청나고 집에 비단 짜는 베틀이 500대나 있는 사람이 적지 않았으며 견, 금 등 견직물이 조용조제租庸調制(조租는 균전농민에게 걷는 토지세, 용庸은 공공의 부역에 나가지 않는 성인 남자에게 포백을 대신 납부하게 한 세제, 조調는 각 지방의 토산물을 세금으로 납부하는 제도)에 포함되면서 관부의 창고는 더욱 증백(견직물의 총칭)이 산처럼 쌓이고 사서(생사와 면)가 구름처럼 쌓이게 되었다.

그러나 당나라 시기가 중국 실크산업에 지니는 의미는 단순히 수량에 있는 게 아니다. 더 중요한 점은 실크기술에 서역의 색채가 농후해졌다는 것이다. 작업의 복잡함은 개의치 않고 오로지 화려함만을 추구하는 금錦은 견직물의 왕이라 불려도 손색이 없다. 자오한성은『중국 고대 방직과 인염』에서 이렇게 말했다. "당나라 때의 금은 경금과 위금으로 나뉜다. 경금은 당나라 이전의 전통적인 직조법으로 여기에 속하는 유명한 금이 촉금인데 두 겹 또는 세 겹의 경사를 부침교체시켜 무늬를 내는 직조법이다. 당나라 초기에는 이전의 기술을 바탕으로 사문변화와 결합시켜 두 겹 또는 세 겹의 경사를 사용해 두 올을 위로 올렸다가 한 올을 아래로 누르는 방식으로 위사를 조이는 새로운 직조법이 출현했다. 다채로운 색상의 위선으로 무늬를 내면 경금으로 표현할 수 있는 패턴과 색채보다 훨씬 더 복잡한 무늬를 얻을 수 있다." 위선으로 무늬를 내는 것은 잠종이 서방으로 전해진 뒤에 나타난 전형적인 서방의 직금기술이다. 당나라 때를 기준으로 중국의 직금기술은 두 단계로 나뉘었다. 즉, 당 이전에는 경금이 주主가 되고 위금이 부副가 되었지만 당나라 이후에는 위금이 주가 되고 경금이 부가 되었다. 마치 사산 유리가 서기 651년 사산조 페르시아 왕조가 쇠망한 뒤에도 여전히 중국 본토에서 제조되는 유리제품에 이슬람의 색채를 강하게 남긴 것처럼 중국 실크도 한창 흥성하던 시기의 도량으로 한창 잘 나가던 시기의 서양의 화려함을 받아들였다.

순수하게 실크의 역사만 놓고 보자면 북송과 남송은 당나라 실크산업의 전통을 이어받아 더욱더 발전시켰다. 특히 수량 면에서 절정에 이르렀다.

송나라 때의 견직물 수량은 엄청났지만 이후 견직물이 꽃길만 걸은 것은 아니다. 송나라는 처음에는 요(거란)에, 그다음에는 금(여진)에 엄청난 양의 견직물을 세공(해마다 바치는 공물)으로 바쳤다. 1004년 11월 송나라와 요나라는 전주의 맹약을 맺어 송나라가 매년 은 10만 냥 외에도 비단 20만 필을 요나라에 바치기로 했다가 얼마 후에는 30만 필로 늘렸다. 일찍이 당나라 이전에 실크는 가치가 보장된다는 이유로 실물화폐로서 광범위하게 사용되었다. 당나라 개원 20년(732년) '능라

견을 돈, 물품과 함께 사용한다'는 법령을 공식적으로 반포한 뒤 실크는 당시 동서양 교역에서 합법적인 화폐로 더욱 각광받았다. 다만 당시 기세등등했던 당현종은 훗날 중국의 실크가 세공용으로도 쓰이게 될 줄은 짐작도 못했을 것이다.

1204년 콘스탄티노플이 함락될 시기 남송은 영종이 황제로 있던 가태 4년이었다. 5월 영종은 조서를 내려 금나라에 대한 대규모 북벌에 나섰으니 역사서에서는 이를 개희북벌이라고 부른다. 그러나 이 전쟁은 이듬해에 송나라의 패배로 끝이 났다. 1208년 송나라와 금나라는 가정화의를 맺고 세폐(해마다 예물로 바치는 공물)를 은과 비단 모두 30만 냥으로 늘렸다.

시국의 변천 탓에 중국의 실크산업은 전반적으로 남쪽으로 옮겨갔다. 이로써 북방의 산둥, 허난 등 전통적인 실크산업의 중심지 대신 장쑤와 저장 지역이 부상하게 되었다. 이제 중국인은 실크 하면 당연히 장쑤와 저장을 떠올리면서도 그 옛날 실크로드를 통해 운반된 실크는 사실 장쑤, 저장과 아무런 관계도 없다는 사실을 거의 잊어버렸다.

송나라는 북방국가에 실크를 공물로 바치는 한편, 삼불 제국(스리비자야)과 같은 남방 번국(오랑캐 나라)의 공물을 받았다. 삼불 제국은 수마트라섬에 자리한 나라로 당나라 초기부터 중국과 조공 및 무역왕래가 있어왔다. 『송회요집고』에 따르면 삼불 제국은 종종 유리 기물을 공물로 바쳤는데 남송 순희 5년(1178년) 정월에는 한 번에 200여 개나 진상했다고 한다. 남송 조여적이 1225년에 집필한 『제번지』에 다음과 같은 기록이 있다. "삼불 제국의 물산은 대부분 대식국, 다시 말해 아랍 이슬람세계에서 온 것들이다." 비잔틴 유리가 베네치아로 옮겨가 나날이 신비감을 더해갈 때 사산 유리를 계승한 이슬람 유리는 아무런 제약 없이 동양의 전당으로 들어섰다. 다만 이때 이미 유리에 대한 중국인의 생각에 미묘한 변화가 생겼다.

중국이 파리 또는 유리와 길고 긴 접촉을 이어간 역사에서 남송 때 처음으로 유리와 옥의 차이를 분명히 구분했다. 유리가 옥과 확실히 구분되면서 중국 시장에서의 운명이 어찌되었을지도 능히 짐작할 수 있다. 안지아야오는 『유리 기물에 관한 역사 이야기』에서 이렇게 정리했다. "예로부터 형성된 중국인의 가치관과 심미관은 재료 자체의 진실함과 순수함을 매우 중시한다. 예를 들어 사람들은 줄곧 순금과 티없는 옥을 추구했고, 모조품은 거들떠보지도 않았다. 송나라 사람들은 이전까지 진귀한 보배로 여겨지던 유리가 사실 한 푼의 값어치도 없는 돌을 녹여 만든 것임을 알게 되자 속았다는 기분에 사로잡혔다." 비록 송나라 때 이슬람 유리 재료가 수입되었고, 현재 중국에서 발견된 최초의 유리 제조공장의 유적이 송나라 시기의 것이기는 하지만 유리를 홀대하는 상류층의 태도 때문에 이들 유리 제조공장은 지나치게 복잡한 고급 유리 기물을 만들려는 노력을 깔끔히 포기해버렸다. 한편 고대 로마로부터 1,000여 년이 흐른 송나라와 요나라 때 마침내 일상생활에 쓰이는 유리그릇이 당시 사람들의 일상에 쏟아져 들어왔다. 그러나 고대 중국사회에서 유리그릇은 서양에서처럼 일상용품으로 쓰이지 못했다. 도자기라는 강력한 적수의 존재도 문제였지만 급랭과 급열에 약한 납바륨 유리그릇 자체의 단점도 끓인 물과 뜨거운 음식이 가득한 중국인의 일상생활에 들어오는 데 걸림돌이 되었다.

가정화의를 맺은 지 68년 뒤 아시아 북부에서 급부상한 또 다른 용맹한 민족이 남송과 양쯔강 이북지역의 군사 및 무역 분야에서의 팽팽한 접전을 종결시켰다. 강대한 원 제국은 대도직염국과 성도능금국을 세워 중국의 전통 실크산업 가운데 직금금을 더 발전시켜 금박을 많이 사용하고 이슬람 색채가 농후한 납석실을 만들었다. 같은 시기에 관해 『유리 기물에 관한 역사 이야기』에서는 이렇게 기록했다. "1401년 몽골 군대는 시리아의 다마스쿠스를 공략해 이슬람 유리제조 중심지를 파괴하고 유리공예 장인들을 중앙아시아의 사마르칸트로 잡아갔다. 이로써 치명타를 입은 이슬람 유리는 평범한 일상용품만 생산할 뿐 더이상 수준 높은 유리제품을 만들지 못하게 되었다." 원나라는 확실히 유리를 제조하는 관영작업장을 설립했지만 그 지위나 영향력은 매우 미미했다.

마르코 폴로가 중국을 찾았다가 몇 리에 걸쳐 이어진 직금 군영천막을 보고 그 화려함에 입을 다물지 못할 때 이탈리아 최초로 실크직물업이 발달한 도시인 루카는 수차를 이용해 연사(실을 합해 꼬임을 주는 일) 작업의 자동화를 이뤄 13~14세기 이탈리아 실크직물업의 맹주가 되었다. 마르코 폴로의 고향인 베네치아가 생사 환적무역에 유리한 조건을 이용해 실크직물업을 발전시킨 것은 그로부터 1세기 이상이 흐른 뒤로 이때 중국을 지배하는 왕조는 이미 명나라로 바뀌어 있었다. 원명 시기 관영 또는 민간작업장의 실크직물업 종사자 수가 사상 최대에 이를 때 당시 중국 유리제조업도 마찬가지로 부흥을 맞이했다. 원나라 이후 광주, 천주, 영파를 주요 항구로 이용하는 해상 실크로드가 갈수록 육상 실크로드의 존재를 위협했다. 공진이 저술한 『서양번국지』를 보면 실크, 도자기 등 전통적인 수출품 외에도 정화가 바닷길을 개척한 시기 남양 국가들이 가장 반긴 중국 상품 중 하나는 초자주, 즉 유리구슬이었다.

1280년 무렵 즉, 몽골 군대가 유라시아 대륙을 넘나들며 한창 세계 최대 국가건설에 열을 올리고 있던 때 이탈리아는 유리 렌즈를 이용해 후세에 안경이라고 불린 제품을 발명했다. 이로써 갈아서 제조한 서양 유리 렌즈의 역사가 시작되었다. 처음에 이 업계는 상업적 본능을 타고난 베네치아와 피렌체에서 발전했다. 베네치아가 1301년 법령을 반포해 이 기술의 대외유출을 제한하고자 했음에도 유리 렌즈 제조기술은 비잔틴이 멸망하기 전에 더 인내심 있는 오늘날의 네덜란드와 독일 지역까지 전파되었다.

16세기 중국 본토의 유리산업이 아직도 주등, 주렴 따위에 빠져 사대부들이 광주에서 수입한 유리제품을 두고 "만들어진 것이 서로 다르고 우아한 것이 없으니 어찌하겠나! 그나마 작은 병에서 고아한 취미가 느껴진다"고 조롱할 때 이미 네덜란드에서는 최초의 현미경이 출현했고, 중국에서 말하는 직녀성을 뚜렷하게 볼 수 있는 천문망원경도

갈릴레이와 그가 만든 천문망원경

발명되고 있었다. 손정전이 『안산잡기』를 저술할 때 레벤후크의 현미경과 갈릴레이의 천문망원경은 일찌감치 세상을 뒤덮은 주렴 바깥의 비밀을 탐구하고 있었다.

명청 시대 중국 실크산업의 성과를 의심할 사람은 없지만 이 당시 실크무역에 매달렸던 것은 기존의 단골뿐만이 아니었다. 이전에 잠종이 서양으로 전래된 이야기에 등장하는 정체불명의 수도사가 누구였든지 바티칸의 뜻을 받든 예수회 선교사가 17세기 초 마침내 전설 속의 동양 실크왕국에 발을 들였다. 탕약망(아담 샬의 중국 이름)은 29세에 중국에 도착해 명청 두 왕조를 겪으며 중국에서 47년이나 살았다. 그는 『시헌력』을 편찬했고 천문망원경을 중국에 처음으로 들여왔다. 그러나 탕약망 같은 이가 출현했다고 해서 그가 죽은 지 100년이 지난 1793년 영국 외교사절단의 중국 방문이 더 쉬웠던 것은 아니다. 거의 600명 규모의 조지 매카트니 사절단은 심사숙고 끝에 가져올 예물을 결정했다고 한다. 여기에는 천체운행의, 지구의, 선진적인 총포, 날카로운 검, 망원경, 초시계, 기후탐측대, 볼록렌즈, 군함 모형, 철강제품, 방직기, 피륙과 유화 등이 포함되어 있었는데 이것들도 봉인되는 운명을 피하지 못했다. 탕약망은 자신보다 먼저 중국을 찾았던 마테오 리치의 꿈을 받들었고 마테오 리치는 또 자신의 선배 선교사인 알렉산드로 발리냐노의 꿈을 계승했다. 중국 강희 연간에 이르러 서양 유리공예에서 비롯되었으며 서양의 식견을 대변하는 안경이 마침내 발리냐노의 바람대로 중국 황제 강희의 콧잔등 위에 올려졌다.

강희의 안경은 예상치 못한 결과를 불러왔다. 미국의 동양학자 에밀리 커티스는 2000년에 발표한 저서 『청나라 내무부 조판처 유리창에 관한 잡고·찬란한 무지갯빛』에서 다음과 같이 기술했다. "강희 34년

(1695년) 킬리안이 명을 받들어 수도로 향해 프랑스 신부의 거처, 즉 시안먼 안 찬츠커우의 성당에 머물렀다. 강희 35년 홍약한(장 드 퐁타네의 중국 이름)이 프랑스로 서신을 보냈다. 10월 17일자 서신에서는 "우리의 거처에서 지금 유리를 제조하고 있다"고 했고, 10월 31일자 서신에서는 "킬리안 신부 때문에 황제가 지금 우리가 거주하는 곳 옆의 넓은 땅에 유리창을 세우며 우리나라의 유리 상자나 수정과 같은 것을 만들 수 있도록 프랑스 유리창에서 숙련된 유리공예 장인 1~2명을 중국으로 파견해줄 것을 간청했다. 또 거울 면을 더 윤기나게 만들 수 있도록 법랑 장인 1명을 보내줄 것을 요청했다"라고 했다. 킬리안은 독일 바이에른 사람으로 1655년에 태어나 1694년에 마카오를 거쳐 중국에 들어가 수도에서 1720년까지 재직했다.

독일이 프랑스에 기술을 가르쳐달라고 요청했다니, 지금 들으면 고개가 갸우뚱해지는 소리지만 실제로 17~18세기에는 프랑스의 기술이 독일에 앞섰다. 베네치아에서 장인을 빼내간 뒤로 프랑스는 이미 유럽에서 제일가는 유리제조 대국이 되었고 이러한 상황은 런던 만국박람회 이후 제1차 세계대전 이전에 이르러서야 조금씩 변하기 시작했다. 망원경에 더 적합한 광학유리는 18세기 초에 유럽에서 등장했는데 가장 먼저 이 기술을 보유한 나라도 바로 프랑스였고 그 후로 영국과 독일도 이 기술을 확보했다. 광학유리를 제조하는 비법 중 하나는 공교롭게도 중국 본토 유리에서 줄곧 못마땅한 시선을 받은 납이었다. 일찍이 1684년 강희는 벨기에 선교사 백응리(필리페 쿠플레의 중국 이름) 등을 프랑스로 파견해 과학과 각종 기예에 밝은 프랑스 선교사를 보내달라고 요청했다. 비록 독일인이었지만 킬리안이 명을 받아 수도로 향한 것도 바로 이 때문이었다. 그러나 킬리안이 남긴 유리창은 시대의 흐름에 발맞춰 광학유리를 만들어내지는 못했다. 이는 프랑스가 광학유리 제조기술이 외부로 유출되지 못하도록 단속했기 때문일 수도 있고, 전형적인 동양식 선호가 빚어낸 결과일 수도 있다. 청나라 내무부 조판처 유리창이 가장 잘나간 때는 강희제, 옹정제, 건륭제 때였다. 그러나 가경 이후 나날이 쇠락해 광학유리는 감히 바랄 수도 없게 되었고 황실에서 쓰는 일상적인 유리그릇조차 갈수록 조악해져 동치, 광서 연간에는 황제도 더 이상 참지 못하고 질책할 정도로 형편없는 수준으로 떨어졌다. 옹정은 강희보다도 유리 기물 제조에 더 많은 관심을 보였다. 심지어 자신이 항상 머무는 원명원에 유리창 분소를 개설할 정도였으니 초기 중국 유리그릇과 단약제조의 연관성을 떠올리게 한다. 건륭제 때는 당연히 유리제조의 황금기로 매카트니가 영국에서 제조한 광학유리로 만든 망원경을 가지고 왔을 때 중국 궁정 유리공예의 최고

1793년 청나라 건륭 황제가 승덕 만수원에서 영국 사신 조지 매카트니를 접견하는 모습을 담은 수채화

성과라 할 수 있는 투색 유리, 즉 여러 가지 색을 입힌 데다 조각까지 한 장식그릇 제조기술은 최고 수준에 이르렀었다.

청나라 내무부 조판처 유리창에서 정교한 비연호를 제조할 때 프랑스는 이미 실크직물업을 유리제조와 마찬가지로 자신들의 고유 제조 범주 안에 집어넣었다. 설령 같은 반구에 살았더라도 동서양의 머리 위로 보이는 하늘은 달랐다. 하물며 역사상 하늘에서 길을 안내하는 별이 고정불변이었던 적은 없었다. 서양의 루이 14세와 동양의 건륭이 똑같이 빛나는 제국 건설의 꿈을 꿀 때 하늘 위의 직녀성은 이미 오래전에 동양의 어휘 중 자궁으로서의 북쪽 길을 안내하는 별자리에서 멀어져 은하수 건너편의 견우성과 마주하면서 더 가정적인 신으로 변모했다. 중국 학술계의 전통적인 관점에 따르면 견우직녀 이야기는 서한 시대에 생겨났지만 오늘날에는 이 이야기가 그보다 앞선 전국 시기에 만들어졌을 거라는 주장도 있다. 견우성도 고대 그리스 시대에 독수리자리 알파별, 즉 알타이르라는 서양식 이름을 얻었다. 고대 그리스 신화에서 독수리자리는 제우스가 변신한 모습의 독수리가 하늘로 올라가 별이 된 것이라고 한다. 독수리자리 옆에 있는 물병자리는 독수리로 변한 제우스에게 납치되어 신들에게 물과 술을 따르는 일을 하게 된 가니메데를 뜻한다.

유리 술잔은 고대 그리스에서 비교적 늦게 등장한 물건이지만 고대 로마에서는 이미 기본적인 사치품이 되어 이로써 오늘날 와인잔에 쓰이는 가장 표준적인 재질로서의 입지를 다졌다. 똑같이 북반구에 있었지만 고대 그리스인과 트로이인의 후예로서 지중해의 고대 전설을 이어간 고대 로마인이 중국에서는 칠석이라고 부르는 늦여름 밤하늘의 별을 올려다볼 때 그들의 눈에 비친 것은 리라와 제우스, 미동이 함께 있는 연회 장면이었지 그리움을 꾹꾹 누른 비통함이 아니었다.

1840년 7월 17일 중국 청나라 도광 연간에 서양은 처음으로 유리 렌즈를 이용한 사진기로 별자리를 찍었는데 프레임에 담긴 주인공은 바로 직녀성이었다. 중국 생사가 런던 만국박람회에 등장한 때로부터 28년 뒤 서양 천문학자는 유리 프리즘분광기로 직녀성의 스펙트럼 사진을 찍었다. 그리고 다시 20여 년이 흐른 뒤의 어떤 발견으로 양자물리라는 물리학 혁명이 생겨났다. 21세기 초 천문학자들은 이미 천문망원경을 통해 직녀성이 결코 홀로 외로이 있는 별이 아니며 한 무리의 별들이 그 주변을 둘러싸고 있음을 관측해냈다. 천문망원경을 발명한 지 거의 한 세기가 다 되었을 무렵 한 서양 시인은 동양의 선의禪意가 묻어나는 언어로 이 같은 시구를 읊었다. "모래 한 알에서 세계를 보고 들꽃 한 송이에서 천국을 보라. 자신의 손바닥에 무한을 쥐고 찰나의 순간에서 영원을 보라."

실크, 세상을 다시 인식하는 방식[11]

중국 실크박물관 자오핑 관장 인터뷰

2009년 처음으로 신장 고고학연구소에서 대량의 실크 유물을 마주했다. 지금까지는 그다지 귀한 대접을 받지 못했던 이 문물은 오늘날에 들어서 고고학 연구에서 갈수록 중요성이 부각되고 있다. 그 후 중국 실크박물관의 둔황 실크 유물 전시회에서 만난 중국 실크학자 자오핑 관장은 실크 문물의 가치와 세계 각지의 대형 박물관에 남아 있는 실크 문물의 상황에 대해 이야기해주었다. 그의 설명을 듣고서야 실크로드라는 이름에서 실크가 단순히 추상적인 의미의 글자가 아니라 실제로 존재하는 것임을 절실히 깨닫게 되었다. 이 문물을 통해 동서양이 어떻게 서로에게 영향을 미쳤는지 알 수 있을 뿐만 아니라 모직물과 마직물을 포함해 이러한 직물들에서 인류문명사상 옷의 발전과정을 전체적으로 살펴볼 수 있다.

---

11 글_ 왕카이

나중에 안 사실이지만 자오펑은 어려서부터 하이닝 창안진에서 자랐다고 한다. 그곳에는 한때 저장 제사공장이 있었기 때문에 자오펑은 어려서부터 공장에서 일하는 부모님을 통해 실크 제조기술에 관한 기

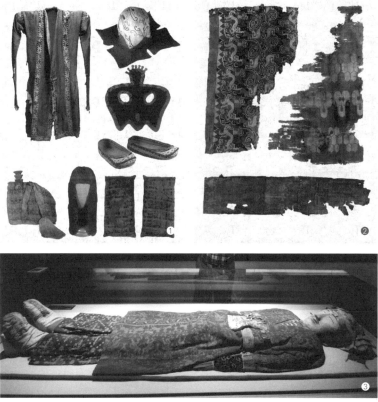

❶ 왼쪽에서 오른쪽으로, 위에서 아래쪽으로 배열: 1. 북송 가장자리에 자수를 놓은 견배 두루마기(신장 키스 마키트현 수집) 2. 동한. 실크에 자수를 놓은 분 주머니(신장 민펑현 니야 유적 1호묘 출토) 3. 북조. 낙타 끄는 문양 비단으로 가장자리를 감싼 마면(중국 실크박물관 소장) 4. 동진. 채색비단 신(신장 투루판 아스타나 305호묘 출토) 5. 북조. 꼭대기가 나무로 된 비단 모자(중국 실크박물관 소장) 6. 당. 투환보화무늬 비단 풍모(중국 실크박물관 소장) 7. 북조. 대왕출유 비단 베개(중국 실크박물관 소장)

❷ 왼쪽에서 오른쪽으로, 위에서 아래쪽으로 배열: 1. 한진. 무극 비단(중국 실크박물관 소장) 2. 북조. 귀배무늬 비단(중국 실크박물관 소장) 3. 위진. 인물, 새, 나무, 짐승 얼굴문양 비단(신장 잉판 출토)

❸ 2015년 중국 실크박물관 '실크로드의 실크' 특별전에 전시된 비단 옷을 입은 '신장 잉판의 미남자'

본적인 지식을 얻을 수 있었다. 이후 대학 시절에는 실크 산업기술을 전공하다가 실크 과학기술사로 전공을 바꿨다. 성인이 되고 나서는 세계 각지를 여행하면서 실크공예 전문지식과 물질문명사 지식을 겸비한 전문가로 거듭났다. 문화사를 연구하는 전문가 중에서 이처럼 문과 지식과 이과 지식 모두에 통달한 학자는 보기 드물다. 여러 차례 그를 인터뷰하면서 문헌과 실제 유물을 연구한 결과를 종합한 설명을 듣고 나니 실크에 관한 여러 의문점이 해소되었다.

실크로드상의 실크는 방대한 과제로 이제 막 연구가 시작되었기 때문에 많은 연구과제의 성과에 대한 결론이 아직 내려지지 않았다. 그러나 지금까지 밝혀진 성과만으로도 기존의 수많은 인식들이 뒤집혔다. 예를 들어 실크로드는 아주 오래전부터 이용되었으며 심지어 중국에 막 실크가 등장했을 때부터 초원 유목민족들이 이용하기 시작했다는 것, 또 실크는 일방적으로 전해진 것이 아니라 소그디아 왕국의 소그드 금직물의 경우 반대로 중국으로 전해져 당나라 때 실크제조에 영향을 미쳤다는 것 등이 밝혀졌다.

실크의
기원

2009년 신장 허톈시 다마거 문물 발굴 현장에서 선연한 색상의 벽화 조각이 대량으로 발견되었다. 상당수는 원래 형태로 맞추지 못했지만 그 위에 남아 있는 여러 인물의 윤곽선을 통해 『대당서역기』에 기록된 동국 공주가 잠종을 구살단나국으로 가져갔다는 일화 등 당시의 이야기들을 어렴풋이 짐작할 수 있다. 당시 동국 공주는 누에의 종자를 사사로이 화관 안에 숨긴 다음 몰래 구살단나국으로 가져갔다. 국경을 넘을 때 짐을 수색하던 자가 감히 공주의 화관까지 살펴보지 못한 덕에 순조롭게 그녀가 시집가는 구살단나국으로 잠종을 가져갈 수 있었고 덕분에 현지의 실크산업이 발전하기 시작했다.

이 이야기는 신장 여러 지역의 벽화에 등장하는 단골 소재다. 가장 유명한 것은 현재 대영박물관에서 소장 중이고 신장박물관에 있는 것은 복제품이다. 벽화 한가운데 있는 인물이 동국 공주로 머리에 매우 아름다운 화관을 쓰고 있다. 오른쪽에 있는 시녀는 실을 잣고 있고 다른 편의 시녀는 마치 화관 안에 뭔가가 있음을 암시하는 듯 손가락으로 공주의 화관을 가리키고 있다. 공주 앞쪽에는 사발이 하나 놓여 있는데 사발 안에 들어 있는 둥근 물체들은 꼭 잠종같이 생겼다. 벽화가 보여주는 내용은 매우 구체적이고 사실적이어서 그림들을 모두 이어놓으면 이야기가 완성된다.

『대당서역기』의 기록에 따르면 당시 오늘날의 허텐 지역에 있던 구살단나국은 훗날 양잠을 배우기는 했지만 불교 국가였기 때문에 살생을 할 수 없어 중원 지역에서 행하는 누에고치에서 실을 뽑는 기술은 배우지 못했다. 그래서 현지에서는 마치 면화에서 실을 잣듯이 찢어낸 누에고치를 느슨하게 뽑은 다음 길쌈을 했다. 그러나 이렇게 하면 긴 실을 뽑아낼 수 없어 중국의 방법과는 완전히 달랐다. 또 다른 설에 따르면 현지에서는 어렵사리 얻은 잠종을 매우 귀하게 여겨 누에나방을 죽이지 못하게 했으며 나방이 고치에서 빠져나와 날아간 뒤 알을 낳고 나면 새로운 누에를 기르는 작업에 들어갔다.

스타인이 신장에서 찾아낸 많은 판화에 실크 직조과정이 묘사되어 있었다. 그중에는 대나무 조각을 이용한 장면도 있었고 칼로 실크를 자르는 장면도 보였다. 그러나 이러한 이야기들의 진실은 무엇일까? 문헌기록은 명확하지 않고 『대당서역기』의 기록은 상당 부분 전설로 치부할 수밖에 없다. 자오핑의 분석에 따르면 동국 공주는 당시 실크 로드상에 존재했던 수많은 소국 중 어떤 나라의 공주, 아마도 누란의 공주일 것으로 추측되며 결코 중원 출신은 아닐 거라고 했다. "당시 중국은 실크기술의 유출을 엄격하게 통제하지 않았기 때문에 이런 이야기가 생겨날 수 없습니다. 이와 반대로 실크로드상에 있던 여러 나라들은 실크무역에서 많은 세금을 거두고 있었기 때문에 잠종이 서쪽으로 전해지는 것을 엄격히 통제했습니다."

이 이야기는 중국의 실크가 전파된 과정이 그다지 순탄치 않았음을 반영한다. 처음에는 실크만 전파되었고 나중에 가서 서서히 실크 제조기술이 전파되었을 것이다. 그러나 처음에 이 기술은 아마도 면화나 모직물 등을 짜는 데 쓰였을 것이고, 후에 잠종과 뽕나무 등이 전파되고 나서 현지에 그들 나름의 실크제조업이 형성되고 나서야 비로소 양측의 예술스타일이 서로 영향을 주고받게 되었다.

중국은 세계에서 처음으로 가잠견으로 직물을 짜는 방법을 발명한 나라다. 이는 역사적으로 이미 증명이 되었다. 중국 내륙 지역에 뽕나무와 야잠이 광범위하게 존재한 덕분에 야생의 각종 누에고치를 만들어냈고 사람들은 점차 이것을 집에서 기르기 시작했다. 이는 고고학과 민족학, 인류학 관련 많은 자료에서 확인되었으니 잘못된 결론일 리 없다.

자오핑에 따르면 1926년 중국 초기 고고학자들은 산시성 샤현 시인촌에서 양사오 문화 시기의 누에고치 껍질 반쪽을 찾아냈다. 칼날로 반을 갈랐기 때문에 줄곧 반쪽 누에고치라고 불린 이것은 출토되자마자 국내외 학술계를 뒤흔들었다. 고고학자 리지는 여러 학자들을 찾아다니며 누에고치를 보여주면서 그것이 과연 진짜 누에고치가 맞는지 아닌지를 확인하고자 했다. 훗날 중국 곤충학의 창시자 류숭락을 찾아가고 나서야 그것이 상잠고치임을 확인할 수 있었다. 그러나 지금으로부터 5,000년이나 앞선 시기였기 때문에 사람들은 그토록 일찍 중국인이 양잠기술을 익혔다는 데 의심의 눈초리를 보냈고 어떤 사람들은 이 고치가 식용이었을 거라며 고치가 있었다고 해서 당시 중국인이 양잠을 했다고 볼 수는 없다고 했다. 이 반쪽짜리 누에고치는 타이베이에 있는 고궁박물관에서 소장하고 있다.

1958년 후저우의 첸산양 지역에서 바구니 반 정도의 실크직물이 발견되면서 중국의 잠상 문화는 단숨에 4,000년 전으로 거슬러 올라갔다. 1980년 정저우 칭스촌에서 또 견직물 조각들을 발굴했는데 전형적인 상잠 비단직물이었고 염색을 한 흔적도 보였다. 이로써 실크의 기원을 5,000년 전으로 보는 것도 무리가 없다. 초기 그리스 문명도 중국의 실크에 대해 기록했지만 그들은 이러한 실크 제조과정을 전혀 몰랐다. 그들은 실크를 나무에서 채집한 양털을 방직해서 만든 아름다운 직물이라고만 생각하다가 2세기에 이르러서야 서서히 실크의 실체를 알아차리게 되었다.

이것은 결코 그리스인의 잘못이 아니다. 초기 중국에서도 누에의 이해하기 어려운 습성 탓에 온갖 신비로운 이미지를 덧씌웠다. 처음에는 누에가 죽지 않는 존재이고 고치를 벗고 나방으로 변하는 것은 우화등선, 즉 신선이 되어 하늘로 올라가는 것이라고 생각했다. 심지어 우화羽化라는 말조차 누에가 번데기를 벗고 성충이 되는 것에서 생겨났다.

뽕나무 숲에도 복잡한 의미가 입혀져 사람들은 그곳에서 생식과 관련된 제사를 지내기도 했다. 명주실로 짠 실크도 처음에는 시신에게 입히는 옷을 만드는 데만 쓰였는데 비통함이 아니라 상서로움을 의미해 이 옷을 입어야만 하늘에 오를 수 있다고 생각했다. 이는 초기 중국 고분군에서 대량의 실크직물이 발견된 이유이기도 하다.

지금까지의 고고학 자료로 봤을 때 중국이 명주실로 실크를 생산한 것이 서양보다 앞선다고 보는 데는 이견이 없다. 왜냐하면 비잔틴 시대에 이르러서야 페르시아 성직자가 중국의 잠종을 서양으로 가져갔고, 서양국가도 실크의 유래에 대해 깨닫게 되었기 때문이다. 이때는 실크로드가 뚫린 지 한참 지난 후였다. 다만 오랜 시간 동안 많은 상인들은 페르시아의 가혹한 착취를 피하기 위해 유라시아 초원이 아니라 북방 실크로드를 개척했다. 이때 서양은 실크에 대해 비교적 정확하게 알게 되었고 유스티니아누스 황제는 투르크인에게 누에에 관한 지식을 정확하게 전달했다.

그러나 당시의 서역국가들과 중앙아시아 국가들처럼 실크로드상에서 중국과 가까운 나라들은 원래부터 잠종과 뽕나무를 가지고 있었을까? 나는 신장에서 이 같은 의문을 갖게 되었다. 신장에는 오래된 뽕나무가 매우 많은데 현지인들은 아주 오래전부터 누에의 먹이로 쓰거나 뽕나무껍질로 종이를 만드는 등 뽕나무를 여러모로 활용해왔다. 신장과 이웃한 중앙아시아 국가, 예를 들어 우즈베키스탄도 잠상실크의 주요 산지로 지금도 현지에는 오래된 뽕나무가 많이 남아 있다. 자오펑은 현지의 13세기 유적지에서도 오래된 뽕나무를 많이 보았다고 했다. 그렇다면 이 뽕나무들은 원래 그 지역에서 자라난 것일까? 아니면 중원에서 가져간 것일까? 또 실크로드상의 잠종은 모두 중원에서 가져간 것일까? 인도의 한 학자는 인도의 야잠도 실크로드에 영향을 미친 적이 있다고 했다. 확실히 고대 그리스의 기록이든 현장의 기록이든 모두 야잠사로 만든 직물에 대해 언급한 적이 있다. 그렇다면 이 야잠사는 어느 정도나 실크로드에 영향을 미쳤을까?

자오펑은 문헌기록만으로는 진상을 파악하기 어렵다고 했다. 유일한 방법은 출토된 실크 유물을 과학적으로 분석하는 것인데 지금까지 출토된 대량의 실크 유물을 통해 가잠사와 야잠사가 확실히 다르다는 사실을 발견했다. 가잠은 영양이 풍부한 덕에 토해내는 실이 굵었지만 야잠사는 가는 편이었다. 연구결과 실크로드상의 실크 문물은 성분이 매우 복잡했는데 그중에는 가잠사도 있고 야잠사도 있었으며 실크 제품 중 상당수가 중원에서 가져간 것이 아니라 현지에서 생산한 것이었다. 이 점은 쉽게 알 수 있다. 왜냐하면 현지에서 실크를 생산할 때는 먼저 생사를 무명실로 짠 다음, 평직으로 중조직해 생산하는데 이는 중국의 직조법과 사뭇 다르다. 그러나 현지에서 생산한 실크직물에서도 가잠사와 야잠사에 가까운 매우 가는 잠사가 발견되는 탓에 판단을 내리기가 더 복잡해져버렸다. 그렇다고 해서 현지에서도 야잠사를 생산했다고 단정할 수는 없는데, 전해진 잠종이 현지의 뽕잎을 먹고 가는 실을 토하게 된 걸까? 중앙아시아 등지는 과연 중국 실크공예의 영향을 받아 실크 생산방법을 알아낸 걸까? 아니면 누에부터 뽕나무까지 모두 중원에서 가져간 것일까? 이 문제에 대해서는 아직까지 확실한 결론이 내려지지 않았다. 정리해보자면 더 많은 문물자료가 나오지 않는 이상 중국과 인도, 중국과 중앙아시아·서아시아 사이의 실크 교류에 관해서는 아직도 결론이 나지 않은 문제들이 많다. 이에 대한 결론을 내리려면 더 많은 자료가 나와야 할 것이다.

실크로드의
유명한 실크 문물

신장과 중앙아시아에서 아직 실크가 생산되지 않던 초기, 다시 말해 중국이 전국 시대일 때 이미 실크는 서방으로 전해지고 있었다. 당시 실크가 전해진 정확한 루트에 대해서는 알 길이 없지만 아마 초원 실크로드를 따라가지 않았을까 추측된다. 그중에서도 동쪽의 대흥안령에서 서쪽의 카르파티아산맥까지 유라시아 대륙을 관통하는 초원로를 따라갔을 것이다. 이 초원로는 위도가 고르고 북쪽으로는 삼림, 남쪽으로는 농경지가 있다. 이곳에서 활동한 최초의 인류는 유목민족이다. 하지만 교통이 불편한 탓에 후기에 빈번한 실크무역에는 이용되지 않았고 대략 기원전 2000년부터 기원전 300년쯤까지 이용되었다. 일부 학자들은 이를 쿠르간 문명 시기라고도 부른다. 쿠르간은 초원문화에서만 보이는 돌을 쌓아 만든 거대한 고분군을 말하는데 중국 신장 북부, 북부 러시아, 몽골, 카자흐스탄 등지에도 이러한 고분군이 보이는 것은 알타이산 양측이 오래전부터 교류를 이어왔고 실크도 이 길을 따라 전해졌음을 뜻한다.

중국은 전국 시대에 이미 제화가 가능한 직기를 발명해 정교하고 아름다운 무늬를 짜낼 수 있었다. 또 자수도 매우 발달해 당시 북방지대와 양쯔강 유역을 포함한 중원 지역에서 모두 실크를 생산할 수 있었다. 다시 말하자면 실크가 매우 유행했기 때문에 그토록 먼 알타이산 북쪽 지역에까지 팔기도 하고 선물로 주기도 했다는 뜻이다. 알타이에 가까운 빙하가 뒤덮인 깊은 산에서, 구체적으로 말하자면 파지리크 골짜기에서 구소련 고고학자들은 1929년부터 총 6기의 고분을 발굴했다. 일반적으로 이곳은 초기 유목민족인 스키타이인의 무덤으로 알려져 있다. 이곳의 부장품 중에 실크가 다섯 조각 포함되어 있었는데 그중 세 조각은 평범한 평직물이었지만 한 조각은 채색견직물이었고, 나머지 한 조각에는 당초무늬 자수가 놓여 있었다. 당시 이 기술을 가진 나라는 중국뿐이었다. 자오펑은 상트페테르부르크박물관에서 이 실크 조각들을 보았는데 파지리크 고분군의 수많은 마구와 완벽한 형태의 마차, 문신이 가득한 사람가죽을 포함해 진귀한 수장품은 모두 이곳에 소장되어 있었다. 무덤 꼭대기에는 백조 몇 마리의 표본이 매달려 있었는데 이는 당시 고분에서 유행하던 장식으로 초원의 푸른 하늘을 비상하는 백조처럼 보인다. 그러나 겨우 다섯 조각에 불과한 이 실크는 다른 진귀한 문물과 비교해 조금도 손색이 없다. 더할 나위 없이 아름다운 당초무늬 자수는 견직물에 중국 전통자수법인 쇄수(실을 사슬 모양

당나라, 잔을 받쳐든 시녀의 모습을 그린 견화(투루판 아스타나 187호묘 출토)

으로 꼬아 놓는 수)로 수를 놓은 것이 분명했다. 이후 톈산의 투루판 지역에서도 내륙의 봉황무늬와 비슷한 형태의 봉황새 실크 자수가 출토되었는데 이로 보아 전국 시대에 이러한 실크가 신장으로 전해졌다가 다시 알타이산을 통해 반대편으로 전해졌음을 확인할 수 있다.

이 지역에서는 실크 말고 다른 방직품도 유통되었다. 예를 들어 세계 최초의 양탄자도 파지리크 고분에서 출토되었는데 초원민족이 좋아하는 높은 모자 등 세부적인 도안이 무척 아름다운 것으로 보아 당시 방직기술이 매우 발달했음을 알 수 있다. 중원의 영향을 받았는지 여부는 확실하지 않지만 초원에서 유행하던 사슴이나 사자 등을 비롯해 초원민족 사이에서 유행하던 동물포식 도안이 중원 자수에도 등장한다는 사실을 고려할 때 실크로드를 타고 중국과 초원민족이 서로 영향을 주고받았음을 알 수 있다.

중국 실크의 보존상황은 서한과 동한 사이를 기점으로 크게 갈린다. 이는 무덤구조의 변화 탓이다. 서한 이전에 중원에서는 기본적으로 큰 목재로 관을 만들고 이를 땅속 깊이 묻었기 때문에 실크 보존상태가 양호한 편이다. 그러나 서한 후기에는 전실고분으로 무덤구조가 바뀌면서 보존상태가 악화되었다. 이 시기 실크제품 중에서 지금까지 보존된 것은 모두 건조한 서북지역에서 출토되었다. 여기에 서북지역에서 출토된 일부 실크 조각들이 더해져 현존하는 가장 중요한 실크 문물들로 취급되고 있다.

중국의 대다수 실크제품은 모두 신장과 간쑤 지역에서 발견되었다. 이곳은 기후가 매우 건조하기 때문에 1,000년이 흐른 지금까지도 실크제품들이 원래의 특징을 고스란히 간직할 수 있었다. 또 이곳은 당시 한나라의 세력권 안이었는데 자위관(가욕관) 밖의 양관과 위먼관(옥문관)에 있던 수많은 봉화대 근처에는 쓰레기 구덩이가 많이 있었다. 고고학자들은 이 구덩이들 속에서 수많은 실크제품을 발견했다. 위먼관 근처의 화해花海 묘지에서도 홀치기염색법으로 만든 실크 등 아름다운 실크 문물이 많이 발견되었다. 이는 한인 거주지역에서 발견된 실크 문물에 속한다.

위먼관 서쪽은 전설 속의 도시인 누란이 있던 곳이다. 1900년에 헤딘이 누란을 발견한 뒤 스타인도 누란을 찾아 고분에서 각종 금낭을 포함해 대량의 실크직물을 발견했다. 그중 한 모직물에서는 그리스 신화에 등장하는 신의 모습을 확인할 수 있었다. 이는 그 옛날 이곳이 동서양이 활발히 교류하던 곳이었음을 의미한다. 스타인은 수많은 실크 문물을 영국과 인도로 가지고 갔다. 스타인 이후 누란을 찾은 사람은 다치바나 즈이초 등 몇몇 일본인뿐이었다. 1949년 이후 이곳은 금지구역이 되어 사람의 발길이 미치지 못하다가 2003년 신장 문화재부가 다시 발을 디디면서 누란 왕릉을 발견하게 되었다. 그 안에서는 보존상태가 매우 양호한 의류가 발견되었다. 훗날 고고학계가 복원한 모습을 살펴보니 소매 끝이 널찍한 것이 벽화에 그려진 사람이 입은 옷과 무척 비슷했다.

누란 근처의 잉판(영반)과 니야에서도 실크 문물이 대량으로 발견되었다. 특히 니야 묘지에서 발견된 10여 개의 목관에서는 한나라 때의 채색견직물 의류가 쏟아져 나왔다. 전문가들은 이 무덤들의 주인 중에 절정국의 왕도 포함되어 있을 거라고 했다. 이 안에서 발견된 한나라 견직물은 대부분 동한과 위진 시대 것으로 운기동물문양 비단이라고 불렸다. 이것은 초기 동주의 채색견직물 도안에 좀 더 많은 변화를 준 것으로 온갖 운기(구름문양) 사이에 신령스러운 동물의 무늬를 집어넣고 상서로운 뜻의 한자까지 넣었다.

1959년 당시 고고학자들은 니야 고분에서 단기적으로 발굴작업을 벌인 끝에 아름다운 구름무늬 의상을 발굴해냈다. 동물무늬는 없었고 만세여의萬世如意라는 한자가 쓰여 있었기 때문에 만세여의금이라고 이름 붙였는데 이는 역사서에 기록된 운금과 비슷했다. 이후 누란에서 출토된 대량의 비단에서도 여러 가지 형상의 구름무늬가 발견되었다. 둥근 뭉치 모양이나 조각구름 모양 등 다양한 무늬의 구름 안에 신기한 동물들을 집어넣은 것으로 보아 한나라 때 신선이 되는 길을 추구했던 이상을 반영한 것으로 보인다. 동물 외에 문자도 보이는데 스타인이 인도 뉴델리로 가져간 운금을 예로 들 수 있다. 이 유물은 뒤에 나오는 많은 운금 도안과 대조해봤을 때 상대적으로 완벽한 형태를 갖추고 있었다. 당시 스타인이 중국에서 고고학 발굴을 진행할 수 있도록 인도가 자금을 원조했기 때문에 이 유물은 뉴델리박물관에 소장되었다.

자오펑은 이 운금을 보고 감탄을 금치 못했다. 전체적으로 상당히 온전한 상태를 유지하고 있는 이 운금에서는 완벽한 형태의 도안과 명문이 확인되었는데 한문수문우자손무극韓文繡文佑子孫無極이라는 글자가 새겨져 있어 실크 문물 중 최초로 인명이 발견되기도 했다. 이후 1995년에 다시금 니야 고분군을 발굴하면서 명문이 새겨진 실크를 잇달아 발견했는데 거의 동한 시대에 생산되어 서역국가로 운반된 것들로 그중 상당수는 한나라가 현지 국왕들에게 선물한 것이었다.

시간이 흐르면서 특히 동한에서 위진에 이르는 시기에 도안에도 변화가 생겼다. 특히 구름 형상에 많은 변화가 생겼는데 후기로 갈수록 산에 구름이 걸린 형태가 많아졌다. 명문에도 변화가 생겼다. 복을 기원하는 글 외에도 특수한 의미가 담긴 명문이 새겨졌다. 널리 알려진 것으로 1995년 니야 고분군에서 출토된 '오성출동방이중국토(주)남강' 이 있다. 이것은 한나라 때 유행한 오미五味 관념을 포함한 오행五行에 부합하는 오색금으로 네 가지 실이 여기저기에서 섞이면서 최종적으로 다섯 가지 색깔로 변한다. 길이가 매우 길어 발견될 당시 두 부분으로 나뉘어져 있었는데 윗부분에 오성출동방이중국(五星出東方利中國, 오성이 동방에 나타나면 중국에 이롭다)이라는 명문이 있었다.

고고학자들이 근처에서 발견한 똑같은 문양의 실크 조각에서는 온전한 형태의 남강南羌이라는 글자가 분명히 보였고, 말씀 언言 변이 절반쯤 보였다. 그래서 학자들은 이 두 실크 조각이 원래는 한 조각이었을 것으로 판단했다. 이를 바탕으로 두 실크 조각의 명문을 합쳐보면 '오성이 동방에 나타나 중국에 이로우면 남강을 토벌한다'라는 뜻이 된다. 고고학자들과 고분을 발굴했던 위즈융의 연구에 따르면 당시 전투를 할 때는 별의 움직임을 관찰했기 때문에 이는 병사들의 사기를 진작시키기 위한 말이었을 거라고 추측된다. 문물의 가치만 놓고 보자면 오색짜임법의 중요성 때문에 상서로운 의미를 지닌 그 명문들보다 훨씬 큰 의미를 지닐 것이다.

이쯤에서 실크로드상의 문화교류도 일방적이 아닌 쌍방향으로 영향을 주고받는 관계가 되었다. 기원전 300년경 알렉산더 대왕이 동방원정을 나서면서 기나긴 그리스화 시대를 열었다. 그리하여 2세기부터 실크로드상에 그리스 문화가 나타나기 시작했고 간다라 미술은 더 강력하고 지속적으로 영향력을 발휘해 실크로드상에서 발견되는 실크문물에 이 같은 특징이 확실히 새겨졌다. 자오펑에 따르면 이러하다. "예를 들어 니야에서 출토된 납염(납이 갖는 방염작용을 이용해 무늬를 염색

하는 기술) 면포도 1959년에 이뤄진 고고학 발굴의 결과였지만 처음에
는 아무도 관심을 갖지 않았습니다. 나중에 뉴욕 메트로폴리탄 뮤지엄
에서 성당盛唐으로 가는 전시회를 개최할 때에야 비로소 이 두 면포가
원래는 한 조각이었음을 알게 되었죠. 이 면포는 서양의 영향을 많이
받았으며, 여기에 등장하는 반라의 여신 또한 그리스 신화 속 운명의
여신인 티케이거나 중앙아시아 현지의 여신인 아르도크쇼일 것으로
보입니다. 면포 가운데 보이는 도안은 그리스 신화에서 사자와 결투를
벌였던 영웅 헤라클레스일 것입니다. 이 문물은 중국에서 발견된 초기
의 면포이자 가장 오래된 납염작품입니다."

1995년 잉판 고성에서 발견된 금포는 이 점을 더욱 잘 설명해준다.
잉판은 로프노르 지역에 속해 누란과 가까우며 고분 전체도 사막 위에
있다. 1995년 이 근처의 산등성이에서 15호 고분을 발굴했는데 고고
학자들은 이내 이 고분이 범상치 않음을 깨달았으며 이곳에서 삼베로
된 가면을 쓴 남성의 시신을 발굴해냈다. 이 시신은 1996년 상하이의
실크로드 전시회장으로 옮겨져 전시되자마자 전 세계의 이목을 집중
시키며 잉판의 미남이라는 이름을 얻었다. 시신의 가면 위에는 흰색의
도료를 칠한 층이 있었고 표정은 매우 편안했으며 얼굴 생김새가 준수
했다. 눈매는 가늘고 길었으며 이마 위에는 금박이 입혀져 있었다. 그
중에서도 가장 시선을 사로잡은 것은 화려하면서도 완벽하게 보존된
의복이었다. 나중에 옷을 벗겨 시신 처리상태를 살펴본 자오펑은 매우
특이한 점을 발견했다. 시신은 미라를 처리한 것처럼 실크로 단단히
묶여 있었고 손가락도 실크로 묶여 있었다. 시신을 이렇게 처리한 까
닭은 알 수 없다. 같은 발굴 현장에서 이와 같이 처리한 시신을 더 이
상 발굴하지 못했기 때문이다. 지금까지도 그가 어떤 신분이었는지 밝

혀내지 못했으며 국제적으로도 잉판의 미남이라고 불릴 따름이다. 그가 입은 바지는 원래 모직물인 것으로 생각되었지만 훗날 현지에서 생산된 견사로 만든 것임이 밝혀졌다. 옷은 두 층으로 된 실크로 만들어졌는데 앞부분은 붉은 바탕에 노란 꽃이 있고 반대편은 노란 바탕에 붉은 꽃이 있으며 윗면에 동자 도안이 있다. 전문가는 이 동자가 그리스 신화에 등장하는 사랑의 신 에로스일 거라고 했다. 그러나 손에 칼과 방패, 즉 무기를 들고 있는 것이 상당히 특이하다. 근처에서 발견된 또 다른 금포 위에도 에로스의 형상이 보인다. 사실 에로스뿐만 아니라 칭하이 두란 묘지에서 발견된 북조 말기의 직금(채색무늬 비단)에서는 태양신의 모습이 보이기도 한다.

중앙아시아의
실크 문화

실크로드상의 실크는 처음에는 실크 자체가 전파되다가 중간에는 원재료와 기술이, 나중에는 전체적인 예술 풍격이 전해졌다. 실크는 중앙아시아와 신장 일대에서 생산되면서 그 지역 나름의 특징을 이루기 시작했다. 가장 전형적인 것이 중앙아시아의 잔다니지 실크, 일명 소그드 금직물로 중국 당나라 무렵부터 생산되기 시작해 소그드인이 거주지를 옮김에 따라 우즈베키스탄에서 중국 서북지역과 내륙지역으로 영향을 미치게 되었다. 소그드인의 금직물과 중국의 전통적인 방직기술이 서로 영향을 주고받으며 서로의 실크 생산기술을 향상시켰다.

중앙아시아의 사료기록에 따르면 우즈베키스탄의 부하라 근처에 있는 잔다나에서 오랜 시간 동안 잔다니지를 생산했다고 한다. 자오펑이 그곳에 갔을 때는 수백 년 된 뽕나무들만 남아 있을 뿐 실크를 짜는 사람은 없었다. 그 후 다시 근처의 쿠카를 찾았다가 만난 늙은 농부에게서 예전에 이 근처 마을들에서 실크를 생산했다는 말을 전해 들었다. 이 마을 중 어떤 마을은 방직을 맡고 어떤 마을은 염색을 맡는 등 분업으로 실크를 생산했다고 한다. 그러나 소련에서 10월 혁명이 일어나 사적 소유와 경영을 금지하면서 잔다니지도 생산이 중단되었다.

이제는 유적에서 발굴한 문물을 통해서만 잔다니지와 관련된 신비로운 비밀을 알 수 있을 뿐이다. 소그드의 도시는 파멸되었지만 고고학자들은 정교하고 아름다운 벽화를 대거 발견했다. 부하라 근처의 바락샤 유적에서 발견된 벽화에 그려진 방직품에서는 잔다니지 실크의 특징인 연주화문이 확연히 드러난다. 또 사마르칸트에 있는 아프로시압궁전 유적의 벽화에서도 소그드 금직물을 입은 사람이 발견되었는데 인끈을 입에 문 새, 개의 머리에 날개가 달린 괴수 등의 도안이 있다. 또 두 사람이 낙타를 타는 그림에서 낙타안장과 말안장에서도 수많은 연주문(구슬을 꿴 모양)이 확인되었다. 소그드인이 거주지를 옮기면서 중국 둔황 벽화에서도 이와 비슷한 도안이 나타났다. 예를 들어 수나라 때의 동굴에서 비슷한 도안이 발견되었지만 다른 연대의 동굴에서는 아직까지 발견되지 않았다. 연주문은 매우 정교하고 세밀한데 그 안에 호랑이를 길들이는 그림까지 있을 정도다. 이는 당시 수많은 사람들이 소그드 금직물에 대해 잘 알고 있었고, 기본적으로 그 시대부터 전해지기 시작했으며, 그림이 매우 아름답다고 생각한 화공이 벽화에 그려넣었다는 사실을 보여준다.

중국에서는 소그드 금직물을 파사금이라고 불렀지만 서방에서는 잔다니지라고 부른 까닭은 벨기에의 위^{Huy} 성모마리아 성당에서 발견된 둥근 원으로 둘러싸인 야생산양무늬 실크 위에 잔다니지라고 쓰여 있었기 때문이다. 이는 당시 중앙아시아에서 가장 유명한 실크 생산 마을의 이름인 잔다나에서 비롯된 이름이다.

잔다니지의 방직방식은 매우 독특했다. 중국의 전통적인 방식과 전혀 달랐기 때문에 한눈에 알아볼 수 있었다. 중국 투루판 아스타나 고분군에서 많은 양의 파사금이 발견되었는데 거기에서는 멧돼지와 말, 사슴무늬가 흔하게 보였다. 또 둔황 장경동에서도 파사금이 대량으로 발견되었지만 현재 가치가 높은 것은 거의 영국에 소장되어 있다. 자오펑은 여러 차례 직접 영국으로 날아가 이 유물들을 관람한 끝에 둔황 파사금에서 색다른 특징들을 발견해냈다. 그중에는 페르시아에서 전해진 것도 있었는데, 예를 들어 영국과 프랑스에서 나눠 소장하고 있는 산양무늬 파사금은 벨기에 성당에서 발견된 것과 매우 비슷했다. 또 어떤 것은 당나라 때 중국에서 만들어진 것으로, 붉은 바탕에 단화 문양이 있는 실크는 페르시아식으로 짜였지만 도안은 당나라풍인 것으로 보아 수당 시기에 중앙아시아의 방직기술이 거꾸로 중원 지역에 영향을 미쳤음을 보여준다. 마지막으로 중원의 실크 방직품은 중앙아시아의 스타일을 받아들여 새로운 스타일을 창조해냈다. 여기에 가장 크게 공헌한 사람으로는 하조와 두사륜을 꼽을 수 있다.

중앙아시아 스타일이 처음 전해졌을 때는 중국 실크에 사자, 코끼리, 큰뿔양과 같은 호풍胡風 소재가 많아졌다. 이는 서양인의 도안에 따라 생산한 것이었는데 서서히 기술 및 예술스타일 면에서 나름의 특징을 형성하기 시작해 외래문화를 점차 중국의 것으로 만들어갔다. 이 과정에서 중앙아시아 하국에서 자란 하조가 큰 역할을 했다. 하국은 소그드와 가까이 위치한 나라였다. 하조의 아버지는 옥을 조각하는 장인이었는데 장안으로 건너와 수나라 조정에서 태부까지 지냈고 이후 당나라 조정에서 장작소장이 되어 실크 생산에 관한 여러 사무를 관리했다. 처음에는 파사금을 모방해 만들었지만 나중에는 중국 기술을 많이 이용해 소그드 금직물보다 더 정교하고 세밀한 실크를 짜냈다. 신장 고분에서 중원에서 짜낸 이러한 형태의 채색비단이 발견되었고 일본으로도 전해졌다. 호류지에서 소장 중인 사천왕수사금은 매우 정교하고 아름답다. 기병은 머리에 일월무늬 장식이 있는 왕관을 쓰고 있고 말에는 날개가 달려 있다. 당나라 때의 이 연주문 금직물은 페르시아풍과 당나라풍이 섞인 것으로 7세기 당나라를 찾은 사신이 가지고 돌아가 쇼토쿠 태자의 어기로 삼았다고 한다.

이세민의 사촌형으로 알려진 두사륜은 능양공에 봉해졌고 그가 창조한 수많은 양식도 능양공양陵陽公樣이 되었다. 양樣은 풍격이자 표준양식이다. 당나라 당시 유행한 변형 연주문, 보상화무늬, 동물무늬 협힐(2개의 목판에 똑같은 문양을 투각한 다음 두 목판 사이에 직물을 끼워 넣어 염색하는 방법)은 모두 두사륜이 디자인해 주목받은 것들이다. 또 실크제품뿐만 아니라 점차 금은제품에도 응용되었는데 이는 당나라 시기의 특징이라 할 수 있다.

두사륜의 진두지휘 아래 당나라는 수많은 새로운 무늬를 창조했는데 이에 대해서는 시인들의 시를 통해서도 여러 번 언급되었다. 하지만 당나라 때의 새로운 무늬가 가장 많이 보존된 곳은 역시 둔황이었다. 둔황의 실크 문물 중에는 번幡이 가장 많다. 번은 머리, 얼굴, 손, 발, 몸통 등으로 나뉘는데 각각의 부분마다 도안과 무늬가 서로 다르다. 번은 프랑스 기메박물관에 가장 많이 소장되어 있는데 정교하고 아름다운 꽃봉오리 도안이 매우 많다. 화조문양은 당나라 말에 이미 둔황 실크의 주요 무늬가 되었다. 둔황의 실크 문물은 벽화와 대응관계를 이루는 풍부한 유물이다.

법문사 지하 궁전 안의 견직물도 수량이 적지 않지만 상당수가 아직 정리되지 않았고 싸매놓은 채로 펼쳐보지도 않은 것이 많다. 예를 들어 꽃이삭 형태의 화초가 마주 늘어선 것도 당나라 때 새로 만들어진 무늬로 볼 수 있다. 발굴자에 따르면 지하 궁전에 처음 발을 들였을 때 수많은 금빛 선을 발견했는데 손을 대자마자 끊어져버렸다고 한다. 이는 지하 궁전 안에 쳐져 있는 대량의 실크 휘장을 만들 때 금사를 사용했는데 실크는 습기로 인해 부식되었지만 금사는 부식되지 않았기 때문에 나타난 현상일 것이다.

일본에 남은 중국의 실크

수당 연간 중국의 실크가 일본에 전해지기 시작하면서 일본은 실크로드의 최동단에 위치한 나라가 되었다. 일본 사신이 당나라에서 가져간 수많은 보물은 대부분 도다이지(동대사) 쇼소인(정창원)에 보관되었다. 중국은 왕조가 자주 바뀌는 과정에서 수많은 문물이 파괴되어 현존하는 실크 문물 중 상당수가 고고학적 발굴을 통해 발견된 데다 그나마도 서부지역에 집중되어 있다. 그러나 일본은 나름 체계적으로 문물을 관리해 완벽에 가까운 상태로 보존했다. 쇼소인에서는 수많은 당나라 때의 실크 문물을 볼 수 있다. 특히 쇼무 천황 때는 마침 당나라의 전성기였기 때문에 수많은 당나라 시기 문물을 볼 수 있다.

『국가진보장』에 가사袈裟에 관한 기록이 있는데 그중에는 나무껍질 색을 모방해 만든 것도 있는데 매우 정교하게 제작되었다. 자단목으로 만든 비파를 담아둔 실크 자루도 대대로 전해진 문물이다. 병풍도 실 크와 관련된 진귀한 보물 중 하나다. 현재까지 보존된 산수 협힐 병풍 12폭은 당나라 때의 협힐이다. 이런 특수한 협힐 직물에는 병풍작품도 있지만 보통 작품도 있다. 산수 외에 사슴무늬도 있는데 사슴의 머리 위에 꽃받침이 있는 것으로 보아 중앙아시아의 영향을 받은 것으로 보 인다. 이는 호풍이 중국을 넘어 일본에까지 전해졌음을 의미한다.

협힐은 당나라 궁정에서 발명한 특수한 날염기술로, 전하는 바에 따 르면 당현종 때 유재인의 여동생이 발명했다고 한다. 처음에는 외부에 전해지지 않았지만 훗날 세상에 전파되어 실크로드상에서 점차 유행 하게 되었다. 중국에 남아 있는 이런 종류의 문물은 불완전할 뿐만 아 니라 그나마도 얼마 안 되기 때문에 일본이 소장하고 있는 이 협힐작 품들은 매우 진귀하다. 그러나 일본이 성당 시기 사신을 파견한 횟수 는 겨우 두 번뿐인데 무슨 수로 이렇게 많은 협힐작품을 소장하게 된 것인지 도무지 이해할 수 없다. 일본은 자신들의 협힐공예가 없었기 때문에 이 문물들은 모두 당나라에서 온 것이 분명한데도 말이다.

이 밖에 실크 문물을 많이 소장하고 있는 곳으로 호류지를 들 수 있 다. 17만 점의 염직품을 소장 중인 쇼소인에 비해 호류지는 3,000점만 을 소장하고 있지만 그 안에도 진귀한 문물이 적지 않다. 예를 들어 걸 어놓은 3m 길이의 번(깃발)은 씨실이 모두 끊겼지만 날실은 남아 있어 원래의 면모를 추측해볼 수 있다. 현재 호류지의 전시품은 대부분 도 쿄 국립박물관에서 소장 중이다. 보존조건이 더 낫기 때문에 정기적으로 꺼내 전시하고 있다. 그중 몇 점에서 중국과 일본, 전체 실크로드의 관계를 엿볼 수 있다. 예를 들어 황색 바탕 구배문 비단은 칭하이 두란에서 출토된 것과 매우 비슷하다. 이 밖에 동물 얼굴무늬 비단에 공중을 나는 천녀가 보이는데 이는 북위 시기의 작품이 분명하다. 다만 이 작품이 어느 때 일본으로 전해졌는지는 알 수 없다. 또 다른 유명한 문물로는 불당무늬 비단이 있는데 흔히 볼 수 없는 건축물 형상이 짜여 있고 그 주변으로 몇 사람이 보이는데 초기 불교 작품의 소재였을 것으로 보인다. 당시 널리 유행했던 무늬들을 일본의 실크 문물과 신장에서 출토된 문물에서 공통적으로 확인할 수 있는데 이는 당시 실크로드상의 문화전파가 매우 광범위하게 이루어졌음을 의미한다.

　이 밖에도 서로 다른 문명이 서로 얽히고설켜 있음을 보여주는 실크 제품들이 있다. 예를 들어 현재 신장에서 직조하고 있는 아틀라스견은 날실을 묶어 염색한 비단이다. 그런데 일본에서 이러한 실크가 광동열이라고 불리는 것으로 보아 당시 광동 일대에서 전해졌음을 알 수 있다. 동남아시아에도 비슷한 방직법이 있고 한반도에서도 비슷한 채색 비단을 생산해 당나라에 조공한 바 있다. 그러나 고증에 따르면 이러한 직조법은 인도에서 비롯되었을 것으로 보이는데 이는 당시 실크 문화가 아시아 대륙 전체에서 유행했음을 의미한다.

동서 물류의 물꼬를 트다[12]

포도주의 대가
위징

중국 역사에 대해 좀 안다는 사람이라면 위징을 모를 리 없다. 당나라 초기 '정관의 치' 시기의 명재상이었던 위징은 조정대신이기도 했지만 뛰어난 포도주 주조사이기도 했다. 『시경』을 보면 은상 시대에 이미 중원 지역에 포도가 있었음을 암시하는 구절이 보인다. 그러나 포도가 있었다고 포도주를 만들어 마셨다는 뜻은 아니다. 게다가 중원 땅에서 자란 토종 포도는 술을 빚는 데 적합하지 않았다.

　서역의 포도주가 동쪽으로 전해진 역사에서 가장 문학적인 전설은 『사기·대원열전』의 기록에서 파생되었다. "대원 주위에서는 포도

---

12 정리_ 왕싱

로 술을 빚었는데 부자들이 저장해둔 술이 만여 석에 이르고, 그중 오래된 것은 수십 년이 지나도 상하지 않았다. 그곳 사람은 술을 좋아하고 말은 목숙을 좋아했다. 한나라 사절이 그것의 씨앗을 얻어 돌아오니 천자가 목숙과 포도를 비옥한 땅에 심기 시작했다. 그 후 천마가 많아지고 외국의 사신들이 오게 될 무렵에는 이궁과 별관 주위에 모두 포도와 목숙이 심어져 있었다."민간에 전해지는 포도주와 관련된 이야기에서는 한나라 사절이 장건으로 바뀌고 '포도를 들여오면서 포도주 빚는 장인까지 데리고 왔다'는 내용이 더해졌다. 사실 이 이야기에 등장하는 한나라 사절이 사행길에 나섰을 때는 장건이 죽은 지 적어도 10년이나 지난 후였다. 장건은 생전에 한무제에게 포도주에 대해 간략하게 언급했지만 그와 한무제의 관심은 대원국의 천마에 쏠려 있었다. 그런 탓에 한무제는 천마의 사료인 목숙을 포도보다 더 중요하게 생각했고 궁궐 정원 곳곳에 심은 포도와 목숙도 외국 사신들에게 과시할 목적으로 심은 구경거리에 가까웠다. 그리고 전설 속에 등장하는 포도주 빚는 장인은 『대원열전』에 언급조차 되지 않았다.

중원이 서역으로부터 포도주 양조기술을 들여오기 시작한 것은 위징이 살았던 당나라 초기였다. 뒤이어 송나라 때는 거의 1,000년 가까이 기술이 전해지지 않은 탓에 황주를 빚는 방법을 모방해서 누룩을 넣은 발효법이 등장했다. 서역 포도주 양조법이 다시금 중원으로 전해지고 포도주 양조가 전성기를 맞이한 것은 원나라 때였다. 그러나 명나라 때 포도주 양조는 다시 쇠퇴했다가 청나라 말에 약간 회복세를 보였다. 중원에서 포도주의 운명은 단순하면서도 잔인한 패턴을 이어갔다. 중원 정권이 북방과 서역민족에 대한 통제권을 쥐었을 때는 포도주 양조도 황금기를 맞았고 반대의 경우에는 쇠퇴했다. 이처럼 중국 고대 포도주가 끊임없이 부침을 겪다가 1892년에 장필사의 장유 포도주와 직접적으로 연관을 맺을 수 있게 된 것도 200년이 채 안 되는 시기의 일이다.

이러한 이유로 역사서에서 위징이 포도주를 빚었다는 사실을 확인할 수는 있지만 그의 양조기술은 이미 오래전에 실전되고 말았다. 유종원이 쓴 『용성록』에 다음과 같은 기록이 전해진다. "좌상 위징은 술을 빚을 줄 알았는데 그 이름을 영록, 취도라 했으며 항상 커다란 금양병에 가득 저장해두고 10년을 마셔도 상하지 않으니 그 맛이 세상 어디에도 없는 맛이다. 태종 문황제가 그 맛을 보고 위징에게 시를 내리니 '영록이 난생보다 낫고 취도가 옥해보다 낫구나. 1,000일 동안 술에서 깨지 않고 10년 동안 맛이 변하지 않는다'고 했다. 난생은 한무제가 즐겨 마셨다는 100가지 화초를 술에 담가 만든 술이고, 옥해는 수양제가 즐겨 마신 술 이름이다. 위징은 대원국의 포도주 빚는 법을 배운 것이 아니라 서강 사람에게서 배웠다." 일반적으로 위징은 영록과 취도, 두 가지 포도주를 빚었다고 전해지지만 글자 그대로 뜻을 해석해보면 오늘날 흔히 볼 수 있는 적포도주나 백포도주와 달리 위징은 녹포도주 한 가지를 빚었음을 알 수 있다.

영록은 일찍이 진나라 때부터 미주美酒의 대명사로 여겨졌다. 『본초강목·주』에 이르길 "술 중에 붉은 것은 제醍라 하고 초록빛이 도는 것은 영醽이라 하며 흰빛이 도는 술은 차醝라고 했다." 마침 영록은 초록빛이 도는 술이었다. 청나라 말 오견인의 붓 끝에서 '등불은 붉고 술은 초록빛'이라는 글귀가 나온 것으로 보아 당시에는 초록빛이 도는 술을 흔히 볼 수 있었지만 지금은 죽엽청, 양림비주 등만이 남아 있을 뿐이다. 그러나 전통적인 영록은 쌀로 빚은 것인데 위징의 영록이 두드러지는 까닭은 포도를 사용했기 때문이다. 포도가 동방으로 전해진 것과 관련해 북송의 『남부신서』에 나오는 기록이 종종 인용된다. "태종이 고창을 무찌르고 마유포도를 얻어 동산에 심었다. 또한 술 빚는 법을 배워 스스로 그것을 가감해 술을 빚으니 그 색이 녹빛이며 향이 매우 진하고 제호의 맛까지 났다. 장안에서 점차 그 맛을 알기 시작했다." 이런 이유로 당태종은 중원에 처음으로 포도주 양조법을 들여온 사람으로 알려졌다. 그러나 사료를 비교해보면 태종이 고창을 물리친 것은 640년이고, 위징은 633년에서 642년까지 좌상을 역임했으며, 643년에 병으로 세상을 떠났다. 일반적으로 포도는 심은 지 3년이 지나야 열매를 맺기 시작하고, 5년이 지나야 술을 빚을 수 있으므로 당태종이 급한 마음에 포도가 열리자마자 술을 빚었더라도 위징이 그 맛을 보기는 어려웠을 것으로 보인다. 따라서 당태종보다 위징이 먼저 포도주를 빚었을 것으로 판단된다. 위징이 어디에서 포도주 양조기술을 배웠는지에 관해 위에동의 『위징과 포도주 양조술의 전파』의 내용을 보면 위징이 고비사막 이북 유목민족인 고차 출신이었던 것과 관련이 있었다. 고차는 소그드인과 활발히 왕래했다. 다른 사료에 보이는 소그드인의 포도주에 관한 기록과 비교했을 때 위징은 소그드인의 포도주 양조술을 배운 것이 틀림없다. 그러나 위징은 고창족이라는 비천한 출신이 당태종에게 알려질까봐 이 사실을 밝히지 않았고 그 때문에 당태종은 고창을 무너뜨린 다음에야 포도주 양조기술을 얻을 수 있었다. 당태종이 직접 술을 빚은 것도 사실 이미 죽고 없는 총애하는 대신이자 포도주의 대가에게 경의를 표한 것으로 봐야 한다.

황제가 직접 빚기까지 했음에도 위징의 초록빛 포도주는 중국에서 자취를 감추고 말았다. 영록이라는 단어가 당나라 때 이후 여러 시문

에 보이기는 하지만 여기에서 말하는 영록은 쌀로 빚은 술로서 위징과
는 아무런 관련이 없다. 마유포도의 학명은 '마내자'다. 서아시아와 중
앙아시아가 원산지로 기원 전후 소그드인이 신강으로 들여왔다. 현재
는 식용으로만 쓰이고 술을 빚는 데는 거의 쓰이지 않는다.

현재 전 세계에서 초록빛 포도주를 빚는 나라는 포르투갈뿐이다. 비
뉴 베르드라는 이름의 이 포도주는 고대 로마 시대부터 빚기 시작했다
고 하는데 사실은 매우 맑고 산도가 높으며 약간의 기포가 있는 백포
도주인데 초록빛이 반사되기 때문에 이러한 이름을 얻었다. 포르투갈
에서 녹색 포도주를 빚을 때 가장 많이 이용하는 품종은 알바리노로
'라인에서 온 백색(포도)'이라는 뜻이다. 유전자 검사 결과 알바리노와
독일의 유명한 리슬링은 자매종으로 리슬링의 모수母樹 중 하나는 프
랑스 쥐라산에서 장기숙성형 와인인 뱅 존느를 빚는 데 쓰이는 사바냥
이었다. 사바냥의 고향은 동유럽에 가까워 멀리 마유포도의 고향이 보
였다. 이것은 아마도 위징의 영락과 취도가 오늘날의 우리에게 마지막
으로 남긴 환상을 불러일으키는 흔적이리라.

평범한 인물들의
위대한 시대

기원전 6세기 무렵 페르시아 제국 시대에 소그드 사람은 이미 중앙아
시아 아무다리야강, 시르다리야강 사이의 좁고 긴 골짜기인 소그디아
나에 거주하고 있었는데 소그드라는 민족명은 거주하는 지역의 이름
에서 비롯된 것이었다. 소그드인은 중세 동이란 언어에서 비롯된 방언

을 사용했다. '처음에 소그드인은 페르시아 제국에 신복했지만 기원전 4세기 이후에는 알렉산더 대왕에게 머리를 숙였다. 그러다 기원전 3세기에는 그리스화된 그리스-박트리아 왕국에 편입되었다. 200년 후 흉노족이 북방에서 세력을 키우자 대월지가 서쪽으로 이동하면서 소그디아나 지역은 전란에 휩싸였고, 한때 소그드인은 역사기록에서 사라지는 비운을 맞았다. 그 후 장건이 서역에서 강거국의 정보를 가지고 돌아오면서 소그드인은 다시 역사서에 등장하게 되었다.

전화위복으로 전란 덕분에 소그드인은 예리한 외교적 직감과 탁월한 언어능력을 갖추게 되었다. 이 두 가지 능력이 합쳐지면서 소그드인은 출중한 장사본능을 뽐내게 되었다. 처음에 소그드인은 서역 상업을 장악한 쿠샨 왕조(오늘날 아프가니스탄과 북인도 지역)의 상업망 한 귀퉁이에서 일하는 종업원에 불과했다. 역할에 변화가 생기기 시작한 것은 3세기 쿠샨 왕조와 한 왕조가 쇠락하면서부터였다. 소그드인은 점차 지배자의 손아귀에서 벗어나 주마등처럼 획획 바뀌는 동쪽의 중국 정권과 북쪽의 유목국가들, 서쪽의 로마 제국에 공물을 바치는 등의 방식으로 관계를 맺으며 자신만의 방대한 상업망을 구축하기 시작했다. 그리하여 천하에 위엄을 떨치는 군주들이 일상용품을 구할 때만큼은 자신들에게 순종하는 충성스러운 고객으로 만들었다.

소그드 상인은 주로 중원에서는 실크를 구매하고 서역에서는 유리구슬, 옥 장신구, 마노, 진주 등 값어치는 높으면서 크기가 작은 상품을 운반했다. 소그드 상인은 뛰어난 보석 감정능력으로 명성이 높았지만 별다른 기술이 필요하지 않으면서도 지역별 특성을 고려한 단기 매매도 포기하지 않았다. 예를 들어 신장에서는 가축을 팔았다. 소그드 상인은 한때 부끄러운 노예 매매에 종사한 역사가 있다. 또 거의 모든 소그드 상인이 고리대를 놓았는데 돈뿐만 아니라 견직물 같은 것도 빌려주었다. 위진남북조 시대에 중국 영토 안에는 수많은 정권이 들어섰다. 소그드 상인은 부업으로 각 정권 사이의 통역으로 활동하면서도 상업망을 실크로드 동서 양 끝단으로 확장했다. 소그드 상인은 중원에서 돌궐에 바친 공물인 실크를 저렴하게 사들여 페르시아의 감시를 피해 비잔틴 제국으로 들여가는 데 성공했다. 그리하여 비잔틴 제국과 북돌궐 사이에 직접적인 실크무역 노선을 형성해 과거 페르시아가 고이윤을 남기는 실크무역을 독점했던 상황을 타개했다.

그러나 7세기 아랍, 다시 말해 역사서에서 대식이라고 기록한 중국 역사에서는 큰 그림을 찢고 나온 한 소그드인이 정확하게 자신의 이름을 남겼다. 백거이는 「호선녀」에서 감탄사를 쏟아냈다. "천보 말년에 사회기풍이 크게 흐트러져 신하와 후궁들이 저마다 빙글빙글 도는 춤을 배우는구나. 궁 안에는 태진이요 밖에는 안녹산이 있었으니 두 사람이 호선무를 가장 잘 춘다고 하더라." 호선은 소그드인의 춤에서 비롯된 것으로 이 춤을 잘 춘 안녹산이 바로 소그드인이었으며, 바로 그가 무려 8년에 걸쳐 당나라의 국력을 쇠하게 만든 안사의 난을 일으킨 인물이다.

안녹산은 소그드어로 밝은 빛이라는 뜻이다. 소그드인은 대개 현교를 믿었는데 현교는 중원인이 배화교라 부르던 종교였다. 배화교의 교리에서는 어둠과 빛이 끊임없이 싸운다고 보기 때문에 빛에는 전쟁의 신이라는 뜻도 담겨 있다. 안녹산의 어머니는 돌궐의 무녀였고 생부는 소무구성 중 가장 큰 성이었던 강씨 일족이었다. 안녹산의 아버지가 죽고 어머니가 안연언에게 개가하면서 안녹산의 성은 안씨가 되었다. 안녹산은 소그드인의 피를 저버리지 않았다. 6개 국어를 구사한 안녹산은 얼마 안 가 국경무역에서 중개와 통역일을 맡는 호시아랑이 되었다. 소그드인이 대대손손 피땀 흘린 대가로 얻어낸 대국에 대한 외교적 식견 덕분에 안녹산은 능구렁이처럼 상사를 구워삶았고 뛰어난 장사재능을 인정받아 순식간에 절도사의 양자가 되었다. 만약 당현종이 호장을 중용하는 책략을 쓰지 않았다면 안녹산은 아마 절도사이자 상인에 만족해야 했을 것이다. 그러나 전장에서 공을 세운 데다 양측의 경제적 이익을 해치지 않는 선에서 분쟁을 조정하는 능력이 뛰어났기 때문에 황하 북부에서 가장 권세 있는 절도사가 되었다.

이후 여러 중국 사료에서 안사의 난에 관한 기록을 찾아볼 수 있었지만 달변가인 소그드인들은 침묵을 택했다. 반란에 참여했던 자 중에도 소그드인이 있었고, 거기에 맞선 군인들 중에도 소그드인이 있었지만 난이 평정되자 수많은 소그드인이 성을 바꿨다. 중당 이후 중원에 호인을 배척하는 정서가 팽배했을 뿐만 아니라 전란의 불길이 미치지 않은 양주에서조차 호인을 살해하는 사건이 발생했기 때문이다. 중원 역사서에 기록된 소무구성은 강, 안, 조, 석, 미, 하, 화심, 무지, 사씨를 말한다. 이 성씨들 중에는 오늘날까지 이어지는 것도 있지만 일부 성씨는 화를 피하기 위해 무수히 많은 한족 성씨 중 하나로 고치면서 자취를 감춰버렸다. 한때 실크로드를 주름잡던 소그드인은 결국 그들의 행낭을 내려놓게 되었다. 마지막 소그드인은 타지키스탄 야그노프강 골짜기에 사는 야그노비라고 불리는 민족일 것으로 여겨진다. 20세기 밀 언어학자들이 이 민족을 찾아갔을 때 그들은 반정주 형태의 방목생활을 하고 있었다. 그들은 여전히 자신들의 언어를 지키고 있었지만 외부와 소통을 꺼리는 탓에 한때 언어천재로 실크로드에서 이름이 높았던 소그드의 후예들은 자신들의 문자를 잃고 말았다.

동방의 마르코 폴로
왕대연

강서 남창 사람 왕대연이 맨 처음 복건성 천주에서 상선을 타고 먼 바다로 나간 때는 그의 나이 채 스물이 되지 않은 1330년이었다. 왕대연이 서양에서 동방의 마르코 폴로라고 불리는 까닭은 마르코 폴로가 숙부를 따라 동양으로 향했을 때의 나이와 왕대연이 서양으로 향했을 때의 나이가 비슷하기도 하거니와 둘 다 견문이 넓었기 때문일 것이다. 그러나 왕대연이 마르코 폴로와 다른 점은 그가 반세기 이상 늦게 출발한 것 외에도 왕대연은 해상 실크로드를 이용했고 마르코 폴로는 육상 실크로드를 이용했다는 점이다. 두 사람의 취향 차이는 동서양의 영리한 두 상인이 당시 상업적 이익이 눈에 보이는 장삿길에 대해 비슷한 판단을 내렸음을 보여준다. 『동방견문록』이 이미 오래전에 바닷길을 통해 동양으로 가는 노선을 숙지한 서양에 육상으로도 상로를 뚫을 수 있다는 믿음을 심어주었다면 왕대연이 남긴 『도이지』는 그로부터 75년 뒤 동양의 정화가 바닷길을 통해 서양으로 가는 데 밑그림을 그려주었다.

역사서에는 이렇게 기록되어 있다. "왕대연은 맨 처음 천주에서 상선을 타고 원양 항해에 나서 해남도, 점성(참파), 말라카, 자바, 수마트라, 미얀마, 인도, 페르시아, 아라비아, 이집트를 거쳐 지중해를 건너 모로코에 이른 다음 다시 이집트로 돌아와 홍해로 나가 소말리아, 모잠비크에 이르렀다가 인도양을 건너 스리랑카, 수마트라, 자바에 이른 뒤 오스트레일리아를 거쳐 칼리만탄, 필리핀에 이른 다음 천주로 돌아왔는데 총 5년이 걸렸다. 이후 지원 3년(1337년) 27세 청년 왕대연은 다시 천주에서 배를 타고 나가 남양군도, 아라비아해, 페르시아만, 홍해, 지중해, 아프리카 모잠비크해협 및 오스트레일리아 각지를 거쳐 지원 5년(1339년)에 천주로 돌아왔다."

정화가 일곱 번이나 바닷길로 서양을 찾은 것에 비해 왕대연은 단두 번만 배에 올랐을 뿐이다. 하지만 왕대연은 마르코 폴로처럼 감옥에 갇히는 바람에 어쩔 수 없는 허송세월을 하지는 않았지만 책을 쓰기 전에 10년이란 세월을 그냥 흘려보냈다. 원나라 말의 조정관리이자 전쟁으로 원순제를 따라 북순北巡한 유길은 『북순사기』에 다음과 같이 기록했다. "『도이지략』의 원래 이름은 『도이지』였지만 현존하는 책들은 모두 지금의 이름을 쓰고 있으니 명나라 사람이 필사를 할 때 고친 것이리라. 작자 왕대연은 두 차례나 상선을 따라 동서양의 여러 국가를 두루 다녔으며 한 번 갔던 곳에 대해서는 반드시 산천의 형세, 풍속, 풍경, 물산 및 무역 등의 상황에 대해 기록해두었다. 지정 9년 기축(1349년) 겨울, 왕대연은 천주를 지나치는데 천주로 달로화적(다루가치) 설옥립은 오감에게 『청원속지』(청원은 천주의 옛이름)를 고치게 하고, 동서양 각지의 상황에 밝은 왕대연에게 『도이지』를 저술해달라고 부탁해 『청원속지』의 부록으로 삼았다. 이듬해 작자는 『도이지』를 들고 남창으로 돌아가 널리 보급하기 위해 따로 인쇄했다."

원말 원순제의 마지막을 기록한 유일한 한자 문헌이기 때문에 『북순사기』는 청나라 때부터 세상에서 보기 드문 비급으로 불렸다. 그러나 『도이지략』보다 훨씬 많은 내용이 담긴 『도이지』가 실전된 것이야말로 후세에게는 더 큰 손실이었다. 이제 우리는 현존하는 『도이지략』을 통해 왕대연의 시계를 추측할 따름이다. 아시아, 아프리카, 오스트레일리아 등 각 대륙의 나라 및 지역 220여 곳을 다니면서도 왕대연은 『도이지』에 "자신이 직접 밟아본 땅에서 두 눈으로 목도한 사실만을 기술하고 전해 들은 것은 결코 적지 않았다"고 천명했다.

1324년 왕대연이 항해에 나서기 6년 전 마르코 폴로가 병사했다. 왕대연이 언제 눈을 감았는지는 아직까지도 의문이다. 왕대연은 바닷길로 서양 여러 나라를 탐방한 경험을 책으로 쓴 뒤 일찌감치 멀리 떠나 이후 그의 행적을 아는 이가 아무도 없었다. 마르코 폴로가 병으로 죽기 전에 가족을 보내 선교사를 찾은 것과 비교하자면 왕대연의 행위는 스스로 선경을 찾아나선 동방 특유의 행위였을 것이다.

국경을 넘어온 식물[13]

**화원의
정의**

라우퍼는 중국의 외래종 흡수능력은 세계 최고 수준이라고 극찬한 바 있다. "중국인은 생각이 깊고 사리에 밝으며 도량이 넓은 민족으로 항상 외부인이 제공하는 좋은 것을 기꺼이 받아들였다. 이 나라는 세상에서 가장 드라마틱한 자연경관을 가지고 있다. 세상에서 가장 높은 산봉우리가 있는가 하면, 지표면 밑으로 움푹 꺼져 세상에서 가장 낮은 투루판분지가 있고, 남쪽에 열대우림이 있는가 하면, 히말라야 고산 위에는 빙하기 지형이 있다. 이처럼 판이하게 다른 자연경관을 아우르는 나라로는 중국만 한 곳이 없다. 게다가 중국은 동남아시아의 다채

---

13 글_ 천샤오

로운 진귀한 식물과 근동의 고대 농업 발원지 사이에 자리하고 있기 때문에 세상에서 남의 것을 빌려 쓰고 모방하기 가장 좋은 곳에 위치해 있다." 오늘날 서남지방의 평범한 정원 중 어느 하나를 들여다봐도 이처럼 1,000여 년에 걸친 식물 수송작업의 흔적을 찾아볼 수 있다.

예를 들어 석류가 그렇다. 석류는 원래 안석류라고 불렸으며, 이란부터 아프가니스탄 일대까지 매우 유행하던 식물이었다. 고대 페르시아인은 석류를 과일처럼 먹기도 하고 씨를 빼내 여러 가지 용도로 개발해 다양한 수입원을 창출하기도 했다. 그들은 석류로 간장을 만들기도 했는데 먼저 물에 담근 다음, 천으로 걸러내면 간장색과 매운맛이 생긴다. 또 석류즙을 끓여 손님 접대용 밥에 물을 들여 맛과 향을 더하기도 했다. 석류는 아주 오래전에 중국에 전해졌다. 북위 때 낙양성에는 이런 말이 유행했다. "백마사의 달콤한 석류 1개는 소 한 마리의 값어치가 있다." 백마사의 석류는 1개만으로도 소 한 마리의 가치에 견줄 만하다고 하니 얼마나 귀했는지 가히 짐작할 수 있다. 1,000여 년이 흐른 지금 석류는 이미 중국 농업 생산체계에 완전히 녹아들어 흔히 볼 수 있는 과일이 되었다.

포도는 중국에 전해진 최초의 외래식물로 여겨진다. 『한서·서역전』을 보면, 포도는 비가 많고 습윤한 환경을 좋아하지 않는다. 그래서 처음 중국에 전해졌을 때는 장안 일대의 건조한 기후 지역에서만 재배되었다. 그러나 현재 포도는 비가 많은 서남지역의 평범한 정원에서도 무성하게 자란다.

무화과는 100% 서역에서 들여온 수입품이다. 무화과는 이란고원에서 광범위하게 재배된 안석류 못지않은 식물이었지만 처음에 서역에서 심은 무화과는 모두 일찍 익는 품종으로 신장조황이라고도 불렸다.

완전히 익은 과실 껍질은 노란빛을 띠고 흰색의 타원형 점이 있고 과실 머리 쪽은 벌어지지 않으며 과육은 담황색에 약간 담홍색을 띤다. 훗날 이시진이 『본초강목』에 기록한 내용을 보면 그가 살았던 시대에 이미 중국 남부지방에서 광범위하게 무화과를 재배했으며 무화과나무 싹을 땅에 심는 식으로 재배했음을 알 수 있다. 라우퍼는 이 점에 주목했다. "이는 중국인이 조숙법에 대해 몰랐음을 보여주는 사실이다. 중국인의 저서에는 조숙법에 대한 언급이 없다." 무화과는 초여름부터 익기 시작하는데 껍질이 초록색에서 붉은색으로 변하고 과실은 점차 물러진다. 수확하기 며칠 전에는 하루에도 몇 번씩 조심스럽게 살펴봐야 한다. 덜 익은 무화과는 가운데가 딱딱하게 덩어리로 뭉쳐 있고 과즙은 흰색을 띠며 아무 맛도 느껴지지 않는다. 그러나 익는 속도가 매우 빠르기 때문에 단단하던 과실도 하룻밤 사이에 물컹해져 황금색 걸쭉한 과즙이 흘러내리기도 한다.

재스민도 서역에서 전해졌음이 증명된 식물이다. 재스민은 야실명화라고도 하는데 진晉나라 혜함은 『남방초목상』에서 다음과 같이 기록했다. "야실명화, 말리화는 모두 호인이 서국에서 남해로 옮겨 심은 것으로 남방 사람들은 그 향기를 좋아해 앞다투어 심는다." 육가의 『남월행기』에도 다음과 같은 내용이 있다. "남월의

미국의 동양학자 베르톨트 라우퍼

곡식들은 하나같이 맛이 없고 꽃들은 하나같이 향이 없다. 이 두 꽃은 몹시도 향기로운데 호국에서 옮겨 심었지만 환경이 다름에도 그 향이 변하지 않으니 남쪽 땅의 귤나무를 북쪽에 옮겨 심으면 탱자나무로 변하는 이치와는 다름이라. 이곳의 여자들은 채색실로 화심(꽃의 한가운데 꽃술이 있는 부분)을 꿰어 장식하는 데 쓴다." 재스민은 매우 오랫동안 꽃을 피우는데 5월부터 꽃턱잎이 달려 늦가을까지 핀다.

라우퍼는 『중국 이란편』에서 중국이 외래식물을 받아들인 과정을 상세하게 고증했다. 라우퍼는 중국의 '외국식물 들여오기'는 1,500여 년에 걸친 수송작업이었다고 했다. "식물경제 분야에서 중국인은 세상에서 가장 앞선 민족이다. 중국인의 경제정책은 선견지명이 있었으니 수많은 유용한 외래식물을 받아들였을 뿐만 아니라 자신만의 완벽한 농업 생산체계에 집어넣었다. 이는 충분히 탄성을 자아낼 만하다." 만약 1,000여 년에 걸친 이 식물 수송작업의 시발점을 살펴보려면 장건이 서역으로 사행을 떠났던 한나라 때로 거슬러 올라가야 한다.

외래식물
들여오기

한나라 농민이라면 자부심을 느낄 만하다. 한나라 농민은 당시 세계에서 가장 발달한 농업생산 수준을 대변했기 때문이다. 미국 학자 앤더슨은 같은 시기 중국과 유럽의 농업생산력을 비교한 바 있다. "봉건시대의 기준을 근거로 한나라의 농업생산량은 중세 유럽보다 많았다. 유럽은 에이커당 500파운드를 생산하면 생산량이 많은 것으로 보았으며,

재배하는 곡물 품종의 수율이 낮았기 때문에 수확량의 3분의 1을 다음 경작을 위한 종자로 남겨두어야 했다. 중국인은 이보다 훨씬 적은 종자를 남겼지만 수확량은 훨씬 많았다." 앤더슨은 한나라의 농업생산력이 유럽보다 뛰어났던 까닭은 진나라 이후 조정에서 농업을 매우 중시하고 지원을 아끼지 않았기 때문이라고 했다.

기원전 221년 진나라는 중원을 통일한 뒤 법가이념을 관철시켰고, 농업과 식량생산을 가장 중시하며 이것이 국력을 강화하는 핵심이라고 생각했다. 그 유명한 분서갱유 때도 농업과 의학 관련 서적만은 화를 피할 수 있었다. 한나라 이후에는 갈수록 농업 경작에 주의를 기울였다. 관리들은 계속해서 늘어나는 도시 거주민을 먹여 살리기 위해 온갖 수단으로 농사를 권면했다. 왕조가 소작료, 공공수리, 소농에 대한 보호 등 농업을 발전시키기 위한 일련의 정책을 취하면서 중국은 진정한 녹색혁명을 맞이했다.

서한 말의 중요한 농학서인 『사승지서』를 보면 한나라 때 농경의 상세한 과정에 대한 기록이 있는데 당시 얼마나 알뜰하고 꼼꼼하게 경작이 이루어졌는지 알 수 있다. 한나라 농민은 삶은 뼈다귀, 똥거름이나 누에 부스러기로 만든 인조비료에 종자를 담갔는데 이러한 비료에는 몇 가지 식물독소들도 첨가되었다. 종자는 반복해서 이런 풀 같은 형태의 물체에 덮이기 때문에 반드시 얇디얇은 표피에 싸인 종자를 조심스럽게 말려 썩지 않게 해야 한다. 서양인은 현대의 과학실험실에서 겨우 이러한 방법을 알아냈다. 정부 주도로 추진된 대규모 수리공정 덕분에 벼에 관개가 가능해졌고 논이 가지런해졌으며 해마다 수로를 바꿔 물의 흐름에 변화를 줌으로써 봄철에는 따뜻한 물을 대고 여름철에는 뜨겁지 않은 물을 댈 수 있었다. 물이 부족한 북방에서는 여름철에 반복해서 토양을 부숴 물을 머금을 수 있는 복개토양으로 만들었다. 겨울이 되면 농민들은 흙이 바람에 쓸려 날아가지 않도록 눈으로 땅을 다졌고 이러한 방법으로 겨울철에 운 좋게 살아남은 해충의 알까지 얼려 죽일 수 있었다. 일부 습한 지역에서는 커다란 과실 밑에 잎과 농작물의 대를 깔아 습한 토양에 닿아 썩는 일이 없도록 했다. 또 질소를 함유한 작물은 모두 조심스레 거둬들여 비료용으로 보관했다.

한나라 사람들의 생활 속에 등장하는 수많은 식물은 음식물로만 쓰인 게 아니라 약으로도 쓰였다. 당시 『신농본초경』에는 대략 365가지의 약물이 기록되어 있다. "식물을 선호하는 편견을 이 책에서 어느 정도 확인할 수 있다. 67가지가 동물을 원료로 한 약이고, 42가지는 광물을 원료로 한 약이며, 246가지가 모두 식물을 원료로 한 약이다." 이러

당나라 때 궁정의 약재 수요량은 엄청났다. 외국에서 들어온 수많은 식물들은 모두 약용가치가 있다고 여겨졌다.

한 사료기록을 바탕으로 한나라 때 이미 식물종이 매우 풍부했음을 유추할 수 있다. 많은 토지가 경작에 이용되었고 경작기술이 상당히 정교하고 섬세했으며 농업을 중시하는 정책을 펼쳤다. 그래서 당시 서역으로 사행을 떠났던 사절이나 대원국으로 원정을 떠났던 장군이 새로운 식물을 가지고 돌아왔을 때 중원은 이미 다양한 외래식물을 받아들일 능력을 충분히 갖춘 상태

였다.

목숙은 실크로드를 통해 중국에 전해진 최초의 서역 식물로 여겨지는데, 한나라의 군사적 의도와 국가안보를 충족하기 위한 부산물이었다. 한무제 당시 전쟁에 적합한 좋은 말을 찾기 위해 고군분투하던 중 이란고원에 몽골에서 나는 작은 말보다 골격이 우람하고 전신이 고루 발달했으며 네 다리가 가늘고 가슴과 목, 엉덩이가 매우 발달했고 전투에 능한 말이 있다는 소식이 들려왔다. 그래서 이란 지역에 있던 여러 나라에 사절을 파견해 좋은 말을 찾아다녔다. 오로지 좋은 말을 구하기 위한 사절단을 1년에 10여 차례나 파견한 적도 있었다. 맨 처음 찾아낸 것은 오손烏孫의 준마였다. 뒤이어 대원국에 이른 장건이 그곳의 말이 훨씬 뛰어나다는 사실을 발견했다. 대원국의 말은 힘차게 달린 후에는 피처럼 붉은 땀을 흘렸기 때문에 한혈마라고 불렸다. 한혈마가 먹는 사료가 바로 목숙이었다. 장건이 오랜 세월 목 빠지게 기다려온 이 준마를 중국에서도 잘 키우려면 한혈마가 먹는 주요 사료도 함께 가져가야 한다고 판단했다. 그래서 대원국의 목숙 종자를 가져가 한무제에게 바쳤다. 무제는 궁궐 옆의 광활한 땅에 이 신기한 식물을 가득 심으라고 명했다. 얼마 후 이 사료용 식물은 궁중에서 민간으로 빠르게 전파되어 화북 전 지역에 퍼졌다.

장건은 서역에 출사했다가 살아서 돌아온 최초의 인물이자 외래식물을 들여온 첫 번째 인물이었다. 에드워드 셰퍼는 『사마르칸트의 황금 복숭아: 당나라 때의 외래종 연구』에서 외래종이 주는 가장 진실한 활력과 즐거움은 그것이 사람들이 동경해 마지않는 머나먼 곳에서 온 것으로 미지의 땅에 대한 생기발랄한 상상을 담고 있다는 데서 나온다고 했다. 장건의 서역 개척은 그 자체로 타국에 대한 사람들의 상상력을 자극했다. 수많은 낙타 카라반이 개척된 실크로드를 따라 장안을 찾으면서 외래종도 잇달아 중국에 전해졌다.

외래식물
옮겨 심기

743년 서경 장안 동부지방에 인공호수가 만들어졌다. 사실 이것은 해외무역을 통해 들어오는 화물을 환적하기 위한 호수였다. 각지에서 온 무역선이 이 호수에 모여들었다. 외국 상인들도 화물과 함께 대거 장안을 찾은 덕에 장안성의 납세인구는 200만 명에 이르렀고 장안성에 거주하는 외국인의 규모도 엄청났다. 돌궐(투르크), 회골(위구르), 토화라(토카라), 소그드 상인들도 이곳에 모였는데 그중에서도 이란에서 온 상인들이 귀한 대접을 받았다. 당나라 조정은 이란 상인들을 관리하기 위해 특별히 살보라는 관직을 두기도 했다. 살보는 상단의 수령이라는 뜻이었다.

　장건의 서역출사로 열린 한나라와 서역 사이의 무역은 당나라 때 최고조에 이르렀다. 끊임없이 찾아오는 외국 상단은 신기하고 이상한 사치품을 잔뜩 가져왔을 뿐만 아니라 서역 정원에서 기르던 식물을 중원 땅에 옮겨 심었다. 그러나 기후와 토양이 전혀 다른 한나라 땅에 고향에서 가져온 식물을 기르기란 결코 쉬운 일이 아니었다. 서기 304년 혜함은 식물을 옮겨 심을 때의 여러 가지 어려움에 대한 글을 남긴 바 있다. "북방의 황색 큰 순무를 남방에 옮겨 심으면 갓이 되어버린다. 한랭한 겨울철이 없는 지역에서는 두툼하고 큼직한 덩이뿌리가 자랄 수 없기 때문이다. 남방의 귤을 북방에 심으면 질 떨어지는 탱자가 되어버린다. 감귤을 비교적 단단한 삼엽 대목에 접붙이기하면 한랭하고 건조한 날씨에서 삽입한 나뭇가지는 약해지거나 죽어버리는 경우가 비일비재하다."

후조의 무제 석호는 서역 식물을 들여오는 데 흔치 않은 성공을 거둔 인물이다. 중원에는 없는 식물을 옮겨 심기 위해 석호는 엄청난 대가를 치르며 이식기술을 궁리했다. 그는 장인으로 하여금 정성껏 원유苑囿를 만들게 해 화림원이라고 이름 지었다. 이곳에 흙을 옮겨오고 물을 대서 서역에서 들여온 과일나무가 자라기에 알맞은 조건을 마련해주었다. 가능한 빠른 시일 내에 외래식물을 중원의 자연환경에 적응시키기 위해 석호는 큰 수레에 이러한 작물을 시험 삼아 재배하는 밭을 만들라고 했다. 왕의 전폭적인 지원 덕에 후조의 석호 이후 서역 작물을 중원 땅에 옮겨 심는 기술이 나날이 발전해 중국 북방에 보급되기 시작했다.

당나라 이후 외래종의 수입에서부터 분류, 관리 및 재배에 이르기까지 상당히 구체적인 내용이 포함된 기술체계가 형성되었다. 사람들은 외래식물을 안전하게 운송할 수 있는 다양한 방법을 생각해냈다. 가장 흔히 사용된 방법은 식물의 뿌리줄기를 밀랍으로 밀봉한 다음, 그 위에 녹색 채소 잎을 층층이 덮어주는 것이었다. 이렇게 하면 흔들림을 방지하고 어린 싹이 며칠 동안은 말라죽지 않게 예방할 수 있었다. 식물은 꼼꼼한 보호조치 속에서 장안으로 옮겨진 뒤 일부는 약원사가 관리하는 약원으로 보내졌다. 당 왕조는 약초에 대한 수요가 엄청났다. 약원은 태의서의 관할하에 태의서에 공급할 약초의 재배와 채집을 위해 사용한 정원이었다. 그러나 더 많은 외래식물은 상림원으로 보내졌

다. 상림원은 식물을 전문적으로 관리하는 황실기관으로 거대한 육묘
장과 정원에 자리해 있었다. 세계 각지의 정원수가 긴 여정 끝에 한나
라 땅에 이르면 먼저 이 상림원으로 보내졌다. 상림원에는 뛰어난 원
예기술을 갖춘 원예사가 무척 많았다. 그들은 이러한 외래식물을 중원
땅에 적응시킬 방법을 연구해 황실에 신선하고 진귀한 과일을 공급하
는 한편, 당나라 각지에 산림을 조성하고 나무를 심는 데 쓸 수종을 제
공하는 역할을 맡았다.

외래식물의
전파

독일 학자 베르너 좀바르트는 궁정의 역사가 곧 국가의 역사라고 했
다. 만약 식물의 전파를 이러한 각도에서 이해한다면 당나라 황가의
임원에 심어진 식물은 최신 심미 트렌드와 소비 트렌드가 그러하듯 세
월이 지나면서 점차 민간으로 퍼져나갔다. 만당 시기 일부 문인의 사
택 정원에서는 서역에서 온 식물들을 찾아볼 수 있었다. 백거이는 백
련을 민간에 보급한 사람으로 알려져 있다. 9세기 이전에는 낙양에서
백련을 볼 수 없었지만 백거이가 태자빈객으로 낙양에 머무를 때 소주
에서 낙양으로 백련을 옮겨 심었다.

　점점 늘어나는 식물의 가짓수와 점점 지혜로워지는 민간의 상호작
용으로 대단한 인기를 끈 유명한 원예사들이 등장했다. 곽탁타도 그런
이유로 후세에 이름을 남겼다. 곽탁타는 등이 낙타처럼 굽은 원예사로
장안성 서쪽 가장자리에 있는 풍락향이라는 마을에 살며 나무 심는 일

을 업으로 삼았는데 옮겨 심는 재주가 탁월했다고 한다. 그의 손을 거쳐 심어진 나무는 하나같이 크고 무성하게 자랐으며 열매가 일찍 맺히고 수량도 많았다. 그래서 장안의 세력가나 부자들, 원림을 감상하려는 이들과 과일 장사꾼들이 모두 곽탁타를 모시기 위해 안달했다. 유종원은 『종수곽탁타전』을 지어 곽탁타의 나무 심는 비법에 대해 언급했는데 '나무의 천성에 따라 그 본성을 다하게 하는 것'이라고 했다. 훗날 원나라 때 지어진 나무 재배에 관한 책도 곽탁타의 이름을 빌려 책이름을 지었다.

당나라 때에 이르러 식물을 옮겨 심는 기술이 성숙하고 다년간에 걸쳐 토지를 균등하게 분배한 덕분에 소농계급이 생겨나면서 식물종이 왕성하게 늘어나게 되었다. 근동의 농작물인 시금치, 사탕무, 줄기상추, 아몬드, 무화과도 널리 알려지게 되었다. 남아시아에서 온 농작물인 대추야자, 소두구, 센나 등도 널리 퍼지기 시작했다. 잎이 넓은 양배추, 상추와 비슷하게 생긴 씀바귀, 향긋한 호근(셀러리)과 같이 실용적인 가치가 있는 식물은 대다수 문인의 관심 밖이었고 고관대작의 사택 정원에 심어지는 일도 없었지만 민간 자작농들의 땅에서는 뿌리를 단단히 내리고 생명을 이어갔다.

**백성을 위한
식물**

라우퍼는 중국의 식물 수입은 1,500여 년에 걸쳐 지속적으로 진행되었다고 했다. 끊임없이 중원 땅으로 전해진 각종 식물은 국경 너머 땅에 대한 중원 사람들의 호기심을 키웠고 궁정과 민간의 세속적 삶을 보다 풍요롭게 만들어주었다. 그러나 송나라 때에 이르러서야 진정으로 혁명적이라고 할 만한 식물이 수입되었다. 바로 점성도(占城稻, 참파벼)라고 하는 쌀 품종이었다.

송나라의 운명은 몹시도 고단했다. 북쪽에서 오랑캐가 침입하는 바람에 나라가 남북으로 나뉘었으며 전란이 끊이지 않았다. 이러한 상황에서 끊임없이 이어지는 가혹한 날씨는 제국이 겪는 수난과 합쳐져 나라를 더욱 진창으로 끌고 갔다. 북송 말기와 남송 말기 사이에 중원의 기후는 갑자기 한랭건조해졌는데 하필이면 이때 인구가 급증했다. 북송 때 1억을 넘긴 인구는 남송과 금나라 때 1억 1,000만 명으로 늘어났다. 생태환경이 악화되고 북방 영토까지 잃은 상황에서 조정의 중차대한 임무는 농경을 통해 국고를 채우는 것이었다. 군량을 확보하는

인도 고아주의 한 시장에서 판매되고 있는 카레가루를 비롯한 각종 향신료

차원에서든 백성의 생계를 유지하기 위해서든 송나라 정부는 농경 분야에서 엄청난 부담에 시달렸다.

그러면서 새로운 농업혁명의 싹이 트기 시작했는데 일부 외국학자들은 이를 두고 진한 시대 이후 중국의 두 번째 녹색혁명이라고 일컬었다. 새로운 지식과 도구가 기존의 것을 개량하고 혁신하면서 농업지식이 진보했다. 새로운 재료와 똥거름, 개흙(하천 바닥의 거무스름하고 미끈미끈한 흙으로 유기물이 섞여 있어 거름으로 씀), 석회 등의 비료가 널리 보급되어 농민들은 땅기운을 효과적으로 유지하는 방법을 배웠다. 수리기술도 나날이 완비되어 전에 없이 복잡한 관개시설망이 갖춰졌다.

더 중요한 점은 생산량이 많고 가뭄에 잘 견디며 성숙기가 짧은 식량 품종이 수입되었다는 사실이다. 이와 같은 혁명적인 작물은 더 이상 소농이 자급자족을 위해 텃밭에 키우거나 지체 높은 귀족이 과시하기 위해 가꾸는 기묘한 식물이 아니라 나라 경제와 백성의 생계에 지대한 영향을 미치는 식량작물이었다. 이 중에서 가장 잘 알려졌고 의미도 깊은 작물은 안남 지방 점성에서 전해진 생장발육기간이 짧은 쌀이었다.

당나라 때의 무역이 주로 서북지역 사막 오아시스를 거쳤던 것과 달리 송나라 때의 대외무역은 주로 바닷길을 이용했다. 송나라 사회는 수상사회라고 할 수 있다. 송나라의 수도는 양쯔강이고 송나라의 국경은 중국해였다. 점성도는 바로 이 바닷길을 따라 중국에 전해졌다.

송나라 진종 조항은 섬성도를 적극적으로 보급했다. 점성도의 종자를 들여온 뒤 진종은 먼저 황실농원에서 시범적으로 재배해본 뒤 전운사에 볍씨와 재배방법에 대한 방을 써붙이고 산지가 많은 지역에서 널리 재배하라고 명했다. 1011년 조정에서 점성도를 보급하기 시작했고,

1012년에는 이미 광범위한 지역에서 재배되었다.

면화도 송나라 때 백성을 위한 중요 식물이었다. 사실 이미 3세기 무렵에 면화는 서역과 인도, 두 곳에서 중국으로 전해졌다. 중당 시기에는 고창 사람들이 재배한 면화로 짠 면직물이 매우 유명했다. 송나라 사람들은 면화를 이용하는 데 천재적인 창의력을 발휘했다. 남의 것을 가져다 제 필요에 맞게 잘 쓰는 중국인들은 유구한 역사를 자랑하는 중국의 비단 옷 봉제기술을 이용해 옷 속에 면화를 채웠다. 열을 흡수하고 보존하는 기능이 탁월한 면화는 농경국가에 있어 매우 중요한 작물이었다.

삶에
맛을 더하다

13세기 이탈리아인 마르코 폴로는 육상 실크로드를 따라 중국에 왔다가 없는 것이 없는 동방 제국의 풍요로움에 입을 다물지 못했다. 마르코 폴로는 중국에서 가장 번화한 도시였던 항주의 10대 시장과 도매시장에 가보았다. 10대 시장은 한 주에 사흘씩 운영되었는데 4~5만 명을 불러들였다고 한다. 이러한 시장에는 작은 수사슴, 큰 적록, 황록, 야생토끼, 집토끼, 자고, 메추라기, 셀 수 없이 많은 오리, 거위 등 흔히 볼 수 있는 가금류도 있었고 양배추, 파, 마늘, 시금치, 순무, 당근, 오이, 호리병박, 가지, 미나리 등등 채소와 과일 중에 있을 만한 것은 다 있었다. 그중에서도 시선을 끌었던 것은 크기가 무척 큰 과일이었는데 가장 큰 배는 무게가 4.5kg이나 나갔다. 마르코 폴로가 이처럼 다양한 상품이 가득 전시된 시장을 둘러본 것은 외래식물이 중국에 전해진 지 이미 1,000여 년이나 지났을 때로 오늘날까지도 전해지는 식물 중 대부분이 이미 중국으로 전해져 현지 토양과 기후에 완벽하게 적응해 중국인의 세속적인 삶에서 가장 중요한 비중을 차지한 식탁과 끈끈한 관계를 맺은 뒤였다.

당나라 승려 의정은 인도로 불경을 구하러 갔을 때 남아시아의 음식을 유심히 관찰한 뒤 당나라 음식과 비교해 기록했다. "동하의 당시 사람들은 생선과 채소를 많이 먹되 생으로 먹었는데 서국에서는 결코 이렇게 먹지 않았다. 채소를 먹음에 있어 반드시 푹 삶아서 아위, 수유 및 여러 향신료를 섞은 다음에야 먹었다." 이 기록을 바탕으로 당나라 초기 음식이 오늘날의 일본 음식과 매우 비슷해 담백한 음식이 주를 이뤘고 날로 먹는 경우도 많았으며 음식에 조미료나 간장 같은 것을 소량 첨가해 먹었음을 유추할 수 있다. 중국 음식물 역사를 고증한 또 다른 학자인 앤더슨도 중국 요리의 특징인 풍성함, 향긋함, 진함은 송나라 때부터 확립된 것이라고 했다. "음식물은 현지에서 나는 양념으로 맛을 더했다. 특히 생강, 육계, 후추, 육두구를 많이 썼다. 또 인도와 근동에서 들여온 향료 과실과 씨앗도 음식 맛을 돋우는 데 쓰였다. 이때 이미 당은 음식물을 보존하는 데 쓰였고 각종 단 음식과 사탕을 만드는 데도 쓰였다." 서역에서 전해진 이런 요긴한 조미료들은 상인과 지방 유지들의 연회에서 창조적으로 응용되면서 중국인의 삶에 맛을 더했다.

외국에서 들여온 향신료 중에서 가장 유명한 것은 후추였다. 마르코 폴로는 원나라 때 중국인의 어마어마한 후추 수요에 대해 기록한 바 있다. 후추 외에 육두구도 중국 요리체계에 녹아든 향신료다. 육두구는 살구처럼 알뿌리 모양을 한 등황색 과실로 장대로 가지를 쳐서 과실을 떨어뜨리는 방식으로 수확한다. 이렇게 수확한 과실을 햇볕 아래에서 잘 말린 다음 육두구 껍질과 속살을 분리한다. 색이 진홍색에서 밤색으로 변한 것을 고기 삶을 때 조금 넣으면 짠맛이 섞인 매운향이 가미된다.

사탕수수가 전해지면서 중국인의 식단에 상큼한 단맛이 추가되었다. 사탕수수는 대략 5세기 무렵에 동남아시아에서 페르시아로 전해졌다가 이란을 거쳐 중국에 들어왔다. 당나라 때 사천 중부, 호북 북부 및 절강 연해지역에서 사탕수수를 재배했다. 사탕수수가 전해지기 전에도 중국인은 꿀이나 곡물로 만든 엿에서 단맛을 얻었지만 그 모든 식물당 중에서 가장 큰 사랑을 받은 것은 단연 사탕수수였다. 처음에 사탕수수는 석밀이라고 불렀는데 사탕수수즙을 햇볕에 증발시켜 당을 만든 다음 이것을 석밀로 가공했다. 8세기 무렵 안국과 화심국(화랄자모의 옛 이름, 호라즘)에서 당나라에 석밀을 공물로 바친 적이 있고 강국도 석밀을 생산했다. 서역의 석밀은 품질이 우수했기 때문에 당태종은 마갈타국(마가다국)으로 사신을 보내 현지의 당 정제비법을 배워오게 했다. 마갈타국은 천연 식물로도 결정당을 만들었지만 우유, 쌀가루와 섞은 다음 달여서 덩어리로 만드는 등 여러 원료를 배합해 만들기도 했다. 후대인은 사탕수수즙을 정제해서 하얗고 깨끗한 과립형 결정으로 만드는 방법을 가장 선호했는데 이렇게 만든 결정당은 쉽게 변질되지 않고 보관하기에도 좋았다. 사탕수수즙을 정제해 과립형 결정으로 만드는 기술은 당나라 때까지만 하더라도 외부에 알려지지 않았지만 송나라 때는 단 음식을 만드는 데 보편적으로 이용되었다. 마르코 폴로는 항주시장에서 신선한 과일을 말린 다음에 흰설탕에 절여 정과로 만들어

판매하는 다양한 제품을 보기도 했다.

　중국의 음식을 연구하는 앤더슨이 봤을 때 송나라는 미식이 속속 등장한 왕조로 음식의 가짓수를 셀 수 없을 정도였다. 연회가 한번 벌어지면 여러 가지 쌀로 만든 음식부터 과일과 단 식자재로 만든 요리까지 200여 가지 요리가 차려졌다. 오늘날 볼 수 있는 중국다운 먹거리 중에서 탕, 호떡, 탕위안(찹쌀가루 등을 새알 모양으로 빚어 속에 소를 넣은 음식), 면류, 간식은 모두 송나라 때 음식에서 그 원형을 찾아볼 수 있다. 1,000여 년에 걸친 외래식물의 유입 역사에서 가장 중요한 부분이 마무리 단계에 접어들면서 중국의 농업과 요리체계는 기본적인 틀을 완성했다.

실크로드의 식물[14]

목초의 왕
목숙

목숙은 세계에서 가장 널리 재배되고 재배 역사도 가장 오래된 목초로 '목초의 왕'이라는 미명으로 불린다. 초여름만 되면 뿌리가 발달하고 줄기가 1척 넘게 자라는 목숙은 매끈매끈한 줄기 끝에서 한 무더기 자그마한 자주색 꽃들을 피우고 난 후 과실과 콩팥 모양의 씨앗을 맺는다. 인간이 최초로 길러낸 사료용 작물인 목숙은 고대 페르시아가 원산지다. 기원전 500년 페르시아가 그리스를 침략할 때 병사들이 군마와 낙타의 사료로 목숙을 사용하면서 목숙의 씨가 그리스로 전해지게 되었다. 기원전 200년 목숙의 씨는 이탈리아와 북아프리카로 전해졌

---

14 정리_ 취양, 푸쉬에항, 뤼후이

다. 이어서 실크로드를 오가는 낙타 카라반이 오랜 시간 먼 길을 꿋꿋이 걸어준 덕분에 목숙 씨는 동방에도 전파될 수 있었다.

기원전 138년 한무제의 명으로 서역 사행길에 오른 장건은 오익산리, 안식, 대월지, 대원 등의 지역(카슈미르, 이란, 아프가니스탄 등 오늘날의 중앙아시아 지역)에서 널리 재배되는 목숙을 보게 된다. 기원전 119년 장건은 다시금 서역 사행길에 올라 대원(오늘날의 우즈베키스탄)에서 한혈마와 목숙 씨를 가지고 돌아왔다.

목숙이 전해지고 중국에서 완전히 뿌리내리기까지는 긴 세월이 걸렸다. 한나라 때 전해진 뒤 처음에는 장안의 황실원유에서 시범적으로 재배되었다. 관중 지방과 서역은 모두 북반구 중위도 지대에 위치하기 때문에 기후와 수문의 조건이 비슷한 까닭에 목숙은 금세 이곳의 토양에 적응해 점차 농동(섬북), 심지어 서북지역에까지 전파되었다.

재배면적도 넓어졌지만 목숙을 이용하는 방식도 다양해졌다. 목숙은 수분함량이 높고 질감이 부드러우며 여리고 맛이 좋아 사료로서의 가치가 가장 높은 목초다. 목숙은 가축이 자라는 데 필요한 열세 가지 비타민 중에서 열 가지나 함유하고 있는 까닭에 비타민 사료라고도 불린다. 이보다 더 독특한 점은 목숙에 함유된 조섬유가 반추동물의 위내 소화속도를 높여 가축이 쉽게 공복감을 느끼게 하므로 식욕을 자극해 더 많은 먹이를 먹게 한다는 것이다. 이 밖에도 목숙의 생장점은 가지 꼭대기 부분에 있어 베어낸 후에도 재생능력이 뛰어나기 때문에 오랜 시간 이용할 수 있다.

목숙은 사료용으로 쓰이는 것 외에도 수토를 유지하고 모래바람이 일지 않도록 하거나 토양을 개량하는 데 이상적인 식생이었다. 오늘날의 연구결과로 보면 목숙은 심근(땅속 깊이까지 뻗는 뿌리)식물로 뿌리가

목숙

대개 땅속 2~6m까지 뻗으며 최대 39m까지 뻗어 들어간다. 강한 뿌리와 그 분비물은 토양에 많은 유기물을 공급해 토양의 이화학적 성질과 형상을 개선한다. 또한 목숙은 종종 식량작물과 윤작하거나 혼작이 가능했다. 『군방보』에는 이런 내용이 있다. "목숙을 심은 땅을 일궈 이듬해 곡식을 심으면 틀림없이 배로 수확하게 된다. 몇 년 동안 잎이 쌓이고 썩으면서 땅을 일구면 계속해서 땅이 깊어진다. 그런 이유로 지금의 삼진三晉 사람은 풀을 벤 지 3년째가 되면 땅을 갈고 농사를 지어 서둘러 비옥한 땅에 곡식을 심고자 한다."

목숙은 가축 사료용 외에도 사람들의 식용으로도 쓰인다. 그러나 먹을 것이 넉넉할 때는 목숙으로 음식을 만들어 먹는 경우가 드물었고 먹을 것이 부족할 때에만 구황작물로 여겼으며 심지어 청빈한 삶의 상징으로까지 생각되었다.

외국에서 들여온 목숙이 중원 땅에 널리 퍼진 데는 중국의 자연생태적인 요소도 어느 정도 도움이 되었겠지만 사회적·경제적 원인도 중요한 역할을 했다. 고대에 말은 농업생산에 중요한 가축이자 교통수단이었다. 더군다나 군마는 전쟁의 핵심으로 한 나라의 군사력과 직접적인 관계가 있었다. 그래서 역대 왕조는 중요한 사료인 목숙을 재배하고 보급하는 데 큰 관심을 가졌다. 당나라 현종 때 왕모중은 처음에는 말 24만 마리를 관리했지만 훗날 그 수가 43만 마리로 늘었고, 소와 양도 모두 몇 배로 늘어났다. 이토록 많은 가축을 기르기란 결코 쉬운 일이 아니어서 동맥, 목숙 1,900경을 심어 겨울에 대비했다. 명나라 가정 연간 황실의 어마를 기르기 위해 군대는 구문 밖에 많은 양의 목숙을 재배했다. 이 밖에도 사료를 충분히 공급하기 위해 국가는 목숙의 재배와 관리를 전담하는 관리를 두기도 했다. 이러한 이유로 진(산시와 간쑤 일대의 지역) 땅에 심어졌다가 후에 점차 동쪽 땅에서도 기른 목숙은 2,000여 년에 걸쳐 꾸준히 그 재배면적을 넓혀갔다.

성스러운 태양의 나무
석류

석류는 고대 페르시아에서 인도 서북부 히말라야 일대, 즉 오늘날의 이란, 아프가니스탄 등 중앙아시아 지역이 원산지인 식물이다. 고대 페르시아인은 석류를 두고 성스러운 태양의 나무라고 부르며 다산과 풍요의 상징으로 여겼다.

머나먼 동방에서 유화(석류꽃)와 천마는 한나라의 위명을 세상에 전하는 상징과도 같았다. 일반적으로 석류는 한무제 때 포도, 목숙 등과 함께 서역에서 중국으로 전해진 식물로 알려져 있다. 서진 장화의『박물지』에 다음과 같은 기록이 있다. "한나라 장건이 서역으로 출사해 도림안석국에서 석류 종자를 얻어 돌아왔다." 안국은 오늘날의 우즈베키스탄 부하라를 가리키고, 석국은 타슈켄트를 말한다. 석류는 이 지역들에서 나는 이유로 당시에는 석류를 안석류라고 부르는 경우가 많았다. 비록 석류의 전파에 관한 서한의 문헌기록은 별로 없지만 석류가 한나라 때 서역에서 중국으로 전해졌음을 증명하는 기록만큼은 확실히 남아 있다.

석류를 처음 들여왔을 때 한무제는 장안성 곳곳에 석류를 심으라는 명을 내렸다. 역사기록에 따르면 당시 석류는 진귀한 과일로 여겨져 오로지 황제를 위해 수도 장안에 있던 궁전의 어원인 상림원 이궁 여산 온천궁에서 재배되었다. 동한, 위진 시대 석류는 하남 지역에서 가장 활발하게 재배되었고, 도성인 낙양은 석류재배의 중심지가 되었다. 이 시기 석류는 황실어원御苑에서 사대부 계층, 더 나아가 일반 백성에게도 전해져 현지화된 우량 품종을 형성하기 시작했다.

과실이 익는 계절이 오면 황제가 직접 가서 수확했으며 가끔은 궁인

석류

들에게 하사하기도 했다. 황제에게서 과실을 하사받은 궁인들은 그것을 몹시 맛있는 과실로 여겨 친척들에게 대접했다고 한다.

수당 시기 석류재배는 급속히 확산되었다. 수나라 대업 원년에 낙양 옛 왕성에 수도 동경을 건설하면서 길가에 앵두와 석류를 심었다. 당나라 때 화청궁에 칠성전이라는 궁전 주변으로 석류나무가 가득 심

어져 있었는데 양귀비가 직접 심었다는 말이 전해진다.

　송원 시기 석류의 재배, 수확, 저장 및 가공기술은 나날이 발달하고 전국적으로 보급되었다. 송나라 때는 석류 품종이 눈에 띄게 다양해졌고 명나라 때는 석류재배가 정점에 이르렀다. 이는 명나라의 사대부 풍속과 관계가 있다. 명나라 중기 이후 사람들은 저마다 정원 가꾸기에 열을 올렸다. 문헌기록에 따르면 남방지역에서도 보편적으로 석류를 재배하기는 했지만 명청 시대 석류는 주로 북방에서 재배되었으며 특히 품질이 우수한 석류는 대개 북방에서 재배된 것이었다.

　관상용, 식용 외에도 석류는 약물, 염료, 연지 등으로 쓰였다. 당나라 때 의학자 맹선이 편찬한 『식료본초』에 따르면 석류는 내장이 뒤틀리는 듯한 통증, 오랜 설사 등의 질병을 치료하고 석류화를 그늘에 말려 가루로 빻아 철단을 섞어 1년 동안 복용하면 흰머리가 검어지고 얼굴 혈색이 좋아지고 윤기가 흐른다고 했다. 이는 당나라 때부터 석류의 미용효과가 널리 알려졌다는 뜻이다. 석류는 연지의 원료로도 쓰였다. 이 밖에도 석류의 뿌리껍질, 줄기껍질 및 과실껍질에는 타닌이 풍부해 옥그릇에 검은색으로 그림을 그리거나 염묵, 모발 염색 등에 사용되는 검은색 염료의 재료가 된다.

황제가 내리는 점심
오이

인도의 열대 습윤림 지역이 원산지인 오이는 지금으로부터 4,000년 전에 재배되기 시작했다. 한무제 때 장건이 서역 사행길에서 목숙과 포도를 가져온 뒤 실크로드를 통해 홍화, 석류, 호두, 검은 참깨, 오이, 파, 마늘 등의 경제작물들이 중국으로 전해졌다. 오이는 실크로드를 통해 중국에 전해진 후 2,000년이 넘도록 중국 땅에 뿌리를 내리며 대표적인 박과 식물로 자리매김했다.

사실 요즘 우리가 먹는 것은 다 익은 오이가 아니다. 껍질이 초록색인 오이는 다 익었을 때야 비로소 본색을 드러낸다. 껍질색은 녹색에서 황색으로 바뀌고 아삭거리던 식감은 물러지고 맛은 시큼해지며 씨는 단단해진다. 『제민요술』에 따르면 북위 때는 오이의 색이 누렇게 변한 다음에 땄다고 한다. 그런데 나중에 오이가 다 익기 전에 따먹으면 훨씬 아삭아삭하고 맛이 좋다는 사실을 발견한 뒤로 오이의 색이 변하기 전에 따먹기 시작했다.

처음에 가져와 번식시킬 때의 오이에 관한 문자기록은 찾아보기 힘들다. 이후 남북조 시대에 이르러서야 오이와 관련된 글이 보이기 시작했지만 당나라 때는 이미 중원 어느 지역에서나 쉽게 볼 수 있는 채소가 되었다.

오랜 세월 재배해보면서 선조들은 오이가 따뜻한 기후에서 잘 자라고 무더운 기후에는 약하다는 사실을 파악해 온도를 맞추기 위해 여러모로 노력한 끝에 자연재배 시기보다 좀 더 일찍, 그리고 더 자주 출하가 가능하며 심지어 1년 내내 공급되는 작물로 변모시켰다. 기록에서 알 수 있듯이 당시 중요 농업시설은 각지의 기후 특징에 따라 파종 날짜를 달리하고 노지재배나 온실재배를 실시해 수확시기를 앞당기거나 늦춰 시장 출하기간을 늘렸다. 당시에 이미 봄오이, 여름오이, 가을오이, 겨울오이가 나뉘었다.

오이는 적응력이 뛰어나고 파종과 재배가 쉬우며 열매를 날것으로 먹을 수도 있고 절이거나 말려서 보관할 수도 있다. 특히 기근이 들면 구황작물로서의 역할을 다했다. 이 또한 오이가 선조들의 사랑을 받게 된 이유일 것이다.

면독을 풀어주는
시금치

시금치는 서아시아 이란고원이 원산지로 당나라 초기 네팔을 거쳐 중국으로 전해졌다. 『신당서·서역전』에 따르면 당태종 때 종6품 위위시승 이의표가 천축국(오늘날의 인도)으로 파견되었는데 니파라국(오늘날의 네팔)을 지나면서 방문활동을 통해 양국의 우호관계를 다졌다. 647년 니파라국 왕은 장안으로 특사를 파견해 파릉을 비롯한 채소를 진상했는데 "잎이 붉고 푸르며 질려와 같고 불에 익히면 맛이 더 좋아졌다." 이후 여러 서적에 기록된 파릉, 파채 등은 모두 네팔에서 전해진 시금치를 한자 음으로 표기한 것이다.

사실 시금치는 이미 수나라 때 민간을 통해 중국으로 전해졌다. 당나라 때 위현은 『유빈객가화록』에서 이렇게 말했다. "파릉은 서국에서 나는 것으로 승려가 그 씨앗을 가지고 왔다." 서국은 원산지인 이란을 가리키는 말로 고대에는 이란을 페르시아라고 불렀기 때문에 시금치는 파사채, 파사초 등으로도 불렀다.

소문사학사(송나라 때 소식의 추천과 지도를 받고 그의 학문을 이어받은 네 사람) 중 한 사람인 장뢰는 시금치에 관한 시편을 풀이한 글에서 시금치의 출처와 식이요법 효능을 언급했다. "파릉은 파릉국에서 온 것으로 서역에서 널리 재배되는 채소다. 면독을 푸는 효능이 뛰어나 내가 무척 좋아하는 고로 이 풀에 대해 연구한 까닭에 이 글을 쓴다."그렇다면 면독이란 무엇일까? 옛날에는 밀을 맷돌로 갈아 가루로 만들어 먹었기 때문에 돌에 낀 가루들도 섞여 들어갔다. 당시에는 곡식을 보관하는 기술이 발달하지 못한 탓에 오래 두면 회색빛이 감도는 독소가 생겼는데 이것을 먹으면 곧 열독에 걸렸다. 선조들은 이미 오래전부터 시금치를 면과 같이 먹으면 면독을 풀어주는 효과가 탁월하고 오장에도 이롭다는 사실을 알고 있었다.

완두와
잠두

역사상 서역에서 전해진 두 가지 콩과 식물은 호두라고 불렸다. 그중 하나는 오늘날 우리가 말하는 완두고 다른 하나는 잠두다. 완두는 비교적 이른 시기에 전해졌는데 『관자』를 보면 "산융에서 나는 임숙이 천하에 널리 퍼졌다"는 내용이 있다. 이시진의 『본초강목』을 보면 융숙이 호두와 같은 뜻으로 완두를 가리키며 호융이 재배하기 때문에 호두라고 부른다는 기록이 있다.

완두라는 이름은 삼국 시기 장읍이 지은 『광아』에 처음 등장하는데 싹이 연약하고 구불구불하기 때문에 이러한 이름이 지어졌다. 중앙아시아 지역이 원산지인 완두는 동쪽에 있는 중국으로 전해진 뒤 생육환경에 대한 요구가 까다롭지 않았기 때문에 중국 각지에서 대규모로 재배되었다. 게다가 추위와 건조한 기후에도 잘 견디기 때문에 북방지역에서 유독 광범위하게 재배되었다. 현재 중국은 캐나다의 뒤를 이어 세계 2위의 완두생산국이다. 완두는 아주 오래전부터 인류의 식탁에 올랐다. 『본초강목』에서는 "삶아 먹어도 좋고 볶아 먹어도 좋다"고 했다. 또 가루로 갈면 몹시 매끄럽고 새하얗기 때문에 고대에는 목욕용으로도 쓰였다. 이 밖에도 완두는 군마의 주요 사료로 쓰이기도 했다.

호두라고 불린 완두는 아주 오랜 옛날부터 중국인이 즐겨 먹는 곡식이 되었다. 그러나 명나라 때 이르러 비교적 늦게 보급된 잠두가 완두를 밀어내고 호두라는 이름을 차지했다. 잠두의 원산지는 지중해 연안과 중동 지역이다.

고대 농경사회에서 농가가 가장 힘든 시기는 지난해 가을에 걷은 곡식은 다 떨어졌는데 올해 곡식은 아직 수확하지 않은 보릿고개 시기였다. 그런데 잠두는 바로 이 시기, 초여름에 익기 때문에 농가가 가장 힘들 때인 보릿고개를 넘길 주식으로 알맞았다. 『농서』에서는 잠두에 대해 이렇게 설명하고 있다. "모든 곡식 중에서 가장 먼저 수확하고 찌거나 삶아서 바로 먹을 수 있어 보릿고개에 밥 대신 허기를 달랠 수 있다." 역대 왕조가 지은 『구황서』도 잠두에 대해 여러 번 언급했다. 잠두는 양이 많은 데다 저렴하기 때문에 평소에도 일부 지역에서는 주요 양식으로 쓰였다. 『천공개물』에서는 호북지역에서 잠두는 당시 보편적으로 이용되던 주식인 기장쌀과 좁쌀 못지않게 주린 배를 채워주는 식량으로 여겨졌다고 했다.

실크로드를 통해 중국으로 전해진 수많은 것들 중에서 잠두는 그다지 눈에 띄지 않지만 가치만큼은 결코 무시할 수 없다. 지금까지도 잠두는 사천 등지에서 호두라고 불리며 실크로드를 따라 수천 리를 건너온 서역 혈통임을 드러내고 있다.

군자의 기품을 지닌
수련

사람들은 수련과에 속하는 수생화초인 연꽃과 수련을 연으로 통칭한다. 그러나 연꽃이 『애연설』에 힘입어 꽃 중의 군자로 명성이 자자한데 반해 수련은 그다지 주목을 받지 못한다. 연꽃은 중국에서 자생한 식물로 주나라 때 이미 '산에는 튼실한 작은 나무들이 가득하고 낮은 습지에는 연꽃이 피었다'는 시구가 지어진 반면, 수련은 인도에서 불교가 전해질 때에야 비로소 중국 각지에 퍼진 것으로 여겨진다.

학자들의 고증에 따르면 북위 때 그려진 둔황 막고굴 벽화 중에 가늘고 긴 꽃잎이 가득한 연꽃 그림이 있는데 중국 양한 시기 이전 그림에서는 그와 비슷한 양식을 찾아볼 수 없고, 기원전 1세기 인도 석굴에서 비슷한 그림이 나타나는 것으로 보아 중국 고유의 전통적인 연꽃 그림이 아니라 인도에서 전해진 수련을 표현한 것임을 알 수 있다. 수련睡蓮이라는 이름은 낮에 피고 밤에 오므라드는 습성 때문에 생긴 것이다.

연화는 불교에서 매우 상징적인 존재로 여겨진다. 꽃은 시들어도 뿌리는 죽지 않

수련

고 이듬해에 다시 피는 것이 불교의 윤회생멸 관념에 딱 들어맞는 데다 세속을 벗어난 듯한 청정한 이미지도 불법이 추구하는 청정하고 장애가 없는 경지와 어울리기 때문이다. 불교 경전에서는 연화와 수련을 딱히 구분하지 않지만 불교가 탄생한 인도에서는 수련이 연화보다 훨씬 보편적이다. 이른바 칠보연화에서 다섯 종류는 수련에 속하고 나머지 두 종류만이 연화에 속한다. 이러한 연유로 예술작품에서 수련은 처음부터 종교적 상징성을 지닌 존재로 등장하며 신성함과 순결함, 상서로움을 의미했다. 전형적인 예가 바로 둔황석굴의 벽화다. 북위 때 그려진 벽화에 등장하는 연화는 대부분 수련을 묘사한 것이다. 이후 불교의 영향력이 확대되면서 수련문양은 갈수록 많은 지역에서 나타났다. 명청 시기에 이르러 자오련과 줄기를 감싼 오련문양은 자기, 견직물에서 흔히 볼 수 있는 무늬가 되었는데 이때는 종교적 의미를 뛰어넘어 번성, 청렴결백 등 더욱 다양한 뜻을 지니게 되었다.

마음을 연
피스타치오

피스타치오(아월혼자)는 옻나무과 카이노키속의 식물로 20여 종이 있으며 중앙아시아에서 자라는 종류와 지중해에서 자라는 종류로 나뉘는데 그중 50% 정도에서 열리는 견과가 식용가능하다. 중국에서는 일명 카이신궈라고 부르는데 이러한 견과류를 부르는 고대 페르시아어를 고대 중국인이 음역한 것이라고 전해진다.

　피스타치오는 중앙아시아와 서아시아의 건조한 언덕과 반사막지역

피스타치오

이 원산지로 이란을 거쳐 지중해 지역으로 전해졌고 이후 지중해를 거쳐 중동, 남아시아, 로마, 영국, 미국 등으로 전해졌다. 야생 피스타치오는 시리아, 터키, 이란, 아프가니스탄 및 구소련 서남부의 반사막지역에서 볼 수 있는 중앙아시아의 가장 오래된 수종 중 하나다. 4,000만 년 전 피스타치오는 아열대 건생 형태 삼림의 건조대에서 자란 수종이었다. 피스타치오를 인공적으로 재배한 역사를 따져보면 서아시아는 약 3,500년, 중앙아시아는 약 2,000년, 지중해 연안은 약 1,500년의 역사를 자랑한다.

피스타치오가 중국으로 전해진 시기에 대해서는 의견이 분분하다. 일반적으로는 중국이 페르시아 및 다른 서아시아 국가와 자주 교류하던 당나라 때 실크로드를 통해 중국에 전해졌을 것으로 생각된다.

연지화
홍화

연지라는 이름이 등장한 가장 이른 시기는 서한 시대다. 연지胭脂라는 글자는 당나라 때에 이르러서야 쓰이기 시작했다. 여기에서 말하는 '지'는 붉은색 연지가 아니라 동물의 몸이나 식물의 씨앗 안에 들어 있는 기름을 말하는 것이다. 선진 시기에 얼굴 화장은 분(흰색)과 대(검은색)가 주를 이뤘다. 한마디로 흰가루를 얼굴에 바르고 청흑색 안료로 눈썹을 그릴 뿐 붉은색을 바르는 화장법은 유행하지 않았다. 중원 사람들이 연지를 사용하기 시작한 것은 한나라 초부터로 알려져 있

홍화

다. 이러한 화장품과 화장법은 흉노족에게서 전해졌다.

홍화 꽃잎에는 붉은색 색소와 노란색 색소가 들어 있다. 꽃이 피면 꽃송이 부분 전체를 따서 돌사발에 넣고 공이로 계속해서 빻아 나오는 노란색 즙을 씻어내서 산뜻한 붉은색 안료를 얻는다. 이후 사람들은 분꽃으로도 연지를 만들 수 있다는 사실을 발견했기 때문에 이런 종류의 꽃도 연지화라고 불리게 되었다. 분꽃은 여름철에 꽃이 피는데 빨간색, 흰색, 자주색, 노란색 등으로 다양하다. 그중에서 빨간색 꽃으로 연지를 만들 수 있다. 나중에는 진달래 꽃가루나 진달래 꽃즙으로도 연지를 만들었다.

외국에서 온 동물[15]

춤추는
궁정의 동물들

궁정에서 춤을 추는 동물들은 당나라 궁정에서만 볼 수 있는 특별한 동물이었다. 궁정연회에서 춤을 춘다고 해서 중국에서는 볼 수 없는 희귀한 동물이었던 것은 아니다. 이러한 동물들은 외국에서 전해진 동물을 잡아 길들이는 기술을 보여주는 것이었다. 궁정연회에서 춤을 추는 동물 중에서는 말의 자태가 가장 정교하고 우아했다. 전하는 바에 따르면 궁정연회에 쓰이는 말은 입으로 술잔을 물고 황제에게 바칠 수 있었고, 취한 상태로 춤을 출 수도 있었다고 한다. 그러나 모든 동물 중에서 가장 관심을 끈 것은 코끼리와 코뿔소였다.

---

15 정리_ 천샤오

중국인에게 코끼리는 완전히 낯선 외국의 동물이 아니었다. 청동기 시대에 코끼리는 황허 유역에서 흔히 볼 수 있는 야생동물이었다. 중국 북부의 삼림이 줄어들고 인구가 늘어나면서 이 거대한 동물은 점차 남쪽으로 옮겨갔다. 미국 학자 에드워드 셰퍼의 고증에 따르면 중국 영토 안에도 코끼리가 있었지만 공연에 쓰이는 코끼리는 모두 외국에서 데려온 것이었다. 코뿔소도 코끼리와 마찬가지로 선사시대에는 중국 북방지역에서 흔히 볼 수 있는 동물이었고, 당나라 때도 양쯔강 이남의 상당히 드넓은 지역에서 활동했다. 그러나 아마도 잡는 방법을 몰라서였는지 당나라 사람들은 중국 영토 안에 있는 이러한 원시동물을 잡아 길들이지 못했다.

다른 나라들이 당나라 황실에 바친 길들여진 코뿔소와 코끼리는 당나라 궁정 안 동물을 기르는 후원에 갇혀 날마다 먹이로 주어진 일정

쿠빌라이 칸이 네 마리 코끼리가 받치고 있는 나무로 만든 정자에 앉아 있다.

한 양의 쌀과 콩을 먹었다. 엄동설한에는 양가죽과 모전에 싸인 채 당나라 황실에서 여는 축하활동에 참가할 때까지 덜덜 떨며 기다렸다. 이러한 대형 동물들은 모두 추위에 약해 중국 북방지역에 공물로 진상된 뒤에는 해마다 겨울이 돌아오면 괴로운 나날을 보내야 했다. 역사서의 기록에 따르면 796년에 수도로 보내진 코뿔소는 이듬해 겨울에 혹한을 견디지 못하고 당나라 후원에서 죽었다고 한다. 살아남은 코뿔소와 코끼리들은 대형 궁정연회에서 공연을 하며 흥을 돋웠다.

조정에서는 사치를 조장하다가도 금세 또 사치를 금지하는 일이 빈번하게 발생했다. 매번 사치를 둘러싼 풍조가 바뀔 때마다 가장 먼저 운명의 갈림길에 서게 되는 것은 바로 궁정연회에 등장하는 동물들이었다. 일단 조정이 근검절약을 강조하면 이 동물들은 비난의 대상으로 여겨져 민생을 안정시킨다는 명목으로 후원에 버려지거나 들판으로 쫓겨났다.

사냥용 짐승을 진상하다

이란계 프랑스 역사가 알리 마자헤리는 유명한 저서 『실크로드-중국·페르시아 문화교류사』에서 진귀한 페르시아 문헌을 여럿 소개했다. 그중 한 페르시아 상인의 여행기에 명나라 궁정에서 사자, 치타, 스라소니가 모두 중요한 공물이라는 내용이 기록되어 있다. 이런 동물들은 모두 근동(파키스탄에서 서쪽으로 지중해 해안에 이르기까지의 아시아 서부지역에 대한 통칭)의 국가들이 진상한 것으로 그곳 사람들은 이처럼 사나운

동물들을 잡아 길들이는 데 능숙했다.

사납지만 사냥을 잘하는 이러한 짐승들은 당나라 때 사람 손에 길들여져 서역의 공물로 중국 땅에 보내졌다. 역사서를 살펴보면 713년에 강국에서 진상한 공물을 개, 표범류라고 설명했다. 당나라 중종인 이현의 장자 의덕태자 묘에서 수렵과 관련된 벽화를 몇 점 볼 수 있는데 그중에는 길들여진 표범을 그린 보기 드문 그림도 포함되어 있다.

치타 외에 새매도 근동에서 중국 궁정으로 보내진 중요한 사냥용 조류다. 당나라 황궁의 응방은 개를 기르는 축사 바로 옆에 있었다. 응방에서는 적어도 네 종류의 사냥매가 길러졌다. 가장 희귀하고 귀한 것은 독수리였는데 그중에서도 검독수리가 가장 귀했다. 한편 가장 우아하고 귀족적인 분위기가 흐르는 새는 송골매였다. 특히 털빛이 흰 송골매는 매우 진귀하게 여겨졌다. 당태종도 흰색 송골매를 가지고 있었는데 장군이라는 이름을 지어주었다고 한다. 황궁에 진상된 매는 모두 옥이나 금, 다른 금속을 조각해 만든 꼬리방울이 달렸고 새매는 자수를 놓은 목줄이 매졌다. 모든 사냥조류에게는 가죽, 청색 견사 또는 구름무늬를 수놓은 비단으로 된 다리끈과 옥으로 만든 회전축 가죽 띠, 도금한 횃대 및 조각을 새기고 도료를 칠한 새장을 마련해주었다. 황실 수렵활동이 있을 때는 전부 둥지에서 나와 사냥에 나서는 광경이 장관이었다.

제3장

장안에서 로마까지
융합의 길

문명의 경계를 찾아서[16]

2015년 8월 초에 나는 밀라노에 열흘 동안 머물면서 밀라노 세계박람회를 보도하는 한편, 로마를 이해할 준비를 하고 있었다. 처음에는 2,000년 전 실크로드의 양 끝에 존재했던 고대 로마와 중화 제국이 교류한 흔적을 찾고자 했다. 이 일로 몇몇 전문가를 찾아갔지만 결과부터 말하자면 실망만 하고 말았다.

　로마 국립아시아예술박물관 극동예술부 책임자인 로베르토 치알라는 내게 보낸 서신에서 유감을 표시했다. "나는 내 인생의 많은 부분을 할애해 두 제국 사이의 교류를 증명할 수 있는 확실한 증거물을 찾아다녔지만 아직까지 찾지 못했고 이는 중국, 유럽에서도 마찬가지다. 당신을 위해 조언을 하자면 우리 박물관에서든 유럽의 다른 어느 박물관에서든 이 사실을 증명할 만한 증거를 찾지 못할 것이다. 그 이유는 아

---

16 글_ 쉬징징

주 간단하다. 로마와 중국은 서로 만난 적이 없기 때문이다. 어쩌면 로마인은 중앙아시아 동쪽에 어떤 위대한 제국이 있었고, 실크가 그곳에서 지중해의 시장으로 수출되었다는 사실을 알고 있었을지도 모른다. 그러나 우리는 흩어져 있는 문자자료 일부와 의미가 매우 모호한 지리정보를 찾아냈을 뿐이다."

실크라면 한때 고대 로마인들이 푹 빠졌던 방직품을 말하는 것일까? 물론 이것들은 로마에 전해졌었다. 그러나 내 눈으로는 확인하지 못했다. 고고학자들이 유럽에서 발견한 가장 오래된 실크직물도 중세의 것이다. "또 한편으로 잠사(어쩌면 작잠사, 즉 산누에고치실일지도 모른다)는 기원전 3000년대 말기에 이미 인도에서 나타났다. 6세기 콘스탄티노플에서 실크를 생산하기 시작했고, 11세기 이탈리아가 지중해 세계의 주요 실크 생산자가 되었다. 그래서 고고학 발굴 현장에서 발견한 작은

관광객들이 미켈란젤로 광장에서 피렌체의 일몰을 감상하기 위해 기다리고 있다.

실크 조각만으로는 그것의 출처를 판단하기가 상당히 어렵다. 로마인에 관해 아는 것이라고는 그들이 동양에서 실크를 수입했다는 사실뿐이다."

내가 진퇴양난에 빠져 고민할 때 이탈리아 고대 방직기술 전문가인 플라비오 크리파가 내게 박물관 두 곳을 찾아가볼 것을 권했다. 그는 나를 차에 태우고 밀라노를 떠나 그림 같은 풍광을 자랑하는 코모호로 향했다. 우리가 처음으로 찾은 곳은 조용한 작은 마을 레코였다. 레코는 알프스 산자락 아래, 코모호 남동쪽 끝에 자리한 도시다.

아베그 실크박물관은 호숫가에 자리한 400년의 역사를 자랑하는 소박한 입 구ㅁ자형 건축물이었다. 정원에는 잎이 무성한 뽕나무가 심어져 있었는데 17세기 이곳은 민간 실크직조 작업장이었다.

6세기 비잔틴 제국의 테베와 코린트(현재 두 도시 모두 그리스에 속한다)

이탈리아 고대 방직기술 전문가 플라비오 크리파가 아베그 실크박물관에서 전시품을 소개하고 있다.

는 실크직물업의 중심지였다. 1147년 동로마와 시칠리아섬을 점령한 노르만인이 해상에서 충돌하면서 테베와 코린트에서 수많은 그리스인 및 유대인 직조공들이 시칠리아 왕국으로 도망쳤다. 이들은 모두 관영 실크직조 작업장에 모집되어 이탈리아 남부 실크산업이 발전하는 데 기틀을 마련했다. 같은 시기 피렌체 근처의 루카, 비잔틴과 특수한 관계에 놓여 있던 베네

바티칸박물관 문물 복원 전문가가 고가구의 채색도안을 복원하고 있다.

치아도 실크직물업을 발전시키려고 했지만 당시에도 여전히 비잔틴과 이슬람 국가가 관계를 주도했기 때문에 염원을 이루지 못했다. 이러한 상황은 13세기에 이르러서야 변하기 시작했다.

상황의 변화는 기술혁명과 밀접한 관련이 있다. 아베그 실크박물관에 전시된 것은 정교하고 아름다운 직물이 아니다. 이 박물관의 주제는 최근 300년 동안 이탈리아 실크직물업이 겪은 기계혁명이다. 전시품들은 매우 잘 보존되어 있었다. 특히 감탄을 불러일으킨 점은 사람의 힘으로 움직이는 기계든 동력으로 움직이는 기계든 전시된 기계 모두가 아직도 사용이 가능하다는 점이었다. 전원 스위치를 누르는 순간 1800년대에 쓰였던 제사기(실을 만드는 기계)가 끼리릭 하고 돌아가는 소리에 200년 전의 실크직조 작업장으로 순간이동을 하게 된다.

아베그 실크박물관에서 가장 인상 깊었던 전시품은 수력으로 구동되는 원형 연사기(홑실을 두 가닥 또는 그 이상의 가닥으로 합쳐 꼬는 기계)였다. 플라비오 크리파는 8세기에 장방형 연사기가 중앙아시아에서 비잔틴과 유럽으로 전해졌다고 했다. 이것이 훗날 원통형으로 개조되었는데 여전히 사람의 힘으로 조작했다. 13세기에 루카인이 수리시설을 이용해 연사공정을 자동화하는 데 성공했다. 수차 한 대는 적어도 200개의 방추를 움직이는데 이는 인공적으로 조작할 때에 비해 2배나 많은 것이었다. 이는 볼로냐, 제노바, 베네치아, 밀라노 실크직물업의 발전에 직접적인 영향을 미쳤다.

내 눈앞에 놓인 이 목재기계는 높이가 13m, 지름이 7m에 이르며 동시에 384개의 방추를 분당 1,000번씩 회전시킨다. 1814년에 만들어진 이 기계는 아직도 돌아간다. 사실 "원형 연사기는 인류 역사상 최초로 복잡하게 만들어진 기계입니다. 이 같은 발명은 1200년부터 1900년까지 응용되는 동안 거의 아무런 변화가 없었어요." 흥미롭게도 레오나르도 다빈치도 한때 이 복잡한 기계에 깊은 관심을 보였다고 한다. 다빈치는 부품도를 몇 장 그렸는데 그중 한 장의 복제품이 박물관 벽에 전시되어 있었다.

이 박물관은 얼핏 봐서는 중국과 별 관계가 없어 보이는데도 사람들은 가장 눈에 띄는 자리에 어마어마한 크기의 실크로드 지도를 전시해 실크가 태어난 머나먼 동방국가를 소개하고 있었다. 이 작은 마을에 자리한 박물관에 중국인 방문객이 몇 명이나 찾아왔을지는 모르겠지만 모든 전시품은 중국어로도 소개되어 있었다. 비록 문법이 부정확하고 의미도 어색하긴 했지만 말이다. 19세기 말부터 20세기 초에는 중국 실크공장에서 그 먼 거리를 달려와 이곳에 전시된 서양 기계를 동양으로 가지고 가기도 했다.

두 번째로 찾은 곳은 안토니오 라티 재단이었다. 안토니오 라티는 1915년에 코모에서 태어난 실크직물업계의 거물이다. 1985년 라티는 실크에 대한 개인적 흥미로 이 재단을 설립하고 전시회를 개최해 대중과 학자들에게 방직예술을 이해하고 연구할 기회를 제공했다. 그는 또한 뉴욕 메트로폴리탄 미술관의 명예이사이기도 했다.

재단은 코모 체르노비오의 호숫가 별장에 자리하고 있었다. 사무실에 있는 모든 창문을 통해 절경을 자랑하는 코모호 주변 풍광을 감상할 수 있었다. 이곳에서는 방직물 3,300점과 2,500가지가 넘는 방직도안이 실린 서적을 소장 중이었는데 이를 통해 3세기부터 20세기에 이르는 실크 역사를 엿볼 수 있었다. 섭씨 18도로 유지되는 소장실 안에서 관장 프란시나 키아라는 전시품을 보관한 서랍을 하나하나 열어 보여주었다. 그중에는 6세기 이집트에서 양털과 마직물로 만든 흑백 상의의 앞섶이 있었다. 도안에 보이는 무용수 형상과 건축양식에서 로마풍이 두드러져 보였다. 15세기 이탈리아의 직물도 있었고, 17세기 상반기 중국 불교 사원의 실크 장식 피륙과 청나라 때 의복도 있었다.

운 좋게도 마침 내가 방문했을 때 재단에서는 실크 화원이라는 제목의 전시회를 열어 식물과 꽃을 주제로 한 소장품을 전시 중이었다. 주전시장은 베르나스코니 별장에 마련되어 있었다. 이 별장은 1905년 아르누보 스타일로 지어진 건축물이었다. 정교하게 조각된 석고판과 부조는 온통 뽕나무잎·누에씨·누에나방과 누에고치만 묘사하고 있는지라 이 건물의 주인이 누구인지 금세 알 수 있었다.

밀라노 카톨릭대학의 키아라 버스 교수는 이탈리아 실크직물업의 역사와 패션산업을 연구했다. 그녀의 설명에 따르면 15세기 밀라노가 소재한 롬바르디아 지역은 실크의 중심지이자 이탈리아 패션디자인의 물꼬를 튼 곳이 되었다고 한다. 당시 부자들은 물질 자체가 아니라 디자인으로 옷감의 가치를 평가하기 시작했다.

나는 베르나스코니 별장에서 이탈리아 20세기 실크산업의 전당으로 들어섰다. 그곳에 있었던 것은 지난 한 세기 동안 지방시, 이브생로랑, 발렌티노, 디올 등의 브랜드가 이탈리아 실크로 만든 커튼, 스카프, 고급 맞춤 예복이었다. 중국에서 온 잠사에 유럽에서 개량된 방직기술과 당대 이탈리아의 심미관과 패션산업이 한데 어우러져 영혼을 사로잡는 눈부신 아름다움을 이뤄냈다.

그때 나는 어렴풋하게나마 지금까지와는 다른 눈으로 문명의 흐름을 봐야 한다는 사실을 깨달았다. 시간의 좌표상에서든 공간의 좌표상에서든 문명은 일방적으로 흐르지 않고, 곧바로 왔다가 그대로 돌아가는 것도 아니었다. 그것은 마치 작은 불꽃 같기도 하고 구불구불하고 아스라한 흔적 같기도 했다. 셀 수 없이 많이 포개지고 부딪힌 결과 지금 내가 보고 있는 세계가 이루어졌다.

이러한 눈으로 로마를 대하니 이 강대한 문명을 새로운 시각에서 볼 수 있는 길을 찾은 것만 같았다. 기세등등한 로마의 위대한 유적에 경도되면서도 절정의 아름다움과 정교함을 보여주는 모자이크화 안에 메소포타미아 우주의 빛이 반짝이는 것을 보았다. 가히 경이로운 광경이라 불릴 만한 거대한 돔천장은 아시리아 제국의 돔형구조에 대한 탐색에서 비롯되었다. 로마로 통하는 수많은 길 이면에는 페르시아 제국의 지혜가 숨어 있었다.

『후한서』를 보면 대진이 "안식, 천축과 해상에서 교역을 하면 10배의 이익을 거뒀다"고 했다. 이 책에는 대진의 열네 가지 기이한 보물이 언급되어 있다. 고고학적 발견과 사료연구를 바탕으로 야광벽, 명월주, 해계서 등은 이집트나 시리아에서 가공한, 아프리카 등지에서 가져온 진귀한 장식물이나 고급 공예품이었음이 밝혀졌다. 이 밖에도 발트해의 호박, 홍해 소코트라섬의 주단, 소아시아의 청벽, 소아시아와 시리아에서 나는 소합향도 있었다. 남은 여섯 가지 수출품은 모두 직물이었다. 이러한 직물 중에 금루수, 금도포 등은 가는 금사를 직물에 짜넣거나 자수, 인염을 해서 찬란한 황금빛 옷감으로 만든 것으로 예로부터 이집트 알렉산드리아와 시리아, 소아시아의 방직작업장에서 생산된 직물 중 가장 이름 높은 제품으로 여겨졌다. 화완포는 에게해의 여러 섬들에서 생산되는 석면으로 소아시아 등지에서 만든 방화포다.

고대 중국은 로마의 유리제품에 지대한 관심을 보였다. 『후한서』에서는 대진이 "수정으로 기둥을 만들고 식기도 역시 그것으로 만든다"고 서술했다. 오늘날에도 로마 곳곳의 박물관에서 빼놓을 수 없는 유물이 바로 유리그릇이다.

나는 배를 타고 베네치아의 무라노섬으로 향했다. 1.5km²밖에 되지 않는 이 작은 섬에 약 100여 개에 달하는 유리공방이 있었다. 전체 인구 7,000여 명 중에 유리공방에서 일하는 사람만 2,000여 명이나 되었다. 섬 이곳저곳을 돌아다니다 보니 서남쪽 해변은 유리작업장과 창고로 뒤덮여 있었다. 운하를 따라 난 주요 간선도로는 남쪽에서 북쪽 방향으로 뻗어 있었는데 양쪽으로 유리제품 상점이 빼곡히 늘어서 있었다. 작게는 값썬 유리구슬부터 크게는 호가가 수천 유로에 달하는 유리예술품까지 매우 다양한 상품이 진열되어 있었다.

수백 년 동안 세계 최고라 불리던 베네치아 유리공예품은 거의 무라노에서 생산되었다. 무라노에는 꼭 한 번쯤 둘러볼 만한 유리박물관이 있다. 박물관에는 시대별로 유리제품을 전시해놓았을 뿐만 아니라 그 불가사의한 유리공예품을 제작하는 방법을 이해할 수 있는 동영상도 준비되어 있었다.

고대 로마인은 유리공예에 관한 모든 비밀을 대부분 알고 있었다. 네로 황제는 자신이 집권하던 시기 6,000세스테르티우스를 내고 대롱불기 기법으로 만든 작은 유리잔 2개를 구입했다. 이것은 여러 가지 색깔의 유리막대를 녹인 다음 합쳐서 만드는 밀레피오리(1,000개의 꽃이라는 뜻) 기법으로 만든 잔이었다.

그러나 이 박물관은 이탈리아 유리공예 역사에 대해 소개할 때 로마시대를 기점으로 하지 않았다. 전하는 바에 따르면 3,000여 년 전 페니키아인들이 우연히 불꽃의 작용을 이용해 소다와 모래(석영)로 화학반응을 일으켜 만든 결정이 유리라고 한다. 이미 기원전 16세기에 고대 이집트에서는 유리구슬과 유리 상감조각이 출현했다. 기원전 1550년부터 기원전 1500년 사이에는 고대 이집트와 메소포타미아 지역에서 유리그릇이 출현했다. 기원전 4세기 이집트에서는 모래주형법, 바이트로 무늬 만드는 법, 조각공예, 도금공예도 발명되었다.

베네치아 무라노 유리박물관에 전시된 현대 유리예술 공예품

로마인의 삶에서 유리는 매우 중요했다. 로마인은 태어나서 한 첫 번째 목욕부터 유리병에 담긴 올리브유를 사용했을 것

이고 우유를 마실 때도 유리로 만든 병을 사용했을 것이다. 식기와 용기 외에도 로마인은 가늘고 긴 주전자, 물방울이나 탑 형태의 유리 요강도 사용했다. 여성들은 정교한 유리병에 향수와 화장품을 담아 사용했다. 심지어 유리창까지 만들었다.

로마인이 많은 양의 유리를 소비하고 또 많은 유리제품을 수출할 수 있었던 것은 기원전 50년경 시리아-팔레스타인 지역에서 나타난 대롱불기 기법 덕분이다. 기원전 31년 아우구스투스 황제는 로마의 통치범위를 유리가 활발히 생산되던 지중해 동부지역으로 확대했다. 로마 제국 시기의 지리학자 스트라보의 기록에 따르면 아우구스투스 황제 시대 로마에는 유리생산의 중심지가 두 군데 있었는데 한 곳은 알렉산드리아였고 다른 한 곳은 오늘날 레바논의 시돈이었다. 올해 초 뉴욕 메트로폴리탄 미술관은 1세기 로마 유리예술의 대가 엔니온의 작품전을 개최했다. 전하는 바에 따르면 엔니온은 시돈 출신의 페니키아인이었다고 한다.

로마는 세계적인 도시였다. 이는 단순히 로마가 거대한 제국의 수도였기 때문이 아니다. 이집트와 아프리카의 밀이 로마를 길렀고 소아시아와 시리아, 그리스의 석재가 로마를 세웠다. 제국의 영토에서 나는 풍부한 물산은 로마라는 이름을 멀리 동방에까지 알렸다. 더 중요한 점은 로마에는 비범한 재주를 지닌 로마인이 살았다는 것이다. 그들은 멀게는 메소포타미아와 브리튼(영국) 등 광활한 지역에서 로마로 흘러들었다. 세계인이 한 가족이라는 시대정신 아래 그들은 자신들의 신을 판테온(모든 신들에게 바친 신전)에 모시고 함께 로마를 만들어갔다.

이는 로마 문명만의 특징이 아니다. 실크로드 동쪽 끝에서 우리 동료들도 허시저우랑에 있는 돈황을 찾았다. 한나라 때 사막 언저리에 자리한 이 작은 오아시스는 동쪽으로 장안과 낙양으로 이어졌고, 서쪽으로는 실크로드 여행을 시작했다. 돈황 동쪽 61km 지점에 있는 현천치 유적은 역참이자 외부인을 맞이하는 곳이었다. 여기에서 출토된 서한 소제(기원전 87~기원전 74년) 이후의 목간木簡에 따르면 돈황은 한나라와 서역 사이의 안식, 대월지, 강거, 대원, 구자, 우전, 계빈(오늘날 카슈미르) 등 29개국을 오간 사절을 맞이했다.

돈황은 위대한 도시의 최전선이었다. 기원전 202년 한나라는 진나라가 위하 남쪽 강변에 남긴 궁전을 이용해 장안성을 축조하기 시작했다. 한고조 유방은 위하 남쪽에 있는 진나라 때의 흥락궁을 개축해 장락궁이라고 이름 붙였고, 후에 소하에게 미앙궁을 지으라고 명했다. 한나라 혜제는 성벽을 쌓았고 무제는 즉위한 후에 장안성을 대규모로 증축해 북궁, 계궁과 광명궁을 짓고 성 남쪽에 태학을 세우고 성 서쪽에 있는 진나라 때의 상림원을 확장했으며 곤명지를 파고 건장궁 등을 지었다.

로마처럼 장안도 동방의 기관奇觀이었다. 장안의 성벽은 황토를 다진 판축으로 만들었는데 높이 12m, 댓돌의 폭만 12~16m, 성 전체 둘레 2만 5,700m, 성문이 12개에 이르는 엄청난 규모를 자랑했다. 그중 미앙궁과 마주 보는 성문 4개의 폭은 52m에 달했다. 성안에는 폭 45m의 주요 도로 8개가 서로 교차했다. 궁전은 도시 가운데와 남쪽에 집중되어 있었고 귀족의 저택은 미앙궁 북궐에 분포해 있었으며 백성들은 성 북쪽에 거주했다. 성 남쪽 교외에는 종묘와 벽옹, 사직 유적 등 예식과 관련된 건축물이 있었다. 가장 웅장한 미앙궁 전전前殿은 용수산 언덕 위에 있는데 현재 궁전 터 유적은 여전히 근처 지면보다 3~15m 높다. 전기(댓돌)는 남북으로 400m, 동서로 200m에 이른다. 전기 위에

남쪽에서 북쪽 방향으로 3개의 대형 궁전의 토대가 늘어서 있다. 미앙
궁 전전 유적은 현재 중국 역사상 보존상태가 가장 양호하고 규모가
가장 큰 궁전 유적이다.

　도시 서북쪽에는 유명한 장안구시가 있었다. "구시가 열리면 물건들
이 곳곳으로 갈리고 사람들은 고개를 돌릴 수 없고 수레는 방향을 돌
릴 수 없다." 서시에는 온갖 수공예작업장이 밀집해 있고 동시에는 상
점이 운집해 있었다. 그곳에는 남방의 상아, 비취, 황금, 중원의 실크,
칠기, 철기, 서역 각국의 토산물, 준마, 모직물, 악기, 진기한 날짐승과
길짐승 등 매우 다양한 상품이 준비되어 있었다.

　5세기 로마의 해가 저물었다. 7세기부터 8세기 초까지 장안은 당시
세계의 중심지가 되었다. 이 도시에 모여든 것은 세계 각지의 진귀한
물품만이 아니었다. 당나라 초기에 정한 10부악 중 천축악, 안국악, 강
국악 등은 모두 총령 서쪽 지역에서 전해진 것이다. 천축인 구담선의
가문은 4대에 걸쳐 장안 사천감을 맡으면서 여러 차례 당나라 역법을
수찬하는 데 참여했다. 마찬가지로 장안 사천감을 맡은 사람으로는 천
축에서 온 구마라와 가섭 가문 및 페르시아인 이소 가문 등이 있다. 뿐
만 아니라 당나라 때의 장안은 이른바 삼이교(3개의 이방 종교)라 불렸던
현교, 경교, 마니교 등 외래종교의 중요한 전파지로서 동시와 서시를
중심으로 장안 곳곳에 크고 작은 외래종교 사원이 분포해 있었다.

　문명의 경계는 내가 상상한 것보다 훨씬 모호했다. 당나라 장안 사
람들은 조보보, 조서재, 조강의 연주풍을 누고 경도(장안을 말함)의 소리
라고 불렀다. 밀라노에서 키아라 버스 교수는 나를 데리고 폴디 페촐
리 박물관을 찾았었다. 그녀는 내게 16세기 이탈리아에서 생산된 실
크직물을 보여주었는데 붉은 바탕 위에 금사로 짠 구름무늬는 중국 한

나라의 영향을 받은 것이고 모첨毛尖 형태의 잎은 16~17세기 터키 양탄자와 벨벳에 넣던 도안이었다. 이것은 당시 이탈리아에서 매우 흔한 디자인이었다.

또 다른 직물에서는 비둘기 한 마리가 6개의 꽃잎으로 이루어진 꽃송이에 둘러싸여 있었다. 이 직물은 15세기 후반에 생산된 것이었는데 이 꽃무늬는 밀라노를 지배했던 스포르차 가문이 성당에서 결혼식을 올릴 때 사용하던 큰 일산에 쓰던 것이었다. 바로 이 가문의 대대적인 지원에 힘입어 밀라노는 새로운 실크직물업의 중심지로 떠올랐다. "이 도안은 스포르차 가문의 상징이 되었어요. 오늘날의 이탈리아인이 보기에 이것은 완벽한 서양의 것이죠. 그러나 많은 역사자료를 살펴본 결과 이것이 중국의 전통적인 문양에서 비롯되었다는 사실을 발견했어요." 나는 그녀에게 물었다. "왜 우리는 이런 것들을 탐구해야 하죠?" 버스 교수는 이렇게 대답했다. "역사를 이해하려는 이유 중 하나는 선조들이 창조한 문명에 자부심을 갖기 위해서입니다. 하지만 이보다 더 중요한 것은 자신의 뿌리가 어디인지 알고 우리가 단 한 번도 외따로 존재한 적이 없다는 사실을 아는 것이죠."

실크로드의 시작, 중국 장안[17]

실크로드는 동서를 가로지르는 무역로이자 인류문명의 교차로로서
실크로드상에 자리한 서역 오아시스 국가들은 온갖 종교신앙에 관
용적인 태도를 취해 인도에서 건너온 불교, 페르시아의 현교, 마니교
및 기독교 동방정교의 일파인 경교는 이곳에서 조화롭게 공존하면
서 더 멀리 전파되었다.

초당사에서
소안탑까지

대안탑 하면 현장이 떠오르듯이 오늘날까지 보존된 당나라 시기 장안
의 랜드마크였던 소안탑은 당나라 고승 의정과 함께 거론되는 불탑이

---

17 글_ 주부충

다. 떠들썩한 관광객들과 가이드는 법현과 현장 이후 가장 유명한 이 서역 구법승의 이름을 한 귀로 듣고 한 귀로 흘리고 만다. 대다수는 43.3m짜리 13층 높이의 이 푸른 벽돌 불탑이 의정이 천축에서 가져온 불교 경전을 보관하기 위해 당나라 중종 경룡 연간에 축조되었다는 사실만 알 뿐 탑에 올라 멀리까지 구경하거나 사원 안의 복제종을 직접 쳐보고 안탑의 아침 종소리가 주는 운치를 한번 느껴보는 데 더 관심이 많다.

불교가 처음으로 중원에 전해진 때는 언제일까? 처음에는 바닷길을 통해서 전해졌을까? 아니면 육로를 통해서였을까? 아직까지도 학계는 이 문제를 두고 갑론을박을 이어가고 있다. 가장 믿을 만한 최초의 역사기록은 『위략·서융전』에 나온다. "한나라 애제 원수 원년(기원전 2년) 박사제자 경로가 대월지 왕의 사자인 이존으로부터 부도교의 경전을

오늘날까지 보존된 당나라 시기 장안의 랜드마크 소안탑

구두로 전해 받았다."

일본 불교학자 츠카모토 전류는 동서 교통로가 뚫리면서 불교 경전이 중앙아시아에서 중국으로 전해졌을 가능성이 있다고 했다. 이윤을 추구하는 서양 상인과 불교 열풍으로 발흥한 불교 문화가 이미 개척된 육상 실크로드를 따라 2세기부터 점진적으로 꾸준히 감숙, 섬서, 하남 지역으로 흘러들었다. 시라토리 구라키치는 이보다 더 강경한 어조로 불교가 전해진 길은 오직 하나, 바로 『한서』에서 말한 계빈·오익산리 길이라고 단언했다. 탕용동은 이렇게 말했다. "불교가 동쪽으로 전해질 때는 먼저 서역의 대월지, 강거, 안식 등의 국가를 거쳤으며 그 길이 대부분 육로였음은 의심할 여지가 없다."

마찬가지로 양계초(량치차오)를 비롯한 일부 학자들은 불교가 바닷길로 전해졌다는 설을 견지했다. "불교는 육로가 아니라 해로로 전해졌다. 초기의 근거지는 낙양이 아니라 양쯔강 중하류와 화이하 유역이었다." 서한 말부터 위진 시대까지 중원사회에 극심한 혼란이 이어지고 서역 교통로가 끊기면서 수많은 해외 고승들은 중국으로 불법을 전하기 위해 바닷길을 택했고 중국 승려들도 서역으로 불법을 구하러 가기 위해 끊임없이 서역 남해 사이를 오갔다. 동진 융안 연간, 계빈국 승려 담마야사가 광주로 와 불법을 전하며 법성사(현재 광효사)를 지었다. 당나라 때까지 이 사찰에서 불교를 전하고 경전을 번역한 인도 고승으로는 구나발타라, 지약삼장, 달마선사, 구라나타(법명은 진체), 반랄밀체 등이 있다. 당나라 의봉 원년(676년)에 신종 육조혜능은 이곳에서 머리를 깎고 수계한 뒤 남선종의 시조가 되었다.

이러나저러나 육로에서 불교가 동쪽으로 전해진 노선은 육상 실크로드가 개척한 무역로와 대체로 일치한다. 즉, 카슈미르에서 우전으로 들어가 다시 톈산 지역에서 실크로드 남북로를 거쳐갔다. 기원전 3세기 고대 인도 공작 왕조(마우리아 왕조)의 아육왕(아소카 왕) 시대 제3차 결집(1,000여 명의 비구들이 모여서 논서를 담은 논장을 마련해 삼장의 기틀을 마련한 일) 이후 말전지 등의 승려가 계빈국과 간다라국으로 향하고 마하륵기다 등은 대하 지역으로 가 불교를 전파했다. 이때 불교와 서역 타림분지 오아시스 사이에는 파미르고원과 쿤룬산맥이 가로막고 있었지만 카슈미르에서 피산(구마를 가리킴)과 자합(샤히둘라를 가리킴)에 이르는 노선 등 고산 곳곳에 오솔길이 나 있었다.

대월지와 그를 잇는 쿠샨 왕조 초기 불교를 신봉한 제3대 왕 가니색가(카니슈카, 1세기 말 또는 120~160년)는 고승 500명을 카슈미르로 모아 제4차 불경결집을 거행했다. 쿠샨 왕조는 실크로드의 요충지에 자리하고 있기 때문에 많은 중앙아시아 불교도가 서역으로 들어갈 수 있게 되어 기원전 1세기 무렵 총령을 넘어 우전국에 이르렀다. 우전국 서쪽에는 소륵국이 있었다. 『후한서·서역전』의 기록에 따르면 2세기 초에 소륵국의 왕 신반이 왕위에 오르기 전에 가니색가 왕이 있는 곳에 인질로 갔었는데 그곳에서 자연스럽게 불교를 받아들이게 되었고 훗날 소륵국으로 돌아와 왕이 되고 나서는 적극적으로 불교를 전파했다고 한다. 전하는 바에 따르면 신반의 귀국길을 호송한 쿠샨 왕조는 그를 위해 가람(절)까지 지었다고 하는데 현장도 자신의 여행기에서 이 가람에 대해 언급했다.

이후 수세기 동안 고대 신강에 자리했던 오아시스 왕국들은 대부분 불교를 국교로 숭상했다. 오늘날까지도 실크로드상에 남아 있는 불교 석굴은 카스의 삼선동부터 쿠처의 키질석굴, 옌치의 시크친석굴, 투루판의 베제클리크석굴, 그보다 더 동쪽으로 둔황 모가오쿠를 거쳐 다퉁의 윈강석굴과 뤄양의 룽먼석굴에 이르기까지 모두 불교가 전파된 이 육로가 남긴 확실한 흔적이다.

양한 시기 불교는 주로 중원에서 제나라와 초나라, 즉 장강과 회하 사이 지역에 전파되었는데 황실과 신분이 높은 귀족들에게만 영향을 미친 것으로 보이지만 삼국 양진 시기에는 점차 남쪽으로 영향력을 확대했다. 시베이대학 불교연구소의 리리안 주임은 사회가 불안하고 전란이 빈번히 발생한 것도 그 원인이지만 불교에 내포된 평등사상과 구원사상도 불교의 전파를 막았다고 지적했다. 리리안은 이렇게 말했다. "『삼국지·유요전』에는 민간에서 이뤄진 최초의 불교 신봉운동인 착융의 불교 사원 짓기 사건이 기록되어 있다. 착융은 서주목 도겸의 부장으로 초평 4년(193년)에 거금을 들여 하비에 부도사를 지었다. 하비성 남쪽에 지어진 부도사 안에는 탑이 있었는데 위에는 황금 쟁반이 있고 아래로는 겹겹이 누각이 있었다. 9층짜리 팔각탑이었는데 층마다 비첨 (중국 고대 건축양식의 일종으로 처마 서까래 끝에 부연을 달아 기와집의 네 귀가 높이 들린 처마)이 있었고, 각 면마다 구리 거울을 박아 넣었을 뿐만 아니라 탑 꼭대기에도 하늘을 향해 구리 거울을 끼워 넣어 구경탑이라고 불렸다. 전하는 바에 따르면 누각은 3,000여 명을 수용해 그 안에서 불경을 공부할 수 있었고 황금으로 도금된 불상은 비단 가사를 걸치고 있었다고 한다. 관불회 때마다 길가에 수십 리에 달하는 자리를 펴놓고 아무나 먹고 마실 수 있도록 술과 음식을 마련해두었다. 이를 구경하거나 예불을 드리리 온 백성의 수가 만여 명이나 되었다."

오호십육국 시기 중국 북방사회는 큰 혼란에 빠졌다. 이때 역대 소수민족 정권은 통치기반을 다지기 위해 외국에서 전해진 불교를 숭상했다. 후진의 2대 황제 요흥은 양주를 정벌하고 서역 구자국의 고승 구마라습을 맞이한 뒤 여러 차례 장안의 고승을 모셔와 법회를 들었다. 또 이 같은 활동에 맞춰 불교 건축물을 짓는 등 대규모 토목공사를 단행했다. 장안성 북쪽 후현에 자리한 초당사는 바로 이때 지어진 불교 건축물 중 하나로 당나라 때 서선사로 이름을 바꿨다. 초당사는 여러 차례 전쟁의 불길에 휩싸였다가 송나라 초기 다시 지으면서 청량건복원으로 이름을 바꿨지만 현지인들은 금나라, 원나라에서 청나라에 이를 때까지도 초당사 또는 서산사라고 불렀다. 초기 초당사는 후진 홍시 3년(401년)에 짓기 시작했다. 『진서·구마라습전』에 따르면 요흥이 구마라습을 수도로 맞이한 때가 홍시 3년이라고 했다.

　오늘날의 초당사 경내 건물은 거의 다 청대 이후에 지은 것으로 사찰 입구의 초당사라는 편액은 조박초(전 중국불교협회 회장)가 쓴 것이다. 현존하는 최대 법당은 원래 청나라 때 천왕전의 소요삼장전으로 금을 입힌 명나라 때의 점토 여래불상을 모셨고 불상 앞에는 일본 니치렌슈(일련종)가 바친 구마라습 좌상이 놓여 있다. 대전 서쪽에는 육각형 모양의 호탑을 위한 정자가 있는데 여기에서 잠시 걸음을 멈추고 쉬는 관광객의 발길이 끊이지 않는다. 정자 가운데에는 일명 팔보옥석사리탑이라고 불리는 요진삼장법사 구마라습 사리탑이 있다. 현지 민간에서 떠도는 말에 따르면 구마라습은 이 초당사에서 입적했다고도 한다. 현존하는 사리탑의 높이는 약 2.33m이고 팔각형, 12층으로 되어 있는데 청색, 백색, 담황색 등 층마다 돌의 색이 다르고 수미산이 부조된 아래층 받침 위로 3층짜리 운대에 만초(덩굴풀)무늬가 있으며 중간의 팔각형 불감이 그 위에 있고 꼭대기에는 동그란 구 형태의 부조 아래 음각으로 불상이 새겨져 있다. 전문가는 불상의 형태와 장식 등으로 미루어 보아 당나라 때 만들어진 것으로 보이며 후진 시기 장안성의 수

미산 형상을 따라했을 가능성이 크다고 보았다.

후현 주위에 구마라습과 관련된 불교 건축으로 현존하는 것은 초당사뿐만이 아니다. 후현 남쪽으로 7리 떨어진 뤄스촌에 있는 나십사 유적도 후진의 황제 요흥이 구마라습을 모시면서 지은 사찰이자 거처다. 구마라습이 진나라로 오자 요흥은 그를 국사의 예로 대접하고 매우 친

❶ 초당사 경내 불상
❷ 초당사 경내 요진삼장법사 구마라습 사리탑
❸ 초당사 북원에 있는 오래된 우물에서는 가을철과 겨울철에 종종 하얀 운무가 피어오른다.
❹ 초당사 경내 요진삼장법사 구마라습 사리탑 명문

밀한 교류를 이어갔다고 한다. 전하는 바에 따르면 구마라습은 장안과 후현 사이를 오가기 편하도록 특별히 풍하에 나루터를 만들었는데 이곳이 바로 현지 먹거리 친전미피로 유명한 친두진으로 당나라 때 고변이 이수랑에게 보낸 시에서 '시사의 손님이 진도에 돌아오는 것이 늦다'고 한 대목에서 가리킨 곳도 바로 이곳이다. 구마라습은 나습사 서명각에서 『반야』, 『법화』, 『유마』, 『삼론』 등 수백 권에 달하는 경문을 번역했다. 오늘날 나습사 불당에는 아직도 당나라 때의 특징을 지닌 치문(지붕 용마루 양 끝에 놓이는 장식물)이 남아 있는데 지름이 1m 정도 되고 주변에 연꽃문양 대형 석축 기단 및 3m 높이의 대전 기단이 남아 있다. 이러한 당나라 때 사찰 유적도 당시 건축의 웅대함을 간접적으로 증명해준다.

만약 구마라습이 머물던 후현이 장안의 서남쪽 관문이자 불교 중국화의 기점이라고 한다면 의정이 귀국 후에 머문 소안탑은 장안 불교의 중심지이자 불교 중국화의 초석이라고 할 수 있다. 이곳에서 의정은 『욕상공덕경』, 『칭찬여래공덕신주경』 등의 경문을 번역했는데 그 수가 총 61부나 되니 실로 엄청난 양이라고 할 수 있다.

역사기록을 살펴보면 의정의 구법 여정이 얼마나 험난했는지 알 수 있다. 승려 선행과 함께 함형 2년 11월 광주에서 남해로 출발해 20일 후 실리불서(스리비자야, 오늘날 수마트라섬의 팔렘방이 수도였음)에 도착했다. 의정은 이곳에 6개월간 머물렀고 동행했던 선행은 병으로 귀국길에 올랐다. 의정은 실리불서 왕의 도움으로 말라유(오늘날 수마트라의 잠비 지방), 갈다국(오늘날 말레이반도 서안의 케다주), 나인국(오늘날 인도의 니코바르와 안다만제도)을 거쳐 동인도 탐마립저(오늘날 탐루크 지방)에 이르러 현장의 제자인 대승등 선사를 만나 1년 동안 머물며 산스크리트어 등을 배웠다. 이후 대상을 따라 중인도로 가는 도중 수시로 위험한 상황에 맞닥뜨렸다. 여러 불교 유적을 참배한 뒤 675년에 날란다 사원에 이르러 이곳에서 10년 동안 머물며 공부했다. 685년 의정은 많은 산스크리트어 불경을 가지고 귀국길에 올라 탐마립저를 지나 갈다국에 이르러 이곳에서 거의 1년간 머문 뒤 695년에 낙양으로 돌아와 『화엄경』 번역에 참여했으며 713년 정월에 입적했다.

의정은 귀국 도중 왔던 길을 되돌아가기도 하고 광주에서 1년 동안 머문 다음에야 장안으로 돌아오기도 했다. 오늘날 학계에서는 의정이 귀국 시기를 잰 이유가 무주혁명(무측천이 나라 이름을 주로 고치고 스스로 황제가 된 사건)과 관련이 있을 것이라고 본다. 의정이 실리불사에서 잠시 광주로 돌아온 것도 정세를 살피기 위함이었을 것이다. 의정은 무측천의 황제 즉위가 기정사실이 된 뒤에야 경전을 가지고 낙양으로 향했다. 이것은 불교를 나라의 근본으로 삼은 새로운 왕조에 바치는 선물이었기 때문에 특별히 황제가 직접 나와서 맞아주었다.

역사기록에 따르면 증성 원년 9월 위세가 하늘을 찌르던 무측천은 남쪽 교외에서 하늘에 제사를 지내고 천책금륜대성황제라는 존호를 붙이고 전국적으로 대사면을 시행하고 연호를 천책만세로 고쳤다. 이 일이 있기 전 5월 곧 탄생할 무주 왕조에 천명을 따랐을 뿐이라는 합법성을 부여하기 위한 계략이 꾸며졌다. 어떤 관리가 장안 근처 물속에서 석함에 들어 있는 옥책玉冊을 발견했다고 했는데 의정은 이 옥책에 새겨진 글자가 '천책신황만세, 충보성모장안天冊神皇萬歲, 忠輔聖母長安'이라고 했다. 이 같은 언행은 의정이 현실의 요구를 외면하고 시세에 순응할 줄 모르는 고집불통이 아니었음을 의미한다. 무측천은 인도에서 불경을 가지고 돌아온 이 고승의 신분을 이용해 옥책의 글자를 통해 자신의 권위를 세울 필요가 있었고 의정은 무주 정권이 도가만 떠받들던 이당(李唐, 이씨가 다스리던 당나라)의 경향에서 벗어날 수 있도록 이 옥책 사건으로 군왕의 위엄을 빌려 불교를 널리 전파하고자 했기 때문이다.

마찬가지로 귀국 후에 의정이 다른 고승과 함께 착수한 『화엄경』 번역작업이 무측천의 전폭적인 지원을 얻은 것도 현실적인 정치적 고려가 있었기 때문이다. 정리해보면 고종 후기부터 무측천 통치시기 실크로드를 통해 동서양의 불교 교류가 갑자기 활발해지고 장안에서 경전 번역, 불교 사원 건축운동이 일어난 것은 사실 무측천이 『화엄경』을 핵심으로 한 불교 이론체계를 확립한 의정과 같은 고승의 높은 학문과 명망을 빌려 방대한 불교 종파를 세워 정치적 통치기반을 확대하기 위함이었다.

육상 실크로드를 통해 동서양을 오간 불교 승려들은 실크로드상에 있는 수많은 서역 오아시스 국가에서 환대를 받았다. 당나라와 토번이 대치 중인 상황에서도 양측 모두 승려들만큼은 보호하고 통행을 허가해주었다. 그중에서도 고창국이 가장 성심성의껏 승려들을 대했다. 투루판 고분군에서 고창국 시기부터 태종이 고창국을 멸망시키고 이곳에 당나라의 서주부를 설치했을 때까지의 공문서와 사문서가 대량으로 출토되었는데 이를 통해 고창국이 손님과 사절을 어떻게 대했는지에 대해 상세히 알 수 있다. 『대자은사삼장법사전』에 따르면 비록 행각승의 신분이었지만 고창국은 현장을 매우 융숭하게 대접했다. 사미승 시종 4명을 비롯해 황금 100냥, 은전 3만 냥, 능과 견 100필, 짐을 싣는 말 30마리를 내주었을 뿐만 아니라 전중시어사 환신을 보내 서돌궐의 통 야브구 카간의 왕궁까지 호송하라고 했다.

그에 대한 대가로 실크로드를 오간 구법승도 둔황으로 가는 길에 만나게 되는 불교 신자들과 관부에 불경 원본과 필사본을 전해주었다. 둔황 문헌 S.5981호는 당나라 때 승려인 부주 개원사 관음원 주지 지엄이 동광 2년(924년) 3월 초 인도로 불법을 구하러 갔다 돌아오는 길에 사주에 이른 뒤 돈황의 불교 성지를 두루 참배하고 불경을 필사해 불교 신도들에게 준 일에 대한 기록이다. 기록에 따르면 지엄은 현장의『대당서역기』를 가지고 다녔다고 하는데 이로 보아『대당서역기』가 중원에서 서역으로 향한 구법승의 여행 가이드북 역할을 톡톡히 했음을 알 수 있다.

구법승이 편하게 서역을 오갈 수 있었던 또 다른 이유는 성당 시기 당나라가 대대적으로 서역을 경영한 덕분이다. 현경 3년(658년) 당나라는 서돌궐을 무너뜨리고 안서도호부를 구자로 옮겼다. 고종, 무측천 때부터 현종에 이를 때까지 당나라의 변경 방위체제는 부병이 교대로 진수하던 것에서 점차 대규모 군진이 장기적으로 주둔하며 변경을 방위하는 것으로 바뀌어갔다. 이 과정에서 군진의 관료와 그 가솔 중 상당수가 열성적이고도 사원에 불공까지 바치는 신도가 되었다. 그들은 실크로드를 오가는 서역 이민족 상인들과 함께 동서양을 관통하는 이 불교 신앙지대를 떠받쳤다. 뿐만 아니라 당나라 때는 안서사진을 설치하고 구자대운사, 용흥사, 우전개원사 등 국가사찰을 짓고 이 지역의 통치중심인 구자에는 불교 사무를 관장하는 승려관리인 사진도통까지 두었다. 20세기 초 독일은 네 차례에 걸쳐 투루판으로 탐험대를 보내『금강반야바라밀경』,『묘법연화경』등 한역 불교 경전들을 발견했다. 이는 불교가 중원 내륙에서 창성한 뒤 서역에 은혜를 되갚아 널리 불교를 전파한 상황을 생생히 보여준다.

그러나 해상 실크로드를 통해서든 육상 실크로드를 통해서든 서역으로의 구법 여정은 위험천만한 길이었다. 의정이 저술한『대당서역구법고승전』에 기록된 승려 56명 가운데 이후 행적을 알 수 없는 사람이 7명, 인도에서 입적한 사람이 16명이고 중국으로 돌아온 승려는 겨우 5명이었다. 중도에 돌아올 수 없었던 사람이 2명, 인도로 가는 도중에 죽은 사람이 16명, 인도에 도착한 지 얼마 지나지 않아서 죽은 사람이 5명, 돌아오는 길에 죽은 사람이 5명이었으니 그 여정에서 겪었을 고난과 시련을 지금에 와서 고작 글 몇 줄로 헤아리기란 쉽지 않다.

이후 얼마 지나지 않아 발생한 안사의 난으로 당나라의 서역 경영은 중단되었고, 강대한 토번이 9세기 초 하서 땅 전체를 차지하면서 중원과 서역의 관계는 단절되고 말았다. 안사의 난을 거치면서 당나라는 국력이 크게 기울어 원래 서역 각지에 주둔하던 군사들을 잇달아 중원으로 소환해 황제를 지키게 했다. 토번은 이 기회를 틈타 세력을 확장했는데 북정(오늘날의 지무싸얼현)과 서주(투루판)가 가장 먼저 공격의 대상이 되었다. 당나라 군대는 회골한국에 도움을 요청할 수밖에 없었는데 이리하여 회골한국은 8~9세기 사이에 점차적으로 북정, 고창, 언기, 구자, 선선(뤄창) 등의 지역을 자신의 통치 아래 두었다.

이때 실크로드 교통의 단절과 서역에서의 당나라 세력 약화로 인해 서역의 불교 사원은 신도를 잃었고 중원은 더 이상 토번이 차지한 허시저우랑을 통해 계속해서 서역으로 서적과 승려를 보낼 수 없게 되었다. 또한 회골이 마니교로 개종한 것에 대해서도 불교 신도들은 위험한 일이라고 여겼다.

정원 원년 인도에서 경전을 구해 돌아온 승려 오공은 경전을 가지고 회골을 거쳐 중원으로 돌아올 수 없어 경전을 북정에 남겨둘 수밖에 없었다. 뿐만 아니라 중원의 불교 이론체계가 갈수록 완전해지고 인도 본토에서 불교의 지위가 하락하면서 승려들도 더 이상 진리를 얻기 위해 반드시 서역을 찾을 필요가 없다고 생각하게 되었다. 또 서역의 투르크화, 이슬람화도 불교 신앙이 불교의 제도, 문물과 함께 점차 잊혀 결국은 드넓은 모래사막 아래 묻히게 되는 원인이 되었다.

현교와 마니교:
빛의 신도

소안탑 옆에 있는 시안박물원 지하 전시장에는 매우 진귀한 석곽 하나가 전시되어 있다. 시안 문물보호센터 고고학팀 전문가 양쥔카이에 따르면 이 석곽은 2003년 시안 웨이양구 징상촌 동쪽에서 출토된 북주 시대의 대형 고분에서 나온 것이라고 한다. 고분의 주인은 북주 양주 살보 사군으로 명문의 기록에 따르면 사국 출신으로 중원에 들어온 뒤 양주 취락의 수령인 살보가 되었고 579년에 사망했다.

말끔히 정리하고 나서 석곽 표면에 새겨진 다양하고 상세하며 여전히 색이 살아 있는 부조 도안을 확인할 수 있었는데 무덤 주인이 살아생전 했던 일이 생생히 묘사되어 있었다. W1호 도안을 보면 형체가 웅장하고 후광이 있는 신이 연화좌에 앉아 설법을 하고 있고 왼쪽과 아래쪽에 각각 공양인 부부와 신도 대중, 동물 등이 있는데 신상은 상투에 수염이 있고 오른쪽 어깨를 드러내고 있다. 프랑스 둔황학 연구의 대가 에티엔은 이 그림이 마니교의 주신 마니가 사군 부부의 참회의식을 주재하는 장면을 묘사하고 있다고 보았다. 일본의 동양학자 요시다

❶ 당나라 시기 채색 기마수렵용(시안박물원 소장)
❷ 삼채무관용(시안박물원 소장)
❸ 북주 사군묘 석곽(시안박물원 소장)

유타카도 에티엔의 의견에 동의하며 사군이 박트리아 지역에서 무역에 종사하면서 마니교를 믿게 되었을 수 있다고 했다.

그러나 석곽 동벽에 그려진 사군 부부의 장례와 승천의식을 묘사한 그림을 보면 이 같은 의견의 신빙성에 의심이 든다. 양쥔카이에 따르면 그림에서 사군 부부는 낙타 무리와 가산을 상징하는 각종 동물을 이끌고 현교에서 죽은 자의 영혼이 반드시 지나가야 한다는 심판의 다리인 친바트 다리 위를 걷고 있고, 다리 어귀에는 영혼이 어둠을 지날 수 있도록 돕는 성화가 불타오르고 있다. 하늘에는 소그드인이 숭배하는 주신인 풍신이 있고 깃발 아래 조로아스터교의 최고 신인 아후라 마즈다를 대신해 인간세계를 살피는 여신 다에나(영적인 쌍둥이)가 눈앞에 꿇어앉은 사군 부부를 맞이하고 있다. 그리고 무덤의 주인 부부는 기락천과 함께 날개 달린 말을 타고 천국으로 향하고 있다. 석곽 정면에는 석비(돌문) 두 짝으로 이뤄진 문이 있고 양측으로 대칭을 이룬 창문이 있으며 위쪽에는 기악 인물이 새겨져 있고 아래쪽에는 조로아스터교의 스라오샤(복종의 천사)가 배화단을 지키고 있다. 죽은 자의 영혼이 정화되어 하늘로 오르는 여정을 생생하게 묘사한 이 그림은 조로아스터교의 문헌기록과 딱 맞아떨어진다.

당나라 때의 장안은 당시 세계에서 가장 발달한 국제도시로 각국에서 건너온 외국인이 살고 있었다. 그들은 사는 곳을 옮길 때 자신의 종교도 함께 가져왔는데 그중에는 살보사군처럼 페르시아와 소그드에서 건너온 사람들이 세운 현교 시인도 있었다. 그중 장안 숭화방에 있던 현교 사원인 현사에 관해서는 명확한 기록이 남아 있다. 당나라 때(631년) 소그드인 목호하록이 장안 십자가 남쪽에 현사를 세웠고 677년에 페르시아 왕 피루즈는 예천방에 파사호사(페르시아 사원)를 세우도록 허락해달라고 청했다. 전문가의 고증에 따르면 당나라 수도 장안에 그 흔적을 확인할 수 있는 현교 사원은 모두 네 곳으로 각각 포정방 서남쪽, 예천방 서북쪽, 보녕방 서북쪽, 정공방 서북쪽에 있었다. 국경을 넘어온 외국인들은 오랫동안 장안에 거주하면서 점차 중국식 생활습관을 익혔지만 종교만은 바꾸지 않았다. 시안에서 출토된 〈소양처마씨묘지〉에서 확인할 수 있듯이 874년까지 사산조 페르시아에서 건너온 사람들은 자신들의 신앙인 조로아스터교를 고수했을 뿐만 아니라 사산조 페르시아의 언어인 팔라비어를 계속 사용했다. 무덤에 기록된 글의 한자와 팔라비어를 대조한 후에야 소양이 사산 왕족의 성씨인 Suren에서 비롯되었음을 알 수 있었다.

최초로 현교가 중국에 퍼진 시기와 관련해 확실히 증명이 가능한 연대는 북위와 남양 시기다. 현祆이라는 글자가 종교를 나타내는 의미로 중국 역사서에 처음으로 등장한 것은 당나라 정관 연간에 편찬한 『수서·서역전』이다. 그러나 또 다른 설에 따르면 삼국 시대 224년 천축 현교의 고승 유기난이 축율염과 함께 무창으로 왔다고 한다. 실크로드 상에서 종교인들은 종종 카라반을 따라 움직였는데 6세기 이전 사산조 페르시아의 상인과 사절이 중국을 찾았다는 기록이 적지 않고, 사산조 페르시아는 현교를 국교로 삼았으니 이들 상단과 사절단 사이에는 틀림없이 현교도가 있었을 것이다. 다만 일정에 쫓기다 보니 중원에서 체계적인 전도활동과 경전 번역작업을 벌이지 못했을 뿐이다. 그러다가 북위가 중국 북방을 통일하고 대대적으로 서역을 경략하고 사회가 안정되면서 서역의 이민족이 점차 중원에 오랫동안 머물기 시작했다.

불교, 마니교, 경교가 적극적으로 전도에 나선 것에 비하면 현교는 내향적이고 폐쇄적으로 보인다. 하지만 역사서를 보면 드물기는 하지만 중국 본토 백성이 현교로 개종한 사례가 기록되어 있다. 예를 들어 후위의 숙종은 총애하는 현교 승려 밀다도인을 곁에 두었고, 당나라 사람 이조위의 『유의전』에서도 태양도인에 대해 언급하며 그들이 불을 신으로 모신다고 했다. 전기소설에서도 현교 승려가 등장하는 것으로 보아 현실사회에서도 그들이 활약했음을 알 수 있다.

현교는 7세기에 아라비아의 정복 및 만당사회의 격동으로 페르시아와 중원 지역에서는 쇠락했지만 실크로드의 동단 오아시스 지대에서는 상당히 오랜 시간 동안 명맥을 유지했다. 타클라마칸사막 한가운데에는 고대 우전국의 흔적인 단단윌리크 유적이 자리하고 있다. 스웨덴 탐험가 스벤 헤딘과 영국인 탐험가 오렐 스타인은 모두 이곳에서 수많은 조소품과 벽화, 목판화 등을 발견했다. 당나라 때 이곳은 우전국에 속했는데 한 시대를 휩쓴 종교 회화예술에서 힌두교, 현교, 불교 신의 이미지는 한데 섞여 표현되었다. 1998년 스위스인 크리스토퍼 바우머는 유적 서남부에서 스타인이 훑고 지나간 전당식 건축물을 발굴해 두 폭의 삼신상 벽화를 발견했다. 그중 하나에서 세 신은 각각 힌두교의 시바(불교에서는 마혜수라라고 부름), 불교 석가모니의 어머니인 마야 부인, 브라흐마다. 그런데 그 밑에 있는 소, 브라흐마가 손에 쥔 일월과 삼지창은 현교의 요소가 분명하다. 이에 대해 해석하자면 이곳에 모여 살던 소그드인이 이미지가 섞인 이러한 신을 그려 세력이 강한 불교 앞에서도 은연중에 자신의 신앙을 지키려 했던 것으로 보인다.

마니교는 9세기부터 10세기까지 서역에서 황금기를 보냈다. 독일의 베를린 민속학박물관의 알버트 그륀베델과 르 콕이 이끄는 제3차 투루판 탐험대는 20세기 초에 고창, 베제클리크, 토욕구 석굴에서 페르시아어와 파르티아어 및 소그드어 마니교 경전과 찬미시, 공양 제기 등이 포함된 마니교 문헌과 회화 유물을 대량으로 발견했다. 마니교는 페르시아인 마니가 3세기에 창시한 뒤 현실세계에 대한 부정이 가득한 교리 탓에 사산조 페르시아에서 금지되었고, 창시자 마니도 처형당했다. 그러나 중앙아시아 지역에서는 사정이 달랐다. 이 지역은 다양한 문화와 민족이 서로 섞여 있고 무역으로 인해 비교적 자유로운 사회적 분위기가 형성되어 있었을 뿐만 아니라 마니교 자체가 조로아스터교와 마찬가지로 이원론적 세계관을 가졌기에 교세가 급속히 확장되었다. 이리하여 페르시아에서 전파된 마니교는 호라산 지역으로 전해졌다가 더 동쪽으로 퍼져 소그드, 토카리스탄, 서역 투루판 지역까지 전해졌고 소그드어도 마니교의 공용어로 자리잡아갔다.

　외국에서 건너온 종교이면서 후발주자였던 마니교는 기본적으로 조로아스터교 및 기반이 탄탄한 불교와 겨룰 수 없어 정치적으로 실권

대당서시박물관에 소장된 수나라 채색 묘금 백석탑(부분)

을 가진 통치자의 권력을 빌려 교세를 확장할 수밖에 없었다. 『책부원귀』권 971 『외신부·조공사』를 보면 당현종 개원 7년(719년) 토화라국 지한나 왕 제사는 표문을 올려 천문에 밝은 대모라는 사람을 바친다고 했다. 이 말은 곧 토화라 지역의 지한나 왕이 당나라 조정에 들어 우호와 순종의 뜻을 보이고 천문학에 밝은 마니교 법사를 당나라 조정에 보내겠다는 뜻이었다. 692년 당나라 조정은 안서사진을 수복하고 군사 3만을 보내 지키도록 했다. 이로써 서역 실크로드는 100년 동안 안정적이고 원활한 통행이 보장되었고 아울러 마니교의 중원 진출도 가능해졌다.

『불조통기』권 39에 다음과 같은 기록이 있다. "연재 원년(694년) 페르시아 사람 불다탄이 『이종경』 거짓 종교를 들여왔다." 이 글을 쓴 불교 기록가가 거짓 종교라고 멸시한 신앙은 바로 마니교이며 『이종경』은 마니교의 기본 경전이다. 그러나 이를 통해 마니교가 정식으로 중국에 전해진 연도를 확실히 알 수 있다. 무측천이 칭제하던 시기 마니교는 미륵교로 신봉되었고, 마니교의 빛 숭배에 강한 호감을 느낀 무측천에게 인정받아 무주 정권에서는 중국 내 포교를 허가받았다.

그러나 좋은 날은 길지 않았다. 732년 당나라 조정은 중원 백성들에게 마니교 금지령을 내렸다. 비록 외래민족은 이 금지령의 대상에 포함되지 않았지만 마니교의 영향력은 급속히 줄어들 수밖에 없었다. 이후 안사의 난 후기에 이르러 막북의 회골칸이 당나라 조정의 낙양, 장안 수복을 돕기 위해 군대를 파견하자 마니교 승려 예식은 그 기회를 틈타 회골의 모우칸을 설득해 마니교로 개종시켰다. 얼마 후 모우칸은 예식을 비롯해 중원에 남아 있던 마니교 승려도 막북으로 데려갔고 마니교는 곧바로 회골한국의 국교가 되었다. 독일 베를린 인도 예술박물

관 소장품 중 그륀베델과 르 콕이 투루판에서 발견한 회화 조각에서
는 최고의 신이 오른손을 뻗어 군장을 갖춘 채 두 무릎을 꿇고 앉은 회
골 칸의 두 손을 잡고 있고 장수들과 승려들이 그 주변을 둘러싸고 있
으며 오른쪽에는 힌두교 신앙에서 가져와 마니교의 사명존으로 받들
어진 시바, 브라흐마, 비슈누, 가네샤가 그려져 있다. 학계는 이 그림이
모우칸이 마니교로 귀의하는 장면을 묘사한 것이라고 확신했다.

미공의 묘지에는 미공이 "당나라에 살았는데 왕의 명을 받들어 와
서 서로 어울려 잘 살았다"는 기록이 있다. 이는 곧 그가 회골 사신의
신분으로 당나라 수도 장안에 머물렀다는 뜻이다. 한자로 쓰인『구성
회골가한비』를 보면 회골 칸은 마니교도를 후하게 대접했고 고위 성직
자는 국정에도 참여시켰다. 특히 외교사무에 있어서 "우리나라를 찾는
사절이든 그 나라를 방문하는 사절이든 반드시 마니교도여야 했다."
이로 보아 미공이 외교사절이 된 것도 틀림없이 그가 마니교 성직자
였기 때문이었을 것이다. 이때 당시 회골한국은 국력이 막강해 당나라
조정을 도와 안사의 난을 일으킨 반군을 토벌하고 낙양과 장안을 수복
한 이후에는 또 서역에서 토번에 맞서는 당나라에 힘을 실어주었기 때
문에 당나라 조정으로서는 회골한국과 가까운 사이를 유지할 수밖에
없었다. 당나라는 회골과 우호관계를 유지하기 위해 마니교도들에게
특별한 관심을 갖고 여러모로 편의를 봐주었다. 이 덕분에 회골과 소
그드 마니교도는 낙양과 장안에서 상당히 큰 세력을 형성하게 되었다.
768년 당나라는 마니교 회골인들이 장안과 다른 대도시에서 포교할
수 있도록 허락했다.

840년 회골한국에 내란이 발생하고 기회를 엿보던 정적 힐알사(키르
기스족)가 서북쪽에서 침략해오면서 회골한국은 무너지고 말았다. 이때

13부는 남쪽으로 내려와 당나라 조정에 귀순했다. 역사학자 진원이 말했듯이 회골과 마니교는 운명공동체였기 때문에 얼마 후 당나라 조정은 각지에 있는 마니교 사원을 폐쇄한다는 명을 내렸다. 회골의 나머지 15부는 천산 동부지역으로 이주해 고창회골 왕국을 세웠고 마니교는 이곳에서 한동안 명맥을 유지했다. 20세기 초 이후로 발견된 투루판 마니교 문물은 대체로 9세기부터 10세기 사이 고창회골 왕국 시기의 유물이다.

경교:
비문 뒤의 이야기

시안성벽 남쪽의 괴성루 아래 자리한 비림박물관은 현지 서예가, 문학 및 역사 애호가들이 즐겨 찾는 곳이다. 그중에서도 저수량의 〈동주성교서비〉, 구양순의 〈황보탄비〉, 장욱의 〈단천자문〉, 유공권의 〈현비탑비〉 등 당나라 때의 유명 서예가와 문학가의 필적을 모아둔 제2진열실은 발길이 끊이지 않는다. 이런 진귀한 비문의 탁본은 박물관에 딸린 기념품 가게에서도 판매하고 있는데 고가임에도 없어서 못 팔 지경이다. 가이드들은 대개 관광객을 데리고 진열실에 들어가면 입구 왼쪽에 있는, 이미 글자 흔적이 많이 흐려진 〈대진경교유행중국비〉에 대해 당나라 때 기독교가 중국으로 전해졌다는 증거라고 매우 간략하게 몇 분 정도 소개할 뿐 더 이상의 설명은 하지 않는다.

〈대진경교유행중국비〉는 1623년 또는 1625년 섬서성 주지현에서 발견된 이후 한때 서안에 있는 사찰 금승사에 안치되어 있었다. 비석의 높이는 2.36m로 상단에 구름과 연화대가 십자가를 받치고 있고, '리'라는 이름의 뿔 없는 용이 주변을 에두르고, 좌우로 백합꽃이 새겨져 있다. 비석 아래와 양측에는 고대 시리아어로 경교 선교사 70명의 이름을 새겼다. 비문으로 〈대진경교유행중국비 비송병서〉를 지어 건중 2년에 세웠으며 비문은 총 32행, 1,780자로 이루어졌고 이지러진 글자 하나 없이 뚜렷한 형태를 유지하고 있다. 비문은 시리아어와 한자로 쓰였는데 서문과 송사, 두 부분으로 나뉜다.

비문의 작자는 페르시아 경교 선교사로 본명은 아담이고, 한자 이름은 경정이며, 시리아어 비문에 쓰인 그의 직함은 구역 주교이자 장로였다. 이 비석은 이사Mar Yesbuzid라는 뛰어난 경교도를 기념하기 위해 세워졌다. 이사는 속가 경교 신도이자 객경 신분으로 당나라 중기 군사 및 정치활동에 활발히 참여해 삭방절도사 곽자의 휘하에서 봉직하

대진경교유행중국비(부분)

며 당 숙종 이형의 총애를 받아 중용되어 관직이 금자광록대부, 동삭 방절도부사, 시전중감에 이르러 자가사를 하사받았다. 이사는 영무 등 5군에 경교 사원을 흥건하고 신도에게 한결같이 보시를 베풀었다. 비 문에서는 이사의 생애에 대해 소개한 뒤 불교 경문식 용어로 기독교의 세계관을 소개했다. 하느님이 세상을 창조한 과정 및 구세주 미사하(미 새아라고도 함. 메시아를 이름)의 생애와 사업을 소개하고 신도들에게 노비 를 두지 않고 모든 사람을 귀천의 구분 없이 대하며 재물을 모으지 않 고 모든 복을 함께 나눌 것을 요구했다. 끝에서는 이 땅에 뿌리를 내리 고 교세를 확장하기 위해 현종과 숙종, 덕종 황제의 영명함과 어진 정 치를 칭송했다.

경교, 즉 기독교 동방교회의 네스토리우스파는 시리아 출신 네스토 리우스가 창시한 종교로 네스토리우스는 한때 콘스탄티노플 대주교로 있었다. 431년 에베소 공의회에서 네스토리우스는 그리스도가 한 인격 안에 실재성을 지닌 두 본성, 즉 신성과 인성이 연결되어 있다며 예수 그리스도의 인성을 강조하고 성모 마리아의 신성을 부정했다는 이유 로 이단으로 몰려 이집트로 쫓겨났다. 그러나 그가 창시한 교파는 점 차 중앙아시아 지역에 뿌리를 내리고 발전하면서 계속해서 동쪽으로 교세를 확장해나갔다. 5세기에 이르러 실크로드상의 주요 도시인 메르 브(투르크메니스탄 바이람 알리 근처)는 이미 네스토리우스 동방교회의 주 교가 다스리는 곳이 되었다. 6세기에 경교 성직자는 이미 아무다리야 강을 건너 박트리아 지역으로 들어가 서투르크인과 실크로드 상업무 역의 핵심세력인 소그드인을 개종시켰다.

8세기 초 경교는 호탄 주변 오아시스까지 전파되었다. 둔황 장경동 17호굴에서 초기 서양 탐험가, 영국인 오웰 스타인은 『신약』, 『구약』을 비롯해 순교자 『사도행전』 등이 시리아어, 소그드어, 회골어로 저술된 경교 문헌을 발견했다. 또 우전국 스타일의 불교 보살이 오른손을 든 채로 설법을 하는 형상과 닮은 신의 모습을 발견했는데 그 뒤의 후광에 십자가가 보이고 목에도 똑같은 모양의 펜던트가 달린 목걸이를 걸고 있는 것으로 보아 예수 그리스도나 다른 기독교 성도를 그린 것이 확실했다. 몽골 통치시기에 이르러서는 몽골부족 중 케레이트(한자로 극렬부 등으로 표기), 메르키트(한자로 명아걸로 표기)도 대거 기독교로 개종했다. 마르코 폴로는 『동방견문록』에서 투루판 실크로드상의 오아시스에서 불교도, 무슬림, 기독교도가 공생하는 것을 보았다고 했다.

경교가 언제 중원 지역에 전해졌는지에 관해서 서양 연구자들은 사실을 입증할 만한 구체적인 사료 부족으로 한때 치열한 논쟁을 벌였다. 로마 작가 이레네우스는 3세기 말에 쓴 『이단 논박』에서 3세기 이전에 기독교가 이미 중국에 전파되었다고 했다. 16세기 이후 예수회 선교사가 인도에서 적극적으로 선교활동을 벌였는데 예수의 12제자 중 1명인 성 도마는 인도에서 중국으로 건너가 기독교를 전도하고 교회를 세웠다고 한다. 그러나 이러한 전설은 역사적 근거가 없으므로 믿을 수 없다. 현재로서는 돌궐인이 위진남북조 시대에 중원으로 들어오면서 경교로 개종한 돌궐인이 중원에 경교를 전파한 것으로 보인다. 1940년대 허난 뤄양에서 〈적돌사묘지〉가 출토되었다. 여기에 보면 "적씨가 병주 태원에서 태어나 관직이 제분무위, 의통수에 해당하는 직위에 이르렀다"는 내용이 있다. 돌사는 페르시아어 Tarsa의 음역으로 달사라고도 번역되는 경교도에 대한 호칭이다. 적달사는 중원 지역에서 초기에 활동한 경교 선교사를 가리키는 것으로 보이는데 그의 아버지 사마하는 북제나 북주 시기 산서 지방으로 이주한 중앙아시아 투르크인으로 상업에 종사하며 타향살이를 하는 중앙아시아(페르시아) 이주민을 관리하는 역할이었을 것으로 보인다.

경교도가 중원에서 활동했다고 해서 기독교 교리가 중원에 전파되고 뿌리내렸다는 뜻은 아니다. 『당회요』「대진사」부분에 다음과 같은 기록이 있다. "정관 12년 7월 파사승 아라본이 중국에 와서 전도를 하고 태종에게 경교 경전을 바쳤다. 당나라 조정은 경교에 대해 '교리를 상세히 설명하니 현묘하고 자연스러우며 진리에서 비롯되었다. 간명한 어휘로 분명하게 설명하고 이치가 심오하니 만물을 구제하고 사람에게 이로우니 천하에 전함이 마땅하다'고 보았다. 그리하여 의녕방에 경교 사원을 짓게 하고 대동한 경교 승려 21명을 머물게 했다."

바로 이 역사적인 시간에 대해 대진경교유행중국비에서는 더욱 상세하게 기록했다. 아라본이 중국에 오자 황제는 재상 방현령을 서교까지 보내 융숭하게 영접했다. 황제의 조서에 쓰인 용어에서 알 수 있듯이 이세민은 경교 교리가 도교와 매우 비슷하다고 생각했다. 당나라 왕실이 도교를 숭상한 것도 경교가 중원에서 신속하게 뿌리를 내리고 전파될 수 있었던 원인이었다. 개원 연간 현종은 녕국 등 오왕에게 직접 장안 경교 사원에 가서 세례를 받고 단을 세우라고 했다. 그런 다음, 가장 총애하는 환관이자 장군의 직함까지 얻은 고력사를 보내 사원 안에 오성(즉 고조, 태종, 고종, 중종, 예종 등 5명의 선대 황제)의 초상화를 배치하도록 하고 견 100필을 하사했다. 천보 3년에는 대진국 경교 승려 길화가 장안에 와서 흥경궁에서 왕실의 공덕을 기원했고 경교를 믿는 페르시아인 이소도 한림 신분으로 사천대에서 일했다.

당나라 때 경교 승려들은 중국에서 끊임없이 경전 번역활동을 이어갔다. 그중에서 〈대진경교유행중국비〉의 작자인 경정이 가장 많은 경전을 번역했다. 둔황 17호 장경동에서 발견한 수많은 한문 경교 문헌 중에서 '대진본교경'이라고 불리는 서적은 530부에 달하는데 찬양가 『대진경교삼위몽도찬』, 『대진경교대성통진귀법찬』, 『대진경교선원지본경』(파본) 및 『지현안락경』 등을 포함해 그중 30부를 경정이 번역한 것으로 보인다. 『서청미시소경』(미시소와 미사하는 모두 메시아의 음역임)과 『일신론』은 아라본이 쓴 것이라고 한다. 이러한 문헌에 설명된 교리는 유교와 불교에 가까운 표현을 많이 사용했다. 예를 들어 하느님을 불佛이라고 표현하거나 불교 경전에 나오는 아라한이라는 표현을 빌려 여호와를 경존景尊 아라하阿羅訶라고 번역했다. 경문에 '구원의 뗏목을 내려주시어 불길에 휩싸인 강에서 표류하는 저희를 구원하소서'라는 구절이 있다. 여기에서 불의 강은 당나라 때 불교에서 홍진의 고달픈 삶을 가리키며 쓴 말로 부처가 신도 대중을 구제하는 뗏목을 내려주는 것을 표현할 때도 쓰였지만 그리스도가 종말로부터 사람들을 구원하는 것을 표현할 때도 쓰였다.

2006년 5월 고도 뤄양에서 경당(다각형으로 깎은 돌에 경전을 써 넣은 돌기둥) 조각이 출토되었다. 이후 경당의 탁본이 문물시장으로 흘러들어가면서 그 가치를 발견한 학자에 의해 현재는 뤄양 실크로드박물관에 소장되어 있다. 경당에 새겨진 경문은 바로 둔황문서 중 유실된 『대진경교선원지본경』으로 제작년도는 당나라 문종 대화 3년(829년)이며, 형태나 기능이 불교의 경당과 매우 유사했다. 명문에 따르면 이 경당은 낙양 경교 사원의 소그드인 신도가 작고한 어머니 안국안씨태부인을 위해 만든 것으로 망자를 지옥에 빠지는 고통에서 구제하기 위해 어머니의 묘지 옆에 세웠다. 낙양 경교 경당에 이름을 남긴 신도는 대부분 관직에 몸담은 사람이었다. 이는 다시금 외국에서 온 경교 신도들이 당나라에서 매우 활발하게 정치적 활동을 했음을 증명한다.

그러나 회창멸법會昌滅法 조치로 경교, 마니교, 현교 등은 모두 멸교의 위기에 빠지게 된다. 845년 7월 무종은 조서를 내려 불교 승려들을 강제로 환속시켰고 경교, 현교 교도 중에서도 3,000여 명을 강제로 환속시켰다. 광주, 사주, 고창 등지의 사원 승려만 운 좋게 멸법을 피해 갈 수 있었다. 878년 황소의 난을 일으킨 반란군이 광주를 함락시키고 무슬림, 현교도, 경교도를 포함해 이곳에 거주하던 아라비아, 페르시아 소그드 등 외국 국적의 상인 12만 명 이상을 학살했다. 이로 인해 한때 해상 실크로드를 잇는 주요 항구이자 외래종교의 중심지로 이름을 날렸던 광주는 치명타를 입었다. 당나라 조정의 호의와 도움에 지나치게 의존했던 경교도 당나라 정권의 쇠망과 함께 몰락의 길을 걸었다. 기독교가 신앙으로서 다시금 중원에서 부흥한 것은 그로부터 많은 세월이 지난 원나라 때와 근대 아편전쟁 이후였다.

※이 글에 자료를 제공하고 도움을 준 베이징대학 역사학과 룽신장, 시안미술대학 마위안빈, 시베이대학 불교연구소 리리안, 시안문물보호센터 고고학연구원 양쿤카이에게 감사의 마음을 전한다. 참고문헌은 룽신장의 『실크로드와 동서 문화교류』, 저우징바오의 『실크로드 불교문화 연구』, 한스 요아킴 클림카이트의 『1,500년 이전 아시아의 기독교』, 린위수의 『페르시아 배화교와 고대 중국』, 하네다도오루의 『서역문화사』 등이다.

실크로드의 끝, 고대 도시 로마[18]

장안에서 로마, 동양에서 서양에 이르는 실크로드가 보여주는 것은
고전적인 세계화 경관이다. 이 길에 자리한 위대한 도시 로마는 당
연히 온갖 문화가 섞여 만들어진 산물이다.

위대함은
로마의 것

서기 97년 반초는 감영을 대진에 사절로 보낸다. 그는 험준한 파미르
고원과 카라코람산맥의 고산협곡을 건너 오늘날 이란의 남부에서 밤,
이스파한, 마리완을 거쳐 이라크 메소포타미아 지역으로 들어가 페르

18 글_ 쉬징징

시아만에 도착했다. 감영은 큰 바다에 이르러 건너고자 했지만 '바다가 넓고 커서 왕래하는 데 좋은 바람을 만나면 세 달 안에 건널 수 있지만 느린 바람을 만나면 2년이 걸리기도 해 바다를 건너려는 자는 모두 3년 치 식량을 준비해 간다. 바다 한가운데 있으면 자꾸만 고향생각이 나서 그리움에 죽는 이도 많다'고 하는 안식국 사람들의 말을 듣고 감영이 그만 멈췄다.

동한의 사절단은 로마 제국을 코앞에 두고 있었다. 만약 감영이 안식국 사람들의 충고를 듣지 않았다면 그는 무엇을 보게 되었을까? 감영이 사절로 간 바로 그해에 로마 황제 네르바는 트라야누스를 후계자로 삼았다. 트라야누스는 제국의 영토를 역대 최대로 넓힌 황제다. 기원전 27년 아우구스투스가 황제가 된 이후 로마는 최고의 전성기를 향해 나아가고 있었다.

고대 로마의 항구도시 오스티아 안티카 유적 내 극장

오늘날 시안과 뤄양에서 2,000년 전 동한과 서한의 수도로 자리했던 풍모를 느끼기란 매우 어려운 일이 되어버렸지만 다행히 동시대의 로마는 여전히 나와 같은 순례자들을 맞이하고 있다.

나는 티베르강 왼쪽 강둑 페티나리에 있는 18세기에 지어진 아파트에 머물렀다. 좁아터진 벽돌길을 따라 300m쯤 걸어가면 캄포 데 피오리에 도착한다. 아침에는 이곳에서 떠들썩한 시장이 열리는데 과일, 채소, 향신료, 옷 등을 판다. 이처럼 시끌벅적하고 화려한 광장에 어울리지 않는 것이 하나 있었으니 바로 광장 중앙에 세워진, 어두운 밤에 몸을 숨긴 채 얼굴을 망토로 가린 음울한 남자의 조각상이었다. 바로 천문학자 조르다노 브루노의 조각상인데 서기 1600년 브루노는 로마 교황청에 의해 이곳에서 화형당했다.

캄포 데 피오리는 로마 중심가의 축소판으로 가로세로로 복잡하게

고대 로마의 광장 유적. 광장에 있는 셉티미우스 세베루스 개선문은 로마 제국이 3세기 말에 페르시아 전투에서 두 차례나 승리한 것을 기념하기 위해 만들어졌다.

뒤엉킨 벽돌길이 크고 작은 광장들을 하나하나 잇고 있다. 사람들은 광장을 중심으로 거주하며 생업을 이어가고 사람들과 만나고 놀고 종교활동과 정치활동에 참여한다. 이러한 도시의 골격은 15세기에 만들어졌다.

1420년 교황 마르티노 5세가 로마로 돌아왔을 때 로마는 인구 2만 명의 퇴락한 소도시에 불과했다. 로마를 교황의 공식 거주지로 재건하기 위해 교황청은 대규모 도시건설계획을 추진하기 시작했다.

페티나리에서 다른 쪽으로 걸어가다 보니 금세 시스토 다리 위에 올라설 수 있었다. 15세기 로마 재건계획으로 인한 교통량 증가와 끊임없이 밀려드는 순례객 문제를 해결하기 위해 교황청은 시스토 다리를 만들라고 명령했고 이로써 교각 사이가 둥근 아치형을 이뤄 총 4개의 아치를 볼 수 있는 시스토 다리가 만들어졌다.

시스토 다리의 수수한 교각 3개는 티베르강 속에 단단히 박혀 있다. 건축가 바치오 폰텔리는 시스토 다리를 만들 때 옛 로마의 다리인 아우렐리우스 다리의 남아 있는 받침대들을 사용했다. 그보다 상류에 있는 5개의 아치로 이루어진 대리석 표면의 성 천사의 다리는 곧바로 성 베드로 대성당으로 인도했다. 나는 다리 위에 있는 실제 사람 크기의 정교하기 이를 데 없는 10기의 천사상을 보고 입을 다물지 못했다. 이 천사상들은 17세기 잔 베르니니가 이끄는 9명의 예술가들의 손에서 탄생했다.

그런데 이 아름다운 천사상보다 더 놀라운 것은 교량의 구조였다. 성 천사의 다리는 티베르강에 놓인 첫 번째 다리로 2세기의 로마 황제 하드리아누스가 만들었는데, 다리 서쪽 끝에 위치한 거대한 원형의 성 천사의 성이 바로 그의 영묘다.

로마에는 이처럼 역사를 품은 건물이 매우 많다. 내가 수없이 지나친 캄포 데 피오리 근처의 파르네제궁전은 교황 바오로 3세 가문의 저택으로 미켈란젤로를 비롯한 여러 건축가가 심혈을 기울여 만든 곳이다. 현재 파르네제궁전은 프랑스 대사관으로 쓰이고 있는데 관광객들은 예약을 통해 17세기 천장화를 구경할 수 있다. 그러나 파르네제궁전 문 앞 광장에 자리한 소박하면서도 고풍스러운 화강암 분수 2개에 관심을 기울이는 사람은 거의 없을 것이다. 이 분수들은 사실 고대 로마의 카라칼라욕장에서 쓰던 욕조였는데 16세기에 분수로 탈바꿈해 이곳에 놓였다. 그 당시 로마는 도시의 수로 시스템을 재건하고 있었는데 각각의 광장에 놓인 분수가 바로 생활용수를 공급하는 원천이 되었다.

구름 같은 인파가 몰리는 콜로세움을 피해 이미 사람들의 기억에서

성 천사의 다리는 티베르강을 가로지르는 첫 번째 다리로 2세기 로마 황제 하드리아누스가 만들었다.

잊힌 검투사 훈련장 유적지를 지나 산 조반니 인 라테라노 거리를 따라 동쪽으로 500여 m를 더 가면 12세기의 산 클레멘테 성당이 길가에 다소곳이 자리하고 있다. 사실 규모나 건축, 장식예술 면에서 보자면 산 클레멘테 성당은 별다른 매력이 없다. 이곳의 진짜 매력은 지하에 숨겨져 있다. 성당 홀 한쪽 계단을 따라 내려가니 벽돌과 모르타르 구조로 이루어진 완벽한 형태의 또 다른 성당이 나타났다. 이 성당은 4세기 로마 제국 말기에 지어졌다. 어두운 불빛에 익숙해지고 나니 선명한 푸른색, 붉은색, 황금색으로 그려진 기독교 벽화가 또렷하게 시야에 들어왔다.

순간 물이 흘러가는 소리가 들렸다. 물소리를 따라가 보니 산 클레멘테 성당 지하의 또 다른 비밀을 발견할 수 있었다. 그곳에서 마치 탐험을 하듯 한 사람이 겨우 지날 수 있을 정도로 폭이 좁은 긴 통로를 지나니 미트라스교 신전의 신단이 보였다. 널찍한 방은 한때 신전으로 쓰였던 성당으로 로마 공화정 시대에 흔히 쓰인 석재인 트래버틴을 잘라 벽을 만든 것이다. 고고학 연구결과에 따르면 이 신전은 로마 귀족의 저택으로 만들어졌다가 서기 64년에 발생한 로마 대화재 때 무너진 것으로 추측된다.

신전 안의 공기는 물기가 배어나올 정도로 축축했다. 물을 끌어들이는 고대 로마의 수로에서 들려오는 졸졸거리는 물소리가 사방에 가득 찼다. 로마는 매일 약 3억 5,000만 갤런의 물을 소비하는데 대부분 도시의 수로 11개가 수십 km 떨어진 산에서 끌어오는 맑은 물로 충당하고 있다. 수로는 사이펀의 원리로 물을 높은 곳까지 끌어올릴 수 있다. 수로는 매우 합리적으로 설계되었고 유지보수가 엄격하게 이뤄져 맑은 물을 끊임없이 공급할 수 있다.

고대 로마 제국의 유적은 대부분 1km도 되지 않는 포리 임페리알리 거리에 집중적으로 몰려 있다. 트라야누스의 시장과 아우구스투스 황제 광장이 나란히 붙어 있고 그 맞은편에는 포로 로마노와 곳곳에 신전과 궁전이 세워진 40m 높이의 팔라티노 언덕이 자리하고 있다. 거의 모든 유적이 나란히 늘어선 기둥과 외로이 서 있는 부서진 벽만 남은 상태다.

포로 로마노에서 제국 말기의 막센티우스 바실리카는 39m 높이의 아치형 문 3개를 남겼고 정전의 경간(건축물·구조물·교량 등에서 지점과 지점 사이의 서로 마주 보는 면의 거리)은 25m에 달했다. 이 기록은 그로부터 1,000년도 더 흐른 뒤에야 성베드로 대성당의 경간 27.5m에 최장거리 자리를 내주었다. 르네상스 시대에 막센티우스 바실리카의 반원형 후궁과 육각 아치형 문은 고전미와 대칭미의 전형으로 인정받았다. 막센티우스 바실리카 서쪽 애프스(로마의 바실리카에서는 신랑의 한쪽 또는 양쪽을 마무리하는 반원형이나 다각형의 벽감)에는 원래 콘스탄티누스 대제의 좌상이 있었지만 현재 이 좌상의 잔해는 카피톨리니박물관 정원에 놓여 있다. 누구도 이것을 보고 그냥 지나칠 수는 없을 것이다. 콘스탄티누스 대제는 2.5m 높이의 거대한 두상과 함께 굳은살이 박여 있고 혈관이 툭 튀어나온 2m 길이의 발 2개를 남겼다. 높이가 적어도 12m는 되었을 것으로 보이는 이 좌상은 흰색 대리석으로 머리와 사지를 조각했고 나머지 신체 부위는 벽돌과 나무로 만들었다. 겉면에는 청동도금이 되어 있었을 것이다. 로마인은 청동 주조실력도 빠지지 않았다. 카피톨리니박물관 내부에는 1.8m 높이의 청동 두상이 있는데 이것은 막센티우스 바실리카 안에 있던 조각상이 분명했다. 라테란의 성 요한 대성당은 로마 교구 주교좌로 여기에 있는 8m 높이의 청동문은 고대 로마 원로원에서 옮겨온 것이다.

거의 모든 박물관에 로마인의 조각상을 소장한 휘황찬란한 전시실이 마련되어 있다. 한때 로마의 정원과 회랑은 그리스 시대의 아름답고 정교하며 생동감 넘치는 작품은 물론이고 이것들의 복제품으로 가득 채워졌었다.

로마인은 바닥 한 뼘조차 허투루 취급하지 않았다. 마시모 산 마르코 대성당에서 대리석을 이어 맞춘 바닥을 보고도 충분히 호화롭다고 생각했는데 모자이크 기법으로 만든 고대 로마의 그림은 금세 내 영혼을 앗아갔다. 인물, 정물, 동물을 가리지 않는 모자이크화는 다양한 색깔의 대리석 조각들을 이어 붙이는 방식으로 그 어떤 입체적이고 생동감 있는 이미지라도 표현해냄으로써 로마의 장인들이 가구부터 바닥까지 화려하게 장식하고자 하는 의뢰인의 까다로운 요구를 모두 만족

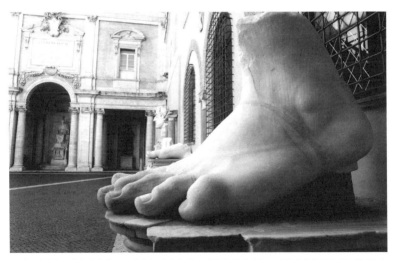

카피톨리니박물관에 전시된 2m 길이의 대리석 발 조각물은 막센티우스 바실리카에 있던 콘스탄티누스 대제 좌상의 일부다.

● 로마 국립박물관의 마시모궁전 국립박물관 분관에는 고대 로마가 소장한 그리스 조소품과 로마의 복제품이 전시되어 있다.
❷ 로마 국립박물관 마시모궁전 국립박물관 분관 빌라 아드리아나(하드리아누스 별장)의 모자이크화

시킬 만큼 유능했음을 보여준다.

로마의 모자이크화 예술은 서기 76년 하드리아누스 황제가 즉위하면서 최고의 전성기를 맞이했다. 나는 카피톨리니박물관에서 하드리아누스의 별장에 있던 로마 희극가면 두 점을 그린 그림과 비둘기 몇 마리가 청동으로 만든 대야에 서 있는 그림을 보았다. 극도로 정교하고 섬세한 상감기술 때문에 유화로 착각할 뻔했다. 모자이크화를 만드는 데 재료나 장인, 시간에 대한 요구치가 매우 높다는 점을 감안하면 엄청난 규모의 실내를 이처럼 온통 모자이크화로 장식하는 것 자체가 부를 과시하는 방법이었음을 알 수 있다.

그러나 내 눈앞의 모자이크화는 여전히 가장 화려했던 로마와는 상당한 거리가 있어 보였다. 서기 68년 네로 황제의 잔혹함과 교만함, 사치스러움에 질린 로마 원로원이 그에게서 등을 돌렸고 막다른 골목에 몰린 네로 황제는 자살로 생을 마감했다. 오명을 뒤집어쓴 그의 건축물은 후세에 의해 사라지고 말았다.

고대 로마가 남긴 경이로운 유적은 셀 수 없이 많지만 사람들은 그

중에서도 특히 포리 임페리알리 거리 끝에 자리한 콜로세움을 가장 좋아한다. 바이런은 이런 말을 한 적이 있다. "콜로세움이 있는 한 로마는 존속한다." 5세기 이후 타민족이 로마를 침략할 때마다 콜로세움은 항상 심각한 피해를 입었다.

나는 로마 원로들을 위한 대리석 자리를 찾아냈다. 대리석 위에는 자리 주인의 이름도 새겨져 있었다. 19세기까지 콜로세움은 세계에서 가장 큰 원형경기장이었다. 현대식 경기장에서의 경험을 떠올리니 8만 로마인이 이곳에서 격정적으로 고함을 질러댔을 모습이 자연스럽게 그려졌다.

서기 80년 콜로세움 준공 공연이 100일간 이어졌고, 가축 9,000마리가 죽임을 당했다. 트라야누스 황제의 다키아 정복을 축하하기 위해 검투사 수만 명과 맹수 수만 마리가 죽기 살기로 싸웠다. 하지만 여전히 이해할 수 없는 점이 있다. 서기 248년에 로마인들은 로마 건국 1,000주년을 기념하기 위해 이곳으로 물을 끌어와 인공호수를 만들고 해전을 공연했다고 한다. 이것이 어떻게 가능했을까?

나는 인파로 북적이는 콜로세움을 뒤로하고 남쪽으로 걸어갔다. 널찍한 카라칼라욕장대로는 지나는 사람을 찾기 어려울 정도로 한적했다. 높이가 37m에 달하는 부서진 벽을 돌아 길이 218m, 폭 112m에 이르는 욕장 유적 안으로 들어서니 눈을 뗄 수 없는 장면이 기다리고 있었다. 순간 나는 로마 시민들이 어떠한 자부심으로 이 제국의 복지를 누렸을지 충분히 상상할 수 있었다. 그들은 먼저 체육관에서 강인한 신체와 정신을 단련한 다음 중앙홀로 들어갔다. 그곳에는 돔의 높이가 38.1m에 달하는 냉수욕장, 온수욕장과 폭 36m의 증기탕이 순서대로 늘어서 있었다. 사람들은 수영장을 이용할 수도 있었다. 길이

50m의 수영장은 양 끝은 얕고 가운데는 수심이 깊은 구조였다. 수영장 가에 있는 대리석 바닥에는 작은 구덩이가 20개 이상 파여 있는데 수영하다 지친 사람들은 이곳에 머물며 당시 한창 유행하던 테이블 게임을 즐겼다.

한때 욕장의 높은 담벼락은 모두 대리석으로 장식되어 있었고 거대한 벽감(서양건축에서 장식을 목적으로 벽면을 파서 만든 시설. 애프스)마다 정교하고 아름다운 조각상이 놓여 있었다. 카라칼라욕장이 한창 인기를 끌 때는 매일 5,000명이나 되는 로마 시민이 이곳을 찾았다. 시민들은 이곳에서 유흥을 즐기고 몸을 단련하고 친목을 다졌다. 음식을 파는 사람들은 다양한 그릇 부딪치는 소리로 사람들의 시선을 끌었고 제모 서비스를 제공하는 사람들은 통증을 느낄 때 내는 비명소리로 시선을 사로잡았다.

서기 212년에 세워진 카라칼라욕장은 로마에서 두 번째로 큰 욕장이다.

길이 3km, 3층짜리 격자구조 지하도는 구경하지 못했다. 한때 수백명의 노예가 목욕을 즐기러 온 시민들의 눈에 띄지 않게 지하도를 따라 바쁘게 오갔다고 한다. 수로는 로마 밖에서 물을 끌어왔고 엄청난 양의 장작을 실은 셀 수 없이 많은 손수레가 길게 늘어서 있었다. 노예들은 50개나 되는 화로에 불을 지펴 물을 펄펄 끓였다. 아직도 고고학자들은 티베르강의 거대한 하수도가 오수를 배출하는 역할을 하지 않았는지 연구 중이다.

콜로세움과 카라칼라욕장은 로마가 수많은 시민들을 위해 봉사할 충분한 능력과 부를 가지고 있었음을 증명하는 수단이었다. 팔라티노 언덕 남쪽에 있는 플라비아궁전 담장 아래에는 잡초가 무성한 길이 600m, 폭 200m 크기의 공터가 있다. 기원전 7세기 로마인은 이곳에 전차 경기장 치르코 마시모를 지었다. 아우구스투스 시대까지도 이곳에서는 전차경기가 벌어졌다. 치르코 마시모의 계단식 좌석은 자그마치 18만 명이나 되는 관중을 수용할 수 있었다.

4세기 로마 제국은 로마에 있는 도시시설에 대해 상세한 조사를 실시했다. 그 결과 로마에는 정원양식의 귀족저택이 1,797채, 중하계층이 거주하는 공동주택 아파트가 4만 6,602채, 제분소 254곳, 곡식창고 190곳, 교량 8개, 대규모 시장 8곳, 광장 11개, 개선문 36개, 수돗물샘 1,152개, 도서관 28곳, 경마장 2곳, 원형경기장 2곳, 대규모 공중목욕탕 2곳, 소규모 개인 운영 목욕탕 856곳이 있었다. 그 시절 로마는 이미 100만 명이 넘는 인구가 거주하는 대도시였다. 로마가 쇠락한 뒤로 아주 오랜 시간 동안 어느 곳에서도 100만 명 이상을 수용하는 도시는 나타나지 않았다. 유럽에서는 1,600년이 흐른 19세기에 이르러서야 산업혁명 이후 영국 런던의 인구가 100만 명을 넘겼다. 동양에서는 북송 시대 변량(지금의 개봉시)의 인구가 140만 명 정도 되었지만 이는 로마 제국의 전성기로부터 800년이나 지난 시점이었다.

제국의
혈관

로마는 어떻게 위대해졌을까? 당연히 그 답은 로마 자체에 있지 않다. 몽테스키외는 '로마는 전리품을 보관하기 위해 세워진 도시'라고 했다. 기가 막힌 논평이다. 초기 로마는 907km²에 불과한 작은 땅을 다스리는 촌락연합체가 7개의 언덕 위에 형성한 정착지에 불과했다. 그러나 끊임없는 침략과 정복활동으로 작은 도시국가는 점차 제국으로 변모해갔다. 이러한 정복활동은 제국 말기까지 지속되었다. 더 이상의 군사활동이 힘들어지고 승리가 요원해지자 그와 함께 로마의 정치생명도 끝났다.

로마인은 전공을 기념하기 위한 건축양식인 개선문을 최초로 발명했다. 포리 임페리알리 거리에 늘어선 유적 중에는 티투스 황제의 예루살렘 전투 승전을 기념해 세운 티투스 개선문, 로마 황제 셉티미우스 세베루스가 파르티아와의 두 차례 전쟁에서 이긴 후 세운 셉티미우스 세베루스 개선문, 콘스탄티누스 1세가 밀비오 다리 전투에서 정적인 막센티우스를 격파해 제국의 원래 모습을 회복한 것을 기념하고자 세운 콘스탄티누스 개선문 등 개선문도 3개나 있다.

고대 로마는 기원전 5세기부터 대외확장을 추진했다. 기원전 270년 로마는 아페닌반도(이탈리아반도) 전체를 장악했다. 기원전 264년부터 기원전 146년까지 로마는 3차에 걸쳐 길고도 험난한 포에니 전쟁을 통해 카르타고를 격파하고 지중해의 패권을 쥐었다. 이후 로마는 마케도니아를 없애고 고대 그리스를 집어삼키고 오늘날의 시리아를 중심으로 한 셀레우코스를 멸망시키고 갈리아를 차지하면서 제국의 영토를 대서양까지 넓혔다. 기원전 30년 아우구스투스는 프톨레마이오스 왕조를 멸망시키고 이집트를 병탄해 소아시아의 소국들을 잇달아 로마의 지배하에 두었다.

트라야누스 황제는 최후의 정복자였다. 그는 로마 군단을 30개로 늘리고 로마인의 거주지를 도나우강 상류 북부 연안으로까지 확장했다. 이것이 바로 오늘날 루마니아의 전신이다. 서기 114년 트라야누스는 아르메니아를 정복하기 위해 동방으로 출정한다. 트라야누스는 군대를 둘로 나눠 동시에 티그리스강과 유프라테스강에 이르러 상메소포타미아를 점령했다. 또 서기 116년에는 마침내 파르티아 제국의 수도 크테시폰을 함락시켰다. 같은 해 연말, 로마군은 처음으로 페르시아만에 이르렀다.

트라야누스는 페르시아만을 눈앞에 두고 자신의 나이가 너무 많아 알렉산더 대왕처럼 인도 정복에 나서 위대한 업적을 세울 수 없음에 비통한 눈물을 흘렸다. 이로써 제국의 영토는 최대로 확장되어 동쪽으로는 메소포타미아, 서쪽으로는 브리튼의 거의 전 지역, 남쪽으로는 이집트와 북아프리카, 북쪽으로는 라인강과 도나우강 북쪽의 다키아를 모두 자신의 영토 안에 누었다.

제국의 몸통 안에는 튼튼한 혈관이 쭉쭉 뻗어 있었다. 처음 로마인이 도로를 건설한 것은 군사적 정복을 위해 필요했기 때문이다. 국경이 기본적으로 안정되고 나니 훌륭한 도로체계는 나라를 관리하고, 부를 창조하고, 풍속과 사상을 전파하는 기반이 되었다. 제국의 주요 도로는 372개로 총연장 8만 5,000km에 달했다.

흔히들 모든 길은 로마로 통한다고 한다. 그러나 사실 선진적인 도로 시스템으로 유명했던 최초의 나라는 로마가 아니라 페르시아 제국이었다. 기원전 5세기 다리우스 1세 시기 페르시아는 수도를 중심으로 사방으로 뻗은 역로를 건설했다. 페르시아의 수도 수사와 소아시아의 사르디스 사이에는 왕의 길을 건설하고 20km 지점마다 역참과 상관을 두었다. 각 역참에는 빠른 역마를 상비시켜 중앙의 공문을 신속히 전달하는 역할을 맡겼다. 급보는 역참에서 말을 바꾸는 식으로 밤낮을 가리지 않고 전해져 2,400km 떨어진 곳에 7일 안에 전해졌다. 그래서 다리우스 1세는 지중해에서 잡은 신선한 생선을 자신의 수사궁전에서 맛볼 수 있다고 자랑하곤 했다. 로마는 바로 이 페르시아 제국의 도로시스템을 계승해 발전시켰다. 로마는 16km마다 새로운 말을 고용할 수 있는 역참을 설치하고 48km마다 객잔을 설치했다.

아피아 구가도는 기원전 312년 로마가 처음으로 건설한 도로다. 아피아 구가도는 로마와 이탈리아반도의 장화 뒷굽에 있는 항구 부룬디시움(지금의 부린디시현의 현도)을 연결했다. 페니키아인은 로마인에게 해로의 중요성을 깨닫게 해주었는데 그들의 수도인 카르타고는 오늘날 튀니지의 수도 튀니스 근처에 있었다. 기원전 9세기부터 카르타고는 해상무역의 중개소 역할을 맡았다. 기원전 3세기 카르타고는 지중해에서 가장 부유한 도시로 연수입이 아테네의 최전성기에 비해 20배나 많았다. 당시 페니키아인의 상선은 아시아와 브리튼 사이에 위치한 항구 약 100개를 오갔다. 그들은 시칠리아를 장악하고 자신의 해군력으로 서지중해를 봉쇄하고 로마의 통상을 저지한 탓에 100년이 넘는 지긋

지긋한 전쟁을 불러왔다.

고대 로마 시기 오스티아 안티카는 티베르강에서 바다로 나가는 입구에 자리한 덕분에 로마 물자운송의 중요한 통로가 되었다. 로마 제정의 제1대 황제 아우구스투스가 지배하던 시기 오스티아 안티카는 로마 제국의 해군기지였다. 클라우디우스 1세는 더 큰 항구건설을 명령하고 이를 위해 부대를 조직하기도 했다. 네로 황제 시기의 화폐를 보면 한 면에는 네로의 두상이 있고 다른 면에는 클라우디우스 시기의 항구가 있는데 완전한 곡선을 이루는 방파제와 선박, 등대를 확인할 수 있다.

이후 트라야누스 황제가 해안 뒤쪽에 깊이 5m, 면적 32ha에 이르는 육각형 모양의 큰 못을 파는 한편, 폭 40m의 운하를 파서 티베르강까지 연결했다. 이로써 로마는 24시간, 전천후로 사용할 수 있는 외항을 갖게 되었다. 바티칸박물관에 이 다각형 모양의 항구를 상세하게 묘사한 벽화가 한 폭 있다. 이후 해적의 활동이 왕성해지고 전염병이 돌면서 오스티아 항구도 점차 쇠퇴하게 되었다. 현재 퇴적물이 쌓이고 해수면이 바뀌면서 오스티아 안티카 고성 유적은 해변으로부터 3km나 떨어지게 되었다.

2014년에 진행된 고고학적 발견 결과 오스티아 안티카는 폼페이보다도 규모가 컸다. 그러나 여전히 이곳을 찾는 여행객은 드물고 커다란 우산소나무만이 끝이 보이지 않는 건축물의 붉은 벽돌 잔해를 덮고 있었다.

오늘날의 로마에서는 제국시대 일반 시민의 생활상을 엿볼 수 없지만 오스티아 안티카에서는 가능하다. 인슐라라고 불린 이러한 건축물 1층에는 대개 널찍한 문이 있고, 문 위쪽으로는 상점으로 쓰이는 작은 크기의 사각형 창이 있었다. 그 위로 몇 층은 거주용 주택으로 쓰였다. 사람이 많은 탓에 공동주택 아파트는 자투리 공간도 허투루 쓸 수 없어 각 층의 한가운데에만 채광용 천장 구멍을 냈다. 아파트는 두 동에 하나씩 공중목욕탕을 두었다.

비슷한 건축물을 창고용으로도 사용했다. 시칠리아에서 옮겨온 곡물은 로마로 운반하기 전 바로 이곳에 저장했다. 남아 있는 화물창고 한 곳에는 벽돌로 만든 아치형 문이 시선을 사로잡는데 양측에 코린트식 기둥이 있고 그 위에 삼각형 박공이 있는 경사지붕을 만들었다. 아치형 문 양쪽으로는 거리쪽으로 난 가게들이 있는데 곡식은 중앙 정원 둘레의 방에 저장했다.

문화의 기틀

오스티아 안티카의 번영은 곧 로마의 번영을 방증했다. 도로와 강, 바다의 항로를 통해 메소포타미아에서 브리튼까지 이르는 제국의 드넓은 영토는 모두 로마의 뛰어난 문명을 위해 봉사했다.

만약 이러한 것들이 없었다면 로마는 일찌감치 기근에 시달렸을 것이다. 로마 공화정 후기부터 로마 시내에 거주하는 빈민(성인 남성 시민)은 시장가격의 절반 가격에 양식을 구입할 수 있게 되었다. 나중에는 이마저도 내지 않고 무료로 제공받았다. 아우구스투스는 이것을 빈민 구제제도로 정착시켰다. 이 제도 덕분에 성인 남성 32만 명이 구제제도의 혜택을 받아 매달 한 번씩 배급증을 발급받았다. 트라야누스 시대에는 아예 빵을 지급하는 것으로 바뀌었다. 아우구스투스 시대에 이집트는 매년 로마로 1억 8,000만 리터의 밀을 운반했다. 1세기 역사가 마티티야후는 아프리카의 수송량이 이집트의 2배였다고 했다. 오스티아 안티카 코르포라치오니 광장의 한 가게 바닥에는 상선을 표현한 흑백 모자이크화가 있는데 배에는 곡물과 다른 말린 과일을 계량하는 도구가 놓여 있다. 이집트와 북아프리카에서 온 대형 곡류운송선은 곡류를 100만 kg이나 실을 수 있었다.

사실 그 당시 로마가 소비한 곡물의 규모가 쉽사리 가늠이 되지 않는데 쉽게 알 수 있는 방법이 있었다. 바로 오스티아 안티카로 가는 차를 타야 하는 포르타 산 파올로역 서쪽에 있는 높이 34m, 둘레 1km의 작은 동산을 통해서였다. 이 작은 동산은 티베르강에서 매우 가까웠기 때문에 과거에는 부두로 쓰였다. 몬테 테스타치오라는 이름의 이 동산은 순전히 인공적으로 만들어진 것이었다. 포도주와 올리브유를 목이 가늘고 손잡이가 2개 달린 항아리에 담아 바다를 건너 티베르강 입구로 운반한 다음 다시 작은 부선에 옮겨 담아 로마로 보냈다. 그러면 부

❶ 로마 판테온은 로마 제국 시기 건축물 중 유일하게 오늘날까지 완벽하게 보존된 것으로 기원전 27~25년부터 만들어지기 시작했다.
❷ 로마 거리의 관광객들

두에서 암포라라는 이름의 이 항아리에 담긴 것을 비워낸 다음 빈 항아리는 대개 그냥 버렸고 포도주와 올리브유는 거대한 창고들 안에 보관했다. 추산에 따르면 몬테 테스타치오는 암포라 5,300만 개의 파편으로 이루어진 동산으로 이 정도의 암포라라면 약 6억 리터의 액체를 운반했을 것이라고 한다.

이 밖에 로마가 주로 수입한 제품은 건축용 석재였다. 로마 티베르강변에는 수입한 대리석을 보관해두는 창고가 있었다. 트라야누스 광장의 녹색 대리석은 그리스에서 들여온 것이고, 노란색 대리석은 튀니지에서 들여온 것이며, 빨간색과 자주색 무늬가 있는 대리석은 소아시아 지방에서 수입했다. 덩어리째로 들여온 이집트산 분홍색 화강암 기둥은 하나당 무게가 84톤에 달했는데 로마 판테온의 주랑을 장식하는

1세기에 지어진 로마 콜로세움. 콜로세움의 건축구조는 현대 스타디움 구조에 지대한 영향을 미쳤다.

데 쓰였다. 시리아 바알베크 근처의 채석장에는 아직도 전체 무게가 1,500톤에 달하는 돌덩어리가 있다고 한다. 고대 실크로드를 오가던 상인들은 중국의 실크와 아라비아의 분향, 고무, 침향, 몰약, 아편, 생강, 육계, 보석을 가져왔다. 유프라테스강과 다마스쿠스 사이에는 450km에 걸쳐 황무지가 펼쳐져 있다. 이슬람국에 처절하게 유린당한 시리아의 고성 팔미라는 바로 이 길

위에 자리한 가장 중요한 오아시스 도시였는데 로마 제국의 동방무역 중심지로서 역사상 전성기를 맞았다.

비록 트라야누스가 인도 원정이라는 위대한 꿈을 이루지는 못했지만 수많은 사료와 고고학적 발견을 통해 로마와 인도 아대륙(남아시아) 사이에 왕래가 빈번했음이 밝혀졌다. 로마 국립동양예술박물관에서 파키스탄에서 출토된 기원전 1세기 무렵의 석재건축 장식물을 보았는데 그 위에 새겨진 인물은 동양인이었지만 기둥은 이란과 로마식이었다. 같은 시기 이 지역에서 출토된 불상도 서양의 분위기를 물씬 풍겼다. 폼페이에서도 인도의 상아 조각상이 출토된 바 있다.

감영이 로마에 가지 못한 이유이기도 하지만 파르티아 제국이 육상무역을 가로막은 탓에 로마인은 해상항로 개척에 대한 열의를 불태웠다. 기원전 31년경 항해가 히팔루스는 인도양에서 부는 동남계절풍의 비밀을 알아내 주기적으로 인도양 연안에 이를 수 있는 방법을 찾아냈다. 선박에 화물을 싣고 인도에서 인도양, 바브엘만데브해협, 홍해를 거쳐 베레니스에 도착한 다음, 여기서부터는 낙타를 이용해 화물을 코프토스의 제국 창고로 옮겼다. 거기에서 나일강 부선으로 알렉산드리아까지 옮기고, 다시 지중해 연안으로 운송했다. 문헌에 따르면 알렉산드리아에서 정부는 인도에서 수입한 화물에 대해 25%의 세금을 탈란톤(고대 그리스 화폐)으로 징수했다.

인도 아대륙에서 운반해온 화물은 가장 유명했던 후추를 비롯해 육계, 고수, 육두구, 소두구, 몰약, 생강, 나드(감송)향 등 대부분 향신료였다. 도미티아누스 황제는 후추만 저장하는 창고를 따로 지을 정도였다. 5세기 초 로마는 서고트족에 포위당했다. 그때 서고트족이 포위를 푸는 조건으로 내건 것 중의 하나가 바로 후추 3,000파운드를 내놓으라는 것이었다. 이 밖에도 이 시기에 수입된 것으로 약초, 상아, 흑단, 단향, 청람, 진주, 홍마노, 줄무늬 마노(오닉스), 자수정, 홍옥, 다이아몬드, 철기제품, 화장품, 방직품 등이 있었고 앵무새까지도 수입되었다.

로마인은
누구인가

로마에 대해 알아갈수록 궁금증은 커져만 갔다. 도대체 로마인은 누구인가? 역사상 가장 큰 영향을 미쳤고 매력적인 도시를 만들었던 사람들, 감탄이 절로 나오는 조형물과 그림, 건축예술을 선보인 그들은 누구인가?

전설에 따르면 로마를 건국한 로물루스는 라틴인 가운데 여성이 부족하자 성대한 축제를 열어 사비니족을 초대한 다음, 사비니족 여성들을 납치해 아내로 삼았다고 한다. 이것이 바로 서양 회화예술에서 자주 다루는 주제인 '사비니 여인들의 납치'다.

로마의 확장은 인종이 끊임없이 섞이는 과정이었다. 트라야누스는 이스파니아(고대 로마 제국에서 이베리아반도를 통칭해 일컫던 지명) 바에티카 이탈리카의 군인 가문에서 태어났다. 콘스탄티누스 1세는 오늘날 유고슬라비아의 나이수스에서 태어났다.

오늘날 로마 거리를 오가는 아름다운 얼굴들은 로마인, 에트루리아인, 그리스인, 게르만인, 아랍인 등 다양한 인종이 오랜 세월 섞인 결과물이다. 지금도 이탈리아반도에서는 여러 민족이 뒤섞여 살아가고 있다. 지중해를 넘어온 북아프리카와 중동 난민들이 이탈리아의 비호를 구하며 유럽으로 들어가고 있다. 그들은 로마인일까? 아니면 언젠가는 로마인이 될 사람들일까?

제정시대 로마에는 키레나이카(오늘날의 리비아), 이집트, 소아시아 출신들이 많이 살았다. 그들 중에는 상인, 과학자, 작가, 교사, 예술가, 의사, 음악가, 배우도 있었고 행정관과 재정가로 활동하는 사람도 있었다. 시리아인과 그리스인은 국제상업을 쥐락펴락했다. 풍자시인 유베날리스는 이렇게 평했다. "시리아의 오론테스강이 티베르강으로 흘러들고 있다."

카이사르 시대 유대인들은 이미 도시의 주요 구성원이 되어 있었다. 기원전 63년 로마 장군 폼페이가 유대 땅을 정복하면서 수많은 유대인이 전쟁포로로 사로잡혀 로마로 끌려왔다. 이들은 근면성실한 성품 덕분에 금세 자유를 되찾을 수 있었다. 기원전 59년 키케로는 민중대회에 참가한 유대인 시민이 매우 많았다고 기록했다. 오스티아 안티카 유적 중에 1세기 유대인 교회당이 남아 있는데 이것은 유럽에서 가장 오래된 유대인 교회당이자 이스라엘 밖에서 발견된 유대인 교회당 중 세계에서 가장 오래된 것이었다. 많은 유대인들이 로마에서 학자와 원로원 의원으로 활동했다. 이 밖에도 로마에는 아프리카에서 온 누미디아인, 누비아인, 에티오피아인과 소수 아라비아인, 페르시아인, 카파도키아인, 아르메니아인, 프리기아인, 소아시아의 비티니아인, 유고슬라비아의 사르마티아인, 루마니아의 다키아인과 게르만인이 살았다. 도미티아누스 황제 시대의 유명 시인 마르티알리스는 로마의 고급 매춘부들이 고객에게 기쁨을 주기 위해 각종 언어를 구사한다며 경탄을 금치 못했다.

로마의 위대함은 마치 스펀지처럼 끊임없이 각종 선진문화에서 더 나은 요소들을 받아들였고, 세계 각지에서 로마로 흘러든 사람들이 그 것들을 완벽하게 정련했다는 데 있다. 판테온에 발을 들이민 사람들은 하나같이 저도 모르게 감탄사를 내뱉는다. 동방 문명과 그리스 문명은 아치구조를 수박 겉핥기 식으로 느껴보는 데 그쳤지만 로마인은 아치 구조의 원리와 베수비오산의 화산재로 만든 모르타르를 결합시켜 인 류문명사상 유례를 찾아볼 수 없는 획기적인 건축양식을 발명했다.

코즈모폴리턴의
시대정신

로마에서의 마지막 날 망망대해 같은 바티칸박물관을 찾았다. 바티칸 박물관은 몇 개의 전시실로 이루어져 있는데 통로를 따라 르네상스 이 후의 지구본 여러 개를 전시해두었다. 이 밖에도 수많은 고지도가 전 시되어 있었다. 수백 년 전 사람들이 이 세계를 묘사한 방식을 이해하 는 과정은 상당히 흥미로웠다.

로마 제국은 후세에 『지리학』을 남겼다. 1세기 소아시아 아마세이아 에서 태어난 스트라본은 17권 분량의 이 거작을 남겼다. 3권부터 10권 까지는 유럽 각지에 대한 서술이고 11권부터 16권까지는 아시아, 소아 시아, 메소포타미아, 시리아 그리고 17권은 아프리카에 대한 설명이다. 콜럼버스가 신대륙을 발견하기 전까지 스트라본의 『지리학』은 서양이 알고 있는 세상의 전부였다.

나는 로마에서 본 모든 장엄함과 화려함 뒤에 있는 로마의 진정한 매력은 바로 세상을 대하는 로마의 방식, 즉 코즈모폴리턴의 시대정신에 있다는 생각에 점점 확신이 들었다.

　로마는 고대 그리스의 문명을 그대로 흡수해 그리스와 로마의 문명으로 오늘날 서양 문명의 기반을 이룰 수 있었다. 서양 문명의 씨앗은 독립적으로 존재했을까? 통상적으로는 메소포타미아의 고대 바빌로니아, 히타이트, 아시리아와 고대 이집트에서 이미 상당한 수준의 문명이 나타났을 때까지도 유럽은 아직 미개한 지역에 불과했다고 생각한다. 그리스는 앞서 말한 문명들의 종교적 신화와 선진적인 과학기술을 받아들임으로써 급속히 발전해 단숨에 당시 세계문화의 최고 자리에 올랐다.

　문명의 측면에서 보면 알렉산더 대왕의 동방원정은 고대 역사상 흔치 않은 대융합의 기회를 만들어냈다. 사람들은 종종 그리스화라는 말로 그 시대를 설명한다. 그러나 사실 알렉산더 대왕이 유럽과 아시아, 아프리카를 넘나드는 320만 km²에 달하는 대제국을 건설할 수 있었던 것은 그가 취한 진보적인 정책들 덕분이었다고 할 수 있다. 알렉산더는 이집트에 가서는 이집트 아몬신의 아들을 자처했고, 페르시아에 가서는 스스로를 페르시아 제국 황제 다리우스 3세의 계승자로 임명했다. 영국의 그리스 사학자 존 배그넬 베리는 이 제국의 특징을 이렇게 묘사했다. "(알렉산더는) 이와 같은 제국의 개념을 형성했다. 이 제국에서 아시아인은 유럽 침입자의 통치를 받지 않고 유럽인과 아시아인 모두 평등하게 군주의 통치를 받는다. 그리스인과 야만인을 구별하지 않고 페르시아인과 마케도니아인도 이 군주를 자신의 왕으로 섬긴다. 이렇게 서양과 동양 사이에 가로놓인 울타리를 치워버렸다."

　이 때문에 그리스 스토아학파 학설에 세계의 모든 인류는 한 형제라는 세계시민주의가 등장했다. 스토아학파는 전 세계를 하나의 거대한 도시국가로 보고 세계 각지에서 이곳으로 모인 사람들은 모두 평등한 시민이며 각 민족의 신은 똑같이 신성한 하늘의 뜻을 대변한다고 했다. 또 모든 민족의 윤리도덕 원칙은 종족이나 사회적 지위의 차별을 인정해서는 안 된다고 생각했다. 로마 제국은 이러한 사상을 그리스의 유산으로서 계승했다.

로마인은 그리스인보다 더 실제적이고 개방적이었다. 오늘날 사람들이 판테온을 찾는 이유는 위대한 건축예술을 감상하고자 함이기도 하지만 르네상스 시대의 거장 라파엘로 산치오의 무덤을 참배하기 위해서이기도 하다. 판테온이라는 이름은 그다지 적절하지는 않은 듯하다. 로마 제국 시대 판테온은 로마의 모든 신을 모신 곳이었다. 로마인들은 습관적으로 피정복자와 외래민족이 섬기는 신을 판테온으로 끌어들였다. 그러면서 로마로 이주한 외지인들이 자신들의 원래 신을 섬길 수 있도록 허락했다. 이들의 정신적·도덕적 근원이 갑자기 끊기는 바람에 새로운 생활환경에 적응하지 못하는 상황을 미연에 방지하기 위해서였다. 어떤 의미에서 보자면 로마의 판테온은 여러 민족문화의 용광로이자 보호소였다. 3세기 기독교 변증론자 미누시우스 펠릭스는 이렇게 말했다. "로마인은 다른 민족의 종교를 받아들임으로써 자신들의 나라를 세계제국으로 만들었다."

사람들은 로마 제국이 쇠망한 것은 극도의 사치와 탐욕이 원인이었다느니 전염병과 전쟁, 도덕적 부패로 인한 출생률 저하 등으로 심각한 인적자원 부족에 시달린 탓이었다느니 기후변화로 기근과 전염병이 창궐했다느니 하며 온갖 추측을 내놓았다. 진짜 이유가 무엇이 되었든 3세기부터 로마 전역에 위기감이 고조된 것은 사실이다. 경기는 부진했고 도시는 생기를 잃었으며 정국은 혼란했고 관리들은 부패했으며 내전이 빈번했고 게르만족과 흉노족 등 호전적인 야만족들이 야성을 뿜어내며 대거 제국을 침략했다.

315년에 지어진 콘스탄티누스 개선문은 제국의 마지막 개선문으로 대외정복을 기념하기 위한 것이 아니라 내전에서의 승리를 기념하기 위해 세운 것이었다. 이 개선문은 로마 시대 개선문 중 가장 완벽하게 보존되어 있다. 콘스탄티누스 개선문에는 3개의 문과 3개의 아치가 있는데 전후 양쪽에 각각 4개의 코린트 양식 기둥을 사용했고, 기둥 기단은 조각으로 장식했으며, 기둥 위에는 조각상을 세워 위풍당당한 가운데 화려함을 더했다. 콜로세움을 구경한 관광객들 중 상당수가 이곳에서 잠시 쉬거나 개선문을 전경으로 삼아 콜로세움 사진을 찍는다.

붕괴의 시대, 새로운 종교가 황제에 대한 사람들의 신앙을 대신했다. 기독교는 제국의 동방 속주에서 전해졌다. 기독교의 세례, 영생과 천당, 지옥에 대한 믿음, 일요일에 종교의식을 거행하는 것 등은 1세기 로마 제국에서 성행한 페르시아 미트라교가 지대한 영향을 미친 결과다. 또 죽었다가 부활하는 것과 아름다운 내세의 삶을 추구하는 신조는 이집트와 소아시아 등지의 종교와 관련이 있다. 성모와 성자의 이야기도 이집트의 신 이시스와 호루스의 전설에서 비롯되었다.

기독교는 스토아학파의 평등주의와 세계주의의 보편주의 정신을 받아들였고, 스토아학파는 기독교의 로마 전파를 위한 기틀을 마련했다. 영국의 역사가 토인비는 기독교세계를 두고 보편화된 동방신학, 특히 유대신학과 통속화된 그리스 철학, 특히 스토아학파 철학이 섞이는 도중에 슬그머니 생겨난 것이라고 했다.

3세기 상반기 기독교 주교와 속주의 총독, 재정관 등은 서로 밀접한 관계를 이어갔고 일부 기독교도도 정부기관의 관리가 되었다. 서기

286년 기독교도 병사는 로마 제국 이스파니아 군단의 주요 병력이 되어 있었다. 로마 황궁에서도 기독교를 믿는 사람들이 적지 않았다. 세베루스 알렉산데르 황제의 어머니, 디오클레티아누스 황제의 황후와 딸, 황제 주변의 주요 관리들까지 모두 기독교도였다.

이 사실은 로마에 어떤 의미였을까? 죽음, 분열, 6세기 이후 포로 로마노에서 소와 양들이 노닐고 팔라티노 언덕에서 늑대의 울부짖음을 들을 수 있었던 1,000년의 시간은? 여전히 위대한 로마에서 나는 보다 낭만적인 심정으로 그것을 이해하고 싶다. 제국의 해가 기우는 역사의 수레바퀴 아래서 로마의 시대정신은 이 도시를 위해 활로를 열어주었다. 서기 313년 콘스탄티누스 대제는 밀라노 칙령을 통해 정식으로 기독교를 새로운 일신교 신앙으로 인정했다. 세계의 수도였던 로마는 그렇게 기독교의 수도가 되었다.

※참고문헌: 윌 듀란트의 『문명이야기』, 낸시 래미지의 『로마 예술-로물루스부터 콘스탄티누스까지』, 주룽화의 『로마 문화』, 장콩양과 주리위안의 『서방미학사』

중서의 융합미 막고굴 벽화[19]

빛 한 줄기 들지 않는 캄캄한 동굴 안에서 손전등을 비춰가며 벽화
를 감상하는 것은 매우 이상하고도 특별한 느낌이다. 인물, 이야기,
장면, 산수, 비천…… 깊은 잠에서 서서히 깨어나는 그것들을 보고
있자니 온갖 아름다운 도안에 둘러싸여 완벽하고 안락한 불교의 나
라에 들어서 있음을 깨닫게 된다.

성격을 묘사한
인물화

손전등 불빛 아래에서 본 시비왕의 얼굴에는 문득 편안한 미소가 떠오
른 듯했다. 시비왕은 막고굴 북위 254호굴 북벽의 주인공이다. 시비왕

---

19 글_ 치우롄, 리우창, 타오위룽

은 왼쪽 다리를 구부려 올리고 오른쪽 다리는 자연스럽게 내린, 매우 편안한 모습으로 앉아 있다. 자세히 보면 오른손으로 비둘기를 받쳐들고 왼손을 들어올려 호시탐탐 비둘기를 노리고 있는 매를 막으려는 자세를 취하고 있다. 뒤이어 시비왕은 비둘기의 목숨 대신 자신의 살을 잘라 매에게 먹인다. 이 과정에서 시비왕은 일말의 두려움도 느끼지 않는 듯했다.

입체감을 주기 위해 음영을 넣어 그린 부분이 퇴색되는 바람에 얼굴 부분은 小자 형태만 남은 이 인물화는 둔황 초기 벽화예술을 대표하는 작품이다. 인도 간다라 미술의 영향을 받아 둔황 벽화는 처음부터 요철운염법으로 인물을 표현했다. 이러한 방법은 낮은 부분은 번지게 표현하고 높은 부분은 번지게 표현하지 않았다. 다시 말해 얼굴 부위에서 눈자위와 콧망울처럼 움푹 꺼진 선과 신체의 근육선은 점차 색이 번지는 식으로 표현해 입체적인 효과를 주었다. 운염에 쓰인 염료는 연단(사산화삼납)과 백색(연백)을 골고루 섞어 만든 레드 오커로 세월이 많이 흐르면 산화가 일어난다. 이 때문에 인물의 얼굴은 小자 형태로 변하고 몸통에 입체적으로 번지게 표현한 선도 검게 변해 신체 부위를 동그라미 형태로 뚝뚝 끊어놓아 서툴고 거칠다는 착각을 일으킨다. 이것은 다 세월이 벽화에 덧씌운 제2의 모습이다. 조금만 관찰해보면 금세 알 수 있는데 시비왕의 몸은 정교한 운염법으로 표현되어 변색이 되었음에도 풍부한 그러데이션과 섬세한 묘사를 느낄 수 있다.

이와 달리 중원의 운염법은 높은 곳은 번지게 표현하고 낮은 부분은 번지게 표현하지 않는다. 다시 말해 얼굴에서 두드러지는 광대뼈 부위는 생기가 넘치도록 불그스름하게 표현했다. 북주 461호굴은 불감 양측의 10대 제자와 보살을 묘사할 때 이 두 가지 운염법을 섞어 사용했다. 그러나 중원 회화에 등장하는 인물의 가장 큰 특징은 선의 운용에 있다. 서위 285호굴은 다른 초기 동굴과는 확연히 구별되는 특징을 보인다. 이 안에도 천축의 요철법으로 그린 금강역사가 있지만 중요한 것은 중원식의 인물 그림이 등장했다는 것이다. 동벽과 북벽의 설법도와 공양인물도에서 화가가 서로 다른 인물을 표현할 때 붓질의 경중과 완급을 통해 다양한 질감과 성격을 드러냈음을 알 수 있다. 285호굴 천장에는 천인과 신선이 날아다니는 광경이 표현되어 있다. 그들의 옷자락과 술이 공중에서 흩날리는 모습에서는 선 표현이 더욱 자연스럽다. 285호굴의 부처와 인물, 보살은 모두 몸통이 가느다랗고 길며 의복의 장식이 매우 다양하다. 남조의 화가 육탐미의 손에서 탄생한 생김새가 수려하고 윤곽이 분명한 인물상에서는 위진 시대 지식인들이 숭상한 넓은 두루마기에 큰 띠를 두른 헐렁한 옷차림을 확인할 수도 있다. 석굴 머리말에 따르면 이것들은 모두 북위 말기 동양왕 원영이 과주 자사로 부임할 때 가져간 중원 스타일 회화라고 한다.

초당 220호굴 동벽 남측 유마힐경변 중의 유마힐 형상

수당 시대에 들어서 장안은 수도로서 불교 전파의 중심지가 되었다. 둔황 화가들의 화풍은 중원 화가들의 영향을 많이 받아 이 시기 둔황의 석굴예술도 황금기를 맞이했다.

초당 220호굴 동벽문 양측에는 유마힐과 문수보살이 토론하는 장면이 그려져 있다. 이는 수당 시기에 들어 반복적으로 출현한 경변화(심오한 불교 경전을 그림으로 이해하기 쉽게 표현한 것) 소재다. 유마힐은 재가수행을 하는 거사로 아내와 자식, 엄청난 재산까지 있었는데 세간과 출세간이 다르지 않고 유위와 무위가 다르지 않으며 일과 수행이 다르지 않고 이기와 이타가 다르지 않다는 수행사상을 제창해 대중의 열광적인 지지를 얻었다. 어느 날 유마힐이 병이 난 척하고 집에 있을 때 부처가 가장 지혜로운 문수보살을 보내 들여다보도록 했다. 이에 유마힐과 문수보살은 불법에 대해 토론하며 지혜를 겨뤘다. 유마힐의 이야기를 듣는 사람 중에는 외국인의 모습도 보이고 문수보살의 말을 듣는 사람 중에는 한족 왕과 대신들이 있다. 평범한 민간의 화공은 제왕의 모습을 볼 기회가 흔치 않아 여기에서 표현한 왕의 모습은 염립본의 〈역대제왕도〉에 등장하는 왕의 모습과 매우 비슷하다. 이로 보아 둔황의 화공은 염립본이 그린 〈역대제왕도〉와 외국 사절이 조공을 바치는 모습을 그린 〈직공도〉를 본 적이 있을 것이다.

당나라 시기에는 형상화를 중요하게 생각했다. 염립본에 관한 기록에 따르면, 당시 황제는 외국 사절을 접견하는 중대한 행사가 있을 때면 마치 오늘날 기념촬영을 하듯이 반드시 화가를 들게 해 옆에서 그 광경을 그리게 했다고 한다. 이리하여 〈직공도〉가 탄생했다. 이처럼 궁정화가들은 사실을 기록한다는 막중한 임무를 지고 있었기에 뛰어난 사생능력을 갖춰야 했다. 이사진은 『화후품』에서 염립본이 "사람을 실제와 똑같이 그리니 중흥이라 부른다"고 했다. 이 말은 곧 염립본이 있는 그대로 묘사하는 재주가 탁월했다는 뜻이다.

둔황의 화공들은 염립본의 재주를 배웠다. 220호굴의 유마힐을 보면 고담준론을 늘어놓는 영명한 장자 맞은편에 있는 문수보살의 안색이 차분한 것이 마치 유마힐의 생각을 모두 꿰뚫어보고 있는 듯하다. 그들 앞으로 대신들이 점잖고 고귀해 보이는 왕을 에워싸고 있고 각국의 왕자들은 서로 머리를 맞대고 귓속말을 나누고 있다. 이처럼 저마다 생김새가 다른 인물들은 초기 동굴에서 보이는 이국적 분위기의 서역 인물들에 비해 기본적으로 요철운염법을 쓰는 대신 선묘를 위주로하고 색채를 더했다. 얼굴 부위의 세밀한 표정과 기색은 주로 선의 경중을 달리해 표현했다.

막고굴 인물화 중에서 가장 묘사가 뛰어난 것을 꼽으라면 역시나 유마힐 경변화에 등장하는 인물들이다. 성당 103호굴의 유마힐은 눈빛을 반짝이며 입술을 살짝 벌리고 있다. 수염은 매우 가는 선으로 표현되었고 옷자락의 주름에서조차 율동이 느껴진다. 옷을 황갈색, 녹색, 검은색으로 물들인 것을 제외하면 다른 신체 부위에서는 색을 전혀 쓰지 않은 것으로 보아 화가가 선묘에 얼마나 자신이 있었는지 알 수 있다. 이처럼 운치와 활력이 흘러넘치는 필법은 당나라 시기 오도자의 필법과 비슷하다. 오도자의 작품은 대부분 사원에 그린 벽화들로 지금은 볼 수 없게 되었다.

그림 속에 담긴 이야기

북위 254호굴에서 둔황연구원 미술연구소 소속 화가 자오쿼룽이 남벽의 〈항마변〉을 모사하고 있었다. 자오쿼룽은 지난 15년 동안 이 벽화를 모사했는데 중간에 다른 모사작업 때문에 중단하기도 하면서 계속 작업을 이어오고 있다. 이미 퇴직했으면서도 자오쿼룽은 날마다 석굴에 들어가 모사작업에 전력을 다하고 있다. 옛 화공들의 작품을 마주하면 도저히 눈을 뗄 수 없어 하루 일곱 시간씩 작업에 매달리며 석굴 안에만 머물다 보니 점심도 거르기 일쑤였다.

〈항마변〉은 석가모니가 보리수 밑에서 수행하면서 정각을 이루기 직전 마왕 파순이 세 딸과 마왕의 군대를 이끌고 와 석가모니의 성도를 방해한 고사를 들려준다. 파순의 세 딸은 미녀로 변해 아름다운 자태로 석가모니를 유혹했고 마왕의 군대는 온갖 흉악한 마귀로 변해 무력으로 위협했다. 그러나 석가모니는 조금의 동요도 없이 태연자약했다. 이에 미녀들은 순식간에 노파로 변했고 마귀들이 들고 있던 무기도 하나둘씩 부러졌다. 그림은 전체적으로 동태적인 것과 정태적인 것이 결합된 미감을 선보인다. 여러 가지 과장된 몸짓을 보이는 마귀는 혼란스럽고 긴박한 분위기를 연출하고 부처의 표정은 담담하지만 위협적으로 보인다.

초기 벽화는 세월의 무게 탓에 중후하고 육중한 색채를 띠는데 모사를 할 때는 반복적으로 덧칠을 해야 이러한 효과를 낼 수 있다. 또 연대가 너무 오래된 탓에 색이 덮인 윤곽선은 희미해진 지 오래라서 자세히 살펴보고 주위 벽화들과도 비교해봐야만 선묘도를 완성할 수 있다. 자오쿼룽은 일부러 퇴직을 앞둔 시기에 이 복잡한 작품을 선택했다. 254호굴의 또 한 가지 특별한 점은 벽화가 검다는 것이다. 러시아의 10월 혁명이 일어난 뒤 1920년부터 1921년까지 혁명에 반대하는 러시아인 중 900명이 넘는 사람들이 둔황으로 도망쳤다. 당시 정부는 그들이 이곳에 머물도록 허락했고 러시아인들은 254호굴 안에서 불을 피우고 음식을 만들어 먹었다. 그때 피운 불 때문에 벽화에 그을음이 생겼다. 그런 이유로 자우쥔룽은 디지털 프린트 작품을 가지고 모사하지 않고 동굴 안에서의 작업을 고수하고 있다. 그래야만 이미 유실된 세부적인 부분을 추측할 수 있기 때문이다. 자오쥔룽은 적갈색의 밑그림을 유심히 보라고 했다. "이것은 고대 화공들의 형상화 능력이 얼마나 뛰어났는지를 보여주죠. 밑그림은 대략적인 윤곽일 뿐 우리가 지금 하는 것처럼 모든 내용을 다 그려내는 것이 아니에요. 화공은 전체 구도에 따라 그림을 그려가면서 조정을 했어요."

이야기로 심오한 이치를 설명하는 것은 종교를 전파하는 효과적인 방법이다. 불교의 가장 원시적인 경전은 주로 석가모니의 생애 불전이나 석가모니의 전생(본생), 석가모니가 성도한 이후에 대중을 교화하는 것(인연)에 관한 이야기를 들려준다. 〈항마변〉은 불전에 속하는 것으로 그림 하나로 장면 하나를 설명하고 있다. 고사에서 대표적인 장면을 고르거나 이야기가 어느 순간까지 발전한 것을 표현했다. 이와 같은 표현방식은 간다라 조각에서 쉽게 볼 수 있다. 조각은 벽화처럼 정교하게 표현할 수 없기 때문에 조각가는 이야기에 대한 자신의 이해를 바탕으로 본인이 클라이맥스라고 생각하고 관객들도 앞뒤 상황을 연상할 수 있는 장면을 골랐다.

〈항마변〉 옆에는 그림 하나 안에 서로 다른 시간대의 사건을 표현한 방식의 대표격이라 할 수 있으며, 흔히들 '왕자가 자신의 몸을 호랑이의 먹이로 주다'라는 이름으로 부르는 살타 왕자 본생 그림이 있다. 만약 디지털 전시센터에서 이 작품에 대한 해설 동영상을 미리 보고 가지 않았더라면 벽화를 보고서도 이 그림이 그 그림인지 떠올리지 못했을 것이다. 일단 그림 한가운데에 세 왕자가 나들이를 나서고 있고 아래쪽에 굶어죽기 직전인 어미호랑이와 새끼호랑이 일곱 마리가 있어 세 왕자가 곧 호랑이를 만나게 될 것임을 암시했다. 오른쪽 그림에서 는 두 형을 먼저 보낸 살타 왕자가 스스로 호랑이 먹이가 되기 위해 대나무로 자신의 목을 찔러 절벽 아래로 몸을 던진다. 아래쪽 그림에서 는 굶주린 어미호랑이와 새끼호랑이들이 살타 왕자를 먹는 장면이 보이고, 왼쪽 하단에는 살타 왕자를 찾으러 돌아왔다가 동생의 시신을 발견한 두 형이 시신을 껴안고 통곡하는 장면이 묘사되어 있다. 마지막으로 왼쪽 상단에는 가족들이 살타 왕자의 유골을 모아 탑을 세우고 공양하는 장면이 보인다. 매우 복잡한 짜임새로 전체 이야기를 하나의 화면에 담았다. 화면 한가운데에 묘사된 이야기의 주인공인 호랑이와 왕자는 이야기의 여러 플롯이 공용하는 이미지가 되었다. 그러나 설령 그림의 내용을 알아볼 수 없더라도 그림의 구도와 색채만으로도 감탄사가 절로 나온다. 특히 벽화 중 상당히 많은 부분에 남아 있는 파란색 은 아프가니스탄의 청금석 광석에서 얻은 것으로 실크로드를 통해 둔황으로 전해졌다고 한다.

그림 하나 안에 서로 다른 시간대의 사건을 표현한 방식은 외국에서 전해진 예술 형식으로 중국인의 사고방식으로는 이해하기 어렵다. 이러한 표현방식은 예술적 가치가 크지만 둔황 벽화에서는 많이 쓰이지 않았다. 얼마 안 가 다른 표현방식으로 바뀌었기 때문인데, 바로 긴 두루마리에 그림을 그리는 형식이었다. 북위 257호굴의 〈녹왕본생도〉는 널리 알려진 고사다. 상하이 애니메이션 스튜디오는 이 그림에서 영감을 얻어 둔황 화풍의 애니메이션인 〈아홉 빛깔 사슴〉을 제작했다. 이 벽화에서 주목할 부분은 바로 이야기가 양 끝에서 중앙으로 전개된다는 점이다. 그림은 2개의 줄거리로 구성되어 있다. 하나는 아홉 빛깔 사슴이 물에 빠진 사람을 구해주자 그 사람이 감사 인사를 하며 사슴을 봤다는 말을 하지 않겠다고 맹세하고 떠났다. 또 하나는 왕후가 꿈에서 아홉 빛깔 사슴을 보고 왕에게 사슴을 잡아달라고 청하자 왕은 사슴을 본 자를 찾는다는 방을 붙였고, 이에 사슴이 구해주었던 사람은 이익에 눈이 멀어 왕을 숲으로 데려갔다. 아홉 빛깔 사슴은 왕에게 물에 빠진 사람의 배은망덕함을 성토했다. 결국 그 사람은 악업을 지은 것에 대한 업보로 온몸에 종기가 나게 되었다. 어떤 의미에서 보자면 이러한 구도는 여전히 한 폭짜리 그림의 맥을 잇지만 긴 두루마리 형태의 그림으로 나아가는 과도기적 단계임은 분명하다.

마찬가지로 257호굴에서 발견된 〈사미수계자살인연〉은 전형적인 긴 두루마리 구도를 취하고 있다. 두루마리는 독립적인 장면 하나하나로 나눌 수 있는데 사미승이 계를 받는 장면, 비구가 사미승에게 탁발을 다녀오라고 시키는 장면, 사미승을 만난 소녀가 연정을 품는 장면, 사미승이 자살하는 장면과 소녀가 대경실색하는 장면으로 나뉜다. 중국 회화는 한나라 때 이후로 종종 가로로 긴 구도를 택했다. 사당이나 묘실의 화상전과 화상석에서 수많은 예를 확인할 수 있으며 고개지의 〈낙신부도〉는 널리 알려진 두루마리 그림이다. 이야기를 담은 둔황의 그림은 북위 이후 주로 긴 두루마리 구도를 채택했는데 이는 중국 전통적인 회화양식의 미학적 습관을 반영한 것이 분명했다. 북주 시기에 이르러 두루마리 형식의 그림은 전성기를 맞이했다. 290호굴의 불전이 좋은 예다. 6폭에 달하는 두루마리에 석가모니가 태어나서 성장하고, 결국에는 홍진을 버리고 출가해 성도하여 부처가 되는 과정을 총 87개의 플롯으로 상세하게 묘사했다. 고대 회화에서 이 정도의 거작은 극히 드물다.

불경을 들려주는
경변화

수당 시기 대량의 경변화가 출현했다. 각각의 석굴에 들어설 때마다 화려하고 다양한 경변화가 눈앞에 펼쳐졌다. 막고굴에서 거의 10년째 일하고 있는 해설가 리루는 개인적으로 성당 172호굴의 〈관무량수경변도〉가 가장 흥미롭다고 알려주었다. 석굴의 남벽과 북벽에는 똑같은 소재의 그림이 그려져 있지만 각기 특색이 있었다. 남벽은 내려다보는 듯한 부감법으로 아미타불과 관세음보살을 비롯해 여러 보살을 표현했다. 또 내려다보는 각도, 올려다보는 각도, 똑바로 앞을 보는 각도 등 세 가지 각도에서 중대 양측과 위쪽 누각을 표현했다. 여래 뒤에 있는 대전의 회랑 기둥은 가까운 것은 크고 먼 것은 작게 그려졌으며 처마는 위쪽이 넓고 아래쪽은 좁게 그려졌다. 이는 화공이 이미 기본적인 투시원근법으로 그림을 표현할 수 있었음을 보여준다. 북벽에는 궁전이 줄줄이 늘어서 있고 인물이 질서정연하게 배치되어 있는데 주로 건축물의 웅장함을 표현하고 있다. 이 경변화들은 어쩌면 화공들의 창작 동기를 설명해주는 것일 수도 있다. 즉, 당시에는 화공 2명이 남벽과 북벽을 나눠 맡았는데 그들이 같은 소재로 자신들의 기예를 겨뤘을 수도 있다.

수당 시기의 고사화는 쇠락하고 경변화가 부상하기 시작했다. 이는 경변 소재가 대중의 구미에 맞았고 불교가 중국화되는 데 필요했기 때문이다. 불교가 발생한 인도에는 이와 같은 경변화가 없다. 경변화는 그림으로 불경에 담긴 이야기를 들려주는 것을 의미한다. 불전과 본생고사화는 고행을 장려하지만 스스로 실천할 수 있는 방법을 찾는 사람들은 더 간편하고 실용적인 수행방식을 원했다. 그래서 불교의 핵심 종파 중 하나인 정토종이 생겨났다. 정토종 서적 중 가장 영향력이 있는 것은 삼경일론이라고 불리는『무량수경』,『아미타경』,『관무량수경』및『무량수경론』이다.『무량수경』에서는 지극한 마음으로 무량수불을 열 번 염하며 그 나라에 태어나기를 소원하면 정토에 왕생할 수 있다고 했다. 지금도 사람들은 안 좋은 일을 겪으면 습관적으로 아미타불 염호를 왼다.

정토경변화는 서방정토의 완벽한 아름다움을 표현해야 했기 때문에 화공들은 자신의 역량과 지혜를 모조리 쏟아부었다. 정토경변화에는 대개 상당히 규모가 큰 연못이 등장하는데 대규모 궁전누각이 못 위에 지어져 있고 적게는 10여 명, 많게는 수백 명에 이르는 수많은 인물이 등장했다. 가까운 곳에서 먼 곳으로, 지면에서 공중으로, 주요한 것에서 부차적인 것으로, 다양한 인물을 표현해나가면서 화가의 재주를 드러냈다.

경변화의 배경으로 쓰인 중국의 전통 산수화도 더 발전한 모습을 보인다. 초당 217호굴 서측 벽에 그려진 것은 〈법화경변〉 중의 〈화성유품〉 고사다. 이 그림의 형식이 바로 회화사에 기록된 청록산수다. 당나라 때 청록산수의 대가로 이름 높았던 이사훈, 이소도 부자의 회화작품 중 남아 있는 것은 없지만 217호굴에서 회화사에 기록된 청록산수의 특징인 주로 선묘로 윤곽을 그리고 밝은색을 입힌 것을 확인할 수 있다. 서북변경에 자리한 둔황은 중원 화풍의 영향을 받기만 한 것이 아니라 나름의 독특한 산수화를 만들어냈다. 172호굴 동벽 북측의 〈문수변〉에서는 청록산수화 중에 자연스럽게 서북지역의 풍광을 녹여냈다. 땅 위에 갈라진 협곡은 둔황 근처에서 볼 수 있는 경관이었다.

율동미가 돋보이는
무늬장식

석굴 안에 조성된 불국토의 분위기는 대량의 장식도안과 관계가 있다. 삼국 시기 하안이 쓴 〈경복전부〉에 이러한 내용이 있다. "웅장하지 않고 화려하지 않으면 위세를 드러낼 수 없고, 장식하고 꾸미지 않으면 후세에 가르침을 줄 수 없다." 둔황 벽화의 무늬장식은 화려하기 그지없다. 크게 화초, 금수, 운기, 화염, 기하학적 무늬, 금강무늬 등으로 나뉘는데 이러한 대분류는 다시 다양한 구체적인 무늬장식으로 갈라진다. 장식도안은 중국과 외국의 문화가 역사의 흐름 속에서 격하게 어울린 상황을 반영하는데 그중 가장 뛰어난 것으로 인동문과 화염문을 꼽을 수 있다.

인동문은 서아시아에서 전해졌는데 외국 학자들은 사리풀무늬나 종려잎무늬라고 부른다. 모습이 금은화 덩굴과 비슷하기 때문에 중국에서는 인동이라고 부르는데 잎이 세 갈래 또는 네 갈래로 갈라진 식물 장식문양으로 쌍엽 파형, 단엽 파형, 쌍엽 환포 등의 양식이 있다. 인동문은 약 2~3세기에 인도, 중앙아시아를 거쳐 서역으로 유입되었다가 4~5세기에 불교가 중국으로 전해지면서 차츰 유행하기 시작했다.

종려잎무늬라는 이름에서 두툼한 형체를 떠올릴 수 있지만 둔황으로 전해지면서 인동문은 가볍고 하늘하늘해지기 시작했다. 북위 시기 인동문은 둔황 벽화에 자주 등장하기 시작했다. 한나라 때의 운기문(구름을 본떠 만든 무늬)의 특징을 받아들이면서 문양이 수려하고 호리호리해졌다. 단엽 인동문에는 서역의 특징이 남아 있는데 각각의 이파리 뒤에 평행선을 여러 개 그려넣어 볼륨감이 돋보이게 했다. 이러한 무늬의 잎은 무척 가늘고 잎마다 네 갈래로 갈라져 있고 두 가지 색이 서로 엇바꿔가며 칠해져 있다. 이에 비해 쌍엽 인동문은 더 생동감이 넘친다. 두 잎이 반대 방향으로 물결무늬(파형) 줄기에 붙어 있어 줄기 양측으로 두 잎이 서로 등지고 있으며 잎 사이사이의 빈 곳은 작은 꽃들로 채워져 있다. 줄기는 옅은 황토색이고 무늬는 녹색과 갈색이며 오르내리는 물결무늬는 깔끔하고 시원시원하다. 한편 인동문은 연화무늬와 합쳐져 인동연화무늬를 이루는데 단순한 장식기능을 넘어서 화생동자와 하나의 주제를 이루며 人자형 천장, 벽감 개구부 위쪽 등에 그려졌다.

서위 시기 복두정 석굴이 주를 이루는 중원 스타일이 전해졌다. 단엽 인동문은 세 갈래 또는 네 갈래로 나뉜 잎이 서로 뒤엉켜 늘어서 있으며 그 사이에 청록색, 녹갈색, 담홍색 등의 색을 반복해서 번지게 발라 물결치는 이파리무늬에 율동감을 주었다. 쌍엽 인동문도 잎이 비대해지고 수량이 적어지면서 짧게 갈라지고 반대 방향으로 대칭을 이뤄 늘어서고 색을 반복해서 칠해 색감이 뚜렷해졌다.

북주 시기에 이르러 둔황의 인동문과 중앙아시아의 소그드 스타일 인동문이 합쳐져 여러 갈래로 갈라진 단엽 인동문이 나타났다. 구조만 봤을 때는 단엽 인동문에 속했지만 북위 시대의 무늬와는 달랐다. 여러 갈래로 갈라진 잎으로 이뤄진 인동문은 잎이 줄기 부위까지 깊게 갈라지고 흰 바탕에 검은 선으로 무늬를 그려넣었는데 무척 간결하게 그려져 조각장식의 신운이 느껴진다.

무늬장식은 수나라 때 절정기를 맞았다. 인동문과 연화문이 합쳐진 데서 더 발전해 전지문 양식을 섞어 전지인동문을 탄생시켰다. 중심줄기상의 가지는 덤불 형상이고 큰 잎은 인동문 잎무늬의 양식을 이어받았다. 이 밖에도 인동문과 금수무늬를 결합시킨 것도 있는데 인동잎으로 금수 형상을 이루고 있다. 동물의 각 부분은 모두 이파리무늬로 되어 있어 멀리서 보면 물결치는 인동잎으로 보이고 가까이에서는 각기 다른 자태의 동물 형상으로 보인다. 또한 이때 처음으로 인동문이 부처의 광배로 쓰였다. 이 때문에 묘사법도 바뀌었다. 먼저 바탕에 흰색이나 검은색 선으로 이파리 형상을 간단히 그린 다음, 이파리 안쪽에 녹색, 흑색, 적색, 적갈색을 번갈아 채워넣고 광배 채색기법을 겸용해 바탕을 금색으로 칠하고 반은 녹색, 반은 청색으로 칠하거나 반은 붉은색 반은 적갈색으로 칠해 번쩍번쩍 빛나는 효과를 냈다.

　수나라 시기 부처의 광배가 유독 빛을 발하게 된 데는 안쪽 고리를 장식한 인동문도 한몫했지만 바깥 고리를 표현한 화염문의 역할이 컸다. 처음에 화염문은 부처의 등 뒤로 빛나는 빛을 표현하기 위해 생겨났으므로 빛을 표현하는 것이 본래의 역할이라고 할 수 있다. 둔황 벽화에서 화염문은 주로 부처의 광배와 불감의 테두리 장식, 이 두 곳에 쓰였다.

　둔황석굴에서 최초로 화염문이 등장한 것은 북량 시기였다. 부처의 광배를 표현하는 데 쓰인 화염문은 불꽃 1개, 3개, 여러 개 등 다양한 형상이 있으며 매우 사실적으로 표현되었다. 주불상 불감 개구부 위쪽에도 간단한 화염문을 그렸다. 이러한 무늬는 벽감 개구부 가장자리에 띠 모양 테두리로 장식되었을 뿐이다. 이것으로 벽감 내부에서 넓은 면적을 차지하는 부처 광배의 화염문과의 중복을 피하는 한편, 주불상 불감이 보여주고자 하는 불국정토의 경지와 주제가 더 잘 어울리도록 했다. 북위 시기에는 문양이 훨씬 다양해졌다. 부처 광배의 바깥 고리층은 상당히 널찍하고 여러 개의 화염문을 그려 불꽃이 타오를 때의 리듬감을 연출하고 석록, 흰색, 연한 적갈색, 흑갈색을 번갈아 칠했다. 서위 시기, 한나라 시기 견사로 짠 무늬 있는 실크와 자수 구름무늬에서 영감을 얻어 연속해서 전체를 연결시키는 방법을 썼다. 즉, 같은 고리층에서 앞에 있는 문양의 끝부분과 뒤에 있는 문양의 앞부분을 같은 색으로 칠해 앞뒤 문양이 계속 이어져 무늬가 섞이게 함으로써 불꽃이 활활 타오르는 느낌이 들게 했다. 북주 시기 부처 광배의 화염문은 안료 탓에 단순해지는 경향을 보여 서역풍의 랙 형상을 한 화염문이 그려졌다.

수나라 때는 조로아스터교의 영향으로 화염문이 크게 유행했다. 불감 상인방 테두리 장식과 부처 광배를 표현할 때도 화염문이 다양하게 쓰였다. 불감 상인방은 예전처럼 단순히 불꽃 하나만 그리고 마는 게 아니라 화염문을 주요 문양으로 삼았다. 이곳에 쓰인 화염문은 여의보주와 결합해 보주의 밝은 빛으로 화염이 더욱 눈부시게 했다. 화염문 자체는 중원에서 전해졌는데 선 하나가 위쪽을 향해 회전하면서 곡선을 그리며 올라가는 형태로 간결하게 불길을 표현했다. 휘어진 모양에 상관없이 하나하나의 선을 나란히 그린 다음 적갈색, 청색, 흑색, 녹색 등을 서로 엇바꿔가며 반복적으로 칠해 계단형으로 겹겹이 눌리게 해 리듬감을 주었다. 화염문이 인동문과 합쳐져 부처 광배로 쓰일 때는 바깥 고리층의 화염문이 매우 널찍하고 여의보주 무늬장식이 끼어 있다. 게다가 불감 상인방의 화염문과 안팎으로 서로 비춰 효과를 극대화한다. 당나라 시기 부처 광배를 표현할 때 화염문은 광배의 가장 바깥층에 쓰여 청색, 녹색, 적색을 엇바꿔가며 칠했을 뿐만 아니라 각 층의 가장자리에 금을 붙여 빛줄기를 표현했다. 우아한 장식스타일을 강조하기 위해 화염문의 색은 주로 청록색 사이에 붉은색을 넣었고 불꽃

의 동태적인 특징은 의도적으로 약화시켰으며 결국에는 다른 무늬로
대체되었다.

화려한 색채의
비천예술

만약 둔황의 비천이 널리 알려지지 않았다면 처음으로 막고굴을 참관
한 여행객이 천장의 네 귀퉁이, 人자형 천장 양측, 평기(천장의 연속적이
고 가지런한 사각형 장식도안) 네 귀퉁이, 벽감 꼭대기, 벽감 벽체, 벽감 상
인방, 후광 및 벽감 양측의 벽화 위에 등장하는 조연을 발견하기란 상
당히 어려웠을 것이다. 불상을 그릴 때 화공들은 비례를 몹시 중시했
지만 비천을 그릴 때만큼은 창의력을 마음껏 발휘할 수 있었다.
  비천은 원래 불경에 등장하는 건달바와 긴나라의 통칭이었다. 건달
바는 산스크리트어 Gandharva의 음역으로 천가신이라고 의역된다.
전설에 따르면 건달바는 온몸에서 향기를 내뿜고 보리수 아래를 날아
다니거나 구름과 무지개 사이를 내달리기 때문에 향음신이라고도 불
렸다. 긴나라는 건달바의 아내로 미묘한 음성으로 노래를 부르고 춤을
추는 천악신이다. 건달바와 긴나라는 실과 바늘처럼 붙어다녔는데 부
처가 설법을 할 때나 열반에 들 때 건달바가 천궁 위로 날아가 부처를
위해 꽃과 보물을 바치고 찬송했으며 긴나라는 천궁 안에서 부처와 보
살을 위해 음악을 연주하며 노래를 부르고 춤을 췄다. 나중에는 건달
바와 긴나라의 이미지가 점차 섞이게 되었고 둘의 역할도 기악이라는
공통분모에서 점차 하나로 합쳐졌다.

똑같은 기악이었지만 중원으로 옮겨온 비천은 음악과 춤을 표현하는 데 집중했다. 악기를 들고 한족의 의상을 입고 중원의 춤을 추기 시작한 것은 모두 십육국 시대부터다. 북량, 북위, 서위는 둔황 비천예술의 맹아기로 알려져 있다. 이 시기 비천은 주로 남성이었고 인도의 영향과 불교 의궤의 제한을 많이 받아 코가 높고 눈매가 깊으며 오관이 두드러지고 머리를 하나로 묶거나 꽃넝쿨 또는 삼주관을 쓰고 있다. 상반신은 나체고 허리에 긴 치마를 두르거나 어깨에 큰 스카프를 두르고 본생 고사에 등장하는 주요 인물의 머리 위를 날아다니며 찬미하고 있다. 북량의 비천은 두껍고 진한 선의 타원으로 인체를 표현하고 신체의 움직임으로 공중에서 춤추며 날아다니는 모습을 표현했는데 상당히 고풍스럽고 소박하다. 그런데 서역의 요철법이 세월의 무게를 이기지 못하고 만들어낸 小자형 얼굴은 연민을 일으키고 희생이 느껴지는 본생의 장면과 혼연일체가 되었다.

북위 시기 비천 무리는 벽감 꼭대기에 등장했다. 한과 진의 화풍을 받아들이면서 둔황 나름의 풍격도 생겨나기 시작했다. 비록 여전히 小자형 얼굴이지만 비천의 얼굴 형태가 타원형에서 길고 풍만해졌으며 생김새도 더 수려해졌다. 신체비율도 점차 가늘고 길어졌으며 자태도 다양해져 날아다니면서 춤을 추는 모습을 표현할 때 비천이 오르내리는 곳에는 향기로운 꽃이 사방에 흩날렸다. 서위의 비천과 도교의 비선飛仙이 합쳐지면서 머리에 쓴 삼주관이 사라진 대신 머리를 묶고 도복을 입게 되었으며 생김새와 몸매가 더 가늘고 길어져 생김새가 수려하고 윤곽이 뚜렷한 중원의 인물상에 가까워져 갔다. 또 머리카락을 두 갈래로 쪽을 짓고 옷자락에 구불구불 주름이 잡힌 치마를 입고 공후와 비파 등의 악기를 연주하는 여성의 특징이 농후한 비천 이미지가 등장했다.

북주와 수나라 시기는 비천예술의 전환기였다. 비천의 이미지가 다채로워지면서 좀 더 세속적으로 변해갔다. 여성의 특징이 더욱 뚜렷해져 주로 가슴과 등을 드러내고 맨발인 소녀 이미지의 비천이 그려졌다. 북주 시기 구자에서 전해진 운염법은 서역 비천의 이미지를 바꿔놓았다. 동그라미를 중첩해 번짐효과를 주는 것 외에 얼굴과 신체의 도드라진 곳을 백분白粉으로 그려 둥그스름한 입체감을 표현하고 광택을 주었다. 중원 스타일의 여성 비천은 얼굴이 짧고 아름다웠다. 뺨과 이마 경계선, 턱에 검붉은 색을 칠하고 머리는 묶어서 쪽을 짓고 소매가 헐렁하고 길이가 긴 한족식 두루마기를 걸쳤으며 처음으로 긴나라의 신분으로 악기를 들고 춤을 추며 천궁 위를 날아다녔다.

중원의 영향을 더 많이 받아 비천의 색채가 더 화려해지고 선이 더 또렷해질 때 옷을 입지 않은 비천의 등장은 동서양 융합의 또 다른 매력을 드러냈다. 평기가 갈라지는 모퉁이에 등장한 나체 비천은 성별이 분명했으며 얼굴이 둥글고 콧대가 곧고 귀가 크며 머리카락을 위로 틀어올렸고 하체가 길고 가늘었다. 팔을 흔들고 허리를 뒤틀며 발끝을 꼿꼿이 세워 격정적이고 힘찬 춤사위를 보여준다.

수나라 시기 비천 형상이 가장 많이 등장하는 곳은 사각형 천장으로 비천이 층층이 에워싸고 있다. 이러한 비천들을 묘사할 때는 선과 색을 함께 사용했는데 수많은 색으로 화려하게 꾸며 색채가 선명하다. 긴 천을 흩날리는 비천이 동굴 네 벽을 빙 돌고 있고 천궁의 난간 벽무늬를 경계로 과거 천궁기악의 자리를 비천이 대신한 것이 수나라 때 변모한 비천 형상의 특징이다. 이때 비천은 주로 중원 여성의 모습을 하고 있는데 말랐건 풍만하건 모두 한족 의상을 입고 있다. 춤을 출 때

● 북위 257호굴 서벽 녹왕본생고사
❷ 북량 272호굴 천장 북쪽 처진 부분에 있는 비천 도안
❸ 성당 172호굴 북벽 관무량수경변
❹ 북위 254호굴 북벽 시비왕본생고사
❺ 자오쥔룽과 그가 모사한 북위 254호굴 남벽의 〈항마변〉

는 무리를 지어 추는데 이때마다 치마끈이 하늘하늘 나부낀다.

당, 오대 시기는 비천예술의 전성기였다. 사실적으로 그리는 사녀화의 영향으로 비천도 기존의 천신에서 벗어나 현실에서 볼 수 있는 궁중 무녀로 바뀌어 갔다. 뛰어오르고, 굽혔다 펴고, 빙글 돌고, 숙였다 드는 동작들에서 여성의 유연하고 아름다운 자태를 표현했다. 초당 시기 비천의 이미지는 이 시기만의 풍모를 갖췄다. 머리스타일, 복장, 치마저고리 모두 당시의 것이었고 얼굴형은 중원인의 얼굴형이었다. 상반신이나 어깨를 드러낸 것, 맨발, 팔찌와 발찌 등에서만 아직 서역풍이 남아 있었다.

쌍비천은 당나라 때 등장했다. 쌍비천은 서로 쫓거나 나란히 날아내리는데 춤을 출 때는 옷의 띠가 바람에 흩날렸다. 성당 시기 누대에는 하늘을 날아다니며 마음껏 춤을 추는 비천의 형상을 표현했다. 비천은 긴 띠를 휘날리며 누대를 지나쳐 공중으로 날아올랐다. 비천이 누각을 벗어나 밖으로 날아오르고 난 자리엔 긴 띠와 채색 구름이 비천이 지나간 자리를 따라 빙빙 날아오르고 있어 마치 하피(노을빛 치마)가 무지개를 끌어당기는 것 같다. 중당 시기 토번이 믿는 밀교사상이 둔황 비천 형상에 스며들면서 비천의 수가 줄어들고 토번인처럼 코가 높고 얼굴이 넓적하고 눈이 가는 얼굴형이 등장했다. 한족 화공의 화법을 참고해 백묘에 가볍게 색을 더하는 식으로 그려 화법이 간결하고 화풍이 담백했다. 만당오대 시기 비천 형상은 더욱 세속화되어 수려하고 온화한 여성의 형상을 띠고 정토에 사는 선녀의 모습을 하고 있다. 화법에 있어서는 초묵(짙은 먹)에 약간의 번짐기법을 썼으며, 윤곽선에 힘이 더해지고 색도 더 화려해졌다.

송나라 때 궁정화원을 두기 시작하면서 비천의 형상은 갈수록 정형

화되었다. 화원풍 비천은 얼굴이 풍만하고 둥글며 표정이 진중하고 대개 보살의 성장차림을 하고 있다. 선으로 형상을 그리고 색은 가볍게 사용했다. 인물은 대개 백묘로 표현하고 청록색을 기조로 장신구, 치마, 띠만 색을 입혔다. 원나라 시기 밀교가 성행하면서 둔황의 비천은 공중에서 완전히 모습을 감췄다.

※참고문헌: 자오성량의 『둔황석굴 예술총론』, 관요우후이·판진스의 『둔황 장식도안』, 돤원지에의 『둔황서굴 예술연구』, 정루중·판진스의 『둔황 해독-비상하는 정령』. 이 글에 도움을 준 둔황연구원 장샤오강, 양푸쉐, 마치앙, 자오성량, 판취안, 왕진위, 쉬치앙, 리루에게 감사를 전한다.

중국의 해외교류와 둔황 문화[20]

둔황연구원 판진스 명예원장 인터뷰

"둔황 문화는 다양한 문명 사이의 대화이자 서로 영향을 주고받은 결과물입니다. 외래문명이라는 자양분이 없었다면 둔황처럼 편벽한 지역에서 이토록 풍부하고 찬란한 동굴예술이 탄생할 수 없었을 것입니다."

막고굴의 가을은 몹시 쾌적했다. 하늘은 언제 봐도 쪽빛이고 공기는 깨끗하면서도 건조했다. 둔황연구원 사무동 벽을 타고 올라간 담쟁이 덩굴 이파리는 타오르는 불꽃처럼 붉고 창수홍 조각상 앞에는 여전히 꽃들이 활짝 피어 있었다. 정원수에 물을 주려고 다취안하에서 끌어온 물은 수로를 따라 졸졸졸 흘러갔다. 사무동 안에서 함께 걷던 판진스는 수시로 감탄사를 내뱉었다. "지금은 환경이 얼마나 좋아졌는지 보

---

20 글_ 치우렌, 타오위룽

세요!"

　53년 전에도 막고굴의 가을 풍경은 지금처럼 아름다웠지만 처음 이곳에 온 판진스는 기나긴 겨울을 앞두고 걱정이 이만저만이 아니었다. 지낼 집은 모두 흙벽돌로 지은 데다 전등도 없고 수돗물도 없었다. 초라하기 이를 데 없는 환경은 상하이에 있는 본가나 베이징에 있는 학교와는 달라도 너무 달랐다. 그나마 다행이라면 동굴이 엎어지면 코 닿을 데 있다는 점이었다. 동굴 안으로 들어서기만 하면 다채롭고 아름다운 벽화에 매료되어 눈을 뗄 수 없었다. 이러한 예술의 보고에서 일한다는 사실 하나로 판진스는 열악한 환경에서의 힘든 생활에도 점점 익숙해져 갔다.

　그녀는 자신의 인생에서 가장 빛나는 시기를 모두 사막에서 보냈다. 2016년 3월 판진스는 둔황연구원 원장직을 사임하고 명예원장직을 맡

둔황은 고대 중서 교통의 관문이었다.

았다. 최근 몇 년간 판진스는 실크로드상에서의 동서교류라는 측면에서 둔황을 연구하는 데 열정을 불태웠다.

둔황 문화는 독특하면서 방대하다. 판진스는 두 학자의 말을 인용해 설명했다. 그중 한 사람인 지셴린은 이런 말을 했다. "세상에 유구한 역사를 지니고 광활한 지역을 아우르며 스스로 체계를 형성하고 지대한 영향을 미친 문화체계는 중국, 인도, 그리스, 이슬람 문화, 이 4개뿐 다섯 번째는 없습니다. 그런데 이 네 문화체계가 합류하는 곳은 단 한 곳, 바로 중국의 둔황과 신장 지역뿐 다른 곳은 없죠." 또 다른 한 명인 저우이량은 이렇게 말했다. "둔황의 자료는 매우 광범위한 분야를 아우르고 헤아릴 수 없이 풍부한 내용을 담고 있는 보물창고지 체계를 이루는 학문 분야가 아닙니다."

이러한 문화의 한복판에 선 판진스는 평생 헤어나지 못한 채 영원한 경외감을 품고 살아왔다.

실크로드의
주요 도시

오늘날의 시선으로 보면 둔황은 결코 교통이 발달한 곳이 아니었지만 고대의 상황은 달랐다.

둔황은 허시저우랑의 서쪽 끝 사막 가장자리에 자리한 작은 오아시스다. 지금으로부터 2,000여 년 전인 춘추전국 시기 월지, 흉노 등 유목민족이 이곳에서 활동했다. 한무제 시기 흉노에 대항하기 위해 기원전 138년과 기원전 119년 두 번에 걸쳐 장건을 서역으로 파견했다. 이로써 중국과 유라시아 대륙의 교통로가 개통되었다. 기원전 111년 허시저우랑은 동쪽에서 서쪽으로 우웨이, 장예, 주취안, 둔황 등 사군을 설치했다.

한나라 때의 동서 교통로는 각각 이러했다. 둔황에서 동쪽으로는 허시저우랑을 거쳐 중원 지역의 장안과 뤄양에 도달했다. 둔황에서 서남쪽으로 양관을 나서 남쪽으로 가거나 둔황에서 서북쪽으로 위먼관을 나서 북쪽으로 가는 것은 옛 실크로드의 고전적인 남북 루트였다. 수나라 때에 이르러 중도中道가 추가되었다. 이리하여 둔황은 한당 시기 실크로드상에서 유럽, 아시아, 아프리카, 이 3개 대륙을 연결하는 중심지가 되어 동서교통을 잇는 인후, 즉 목구멍이라고 불렸다. 13세기 고대의 해로가 개척되기 전까지만 하더라도 육상교통로는 중국과 서방을 잇는 주요 통로였고 둔황의 전략적 중요성도 오랜 시간 동안 유지되었다.

둔황이라는 이름에 담긴 뜻에 관해서는 사람들마다 의견이 다르다. 敦煌이라는 한자가 처음 등장한 문헌은 『사기·대원열전』으로 장건이 서역에서 돌아와 한무제에게 올린 보고서에 쓰여 있었다. 동한의 응소는 이 이름에 처음으로 주석을 달았는데 돈敦은 크다는 뜻이고 황煌은 성대하다는 뜻이라고 했다. 그러나 둔황이라는 한자는 둔황에 군을 설치하기 전에 이미 등장했었다. 그러므로 응소 등의 해석은 글자만 보고 억지로 의미를 끌어다 맞춘 것으로 볼 수밖에 없다. 최근 들어 학자들은 대체로 둔황이 이곳에 군을 설지하기 전부터 현지에 살던 소수민족이 이 지역을 부를 때 쓰던 이름이었다는 데 의견을 모았지만 어떤 언어에서 비롯되었는지에 대한 증거는 동한 시기에 이미 실전되고 말았다.

군을 설치한 뒤 둔황은 비약적으로 번창했다. 둔황 동쪽 61km 지점에 있는 현천치 유적은 정치외교적으로 중원과 서역의 사절이 끊임없이 오간 정황을 잘 설명해준다. 현천치는 역참이자 접대소였다. 이곳에서 출토된 서한 소제(기원전 87~기원전 74년) 이후의 간독(목간이나 죽간처럼 종이가 발명되기 전에 글을 쓰던 재료)에 따르면 둔황은 한나라와 서역 사이를 오간 안식, 대월지, 강거, 대원, 구자, 우전, 계빈 등 29개국의 사절을 맞이했다고 한다.

둔황은 지리적으로 매우 중요한 곳에 있었기 때문에 자연스레 고대 중서무역의 중계지점이 되었다. 서역의 호상과 중원의 한상은 실크로드를 오갔다. 예를 들어 막고굴 296호굴의 벽화에서 중국과 서역 상인의 모습을 확인할 수 있다. 서역 상인 중에는 오랫동안 둔황 일대에 머문 사람도 있었다. 21세기 초 둔황 장성에서 소그드어로 쓰인 4세기

둔황의 석굴 문물 보호연구진열센터는 정교하게 동굴을 복제해 관광객들이 관람할 수 있도록 했다.

서신이 출토되었다. 이 서신은 둔황에서 상업에 종사하던 소그드 상인이 중앙아시아 사마르칸트에 있는 주인과 친척들에게 보낸 것으로 "흉노족이 중국 낙양을 불태웠다. 우리는 현재 둔황, 주천, 무위 일대에서 장사를 하고 있다"는 내용이 적혀 있다. 또 장경동에서 발견된 8세기 『사주도독부도경』에서는 둔황 서쪽에 있는 홍호박이라는 지명을 언급했는데 이곳은 바로 호상이 거주하는 지역이었다. 장경동의 사원목록에는 고급 직물과 금은제품, 보석, 향신료, 희귀 약재 등 서방에서 가져온 많은 수입품이 이름을 올렸다. 이러한 서방물품은 서역 호상이 실크로드를 통해 가져온 것들이다. 이 밖에도 막고굴 북쪽 구역 석굴에서 당시 유통되던 5세기 페르시아 은화가 발견되었다.

남조 양나라 출신 유소는 『후한서』에 주해를 달면서 둔황을 '화융(한족과 서역인)이 뒤섞여 사는 도시'라고 표현한 『기구지』의 내용을 인용했다. 이로써 둔황이 변경 주요 도시로서 상업적 교류와 문화적 융합이 왕성하게 이루어지던 도시였음을 짐작할 수 있다.

막고굴
건립

둔황을 찾은 사람 중에는 동방에 종교를 전파하려는 서역 승려와 서역으로 불법을 구하러 떠나는 중국 승려들도 있었다. 불교는 육로와 해로를 통해 중국으로 전해졌지만 초기에는 육로가 주를 이뤘고, 육로를 이용한다면 반드시 둔황을 거쳐야 했다. 현천치 유적에서 출토된 한나라 시대의 간독에는 "변변찮은 술과 음악을 마련해 제자 담당이 모시고자 하니 23일에 소부도리 칠문 서쪽으로 들어오시기 바랍니다"라는 내용이 적혀 있었다. 이 간독은 일종의 초청장으로 제자 담당이 상대방을 소부도리라는 곳으로 초대한다는 내용이다. 여기에서 주목해야 할 부분은 소부도리라는 지명이다. 부도는 부처, 불탑이라는 의미다. 이는 곧 이미 동한 시기에 불교가 둔황 지역에 어느 정도 영향을 미쳤다는 뜻이 된다.

막고굴 323호굴에서 당나라 때 이극양이 막고굴 불감을 수리할 때 쓴『중수막고굴불감비』가 발견되었는데 여기에 막고굴을 처음 지은 까닭이 적혀 있다. "전진前秦 건원 2년(366년) 사문 낙준이 단장을 짚고 사방을 주유하다가 이(삼위를 가리킴) 산에 이르렀을 때 문득 금빛이 번쩍이는 것을 보았는데 그 형상이 천불과 같았다." 기이한 경관에 감동한 낙준 스님은 이곳이 바로 성스러운 땅임을 깨닫고 사람을 모아 바위를 뚫어 감실을 만들었다. 나는 1995년에 이 같은 경관을 직접 본 적이 있다. 큰비가 내리고 난 저녁 무렵이었는데 홍수가 날까봐 보위 사람에게 모래포대로 막으라고 지시하고 있었다. 고개를 숙인 채 말을 하고 있는데 문득 앞쪽에서 찬란한 금빛 빛줄기가 쏟아져 들어와 고개를 들어보니 공중에 금빛이 부서지고 있었고, 그 아래 삼위산은 어둠에 잠겨 있었다. 동료가 서둘러 카메라를 가지러 간 사이 금빛은 사라지고 대신 쌍무지개가 나타났다. 이처럼 특이한 굴절현상은 불교 신도가 보기에 틀림없이 신성한 종교적 색채로 가득했을 것이다.

366년부터 석굴을 뚫는 작업이 1,000여 년에 걸쳐 이뤄졌다. 명나라 개국 황제 주원장이 가욕관 장성과 숙주성을 수축하면서 둔황은 가욕관 밖으로 밀려났고 굴 뚫는 작업을 하던 사람들과 현지 주민들은 대부분 관문 안으로 옮겨 들어오면서 둔황은 점차 사람의 손길이 닿지 않는 적막한 곳으로 변해갔다. 1,000여 년에 걸친 착굴작업은 휘황찬란한 둔황석굴 예술을 이룩했다. 통계에 따르면 막고굴에는 총 735개의 석굴과 4만 5,000m²에 이르는 벽화, 2,000여 개의 채색소상塑像이 있다고 한다. 막고굴은 오늘날의 둔황시에서 25km 떨어진 명사산 동쪽 기슭 절벽에 위치해 있으며 동쪽을 향해 있고 남북 길이 1,680m, 높이 50m에 이른다. 동굴은 들쭉날쭉한 높낮이로 질서정연하게 늘어서 있으며 상하 최대 5층에 달한다.

막고굴의 연구가치가 높은 까닭은 무엇일까? 그중 한 가지 이유는 세계 어디를 가도 무려 1,000년 동안 끊임없이 작업이 진행된 미술작품을 만날 수 없기 때문이다. 1940년대 장다첸은 둔황을 찾아 벽화를 모사한 뒤 1944년 청두에서 모사화 전시회를 개최하며 머리말에 이렇게 썼다. "나는 회화선집에 깊이 빠져 옛사람을 흠모해왔다. 송원 시대 이후의 작품 중 세상에 전해진 것은 십중팔구 엿볼 수 있었다. 육조 수당 시대의 작품을 보고자 했지만 세상은 터무니없다 비웃었다. 오로지 석굴 벽에 서적에도 전하지 않고 옛 현인도 들어본 적 없는 아름다운 그림이 깊숙이 가로막혀 빛을 쬐지 못하고 그 자취를 이미 찾을 길이 없다. 쇠락과 비약의 흥망성쇠 이치에 탄식이 나오는구나!" 이 말은 곧 세간에 전해진 그림 중 송원 시대의 것은 상당히 많아서 장다첸 스스로 생각하기에 거의 다 봤지만 수당 이전의 작품은 다른 곳에서 찾을 수 없었는데 유일하게 둔황석굴에서 남아 있는 것을 확인했다는 뜻이다.

불교는 실크로드를 따라 둔황을 거쳐 중원으로 전해졌고, 중원의 화풍은 이 길을 거슬러 다시 둔황 화풍에 영향을 미쳤다. 한당 시기 장안은 정치·경제·문화의 중심지이자 불교 전파의 중심지였다. 따라서 남북의 화가들이 장안에 구름처럼 몰려들어 사원 담벼락에 훌륭한 작품을 남겼을 거라고 능히 상상할 수 있다. 그러나 왕조가 바뀌고 전란이 일어나면서 장안성 안의 사원은 버려졌고, 정교하고 아름다운 벽화들도 흔적조차 없이 사라지고 말았다. 오늘날 다시 그것들을 보려면 오히려 황량한 땅을 찾아가야 하는데 그곳이 바로 둔황이었던 것이다.

또 다른 이유는 막고굴 장경동 안에 보존된 진귀한 문물 때문이다. 장경동은 막고굴 16호굴 통로 북벽에 있는 밀실로 왕도사가 쌓인 모래를 정리할 때 우연히 발견했다. 장경동 안에는 4세기부터 11세기 사이의 불교 경전, 사회 문서, 자수, 견화, 법기 등 5만여 점의 문물이 보관되어 있었다. 이후 장경동은 외국 탐험가와 도굴꾼들의 약탈로 인해 수많은 문물이 해외로 반출되었다. 영국과 프랑스는 이미 이러한 문물들을 디지털화해 공개했고, 중국은 그들이 공개한 자료를 연구할 수밖에 없었다. 이러한 문물은 중고(中古, 위진남북조 시대에서 당대까지) 시대의 백과사전이

9층 누각은 이미 막고굴의 상징적 존재가 되었다. 내부로 들어가면 34.5m 높이의 대불을 볼 수 있다.

막고굴 북구에서 출토된 동십자가, 페르시아 은화, 브라흐미문자 자모로 쓰인 산스크리트어 문서 『율장』은 모두 중서 문화교류의 증거다.

자 고대 학술의 바다라고 불린다. 이 안에서 발견된 문물 중 90%가 불교 문헌이다. 『대장경』 중 수거가 안 되고 실전된 많은 경전은 송나라 때 이후 출간된 대장경들의 부족함을 메울 수 있을 뿐만 아니라 불교 경전과 불교사 연구를 위한 새로운 길을 열었다. 둔황 불경 중에는 중국인이 석가모니가 직접 교설한 것처럼 불설이라는 이름을 빌려 집필한 경전, 즉 위경僞經도 있다. 이러한 위경은 중국 불교의 특징을 반영한 것으로 중국 불교사를 연구하는 데 귀중한 자료가 된다. 둔황 문헌 중 산스크리트 문자, 고대 티베트 문자, 회골 문자, 우전 문자, 토화라 문자를 한문과 대조한 불경은 한역 불경의 출처를 밝히고 불경의 원래 의미를 고증하는 데 큰 역할을 했다. 둔황 문헌 중에는 불교 경전 외에 마니교, 경교와 관련된 문헌도 있어 고대 중국의 문화교류를 이해하는 데 중요한 역사적 증거를 제공했다.

1987년 둔황 막고굴은 유네스코에 의해 세계문화유산으로 지정되었다. 세계문화유산 선발기준은 총 여섯 가지인데 그중 한 가지라도 해당되면 유산에 등재될 수 있다. 그런데 막고굴은 이 여섯 가지 기준을 모두 충족했다. 내가 알기로 세계에서 이 기준을 모두 충족한 세계문화유산은 베니스, 타이산, 막고굴, 이 세 곳뿐이다.

중외 교류의 성과
둔황 문화

지리적으로 특수한 곳에 자리하고 있었기 때문에 둔황은 서방의 다양한 문명과 처음으로 대면하는 곳이 되었다. 그러나 기원전 111년에 군을 설치하고 366년 막고굴을 뚫기까지 477년 동안 이곳에서 한족의 문화도 깊게 뿌리내렸다는 사실을 간과해서는 안 된다. 둔황과 하서 지방을 개발하기 위해 가장 먼저 백성을 대규모로 이주시키고 둔병을 두어 개간을 실시했다. 이리하여 한족은 둔황 거주민 중 다수를 차지하는 민족이 되었고, 유목을 위주로 하던 생활 대신 중원의 농경기술을 이용한 농경생활을 시작하게 되었다. 둔황에서 점차 명문가들이 출현하면서 유학 경전을 널리 전파했다. 불교와 불교예술은 외부로부터 전해진 것이었지만 한족 문화의 토양에서 싹을 틔우고 꽃을 피웠다. 둔황은 외래문화를 무턱대고 받아들이지 않고 필요에 따라 취사선택했다. 구자에 있는 키질 벽화에서는 인도식의 풍만한 가슴, 가는 허리, 큰 엉덩이를 가진 온몸에서 둥근 빛을 내는 나체 무녀와 보살 형상을 볼 수 있지만 이러한 것들은 둔황으로 전해지자마자 감쪽같이 사라졌고 그 대신 '남자도 여자도 아닌' 보살, 기악, 비천의 형상이 나타났다. 이는 유가의 윤리도덕과 심미관을 반영하면서도 불교의 보살은 성별이 없다는 사상에 위배되지도 않는, 외래불교가 중국화된 것을 보여주는 변화였다.

둔황 막고굴에서도 여전히 인도 불교의 그림자를 적잖이 확인할 수 있다. 320년부터 600년까지는 인도 미술사 중 굽타 왕조 시대로 이전 쿠샨 왕조의 간다라, 마투라 스타일의 조각예술에 비해 더 현지화된 모습을 선보였다. 불교 자체에는 우상숭배가 없었기 때문에 불교가 인도에서 교세를 확장할 때는 그리스 조각스타일을 참고한 바 있다. 기원전 334년부터 기원전 324년까지 마케도니아의 알렉산더 대왕이 동방원정에 나서 자신의 발길이 닿은 곳마다 그리스 문화를 전파했다. 굽타 예술은 인도 민족의 고전주의적 심미관을 더욱 중시해 순수한 인도풍의 굽타 양식 불상을 창조해냈다. 이러한 불상의 특징 중 하나는 바로 불상이 통견(양쪽 어깨를 감싼 형식)의 얇은 옷을 걸치고 있고 평행한 U자형의 가는 선들로 옷주름을 표현해 물결이 치는 듯한 운율감을 느낄 수 있다는 것이다. 얇은 옷은 몸에 바짝 밀착되어 물에 젖은 듯 반투명한 형태로 은연중에 온몸의 윤곽을 드러낸다. 젖은 옷처럼 보이는 이와 같은 효과는 막고굴 초기 조각상에서도 볼 수 있다. 또한 석굴의 형상과 구조도 인도 석굴의 영향을 받았다. 굴 내부에 중심주가 있는 형식은 인도식 탑묘굴을 개조한 것이다. 즉, 중심의 원형 불탑을 사각형 탑주로 개조하고 석굴 천장 가장 앞쪽 부분을 人자형 천장으로 개조했다. 人자형 천장은 중국 목조주택의 가장 두드러지는 특징이기 때문이다.

막고굴 장경동에는 중국과 인도 사이의 교류를 입증할 만한 문헌이 보존되어 있다. 프랑스인 폴 펠리오가 가져간 일련번호 P.3303의 둔황 잔간殘簡은 인도의 설탕제조법에 관한 기록이다. 인도 북부는 세계 최초로 설탕을 만들기 시작한 지역이다. 초기 설탕은 그리스로 운송되었다. 이 기록은 중국이 인도에서 설탕제조법을 배워 기술수준을 높여갔다는 사실도 증명한다.

과거 많은 사람들이 중국과 인도 승려들이 당나라 때 가장 활발하게 왕래했다고 생각했다. 예를 들어 누구나 한 번쯤 들어봤을 법한 현장과 의정만 해도 당나라 때 활동한 인물들이었다. 그렇다면 당나라 안사의 난 이후에는 어땠을까? 얼마 전 베이징대학 룽신장 교수는 영국인 스타인이 가져가 현재 인도에서 소장 중인 장경동 문헌 중에서 중국어와 티베트어로 쓰인 경전 부본 일부를 발견했다. 이는 당시 둔황을 거처 인도로 간 중국 승려들이 남긴 것이었다. 또 일부 필사본은 인도에서 중국으로 온 승려들이 쓴 것으로 그들 중 몇몇은 문수보살의 도장이라고 알려진 산서 오대산으로 순례를 가기도 했다. 이러한 문헌 기록은 성당부터 중당, 그리고 만당, 오대, 송대에 이르기까지 양국의 승려들이 활발하게 교류했고 그들이 둔황에 머문 적이 있음을 보여준다. 스타인이 가져간 일련번호 S.383 둔황 장경동 문헌은 『서천노경』의 필사본으로 현재 대영박물관에 소장되어 있다. 노경은 거처간 노정이라는 뜻이다. 이 필사본은 송태조 건덕 연간에 황제가 조서를 내려 구법승 157명을 인도로 파견한 과정을 기록한 것이다. 그들은 북송 시대의 수도인 개봉을 출발해 영주, 감주, 장액, 돈황을 거처 옥문관을 나서 인도로 향했다.

둔황 막고굴에는 페르시아의 흔적도 남아 있다. 서한 시기 중국은 페르시아와 관계를 맺었다. 그때는 장건이 두 번째로 서역 사행길에 올랐을 때로 당시 페르시아 제국은 안식 왕조가 통치하고 있었다. 안식은 한나라 황제에게 사신을 보내 예물을 진상했다. 동한을 찾은 안식국의 승려 안세고는 낙양에서 불경을 번역했다. 막고굴 벽화 중에는 안세고와 관련된 전설도 묘사되어 있다. 예를 들어 만당 9호굴, 오대 108호굴, 북송 454호굴 통로 천장에는 안세고가 강남으로 가는 도중에 본 기이한 일이 그려져 있는데 내용은 이러하다. 그 옛날 구렁이 한 마리가 안세고 앞에 나타나 자신은 원래 전세에 안세고와 같이 도를 닦던 도반이었지만 죄업을 지어 구렁이로 태어났다고 하며 가진 모든 것을 바칠 테니 자신을 위해 불탑을 지어달라고 했다. 이러한 벽화를 비롯해 안세고와 관련된 이야기가 널리 그려지고 전파된 사실은 중국에서 안세고의 명망이 상당히 높았음을 보여준다.

한나라 때부터 명나라 때까지 중원 왕조는 페르시아와의 왕래를 이어갔다. 위진남북조 시기 중국과 페르시아의 왕래는 더욱 빈번해졌다. 『위서』에 따르면 페르시아 사신이 중국을 찾은 횟수가 수십 번에 이를 정도로 많았고 북위 황제에게 진주, 길들인 코끼리 등 각종 예물을 바쳤다. 서위 시기 조정에서는 장도의가 이끄는 사절단을 페르시아로 파견했다. 둔황 근처 과주에 이르렀을 때 마침 내란이 발생해 잠시 머무는 동안에는 과주의 정무를 대신 관리하기도 하고, 과주 상황을 조정에 보고하기도 했다. 사산조 페르시아는 632년부터 아라비아군의 공격을 받았다. 651년에 멸망한 뒤 사산조 페르시아 마지막 황제의 아들 피루즈는 당나라로 도망쳐 당고종에게 아라비아인의 침략에 맞설 군대를 파병해달라고 요청했다. 당나라 조정은 피루즈를 오늘날 아프가니스탄 시스탄에발루체스탄주 일대까지 호송하고 661년 파사도독부를 세웠지만 이마저도 663년 아라비아 제국에게 무너졌다.

이처럼 끊임없이 교류를 지속한 덕분에 막고굴에는 페르시아의 흔적이 많이 남았다. 예를 들어 서위 285호굴에는 '500강도 성불' 고사를 그린 벽화가 있다. 그림에서 관병이 타는 군마는 말머리를 보호하는 밑 일굴가리개부터 말 둔부를 보호하는 고갑까지 온몸을 보호할 수 있는 마갑을 완벽하게 걸치고 있다. 이와 같이 군마를 보호하는 방호 장비는 페르시아에서 전해진 것이라고 한다. 이 밖에도 수대 420호굴 채색소상 보살의 옷자락에도 고리 모양 연주수렵문양이 가득 그려져 있는데 각각의 고리 모양 문양의 가운데에는 무사가 코끼리를 타고 방망이처럼 생긴 무기로 호랑이를 때리는 도안이 있다.『구당서·서융전』에서는 파사국에 대해 '그 나라는 코끼리를 타고 싸우는데 코끼리 한 마리가 일당백'이라고 설명했다. 이로 보아 이 그림은 페르시아인의 형상을 참고한 것임을 알 수 있다. 또 연주문은 사산조 페르시아 시기에 흔히 쓰인 장식문양이었다.

둔황 막고굴에서는 중앙아시아의 문화도 엿볼 수 있다. 초당 220호굴 〈약사경변〉에서는 중앙아시아 강거국의 여성이 작은 원형 양탄자 위에서 빠르게 회전하는 호선무를 선보이고 있고 그 양측으로 타악기, 관악기, 현악기로 구성된 반주악대가 있다.

문화의 전파과정은 매우 복잡하고 중간에 여러 차례 변화를 겪었다. 6세기부터 13세기까지 둔황 벽화에는 다양한 일월신이 그려졌다. 예를 들어 서위 285호굴의 일천과 월천, 마차의 사마(한 채의 수레를 끄는 네 필의 말)가 서로 등진 채 가고 있다. 성당 144호굴의 일신은 정면을 향해 있는 말의 등에 타고 있다. 이러한 형상에는 인도와 중앙아시아의 흔적이 남아 있고 그리스와 페르시아 예술의 영향도 보인다. 아마도 알렉산더 대왕이 동방으로 원정을 갔을 때 고대 그리스 신화 속 태양의 신, 달의 신 및 그들이 말을 타는 장면을 그린 그림을 서아시아에 있는 페르시아로 전파해 조로아스터교의 태양신인 미트라신과 마차 그림이 생겨났을 것이다. 이것이 다시 남아시아에 있는 서북인도 지방으로 전파되어 힌두교의 태양신 수리야신과 마차 형상이 생겨났을 것이다. 이것이 서북인도를 거쳐 중앙아시아 지역으로 전해져 불교 호법신 일천과 월천의 형상이 생겨났고, 계속해서 동쪽으로 전해져 신장과 둔황에까지 전해졌다. 또 다른 예로 막고굴 경변화에 종종 등장하는 사람 머

리에 새의 몸을 한 채로 비파를 연주하는 가릉빈가(불경에 등장하는 상상
의 새로 칼라빈카의 음차)는 그리스 신화 속 바다의 마녀 세이렌에서 비롯
되었다. 세이렌도 인두조신人頭鳥身으로 아름다운 노랫소리로 주변을
지나는 뱃사람들을 홀려 암초에 부딪쳐 죽게 만든다.

둔황 문화는 다양한 문명 사이의 대화이자 서로 영향을 주고받은 산
물이다. 외래문명이라는 자양분이 없었다면 둔황처럼 편벽한 지역에서
이토록 풍부하고 찬란한 동굴예술이 탄생할 수 없었을 것이다.

둔황과
동아시아

고대 돈황은 교통로가 사방으로 뚫려 서쪽으로는 국경을 넘을 수 있
고, 동쪽으로는 장안과 낙양에 이를 수 있었으며, 그보다 더 동쪽으로
가면 바다로 나가 한반도와 일본열도에 이를 수 있었다. 그에 따라 실
크로드의 종착점도 동쪽으로 더 연장해야 할 것이다.

한반도에서 온 신라인의 형상을 둔황 벽화에서도 찾을 수 있다. 예
를 들어 초당 220호굴 벽화 〈유마힐경변〉에는 유마힐 앞에 서서 설법
을 듣는 무리 중에 모자에 깃털이 달린 조우관을 쓰고 직령(곧은 깃)의
품이 헐렁한 소매가 있는 긴 도포를 입은 신라인이 보인다. 이 인물은
염립본이 그린 〈직공도〉에 등장하는 신라인의 모습과 매우 닮았다. 또
한 유마힐과 변론을 하는 문수보살 앞에 청중이 있고, 또 설법을 듣는
제왕의 형상이 염립본이 그린 〈역대제왕도〉와 유사한 것으로 미루어
보아 둔황의 화가들은 중원 화가 염립본의 화풍에 큰 영향을 받은 것

으로 보인다.

당오대 61호굴의 〈오대산도〉에도 한반도와 관련된 자료가 남아 있다. 〈오대산도〉는 산서성 오대산에서 하북 진주에 이르기까지의 사원, 산천, 상인, 여행객의 모습을 보여준다. 그중에 신라왕탑이 있는데 고증에 따르면 신라국 왕자 자장대사가 오대산에서 출가해 수행하고 이 탑을 짓게 된 과정을 반영한 것이라고 한다. 또 5명의 신라송공사(신라에서 보낸 공양 사신)가 보이는데 그들은 불교를 신봉하는 신라 왕을 대신해 오대산으로 가 문수보살에게 공양을 올리는 사절단이다. 한편 고려 왕이 보낸 송공사는 단 3명뿐으로 규모가 다소 작은 것으로 보아 이제 막 건국된 터라 고려의 국세와 재력이 아직까지는 미약했음을 알 수 있다.

막고굴 벽화에서도 한반도에서 온 인물의 형상을 확인할 수 있지만 장경동 문서에도 신라 승려가 돈황을 거쳐 서역으로 불법을 구하러 갔음을 알 수 있는 증거가 남아 있다. 나진옥 등 고고학 대가들은 펠리오가 가져간 일련번호 P.3532번의 훼손된 두루마리가 신라 승려 혜초가 저술한 『왕오천축국전』의 약본이라고 밝혔다. 혜초는 바닷길을 통해 인도로 갔다가 다시 육로로 귀국했다. 추측에 따르면 이것은 혜초가 남긴 복사본이고 원본은 가지고 갔다고 한다. 그러나 『왕오천축국전』 원본은 이미 실전되었다. 훼손되기는 했지만 그나마 남아 있는 두루마리는 혜초가 중국에서 불법을 구하러 가기 위해 고대 인도로 향하면서 거쳐간 수십 개국과 지역, 도시국가 및 중국 서북부의 지리, 종교신앙, 불교가 전파된 상황 및 풍토와 습속 등을 기록한 귀중한 사료다.

둔황과 일본의 관계는 더 복잡하면서도 흥미롭다. 중국 정사에서는 둔황의 불교에 관한 기록을 찾아보기가 매우 어렵다. 더군다나 고대 중국과 일본이 가장 빈번하게 교류했던 수당 시기 문물에서도 둔황과 일본 사이에 직접적인 왕래가 있었음을 입증할 만한 증거가 발견되지 않았다. 그렇다면 어째서 둔황 막고굴의 불교와 불교예술이 일본 불교와 불교예술의 발원지로 여겨지는 것일까?

중국이 수당 시대일 때 일본은 아스카, 나라, 헤이안 시대였다. 이 시기 둔황의 불교예술과 같은 시기 일본의 불교예술은 유사성을 보인다. 예를 들어 일본 호류지 금당벽화의 설법도는 막고굴 초당 220호굴 동벽의 설법도와 비슷한 면이 있다. 금당벽화 중 비천이 하늘하늘 우아하게 날아다니며 춤을 추는 자태는 막고굴 성당 321호굴 불감 꼭대기에 그려진 비천의 모습과 닮았다. 또 일본 다이마데라의 〈관무량수경변〉의 내용과 구도는 막고굴 성당 171호굴의 〈관무량수경변〉과 똑같다. 이 밖에도 일본 불교예술과 둔황예술의 유사성을 확인할 수 있는 예가 매우 많다.

그렇다면 둔황이 일본에 직접적으로 영향을 미친 것일까? 수당 시기 일본은 불교 여러 종파의 경전과 불교예술을 일본으로 가져가기 위해 여러 차례 학문승을 보냈다. 그들은 장안을 목적지로 삼았다. 팡리톈이 말했듯이 장안은 수당 시대의 수도로 시기적으로나 지리적으로 이점이 탁월했다. 장안 불교는 중국 불교를 이끄는 중심지로서 승려 응집, 경전 번역, 불교 전파, 종파 창립, 문화교류의 중심지가 되었다. 또 당시의 둔황은 실크로드상의 중요한 불교 성지로서 중원 왕조의 주목을 받았다. 예를 늘어 601년 수문제 양견은 〈입사리탑조〉를 반포해 고승 지의가 조령을 받들어 사리를 들고 둔황을 찾았고 이곳에서 불법을 설파했다. 또 장경동에서는 초당 궁정 사경 『금강경』, 『묘법연화경』 등 53점이 출토되었다. 이것은 무측천이 죽은 부모를 기리며 공덕을 쌓기 위해 『금강경』과 『묘법연화경』을 각각 3,000권씩 쓰라는 명을 내렸을 때 쓰인 것이 둔황에 전해진 것이다. 이러한 것들은 장안에 자리했던 중원 왕조가 둔황을 지배하고 관리했으며, 둔황이 이념적으로 중원과 보조를 맞췄음을 의미한다.

그러므로 둔황 막고굴 예술과 일본 아스카, 나라, 헤이안 시대의 불교 문물이 유사성을 보이는 것은 장안을 중심으로 한 불교예술의 광범위한 영향을 받았기 때문이다. 초기 불교가 둔황을 거쳐 중원으로 전해질 때 둔황에서 중국과 서방의 풍격이 합쳐진 예술이 만들어졌다고 한다면 중원으로 전해진 이후에는 이미 완전히 본토화된 불교가 다시 둔황에 영향을 미쳤다고 할 수 있다. 시간이 흐름에 따라 수당 시기 장안과 중원 지역의 불교 사원예술은 쇠락했지만 서북의 편벽한 땅에 자리한 막고굴의 벽화와 조소, 불교 경전은 운 좋게 보존되어 고대 중국과 일본 사이의 왕성했던 문화교류를 증명하고 있다.

관제 아래 천문학의 서학동점[21]

천문학은 고대 중국에서 가장 추상적이면서 가장 실용적인 과학이었다고 할 수 있다. 천문학자들의 시선 끝에 있는 것은 끝을 알 수 없는 하늘이었지만 그것과 가장 현실적인 정권통치를 한데 연결시켜야 했다. 중국 황권이 점성학을 중시한 것은 중국 고대 천문학 발전의 가장 큰 원동력이었지만 서양 고전 천문학의 중국 전래를 가로막은 강력한 장애물이기도 했다.

동서양
천문학의 차이

천문학은 중국 과학기술 발전사에서 매우 특별한 자리를 차지한다. 조

---

21 글_ 천샤오

지프 니덤이 저술한 『중국과학기술사』에서 처음으로 소개한 자연과학이 바로 천문학이다. 간단히 말하자면 천문학은 대기층 이상의 세상을 연구하는 과학이다. 서양에서는 이러한 과학을 연구하는 사람들을 철학자나 진리를 사랑하는 사람 등으로 불렀으며, 그들은 대개 현지의 제사장과 정해진 관계가 없었다. 그러나 고대 중국에서 이 자연과학 분야는 정치와 떼려야 뗄 수 없는 밀접한 관계에 있었다. 중국의 천문학은 하늘을 경모하는 종교에서 자연스레 발생한 것으로 우주가 하나의 통일체, 심지어 논리상의 통일체라는 관점에서 발생했고, 세속의 최고 권력은 하늘과 관계를 맺으면서 합법성을 얻었다. 그래서 고대 중국에서 천문학은 다른 곳에서는 볼 수 없는 관제적 특징을 띤다. 하늘의 상황에 따라 배를 채우고 굶주리던 농업시대에 역법은 황제만이 반포할 수 있었다. 궁궐 안에는 천문을 관측하는 관리를 따로 두었는데 그들은 천자와 긴밀한 관계를 맺으며 궁궐 안에서 생활하면서 농업경작과 관련된 중요한 시기들을 추산하고 황제의 필요에 따

태피스트리 〈천문학자〉. 청나라 강희제와 예수회 선교사들이 천문기구를 관찰하는 모습을 그렸다.

라 기이한 천문현상들을 예측하고 해석했다.

아랍인 이전에 세계에서 가장 끈기 있고 정확한 천문관측자는 중국인이었다. 『중국과학기술사』를 보면 다음과 같은 내용이 있다. "매우 오랜 시간 동안(대략 기원전 5세기부터 10세기까지) 실제로 쓰일 수 있는 천문기록을 내놓은 나라는 거의 중국이 유일했다. 현대 천문학자들은 여러 자리에서 중국 천문기록의 도움을 받았다. 예를 들어 혜성을 연구하는 데 있어 중국의 기록은 세계에서 가장 완벽했다. 1,500년 이전에 출현했던 혜성 40개의 궤도는 거의 전부 중국의 관측기록에 따라 추산해낸 것이다. 프랑스 예수회 선교사 앙트완 고빌은 고대 중국의 이러한 기록을 프랑스어로 번역했는데 그 친필 원고는 지금까지도 파리천문대가 소장하고 있다."

중국 천문학이 관측 수치상에서 유독 정확성을 보인다는 것은 고대 중국에서 천문관측이 정확한 과학연구이자 섬세한 사학기록이었음을 의미한다. 유명한 사학자 중에는 사마천처럼 원래 천문학자였던 사람도 있다. 사마천은 자신이 천문세가 출신이라고 자랑했다. 그의 부친인 사마담은 한무제의 사관이자 한나라 때 최고의 천문관이었고, 사마천도 한때 천문점성 분야의 최고 관직을 맡은 적이 있다. 사마천이 쓴 『사기』에서 「천관서」 부분은 매우 체계적이다. 먼저 중·동·남·서·북, 이 오궁의 항성과 별자리를 훑은 다음, 역행을 포함해서 오성의 운행에 대해 상세히 설명한 뒤, 점성술에서 말하는 각 성수에 관한 견해를 바탕으로 해와 달의 이상 현상 및 혜성, 유성, 운, 기(극광을 포함해서), 지진, 풍작과 흉작의 조짐 등을 기술하고 그와 관련되어 이후 발생할 사건들에 대해 설명했다. 「천관서」에서 사마천은 예로부터 통치자치고 일월성신을 자세히 관측하지 않은 자가 없었다고 했다.

중국인의 정확한 천문기록이 천체현상의 인식에 미친 영향은 핼리혜성에서 두드러지게 드러난다. 서양 천문학자들이 보기에 핼리혜성은 대표적인 천문현상으로 그 중요성은 무엇에도 비할 수 없다. 프랑스 천문학자 올리비에는 다음과 같은 말을 했다. "모든 혜성 중에서 핼리혜성이 천문학에 미친 영향이 가장 크다. 다른 혜성보다 핼리혜성의 주기를 더 일찍 확정했다는 것도 그 이유 중 하나지만 핼리혜성의 역사를 2,000년 이상 정확하게 되짚을 수 있다는 것도 이유다. 이토록 오래전의 기록이 남아 있는 것은 중국의 세밀한 관측기록 덕분이다."

중국은 대략 기원전 467년에 처음으로 핼리혜성을 관측한 기록을 남겼다. 조지프 니덤은 『중국과학기술사』에서 중국 천문학자가 혜성을 얼마나 세밀하게 관측했는지에 대해 설명하면서 『명사』 중 1472년에 나타난 혜성에 관한 기록을 발췌했다. 여기에는 혜성이 나타난 시

베이징 건국문 고관상대의 천문 관측기구 중 일부

간, 이동한 방위 및 지나간 별자리, 혜성의 형태 변화 등이 매우 상세하게 기록되어 있다. 서양 천문학자 하인드는 중국인이 63일 동안 자세히 관측한 결과를 바탕으로 핼리혜성의 궤도를 비슷하게 추산해냈다.

천문학의
전래

초기 중국에 전해진 천문학은 인도 천문학으로 실크로드상에서 불교가 동쪽으로 전파되면서 따라온 일종의 부산물이었다. 남북조 시기에는 불교를 신봉하는 황제가 매우 많았는데 그중 대표적인 인물이 양무제 소연이다. 양무제는 황제로 있는 동안 수차례 동태사에 사신(捨身, 수행을 위해 속세를 버리고 불문에 드는 것)했는데, 여러 신하들이 간청하고 막대한 재물을 보시하고 난 다음에야 궁으로 돌아갔다. 양무제의 깊은 불심을 읽을 수 있는 또 다른 일화는 중국 전통 천문학에서 보는 우주의 형태를 인도 불교 학설로 대체하고자 이를 의제로 장춘전 앞에서 어전학술대회를 개최한 것이다. 그러나 천문학으로 종교의 위대함을 보이고자 한 가장 유명한 사건은 유송 시기에 발생했다.

남조 시대 유송의 대신 하승천은 천문학자이자 박물학자로 이름이 높았다. 그가 인도에서 온 승려 혜엄과 나눈 변론은 매우 유명하다. 하승전이 혜엄에게 물었다. "어떤 역술로 인도가 세상의 중심임을 증명할 수 있습니까?" 혜엄이 대답했다. "인도가 자리한 곳은 하지 때가 되면 그림자가 없어집니다. 이는 곧 인도가 세상의 중심에 있다는 증거입니다." 혜엄이 제기한 일영론日影論은 서양 천문학의 간단한 위도지식에 따른 것이다. 즉, 북회귀선이 마침 인도 중부를 관통하기 때문에 이와 같은 위도에서는 하지날 정오에 태양이 하늘 정중앙에 자리하게 되므로 만물을 비치는데도 그림자가 생기지 않는 것이다. 그러나 중국 영토 대부분은 북회귀선 이북에 자리하기 때문에 해가 떴는데도 그림자가 생기지 않는 날은 단 하루도 없다. 혜엄은 인도와 중국의 지리적 위치가 다름을 이용해 인도를 천하의 중심이라고 말하며 불국의 지위를 한껏 높였지만 사실 천문역술의 우열과는 아무런 관계가 없었다. 그러나 당시 중국에서 내로라하는 천문학자였던 하승천은 혜엄이 제시한 논거에 한마디도 반박할 수 없었다. 상하이교통대학 과학사과 장샤오위안 주임은 먼 옛날에 발생한 이 일에 대해 다음과 같이 논평했다. "이 일은 고대 중국이 세계의 구성을 해석할 때 쓰던 혼천설(하늘이 땅을 둘러싼 모습으로 우주가 되어 있다는 설)이 지구가 둥글다는 개념과 구면천문학 방면에서 심각하게 미흡한 점이 있어 상대방의 이론에 분명히 문제가 있음에도 이치에 따라 따지지 못했음을 보여주는 일화다." 혜엄과 하승천의 변론 끝에 송문제는 천문현상을 연구하는 관리에게 혜엄을 스승으로 모셔 인도 역술을 배우라고 명했다.

육조 시대부터 당나라 때까지 인도 천문학 저서들이 불교의 성행과 더불어 중원에 전해졌다. 당시 역서 대부분이 실전되었지만 인도 천문학자들의 이름은 후세에 전해졌다. 그중 가장 유명한 인도 역법 전문가들인 가섭, 구담, 구마라를 일러 천축 3가문이라고 불렀다. 이 세 가문 모두 황실 최고 천문기관인 태사각에 들어갔는데 그중에서도 구담 가문의 정치적 생명력이 가장 길었고 가장 큰 영향력을 발휘했다.

근대 학자들은 당대에 활동한 구담이라는 성을 가진 천문학자들을 인도 승려로 통칭한다. 그러나 조지프 니덤의 고증에 따르면 천문역법 전문가로 활동한 인도 승려들은 다른 인도 불교도와 달랐다. 그들은 독신이 아니라 출가하지 않은 기술자였을 것이다. 그 이유는 그들의 가문이 200년 동안 흔적을 남겼기 때문이다. 구담씨 일족은 당나라 때 태사령, 태사감, 사천감으로 활동하며 당나라의 천문기관을 이끌고 주관했다. 고종, 무측천, 중종, 현종, 숙종 등의 황제를 거치며 665년부터 776년까지 거의 110년 이상 당나라 천문기관은 구담 일족의 천하였다. 이들은 당나라에서 구담감이라고 통칭되었는데, 인도 천문역산에 정통했을 뿐만 아니라 중국의 전통적 천문학에도 해박해 중국 천문학이 마땅히 서방 천문학과 합쳐지는 방향으로 발전해야 한다고 주장한 대표적인 인물들이었다. 구담 가문에서 최고의 영예를 누린 사람은 구담실달이었다. 구담실달은 인도의 역법서 『구집력』을 번역했다. 『구집력』은 당시로서는 상당히 선진적인 인도 역법서로 해와 달의 운행과 일식과 월식 예상 시간을 계산하는 법이 기록되어 있었으며, 시간에 대해 훨씬 정확하게 정의되어 있다. 『구집력』에서는 천체를 360도로 나누고 1도를 60분으로 나누었다. 또 낮밤을 60각으로 나누고 1각을 60분으로 나누었다. 구담실달이 번역한 『구집력』에는 이미 중국 역법의 특징이 담겨 있었다.

구담실달이 후세에 이름을 남기는 데 결정적인 역할을 한 것은 그가 저술한 『개원점경』이다. 『개원점경』은 인도 천문학과 중국 전통 천문학을 집대성한 작품이다. 『개원점경』은 총 120권, 약 60만 자로 이루어진 대작이다. 구담실달이 이 책을 편찬한 주요 목적은 물론 황실의 성점星占에 쓰기 위함이었지만 책에 포함된 내용은 이미 황실이 정치적으로 요구하는 정도를 뛰어넘은 것으로 중국과 서방 천문학을 결합시킨 기념비적인 저서가 되었다. 『개원점경』에서는 중국 역사상 존재했던 점성술의 원본 데이터를 한데 모았을 뿐만 아니라 중국 고대 천문학자들이 연구해온 이론을 수집해 체계적으로 기록함으로써 후세가 고대 우주이론을 연구하는 데 귀중한 자료를 제공했으며『구집력』에 기록해 인도 천문역법을 중국 황실역법에 융합시켰다.

그러나 이토록 풍부한 중국과 서방의 천문학 지식은 정치적 편협함 탓에 오랜 시간 세상의 빛을 보지 못했다.『개원점경』은 황실의 성점이었기 때문에 이것이 외부로 유출되면 통치에 부정적인 영향을 미칠 것을 염려한 당나라 조정은 이 책이 외부에 전해지는 것을 엄격히 제한하고 통제했다. 명나라 때까지도 중국 민간에서는 이 책의 소장본이 발견되지 않았다. 명나라 만력 44년에 이르러 안휘 출신의 도사 정명선이 불상 속에서 발견해 판각하면서 세상에 알려지게 되었다.

『대연력』과『구집력』의
힘겨루기

조지프 니덤은『중국과학기술사』중 천문학 부분을 저술하면서 중국 천문학과 서양 천문학의 가장 뚜렷한 차이는 관제官制에 있다면서 서양인이 볼 때는 이 점이 몹시 놀랍고 이상하다고 했다.

정치적으로 중국 천문학은 확실히 서방 천문학은 엄두도 못 낼 지위를 얻었다. 역대 왕조는 모두 황실 내 천문기관 설치를 매우 중시해 한시도 국가 천문대가 없었던 적이 없었다. 진한의 태사령, 당대의 태사국과 사천대, 송원대의 사천감, 명청대의 흠천감에 이르기까지 천문대는 줄곧 높은 지위를 누렸다. 황실 천문학자가 오를 수 있는 최고 관직은 오늘날로 치면 차관급인 3품이었다. 그래서 서역의 천문학이 전해질 때마다 과학지식도 진보했지만 현실세계의 권력투쟁도 가열되었다. 역사에 이름을 남긴 천문역법은 모두 거대한 논란의 소용돌이에 휘말렸다. 또 천문학의 서학동점에 중요한 역할을 한 대표적 인물들은 모두 이러한 논란의 소용돌이에 휘말렸고, 경우에 따라서는 옥에 갇히는 화를 입기도 했다. 당나라 때는 천축의 천문학이 물밀듯이 쏟아져 들어온 시기이기도 하지만 역사상 천문역법에 관한 유명한 사건이 발생한 때이기도 하다.

대략 개원 21년 태사감 관리 구담선 등이 상소를 올려 "대연이 구집력을 썼지만 그 방법이 미진하다"고 했다. 이 말은 "『대연력』이 『구집력』을 베껴 썼는데 셈법이 완전하지 않고 수치가 부정확하다"는 뜻이었다. 『대연력』은 당나라 고승 일행이 현종의 명으로 만든 것이다. 일행은 이 역법을 편찬할 때 육조 시대 이후 중원에 전해진 여러 역법의 장점을 고루 받아들여 새로운 역법을 만들어냈다. 『대연력』은 많은 사람들이 각고의 노력을 기울여 창작한 것으로 중국 본토의 천문학자 수십 명이 편찬에 참여했을 뿐만 아니라 천축에서 온 구마라 가문도 힘을 보탰다. 구마라 가문은 『대연력』 편찬을 위해 일식을 추산하는 방법과 점성에 관한 수첩을 제공했다. 이렇게 해서 완성된 『대연력』은 당시 조정에서 가장 인정받는 역법이 되었다.

『대연력』에 대한 상소를 올린 사람 중에는 구담실달의 아들인 구담선 외에도 당시 유명 천문학자였던 진현경, 남궁설 등도 포함되어 있었다. 이 두 사람은 태사감 내의 주요 인물들이었다. 진현경은 일행이 『대연력』을 편찬할 때 남긴 자료들을 체계적으로 정리하고 2권 『대집력』의 입성표(계산표)와 『대연력』을 합쳐 한 권으로 엮은 바 있다. 남궁설은 『대연력』의 측량작업에 참여했었다. 진현경과 남궁설이 구담선을 지지하며 상소하면서 『대연력』을 둘러싼 논란은 당나라 조정을 뒤흔들 만큼 일파만파 퍼졌다. 조정에서는 이 일을 해결하기 위해 고위직 관리 두 사람을 파견했다. 그들은 관상대의 천문현상 기록을 검토해 두 역법의 정확도를 비교했는데 그 결과 『대연력』이 훨씬 더 정확했다.

천지우진의 설명에 따르면 사건의 전말은 이러했다. "'역법의 정확도는 일식과 월식 예측으로 판단한다.' 이는 고대 중국에서 역법의 좋고 나쁨을 가리는 전통적인 기준이었다. 논쟁이 발생하자 조정에서는 어김없이 이 기준으로 시비를 판단했다. 『대연력』은 잘 만들어진 역법이었을 뿐만 아니라 갓 만들어진 것이었기 때문에 당시의 자연현상 및 천문현상에 부합했다. 그러나 『구집력』의 일부 천문 수치는 꼼꼼하지 않았고 측정 연대가 오래되어 착오가 눈에 보일 정도였다. 일식과 월식으로 역법의 정확도를 판단했으니 구담선이 패배할 것은 불 보듯 뻔했다." 일식과 월식으로 시비를 가린 끝에 패배한 구담선, 진현경, 남궁설은 엄벌에 처해졌다. 구담선은 태사감으로 전출되었다가 25년이 지나 숙종이 제위를 계승한 지 3년째 되던 해에야 사천대로 돌아와 추관정을 맡았으니 그럭저럭 『대연력』을 둘러싼 논쟁의 잘못된 결론을 바로잡은 셈이었다고 볼 수 있다.

오늘날 다시금 이 중국 역법과 천축 역법의 소송전을 되돌아보니 중국 천문학 발전과정에서 발생한 수많은 오류가 보였다. 천지우진은 사료를 연구한 끝에 구담선 등이 '대연이 구집력을 썼지만 그 방법이 미진하다'고 한 데는 근거가 있다고 판단했다. 『대연력』을 편찬하는 과정에서 확실히 『구집력』의 일부 계산법을 받아들이기는 했지만 방법과 개념만 제시했을 뿐 역법에 사용하지는 않았고, 일부 천문 수치의 계산법은 『구집력』보다 정밀하지 못했다. 천지우진은 이렇게 말했다. "일행은 『구집력』의 장점을 받아들이면서도 이를 인정하기는커녕 오히려 『구집력』과 천축역법에 대해 여러 번에 걸쳐 비난하고 폄하한 것이 갈등을 일으킨 주요 원인이었다." 구담실달의 아들인 구담선이 『대연력』의 문제를 지적하고 나선 것은 어쩌면 아버지와 가문의 명예 때문이기도 했을 테지만 진실을 추구하는 과학자의 탐구정신에서 비롯된 행위이기도 했다. 당시 구담선은 지체 높은 관리가 아니었고 역사서에서도 그저 '셈을 잘하는 자'라고 불렸을 뿐이다. 그런 그가 대담하게 점성의 결과가 아닌 천문계산법 측면에서 국가가 인정한 역법에 소송을 제기하고 유명한 학자 두 사람의 지지까지 얻어낸 것은 황권이 통제하고 점성이 주를 이루는 중국 천문학계에서 드물게 과학적으로 역법을 살펴보는 계기가 되었다고 할 수 있다. 그러나 최종적인 결과는 그리 좋지 않았다. "당나라 조정은 실제 상황을 살피지 않고 장부만 가지고 시비를 판단했으며 소송을 제기한 사람을 엄히 처벌해 『구집력』이 폄하되고 매몰되는 결과를 불러왔다. 당시 서양 천문학 중 일부 개념과 계산법이 이미 중국에 전해졌고 한자로 번역되었음에도 널리 전해지지 못한 것은 매우 안타까운 일이다."

점성학과
천문학

천지우진은 이렇게 말했다. "중국 황권이 점성학을 중시한 것은 중국 고대 천문학 발전의 가장 큰 원동력이었다." 그러나 이는 또한 서양 고

전 천문학의 중국 전래를 가로막은 가장 강력한 장애물이기도 했다. 중국 천문학자들에게는 천문현상을 분석해 정권통치에 이로운 해석을 내놓는 것이 마땅히 해야 할 중요한 임무였다. 마테오 리치는 『중국찰기』에 이러한 글을 남겼다. "중국인은 우리 과학자들이 점성학이라고 부르는 그런 천문학 분야에 모든 정신을 집중한다. 그들은 지구상에서 발생하는 모든 일이 별자리의 모양으로 결정된다고 믿는다."

별자리 해독학이자 천문 해석학인 중국 천문학 종사자는 오랜 시간 동안 먼 하늘을 바라보며 수치를 기록하는 것 외에 더 고차원적인 임무가 있었다. 바로 체계적으로 기록해놓은 풍부한 천문현상을 해독해 때의 변화를 인지하는 것이었다. 모든 천문현상은 곧 어떤 특정한 때를 의미했다. 여기에는 다양한 의미가 함축되어 있는데 천문학자들이 해야 할 일은 바로 이러한 함의들을 읽어내는 것이었다. 예를 들어 오성취사五星聚舍, 즉 5대 행성이 별자리 하나에 동시에 나타나는 것은 현명한 군주가 나타날 징조로 여겨졌는데 그 안에 함축된 의미는 왕조를 바꿔야 한다는 것이었다. 또 형혹수심熒惑守心은 형혹, 즉 화성이 이동하다가 심수(전갈자리)에서 역행하는 현상으로 매우 흉한 징조로 여겨져 형혹수심이 나타나면 군주는 각별히 조심해야 했다. 근대 고전 천문학의 눈으로 봤을 때는 이상하기 짝이 없는 이러한 해석들이 고대 중국에서는 수천 년간 천문학의 주요 내용이 되었다.

정권의 필요에 의해 천문을 연구한 탓에 천문학의 서학동점은 오랫동안 결과만 중시하고 추리과정은 간과하는 문제를 개선하지 못했다. 구담실달이 『구집력』을 번역할 때도 당시 당나라 조정의 요구와 방법에 따라 계산법만 번역하고 원리는 번역하지 않았다. 조지프 니덤은 『중국과학기술사』에서 중국 고대 천문학의 특징을 이렇게 정리했다.

"이것은 결코 고대와 중고대 중국 천문학자들이 정리를 싫어해서가 아닙니다. 그저 기하학 형식과 그런 형식으로 표현한 천문현상(이는 그리스인의 특징이다)이 불필요하다고 생각했기 때문이다. 중국 천문학은 중국의 다른 모든 과학과 마찬가지로 경험주의의 기본적인 특징을 보인다."

이러한 분위기에서 양한 시대에 시작되어 수당 시대에 최고조에 이른 천문학의 서학동점은 대부분 점성술과 관련이 있었다. 부천술符天術은 인도 천문학을 매개로 중원에 전해진 서양의 점성학으로 중앙아시아의 칠요술七曜術이 중원에서 크게 성행한 뒤에 조사위라는 사람이 중원으로 들여왔다. 조사위가 어떤 사람이었는지에 관해서는 확실히 알 길이 없고, 그저 8세기 말에 활동한 당 건중 시기의 역술가였다는 사실만 알 수 있다. 서역의 유명한 소무구성 중에 조씨가 있기 때문에 서역에서 왔을 것으로 추측된다.

당나라 때 서역에서 전해진 역법 관련 저서로는『도리율사경』두 권이 있는데 이것도 한 해의 운수 등을 점치는 데 쓰인 서적이다. 기록에 따르면『도리율사경』은 본래 산스크리트어로 쓰인 다섯 권짜리 책이었다. 당나라 정원 초 도리술사 이미건이 이 책을 수도로 가져왔는데 11성의 움직임으로 운명의 귀천을 알 수 있었다.

장샤오위안은 한때 육조 시대부터 수당 시대까지의 서역 천문학을 전문적으로 고증한 적이 있다. "중국으로 전해진 인도 천문학은 점성학이 주를 이루며, 수학적 천문학 지식에서는 일식과 월식 날짜를 구하는 방법이 가장 중요했디." 그러나 한때 수많은 술사와 승려, 학자들이 실크로드를 통해 활발히 천문학 지식을 교류했던 데 반해 그 여운이라 할 만한 것은 별로 남아 있지 않다. 장샤오위안은 어떤 글에서 이에 대한 당혹감을 서술했다. "인도 천문학은 중원 땅에서 수백 년간 유행했다. 그렇다면 당시 인도 천문학의 성행이 이후 중국 천문학의 발전에 영향을 미쳤을까? 일반적으로 봤을 때 그 영향력은 뜻밖에도 제로에 가까웠다. 천축 3가문의 역술은 수백 자의 주석을 남기는 데 그쳤고, 당나라 이후로 다시는 대술(大術, 중국의 천문학)과 함께 쓰이지 못했다.『구집력』은 소리 없이 종적을 감췄다가 명나라 말이 되어서야 우연한 기회로 다시 세상의 빛을 볼 수 있었다. 부천술, 율사경 등도 이미 오래전에 역사의 무대에서 사라졌다. 중국 천문학은 여전히 자신의 낡은 틀에서 낡은 궤도를 따라 운행했다. 명나라 말부터 선진 시대로 거슬러 올라가는 과정에서 보게 되는 천문학 내용은 하나같이 일맥상통하고 분명하다. 설령 중간에 인도 천문학이 남긴 영향이 있다고 치더라도 수학적 천문학 방법의 심오하고도 미세한 부분에서만 그 흔적을 조금 찾을 수 있을 뿐(아직까지 확실히 찾은 사람은 아무도 없지만) 사실 거론할 만한 것이 없다. 역으로 인도 천문학을 살펴보면 바빌로니아와 그리스 등지의 천문학이 잇달아 유입되면서 계속해서 발전해 완전히 새로운 학문으로 거듭나 중국 천문학이 지나온 길과 판이하게 다른 양상을 보인다. 그 속의 인연은 어쩌면 중화민족의 문화가 지닌 고유의 특질에서 원인을 찾아야 하지 않을까?"

낙양에 울려 퍼지는 호악[22]

실크로드상의 구자악무는 위진남북조 때부터 수당 시기까지 중원에서 오랑캐 춤, 오랑캐 음악 열풍을 일으키며 중국 악무사를 다시 쓴 새로운 물결이 되었다.

비행기가 현지에 도착했을 때는 이미 밤 11시였다. 공항 건물에 쓰인 '쿠처구자' 네 글자가 어두운 밤하늘에서 유독 눈부시게 빛나며 우리가 도착한 이곳이 신장 아커쑤 지역의 쿠처현이라는 것, 그리고 실크로드 북도의 교통중심지였던 고대 구자국의 관청 소재지였던 도시라는 사실을 일깨워주었다. 이곳에서 서쪽으로 향해 고묵(오늘날의 아커쑤), 소륵을 지나 충령을 넘어 페르가나분지에 이른 다음, 중앙아시아의 요충지 사마르칸트를 지나면 유럽으로 갈 수 있다. 지난 수천 년간

22　글_ 아이장타오

수많은 카라반, 승려, 예술가들이 이 길을 통해 유라시아 대륙 간 문명의 교류를 이끌었다.

어둠이 내린 쿠처 거리는 지나는 사람을 찾기 어려웠다. 위구르족 택시기사는 요즘 경기가 영 신통치 않다며 불만을 토로했고, 야시장의 한 식당 입구에서는 점원들이 화면 속에 들어갈 기세로 위구르어로 더빙된 연속극 〈정무문〉을 시청하고 있었다. 한마디로 주민 중 대다수가 위구르족이라는 점만 빼면 쿠처는 내륙의 다른 현급 도시와 다를 바 없었다.

그러나 이곳에서 탄생한 서역국가들 중에서 가장 유명세를 떨친 구자국의 악무가 위진남북조 때부터 수당 시기까지 중원에서 오랑캐 춤, 오랑캐 음악 열풍을 일으키며 중국 악무사를 다시 쓴 새로운 물결이 되었다는 것은 결코 무시할 수 없는 사실이다.

독보적이었던 관현기악

628년 당나라 현장은 서역으로 불법을 구하러 가는 길에 구자를 지나쳤는데 그때 구자국 왕과 귀족들의 따뜻한 환대를 받았다. 당시 서역으로 향하는 길에 있던 릉산에 쌓인 눈이 아직 녹지 않아 길이 끊기는 바람에 경전을 구하는 데 마음이 급했던 현장도 어쩔 수 없이 구자국에 한 달 이상 머물게 되었다. 그 시간 동안 현장은 불사활동에도 참여했지만 현지의 풍토와 풍습을 고찰하고 대규모 악단이 연주하는 구자음악도 감상했다. 19년 후 100여 개 도시국가와 국가를 두루 거치고 나서 저술한 『대당서역기』에서 현장은 관현기악이 여러 나라 중에서도 단연 뛰어난 구자국의 음악을 몹시 그리워했다.

사실 시인 왕건이 「양주행」에서 묘사했듯이 당나라 시기 중원은 성벽 위에서는 이미 꿩 울음소리가 들리건만 낙양성에서는 집집마다 호악을 배우느라 여념이 없었다. 구자악무를 위시한 서역 음악이 시대를 풍미했다. 구자와 중원 지역의 악무교류는 실크로드가 뚫린 서한 시기부터 활발하게 이루어졌다. 당시 구자국 왕 강빈은 오손국 왕 옹귀미와 한나라 해우 공주의 장녀인 제사를 왕비로 맞았다. 서한 원강 원년(기원전 65년) 강빈과 제사는 한나라 조정에 들어 선제를 알현했다. 두 사람은 장안에서 1년간 머물다가 구자국으로 돌아갔는데 이때 선제가 수십 명으로 이루어진 가무악단을 딸려 보내면서 중원의 악무와 악기가 구자국으로 전해지게 되었다.

이로써 구자도 서한의 판도 안에 편입되었고 중원 왕조는 적극적으로 서역 경영에 나서기 시작했다. 기원전 60년 선제는 오루성(오늘날 신장 룬타이현 처다야 근처)에 서역도호부를 설치했다. 동한 시기 서역도호부는 오루성에서 구자국 영토 안에 있던 타건성(오늘날 신장 신허현 서남쪽 다왕쿠무지우청)으로 옮겨갔다.

648년 당태종이 구자도독부를 설치하고 10년 뒤 당나라 영토가 커짐에 따라 안서도호부를 고창에서 구자로 옮기면서 구자는 서역의 중심지가 되었다. 신장구자연구원의 훠쉬추 연구원은 구자와 중원의 악무교류는 서역과 중원이 조공관계를 확립한 정치적 흐름 속에서 시작되었고 동쪽에서 서쪽으로 왔다가 서쪽에서 동쪽으로 전해지는 과정을 거쳤다고 설명했다.

전 베이징사범대학 무용과 주임이었던 진치우 교수는 『실크로드 악무예술 연구』라는 책에서 실크로드 악무예술의 교류 형식을 중국과 외국 사신을 따라 왕래함, 황실 공주가 출가하면서 전해짐, 불교를 따라 동쪽으로 전파됨, 이 세 가지로 정리했다. 구자와 중원 사이의 악무교류도 예외가 아니었다.

타림분지 북쪽 가장자리, 톈산 남쪽 기슭에 자리한 구자는 톈산의 눈이 녹으면서 형성된 오아시스 덕분에 일찍부터 농경사회로 진입해 유목문명에 비해 시기적으로나 내용 면에서나 문화예술의 발전이 앞섰다. 이 밖에도 인종학의 관점에서 고찰했을 때 구자, 소륵, 고창 등 옛 서역국가들은 대개 코카서스인종에 속해 천성적으로 음악과 춤을 좋아했다. 특히 구자인의 핏속에는 음악적 유전자가 흘러넘쳤다. 바이청과 쿠처 사이에 자리한 키질석굴 곡내구에 샘이 하나 있는데 전설에 따르면 고대 구자인은 여기에서 물방울이 떨어지는 소리를 듣고도 음악을 만들어냈다고 한다.

그러나 구자악무가 번창할 수 있었던 진짜 이유는 구자가 실크로드 북도의 중계중심이자 불교가 동쪽으로 전파되는 역사적 기점이었던 덕분에 여러 악무문화가 서로 어우러지고 영향을 주고받을 수 있었기 때문이다. 휘쉬추는 초기에 출토된 구자국의 문물 중 악무활동과 관계된 것은 별로 없고 한나라 때부터 위진 시기 이후로 들어가면서 관련 기록이 점차 많아지기 시작했고 불교를 따라 전해진 인도 음악 및 민간을 통해 전해진 서아시아 등 국가와 중원 지역에서 온 악무와 악기가 구자악무에 영향을 준 여러 원천이 되었다고 했다. 이를 입증할 수 있는 자료는 3세기 말에 처음으로 그려지기 시작한 키질석굴 벽화에 남아 있다. 벽화에서 부처를 모시는 천궁기악과 페르시아 상인의 이미지와 복식, 공후와 같은 페르시아 악기, 중원에서 전해진 완함, 배소 및 구자 현지의 필률, 북 등의 악기를 확인할 수 있다.

사회가 혼란스럽고 여러 민족이 한데 섞인 위진남북조 시대에 구자 음악은 처음으로 중원 지역을 휩쓸었다. 384년 전진의 대장 여광이 구자를 정복하고 낙타 2만 필에 서역의 금은보화를 싣고 수많은 악무 예인과 고승 구마라습을 데리고 귀국길에 올랐다. 그러나 양주 고장(오늘날 간쑤성 우웨이)에 이르렀을 때 전진이 비수의 전투에 패해 멸망했다는 소식을 듣게 된다. 결국 여광은 그곳에 이후 17년 동안 이어진 후량 정권을 세웠다.

그곳에서 구자악무는 다시 현지의 중원악무와 합쳐져 서량악무를 이뤄 북위를 거쳐 중원으로 전해졌다. 탁발선비족이 세운 북위의 역대 왕들은 모두 서역의 음악을 즐겼다. 그들은 중원의 정통 음악을 개조했고, 위의 태무제가 하서를 평정한 이후에는 구자악과 서량악이 궁정의 주요 악부가 되었다.

북방 정권이 계속 바뀌는 가운데 북제 시대에는 전 사회적으로 서역 악무 감상이 크게 유행해 구자와 서역 각국의 뛰어난 악공과 무기 중에서 고관대작의 총애를 받은 자의 수가 헤아릴 수 없을 만큼 많았다.

음악사의
새로운 흐름

"수당 시기 구자악은 새로운 흐름이 되었습니다. 마치 요즘 우리가 외국의 로큰롤이나 재즈 같은 음악을 받아들인 것처럼 당시 장안의 최신 유행은 호무를 감상하고 호악을 듣는 것이었습니다." 이뿐만 아니었다. 휘쉬추는 수문제 시기에 발생한 궁정 아악을 구자악으로 바꾸는 일대 변혁도 중국의 음악사를 새로 썼다고 했다.

변혁을 이끈 주인공은 구자의 유명한 민간음악가였던 소기파다. 568년 북주 무제 우문옹은 돌궐의 아사나 공주를 황후로 맞았다. 공주가 시집갈 때 돌궐은 서역 각국의 음악가와 무용수를 딸려 보냈는데 소기파는 악무대의 수장으로 중원을 찾았다.

북주의 뒤를 이어 두 번째로 중국을 통일한 수문제 양견은 북주의 옛음악 대신 새로운 정음아악을 만들기로 결심한다. 전통예악이 이미 파괴된 마당에 아악을 손보기란 결코 만만치 않았다. 이 때문에 6~7년을 질질 끌어놓고도 결론을 내리지 못하자 수문제는 크게 노했다. 훗날 패국공 정역이 새로운 방법을 내놓았다. 전하는 바에 따르면 정역은 소기파와 함께 비파를 배운 적이 있다고 한다. 그는 과거 궁정아악에서 사용한 칠음 중에서 삼음이 바르지 않은데 소기파의 칠성으로 궁정의 칠성을 교정하면 대체로 알맞고 소기파의 오단도 전통악학 중의 오율, 즉 황종, 태주, 임종, 남려, 고선과 맞으므로 소기파의 구자 음률 오단칠성을 새로운 아악 음률로 정하자고 주장했다. 더 중요한 것은 소기파의 구자 음률은 비파로 연주할 수 있었다는 점이다. 비파가 유행하면서 수나라 때부터 요송 시대까지 수백 년 동안 사실 중원 음악은 구자 음률을 사용했다.

수문제가 아악을 제정하게 된 또 다른 이유는 〈서국구자〉, 〈제조구자〉, 〈토구자〉 등 삼부 구자악으로 대표되는 새로운 음악이 궁정과 민간에 성행하는 것에 불안감을 느꼈기 때문이다. 수문제는 이러한 정통성 없는 음악이 유행하는 것은 상서롭지 않은 조짐이라고 생각했다. 그러나 유행하는 음악의 매력은 무엇으로도 막을 수 없는 것이었다.

수나라 초기 제정한 칠부 궁정연악(주로 하늘과 땅, 종묘에 제사를 지내고 궁정 의례활동에 사용된 아악과 달리 황제와 제후가 주연을 베풀 때 연주한 악무) 중 〈구자기〉는 대표적인 서역 악무가 되었다. 당나라 때의 십부악 중에서 구자악은 계속해서 주도적인 역할을 담당했다.

수당 시대에 유행한 새로운 음악이란 도대체 어떤 것이었을까? 『수서·음악지』를 보면 당시 구자 음악은 가곡, 해곡, 무곡으로 나뉘었는데 이미 성악, 기악, 무용반주곡 등 다양한 표현형식을 갖추었다고 한다. 비파, 완함, 공후, 호적, 호고, 필률, 동발, 타사라 등 다양한 악기로 이뤄진 악대가 연주하기 시작하면 소리가 낭랑하게 울려 퍼져 심금을 울리는 효과가 있었다.

중원 지역에서 가장 인기를 얻은 구자무는 소막차蘇幕遮와 사자춤이었다. 학자들의 고증에 따르면 소막차는 전모氊帽의 일종이었다. 매년 7~8월에 개최되던 소막차 대회는 엄청난 규모의 군무였다. 이처럼 페르시아에서 전해진 무용은 처음에는 귀신, 짐승, 무사 등의 가면을 쓴 무용수가 나와 춤을 추다가 곡이 클라이맥스에 이르면 무용수들이 가죽 주머니를 꺼내 물을 떠서 관객들에게 뿌렸고 마지막에는 밧줄로 행인을 엮어 모두가 함께 즐겼다. 또 다른 설에 따르면 소막차 대회가 열린 때는 매년 11월이었기 때문에 걸한무乞寒舞라고도 불렸다고 한다. 걸한무는 이름 그대로 이듬해 풍작을 거둘 수 있도록 날씨가 춥고 비와 눈이 많이 내리길 기원하는 것이었다. 소막차는 중원으로 전해져 큰 사랑을 받았다. 훗날 당현종 시기에는 무용수들이 종종 맨몸을 드러내 미풍양속을 해친다는 이유로 금지되었지만 민간에서는 계속 그 명맥을 이어갔다.

문헌기록에 따르면 구자에서는 사자춤이 유행했다고 한다. 당나라

❶❸ 신장 구자무도단 무용수들이 구자 벽화 중 인물의 자태와 동작을 재연하고 있다.
❷ 신장 구자가무단이 창작한 비파무의 소재가 된 구자 벽화

때의 오방사자춤은 구자악부에 속했는데 오방은 동·서·남·북과 중앙, 이 5개 방위를 가리키는 것으로 훗날 생겨난 중국 사자춤은 이 오방사 자춤에서 비롯되었다.

휘쉬추는 구자악무가 수당 시기에 크게 유행한 것은 결코 우연이 아니라며 두 가지 이유를 꼽았다. 하나는 구자악무의 음계는 훨씬 더 풍부하고 감동적이었으며 오락성이 강하고 감상하기에 알맞았다. 두 번째로 악기와 악대가 완벽하게 개조되었다는 것이다. 기존의 편종, 편경 등과 같이 둔중한 악기 대신 가벼운 악기가 쓰였고 악대가 경량화됨으로써 각지를 돌아다니면서 공연할 수 있게 되었다. "이것은 악기의 혁명이었어요. 악기가 가벼워야 민간에 보급될 수 있으니까요. 집집마다 비파를 연주할 수는 있지만 집집마다 편종을 두드릴 수는 없잖아요!" 이러한 이유로 수나라 때는 입부기와 좌부기의 구분이 생겨났는데 좌부기의 지위가 좀 더 높아 당상에 앉아 연주를 했고 입부기는 당하에 서서 연주했다.

당나라 때 구자악은 외교 선물로서 외국으로 보내지기도 했다. 당나라 중종은 금성 공주를 토번으로 시집보낼 때 구자악대를 딸려 보냈고 현종도 구자악공을 운남의 남조왕에게 하사했다. 안사의 난이 일어나기 전 구자악은 비슷한 방식으로 한반도와 일본으로도 전해졌다. 한번 보내면 악대 하나를 통째로 보냈으니 당시 당나라 궁정에서 육성한 구자악공이 얼마나 많았는지 가히 짐작할 수 있다.

당나라 이후 송대 궁정 사부악 중에도 구자부가 포함되어 있어 구자악무는 계속해서 외부로 전해졌지만 음악 자체로 봤을 때는 별다른 발전을 이루지 못했다. 시대가 변하면서 시대를 풍미한 구자악무도 점차 다른 악무에 녹아들었다.

벽화에서
무대까지

눈 깜짝할 사이에 구자악무가 중원을 휩쓸던 시대로부터 1,000년이 흘
렀다. 역사의 강줄기를 따라 흐르는 선율과 춤사위에서 아직도 지난날
의 흔적을 찾을 수 있을까?

신장 구자가무단 단장은 구자가무단에 대해 간략하게 설명해주었
다. "구자가무단은 원래 쿠처현 문공단 소속 가무단이었지만 1934년
에 독자적인 가무단으로 독립했습니다. 현재는 구자악무와 신장 전
통 민속춤 연주를 주로 하고 있으며 매년 전국 대도시와 지방을 돌며
100~200회 정도 순회공연을 갖고 있죠."

사실 840년에 위구르족의 선조인 서주 회골인이 대거 서쪽으로 이
동하면서 구자인들은 점차 회골화되어갔다. 이후 11세기에 이슬람화
를 거치면서 이른바 고대 구자는 종족은 물론이고 종교마저 사라져버
렸고 지난날의 구자악무도 종적을 찾을 수 없게 되었다. 그런데 구자
악무라니? 가무단이 연주하는 구자악무는 도대체 어디에서 튀어나온
것일까?

연출가를 비롯해 가무단 사람들은 쿠처현과 바이청현의 키질석굴과
쿰트라 천불동, 시므시므 천불동, 키질가하 천불동 등 석굴에 있는 구
자 벽화에서 영감을 받아 안무를 짠다고 했다. 3세기 말부터 9세기 중
엽까지 만들어진 석굴 벽화에는 불교화된 이후 구자악무의 춤사위와
악기가 많이 남아 있어 응고된 악무박물관을 방불케 한다.

구자무는 주로 비파와 요고, 종 등을 사용하지만 후자는 라왑, 템보
르, 두타르, 기작 등 위구르족 전통악기를 사용한다. 동작을 보면 차이

가 더욱 분명해진다.

사실 이미 30년 전에 신장가무단의 연출가인 왕샤오윈은 구자무가 허리를 비틀어 골반을 밖으로 빼는 동작이 많다는 사실을 발견했다. 벽화에서 본 손에 악기를 들고 서 있는 사람이든 쟁반에 물건을 받쳐든 사람이든 입불, 보살, 승려든 하나같이 무기舞伎와 공통점이 있었다. 바로 머리, 골반, 무릎을 받침점으로 온몸이 자연스럽게 유려한 S자형 곡선을 그리고 있다는 것이다. 팔꿈치가 툭 튀어나와 날카로워 보이는 자태에서는 힘이 느껴지면서도 함축적인 유연함이 느껴졌다. 그녀는 키질 벽화로 대표되는 구자무와 둔황 벽화에 반영된 돈황무의 차이점을 비교하기도 했다. 구자무와 돈황무 모두 S자형 곡선을 그리는 것으로 보아 후자가 전자의 영향을 받았음을 알 수 있지만 분명한 차이가 있었다. "돈황무가 주로 앞, 옆, 뒤에서 다리를 들고 꼬며 한 다리로 조절하는 형태의 동작이 특징이라면 구자무는 순간적으로 정지한 상태에서 신체의 S자 곡선을 강조하면서 기본적으로 두 다리를 땅에서 떼지 않은 채 방향만 바꾸며 움직입니다."

왕샤오윈과 신장가무단의 동료인 휘쉬추, 신장예술연구소 연구원 저우제, 이 세 사람으로 구성된 팀은 중국 최초로 구자악무를 연구하고 재현했다. 1979년 둔황 막고굴 벽화에서 영감을 얻은 무용극 〈실크로드 꽃비〉는 초연과 동시에 엄청난 반향을 일으켰다. 얼마 지나지 않아 왕샤오윈은 인연이 닿아 〈실크로드 꽃비〉 무용극 감독 리우샤오룽과 작곡 및 지휘를 맡았던 한숭차이와 친분을 맺게 되었다. 왕샤오윈은 그 두 사람에게서 돈황무와 구자무의 관계를 알게 되었는데 알고 보니 돈황무는 서량 현지의 토착무가 구자무와 합쳐져 만들어진 것이었다고 한다.

둔황 벽화로도 무용극 안무를 짤 수 있는데 구자 벽화로 못할 까닭이 무엇인가? 왕샤오윈은 돌아오자마자 가무단에 이 같은 제안을 내놓았고 훠쉬추, 저우제와 함께 현지에 가서 벽화를 보며 연구를 시작했다. 세 사람 중 왕샤오윈이 안무를 맡고 훠쉬추가 구성과 각본, 저우제가 음악을 맡았다. 그때의 일은 아무리 시간이 지나도 잊을 수 없는 경험이었다. 왕샤오윈은 아직도 세 사람이 나귀가 끄는 수레에 앉아 마을을 차례차례 돌며 낮에는 조사와 연구를 하고, 밤에는 현지인들에게 공연을 보여주던 순간을 잊지 못했다. 그러고는 또 석굴에 틀어박혀 벽화를 보고 또 봤다. 그로부터 10년이 지나도록 왕샤오윈은 끊임없이 석굴을 들락거렸다. 왕샤오윈의 자택에서 그녀는 두꺼운 모사도 화첩 몇 권과 흑백사진 한 묶음을 꺼냈다. 화첩에는 그녀가 벽화를 보고 모사한 자태와 손동작이 가득했고 사진은 다양한 춤사위를 찍은 것들이

키질 천불동 석굴 밖의 구마라습 조각상

었다.

1984년부터 1989년 사이에 세 사람은 구자악무를 반영한 〈구자악무〉, 〈무악구자정〉, 〈구자고운〉 등 악무 세 편을 연달아 선보였다. 1984년에 완성한 〈구자악무〉는 네 부분으로 나뉜다. 첫 번째 부분은 물방울 떨어지는 소리가 음악이 된 고대 구자인의 전설에서 영감을 얻었다. 음악가 소기파는 산속의 샘물을 보고 샘물이 느리다가 빨라지고 빨리 흐르다가 다시 느려지는 리듬의 변화에서 창작 영감을 얻었다. 무대 위에서 7명의 아가씨는 물동이를 들고 높이가 서로 다른 위치에 서 있고 소기파는 물동이를 두드려 칠음을 내 그 자신의 오단칠성 음률의 예술적 경지를 보여준 다음, 두 번째 부분의 큰 악곡을 이끌어낸다. 두 번째 부분의 안무는 벽화 이미지와 쿠처의 민간무용에서 소재를 얻어 재창작한 것으로 등불춤, 쟁반춤, 탁자 위의 춤, 연꽃춤, 사자춤 등 7개의 춤으로 이루어진다. 그중 등불춤은 벽화 중 불교의 등공양 이미지를 참고했고, 연꽃춤과 사자춤은 사료기록을 바탕으로 벽화의 이미지와 민간에서 조사한 결과를 참고해 창작했다. 무용극의 세 번째 부분은 멀리서 찾아온 실크로드 상인을 환영하기 위해 집에서 연회를 베푸는 장면이고, 네 번째 부분은 성대한 〈소막차무〉로 춤이 끝날 즈음에 구자악대의 대표적인 인물 몇 명이 낙타를 탄 채 필률을 불고 비파를 연주하며 동쪽으로 향한다.

"구자악무가 무엇인지 제대로 알려면 키질석굴 벽화를 봐야 한다." 수많은 사람들이 이구동성으로 한 말이다. 키질석굴은 신장 바이청현 커쯔얼진 동남쪽으로 7km 떨어진 무자티하 북쪽 강둑에 있는 암벽 위에 있다. 차를 타고 그곳으로 가는 내내 광활한 사막 위에 영원히 붉게 타오를 것만 같은 사암으로 이뤄진 산줄기가 눈에 들어왔고 이따금씩

대지를 뒤덮은 위성류 무더기와 이름을 알 수 없는 풀들 사이로 떼 지어 몰려 있는 양들이 보였다. 아무리 봐도 질리지 않을 단조로움의 미가 느껴지는 참으로 이상한 풍경이었다.

그 사이를 달리다 보면 문득 영국 예술사가 에른스트 곰브리치가 실크로드를 여행하며 남긴 말이 떠오를 것이다. "오늘날의 일반적인 상황에 비하면 옛사람들은 우리보다 강인하고 대범해야 했을 것이다. 그 시대의 상인, 장인, 민간음악가나 인형극단은 어느 때고 길을 나서기로 결정하면 곧바로 카라반 무리에 끼어 실크로드를 따라 이리저리 흘러다니며 초원과 사막을 건너서 말을 타거나 걸어서 몇 달, 심지어 몇 년씩 일거리와 돈이 될 기회를 찾아다녔다."

석굴은 훌륭한 만큼 난도가 높은 예술이다. 멀리서 바라보니 석굴의 큰형님 격인 키질석굴은 둔황 막고굴보다 소박해보였다. 근대 이후 일본과 독일에게 엄청난 양의 문물을 도난당했고 벽화의 훼손상태가 차마 눈뜨고 못 볼 지경이었지만 남아 있는 것들만으로도 여전히 깊은 울림을 느낄 수 있었다.

가장 유명한 38호굴의 전실은 이미 무너졌지만 중실 양측 벽에는 각 7조 총 28명으로 이뤄진 천궁기악도가 그려져 있다. 부처를 공양하는 이들 천인은 두 사람이 한 조를 이루고 있는데 악기(樂伎, 악사)는 남성, 무기는 여성이며 악기조, 악무조, 무용조로 나뉘었다. 악기조는 각각 배소와 완함, 횡적과 오현비파, 필률과 답랍고, 동발과 배소를 든 조합이 보인다. 악무조에서는 영락을 들고 박수를 치는 조도 있고, 한 사람이 쟁반을 받쳐들고 꽃을 뿌리는 가운데 악기가 공후를 연주하는 조합도 있다. 배소를 부는 와중에 손뼉을 쳐 박자를 맞추는 악기도 있다. 무용조 중에는 한 사람은 손뼉을 치며 박자를 맞추고 다른 사람은 영락을 들고 있는 조합도 있고, 한 사람은 쟁반을 받쳐들고 꽃을 뿌리고 다른 사람은 영락을 들고 있는 조합도 있다. 벽화에 그려진 악기는 자태가 유연하고 아름다우며 표정이 매혹적이다. 그들의 모습과 움직임을 보고 있노라면 그 옛날 구자악무가 성황을 이루던 모습이 눈앞에 그려지는 듯했다.

※참고문헌: 휘쉬추의 『구자예술 연구』. 신장 구자연구원의 도움에 감사를 전한다.

찻잎의 실크로드 여행[23]

좋은 차에는
금화가 핀다

특별한 제다법은 안화 흑차가 다른 다섯 가지 차와 구별되는 가장 큰 특징이다. 천량과 복전은 안화 흑차를 대표하는 양대 브랜드다. 10월의 안화현은 추적추적 내리는 서늘한 빗줄기에 거리를 지나는 사람을 찾아보기 힘들었지만 집채만 한 트럭들은 끊임없이 도로 위를 오갔다. 올해 생산된 흑차는 이제 끝물이지만 원료와 가공을 마친 차를 운송하는 차량은 좀체 줄어들 기미가 보이지 않았다.

복전은 주요 변소차(중국 변방지역 소수민족에게 공급하기 위해 만들어진 차)로 실크로드를 오간 흑차의 대명사다. 복천(복날)에 가공한다고 해서

---

23 글_ 청레이

복차라고 불렸다. 복전의 효과가 복령과 비슷해 복차, 복전이라는 미칭으로 불린다. 현재 안화 흑차에는 삼첨인 천첨, 공첨, 생첨과 삼전인 복전, 흑전, 화전 그리고 천량차가 있다. 그러나 매년 판매량 중 절반 이상을 차지하는 것은 복전이다. 그 안에 옅은 노란색 알갱이 같은 금화가 있어야만 복전이라고 불린다. 이 금화의 함량이 찻잎의 품질과 정비례하기 때문에 민간에서 흑차가 건강에 좋다고 할 때 말하는 주요 성분이 바로 이 금화다. 그래서 좋은 차는 금화가 피고, 꽃이 많이 피는 차는 품질이 좋다고 하는 것이다.

복전에 피는 금화는 일종의 미생물로 예전에는 1,000년 묵은 영지버섯에서나 볼 수 있었다. 안화 흑차에 피는 금화는 현지의 특별한 환경에서 발화기법을 통해 생장번식한 유익균으로 정식 명칭은 관돌산낭균이다. 후난농업대학 다학과 리우중화 교수 등은 이미 분자구조를 분

이양차창의 복차 제다 전문가 리우싱이가 복전에 핀 꽃을 자세히 관찰하고 있다. 리우싱이는 중국 비물질문화유산 복전 제다 기예 전승인이다.

석해 복전 안의 금화가 인체에 이로운 유익균으로 오랫동안 음용하면 혈중 지질농도를 떨어뜨리고 장건강을 증진시키는 효과가 있음을 증명했다. 현재 전 세계 많은 학자들이 관돌산낭균으로 노벨상을 받기를 고대하고 있다.

2015년 초 찻잎 연구가 리우중화 교수는 하버드대학에서 금화에 관한 학술보고회를 열어 미국 내 흑차 열풍을 일으켰다. 지난 1,000년간 유목민족은 자신들의 역사와 삶을 통해 복차의 효능을 증명했다. 이양차창에서 30년째 근무하고 있는 51세의 리우싱이는 정식 훈련을 받은 전문가다. 안화현은 행정구역상 이양시에 속한다. 이양차창은 이양시에 있지만 차밭은 안화현에 있다. 복차만 50여 년간 생산해온 이양차창의 복차 제다법이 2008년 국가급 비물질문화유산(무형문화재에 해당-옮긴이)에 등재되었고, 이양차창은 유일한 복차 제다법 전승보호기업이 되었다. 이양차창의 복차가 업계의 롤모델이자 국가표준이 된 데는 리우싱이의 공이 컸다.

초기에 실크로드를 오간 복전차는 지금처럼 부드럽고 섬세한 맛의 차가 아니었다. 대부분 잎이 크고 두꺼운, 숙성도가 높은 흑모차를 원료로 했기 때문이다. 33단계나 되는 제다과정을 거치며 반복해서 발효시키는 것은 두껍고 쇤 잎의 쓴맛과 떫은맛을 없애기 위해서다. 비록 역사상 흑차는 변방의 소수민족이 마시는 값싸고 질 좋은 차로 여겨졌지만 안화에서 명품 흑차를 선보이지 않았던 것은 아니다. 그 옛날 진상(산서 상인)은 곡우 전에 가장 여리고 가는 아첨과 백호(어린 잎에 나는 흰털)가 있는 백아첨을 따서 흑모차를 만든 다음, 체 구멍이 106개나 되는 대바구니로 걸러 몹시 가는 명품 찻잎만 걸러냈다. 이것으로 광주리 하나에 찻잎 한 근씩을 넣은 다음, 광주리 60개를 대오리로 만

든 상자에 넣어 팔지 않고 귀한 선물용으로 고향에 가져갔다. 이러한
아첨차는 명나라 홍무 연간부터 청나라 강희, 건륭 연간까지 세공으로
바쳐졌다.

이보다 더 좋은 복전차는 2004년부터 만들어지기 시작했다. 그전까
지만 하더라도 변경 소수민족을 주요 소비자로 삼았던 이양차창은 내
수시장에 눈을 돌려 원료의 등급을 높이기 시작했다. 일아이엽(싹 하나
에 잎 두 장)을 원료로 한 복차의 발화를 위해서는 여러 단계의 기술적
난관을 뛰어넘어야 했다. 원료의 등급이 높으면 차향은 더 순수하지만
균화향이 약하고 발화가 안정적으로 이루어지지 않았다. 이양차창은
이 문제를 해결하고 업계 전체의 기술수준을 끌어올렸다. 2005년 안화
의 복전차는 안화 흑차가 두꺼운 쇤 잎을 원료로 쓴 저렴하고 질 떨어
지는 차라는 사람들의 고정관념을 바꿔놓았다.

윈타이산 차밭. 안화 흑차 이론의 아버지 펑시엔쩌는 이른바 안화 지역에서 생산되는 현지 차인 도지차
를 높게 평가했는데 그중 윈타이산, 푸롱산, 가오마얼시는 공인된 산봉우리다.

6대 차류(녹차, 홍차, 백차, 황차, 청차, 흑차) 중에서 안화 흑차는 독특한
생산공정으로 유명하다. 예를 들어 복전차는 크게 청차 가공하기, 차
를 덖어 몽둥이로 꾹꾹 눌러 담아 밀봉하기, 발화시키기 등 세 단계로
제조한다. 그중 당연히 금화를 피우는 이 신비하고도 핵심적인 기술이
가장 넘기 어려운 기술적 난관이다. 발화는 흑차를 압축 제조할 때의
밀도, 온도, 습도 및 원료의 줄기 함량과 밀접한 관계가 있다. 그중 어
느 하나에 미묘한 변화가 생기면 다른 요소들도 잇달아 변한다.

발화의 마지막 장소는 건조실이다. 압축해 벽돌 모양으로 만든 이후
이곳은 마지막 작업이 진행되는 곳이자 안화의 모든 흑차 제조업체가
출입금지 구역으로 정해 외부에 개방하지 않는 곳이다. 하지만 우리는
운 좋게 아샹메이차예공장에서 비밀의 방을 살짝 엿볼 수 있었다.

건조실에 들어서니 마치 사우나에라도 온 것 같았다. 맨 처음 눈에

두 여성이 흑모차 줄기를 고르는 작업을 하고 있다. 줄기 속의 관다발은 양분과 향기를 전달하는 주요 조
직으로 많은 차작업장에서 여전히 사람이 직접 고르는 쪽을 선호한다.

들어온 것은 벽에 걸린 온도계와 습도계였다. 오후 4시를 넘긴 시간, 온도는 섭씨 28도였고 습도는 30% 정도였다. 기밀이 이렇게 별 것 아닐 리 없었다. 매일 시간대마다 온도와 습도가 달라졌다. 건조실의 협소한 공간 안에 세 줄짜리 선반이 있고 엄지손가락 길이 정도의 틈을 두고 벽돌 덩어리들이 하나씩 가지런히 가로로 세워져 있었다. 이 복전은 여기에서 나가기만 하면 시장에서 팔릴 터였다.

건조실을 막 벗어난 복전의 표면은 칼로 자른 듯 가지런하고 전체적으로 흑갈색을 띠며 덩어리를 쪼개봐야만 곳곳에 황금색 알갱이가 생겼음을 확인할 수 있다. 이를 현미경으로 관찰하면 마치 노란색 버섯들이 옹기종기 모여 있는 것 같다.

변경 판매의 중심
실크로드

안화현 차엽사업관리판공실 주임에 따르면 역사상 안화 흑차는 두 갈래 길을 통해 북방으로 전해졌다고 한다. 하나는 둥팅후(동정호)를 따라 한커우를 거쳐 산시에 이르러 네이멍구를 빠져나가 캬흐타에 이르러 다시 러시아 상트페테르부르크까지 이르는 초원길이었다. 다른 하나는 한커우에서 북쪽으로 올라가 징양을 거쳐 간쑤로 들어가 서쪽으로 향해 신장으로 들어가 중앙아시아를 빠져나간 뒤 흑해에 이르는 오아시스길이었다.

25년째 차무역에 종사 중인 카자흐스탄차업 사장에 따르면 실크로드를 통해 전해진 안화 흑차는 지금까지도 카자흐스탄인이 즐겨 마시는 중국 차라고 했다. 1950년대 카자흐스탄이 소비한 찻잎 중 80%가 중국에서 수입되었다.

지금은 현대적인 교통수단이 낙타 방울소리를 대체한 지 오래다. 그러나 흑차를 북쪽으로 운송할 때는 여전히 오래된 실크로드를 이용한다. 안화 흑차대시장에서 란저우에서 왔다는 차 판매상과 한참동안 이야기를 나눴다. 그가 경영하는 흑차 중개상점은 란저우 치리허 시베이 차청에 있다. 시베이차청은 황허 바로 옆에 있는 차 거래시장으로 가장 인기 있는 상품은 여전히 안화 복전이라고 했다.

호마가 울부짖는 소리는 서풍을 따라 흩어졌지만 황허 강변에는 여전히 진한 차향이 그득하다. 란저우의 차 판매상은 이곳의 흑차를 기차에 실어 란저우로 옮긴 다음, 하부 중개상을 통해 서북 각 지역으로 판매한다. 우웨이, 장예, 주취안, 간남, 신장, 칭하이 등 어디를 가든 유목민의 유르트에 들어섰을 때 주인이 가장 먼저 내오는 것은 여전히 우유향이나 대추향이 풍기는 따뜻한 흑차다.

지난 수천 년 동안 실크무역을 고리로 동서양의 거대 문명들이 중앙아시아에서 만남을 가졌다. 훗날 차무역이 발전하면서 중국의 차도 실크로드에서 매우 중요한 역할을 담당하게 되었다. 이러한 의미에서 실크로드는 티로드라고도 불릴 만하다. 변경지역 및 이 영역을 주름잡은 덕분에 고대의 안화 흑차 판매상들은 이 티로드에서 먼지깨나 휘날렸을 것이다.

변경 소수민족에게 판매하기 위해 만들어진 안화 흑차는 변경지역 주민들의 삶을 바꿔놓았다. 문성 공주는 화친을 통해 송첸캄포를 비롯해 그 신하와 백성들을 진정시켰고 변경지역에 평화를 가져왔다. 또 그녀가 티베트로 갈 때 가져간 찻잎 덕분에 토번인들은 신선한 채소와 과일이 부족한 자신들에게 찻잎이 얼마나 소중한지 깨닫게 되었다. 이리하여 '소고기, 양고기의 독을 풀고 청과(티베트인의 주식)의 열을 내려주는 것은 차밖에 없다'는 말이 생겨났다.

유목민들은 둘러앉아 작은 화로 안에 화톳불을 피운 다음, 배낭에서 벽돌처럼 생긴 흑차를 꺼낸다. 그리고 단도로 한 덩이 베어 솥에 넣으면서 소금, 수유(소·양의 젖에서 얻은 지방), 우유 등도 함께 넣는다. 지금도 변경지역의 일부 소수민족은 이렇게 살아가고 있다. 그들의 배낭속에 든 벽돌처럼 생긴 것이 바로 변방 소수민족에게 공급되는 변소차다. 그 옛날 서부 변경에 살던 회족, 몽골족, 위구르족이 마시던 나이차와 간쑤 허시저우랑 중부와 치롄산 북쪽 기슭에 사는 유고족의 바이터우차는 모두 복전차나 흑전차로 만든 것이다.

티베트고원, 몽골고원 및 수천 리에 걸쳐 이어진 실크로드의 양측에 사는 몽골족, 티베트족, 회족, 위구르족, 유고족, 석백족, 카자흐족 등 20여 개 민족은 주식이 양고기, 소고기, 치즈와 같은 식품인 데다 기후가 한랭건조하고 채소가 부족한 지역에서 생활하기 때문에 지방을 분해하고 위장을 편안하게 해주며 에너지를 높이는 기능이 있는 변소차를 오랜 세월 생활필수품으로 여겨왔다. 이처럼 특수한 역할을 수행하기 위해 안화 흑차는 끊임없이 후난 지역에서 멀고 먼 변경지역으로 운송되었다가 마침내 유럽에까지 전해졌다.

역사상 흑차는 변경 소수민족의 생활필수품이었을 뿐만 아니라 역대 중원 왕조의 변경관리를 위한 전략물자였다. 중원 왕조는 중원의 흑차를 변경에 팔아 소수민족이 기른 말을 대량으로 얻었다. 해방 후에도 변소차 생산은 국가가 지정한 차 생산업체가 전담했기 때문에 안국차라는 말까지 생겨났다.

초기 변경지방에 공급한 안화 흑차는 주로 산차, 즉 잎차였다. 그런데 이후 운송상의 편의를 위해 산시 상인들이 안화의 원료를 징양으로 운반해 벽돌처럼 압축했다. 또 어떤 상인들은 안화 현지에서 차 원료를 밟은 다음, 자루에 담아 꾸러미 모양으로 엮었는데 나중에는 원주형으로 만들었다. 이것은 하나당 무게가 100량이었기 때문에 안호 백량차라고 불렸다. 동치 연간에 이르러 똑같은 이유로 산서의 차 상인과 강남 변강의 유씨 형제가 백량차를 바탕으로 공동으로 연구한 끝에 중량을 1,000량으로 늘렸다. 오늘날의 셈법으로 계산하면 약 72.5근이나 된다.

벽돌 모양이든 원주 모양이든 중요한 것은 부피는 크되 무게는 가벼운 기존의 문제를 해결했다는 사실이다. 상인들은 변소차를 팔러 머나먼 실크로드 여정에 오를 때마다 지난번보다 더 먼 지역까지 운반할 수 있기를 바랐다.

변소차 시장의 번영은 안화 흑차의 발전을 견인했다. 익양차엽국 리젠궈 국장의 연구에 따르면 명청 시대는 안화 흑차 발전의 황금기로 10리마다 흑차 가게가 하나씩 있을 정도로 그야말로 흑차 전성시대가 열렸다. 청나라 말기에 이르러 안화는 이미 인구 4만 명의 큰 도시로 성장했는데 이는 당시 300km 떨어진 곳에 있던 익양성 인구와 맞먹는 수준이었다.

명청 600년 동안 안화는 세계 흑차의 중심지이자 흑차 생산량 세계 1위 지역으로 변소차 시장에서 절대적인 입지를 구축했다. 옛 문헌의 기록에 따르면 이 기간 동안 중국의 5대 흑차 생산지의 평균 생산량은 후난 흑차 40%, 쓰촨 오차 20%, 광시 육보차 15%, 윈난 보이차 15%, 후베이 노청차 10%였다고 한다.

오늘날까지도 변경 소수민족의 거주지역은 여전히 흑차의 주요 시장이다. 리우싱이는 자신이 근무하는 업체가 서북 3성에서 판매하는 흑차만 해도 연간 5,000톤이 넘는다고 밝혔다. 다만 요즘은 이윤이 크지 않아 매년 생산량의 3분의 2를 변경지역에 팔아 3분의 1의 수입만 올리고 있다고 했다.

문화를 바꾼 황금수로

실크로드에 오르기 전 안화 흑차의 명맥은 얼기설기 얽힌 수계 사이에 있었다.

안화는 쯔강 강둑 양쪽으로 도시가 자리한 좁고 긴 평지 일부를 제외하고는 거의 산지다. 쉐펑산맥과 헝산 산줄기가 각각 남쪽과 북쪽에서 쯔강 양안에 자리하고 있고 1,000m가 넘는 산봉우리가 157개나 된다. 안화 곳곳에 골짜기가 뒤엉켜 있고 주요 강줄기인 쯔강이 24개나 되는 행정구역을 거쳐 120리를 흘러가는데 수계유역 면적이 안화현 내 토지면적과 비슷하다. 안화현을 나서면 곧바로 산지로 들어서게 되는데 구불구불한 산길은 아무리 돌아도 또 나타나고, 졸졸 흐르는 시냇물은 건너고 나면 또 나타나 도무지 끝이 보이지 않는다.

안화현을 흐르는 쯔강을 따라 30km를 내려가면 안화 흑차의 또 다른 주요 생산지, 안화현 장난진에 이른다. 강둑을 따라 아래로 걸어가다 보면 이내 덕화조기 차 상점 유적을 찾을 수 있다. 이 차 상점은 건륭 연간에 세워진 곳으로 한때 유명세를 떨치던 큰 상점이었으며 지금도 이 이름을 쓰는 곳이 13군데나 된다. 현재 한 대광주리 생산업체가 옛터를 임대해 쓰고 있다. 차 상점은 몰락했지만 현재 영업 중인 업체의 대오리는 차와 관련이 있었다. 마당에서 장인이 나무하는 칼로 푸른 모죽毛竹을 한 가닥씩 잘라내면 여공이 대오리를 엮어 십량차, 백량차, 천량차용 대광주리로 만들었다.

바닥에 널린 대광주리를 넘어 뒷문으로 갔더니 어지러운 잡초 사이, 맑은 쯔강 강물 아래 감춰진 작은 나루터가 보였다. 지난 수십 년간 수력발전이 발달하면서 수위가 높아졌다. 교통이 불편하던 시대에 쯔강은 안화와 외부세계를 이어주었을 뿐만 아니라 안화 흑차의 판로를 보장해주었다.

안화현 차엽사업관리판공실의 샤오웨이췬 주임은 이렇게 말했다. "100여 년 전 쯔강 양안에 있던 장난, 벤장, 황샤핑, 샤오엔, 여우저우, 둥핑 등 다업에 종사하는 읍에는 모두 강을 따라 곧바로 차 상점으로 들어갈 수 있는 개인 나루터가 설치되어 있었고 차엽 운송만을 위한 큰 나루터도 4개나 있었는데 이는 양쯔강 수계와 한커우를 잇는 중국 최대의 차엽 나루터로 흑차 실크로드의 중요한 기점이라고 불러도 과언이 아니었습니다."

명청 시대부터 민국 시대까지 쯔강의 물길이 안화 전 지역을 가로지른다는 지리적 이점을 이용해 안화 흑차는 이곳에서 배에 실려 옮겨졌다. 차가 출하되는 시기가 오면 날마다 수많은 배가 찻잎이 담긴 자루를 가득 싣고 쯔강을 따라 둥팅후로 들어갔고 양쯔강, 한강을 따라가다 다시 육로로 갈아타 말과 낙타에 실려 서북지역으로 보내져 산시陝西, 산시山西, 간쑤, 신장은 물론이고 러시아 캬흐타까지 전해졌다. 러시아 상인들은 이것을 다시 이르쿠츠크, 우랄, 튜멘으로 운송했다가 머나먼 모스크바와 상트페테르부르크까지 가져갔다.

17세기 말부터 유럽에 대량으로 팔리기 시작한 중국 차는 두 갈래 길을 따라 운송되었는데 쓰촨, 윈난, 티베트를 잇는 차마고도 외에 러시안 카라반에 의해 캬흐타 항구를 출발해 유라시아 대륙을 건너는 경로로 운반되었다. 중국에서는 이 티로드를 차상수도라고도 불렀다. 일반적으로는 우이산-캬흐타-러시아로 알려져 있지만 샤오웨이췬의 고증에 따르면 우이산은 티로드의 기점 중 하나일 뿐이고 그보다 더 오래된 기점은 안화였다고 한다.

우한대학 세계경제학과 교수이자 박사지도교수인 리우자이치는 중국과 러시아를 잇는 티로드의 남쪽은 기본적으로 중국 고대의 황금수로를 따라 이어졌다고 했다. 이 물줄기를 황금수로라고 부르는 까닭은 이 수로의 운송로가 신강, 양쯔강, 한강 유역을 관통할 뿐만 아니라 흐르는 길에 거치는 도시와 부두가 하나같이 그 당시 각 성의 경제·교통의 중심지였기 때문이다. 예를 들어 허난의 서뎬진, 장시의 징더진, 후베이의 한커우진이 이에 해당한다.

이 티로드의 북쪽은 북방 초원에서 시작되어 몽골과 시베리아 한복판으로 깊숙이 들어갔다가 유럽까지 이르는 낙타길이다. 거의 200년 가까이 번창하며 당시의 중요한 국제무역로로 여겨진 이 티로드의 시작점은 한커우였다.

1727년 청나라 조정과 제정 러시아는 캬흐타 조약을 체결해 이 지역에서 양국의 국경선을 확정했다. 이로써 청나라와 러시아의 무역 형태는 더욱 다양해져 단순한 카라반 무역에서 점차 카라반 무역과 변경 호시 무역이 공존하는 형태로 발전했다. 이로써 과거에는 변경에 자리한 작은 사구에 불과했던 캬흐타도 무역이 발달하면서 점차 사막 이북

지역의 상업도시로 변모했다. 리우자이치 교수는 이와 같은 번영의 기저에는 차무역이 있었다고 했다.

제2차 아편전쟁 이후 1861년 청나라 정부가 북경 조약을 체결하면서 한커우는 새로운 통상항구 중 하나가 되었다. 1862년 청나라 정부가 중아육로통상장정을 체결하면서 러시아 상인은 중국 남방의 차생산지에서 직접 차를 구매해 가공하고 수로로 통상할 수 있는 권리를 얻었다.

러시아 상인은 한커우에 와서 영국 상인과 한커우의 차시장을 놓고 다투기 시작했다. 중국에서 영국과 러시아로 판매하는 차 가운데 상당량이 한커우에서 선적되기 때문이었다. 이리하여 1871년부터 1890년까지 매년 200만 담(1담은 100근)이 넘는 차가 수출되었다. 이 기간 중국이 수출한 차는 전 세계 차시장의 86%를 차지했고, 그중 한커우에서 수출한 차는 중국 전체 차 수출량 중 60%를 차지했다. 차를 실어 나르는 배들은 쉴 새 없이 한커우 항구로 들어갔다. 그 주역 중 하나가 바로 쯔강을 따라온 안화 흑차였다.

흑차의 흐름은 수많은 지역의 문화를 변화시켰고 흑차는 이웃국가들이 사랑해 마지않는 상품이 되었다. 리젠궈의 연구결과 처음에 러시아로 수입된 흑차는 러시아 황족과 귀족, 부유한 상인이나 문화계 유명인사들만 마실 수 있는 최신 유행 음료였다. 그러다가 18세기 말에 이르러 러시아 시베리아인들의 생활필수품이 되었고 러시아-튀르크 전쟁과 프랑스의 러시아 침공 때 러시아 군대의 보급품이 되었다.

러시아의 엄청난 수요는 역으로 그들이 공업기술을 수출하게 만들었다. 1874년 러시아 차상茶商은 증기기관과 수압기를 개조해 전차를 만들었는데 이는 우한 지역 근대산업의 효시가 되었다.

차가 있고 나서
마을이 생기다

겨울철이 가까워지면 안화의 차농은 대개 찻잎을 따는 대신 랑산朗山을 한다. 랑산은 안화 사투리로 황무지를 개간한다는 뜻이다. 차나무가 더 많은 햇빛을 받을 수 있도록 차밭 주변의 잡목과 잡초를 제거하는 것인데 이렇게 잘라낸 잡목과 잡초들은 천연비료가 된다. 이 밖에도 최근 몇 년간 안화 흑차의 인기가 치솟자 많은 농부들이 몇 년씩 버려뒀던 차밭을 개간해 차 묘목을 심기 시작했다.

고대에 안화 흑차가 지극한 사랑을 받은 가장 큰 이유는 흑차 고유의 효능 때문이었다. 안화 흑차가 세계적으로 유명해진 것은 뛰어난 자연환경 덕분이다. 이 같은 지리적 이점 때문에 예로부터 차나무가

안화 복전차 속에는 일명 금화라고 불리는 미생물이 있다. 이 유익균은 안화 흑차에만 있는 특별한 성분이다.

많이 재배되었다. 안화 지역은 산이 좋고 물이 맑으며 골짜기가 여기
저기 뻗어 있고 운무가 감돌아 굳이 심지 않아도 차나무가 산가나 물
가에서 저절로 자라는, 그야말로 차를 재배하기에 이상적인 곳이다.

현대적인 언어로 표현하자면 안화는 아열대 계절풍 기후에 속해 기
후가 온난습윤하고 사계절이 뚜렷하며 강수량이 풍부하다. 안화는 지
리적 위치, 해발고도, 빛, 열, 물 등 모든 것이 세계 제일의 차 재배지가
될 만한 기후조건에 부합했다.

고대에 매산(메이산)으로 불린 후난의 중심 쯔강 유역은 메이산 문화
의 발원지다. 전 지역에 걸쳐 동洞이라고 불린 민족촌락이 분포되어 있
었다. 치우를 선조로 받드는 묘족과 요족은 행정기관의 통제도 받지
않고 세금도 납부하지 않았다. 북송 희녕 6년에 왕안석의 수하 장수인
장돈이 이 지역 매산 동만洞蠻을 설득하고 나서야 현을 설치하고 귀안

원타이산은 양질의 안화 흑차를 생산하는 곳이다. 차밭은 1년 중 200일 이상 운무라는 겉옷을 걸치고
있다.

덕화歸安德化에서 뜻을 취해 안화라는 지명을 지었다.

　"차가 있고 나서 마을이 생겼다." 안화차에 관한 최초의 기록은 당나라 중기 『선부경수록』에서 찾아볼 수 있다. 안화는 차를 재배하기에 알맞은 자연환경인지라 이곳에 살던 토착민들은 귀순하기 훨씬 전부터 자연의 선물을 만끽했다. 원래 이 지역에 살던 요족, 묘족은 현이 설치되고 한족이 대거 이주하면서 점차 남쪽으로 거처를 옮겼다. 그러나 옛사람들은 발자취를 더듬을 수 있는 풍속을 남겼다. 샤오웨이촨에 따르면 현재 안화의 농촌에 가면 수많은 농가가 흑모차를 우려낸 찻물이 가득 담긴 항아리를 하나씩 놔두고 그 옆에 찻잔을 두어 마시고 싶을 때마다 떠서 마신다고 한다. 깊은 산속에 사는 요족의 일부 후예들은 여전히 계피와 소두구 등을 넣은 요족 특유의 차를 끓여 마시는 풍속을 지키고 있다.

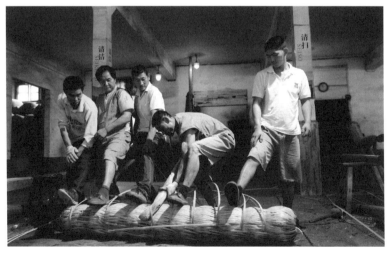

밟아 만든 천량차는 예로부터 전해 내려온 전통기술로 장정 7명이 합심해서 작업해야 한다. 방망이를 든 사람을 제외한 나머지 네 사람이 발로 지탱한다.

고대 안화차의 유명 생산지로는 '산 둘, 시내 둘, 동굴 여섯'이 꼽혔다. 그러나 근대 들어 후난 흑차의 주요 생산지는 샹중과 샹베이로, 안화와 린샹에 집중되어 있다. 마치 게가 잡히는 장쑤성의 하고많은 호수 중에서 양청후가 가장 유명하듯 근처의 타오장, 위안장, 이양, 한서우, 타오위안 일대도 흑차 생산지로 이름이 높지만 안화는 이미 흑차의 대명사가 되었다.

과거 안화 흑차의 전성기는 명청 시대였다. 집집마다 차를 재배하고 차를 제조하던 전통이 생기고 "이곳의 차시장이 가장 좋고 사람들이 북적거린다"는 말이 생겨난 것도 바로 이 즈음이다. 샤오웨이췬은 그 당시 차 출하시기가 되면 배나 말을 타고 안화를 찾아와 현금으로 차를 사거나 현금 대신 물건을 주고 차로 바꿔 가는 상인이 6만여 명에 달했고 산서, 섬서, 호북, 사천, 안휘 등지의 상인과 차엽 가공업자들이

"단 몇 장의 잎을 위해 평생을 노력하다." 천량차의 명인 샤오이핑이 웨이보에 올린 글이다. 샤오이핑도 중국 흑차 비물질문화유산 기예 전승인이다.

500

몰려들어 차시장이 몹시 북적거렸다고 했다.

이에 비하면 현재 안화 흑차는 리우중화 교수의 말마따나 역사상 최전성기를 맞이했다. 심지어 옛날에는 곡식을 주로 심고 차나무를 거의 재배하지 않았던 안화 렁스진에 설립된 지 8년도 채 되지 않은 화라이라는 이름의 흑차 제조기업은 눈 깜짝할 사이에 전국 단일 제조업체 판매액 1위 기업으로 급성장했다. 화라이 흑차산업단지의 쩡웨이쿤 공장장은 렁스진 인구 중 80% 이상이 화라이와 관계된 산업에 종사하고 있고, 성 전체 우체국 물류 중 절반 이상이 화라이 기업에서 주문한 것이라고 했다.

흑차 소장 붐도 전국적으로 흑차가 인기를 끄는 요인 중 하나다. 얼마 전 후난 차박람회에서 100년 된 안화 흑차 전차가 105만 위안이라는 높은 가격에 팔렸다. 이것으로 보아 흑차의 가치상승률은 동시대의 다른 예술 소장품과는 비교도 안 될 정도로 높다. 이양차창이 2005년에 생산한 샹이 브랜드 400g짜리 기념 복전차의 해당년도 판매가는 80위안에 불과했지만 현재는 3,000위안을 웃도는 수준이다.

제4장

중국
바닷길을 열다

세계관을 바꾼 해상 실크로드[24]

"현재 우리가 알고 있는 것과 달리 바스쿠 다가마와 마젤란이 위대한
항해를 하기 전 유라시아 대륙과 드넓은 인도양 위에 펼쳐진 주요 고
대문명들은 이미 육로와 해로를 통해 공생권을 형성했었다. 이러한 경
제무역, 문화, 정치상의 교류는 일종의 고전판 글로벌화였다." 영국 역
사학자 A. G. 홉킨스는 자신의 저서 『세계역사 속의 글로벌화』에서 이
렇게 말했다. "서방의 대항해시대 및 이후 유럽이 주도한 글로벌 경제
단일화는 단순히 이 무역 공생체제를 대체한 것이 아니었다." 이 고전
판 글로벌화에서 중국이 매우 중요한 역할을 담당했음은 자명하다. 중
국은 결코 내향적이고 내륙 영토에만 관심을 둔 황토지대 문명이 아니
었으며, 유라시아 대륙의 중심으로 영향을 미친 경로도 육로에 국한되
지 않았다. 20세기 초 프랑스의 저명한 동양학자 에두아르 샤반은 『서

---

24 글_ 주부충

돌궐 사료』에서 다음과 같이 말했다. "널리 알려진 실크로드는 육상 실크로드 말고도 중국 동남부에서 출발해 인도양의 여러 항구를 거치는 해상 실크로드가 있었다." 1960년대 일본 역사학자 미즈기 타카토시는 『해상 실크로드 탐색』이라는 책에서 해상 실크로드는 사실상 중국과 동남아, 인도, 더 나아가 아라비아반도 국가들의 해상교통로로 귀금속, 화폐, 실크, 도자기, 향신료 등의 유통로였을 뿐만 아니라 유라시아 대륙의 서로 다른 문화 중심 사이의 예술, 종교, 과학지식을 교류하는 통로를 상징한다고 했다.

　오랜 세월 해상 실크로드가 주목받지 못한 까닭은 서양에서 16세기 대항해시대 이후 일어난 상업혁명, 공업혁명과 같은 변화가 중국에서는 일어나지 않았고 스페인, 포르투갈 및 그 뒤를 이은 영국, 네덜란드 등과 같은 해상무역의 패권국도 탄생시키지 못했기 때문이다. 확실히 당송 시대부터 청나라 중기까지 해외무역으로 인한 상업체계가 급속히 발전했고 경화(硬貨, 언제든지 금이나 다른 화폐로 바꿀 수 있는 화폐)가 대량으로 쏟아져 들어와 중국도 서양에서 의미하는 상업혁명의

대항해를 묘사한 정화의 회화작품(1558년경)

문턱까지 간 것은 사실이지만 방대한 농업인구와 농업 경제구조 탓에 이와 같은 이윤을 상업자본으로 바꿔 재투자하는 단계에 진입하지 못했고 도자기와 실크 생산도 끊임없는 기술혁신을 통해 노동집약형 생산방식을 벗어날 필요가 없었다.

그럼에도 중국이 2,000년 넘게 바다를 누빈 것은 위대한 성과임이 분명하다. 덕분에 중국은 점차 세상을 중심과 주변, 이분법으로 나누는 차등적 세계관에서 벗어나 남해를 거쳐 인도양으로 들어가 인도, 스리랑카, 아라비아해에 이르렀고 아라비아반도와 아프리카 동해안에까지 다다를 수 있었다. 만약 감영, 두환, 법현, 정화 등이 용기를 내지 않고 사료에 이름을 남기지 못한 수많은 상인, 군인, 외교사절, 승려가 먼 길을 나서지 않았다면 유럽도 아라비아인을 통해 머나먼 동방에 이토록 풍요로운 거대 국가가 있는지 알 수 없었을 테고 몬테코비노의 요한, 마르코 폴로, 줄리오 알레니, 마테오 리치도 이 멀고도 매혹적인 땅을 찾아오기 위해 결연히 행장을 꾸리지 않았을 것이다. 이 과정에서 중국은 아랍의 천문학과 건축, 인도의 의약, 중앙아시아의 음악과 회화를 얻었고 수학, 제도술, 화약, 제지술, 양잠 방직기술을 서방으로 전했다. 그리고 이러한 문명의 성과는 대부분 각지를 돌고 돌아 유럽에 전해져 근대 유럽의 계몽운동과 정치혁명의 밑거름이 되었다. 또한 옥수수, 고구마, 감자, 담배, 땅콩, 토마토 등 아메리카가 원산지인 경제작물도 중국에 전해져 명청 시대 중국 역사상 가장 오래 지속된 농업번영기와 인구성장기를 이끌었다. 장장 2,000년에 달하는 중국의 해상 실크로드 경영은 서양의 지리상의 대발견과 같은 빛나는 업적을 이루지는 못했지만 후자를 위해 필수불가결한 기반을 마련해주었다.

말라카해협에 가로놓인 배[25]

말라카해협이 바닷길로 동서양을 잇는 중요한 상업루트가 되면서 해협에 위치한 항구도 세월에 따라 부침을 겪었다. 이 중에서도 가장 극적인 운명을 지닌 항구를 꼽으라면 단연 말라카와 싱가포르다.

해협을 넘어
역사를 넘어

인도양과 태평양 사이를 잇는 이 중요한 수로를 직관적으로 인식하는 가장 쉬운 방법은 배를 타고 해협을 건너보는 것이다. 몇몇 크루즈 회사는 싱가포르에서 말레이시아 페낭에 이르는 항로를 운영하고 있는데 이 항로는 거의 말라카해협 전체를 지나지만 출발시간이 우리 일정

---

25 글_ 치우렌, 리우창, 사진_ 위추중

과 맞지 않았다. 이런저런 점을 비교한 끝에 인도네시아 수마트라섬의 작은 도시 두마이에서 말라카해협을 지나 말레이시아 말라카에 도착하는 페리를 선택했다. 이 페리는 매일 한 대씩 운영하는데 오전 10시에 출발해 두 시간 정도 항해하면 맞은편에 다다를 수 있다. 지도상에서 보면 동남-서북 방향으로 뻗은 말라카해협은 쩍 벌어진 악어의 입 모양 같았다. 이 페리는 악어의 입 한가운데에 있는 가장 좁은 수역을 지나간다.

여행자들이 두마이를 찾는 유일한 이유는 배를 타고 해협을 건너 세계문화유산에 등재된 말라카 고성에 발을 디디기 위함일 것이다. 전

말라카 고대 포대. 포르투갈은 말라카를 점령했을 때 견고한 성곽을 수축했지만 훗날 영국이 파괴해 현재는 성문만 남아 있다.

인도네시아의 정치·경제·문화의 중심지인 자바섬에 비하면 수마트라섬을 찾는 관광객은 상당히 적은 편이다. 페리를 이용하는 승객은 거의 인도네시아인이거나 말레이시아인이었다. 두마이가 있는 인도네시아 리아우주에서는 석유가 생산되기 때문에 두마이 곳곳에서 정유공장을 볼 수 있었다. 두마이는 인도네시아 최대의 석유수출항이기도 하다. 두마이

정유공장에서 일하는 일부 말레이시아인은 페리를 타고 퇴근했다. 이 밖에도 말레이시아 각지에서 일하는 수많은 인도네시아인들이 항공편을 이용하는 것보다 싸고 더 많은 짐을 실을 수 있기 때문에 페리를 즐겨 탄다. 페리 이용객이 가장 많은 때는 하리 라야 푸아사(라마단이 끝나는 날) 전으로 타지에서 일하던 노동자들이 가족을 만나기 위해 고향으로 돌아가기 때문이었다.

여객운수는 말라카해협 해운량의 극히 일부에 지나지 않는다. 오늘날의 말라카해협은 전 세계에서 가장 분주한 해협 중 하나로 매년 8만 척이 넘는 화물선이 해협을 통과하는데, 이를 일별로 계산하면 하루에 200여 척이 해협을 오간다는 뜻이 된다. 페리가 해협 한복판으로 나아갈수록 바닷물은 다갈색에서 맑은 코발트블루로 바뀌었고 바쁘게 드나드는 선박들로 분주한 해협 분위기를 느낄 수 있었다. 대형, 초대형 기선들이 끊임없이 해협을 오갔고 가끔은 대형 선박 두세 척이 연달아 운항해 기다란 용처럼 보이는 진풍경도 볼 수 있었다.

세월이 바뀌어 이제 말라카해협을 오가는 선박에 실린 제품은 더 이상 중국의 비단과 도자기, 몰루카제도의 향료나 인도의 면포, 아랍의 말린 대추와 가죽, 아프리카의 상아와 보석이 아니다. 통계에 따르면 현재 말라카해협은 전 세계 무역운송량의 40%를 책임지고 있고 주된 운송물자는 원유나 석유제품이다. 2011년 통계자료에 따르면, 해당년도 중국의 원유 수입량은 약 25만 톤이었다. 그중 중동과 아프리카 7개국에서 수입한 원유공급 총량은 약 16만 톤으로 전체 수입량의 64.5%를 차지했다. 이들 국가에서 수입한 원유는 대부분 말라카해협에서 남해에 이르는 항로를 통해 중국 연안에 도달했다. 일본의 상황은 더 심하다. 말라카해협을 거쳐 중동에서 수입한 원유는 일본 원유 수입량의 90%를 차지한다. 2013년 중국-미얀마 천연가스 파이프라인을 통해 중국으로 천연가스를 수송하기 시작하고, 2015년 1월에는 중국-미얀마 원유 파이프라인도 시범운행에 들어가 말라카해협을 통한 원유운송에 지나치게 의존하는 상황이 어느 정도 완화되었다.

　말라카해협은 언제부터 이토록 중요한 무역로가 되었을까? 중국의 사료를 살펴보면 초기 중국과 인도 사이의 남해 교역로는 말라카해협을 지나지 않았다.『한서·지리지』에 남해 교역로에 관한 가장 오래 되고 명확한 기록이 남아 있다. "일남 장새, 서문, 합포에서 배를 타고 다섯 달을 가면 도원국이 있다. 다시 배를 타고 넉 달을 가면 읍로몰국이 있다. 여기에서 다시 배를 타고 20여 일을 가면 잠리국이 있다. 걸어서 10여 일을 가면 부감도로국이 있다. 부감도로국에서 배를 타고 두 달여 정도 가면 황지국이 있다. …… 황문의 역장과 자발적으로 합류한

말라카에 거주하는 수많은 화교들은 밤이 되면 존커 거리에 나가 여가를 즐긴다.

상인이 모두 함께 배에 올라 출항했는데 명주, 벽유리, 기석과 진귀한 물건을 사기 위해 황금과 각종 견직물을 가지고 갔다. …… 황지국 이남에는 이정불국이 있는데 한나라 사절과 통역은 이곳에서 귀국길에 올랐다." 이 고문은 한무제가 황실관리를 파견해 선원들과 상인을 이끌고 황금과 실크를 가지고 먼 바다로 항해를 나가 수많은 진귀한 보물로 바꾼 여정에 대해 설명하고 있다. 학자들은 이 여정의 종착지에 대해서는 기본적으로 공감대를 형성했다. 황지국은 오늘날 남인도 칸치푸람에 있던 나라이고 이정불국은 오늘날의 스리랑카에 해당한다. 전체 항로는 매우 명확하다. 상단은 중국 광둥에서 출발해 동남아시아반도에 있는 국가들의 해안선을 따라 서쪽으로 항해 말레이반도를 지난 다음, 벵갈만으로 들어가 최종 목적지에 도달했다. 당시는 선박 제조기술과 항해기술이 충분히 발달하지 않았던 때라 동남아시아반도

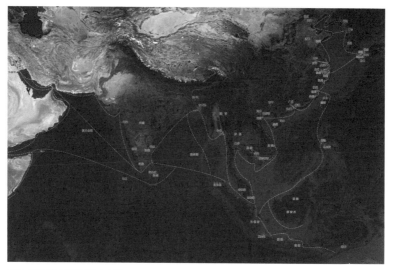

송원 시기 해상 실크로드 노선도

지역 연안의 얕은 수역을 따라 항해할 수밖에 없었다. 또 말레이반도를 지났다는 말은 육지에 올라 말레이반도 남부를 넘어갔다는 뜻이다. 그래서 역사학자들은 이 수로와 육로가 섞인 노선을 가리켜 말레이반도의 연계운송항로라고 부르기도 한다.

연계운송항로는 부남 왕국의 성장에 밑거름이 되었다. 3~6세기 부남은 동남아시아에서 가장 강대한 해상국가가 되어 오늘날의 베트남 남부, 메콩강 중하류, 차오프라야강 유역 대부분과 말레이반도 대부분 지역을 다스렸다. 사료에 따르면 사신단이 부남과 중국 사이를 오간 횟수는 적어도 26차례나 되었다. 또 523년에 양나라가 부남 국왕에게 안남장군부남왕이라는 칭호까지 내린 것으로 보아 당시 동남아시아에서 부남의 국력이 막강했으며, 특히나 중국과의 조공무역이 매우 활발히 이루어졌음을 잘 알 수 있다. 이때 부남은 동남아시아의 특산품인 금, 은, 동, 주석, 침향목, 상아 등을 중국의 실크와 인도 및 그 이서지역 나라들의 상품으로 바꿨을 뿐만 아니라 남해 교역로상의 중개지역으로서의 지리적 이점을 활용해 중개무역을 발전시켰다. 예를 들어 부남은 인도에서 들여온 소합, 울금향, 유리 등 서방의 상품을 중국으로 되팔아 많은 이윤을 남겼다.

부남의 쇠락은 해운로가 반도에서 섬지역으로 옮겨간 것과 연관이 있다. 육지에 가로막히는 말레이반도의 문제를 해결하지 않는 이상, 동서양의 무역에는 장애물이 존재할 수밖에 없었다. 선박 제조기술과 항해기술이 날로 발달하면서 갈수록 많은 선박들이 말레이반도에 가로막혀 운항에 차질을 빚는 일이 없도록 해안선에서 비교적 가까운 심해를 운항하던 기존 방식을 바꿔 말라카해협을 통과해 인도 남부로 들어가기 시작했다.

그러나 이러한 변화는 오랜 세월에 걸쳐 서서히 진행되었다. 어쩌면 수 세기에 걸친 끊임없는 모험과 탐색을 거친 다음에야 성공했을 것이다. 그중 한 예로 동진의 고승 법현은 인도, 스리랑카에서 불법을 구한 다음 해로를 통해 귀국하면서 온갖 위험한 상황을 겪었다. 『불국기』를 보면 법현은 411년 8월에 스리랑카에서 200여 명을 태울 수 있는 상선에 몸을 실었는데 운항을 시작한 지 두 달 뒤에 만난 폭풍우로 선박이 침몰해 작은 배로 갈아탈 수밖에 없었다. 그렇게 바다에서 90여 일을 표류한 끝에 야바제(오늘날의 자바섬인데 수마트라섬 남부라는 주장도 있음)에 도착했다. 이곳에서 계절풍이 바뀌기를 기다리며 다섯 달을 머물다가 다시 배에 올랐다. 일부 역사학자들은 이때 법현이 지난 길이 바로 말라카해협의 심수항로였다고 주장한다.

당나라 초기에는 이미 말라카해협을 지나는 교역로가 완성되었다. 당나라 때 가탐이 저술한 『광주통해이도』를 보면 당시 선박들은 중국 광저우를 출발해 하이난다오 동북쪽을 거쳐 인도차이나반도 해안을 따라 오늘날의 베트남 남부 콘다오섬에 이르렀다가 말라카해협을 거쳐 인도반도로 들어갔다. 이 교역로 덕분에 중국 상선과 아라비아 제국 상선이 중국 광저우와 아라비아 제국의 수도 박달(바그다드) 사이를 정기적으로 오갈 수 있게 되어 광저우와 바그다드는 당시 동서양 교역의 중심지이자 국제적 대도시로 성장할 수 있었다.

뿐만 아니라 말라카해협을 통과하는 교역로는 해협 양안에 자리한 항구도시들의 번영을 불러왔다. 사실 동서양 무역에 종사하는 상인들은 항해를 계속하기 위해 반드시 이곳에 머물러야만 했다. 범선시대에 상인들은 계절풍에 따라 배를 띄웠다. 매년 12월부터 이듬해 3월까지 상인들은 동북계절풍을 타고 남쪽으로 내려갔고, 5월부터 10월 사이에는 서남계절풍을 타고 고향으로 돌아가거나 계속해서 북상했다. 말라카해협의 항구도 이 때문에 바람 아래의 땅이라고 불렸다. 계절풍이 바뀌기를 기다리는 동안 말라카해협은 오가는 상선의 피난처가 되어주었다. 이곳에 머물면 거센 파도에 시달릴 일이 없어 내륙호에 정박한 것이나 다름없었다. 상인들은 이곳에서 선박을 수리하면서 다시 항해에 나설 채비를 하고 휴식을 취했으며, 현지인 또는 다른 나라 상인들과 현지 토산품이나 다른 나라의 상품을 거래하기도 했다. 이리하여 말라카해협의 항구는 국제교역의 집산지가 되었다.

말라카해협의 양쪽 해안선을 따라 수많은 천연의 항구가 자리했는데 이 항구들은 상품집산지 역할을 수행했다. 항구들 사이에 경쟁구도가 형성되어 무역의 패권을 둘러싼 쟁탈전이 벌어졌다. 주기적으로 항구 하나가 그 지역의 무역중심지가 되어 외국 상인들의 발길이 이어지면 이웃국가들은 어쩔 수 없이 이류 집산지가 되어 일류 집산지에 상품을 대는 역할에 만족해야 했다. 이러한 관계는 무역중심지와 다른 항구들이 이와 같은 예속관계가 양측에 유리하다고 인정하는지 여부와는 무관하게 무역중심지가 정치·경제적 연계가 느슨하며 서로 흩어진 다른 항구들을 통제할 수 있는지에 따라 지속 여부가 결정되었다. 예속항구가 자신이 얻는 이익이 충분한지에 대해 회의를 느끼기 시작하면 중심항구와의 관계는 약화되고, 전 지역은 다시 여러 개의 작은 왕국으로 나뉘어 또 다른 항구가 주도권을 확보할 때까지 계속해서 패권 쟁탈전을 벌였다. 이와 같은 세력의 흥망성쇠는 말레이시아의 역사 리듬으로 표현된다. 그러나 이러한 역사리듬은 말라카해협 초기의 무역시대에만 발생했을 뿐 말라카 왕국의 쇠락과 그 뒤를 이은 싱가포르의 부상은 설명할 수 없다. 지리적 위치로 봤을 때 둘의 거리가 매우 가깝고 싱가포르가 오랜 시간 동안 말라카술탄 왕국과 그 뒤를 이어 생겨난 왕조의 속국이었기 때문이다. 그렇다면 오늘날 우리가 말라카 해협을 거론할 때 가장 먼저 싱가포르라는 국제적 항구를 떠올리는 까닭은 무엇일까?

스리비자야의
영광

말라카 왕국이 한 세기 동안 융성했던 원인을 알려면 인도네시아 수마트라섬의 팔렘방에서 실마리를 찾아야 한다. 이곳은 바로 우리가 두마이로 가는 페리에 몸을 싣기 전에 방문한 곳이다. 중국 여행자들이 말라카 왕국의 건국과정에 대한 글을 남기지 않은 것은 명나라 초기였던 당시 황제가 신하와 백성들이 사사로이 남양에서 교역행위를 하는 것을 금지했기 때문이다.

    포르투갈인이 남긴 역사자료, 그리고 신화와 사실이 섞인 『세자라 멜라유』에서는 비록 구체적인 내용에서는 약간의 차이가 있지만 모두 말라카 왕국의 건국자가 스리비자야(실리불서국)의 수도인 팔렘방에서 왔다고 했다. 말라카술탄 왕궁박물관을 찾아가 현지에서 보편적으로 말하는 건국설에 대해 알 수 있었다. 스리비자야 왕조 말기, 왕자 파라메스와라는 나중에 자바섬에서 급부상한 마자파히트 왕국의 지배에 불복해 스리비자야의 영광을 재현하려고 하다가 팔렘방에서 추방되었다. 쫓겨난 파라메스와라 왕자는 말라카에 새로운 나라를 세우고 초대 국왕이 되었다. 그러므로 어떤 의미에서 말라카 왕국은 스리비자야를 계승했다고 할 수 있다.

오늘날 팔렘방은 야심만만한 도시로 성장했다. 팔렘방은 수마트라섬 최대 도시인 메단의 뒤를 이은 제2의 도시이자 수마테라셀라탄주의 주도로 주변에 매장된 석유자원 덕분에 크게 발전했다. 이 밖에도 최근 몇 년 동안 팔렘방은 각종 스포츠 경기와 전시회를 개최하며 적극적으로 경제발전에 힘썼다. 예를 들어 팔렘방은 자카르타와 공동으로 2011년에 제26회 동남아시아 경기를 개최했으며 2013년에는 이슬람 연대 게임을 개최했다.

팔렘방에는 수많은 화교가 거주하고 있다. 그들의 선조는 처음에 방카섬의 주석광산에서 주석을 캐다가 훗날 생활이 어려워지자 다시 인도네시아의 다른 지방으로 옮겨갔는데 방카섬에서 그리 멀지 않은 팔렘방은 이주하기에 썩 괜찮은 곳이었다. 커피나무와 고무나무를 재배

말라카 세인트 폴 언덕 위에 있는 교회는 포르투갈인과 네덜란드인, 영국인이 연이어 사용해온 곳으로 400년에 이르는 식민역사가 고스란히 농축되어 있다.

했던 초기부터 석유, 천연가스 채굴과 제련에 종사하는 오늘날에 이르기까지 곳곳에서 화교의 그림자를 확인할 수 있었다. 현재 중국이 이곳에서 진행 중인 투자프로젝트도 상당히 많은데 기본적으로 발전소는 모두 중국의 투자로 건설되었다.

그러나 현지 여행국 공무원들은 역사문화를 이해하기 위해 이곳을 찾은 중국인은 우리가 처음이라고 했다. 그들이 평소에 만나는 중국인들은 모두 비즈니스 시찰단이었다. 이 여행국 공무원은 팔렘방은 역사적으로 중국과 끈끈한 관계가 있다고 했다. 명나라 때 정화는 바닷길을 통해 서양으로 갈 때 동남아시아 지역에서 활동하던 해적 진조의를 토벌했다. 당시 스리비자야는 이미 멸망해 팔렘방은 주인 없이 방치되어 있었다. 이에 조주 출신 진조의와 그가 이끄는 해적 무리가 이곳에 자리를 잡고 오가는 상선을 약탈해 이 일대에 큰 화를 끼쳤다. 정화의

포르투갈인은 현지인과 섞여 포르투갈 정착지를 형성했다.

해군은 이곳에서 진조의를 사로잡아 수도로 압송해 참수하고 현지 화교들을 보호하기 위해 팔렘방에 선위사사를 설치했다. 정화가 회교도였고 팔렘방에서 전도를 했기 때문에 현지에는 이를 기념하기 위한 모스크가 세워졌다. 이 밖에도 화교와 관련된 관광지가 한 곳 더 있는데 전설에 따르면, 당포안이라는 화교 남자아이가 현지 여자아이를 사랑하게 되었다. 당포안이 결혼예물을 건지기 위해 물속으로 뛰어들자 소녀도 뒤따라 물에 뛰어들었고 그렇게 두 사람은 물에 빠져 죽고 말았다. 이후 수면 위로 작은 섬 하나가 떠올랐다. 현지 화교들은 이 섬에 사원을 지었는데 매년 수많은 현지 젊은 남녀들이 이곳을 찾아 사랑이 영원하기를 기도했다.

고대 스리비자야가 번영한 데는 중국과의 교역이 큰 영향을 미쳤다. 중국이 스리비자야에서 구입하는 상품은 주로 유향, 몰약 및 향기를

인도네시아 팔렘방의 무시강변은 전 도시를 통틀어 가장 생기가 넘치는 곳이다.

입힌 제품을 만드는 데 쓸 방향성 식물이었다. 이러한 향료는 훗날 서양 식민지배자들을 불러들이는 역할을 한 식품 방부 및 조미용으로 쓰인 육두구, 정향 및 매운 향료에 속하는 후추와는 약간 다르다. 당나라 사회는 이미 일상적으로 향료를 사용했다. 궁정연회나 관혼상례, 불교나 도교의 제사, 찻집과 술집에서 향료는 없어서는 안 될 재료였다. 단향과 같은 일부 방향성 식물은 수마트라섬 내지와 주변 섬에서 들여왔고 품질이 좋은 유향은 아라비아반도와 동아프리카에서 들여왔다. 이때 스리비자야는 지리적 이점을 이용해 무역중심지로 거듭났다.

스리비자야가 존재했던 7~13세기는 중국의 당, 송, 원 왕조 시대였다. 안사의 난이 발생하기 전만 하더라도 당나라는 막강한 국력을 자랑했고 외국과의 무역도 조공무역이 주를 이뤘다. 중국 왕조는 주변 국가가 조공을 바치면 회사回賜라는 형식의 답례를 했다. 이는 조공 물

정화가 거쳐간 팔렘방에는 그를 기리는 정화 모스크가 세워졌다.

량보다 회사 물량이 훨씬 많은 형태의 공무역이었다. 송나라 때 마단 림은 『문헌통고』에서 이렇게 말했다. "오랑캐가 조공을 하는 것은 중국과의 물물교역과 하사품이 이득을 주기 때문일 뿐 진심으로 중국을 흠모해 찾아오는 이가 어디 있겠는가?" 이 말은 고대 중국과 주변국의 관계를 노골적으로 폭로한다.

현재 스리비자야의 유적은 거의 사라지고 없다. 그나마 비교적 많은 양의 유적을 보려면 교외지역에 있는 스리비자야 고고공원을 찾아가야 한다. 1980년대의 고고학적 발굴을 통해 이곳이 한때 스리비자야 사람들이 생활하던 번화가였음이 밝혀졌다. 고고공원 박물관 안에는 이 지역에서 출토된 항아리, 깨진 그릇, 구슬, 밧줄 등 일상용품의 파편들이 진열되어 있었다. 그런데 이상한 점은 이 넓은 땅에서 겨우 30cm 길이의 벽돌건축 유적만 발견되었을 뿐 다른 건축 흔적은 전혀 발견되지 않았다는 점이다. 안내원의 설명에 따르면 과거 이 지역은 거의 대부분 수로와 삼림이어서 건축자재로 쓰일 만한 돌을 찾기가 쉽지 않았기 때문이라고 한다.

그러고 보니 이 근처에서 찾을 수 있는 거대한 석재는 모두 비문을 새기는 데 쓰였다. 바로 이 비문들 덕분에 고고학자들은 과거 이 땅에 스리비자야가 정말로 오랜 세월 존재했다는 사실을 확인할 수 있었다. 정원 건축과정을 기록한 비문 외에도 박물관 내부에는 중요한 비문 2개가 더 있었다. 하나는 한 차례 정벌 이후에 스리비자야를 건국한 과정이 기록된 비문이고, 다른 하나는 백성들에게 국왕의 통치에 복종해야 하며 그렇게 하지 않으면 저주를 받게 된다고 경고하는 주문이 새겨진 비문이었다.

스리비자야 고고공원 여행을 통해 스리비자야가 해상무역의 강국이 된 또 다른 원인을 알 수 있었다. 바로 사통팔달한 수로교통이었다. 과거 스리비자야는 강줄기가 얼기설기 뻗어 있어 동양의 베니스로 불렸다. 현지에서 생산한 물품은 수로망을 통해 드넓은 무시강변에 모였고, 바다를 통해 찾아온 상선도 무시강변에 정박했다. 현재 무시강변에 있는 부두는 나룻배를 타고 건너편으로 가는 데 쓰이기도 하고 유람선을 타고 무시강을 관광하는 데 쓰이기도 한다. 팔렘방 고고연구센터의 파르바티는 스리비자야의 항구가 바로 이 지역에 있었을 거라고 했다. 과거에는 또 다른 강줄기 3개가 이곳에서 무시강과 합쳐졌지만 식민시대에 네덜란드인이 이 세 강을 메워 시장을 건설하는 바람에 지금은 무시강만이 도도한 흐름을 이어가고 있다. 발굴팀은 이곳에서 도자기 파편과 선박 잔해를 발견했다. 당시의 배는 현지에서 많이 생산되던 철목이라는 목재로 만들었는데 신기하게도 이 나무는 물에 담그면 더욱 단단해지고 물이 묻어 있지 않으면 오히려 쉽게 썩는다고 한다. 발굴팀은 배의 키 중 일부만 소장용으로 두고 나머지 잔해는 오랫동안 보존하기 위해 계속 수면 아래 두었다. "배의 키 길이만 해도 8.2m나 돼요. 배가 얼마나 컸고 당시 스리비자야인들의 선박 건조기술이 얼마나 뛰어났을지 상상할 수 있을 겁니다."

스리비자야는 12세기 무렵부터 쇠락하기 시작했다. 이 또한 말레이시아의 역사리듬을 탄 것이었다. 스리비자야는 발전하는 동안 시종일관 원심력의 작용범위를 벗어나지 못했다. 자연자원은 어디서나 얻을 수 있고 말라카해협의 무역로상에 존재하는 시역은 어디라도 유리한 위치를 차지할 수 있다. 이 같은 이유로 한때 스리비자야에 고개를 숙였던 종속국들은 더 독립적인 지위를 얻고자 했다. 변화의 계기는 남송 말과 원나라 때(12세기 말부터 14세기 중엽) 마련되었다. 비록 이후

1368년에 명태조 주원장이 다시금 조공체제를 회복하고 민간무역을 금지했지만 사절단의 조공 형식으로만 이루어지던 무역 형태가 잠시 중단된 때가 있었다. 일시적이나마 무역규제가 풀리면서 수마트라섬 북부의 보르네오 캄파와 바루스 등 일부 항구가 급속히 발전했다. 상인들이 굳이 스리비자야와 같은 무역중심지로 화물을 모을 필요 없이 원료 산지에 가서 직접 구매할 수 있게 되었기 때문이다. 이에 스리비자야의 경제는 심각한 위기에 봉착했다. 1331년 자바섬에 있던 마자파히트 왕조는 외부로 세력을 확장하기 시작해 마두라섬, 발리섬을 차례로 정복하고 파푸아뉴기니까지 세력범위를 확장했다. 이리하여 마자파히트는 마두라섬의 향료를 통제하게 되었으며 이후 자바섬에서 생산되는 쌀을 향료로 바꿔 이를 다시 말레이반도로 가져가 판매하면서 막대한 이윤을 챙길 수 있었다. 1377년 명나라가 다시 조공체제를 확립하면서 스리비자야의 통치자는 중국에 속국의 칭호를 내려달라고 요구하며 무역중심국으로서의 지위를 되찾으려 했다. 주원장은 자바섬의 마자파히트가 이미 수마트라섬 동남부에서 가장 강력한 세력이 되었음을 알지 못한 채 스리비자야의 요청을 받아들였다. 이후 자바인들은 중국 사신을 속여 자바섬에서 죽여버렸다. 이 일로 주원장은 격노했고 중국에 다시 사신을 파견하겠다는 스리비자야의 요청을 단칼에 거절했다. 1397년 명나라 공문서에서 다음과 같은 기록을 찾아볼 수 있다. "자바가 이미 삼불제(송나라 때부터 스리비자야를 가리키던 호칭)를 쳐부숴 그 나라를 차지했다. 삼불제는 결국 멸망했고 나라는 큰 혼란에 휩싸였다." 10년 뒤 정화가 다시금 배에 올라 수마트라섬에 이르렀을 때 본 이곳은 여전히 번화한 항구였지만 통치자는 중국에서 온 해적 두목 진조의로 바뀌어 있었다.

말라카의
옛이야기

마치 말라카 왕국의 건국왕이자 팔렘방에서 도망친 왕자 파라메스와라의 흔적을 좇기라도 하듯 우리는 수마트라섬에서 페리에 올라 말라카해협을 건넌 뒤 말라카강을 통해 도시로 들어갔다. 말라카강은 말라카의 영혼이다. 고대 항구도시에는 모두 수로가 있었다. 그래야 상선이 바다에서 항구로 들어갈 수 있기 때문이다. 역사서에 따르면 수로 입구에 맹그로브 습지가 울창하게 우거져 천연의 장벽을 이뤘다고 하는데 이곳은 말라카해협에서 가장 좁은 곳에 있는 지점으로서 지키기는 쉬운 반면 공략하기는 어려운 곳이었다. 현재는 수로의 가장 주된 구역의 수위를 높여 풍경구로 조성해 유람선을 타고 고성의 풍경을 감상할 수 있도록 했다.

말라카라는 이름은 말라카나무에서 비롯되었다. 그 옛날 파라메스와라는 말라카나무 그늘 밑에서 쉬던 중 암사슴 한 마리가 사냥개의 공격에도 물러서지 않는 것을 보고 하늘이 보여준 상서로운 조짐이라여겨 이곳에 나라를 세웠다.

현재 말라카의 핵심지역은 유네스코 세계문화유산으로 지정되었다. 말라카는 말라카강을 사이에 두고 두 갈래로 나뉘는데 오른쪽 강둑은 세인트폴 언덕을 둘러싸고 있으며 다양한 시기 통치자들의 저택과 행정기관 및 방어용 건축물을 볼 수 있다. 왼쪽 강둑은 상점과 주민 거주지로 이뤄진 오래된 골목거리다. 보호구역 안의 옛 건축물과 박물관은 한곳에 집중되어 있어 걸으면서 둘러봐도 되지만 화려하게 치장한 인력자전거를 타고 둘러볼 수도 있다. 우리는 먼저 이 도시의 초기 역사에 대해 들려주는 술탄 왕궁박물관을 찾아갔다.

1456년부터 1477년까지 만수르 샤가 다스리는 동안 말라카 왕국은 전성기를 맞이했다. 술탄 왕궁박물관은 유적은 아니었지만 해상무역국가가 얼마나 부유했는지를 느끼기에는 충분했다. 열대지역 사람들은 대개 높이가 낮은 건물에 살지만 이 궁전은 총 3층 높이로 지어졌다. 술탄의 침실은 능라주단으로 장식되어 있었고 책상 위에는 복잡한 문양의 금제품이 놓여 있었다. 궁전 바깥에 있는 거대한 정원에는 온갖 색상의 화려한 화초가 가득 심어져 있었다. 박물관 안에 전시된 유물 중 말라카 왕조의 것은 매우 적었는데 아마도 전쟁을 겪으면서 유실된 것이리라 생각된다. 그중에서 가장 인상 깊었던 것은 말라카 왕조가 시행한 엄격한 형벌과 법령을 표현한 유화였다. 도둑질한 사람은 손이 잘렸고 간통을 한 남녀는 구덩이에 파묻혀 사람들이 던지는 돌에 맞아

말라카는 한때 동서양 상품의 집결지로 향료, 실크, 도자기 등을 한곳에서 볼 수 있었다.

죽었다. 거짓말을 한 것으로 의심되면 손을 기름솥에 넣어 결백을 증명해야 했다. 말라카 왕국이 해상무역 강국으로 거듭난 것은 효과적인 법률기관이 제몫을 톡톡히 한 덕분이다. 말라카 왕국의 법률은 3대 통치자 시기부터 제정되기 시작했는데 주로 상업업무를 관리하는 데 집중되어 있었다. 이 밖에도 바다에서 일어나는 선박의 항행활동에 관련된 법규는 채무징수, 해상폭행 및 선장과 세수의 책임의무 등 항해무역 관련 사무를 처리했다.

또한 그들이 스리비자야의 전통을 계승한 것도 말라카가 단기간에 무역대국으로 성장하는 데 도움이 되었다. 그중 하나가 스리비자야와 마찬가지로 종주국으로서 중국을 떠받든 것이다. 1403년 명나라 영락제가 등극했다. 영락제는 선조들의 정책을 계승해 정부를 통한 상업무역거래만 용인했다. 『명사』 기록에 따르면 1403년(영락 원년) 10월 영

과거 말라카에서 이뤄진 무역에서 사용된 주석으로 만든 동물 모양 화폐

락제 주체는 환관 윤경을 만랄가(말라카의 옛이름)로 파견해 국왕에게 선물을 보냈다. 이에 "파라메스와라는 크게 기뻐하며 사신을 파견해 윤경을 따라 명나라 조정에 들어 예물을 조공하게 했다."『명태종실록』에 따르면 주체는 크게 칭찬하며 예부의 신하에게 이르길, 선왕이 산천을 봉하고 강역을 안정시키고 보옥을 나눠주고 번진을 하사해 먼 곳에 있는 이들을 아끼고 친밀히 여김을 보여주었으니 그 나라의 서산을 진국의 산으로 봉하고 그곳에 비문을 세우라고 했다. 그러고 나서 직접 비문을 적어 명시를 하사하니 영락제가 친히 글을 써 하사한 첫 번째 사례가 되었다. 중국이 말라카 왕국에 보인 관심은 새로운 무역중심지의 지위와 명성을 끌어올려주었고 이웃한 섬라(타이의 옛이름인 시암의 한자음)의 침략으로부터 보호해주었다.

말라카는 상업시설이 발달한 덕분에 오가는 상인들의 관심을 끌었다. 한 가지 사례를 들자면 말라카 왕조는 정화의 선단을 도와 관창을 지어주었다. 영락 연간 정화가 서방원정에 나설 때의 선단은 무척 거대해 가는 길에 물자를 보급할 곳과 저장 및 운반할 장소가 필요했다. 정화는 국가 간의 외교관계와 그들이 제공하는 서비스의 편의성을 고려해 말라카를 선택했다. 추측에 따르면 정화의 관창은 말라카강 왼쪽 강둑에 있었다.

말라카 왕국이 번영한 또 다른 요인은 스리비자야는 갖추지 못한 어떤 것과 관련이 있다. 파라메스와라는 1414년 72세가 되었을 때 이슬람교로 개종했다. 그의 영향을 받아 이후 말라카 왕국의 통치자들은 모두 이슬람교를 신봉했다. 제5대 왕 무자파르 샤가 정권을 잡은 뒤에는 이슬람교를 국교로 정하고 왕의 호칭을 술탄으로 바꾸었다. 그렇다면 왜 굳이 이슬람교였을까? 통치자들은 이슬람교가 경제적 번영을 불러온다고 생각했다. 아라비아 상인이 인도양을 따라 남하해 말라카해협으로 들어와서 가장 먼저 수마트라섬 서북쪽 연안에 전파한 것은 이슬람교였다. 그곳에 있던 반튼 술탄국이 처음으로 이슬람교를 받아들이고 나서 이곳은 금세 무슬림 상인들의 집합소가 되었다. 말라카 왕국도 반튼 술탄국을 모방해 무슬림 상인을 말라카로 끌어들였다. 무슬림 상인에게 여러 가지 특권을 제공하고 무슬림 거주지와 모스크까지 지어주었다. 말라카 왕국의 술탄이 이슬람교를 자연스럽게 받아들인 데는 이슬람교 자체의 교리도 한몫했다. 당시 동남아시아 도서지역에서는 이슬람교 수피주의가 유행했다. 오래전부터 인도 바라문교와 불교의 영향을 받아온 도서지역 사람들에게 힌두교의 신비주의와 철학 사상을 내포한 수피주의는 결코 낯설지 않았다. 크게 보면 익숙한 개념을 새로운 용어로 표현해 그저 낯설기만 한 외래종교가 아니라는 느낌을 주었기 때문에 광범위하게 전파될 수 있었다.

이리하여 말라카술탄 왕국은 15세기에 이미 말라카해협에서 가장 눈에 띄는 나라가 되었다. 만약 외부세력이 끼어들지 않았다면 말라카 왕국은 절대로 눈 깜짝할 사이에 지나가버리는 유성처럼 단 한 세기만 존재하고 사라질 나라가 아니었다. 그런데 말라카 왕국이 황금기를 구가하던 바로 그때 포르투갈인이 이 땅에 발을 디뎠다.

말라카강변에는 원래 크기로 재현한 포르투갈의 대형 원양항선 플로르 델라 마르호 모형이 있는데 그 안에 말라카 해양박물관이 있다. 플로르 델라 마르호느 시암에서 포르투갈로 화물을 운송하던 중 말라카해협에서 폭풍우를 만나 침몰했는데 아직도 바다 밑 어딘가에 잠들어 있다. 미국의 한 보물 사냥꾼은 이 배에 금궤 20개 분량의 보석이 실렸으며 작게는 0.5피트에서 크게는 주먹만 한 크기의 다양한 보석이 있을 것으로 추측했다. 말라카를 여행하는 도중 뜨겁게 내리쬐는 태양 아래서 몇 번이나 플로르 델라 마르호 옆을 지나치면서 종종 그 웅장한 뱃머리와 우뚝 솟은 마스트를 보며 망상에 빠지곤 했다. 그 거대한 몸체가 만들어내는 그림자는 말라카의 운명에 대한 은유 같았다. 포르투갈인은 말라카 왕국의 항로를 뒤틀어놓았다. 비록 직접적으로 국제적 항구로서의 말라카 왕국의 쇠락을 불러오지는 않았지만 장밋빛 미래로 향해 가던 항로를 뒤틀어놓은 것만은 분명하다. 이후 말라카 왕국은 300여 년에 걸쳐 서서히 나락으로 떨어졌다.

서양의 식민주의 역사에서 포르투갈은 가장 먼저 동양에 마수를 뻗친 나라다. 15세기 다른 유럽 대국들에게는 국가조직과 안보 분야의 심각한 문제를 해결하는 것이 발등에 떨어진 불이었지만 이미 독립된 민족국가를 형성한 포르투갈은 지리적 대발견과 제국주의 국가로 나아갈 준비를 마친 상태였다. 아랍인의 지배에서 벗어나 독립을 쟁취하기 위해 끊임없이 싸운 역사 때문에 포르투갈인은 유난히 민족의식이 강했고 이슬람교에 대한 적개심이 깊었다. 따라서 이슬람교에 반대하는 종교전쟁에 더 열정적으로 참여했다. 일부 역사학자들은 포르투갈인이 새로운 땅을 적극적으로 탐험하게 된 주된 요인으로 종교적 동기를 꼽기도 한다. 또 다른 동기는 바로 경제적 이익이었다. 포르투갈을 비롯해 전 유럽은 동양의 향료와 사치품을 구매하기 위해 엄청난 양의 황금을 소비했다. 향료와 향료를 구매하는 데 필요한 황금이 포르투갈의 발길을 동양으로 잡아끈 것이었다.

추측에 따르면 포르투갈인이 최초로 지리 대발견에 나섰을 때 말라카 왕국의 이름을 따서 말라카해협이라는 이름을 지었을 거라고 한다. 1488년 바르톨로뮤 디아스가 아프리카 최남단 희망봉까지 항해하는

데 성공했다. 이는 곧 인도양으로 갈 수 있는 항로가 발견되었음을 의미했다. 1498년 바스쿠 다가마가 인도 서해안의 캘리컷에 배를 대면서 육상 실크로드 말고도 동양으로 가는 새로운 교역로가 뚫렸다. 1503년 다가마는 인도 서해안 코친을 강제로 점령한다. 이로서 코친은 포르투갈이 처음으로 아시아에 건설한 식민지가 되었다. 포르투갈 상선이 이후 추무역의 중심지에서 모든 재고를 전부 사들인 탓에 1504년 베네치아 상인들이 매년 한 차례씩 이루어지는 향료 거래를 위해 베이루트와 알렉산드리아를 찾았을 때는 살 수 있는 향료가 거의 없었다. 인도양 향료무역의 지배권을 장악한 뒤 아폰수 드 알부케르크는 포르투갈 제국의 동방영토를 더 확장하고 싶어 몸이 달았다. 스페인이 반대 방향 항로를 타고 말라카 왕국에 접근하고 있다는 소문에 포르투갈은 기회를 선점하기 위해 먼저 움직여야 했다.

포르투갈은 동남아시아에 천주교를 전파했다. 사진은 인도네시아 자카르타에 있는 한 성당을 찍은 것이다.

1511년 7월 24일부터 포르투갈 군대는 말라카 왕국에 첫 번째 총공격을 감행했다. 8월 10일 마지막 술탄 마흐무드 샤는 가족과 함께 보물을 챙겨 도망쳤고 말라카 왕국은 한 달도 못 되어 멸망했다. 말라카 왕국은 경제적으로 번영한 탓에 오랜 세월 전쟁을 겪을 일이 없었다. 말라카 왕국 사회도 말레이 통치계급을 제외한 나머지는 거의 다 외국상인들이었던 탓에 왕국에 대한 귀속감이나 충성심이 희박했다. 그래서 이들은 왕실이 자신들을 보호할 수 없게 되자 곧바로 다른 비호세력에게로 돌아섰다.

　　말라카술탄 왕국의 멸망은 항구로서 말라카의 몰락을 의미하지는 않았다. 말라카는 포르투갈인의 전략적 구도에서 매우 중요한 위치에 있었다. 식민통치자들은 성곽을 구축하기 시작했다. 그들은 술탄의 왕궁과 모스크, 역대 말라카술탄의 영묘를 파괴하고 배산임수 지형에 돌로 높은 탑과 방어용 성벽을 쌓았다. 포르투갈은 이 요새를 정교한 성이라는 뜻의 에이 파모사라고 이름 지었다. 영국인 리처드 올로프 윈스테트는 자신의 저서 『말레이시아사』에서 다음과 같이 말했다. "그들은 요새를 건설한 뒤 포르투갈 국왕의 숭고한 위상과 존엄을 유지하기 위해 성곽에 대포를 배치하고 군대를 주둔시켜 말레이시아인의 가슴속에 두려움과 경이로움을 심어주었으며 계속해서 이러한 느낌을 간직하도록 했다." 그러나 안타깝게도 이 정교한 성은 훗날 영국인들에 의해 파괴되고 말았다. 스탬퍼드 래플스 경이 너무 늦게 손을 쓰는 바람에 지금은 석문 하나만 남긴 채 흔적도 없이 사라져버렸다.

　　일반적으로는 포르투갈이 말라카를 점령한 뒤 지나치게 높은 통행세와 정박세를 거두는 바람에 원래 이곳에서 거래하던 상인들, 특히 포르투갈인이 믿는 천주교와 전혀 다른 신앙을 가진 아랍 상인들이 말라카를 멀리하면서 말라카는 점차 쇠락의 길을 걷게 되었다고 생각한다. 이때 말라카해협에는 상인들이 거래장소로 이용할 수 있는 무역 중심지 두 곳이 급부상하고 있었다. 그중 하나는 수마트라섬 서북단에 위치한 이슬람교를 믿는 아체 왕국이었고 다른 하나는 조호르술탄국으로 말라카 왕국의 마지막 술탄 마흐무드의 아들 알라우딘 리아얏 샤 2세가 도망쳐 세운 나라였다. 이 두 나라는 말라카를 기피하는 아랍 상인을 끌어갔다. 그러나 싱가포르 국립대학에서 동남아시아 식민역사를 연구하는 피터 보르슈베르그 교수는 그럼에도 말라카에서 교역을 한 무슬림 상인에 관한 기록을 여럿 찾을 수 있다고 했다.

 "말라카는 포르투갈이 점령한 뒤로 계속 아체인과 조호르 말레이인의 공격을 받았습니다. 이 세 정권은 서로 미묘한 균형을 이뤄 누구도 거래를 독점할 수 없었습니다. 원래 아체인과 말레이인은 무슬림 연합전선을 형성해 포르투갈을 협공할 수도 있었지만 아체인과 말레이인은 서로를 적대시하고 공격했죠. 아체인에게는 종교전쟁이라기보다는 해협의 지배권을 둘러싼 전쟁이었습니다. 포르투갈이 패하더라도 말레이인이 조호르를 새로운 무역의 중심지로 발전시키는 것을 원치 않은 거죠." 적어도 포르투갈이 말라카를 점령한 뒤 반세기가 조금 넘는 시간 동안 말라카는 계속해서 번영했다. 말라카에 둔 포르투갈 시청이 16세기 말에 낸 통계에 따르면 여전히 매년 2만여 명의 아랍 상인들이 말라카를 찾아 교역을 했다고 한다.

 밀라카의 무역중심으로서의 지위가 변한 것은 네덜란드인이 출현한 이후다. 1595년 네덜란드의 첫 번째 원정 함대가 동인도제도를 향해 항해를 시작했다. 당시 말라카해협을 군사적으로 지배한 나라는 포르투갈이었다. 네덜란드는 다른 항로를 선택해 남북반구의 '포효하는

40도'라고 불리는 편서풍을 타고 순다해협을 통과해 동인도제도로 들어가 순다해협 옆에 있는 바타비아(오늘날의 자카르타)를 향후 동방 진출의 전초기지로 삼아 네덜란드 동인도회사 본부를 설치했다. 오늘날의 시각에서 보면 순다해협은 수심이 얕을 뿐만 아니라 폭도 좁은 해협이다. 해협 근처에서 일어난 화산활동으로 해저지형이 변해 수심이 얕아졌고 해저지형이 고르지 않아 20만 톤급 이상 선박이 통행할 수 없어 대부분의 선박은 여전히 말라카해협을 지나야 했다. 보르슈베르그 교수는 이렇게 말했다. "범선시대에는 상당히 영리한 항로였습니다. 증기선 시대와 달리 해안선에 딱 붙어 운항하며 연료를 보충할 필요가 없으니까요. 그때는 수에즈운하도 없어서 아프리카 희망봉을 통과하면 곧장 인도양을 지날 수 있었어요. 또 당시는 아무리 배가 크다 해도 지금보다는 훨씬 작았죠."

싱가포르 국립대학 역사학과 피터 보르슈베르그 교수는 『싱가포르와 말라카해협』을 저술했다.

네덜란드는 말라카해협의 균형을 깨뜨렸다. 조호르와 아체 모두 네덜란드에 대해 동맹을 맺을 수 있는 세력으로 여겼기 때문이다. 바타비아에 근거지를 마련한 뒤 네덜란드는 말라카를 중심으로 한 포르투갈인 무역이 더 발전하지 못하도록 막을 방도를 생각하기 시작했다. 1602년 네덜란드는 강력한 함대로 말라카해협의 남부해역을 봉쇄하고 포르투갈인의 상선을 공격해 마카사르, 반텐, 자바, 빠따니 등 동부시장을 네덜란드의 지배 아래 두었다. 이어서 포르투갈의 숙적인 조호르와 반反포르투갈 동맹을 맺고 육상 양쪽 측면에서 말라카를 위협했다. 1630년대부터 네덜란드는 포르투갈에 두 번째 공격을 감행했다. 네덜란드는 해협의 서북쪽 해구에서 포르투갈이 인도 쪽에서 증원을 받지 못하도록 막아 포르투갈인의 무역활동에 타격을 입히고 벵골만에 대한 제해권과 인도 방직품 무역에 대한 지배권을 쟁취했다. 1639년에는 아체인과 함께 말라카해협을 봉쇄하고 포르투갈의 지원선단을 저지했다. 당시 포르투갈이 서쪽에서 동쪽으로 세력을 확장했다면 네덜란드는 동쪽에서 서쪽으로 범위를 넓혀갔다. 1640년 네덜란드는 조호르 군대와 연합해 말라카를 포위공격했다. 1641년 1월 14일 포르투갈 총독이 네덜란드에 항복을 선언하면서 130년에 이르는 포르투갈의 말라카 통치시대는 막을 내렸다.

말라카를 가장 오랫동안 지배한 식민통치자는 네덜란드로 1641년부터 1824년까지 183년 동안 지배했다. 다만 포르투갈이 말라카를 선점하면서 네덜란드가 중심항구를 바타비아에 두는 바람에 말라카는 여러 항구 중 하나일 뿐인 평범한 항구로 전락해버렸다. 보르슈베르그 교수의 설명에 따르면 이러하다. "그들은 바타비아에서 교역을 하라고 상인들을 겁박했죠. 만약 말라카로 가면 다시는 거래를 못하게 쫓아내

버릴 거라면서요. 결국 말라카는 단순히 화물을 수집하는 곳이 되어버렸어요. 현지 토산품이 말라카에 몰렸죠. 또 해협을 통과하는 선박을 보호하는 역할도 했습니다."

1824년 영국과 네덜란드는 영국-네덜란드 조약을 맺었다. 영국은 자신들이 지배하던 수마트라섬의 벤쿨렌을 네덜란드에 양도하고 그 대신 네덜란드에게서 말라카를 받아냈다. 이리하여 말라카는 이전에 영국이 점령한 피낭섬, 싱가포르와 함께 영국 해협 식민지의 일부가 되었다. 그러나 영국은 이전에 피낭섬과 싱가포르를 점령하면서 말라카해협의 제해권을 장악해 이미 동남아시아 무역의 지배권을 쥐었기 때문에 말라카에는 그다지 집착하지 않았다.

만약 식민통치자들의 발길이 이어지지 않았다면 말라카는 어떤 운명을 살게 되었을까? 나는 현지 문화부 기자와 세인트폴 언덕 정상에

1830년 전후 말라카해협에 있던 한 잔교를 그린 회화작품

올라 이 도시를 내려다보았다. 뒤쪽으로 포르투갈이 지배하던 시대에는 천주교 성당으로 쓰였고, 네덜란드가 지배하던 시대에는 기독교 예배당으로 쓰였으며, 영국이 차지한 뒤에는 무기고로 쓰인 400년 식민통치의 역사를 함축적으로 보여주는 세인트폴 성당 유적이 있었다. 세인트폴 언덕 정상에서 멀리 내다보면 말라카강 건너편의 주민 거주지를 볼 수 있는데 모두 전형적인 네덜란드 식민지풍의 연동식 가옥으로 철가위와 같은 연접장치를 사용했다. 식민통치자들은 말라카의 옛모습을 찾아볼 수 없을 정도로 완전히 바꿔버렸다. 그들이 침략하기 전까지만 하더라도 백성들은 모두 종려나무 잎으로 지붕을 덮은 목조주택에 거주했다. 나와 함께 간 기자는 말라카 삼각주에 퇴적물이 쌓이면서 서서히 항구로서 부적합해졌는데 영국이 통치하던 시기에 이 사실을 깨닫게 되었다고 한다. "그래서 말라카인들은 여러 식민통치자들의 손을 거치며 발전의 기회를 놓쳐버린 말라카의 역사를 한탄하면서도 이것이 필연적인 결과였다고 생각해요. 어쩌면 말라카는 무역중심지가 될 수 있는 때가 있었고 그때가 지나면 다른 항구에 자리를 내줘야 할 운명이었을지도 모르죠."

싱가포르의
발견과 부상

말라카해협 양안의 항구를 둘러본 뒤 마지막으로 해협 입구에 위치한 싱가포르에 도착했다. 나는 말라카해협에서 이토록 입지가 탁월한 싱가포르가 어째서 영국인이 오고 나서야 중요한 항구로 발전하기 시작했는지 몹시 궁금했다.

싱가포르에서는 백화점, 호텔, 광장, 지하철역 등 다양한 곳에서 래플스라는 이름을 볼 수 있었다. 싱가포르강 강가, 옛 국회의사당과 엠프레스 플레이스 빌딩 사이의 북쪽 강둑은 1819년 1월 28일 래플스가 상륙한 지점이라고 한다. 이곳에는 하얀 대리석으로 만든 래플스의 석상이 세워져 있는데 팔짱을 끼고 서 있는 래플스의 발밑에는 세계지도가 놓여 있다. 이 조각상은 1970년대 싱가포르 관광청이 관광업을 발전시키기 위해 만든 복제품이다. 진품은 검은색 구리 동상으로 이 대리석 석상으로부터 수십 미터 떨어진 빅토리아 기념관 앞에 세워져 있다. 이 두 조각상은 농담조로 흑백 래플스상이라고도 불린다. 조각상의 비문은 네 가지 언어로 쓰여 있는데 그중 중국어로는 이렇게 쓰여 있었다. "토머스 스탬퍼드 래플스 1819년 1월 28일 이 역사적 지점에 최초로 싱가포르에 발을 디디다. 자신의 재능과 지혜, 통찰력으로 싱가포르의 운명을 바꿨으니 아무도 찾지 않는 어촌을 국제적 항구이자 현대적 도시로 변모시켰다."

이 비문만 보면 마치 싱가포르를 발견한 사람이 래플스인 것만 같은 착각이 든다. 래플스가 상륙하기 전까지 싱가포르는 거의 문명의 황무지였으며 다른 침략자들의 시선을 끌지도 못했다. 이것은 영국인의 식민정책으로 이해할 수도 있다. 문명화된 백인이 오기 전까지 현지인에게는 역사라 할 만한 것이 없었다. 싱가포르가 독립을 쟁취한 뒤 전국적으로 민족주의 광풍이 불면서 사람들은 래플스 조각상의 철거 여부를 놓고 격렬한 논쟁을 벌였다. 1960년 네덜란드 출신 경제고문 앨버트 빈스미어스 박사가 싱가포르로 와서 천연자원과 내수시장이 절대적으로 부족한 이 작은 나라의 발전을 위한 계책을 내놓았다. 그는 리콴유에게 현재 싱가포르는 구미권 국가로부터 기술과 자금상의 원조를 받아야 하므로 래플스상을 그대로 두라고 건의했다. 래플스상을 남겨두는 것은 일종의 정치적 상징으로 싱가포르가 영국의 유산을 받아들였음을 보여주는 것이기에 국제사회에 긍정적인 인상을 줄 수 있었다. 리콴유는 빈스미어스 박사의 의견을 받아들였다. 그리하여 여행객들은 싱가포르 역사에 대해 으레 래플스가 싱가포르를 발견했다고 생각하게 되었다.

미국 역사학자이자 싱가포르 국립대학 동남아시아관계연구학과 존 미크식 교수는 1984년부터 2012년까지 고고학 작업을 이끌었다. 그가 2013년 출판한 『싱가포르와 해상 실크로드: 1300~1800』이라는 책은 박물관 서점에서 가장 눈에 띄는 자리에 놓여 있었다.

미크식의 설명에 따르면 래플스는 자신이 싱가포르를 발견했다는

싱가포르 역사박물관에서 개최된 전시에서 '영국인의 하루'를 보여주고 있다.

환상에 젖은 적이 없었다. 그는 스스로를 고대에 번영했던 항구를 부흥시킨 사람으로 여겼다. 래플스는 역사에 관심이 많아서 줄곧 고대 동남아시아에 관한 문헌을 수집했고 자바섬에서는 고대의 폐허에 대한 기록작업을 실시했다. 자바섬에서 화산재 밑에 묻혀 있던 보로부두르가 다시 모습을 드러낼 수 있었던 것도 래플스가 부하들을 시켜 현지탐사를 실시한 덕분이었다. 래플스는 가장 오래된 『세자라 멜라유』 판본을 소장하고 있었다. 『세자라 멜라유』에는 다음과 같은 이야기가 기록되어 있다. 스리비자야의 통치자로 '스리 트리 부아나'라는 칭호로 불리던 왕이 어느 날 근처에서 섬을 둘러보다가 테마섹(오늘날의 싱가포르) 모래톱에서 반짝반짝 빛나는 것을 보게 되었다. 그는 섬에 도착해 사자처럼 생긴 기이한 짐승을 발견했다. 이에 왕은 상서로운 조짐이라고 여기고 이곳에 사자의 도시라는 뜻의 싱가푸라를 건설했다. 싱가푸라는 이후 4명의 계승자가 다스리는 동안 눈에 띄는 무역도시로 성장해 외국 상인들이 구름처럼 몰려들었다. 마지막 통치자였던 이스칸다르는 한 대신의 배신으로 자바인에게 성을 공략당해 어쩔 수 없이 말라카로 도망쳐 훨씬 더 번영한 제국을 건설했다. 포르투갈이 당시 기록한 역사에 따르면 팔렘방의 왕자 파라메스와라가 자바의 마자파히트에게 추방당한 뒤 테마섹으로 피신했다고 한다. 그러나 파라메스와라는 자신이 피난할 수 있도록 허락해준 주인을 죽이고 테마섹을 차지했다. 그러나 얼마 못 가 새로운 태국의 제후인 빠따니의 통치자에게 공격당해 다시 말라카로 도망쳤다. 말레이 연대기와 포르투갈인의 기록을 종합해보자면, 래플스는 말라카의 첫 번째 통치자가 싱가포르에 왔던 적이 있으며 싱가포르도 한때 시끌벅적한 항구였던 적이 있었다고 믿었다.

당시 영국은 피낭섬 외에 그보다 더 동쪽에 있는 지역에서 중국과 인도 사이의 중개항 역할을 할 곳을 찾느라 혈안이 되어 있었다. 또 다른 동남아시아 전문가였던 윌리엄 파쿼는 싱가포르에서 그리 멀지 않고 말라카해협의 남쪽 출구에 위치해 있는 카리문섬이 좋겠다고 판단했다. 『래플스전』의 작가는 이렇게 말했다. "래플스는 더 역사적인 곳을 찾고 싶었다. 네덜란드는 15세기부터 번영했던 해상왕국인 말라카를 차지하고 있었다. 아마도 래플스는 말라카의 전신인 싱가포르를 선택해 네덜란드 식민지의 위상을 떨어뜨리고 싶었을 것이다." 1818년 12월 12일 래플스는 수마트라섬에 있는 친구에게 편지를 보냈다. "다음번 편지가 싱가푸라라는 고대 도시에서 보낸 것이더라도 너무 놀라지는 말게."

싱가포르에 도착한 래플스 앞에는 어떤 광경이 펼쳐져 있었을까? 과연 그곳은 상상 속의 고대 무역항과 비슷했을까? 싱가포르에는 14세기 전후의 유적이 집중적으로 분포되어 있다. 싱가포르강 북쪽, 포트캐닝힐을 중심으로 한 일대에서 북쪽은 오늘날의 싱가포르 역사박물관이 자리한 스탬퍼드 거리까지 분포되어 있다. 싱가포르강 남쪽 지역은 고대에는 습지였던 탓에 사람들이 거주하기에 적합하지 않았다. 래플스가 상륙한 지점은 바로 이 범위 안에 있었다.

미크식은 최근 몇 년간의 고고학 발굴을 통해 14세기 싱가포르가 이미 완벽한 기능을 갖춘 항구도시였음이 증명되었다고 했다. 포트 캐닝힐에 있는 궁전 유적 외에도 고고학자들은 옛 국회의사당 주변에서 대량의 동전을 발견했는데 이는 과거 그곳에서 교역활동이 활발하게 이루어졌음을 보여주는 증거였다. 엠프레스 플레이스 빌딩 근처에서는 수많은 목판이 출토되었는데 물에 잠겼던 흔적으로 보아 당시 부두였을 것으로 판단되었다. 이곳에서는 선박의 화물선적과 하역이 이루어지기도 하고 주민들이 물가에 거주하기도 했다. 지금의 싱가포르 크리켓 클럽 자리에는 조폐소가 있었을 것으로 추측되는데 이곳에서 중국 동전을 녹여 새 동전으로 만들어냈다. "이곳은 고고학 발굴 결과와 문헌자료로 증명할 수 있는 유일한 해외 중국인 거주지입니다." 미크식이 언급한 문헌은 원나라 때 민간항해가 왕대연이 남긴 『도이지략』이다. 이는 이후 말라카처럼 외국인들이 자신들만의 거주사회를 형성했던 항구와는 달랐다. 미크식은 예로부터 여러 민족이 섞여 어울리는 싱가포르의 특징이 훗날 싱가포르가 주요 항구로 거듭날 수 있었던 이유 중 하나라고 했다. 보르슈베르그 교수는 이렇게 말했다. "싱가포르는 번영기를 맞이한 적도 있고 침체기에 빠진 적도 있어요. 싱가포르의 황금기는 14세기였고 말라카 왕국이 15세기에 급부상하면서 쇠락하기 시작했죠. 그 후 1600년 전후까지도 싱가포르가 외국과 교역을 했다는 증거가 있지만 이후 1800년까지 고고학적으로든 역사학적으로든 공백기가 나타납니다. 1811년 조호르에서 또 이곳으로 사람을 파견했어요. 그래서 래플스가 싱가포르에 왔을 때 이곳은 그저 평범한 어촌이었지만 래플스는 싱가포르의 과거와 미래를 볼 수 있었던 거죠."

래플스가 자신의 선택에 매우 만족했음은 두말할 나위가 없을 것이다. 특히 그는 고목이 하늘을 찌를 듯 서 있고 역사를 느낄 수 있는 포트캐닝힐을 좋아했다. 래플스는 포트캐닝힐에 자신이 머물 목조건물을 지었다.

그렇다면 왜 다른 식민통치자들은 싱가포르에 관심을 갖지 않았을까? 식민통치자가 봤을 때는 말라카, 조호르, 싱가포르, 빈탄섬 등이 모두 말라카해협을 지배할 수 있는 전략적 요충지였다. 문제는 '이 중에서 점령할 수 있는 곳은 어디인가?'였다. 영국인은 싱가포르를 얻을 때 우여곡절을 겪었다. 떼멩공(관직명)은 영국이 무역관을 설치하는 데 동의했지만 조호르의 술탄이 반대했다. 이에 영국인은 조호르가 왕위 계승을 둘러싸고 내부 갈등을 겪는 틈을 타 또 다른 술탄을 세워 계약서에 서명을 시켰다. 이로써 영국은 싱가포르에서 식민통치자로서의 지위를 굳혔다.

우리는 포트캐닝힐 위에 있는 유적을 지나 래플스의 목조저택을 거쳐 싱가포르 강가에 있는 보트키에 도착했다. 이 루트는 마치 세월의 강을 따라 흘러내려가는 것처럼 래플스의 바람이 하나하나 현실이 되어가는 과정을 보여준다. 비록 래플스는 오랫동안 동인도회사라는 구식 독점회사에 고용된 몸이었고 당시 영국도 보호무역주의를 내세우는 나라였지만 래플스는 아담 스미스의 원칙을 굳게 믿고 싱가포르를 자유항으로 발전시키기로 결정했다. 자유항이 된다는 것은 외국 상선의 자유로운 항구 출입을 용인하고 모든 관세를 면제한다는 뜻이었다. 이 같은 정책은 곧바로 수많은 상선을 불러들였다. 특히 남양 화교들의 관심을 끌었다. 처음으로 이곳을 찾은 화교는 대부분 남양에서 오랫동안 교역에 종사하며 과중한 세금과 시도 때도 없이 바뀌는 법령, 온갖 보이지 않는 차별에 시달려온 터라 싱가포르가 교역의 천국으로 여겨졌다. 1820년 싱가포르의 총 인구는 1만 2,000명 정도였고 그중 대다수는 화교였다. 이들은 이후 싱가포르 인구구조의 기본 틀을 마련했다. 래플스는 근처에 있는 인덕의 흙으로 싱가포르강 남쪽 강둑의 습지를 메우고 부두 가장자리에 주로 중국인의 거주지와 상점으로 쓰일 단지건설을 계획했다. 흰 벽에 붉은 지붕으로 된 이 2층짜리 건물은 현재 식당과 술집으로 개조되어 고층빌딩이 늘어선 중심 업무지구 사이에서 독특한 풍광을 연출하고 있다.

당시 싱가포르강에는 말레이시아 선박, 중국 범선, 아랍 선박, 부기스의 나무 범선 등 다양한 배들이 정박해 있었다. 부기스의 배는 피니시라는 나무 범선으로, 뱃머리가 높이 치솟아 몹시 독특한 모양을 하고 있었다. 다른 나라 상인과 달리 부기스인은 남반구에서 싱가포르를 찾아왔다. 그들은 술라웨시섬에 사는 부족인데 대개 9~10월에 싱가포르에 왔다가 남반구에 11월 열대 계절풍이 불면 회항했다. 얼마 지나지 않아 싱가포르강에 피니시보다 더 특이한 배가 들어왔다. 그 배는 크기가 무척 컸고 항해할 때 하얀 연기를 내뿜었다.

여기에서 짚고 넘어가야 할 사실은 싱가포르항 개항 시점이 서양의 교통혁명이 일어나기 전이었다는 점이다. 1869년 수에즈운하가 개통되고 1860년대에 증기선이 점차 주요 운송수단으로 쓰이면서 싱가

싱가포르 마리나베이 야경. 멀리 선박들의 정박지가 보인다.

포르 항구의 중요성은 더욱 커져갔다. 유럽에서 중국으로 오는 항로도 과거의 희망봉–순다해협 항로에서 수에즈운하–말라카해협 항로로 바뀌었다. 흥미로운 점은 증기선이 출현하면서 싱가포르가 다시 메카 성지순례의 중심지가 되었다는 사실이다. 19세기 말 매년 7,000여 명이나 되는 무슬림이 싱가포르에서 메카로 성지순례를 떠났다. 그들은 성지순례 비용을 마련하기 위해 짧게는 몇 개월 길게는 몇 년 동안 싱가포르에서 일했는데 어떤 사람들은 충분한 돈을 모으지 못해 계속 싱가포르에 머물기도 했다.

1824년부터 1868년 사이 싱가포르 무역은 4배 이상 성장했지만 같은 시기 피낭섬의 무역은 3배 성장했고 말라카의 무역액은 2배도 채 안 되는 성장을 기록했다. 이처럼 놀라운 무역수치에 인도 캘커타 신문은 싱가포르를 두고 활력이 넘치며 견줄 상대가 없는 작은 변두리 도시라고 했다.

말라카해협의
경쟁과 협력

싱가포르 항구의 기적은 컨테이너 무역이 주를 이루는 오늘날까지 이어지고 있다. 2014년 싱가포르 항구에서 처리한 컨테이너 물동량은 3,390만 TEU(20피트 컨테이너 1대를 말함)로 세계 2위를 자지했다.

현재 싱가포르강에서 바다로 들어가는 입구는 마리나베이라고 불리는 곳이다. 이곳의 새로운 명소라면 마리나베이샌즈호텔 꼭대기에 있는 샌즈스카이파크를 꼽을 수 있다. 배 모양의 스카이파크는 고층빌딩 3개 위에 가로누인 채 지면으로부터 200m 이상 떨어져 있으며, 싱가포르 해변의 풍광을 360도로 둘러볼 수 있다. 마리나베이의 수많은 랜드마크는 바다를 메운 뒤 인공적으로 만든 것이다. 고개를 들어 멀리 내다보면 싱가포르해협 항로 북쪽에 펼쳐진 넓은 정박지가 보인다. 수백 척의 배가 그곳에서 쉬거나 지정 부두의 장소에서 순번이 오기를 기다리거나 물류를 보급하거나 선박을 유지보수한다. 정광량은 이곳에 가면 싱가포르의 발전사를 한눈에 볼 수 있으며 항구로서 싱가포르가 보유한 자원과 부족함도 볼 수 있다고 했다.

말라카 항구는 이미 과거에 묻혀버렸다. 현재 말라카에서는 국내 운수에 쓰이는 작은 항구 2개만 운영 중이며 유람선 부두 건설을 계획 중이다. 말레이시아의 탄정펠레파스항은 한때 싱가포르 항구의 막강한 경쟁상대로 부상했었다. 탄정펠레파스항은 말레이시아 남부에 위치해 있어 싱가포르에서 차로 40분밖에 걸리지 않는다.

2001년 세계 최대 해운업체인 덴마크의 머스크라인은 싱가포르 항만공사와의 계약을 종료한 뒤 동남아시아 환적센터를 탄정펠레파스항으로 옮겼다. 매년 180만 표준컨테이너에 달하는 머스크라인의 화물이 탄정펠레파스항으로 옮겨가면서 싱가포르는 전체 화물운송량 중 무려 11%를 잃게 되었다. 이어서 2002년 세계 4위 선사인 타이완의 에버그린도 머스크라인을 따라 환적항을 탄정펠레파스항으로 바꿨다. 이로 인해 싱가포르는 추가로 컨테이너 업무량 중 5%를 잃었다. 비록 훗날 탄정펠레파스항의 소화능력에 문제가 발생하면서 머스크라인과 에버그린 모두 싱가포르 항구로 돌아오기는 했지만 그 일로 싱가포르는 이웃항구가 비용 면에서 경쟁우위를 점할 수 있다는 사실을 깨달았다.

비록 고대 인도네시아에 스리비자야와 같은 해상왕국이 있었던 적도 있지만 근현대 들어서 항구 분야의 발전은 상당히 낙후되어 있다. 이에 대해 전 인도네시아 해양수산부 장관 로호민 다우리는 이렇게 설명했다. "이는 식민시대에 만들어진 사고방식과 관련이 있습니다. 인도네시아가 식민지로 전락한 기간 동안 식민통치자들은 향료, 담배, 사탕수수, 고무, 커피 등 작물의 재배업을 발전시키는 데만 열을 올리고 인도네시아가 오랜 세월에 걸쳐 이룩한 해양문화와 지식은 탄압했죠. 그래서 독립한 이후에도 우리는 여전히 내륙경제를 발전시키는 데 집중하게 되었습니다."

인도네시아 조코 위도도 대통령은 인도네시아를 세계 해양축으로 만들어 해양대국의 지위를 회복한다는 구상을 제기했다. "대통령은 임기 내에 대형 항구 24개와 심수항 7개를 건설할 계획입니다. 과거 스리비자야가 있던 팔렘방도 그중 하나입니다."

항구끼리는 서로 경쟁하지만 말라카해협을 관리함에 있어서는 싱가포르와 말레이시아, 인도네시아가 힘을 합치고 있다. 이 수역은 3국이 공동으로 관리한다. 해적은 항해에 있어 가장 큰 골칫거리다. 말라카해협은 항해속도가 느리기 때문에 해적의 습격을 받기 쉽다. 소말리아 해적과 달리 말라카에서 활동하는 해적은 인질을 납치하지 않고 대개 유조선을 습격해 석유를 훔쳐 달아난다.

※이 글에 도움을 준 량리지, 장제, 두딩딩, 량비한, Kenneth Tan S. A. 그리고 허우진, 장훙예 부부에게 감사를 전한다.

중국인, 광저우에서 배에 오르다[26]

광저우에서 수많은 배가 출항을 기다리고 있다. 이것은 상상 속 풍
경이 아니라 고대 중국에서 일상적으로 볼 수 있는 풍경이었다.

남해신묘:
번귀에서 신까지

7월 초의 광저우는 이루 말할 수 없이 더웠다. 비록 황푸취 수이둥제는
광저우에서 외곽에 속했지만 시내나 이곳이나 기온 차이는 그리 나지
않았다. 그다지 넓지 않은 주강 항로가 이곳에서부터 흘러갔고 강변에
는 유난히도 시끌벅적한 황푸발전소 공사 현장이 있었다. 바다에 파도

가 일지 않기를 비는 의미로 해불양파海不揚波를 새긴 남해신묘의 정문 패방은 얼룩덜룩한 것이 세월의 흔적이 고스란히 묻어났다. 그 아래 서니 1,400년 전 바다와 하늘이 하나로 이어진 이곳에서 수많은 배가 앞다퉈 들어서는 장관을 도저히 상상할 수 없다. 관계자에 따르면 송나라 이후 둑으로 둘러싸인 논밭을 개간하고 퇴적작용으로 해안선이 계속해서 남쪽으로 이동하면서 광저우를 드나드는 선박들은 점차 파저우 일대로 항로를 바꿨다고 한다. 그러나 정문 패방 앞에는 여전히 청나라 때 부두 유적이 남아 있어 한때 이곳이 선박들로 북적거리던 항구였음을 입증했다.

남해신묘와 관련된 최초의 기록은 수나라 개황 14년(594년)으로 거슬러 올라간다. 그해 수문제는 절강 회계에 동해신묘를 짓고 광주 남해에 남해신묘를 지으라고 명했다. 신묘의 소재지는 옛 부서진으로 주

타이구창 부두는 광저우의 근현대 대외무역 및 항구운수의 역사가 남아 있는 중요한 유적이다.

강 북쪽 강둑에 있었는데 부서강을 앞에 두고 동쪽으로는 사자양과 이어지고 아래쪽으로는 호문과 접하며 광주를 등지고 있었다.

"당나라 천보 10년 현종은 특별히 사절을 파견해 남해의 신을 남해 광리홍성소순위현왕으로 책봉해 남해신의 지위를 계속 올려 동해신의 앞에 두고 해신 하백의 위에 두었습니다. 이는 수당 이래 해상 실크로드 무역의 번성과 각 왕조가 해상무역을 얼마나 중시했는지를 반영하죠." 광저우 문물박물관학회 청춘제 회장의 설명에 따르면 이러하다. "당나라 중기에 이르러 한무제 때부터 이용되어온 이 남해도는 정식으로 '광주통해이도'라는 이름을 얻었습니다. 정문 동측의 비각 안에 있는 당나라 사지절, 원주제군사, 원주자사 한유가 지은 〈남해신광리왕묘비〉를 포함한 여러 비각은 남해신에게 해상 실크로드 무역을 수호하는 신으로서의 중요한 역할을 부여했죠."

남해신묘 부두 유적

당나라 때 광저우에서 출발한 해상 실크로드는 가탐의 〈광주통해이도〉에 가장 상세하게 기록되어 있다. 가탐은 광저우에서 출항해 오늘날 페르시아만에 있는 항구 바스라에 이르는 항로를 동선東線이라고 불렀다. 동선을 운항하는 데 걸리는 기간은 약 3개월로 가탐은 이 항로상에서 경유하게 되는 항구와 나라를 상세하게 기록했다. 여기에는 환

광저우 문물박물관학회 청춘제 회장

왕국(점성, 오늘날 베트남 중부), 문독국(베트남 귀인 일대), 나월국(말레이반도 남단), 불서국(인도네시아 수마트라 동남부), 사자국(스리랑카), 천축(인도 남부)과 최종 목적지인 말라국(바스라) 등이 포함되어 있다. 이어서 거꾸로 동아프리카에서 홍해를 거쳐 아라비아반도를 돌아 바스라에 이르는 서선西線 항로를 상세히 기록했는데 삼란국(탄자니아의 다르에스살람), 설국(남부 예멘의 시르) 등을 거쳤다. 항해시간으로 판단했을 때 당나라 시기의 항해기술은 양한 및 위진 시기에 비해 월등히 진보한 상태였다. 옛날에는 뇌주반도에서 황지국까지 가는 데만도 1년 이상 걸렸지만 당나라 때는 대략 51일 만에 황지국에 도착할 수 있었다.

당송 시기는 광저우가 해상 실크로드상의 가장 중요한 출발지이자 무역집산지로서 황금기를 구가했던 시기다. 문헌에서는 바다에 떠 있는 선박 수를 셀 수 없을 정도였다거나 오랑캐 말로 떠드는 소리에 야

시장이 시끌벅적하고 바다 물빛이 조수에 잠긴 풍경을 볼 수 있었다고 표현했다. 사업차 광저우를 여러 번 방문한 적이 있는 아라비아상인 술라이만 알 타지르는 자신의 여행기에서 광저우에 거주하는 아라비아, 페르시아, 동남아시아 각국 상인이 총 12만 명에 달했다고 했다. 현지인들은 남해신묘를 일명 바라묘라고 부른다. 관계자에 따르면 바라波羅라는 이름은 민간전설에서 비롯되었다고 한다. 당나라 때 고대 바라국(바라문)에서 중국으로 조공을 하러 온 사신이 있었는데 그는 배가 광주 부서강에 이르자 둑에 올라 남해신을 참배하고 자신의 나라에서 가져온 바라수 씨앗 두 알을 신묘 안에 심었다. 그런데 신묘의 경치에 푹 빠져 돌아가야 한다는 사실을 잊는 바람에 그만 배를 놓치고 말았다. 어이없이 배를 놓친 그는 바다만 하염없이 바라보며 괴로워했다고 한다. 현재는 신묘 안팎에서 수령이 오래되고 과실이 주렁주렁 달린 바라밀나무를 볼 수 있다.

남해신묘 정문으로 나가면 서북쪽으로 100m 좀 못 되는 곳에 장구강이 있는데 그곳에 욕일정이라는 이름의 정자가 있다. 송나라 때 욕일정이 있던 장구강은 삼면이 물로 둘러싸여 있었는데 강물이 언덕 바로 아래까지 들어차 양성(광주의 별칭)에서 일출을 감상하기에 가장 좋은 곳이었다. 작은 언덕을 둘러싼 사방에 해안침식 유적이 남아 있었다. 욕일정 장구강 아래쪽에는 소박한 형태의 명나라 시기 신도神道 석인石人과 석수石獸가 10여 개 빙 둘러 세워져 있었는데 돌도 세월 앞에서는 도리가 없는 것인지 얼룩덜룩하게 색이 변했고 곳곳에 이끼가 끼어 있었다. 관계자는 이 석인과 석수는 원래 이곳에 있던 것이 아니라 1970년대 광저우 야오자강 둥산사 근처에서 발굴된 명나라 때 시박사 환관 위권의 묘지에 있던 것을 옮긴 것이라고 했다.

『번우현지』와 훼손된 영태사 비문에 따르면 성화 12년부터 홍치 원년까지 위권은 광동 시박사의 감독태감을 지냈다. 시박사는 중국이 당나라 때부터 원나라 때까지 해외무역 관리를 위해 동남 연해 항구도시에 설립한 관료기관이었다. 명나라 때의 시박사는 각 해외속국이 조공무역을 하러 오면 감합勘合 증명을 검사해야 했고 사무역을 통해 수입한 화물에 대해 수입세도 거둬야 했다.

명나라 정덕 연간 이후 지속적인 재정위기 탓에 어쩔 수 없이 해금정책을 실시해 대외무역에서 정상적인 재정수입을 거두고자 했다. 외국 선박의 조공을 제외한 사무역 화물에 대해 세금을 매기는 것은 여러 이점이 있었다. 양광에서 계속해서 군사를 쓰는데 이때 거둔 세금으로 군인들에게 지급할 급료를 마련하고 관리들의 녹봉을 지급할 수 있을 뿐만 아니라 백성들을 부유하게 만들고 경제를 번영시킬 수도 있었다(여러 번에 걸쳐 중개거래가 이루어지다 보면 저절로 부유해진다). 만력 연간에 이르러 광동 시박제거사가 매년 수입품에 징수하는 세수는 이미 은자 4만 냥이 넘었다.

남월왕조:
풍요의 뒷모습

광둥 사람은 광둥의 수로와 항해가 얼마나 편리한지를 설명할 때 "강 하나에서 물이 흘러들고 문 8개를 통해 바다로 흘러간다"고 한다. 여기에는 환상적인 계절풍 기후도 한몫 거든다. 3월부터 8월까지 서쪽에서 남쪽으로 부는 바람이 남해 해상에 부는 바람의 60% 이상을 차지한다. 아라비아반도, 동남아시아에서 온 범선은 매년 여름철이면 서남 계절풍을 타고 광둥에 왔다가 더 북상해 영파, 천주, 일본 류큐, 나가사키 등지로 갔다가 겨울철이 되면 서북계절풍을 타고 왔던 길을 따라 돌아간다. 또 광둥 현지 백성과 선주들은 계절풍을 박탁풍이라고도 부른다. 성 정부 소재지이자 동·서·북 세 방향에서 흘러온 강이 모이는 광저우는 천혜의 지리적 요건을 갖추고 있다. 민시(푸젠성 서부), 간난(장시성 남부)에서 판매하는 도자기와, 견직물, 차가 동강을 따라 운송되고 호상 지방의 실크와 차가 북강을 따라 운반된다. 또 윈난, 귀저우, 쓰촨 등지의 금수, 곡식, 목재는 서강을 따라 광주로 옮겨졌다고 한다.

이처럼 기후·지리적 이점이 탁월한 까닭에 광저우(광주)의 해상무역 중심으로서의 역사는 서한 시대로까지 거슬러 올라간다. 시내 한복판 중산시루를 따라 차들이 꼬리에 꼬리를 물고 이어지는 사이로 향불이 타오르는 청황먀오 옆에 남월 왕궁박물관이 조용히 자리를 지키고 있다. 1974년 발굴의 첫 삽을 뜬 이래 궁전 터, 정원 회랑, 왕궁 성벽, 정원 수로 등의 유적이 발견되었다. 박물관 1층은 정원 유적을 자유롭게 참관할 수 있도록 개방되어 있다.

남월 왕궁박물관 취안홍 관장의 설명은 이렇다. "출토된 남월 왕궁 정원 유적의 형태와 문물로 보아 광저우가 기원전 2세기에 이미 동남아시아 지역 국가와 바다를 통해 소통했으며 자주 왕래하면서 교역했음을 확인할 수 있습니다. 이 왕궁 정원은 중원 지역의 왕실 정원과는 확연히 다른 방식으로 조성되었습니다. 남월 왕궁의 못과 구불구불 흐르는 도랑은 전체적으로 돌을 이용해 만들었는데 이는 진한 시기 황실 원유에서 처음으로 보이는 건축방식이죠. 이 두 곳에서는 이 밖에도 경관을 조성하는 데 석재를 많이 사용했는데 예를 들어 돌을 쌓아 만든 못의 벽체는 석판을 평평하게 이어 붙여 빙열문처럼 보이게 만들었어요. 돌기둥과 팔각 돌기둥을 겹쳐 쌓는 방식도 고대 이집트, 메소포타미아, 고대 그리스 유적지에서 종종 볼 수 있는데 이것으로 보아 해외 건축기법의 영향을 받았을 가능성을 배제할 수 없습니다."

박물관 2층에 있는 문물 전시실에서 오지벽돌(찰흙으로 일정한 형태를 만들어 오지물을 칠해 구운 치장 벽돌)과 반원통형 기와 몇 점을 보았다. 오지벽돌은 잘게 쪼개진 청회색 조각이었는데 불빛 아래서 유리처럼 매끄러운 질감과 광채를 냈다. 취안홍은 중국과학원 상해규산염연구소 고대 도자연구센터의 감정결과 이러한 오지벽돌에 쓰인 유약은 알칼리 유약이며, 동시대 중앙아시아와 페르시아 지역에서 건너온 것이라고 했다. 이 벽돌과 기와에서 멀지 않은 진열대 안에는 남한南漢 문화층에서 출토된 남유기 조각 10여 점이 있었다. 남유는 공작유 또는 파

남월 왕궁 유적박물관 1층에 관람객들을 위해 개방된 원림 유적

사남유라고도 불리는데 남유기 조각의 모양과 무늬, 유색과 질감 등으로 보아 푸저우시 오대십국 민국왕 연균의 처가 묻힌 유화묘에서 출토된 공작남유를 바른 도병과 매우 비슷했다.

머나먼 외국에서 만들어진 이런 진귀한 보물이 어떻게 바닷길을 따라 광저우까지 건너오게 된 것일까? 왕궁박물관 한쪽에 웬만해서는 눈에 띄지 않기는 하지만 고고학 발굴 당시 깊은 구덩이를 팠다가 다시 메운 자리가 있다. 이 거대한 왕실 유적이 발견되기 전 고고학 발굴팀은 이곳에서 진한 시기의 선박 건조시설 유적을 발견했다. 만약 유적에서 출토된 선박건조대의 크기를 감안하고 한나라 때 도자기로 만든 선박모형의 비율을 참고하면 당시 건조한 선박의 길이는 20m에 달하고 약 25~30톤을 적재할 수 있었을 것으로 추산된다.

사료기록에 따르면 남월국은 삼면이 바다와 접해 있어 가만히 앉아 해운교통의 이점을 누렸으며 영남지방 자체가 물산이 풍부한 곳이라 금세 부유해졌다고 한다. 남월 왕궁 유적으로부터 차로 10분 거리도 안 되는 곳에 제팡베이로가 있다. 1983년 이곳의 샹강산에서 남월의 제2대 왕이었던 문제 조매의 능묘가 발견되었다. 고고학 발굴팀은 약 100m² 땅에 조성된 이 조부자형 무덤 안에서 주유(임금이나 왕비의 장례에 쓰이는 것으로 구슬을 꿰어 장식한 짧은 의복)를 장식하는 데 쓰인 금화포와 은합 등 가치를 매길 수 없을 만큼 진귀한 외국에서 수입한 물품이 부장되어 있는 것을 발견했다. 금화포는 반원형이며 금사도안과 작은 구슬을 땜질로 붙여놓았다. 은합 표면은 쇠망치로 두드려 펴서 만든 통마늘문양 및 금을 입힌 이삭 형태의 띠가 있어 페르시아풍이 여실하게 느껴져 한나라 때 중원에 유행했던 금속 기물과는 판이하게 다른 양상을 보인다.

❶ 광저우 남월왕묘에서 출토
된 페르시아 은합
❷ 남월왕궁 유적박물관에 전
시된 페르시아 남유기 조각
❸ 광저우 남월왕묘에서 출토
된 홍매유향

　해로를 통해 광저우로 실어온 것에는 각국의 진귀한 보물 말고도 특이한 것들이 있었다. 중화인민공화국이 건국되고 나서 광저우 농린샤로, 쌴위로 등에 있는 양한 시대의 고분에서 고고학 발굴팀은 특이한 형태의 등을 받쳐든 오랑캐 인형을 계속해서 발굴해냈다. 현재 광둥성과 광저우시 박물관에 가면 이러한 도자기 인형 진품이나 복제품을 볼 수 있다. 이 인형들은 머리나 손에 등받침을 이거나 받치고 있는데 눈매가 깊고 코가 높은 것도 있고 코가 넓고 입술이 두껍고 수염이 덥수룩하고 맨발 상태로 머리에 두건을 쓴 모양을 하고 있어 다른 지방에 있는 한나라 시기 무덤에서 출토된 도자기 인형과는 모습이 사뭇 다르다. 이들은 해상 실크로드를 통해 남해로를 따라 이곳까지 팔려온 외국인 노예로 중앙아시아인이니 페르시아인이었을 것이다.

　당송 시기 해상 실크로드는 점차 도자기와 실크를 함께 수출하는 루트로 바뀌었다. 그중 한 가지 원인은 비잔틴 제국이 마침내 중앙아시아 육상 실크로드를 통해 양잠제사기술을 익혔기 때문이다. 광둥성 박물관 3층 도자관에는 외국에 팔았던 도자기들이 다량으로 전시되어 있다. 지금까지 광둥에서 발견된 당나라 시기 가마는 서촌요, 잠강뇌주요, 신회관충요 등 총 28곳이다. 청춘제 회장의 설명에 따르면 도자기가 주요 수출품이 된 이후 수요가 급증했지만 도자기는 깨지기 쉬워 영북, 중원에서 광저우까지 운반해오는 수량도 적었거니와 운반 도중 깨지는 경우도 비일비재했다. 그래서 당송 이후로 광동 지방에서 해외로 수출하는 도자기 생산업이 점차 발달하기 시작했고 제조수준도 점차 중원과 엇비슷해졌다. 서촌요를 예로 들자면 중후반기에 이미 월요 청자, 요주요 청유조화, 경덕진 백자, 자주요 채회자 등 유명 가마들에서 생산하는 대표적인 자기를 모방할 수 있을 정도였다.

서쪽에서 건너온
신앙

양한과 위진남북조 시기 해상 실크로드가 뚫리면서 불교가 중국으로 전해졌고, 수많은 해외의 고승들도 바닷길을 따라 중국으로 와 불법을 전했다. 불법을 구하러 서역으로 향하는 중국 승려들의 발길도 이어졌다. 웨슈구 광샤오로에 자리한 광효사는 바로 이 시기 역사의 증거다. 사찰기록에 따르면 이곳은 원래 남월국 제5대 왕이었던 조건덕의 왕부였지만 삼국 시기에는 오나라 기도위이자 강동의 명사였던 우번이 학문을 가르치던 우원으로 쓰이다가 이후 사원으로 재건되었다. 광효사 대전은 계빈국 승려인 담마야사가 광저우에 불법을 전하러 왔을 때 지은 것을 후대에 계속 재건하다가 청나라 때에는 7칸으로 증축했지만 여전히 대량식(대들보를 층층이 올리는 방식)과 천두식(기둥에 구멍을 뚫고 목재들을 관통시켜 기둥을 서로 연결하는 방식)이 결합된 구조, 3출목 화공, 출첨이 과장된 남송 시기 건축스타일을 유지하고 있다. 당나라 때까지 이 사원에서 불법을 전하고 경전을 번역한 인도 고승으로는 구나발타라, 지약삼장, 달마선사, 구라나타, 반랄밀체 등이 있으며 『금강반야경』, 『능엄경』 등 유명한 불교 경전의 번역이 모두 광효사에서 시작되었다. 당나라 의봉 원년(676년)에 선종 육조혜능은 이곳에서 머리를 깎고 수계한 뒤 남선종의 시조가 되었다.

해상 실크로드의 기점이 되는 항구이자 동아시아 해운무역의 중심 항구였던 광저우는 다양한 문화와 종교가 한데 어우러지는 도시이기도 했다. 당나라 정관 원년에 이슬람교의 창시자인 무함마드가 포교를 위해 당나라에 사절을 파견했다고 한다. 중국 고대 문헌에서는 이 같은 일화에 대한 명확한 기록을 찾아볼 수 없지만 아랍 문헌에 따르면, 628년 한 무리의 아랍인이 메디나 항구에서 배에 올라 바닷길을 따라 광저우로 가 당시 중국 황제에게 무함마드의 서신을 전했으며 이에 중국 황제는 매우 우호적으로 맞이하며 그들의 신학

광저우 이슬람교협회 부회장이자 회성사 책임자인 왕관쉐 이맘

적 관점에 깊은 관심을 보이고 그들을 도와 광저우에 머무는 아랍 상
인들을 위해 모스크를 지어주었다고 했다.

지금도 광저우에 사는 수많은 무슬림은 오늘날 웨슈구 광타로에
있는 회성사가 바로 그 모스크라고 믿는다. 회성사 안에 있는 높이
36.3m의 미나레트는 푸른색 벽돌을 쌓아올리고 겉에 초목재와 세사토
를 발랐다. 남쪽과 북쪽에 문이 하나씩 나 있고 탑 안쪽에는 나선형 계
단 두 줄이 탑 중심을 따라 정상을 향해 빙빙 돌며 올라간다. 광저우
이슬람교협회 부회장이자 회성사 책임자인 왕관쉐 이맘은 이렇게 말
했다. "최근 몇 년간 고고학 단체가 광탑(미나레트의 중국식 이름)의 연대
탐측을 시도했는데 광탑 벽돌 조각 일부를 가지고 측정해봤더니 연대
가 당나라 때까지 거슬러 올라갔어요."

문헌기록에 따르면 당송 시대에 음력 4~5월이 되면 계절풍을 타고

번방 중심에 우뚝 서 있는 회성사 광탑

외국 상선들이 물밀 듯이 밀려왔고 날마다 번객(외국인) 전담자가 정시에 광탑에 올라 기도시간을 알리는 소리를 외치며 남풍을 기원했다고 한다.

오늘날의 광타로는 회성사 주변에 있는 무슬림 음식점과 상점 몇 곳을 제외하고는 지극히 평범한 거리지만 당송 시기 이곳은 굉장히 화려하고 외국 상인들이 북적거리는 번방(아라비아인의 거주지)이었다. 청춘제 회장의 설명에 따르면 당나라 때 번방의 범위는 지금의 미나레트를 중심으로 남쪽으로는 후이푸로, 동쪽으로는 미스로와 차오톈로, 서쪽으로는 런민중로, 북쪽으로는 중산리우로에까지 이르렀다. 얼마 되지는 않지만 남아 있는 문헌자료를 바탕으로 판단했을 때 번방의 건축형태는 당송 시기 다른 대도시와 비슷했던 것으로 보인다. 각각의 방坊 주변에는 정사각형 또는 직사각형 형태의 담이 세워져 있었고 건축양

중국 내외에 거주하는 수많은 무슬림이 모스크를 찾아 기도를 올리고 있다.

식도 아랍과 페르시아풍으로 지어졌으며 점포들이 빼곡히 늘어서 시인이 노래한 '둔영 가에 용뇌 상점, 관문에 상아 더미'를 볼 수 있었다. 광저우에 거주하는 외국인을 관리하기 편하도록 당송 시기에는 번방 안에 번방사를 두었고, 외국인 중 번장을 뽑아 각종 사무를 처리하고 외국 상인을 초청해 교역에 참여시키는 일을 맡겼다.

바스라, 시라프, 오만, 인도 각 도시와 기타 국가들에서 온 선박은 다양한 물건을 싣고 이 강을 따라 광주 근처까지 항해했다. 광주성은 인구밀도가 굉장히 높았는데 이슬람교도, 기독교도, 유대교도, 조로아스터교도만 해도 20만 명이나 되었다. 이곳에 거주하는 외국 상인 중에는 이슬람교를 믿는 아랍 상인이 가장 많았다.

여러 번국 중에서 가장 부유했던 나라는 대식국이었다. 당나라 때 광주를 찾은 외국 상인의 규모는 굉장했는데 이는 그들에게서 거둬들

주강 강변에서 만난 외국인 청년들

인 세수를 통해 알 수 있다. 1077년 광주가 구매한 유향은 항주, 명주, 광주 시박사가 수매한 총량의 98%를 차지했다. 광주의 세수에 관해서는 광주가 다른 지역보다 2배나 많은 세수를 거뒀다는 기록이 있다.

비록 1300년 이후 화려했던 성당 시기의 면모는 찾아볼 수 없게 되었지만 광탑사(회성사를 다르게 이르는 말) 주변의 수많은 골목에는 여전히 귀중한 역사적 정보가 간직되어 있으며 그 옛날 광주 번방의 흔적이 남아 있다.

말라카 해양박물관에는 실물 크기로 복원된 포르투갈 플로르 델라 마르호 모형이 있다. 이 배는 말라카 해협을 지나다 폭풍우를 만나 침몰했다.

그런데 회성사 광탑은 도대체 언제 세워졌을까? 학계의 주류 의견은 회성사와 광탑은 당나라 때 세워졌으며 포씨 일가는 탑을 세운 것이 아니라 보수한 것뿐이라는 것이다. 포씨 일가 2~3대의 묘지는 오늘날 광저우 웨슈공원 안에 있다. 웨슈공원에서 멀지 않은 곳에 광저우 첨진선현고묘(중국에서 가장 오래된 이슬람교도 묘역)가 있다. 그 한가운데 회회분 또는 대인분이라는 이름으로 불렸던 사드 이븐 아비 와카스의 영묘가 있다. 전하는 바에 따르면 그는 이슬람교 창시자 무함마드의 외삼촌인데 당나라 초기 이슬람교를 포교하기 위해 중국을 찾아 회성사와 광탑을 직접 세웠다고 한다.

웨슈구 란푸 근처에 있는 청진선현고묘에 도착했을 때 문 앞의 길은 이미 사람들로 발 디딜 틈이 없었다. 머리에 흰 모자를 쓴 현지 무슬림과 외국 상인들이 가판대를 세우고 페르시아 스타일 양탄자부터 아랍 물담배, 남아시아 정유 등 다양한 상품을 판매하고 있었다.

사원 한가운데 있는 돔형 지붕의 와카스 묘실에는 이미 아프리카계와 아랍계의 독실한 무슬림 몇 명이 무릎을 꿇은 채 코란 경문을 외고 있었다. 묘실 내부는 비어 있고 천장이 돔형으로 되어 있어 경전을 외는 소리가 낭랑하게 울려 퍼지며 여음이 계속되었다. 와카스 묘실 주변의 나무 사이에는 원나라 때부터 중화민국 초까지 만들어진 무슬림 선현의 묘비가 12개나 세워져 있다. 얼마 지나지 않아 묘실 주변과 예배당 안, 사원 녹지 안은 피부색과 옷차림이 서로 다른 각국의 무슬림들로 가득 찼다. 한여름 뙤약볕 아래서 사람들은 예배당에서 기도 시간을 알리는 소리에 따라 일제히 바닥에 꿇어앉았다. 찰나의 순간 1,300년의 세월이 거꾸로 흘러 성당 시기 광저우 번방이 눈앞에 펼쳐진 것만 같았다.

고전적 글로벌화 시대[27]

명나라 시기 해양지리 영토에 대한 중국인의 인식에서 가장 큰 진전을 이룬 부분은 동양과 서양이라는 개념을 만들어낸 것이다.

보물에 관한
전설

어떤 의미에서 보면 화하 문명의 지리적 환경 탓에 국경을 넘어 새로운 땅을 탐색하는 데는 이루 말할 수 없는 고생이 뒤따라야 했다. 특히 거센 파도가 몰아치고 수평선 끝까지 시야에 담기는 것이라고는 아무것도 없이 그저 불확실성과 미지수만 가득한 망망대해에서는 더욱 그

---

27 글_ 주부충

렇다.

바다는 도저히 건널 수 없는 경계선으로 여겨졌다. 바다는 중국 문명 영토의 서쪽 끝에 자리한 험준한 고산과 북쪽에 있는 초원, 사막보다 훨씬 더 위험했다. 그런데도 중화 문명의 발원지에서는 해양과 관련된 것들이 발견되었다. 지금으로부터 약 7,000년 전에 남겨진 하모도 신석기 시대 유적에서 정교하게 문양을 새긴 나무 노가 발견되었고, 후베이 이두현 홍화투 유적에서도 쪽배 모양의 도기가 출토되어 신석기 시대 아시아 대륙 동단에 살던 사람들이 연해 인근 섬 사이를 짧게라도 항해할 수 있었음을 증명했다. 산둥 지방 신석기 문화인 용산 문화의 기물과 민속을 보면 바닷길을 통해 발해와 황해를 지나 요동반도에 이르렀을 수도 있다. 또 안양은허 유적 부호묘에서 출토된 당시 화폐로 쓰인 조개껍데기는 해양무역이 초기 화하 문명에 영향을 미쳤음을 보여준다.

일찍부터 발달한 화하 문명은 바다의 존재와 무관하게 주변 지역에 큰 영향을 미쳤다. 서한 시대에 편찬된 『상서대전』 및 왕충의 『논형』에 실린 기록을 보면 주나라 때 이미 베트남 북부와 섬나라 일본의 사절단이 주나라의 도읍이었던 호경에 와서 긴 깃털을 가진 진귀한 새인 치(꿩)와 귀한 향초인 창초(튤립)를 바쳤다고 한다. 이는 서주 시기 중원 문명이 이미 동영(바다의 동쪽에 있는 나라인 일본을 가리킴), 아시아 동남반도 지역과 바다를 통해 교류했음을 증명한다. 당시 아마도 한반도 남단 바다를 지나 대마해협, 오키노시마, 오시마를 거쳐 지쿠젠마치에 이르는 항로를 이용했을 것이다. 『일본서기』에서는 이 항로를 북해도중이라고 불렀다. 최근 들어 일본 고고학계는 빈고국 미하라마, 혼슈도 서안의 산인, 호쿠리쿠 지역에서 잇달아 중원에서 건너온 동검과 명도

❶ 광둥 쉬원현에서 출토된 동한 시기의 마노유리구슬 장신구
❷ 광저우 남월왕묘에서 출토된 네 칸 향로
❸ 위: 안토니누스 피우스 동전 아래: 마르쿠스 아우렐리우스 동전

전, 동탁 등의 문물을 발견했는데 이 또한 한때 이 무역로가 매우 번창했음을 증명한다.

춘추 시대 중원 각 제후국들의 국력이 커지면서 제, 오, 월, 촉 등 바다에 인접한 제후국들은 정치·군사·경제적인 목적에서 적극적으로 연해와 근해를 항해하기 시작했다. 춘추 시대 오나라와 월나라 수군이 사용하던 전선 중 가장 큰 대익은 길이가 10장, 너비가 1장 2척 5촌에 달했으며 병사와 노 젓는 군졸 등 총 93명을 태울 수 있었다.

육상 실크로드가 막 형성되기 시작할 때쯤부터 중원 문명은 불안정한 정세 탓에 수시로 막히는 육상교통로에 비해 바닷길이 훨씬 더 자유롭고 편리하다는 사실을 깨달았다. 한무제는 제위에 오르자마자 정치외교상의 연계와 새로운 무역로를 찾을 목적으로 바다로 사자를 파견했다.

이리하여 개척된 최초의 남해 무역로는 일남(베트남 꽝찌성), 뇌주반도 서문, 광서 합포에서 시작되었다. 다섯 달 정도 항해하면 도원국(말레이시아 동남부)에 도착했고, 다시 배를 타고 넉 달을 가서 읍로몰국(미얀마 남부 시탕강)이 바다로 흘러드는 곳 근처의 바고에 다다른 다음, 잠리국(미얀마 이라와디강 입구)에 이르렀다. 다시 배에 올라 두 달여 정도 가면 황지국(인도반도 동부 연안) 마드라스 서남쪽의 칸치푸람에 도착했다. 사절단은 수많은 황금과 견직물을 가지고 가 항로에 자리한 나라들의 명주, 벽유리, 기석 등과 바꾸었다.

실크는 중화 문명의 첫 번째 대외수출품이었다. 오랜 세월 실크 생산기술을 얻지 못한 서양이나 중앙아시아에 비해 지리적으로 가까운 한반도와 일본은 기술전파가 수월했다. 중원의 잠종은 해로를 따라 동쪽으로 전해져 한반도를 넘어 일본에까지 전해졌다.

동한 시기 동남아시아 일대에서 중원으로 사신을 파견해 우호관계를 맺은 나라로는 일남(베트남: 131년), 천축(인도: 159년, 161년), 탄국(미얀마: 97년, 120년)이 있다.

중국 역사서에 등장하는 대진은 전통적으로 로마 제국이라고 여겨졌다. 오늘날 실크로드 연구자들이 수시로 인용하는『후한서·대진전』의 기록에 따르면 166년 대진왕 안돈이 사신을 파견해 일남군으로부터 입조해 황제를 알현하고 상아, 서각, 대모 등 보물을 바쳤다고 한다. 비록 이 사신단이 로마 제국에서 공식적으로 파견한 사신단인지 아니면 사적으로 무역에 종사하는 상단인지를 두고 아직까지도 학계에서는 갑론을박을 벌이고 있지만 이러나저러나 이때부터 양국 사이에 간접적인 왕래가 있었음은 부인할 수 없는 사실이다.

로마는 안식, 천축 등과의 해상무역 중개를 하지 않고 중국과 직접 교역을 해서 큰 이윤을 얻고자 했다. 로마 상선이 중국에 올 때는 아마도 나일강, 홍해를 건너고 동남쪽으로 인도양을 넘어 태평양 서남부,

인도차이나반도로 들어가 최종 목적지인 광저우에 도착하는 항로를
따라왔을 것이다.

해상 실크로드를 따라 점차 서쪽으로 교역로가 확장되면서 원래 중
국인이 가지고 있던 주변 세계에 대한 『산해경』식의 환상적인 지리관
이 무너져 갔다.

조지, 즉 셀레우코스 왕조 시리아 왕국은 원래 중원에서 천하의 서
쪽 끝에 자리한 나라로 여겨졌다. 장건이 서역으로 처음 출사해 기원
전 128년 서방에 도달했을 때 이 지역은 이제 막 안식의 영토가 된 차
였기 때문에 『대원전』에는 장건이 조지가 '안식에 부려지는 안식의 속
국'이라고 들었다는 내용이 있다. 그러나 『한서』에서 말한 장건의 부
하 감영이 이른 조지는 페르시아만 유프라테스강과 티그리스강이 만
나는 입구의 메세네-카라케네에 있었을 것으로 여겨진다. 훗날 알렉산
더 대왕이 상업 항구도시로 확장하고 알렉산드레이아라고 이름 지었
지만 홍수로 인해 파괴되고 말았다. 기원전 166년 셀레우코스 왕조의
왕인 안티오코스 4세가 무너진 도시를 재건하고 안티오케이아라고 이
름 지었다. 후에 이곳에는 카락스-스파시누라는 이름의 반독립 상태
의 아랍공국이 세워져 안식(파르티아 왕국)의 속국이 되었다. 기원전후
200~300년 동안 이 지역에는 그리스, 로마, 칼데아, 아랍, 페르시아,
동아프리카, 더 멀게는 인도에서부터 찾아온 상인들로 북적거렸다. 당
시 이 지역은 서양에서 이집트 알렉산드리아 다음으로 경제가 번영한
도시였다.

장건이 서역에 출사하고 반초가 서역 경영에 박차를 가하는 등 한나
라는 국력이 강성할 때 국경 밖 세상을 적극적으로 탐색했다. 이는 항
해기술과 선박 건조기술의 발전을 촉진했다. 『사기·평준서』에 따르면

한무제는 장안성 서남쪽에 수군을 훈련시킬 용도로 크기가 40리에 달하는 곤명지를 팠으며, 높이가 수십 장에 이르고 갑판에 3층짜리 건축물을 갖춘 누선을 마련했다.

삼국시대 때 오나라 단양태수 만진이 저술한 『남주이물지』에서 당시 중국 남방 근해에서 항해할 때 "4개의 돛이 정면을 향하지 않고 모두 비스듬히 움직여 다 함께 바람을 취했다"고 기록한 것으로 보아 바람을 이용하는 기술이 상당히 뛰어났음을 알 수 있다. 광저우에서 출토된 양한 시대의 선박모형 도자기와 남아 있는 목선 조각에서 키와 횡격벽이 설치된 선창의 설계가 발견되었다. 가로보, 횡격벽을 징으로 결합시키고 동유회(석회와 오동나무 기름을 섞어 만든 방수재료)로 배 밑바닥의 널판 사이를 메웠다.

위진남북조 시기에는 끊임없는 전란으로 중원이 조용할 날이 없었지만 연해지역을 주름잡던 오나라는 해상무역과 해상외교를 활발히 펼쳤다. 『삼국지』 권 49 『오서』에는 교지태수인 오나라 사람 사섭이 출입할 때마다 길 양옆에서 수레를 따르며 향을 사르는 호인胡人들이 수십 명이었다는 기록이 있다. 이 말은 곧 서역에서 교주로 온 사람이 매우 많았다는 뜻이며 호인들 중에는 서쪽 끝에 있던 대진국에서 온 사람도 있었을 터였다.

『통지·사이전』 권 198 「부남」 편에서 오나라의 주응과 강태는 부남(오늘날 인도차이나반도 베트남, 태국, 캄보디아 일부 지역)에 사절로 가 중원에서 수입한 실크로 통치마를 만들어 입거나 천을 그대로 몸에 둘러 끈으로 맨 다음 옷처럼 입을 것을 건의했다.

이처럼 어지러운 시기 전통적인 의미의 외교사절과 무역에 종사하는 상인이 중원과 동남아 사이의 바닷길을 오간 것 외에도 새로운 무리가 항해에 동참했다. 바로 승려들이었다. 위진남북조 시기 불교가 중원에 전해지면서 수많은 해외 고승들이 바닷길을 통해 중국으로 와 불법을 전했고 서역으로 불법을 구하러 가는 중국 승려들의 발길도 끝없이 이어졌다. 이들이 서역 남해 사이를 오가며 남긴 다양한 내용의 여행기는 중국이 더 넓은 세계를 이해하는 데 밑거름이 되었다. 동진 융안 연간 계빈국 승려 담마야사가 광주로 와 불법을 전하며 법성사(현재 광효사)를 지었다. 동서를 오가며 불법을 전한 승려 중에서 가장 상세하고도 풍부한 기록을 남긴 사람은 동진의 고승 법현이었다. 법현은 동진 융안 3년(399년) 예순의 고령에도 혜경, 혜응 등을 데리고 장안을 출발해 천축으로 향했다.

법현은 갈 때는 육상 실크로드, 돌아올 때는 해상 실크로드를 이용했다. 법현은 인도 다마리국(오늘날 인도 서뱅골주에 있는 항구) 탐루크에서 배에 올라 사자국(스리랑카), 야파제(자바)를 거쳐 광주에 도착했다. 스리랑카 수도 콜롬보 서남쪽에 있는 브라스신하라에는 아직까지도 법현이 머물렀던 법현동굴 유적이 남아 있다. "중원을 떠난 지 오래인데…… 동행들과도 헤어져 홀로 남은 상황에서 우연히 옥불상 가에서 현지 상인이 공양한 중원의 흰색 비단 부채를 보고 문득 감정이 북받쳐 눈물을 쏟아냈다"는 기록이 있는데, 이 이야기도 중원의 실크와 기타 수공예품이 동남아시아 지역에 전해졌음을 간접적으로 보여준다. 여행기에서 법현은 당시 이미 다마리국에서 광주로 오는 고정 항로가 있었는데 항해에 대략 50일이 소요되었고 상당히 많은 선박이 이 항로를 이용했다고 적었다. 200명 이상을 태울 수 있는 상선이 오갔다는 기록으로 보아 위진 시대 중국 연해 및 남해에서의 해상무역이 얼마나 활발하게 이뤄졌는지 알 수 있다.

실크와 도자기가 만든
은의 시대

역사학계는 당나라 때부터 송나라 때까지를 중국 고대 역사에서 제2의
제국시대라고 부른다. 이 시대의 특징은 무척 활력이 넘쳤고 외부에
적극적으로 영향력을 미쳤다는 것이다. 그러는 한편 국제학계에서는
이 시대를 실크로드의 주요 간선이 유라시아 대륙 육로에서 점차 해
상으로 옮겨간 시기로 본다. 당대 중후기 안사의 난으로 당나라의 국
력이 급격히 기울자 그 틈을 타 토번이 북상해 하서, 농우 지역을 차
지했고 점차 강대해진 회골도 알타이산 일대로 남하하면서 육상 실크
로드는 점차 오가기 힘들어지게 되었다. 그러나 육상 실크로드의 역할
을 해상 실크로드가 대신하게 된 까닭은 단순히 서역에서 중앙아시아
에 이르는 민족의 정치적 혼란과 정권교체 때문이 아니라 중국의 경제
중심이 이미 남쪽으로 이동한 탓이 컸다. 실크, 차, 도자기 등 주요 수
출품의 생산지가 동남부 일대에 밀집되어 있어 이것을 다시 육상 실크
로드로 운송하려면 공연히 인건비만 많이 들고 물건까지 상할 수 있었
다. 이와 반대로 선박 건조기술과 항해술이 날로 발달하면서 해안선이
길고 부동항이 많은 중국 동남지역의 장점이 점차 두드러졌고 해로를
이용하면 운송비가 저렴하면서도 보다 안전하게 운송할 수 있었다. 뿐
만 아니라 중당 이후 대식(아라비아 제국)이 바그다드를 수도로 삼고 페
르시아 대신 중서무역의 최대 중계역이 되면서 중국과 무역관계를 맺
기를 간절히 바랐다.

당나라는 동시대의 다른 문명과 비교할 수 없을 정도로 개방적이었
다. 당태종 정관 21년(647년)에 19개 나라의 사절이 동시에 장안을 찾

은 적이 있는데 그중 을리乙利는 아랍이라는 지명을 최초로 음역한 명칭이다. 당나라 고종 상원 연간에 당주자사 달해홍통은 사행길에 나섰다가 『서남해제번행기』를 저술했는데 자신이 적토(오늘날의 수마트라에서 말레이반도까지)를 거쳐 건나까지 총 36개국을 거쳤다고 기록해 어쩌면 그가 아라비아반도 남부까지 갔었을지도 모른다는 의문을 품게 했다. 이후 148년에 41개나 되는 대식국 사절이 잇달아 장안을 찾았다.

751년 탈라스 전투로 인해 당나라는 중앙아시아에서의 영향력을 잃고 말았지만 포로가 된 중국 장인들은 제지술과 금은 상감조각법, 실크 방직기술, 도자 회화기술 등을 아랍세계에 전파했다. 『경행기』의 작가 두환은 이 전투에서 포로가 되어 훗날 대식에 10여 년간 머물다가 762년 먼 길을 돌고 돌아 마침내 중국 상선에 오르게 되고 고국으로 돌아와 자신이 보고 들은 바를 바탕으로 이 책을 저술했다.

당나라 중후기 해상무역이 발달하면서 아랍과 페르시아의 무역선은 이미 중국을 오가는 고정 항로를 두게 되었다. 오만 소하르나 페르시아만 북부 연안의 시라프에서 출발해 인도 서해안을 따라 말레이반도를 돌아 중국 동남 연해의 광주, 천주, 양주 등지 항구에 도달했다. 바스라에서 항주까지는 해로로 겨우 87일 정도밖에 걸리지 않았다.

광주는 당나라 때 가장 번영한 해상무역 항구이자 해상 실크로드의 기점이었다. 문헌에서는 광주가 얼마나 번영한 도시였는지를 설명할 때 바다에 떠 있는 선박 수를 셀 수 없을 정도였다거나 오랑캐 말로 떠드는 소리에 야시장이 시끌벅적히고 바닷물 빛이 조수에 잠긴 풍경을 볼 수 있을 정도였다고 했다. 주요 수입품은 사향, 파리(유리), 진주, 대모, 향료, 서아, 산호, 호박과 면포였다. 당나라 조정이 방직품으로 거두는 조세는 용조라고 했는데 개원 연간만 해도 2,100만 필에 달했다.

광주항과 천주항에서 바다로 나간 실크의 종류는 매우 많았다. 견絹만 해도 백견, 오색견, 홍견이 있었고 단緞으로는 용단, 초금단, 오색단, 금단이 있었으며 릉綾으로는 수릉, 사백 등이 있었다. 광주시박사는 매우 중요한 지위였기 때문에 영남절도사와 더불어 양사兩使라고 불렸다. 광주시박사의 행정 관할관청은 광주에 있었지만 외국 사절의 조공 및 동남 연해무역을 총괄하고 있었다. 9세기 이븐 쿠르다지바는 『제도로 및 제왕국지』에서 중국에는 광부(광주), 강도(양주), 월부(명주), 비경(오늘날의 베트남 흐엉강 입구) 항구가 가장 번영했다고 했다.

사업차 여러 차례 광저우를 방문한 적이 있는 아라비아 상인 술라이만 알 타지르는 851년에 저술한 『중국 인도 견문록』에서 중국 화물선의 크기가 매우 크고 흘수가 깊으며 페르시아만의 시라프에 이르고 나면 반드시 흘수가 비교적 얕은 현지의 쌍돛대 화물선으로 화물을 옮겨 실어야 한다고 했다. 해상 실크로드상의 주요 항구인 인도 고림(오늘날 꼴람)에서 중국의 큰 상선들이 일반적으로 바쳐야 할 세금은 다른 나라 선박에 비해 5~50배나 많은 1,000디르함 은화에 달했다.

이처럼 거대한 중국 범선의 적재량은 500~600톤에 달해 600명이 넘는 승객을 태울 수 있었고, 길이는 20장에 이르렀으며, 창박이라고 불렸다. 서진 시기부터 당나라 때까지 중원 문명의 선박 건조기술은 날로 발달했으며 페르시아만의 종려나무 섬유로 배 밑바닥 널판을 봉합하는 기술이 이미 중원에 전해져 함수에 담그면 두껍게 수분을 흡수해 질겨졌기 때문에 이것으로 배를 묶으면 못과 줄을 사용할 필요가 없었다.

일본 학자이자 도자기 연구가인 미카미 쓰구오는 중당, 만당 시기부터 해상 실크로드는 점차 도자기가 주인공이 되는 해상 도자기로드

❶ ❷ 이집트 푸스타트 유적에서 출토된 명나라 시기 경덕진 청화자
❸ 터키에서 소장 중인 원나라 시기 청화자

가 되었다고 했다. 도자기는 쌓기가 쉽고 바닥짐(배에 무게를 주고 중심을 잡기 위해 배 하부에 놓는 중량물)으로서의 기능과 부가가치가 높기 때문에 점차 실크와 더불어 중국의 주요 수출품이 되었다. 지난 1세기 동안 인도네시아, 말레이시아 사라왁 하구, 스리랑카 갈레, 인도 아리카메두, 이란 니샤푸르에서 당나라 때 장사요, 월요, 덕화요, 광동요의 청자와 백자 및 도자 파편들이 발견되었다. 아랍 상인 술라이만은 『중국 인도 견문록』에서 중국인이 양질의 고령토로 유리만큼 투명한 자기는 물론이고 술의 색이 무엇인지, 술이 얼마나 채워졌는지를 곁에서 보고도 알 수 있는 술잔을 만들 수 있다고 했다. 또 다른 페르시아 문학자 탈레비는 중국 자기 중에서 최상등품은 살구색이라고 했다. 고증에 따르면 살구색 자기는 당나라 시기의 장사 동관요에서 생산한 것으로 동관요에서 나온 자기는 밑바탕색이 살구색인 것으로 유명했다.

당나라 때에 비해 송나라 때의 자기 수출지역은 연해지역에 국한되지 않고 월요(절강 여요 등지), 용천요(절강 용천), 경덕진요(강서), 요주요

(섬서 동천)와 자주요(하북) 등으로 갈수록 확대되었다. 왕대연은 『도이지략』에서 송나라 때 중국 자기가 수출된 국가는 44개국에 달한다고 했다. 멀리 이집트 카이로 남부의 푸스타트는 아랍의 파티마 왕조 시기에 발전한 무역도시로 1168년 제2차 십자군 원정 시기 폐허로 변했다. 그런데 1960년대에 이뤄진 고고학 발굴에서 1만 2,000조각에 달하는 중국 도자기 파편이 출토되었다. 이 중에는 당나라 때부터 송나라 초기까지의 월주요 청자, 당삼채 그리고 송원 시기 용천요 청자, 조주요 백자 등이 포함되어 있었다.

당송 시기에 인도와 아랍에서 건너온 수입품 중에서 일반 백성에게 가장 큰 영향을 미친 것은 약물과 향료였다. 당나라 때 편찬된 『신수본초』에는 밀타승(산화납), 저야가(아편), 안식향, 기린갈(기린갈나무의 진으로 혈갈이라고도 함) 등 서역과 인도의 약재가 수록되어 있다. 심지어 일부 약용식물은 중국 남방에서 재배하는 데 성공하기도 했다.

13~14세기 남인도와 중국 사이의 해상교통은 이미 중국 선박이 지배하고 있었다. 아랍인 항해여행가 이븐 바투타는 여행기에서 중국 상선은 크게 대형 선, 중형 시, 소형 가로 나뉜다고 했다. 대형 범선은 3~12개의 돛을 가지고 있었고 1,000명 이상 태울 수 있었다. 말라카 해협에서 활동하는 해적에 대항하기 위해 중국 상선에는 궁수와 노수, 방패 등을 갖추고 있었고 외국 상인들도 이처럼 크고 견고한 중국 범선 임대를 선호했다. 이때 중국 상선은 대부분 부침(자침을 말함)을 사용한 나경, 즉 나침반을 갖춰 항행의 안전성과 항행 방향의 정확도를 높였으며 상대적으로 정확한 시간측정법인 향전(향시계)을 사용했다. 향전은 굵기가 균일한 향반으로, 향반 위에 시진의 각을 새겨 밤중에 향을 피우면 시각을 정확하게 판단할 수 있었다.

당송 시기는 중국 고대 상업혁명이 발흥한 시기로도 불린다. 이 같은 상업혁명을 추진한 원동력은 해상 실크로드 무역으로 얻은 엄청난 이윤과 귀금속이었다. 북송 고종 시기 광주와 천주, 단 두 곳의 시박 수입이 매년 200만 관에 달했으며 한 해 동안 시박의 총 수입은 송나라 한 해 총 수입의 20% 정도를 차지했다. 송나라 조정은 시박에서 거둔 어마어마한 수입과 외국에서 수입한 사치품을 재정지출을 메우는 데 사용했다. 예를 들어 직접적으로 관부가 판매할인을 하거나 상인이 절중법(송대의 식염 전매방법)에 의거해 변방의 군량미를 헌납한 대신 받은 교인(어음)을 지불하거나 보증금 명목으로 회자라 불린 지폐로 바꾸거나 고려나 일본에 되팔거나 봉록 대신 관리들에게 지급하는 등 온갖 방식으로 사용했다.

동남아시아 해양무역에서는 많은 국가들이 금은을 화폐로 사용했다. 아라비아, 페르시아, 동로마 제국에서 널리 사용된 금화와 은화가 천주, 광주, 양주 등 동남지역 항구로 끊임없이 흘러든 탓에 중국 동남 연해지역은 가장 먼저 은본위제를 도입하게 되었다. 소길단국은 민간 무역에서 갖가지 은을 뚫어 화폐로 사용했는데 생김새는 주사위와 비슷했고 위에 번관의 인장을 새겼다. 64개가 준화폐로 금 1냥이고 은화 1개가 쌀 30되 또는 40되에서 100되까지 값어치가 있다.

남송 시기에는 임안 조정의 각종 조세와 전매수입을 금은으로 납부하기 시작했을 뿐만 아니라 지폐 매매도 금은을 결산본위로 사용했다. 악비의 손자인 악가는 『악국금타속편』에서 소흥 4년(1134년) 악비가 이끄는 신무후군이 지급한 군비 60만 관 중에서 40만 관을 각화무(차 전매기관)가 금은으로 지불했다고 했다. 이처럼 엄청난 규모의 황금이 오가는 상황은 필연적으로 민간금융기관의 융성을 불러왔다. 송나라 때 편찬된 『도성기승』에서는 영종 때 임안에서 금은을 현금으로 바꾸고 제품을 매매하는 금은 교인포交引鋪가 100여 곳에 달했다고 했다. 그들의 주요 업무는 관부에서 발급한 초인, 즉 상인이 받는 소금이나 차 등 전매화물을 운송판매한 유가증권을 현금으로 바꿔주는 것이었다. 이밖에도 금은제품의 주문제작과 감정을 맡았다. 당나라 때에 비해 송나라 때는 화폐부호로서의 금괴, 금패가 크기, 양, 색상에 관해 비교적 통일된 기준이 있었고 명문銘文도 십분금, 적금과 같은 금의 색상과 설리택, 석원포 등 금은포의 명칭을 표기했으며 더불어 제작 장인의 이름과 점포명까지 표시했다.

해상 실크로드
찬란하게 저물다

명나라 홍무 연간 정화 선단이 일곱 번이나 서양으로의 항해에 성공하면서 명나라 때 중국의 해외 조공 및 종번(중국과 주변국이 맺은 일종의 외교관계)체제의 영향력은 최고조에 달했다. 명나라 조정은 페르시아만의 호르무즈(오늘날 이란령), 인도 캘리컷과 말레이시아 만랄가에 관부의 무역관과 해운보급소 기능이 합쳐진 관창을 설립했다. 그러나 곁에서 봤을 때 대단해 보인 것과 달리 명나라 조정은 해상 실크로드 무역 중 공무역만을 용인하고 내국인의 해상교역을 엄격히 차단한 해금정책을 실시해 당·송·원대에 걸쳐 인도양에 형성된 해상 자유무역 생태계에 심각한 악영향을 미쳤다. 지금까지도 해상 실크로드 서쪽에 자리한 고대 항구들에서 영락, 선덕 연간의 명나라 시기 사요에서 만든 자기가 출토되지 않는 것이 당시 중국 해상무역이 급작스러운 엄동설한에 생기를 잃었다는 방증이다.

이에 상응해 1470년대부터 1509년까지 동남 연해지역에서 밀수무역이 대규모로 발전하기 시작해 명나라 융경 원년에 이르러서는 조정도 어쩔 수 없이 해금을 풀게 되었다. 2009년 광둥 산터우 난아오다오 근처에서 발견된 명나라 때 밀수무역선 남오 1호에서 해외로 수출하려던 도자기 1만 624점이 발견되었는데 그중 대부분이 명나라 때 장주 청화자와 경덕진요 청화자였고 다양한 화초, 화조, 기린, 사녀 무늬장식이 확인되었다.

명나라 전반기에는 비록 사적인 해양무역이 금지되었지만 공식적인 외교항행이 활발히 이뤄진 덕분에 주변 해양영토에 대한 지식은 더욱 세분화되었다. 이리하여 세란해(벵골만), 남대양해(남태평양부터 남인도양까지) 등 수많은 새로운 해역 이름이 서적에 등장하기 시작했다. 한편 해양 지리영토에 관한 가장 큰 인식의 진전은 바로 동양과 서양의 개념이 생겨났다는 것이다. 동양이라는 단어는 원나라 사람 진대진의 『대덕남해지』에서 처음 등장했지만 구체적인 강역을 명확히 구분한 것은 명나라 사람 장섭의 『동서양고』에서였다. 장섭은 「문래」편에서 서양은 복건, 광둥에서부터 아시아 동남 해안선을 따라 남하해 인도에 이르기까지 거치는 수역과 도서국가를 가리키며, 동양은 대만에서부터 남하해 여송(필리핀)제도에 이르고 서태평양군도를 따라 자바해, 술라웨시해, 술루해 등에 이르기까지 거치는 영토로 동서양은 오늘날의 남해를 경계로 나뉜다고 했다.

정화 선단이 큰 공을 세울 수 있었던 것은 아라비아의 천문관측법과 항해기술이 중국으로 전해진 덕이 컸다. 어떤 의미에서는 해상 실크로드가 이뤄낸 동서방의 문화교류가 16세기 동아시아 최대 규모의 해상 탐험을 이룬 것이라고 할 수 있다.

명나라 말기부터 청나라 초까지 복건, 광동 등 중국 동남 항구들과 일본 나가사키항 사이의 당선(중국 범선)무역도 활발하게 이뤄졌다. 도쿠가와 막부가 쇄국정책을 실시한 까닭에 해외무역은 나가사키항에서만 이뤄졌고 중국 연해지역에서의 왜환(왜구의 침략)이 없어지면서 양국 간 무역도 점차 정상궤도에 진입했다. 일본 학자 이와오 세이치의 통계에 따르면 매년 나가사키항에 입항하는 중국 상선은 최대 70여 척에 달했으며, 중국은 주로 생사와 당을 수출해 큰 이익을 거두었다고 한다. 복건순무 진자정은 만력 38년(1610년)에 "일본에 팔아 얻는 이윤이 여송의 배나 된다"는 내용의 상소를 올렸다. 중국 내륙의 생사 가격은 100근에 은 100냥 정도였는데 나가사키항에서의 매입가는 최고 500냥에 달했다. 마찬가지로 내륙에서의 설탕 가격은 중량당 1.5냥이었지만 나가사키항의 입항 수매가는 3냥이 넘었다. 중국 당선 한 척의 적재량이면 은 수십만 냥으로 바꿀 수 있었다. 예를 들어 숭정 13년(1624년)에 일본이 한 해 동안 수입한 생사는 36만 근에 달했는데 이 중 중국에서 수입한 것이 4분의 1 이상이었다. 나날이 활기를 띠어가는 무역에 고무되어 수많은 연해지역 주민들이 일본으로 거주지를 옮겼다. 만력 연간 복건순무 남거익은 민·월·삼오 백성 중에 나가사키항으로 거주지를 옮겨 무역과 통역에 종사하는 사람이 수백 가구를 헤아린다고 보고했다.

마찬가지로 일본에서 수입하는 화물에 대한 중국 측의 수요도 명나라 말, 청나라 초 시기에 지속적으로 늘어났다. 먼저 명나라 조정은 요동 여진족과의 전투 및 각지에서 일어난 농민 봉기를 진압하기 위해 일본에서 생산한 요도腰刀, 조총, 투구와 갑옷, 화약탄환을 만드는 데 사용할 초석과 납이 급히 필요했다. 또 화폐를 주조할 구리와 다와라 모노라고 불린 해산물을 수입하고자 했다. 명나라가 멸망한 뒤 동남 연해지역에 자리를 잡은 남명 및 정성공은 해마다 나가사키로 배를 띄워 교역을 함으로써 군비의 이윤을 넉넉히 했다.

바로 이때 줄곧 평화롭게 번영하던 해상 실크로드에 마침내 낯선 범선의 그림자가 등장했다. 1573년 봄 스페인 범선 갈레온 두 척이 중국 실크와 도자기, 동남아시아의 향료를 사들이기 위해 아메리카에서부터 은을 가득 싣고 필리핀 마닐라항에 도착했다. 이는 중국이 서양 해양강국의 글로벌 무역체계에 편입되었다는 사실을 보여주는 사건이었다. 1571년 스페인 상선이 민도로 외해에서 조난당한 중국 상선 한 척을 구조했다. 구조된 명나라 상인이 복건 장주로 돌아온 뒤 이 이베리아반도 식민강국의 부유함과 그들이 동남아시아에서 무역을 간절히 원한다는 소식이 순식간에 퍼져나갔다. 1572년부터 향료, 실크, 도자기 및 과일 등의 화물을 싣고 마닐라로 향하는 중국 상선이 차츰 늘어나기 시작했다.

마침내 실크 712점, 도자기 2만 2,300점을 포함해 중국 상품을 가득 실은 이 두 척의 스페인 범선은 그해 말 멕시코 아카풀코에 도착했다. 1576년까지 장주에서 마닐라, 마닐라에서 아카풀코에 이르는 범선 무역항로가 완전히 자리를 잡아 해마다 50척 정도의 중국 상선이 마닐라를 찾았으며, 그들이 운송해온 화물의 총액은 20만 페소에서 16세기 말에는 100만 페소까지 늘어나게 되었다. 이와 더불어 마닐라에서 멕시코로 향하는 스페인 범선의 선박당 최대 적재량도 700톤을 넘어섰다. 18세기 중반 멕시코의 수입품 총액 중 60% 이상이 중국에서 운반해온 실크와 도자기였다. 물밀듯 쏟아져 들어오는 중국 방직물 때문에 스페인 본토의 방직업은 급속히 쇠퇴했다. 1600년 이와 같은 상황을 타개하기 위해 스페인 왕실은 스페인령 아메리카에 뽕나무 재배를 금지한다고 선포했지만 중국에서 건너온 생사 덕분에 멕시코의 방직산업은 명맥을 유지할 수 있었다.

실크와 도자기 외에도 중국 본토에서 생산된 특이한 제품이 유럽의 관심을 끌었다. 16세기 네덜란드 동인도회사는 중국과 일본에서 생산된 차를 소량씩 네덜란드 본토로 운송하기 시작했다. 그 후 차는 점차 전 유럽으로 퍼져나가게 되었다. 1735년에는 네덜란드에서 수입하는 아시아 차만 해도 835만 파운드에 달했다. 신흥 해상무역 강국이었던 영국은 후발주자 중에서도 독보적인 존재감을 발휘하며 18세기 후반에는 매년 아시아로부터 3,000만 파운드에 달하는 차를 수입했다. 차가 처음 수입되었을 때는 몹시 비싼 몸값을 자랑했는데 런던에서 녹차의 항구도착 가격은 10~19실링이었고 우이차는 13~19실링이나 했다. 당시 일반 노동자의 일당이 3~4펜스에 불과했기 때문에 차는 상류사회의 전유물이 되었다.

얼마 지나지 않아 유럽의 차 수요가 급격히 늘어나면서 유럽 상선들은 거센 풍랑을 무릅쓰고 머나먼 극동으로 앞다퉈 항해하기 시작했다. 영국 의회는 감세법을 통과시켜 차의 수입관세를 100%에서 12.5%로 낮추고, 대중국 차 무역특허권을 제정해 영국의 동인도회사에게만 특허권을 주었으며, 영국이 유럽 국가 중 광저우에서의 차무역을 거의 독점하도록 했다. 1778년부터 1784년까지 영국 동인도회사가 매년 광저우로부터 수입한 차는 약 5만 8,000담(현재 중량단위로 계산하면 1담은 50kg-옮긴이)으로 유럽 전체 수입량의 3분의 1을 차지했다. 아편전쟁이 발발하기 전에는 30만 담까지 폭증해 매년 100만 파운드의 이윤을 남겼는데, 이 금액은 영국의 한 해 국고 수입의 10%에 해당하는 어마어마한 액수였다.

이는 중국이 주도한 해상 실크로드 무역이 마지막 빛을 발한 것이었다. 실크와 차로 바꾸기 위한 은이 유럽에서 중국으로 끊임없이 쏟아져 들어왔다. 스페인과 포르투갈이 주도하는 중국-필리핀-아메리카의 삼각무역을 통해 1571년부터 1643년까지 멕시코에서 중국으로 수입된 은원(원으로 표시된 은화)은 중국이 원래 가지고 있는 은 총량의 6분의 1에 달해 총 4,000만 고평량(중국의 옛날 중량단위)이 넘었다. 18세기 중엽부터 19세기까지 차무역을 통해 영국에서 중국으로 유입된 은도 5,800만 냥이 넘었다. 은의 대량 유입은 명나라 조정으로 하여금 재정 개혁을 서두르게 만들어 전부(토지세), 요역 및 추가 징세 등을 은으로 징수하도록 했다.

그러나 이 때문에 명나라 조정은 유통 중인 대다수 귀금속 화폐에 대한 주도권을 잃고 말았다. 색이 깨끗하고 형상과 중량의 표준화 정도가 높은 아메리카에서 수입한 은화가 점차 민간유통 화폐가 되어가면서 보초寶鈔가 주를 이루는 정부화폐의 신용체계가 무너졌다. 뿐만 아니라 세금을 화폐로 받고 대량의 은이 유통되면서 인플레이션이 발생해 농산물 가격이 폭락하거나 심각한 가격변동이 일어났는데 쌀 가격이 석石당 최대 은화 0.2냥과 0.8냥 사이에서 오르내리면서 평범한 고용농과 소농의 파산을 심화시켜 결국 중화 제국 생존의 토대를 송두리째 흔들어놓았다.

아메리카와 동아시아 사이에 직접적인 무역관계가 형성되면서 옥수수, 고구마, 감자, 담배, 땅콩, 토마토 등 아메리카가 원산지인 경제작물도 점차 중국에 전해져 명청 시대 중국 역사상 가장 오래 지속된 농업번영기와 인구성장기를 이끌었다. 『중국의 음식』의 작가 앤더슨은 명나라 때의 경작지는 6,000만 에이커에서 8,500만 에이커까지 늘어났고 인구는 16세기 동안 1억 명 정도에서 1억 7,500만 명으로 폭발적인 증가를 보였다고 했다. 구황작물로서 재배하기 쉬울 뿐만 아니라 수확량이 많고 안정적인 옥수수와 감자는 이 시기 늘어난 인구를 먹여 살리는 데 큰 역할을 했다.

그러나 이로 인해 중국은 영국의 동양학자 마크 엘빈이 말한 '고도 균형의 함정'에 빠지게 되었다. 즉, 고도의 분산농업은 인구의 지속적인 증가를 이루게 했지만 대량의 값싼 노동력 탓에 기술의 진보는 그다지 필요 없는 것이 되어버렸다. 농업자본으로 얻는 이득이 산업으로 얻는 이득보다 높고 임금수준이 여전히 낮은 것도 많은 농촌인구가 돈

잘 차려입은 유럽의 신사숙녀들이 포치 아래에서 애프터눈 티를 즐기고 있다.(1910년경 촬영)

을 모을 수 없어 상대적으로 비싼 공산품을 살 수 없게 만들어 근대공업과 자본의 출현을 막았다는 것이다.

18세기 말 중국 화폐가 동남아시아는 물론 인도양에서도 통용되고 중국 선박이 이 지역 항로를 절대적으로 독점하고 있었기에 초기의 유럽 식민통치자들은 이 무역로에서 주도권을 확보하는 데 어려움을 겪었다. 네덜란드 동인도회사는 반공개적으로 무장약탈을 자행해 은과 실크, 도자기를 잔뜩 실은 중국 상선을 약탈하는 방법까지 고려했다.

1820년 즈음까지도 동남아시아 해상에서 활약한 중국 범선은 거의 300척 정도였고 총 적재량은 8만 톤이 넘었다. 그러나 그로부터 20여 년밖에 지나지 않아 유럽의 공업혁명으로 탄생한 증기동력선이 동남아시아 해상에 출현하기 시작했다.

구미 열강의 자본력과 최신 관리기술을 갖춘 주식제 해운회사는 헐

청나라 때 광저우 13항을 묘사한 회화작품

연관계로 구성되고 자본이 부족한 중국 연해 선단과 선주가 따라잡을 수 있는 상대가 아니었다. 중국 범선의 실루엣이 점차 인도양 해상에서 사라질 때 유럽에서부터 날아온 증기와 검은 연기가 또 다른 글로벌 무역시대의 도래를 선언했다. 전통적인 해상 실크로드의 주도세력이었던 중국은 서양의 식민경제체제에 포함되었고 굴욕과 약탈 속에서 현대적인 개혁을 시도하기 시작했다.

고고학 자료 속 해상 실크로드[28]

19세기 독일 지리학자 리히트호펜이 동서를 관통하는 교통로를 실
크로드라고 명명하고 나서부터 실크는 고대 동서무역 및 문화교류
의 상징적인 부호로서 견직물을 비롯한 중국 문화를 외부로 수출한
역사적 배경을 전하는 말이 되었다.

봉래선산의
불로불사약

중국 문명은 황하 유역에서 발원했고 문화적 전통을 확립한 하·상·주
나라는 모두 내륙국가로 완전히 또는 부분적으로 바다를 삶의 터전으
로 삼은 지중해 문명, 인도 문명, 메소포타미아 문명과는 처한 상황이

---

28 글_ 주리

다소 달랐다.

중국은 고대 왕조의 영토가 확장되고 연해지역이 개발되면서 점차적으로 해상교통을 통해 다른 문명의 중심지와 상호작용을 하게 되었다. 초기 중국의 전통문화에서 해양이라는 개념은 손에 잡히지 않는 매우 신기하고 허황된 것이었다. 전국시대 이후 바다에 인접한 연(하북), 제(산동) 등 국가는 잇달아 방사를 바다로 내보내 불로불사약을 찾아오게 했다.

사실 현재까지의 고고학적 성과와 연구로 발견할 수 있는 것은 허무맹랑한 전설을 훨씬 뛰어넘는다. 20세기 중반 이후 윈난 진닝 스자이산 고분, 산둥 쯔보시 린쯔구 따우향 워퉈촌 한묘, 광둥 광저우 샹강산 서한 남월왕묘, 안후이 차오후 베이산터우 한묘, 윈난 장추안 리자산 한묘, 산둥 칭저우 시신 전국묘, 장쑤 쉬이 따윈산 한묘 등 고분에서 열판문(잎이 갈라진 무늬) 금속함 열한 점이 잇달아 출토되었다.

그중 여섯 점은 몸체가 은으로 되어 있는데 망치로 두드려 펴서 만든 것으로 위아래가 엇갈리는 볼록한 꽃잎 형상이 시선을 사로잡는다. 이와 같이 기원 이전의 고대 중국은 전통적으로 주조방식을 활용해 용기를 만들었다. 따라서 망치로 두드려 펴는 기법은 중국의 전통기법과는 매우 다른 것으로 외국에서 전해진 방법이 분명했다.

좀 더 정확하게 말하자면, 이러한 출토물들은 페르시아 제1제국(아케메네스 제국, 기원전 553~330년) 말기부터 파르티아 제국(기원전 247~224년)까지 제작된 것일 가능성이 크고, 이 물건들이 중국에서 유통된 시기는 전국 시대 말기부터 서한 연간에 집중되어 있다. 산둥, 장쑤, 광둥이 모두 연해지역이기 때문에 일부 학자들은 이러한 기물이 바닷길을 통해 전해졌을 것이라고 주장한다.

진기한 물건과
벽유리

한나라 이후 문자기록이 많아지면서 해외무역은 더 상세하고 사실적인 모습을 드러냈다. 서한 시기에는 관부가 주도한 해외무역까지 나타났다. 『한서·지리지』에는 베트남 북부와 양광(광둥과 광시를 합쳐 이르는 말)을 출발해 인도 동남해안에 이르는 무역로에 관해 기록되어 있다. 당시 중국의 주요 수출품은 황금과 견직물이었고 수입하고자 한 물건은 주로 기이한 돌과 진기한 물건이었는데 여기에는 살아 있는 코뿔소까지 포함되어 있었다. 사실 광저우 지역의 한묘에서 코뿔소의 뿔 모양 자기가 무수히 발견된 것 외에도 멀리 장안에 있는 제릉에서도 외국에서 진상한 코뿔소가 발견되었다.

양광 지역의 박물관을 참관하면서 가장 많이 본 외국의 진기한 물건은 단연코 오색영롱한 보석과 유리였다. 단순하게 똑같다고 말할 수는 없지만 문헌에 언급된 벽유리는 보통 우리가 알고 있는 유리라고 생각된다. 유리는 제작역사가 유구하고 기원을 밝히기 복잡하지만 양광 지역에서 발견된 유리제품 중에는 로마 유리와 매우 비슷한 것도 있다. 마노, 호박, 석수(종유석), 수정과 같은 보석은 이보다 훨씬 더 많다. 광저우 샹강산 서한 남월왕묘에서는 아프리카의 상아, 잠자리 눈 유리구슬, 유향, 호박, 금화포 장식 등 이국적인 분위기가 물씬 풍기는 문물들이 출토되었다.

이 시기 멀리 로마 제국, 이집트 프톨레마이오스 왕조, 파르티아 왕조 사람들은 이미 벵골만 동쪽에 사는 사람들에 대해 어느 정도 지식을 가지고 있었다.

로마 시기의 무역거점도 고대 황지국이 있던 칸치푸람 근처의 아리카메두 유적에서 발견되었다. 여기에서는 로마나 시리아, 이집트 등 지중해 동쪽 연안의 상인들이 경영하던 화물창고와 상점, 목면을 염색하던 염색 구덩이가 발견되었는데 그중에서 연대와 명문이 남아 있는 도자기 20점이 발굴되었다. 명문에는 브라흐미 문자로 타밀어가 쓰여 있었는데 연대는 대략 기원전 2세기에서 서기 1세기 무렵일 것으로 추정되었다. 이 밖에도 암포라, 이탈리아 아레초에서 생산된 도자기, 로마의 유리제품, 녹유 자기 파편과 로마 화폐 등을 비롯해 인도 중부나 남부 각지에서 생산된 향료, 보석, 진주, 얇은 목면과 기타 섬유직물 등이 출토되었다.

또한 1940년대 메콩강 삼각주 남단 옥 에오 지역에서 대규모 고대 유적이 발견되었는데 한나라 때 베트남반도는 외국의 사신이 상륙하는 곳이었다. 발굴결과 이곳에서 로마 황제 안토니누스 피우스와 마르쿠스 아우렐리우스의 화폐를 비롯해 전형적인 로마 인장 및 수많은 로마의 유리구슬과 유리 파편이 발견되었다. 그중 한 조각은 두 가지 색의 유리를 뒤섞은 것으로 기원전 1세기에 만들어진 것이었다. 이는 서기 2~4세기에 로마 상인들이 메콩강 삼각주에서 국제무역에 참여했다는 사실을 확실히 입증하는 증거다.

야광 술잔에 담긴
향기로운 포도주

위진남북조 시기 중원은 여러 나라로 쪼개지고 서로 대치했다. 서쪽의 대진과 안식 등도 상당히 심각한 사회혼란과 변화를 겪었다. 비잔틴 제국과 사산조 페르시아가 부상하고 육상교통이 발달해 상대적으로 북조의 대외교류가 더 왕성했다. 남조가 왕래하는 국가도 동북아시아, 동남아시아, 남아시아에서 어느 정도 확대되기는 했지만 전반적인 상황이 북조만 못했다.

　이 시기의 특징은 불교를 위시한 여러 외래종교가 전래되고 발전했

❶ 흑석호에서 건져 올린 소그드풍 금제품
❷ ❸ ❹ 흑석호에서 건져 올린 도자기들

다는 점이다. 남조에서 발전된 불교는 동남아시아나 남아시아의 불교와 상당히 밀접한 관계가 있었던 것으로 보이지만 유감스럽게도 이를 증명해줄 증거는 별로 남아 있지 않다.

수당 시기의 대외 교류는 육상과 해상에서 모두 활발하게 이뤄졌다. 동쪽으로는 일본, 서쪽으로는 대식(아라비아 제국)까지 비교적 안정적이고 발달한 항로가 출현했다. 특히 안사의 난 이후 북방지역이 전쟁의 소용돌이에 휘말리고 토번이 급부상하면서 육상교통이 단절되자 해상교통은 전에 없이 활발해져 중국을 출발해 말라카해협과 인도양을 거쳐 페르시아만과 동아프리카에 이르는 안정적인 항로가 출현했음을 가탐의 〈광주통해이도〉를 통해 확인할 수 있다. 또한 동쪽에서는 일본이 견수사, 견당사를 활발하게 파견해 정치·경제·종교 등 여러 분야에서 빈번한 교류가 이뤄졌다. 현재 일본에서는 당나라 때부터의 중국 문물을 많이 볼 수 있다.

치르본호 침몰선에서 건져 올린 유리병

당나라 조정이 광주에 시박사를 설치하는 한편 양주, 명주(닝보), 천주 등의 항구도시도 잇달아 부상하기 시작하고 상인집단이 해외무역을 통해 얻을 수 있는 엄청난 이윤에 눈을 뜨기 시작하면서 해외무역은 더 이상 엽기적인 성질의 공물 진상에만 국한되지 않았다.

이러한 형세는 그 후 오대의 남한, 오월, 민이 이어서 적극적으로 발전시켰다. 당나라 후기 수많은 페르시아인과 아라비아인이 장사를 하기 위해 중국을 찾아왔는데 광주는 그들의 집결지 중 한 곳이 되었다. 승려 검진은 동쪽 나라를 다섯 번째로 찾으려던 계획이 물거품이 된 뒤 광주를 거쳐가면서 헤아릴 수 없이 많은 파라문박, 파사박, 곤륜박을 보았다. 당시 광주는 각국 상인이 운집한 국제도시였다고 할 수 있다.

당나라 말기부터 도자기는 주요 수출품이 되었다. 이는 바다 밑에 가라앉은 침몰선에서 건져 올린 수많은 도자기를 통해서도 확인할 수 있다. 유명한 침몰선인 흑석호를 예로 들자면 1998년에 인도네시아 수마트라섬 동남해역 벨리퉁섬 근처에서 발견된 이 선박은 발견된 지역의 이름을 따서 흑석호라고 이름지어졌는데 여기에서 중국 도자기와 금은제품만 6만여 점이 발견되었다. 조사결과 침몰선에서 발견된 문물은 대부분 9세기 중엽에 제작된 것으로 연대가 기재된 것은 모두 만당 시기의 것이었다. 그중 자기가 약 90%를 차지했는데 호남 장사요, 절강 월요, 하북 형요, 하남 공현요, 광동 지역의 가마 등 관련 가마에서 생산된 자기들이었다.

이 밖에도 소그드풍과 아랍풍의 금은제품이 발견되었다. 어떤 학자는 이 침몰선이 양주를 출발해 광주 등지를 거쳐 페르시아만으로 향해 아마도 페르시아만의 유명한 국제무역항인 시라프로 가려는 선박이었을 거라고 추정했다.

인도네시아 자바섬 북부 연안해역에서 건져 올린 치르본호 침몰선도 세계를 놀라게 했다. 치트본호에서는 약 15만 점에 달하는 완벽한 형태의 유물이 발견되었는데 그중 중국 만당오대 시기의 자기가 전체 수화물의 75%를 차지했다.

월요청자가 주를 이루는 가운데 중국 청동기, 중동 유리병, 유리원료, 금속제품, 인도 불교 장신구, 말레이제도에서 생산된 구리로 만든 칼, 각뿔(아마도 말레이제도에서 생산되었을 것으로 추정) 등 다양한 물건들과 아프가니스탄 청금석, 인도 홍보석, 남보석, 산호주, 홍석, 상아, 상아로 만든 제품과 같은 보물들이 발견되었다. 함께 건져 올린 건형통보 양식의 연전鉛錢은 이 침몰선의 침몰시기를 짐작할 수 있게 해주는데 건형은 서기 917년 남한의 연호다.

화물의 종류가 매우 다양한 데다 수량도 엄청난 것을 고려해 학자들은 이 침몰선이 인도네시아 섬들을 오가던 환적선박이었을 것으로 추정했다. 중국에서 온 무역선은 대개 연안의 작은 섬에 정박해 음식과 물을 비롯해 기타 보급품을 구하는 한편 교역활동을 했는데 배에 실린 중국 자기는 아마도 중동 등지로 운송되고 유리제품과 유리원료는 중국으로 운송되었을 것으로 추정된다. 이처럼 여러 지역을 오가며 물건을 옮기는 방식은 명나라 초기 정화가 대항해에 나서기 전까지 해외무역의 주된 형태였다.

다른 나라의
물건으로 바꾸라

송원 시기는 중국 고대 해상무역이 가장 번성했던 시기로 규모나 영향력에서 이전 시기들과 비교할 수조차 없었다. 특히 언어와 문화가 한데 섞여 미치지 않은 곳이 없는 세계적인 대제국인 원나라의 건국은 해상교통 발전의 기폭제가 되었다. 자발적으로 바다에 나가 외국과 교역하는 상인과 외국 선박 외에도 송원 시기에는 관부에서 해상무역을 경영하며 해외무역을 통한 이익을 분배하는 데 적극적으로 참여했다. 『원사·식화지·시박』을 보면 정부가 밑천을 마련해 상인에게 바다에 나가 박역(물물교환)을 하도록 시켰으며 해당 상인이 귀국하면 정부가 7할, 상인이 3할의 이익을 챙겼다는 기록이 있다. 원나라 때 해외무역이 번성한 것은 관부가 무슬림을 임용해 재정과 해운관리를 맡긴 것과 관련이 있다.

예를 들어 송나라 말 원나라에 항복한 천주 시박사 포수경은 아랍 출신이었다. 포씨 외에도 천부사와 시박사를 관리한 회회인으로는 사불정과 합불실이 있다. 천부사는 황제 및 황태자, 황태후, 여러 왕들의 재정출납을 관리했다. 한마디로 황족의 재산 증식 및 관리를 대신 해 주었다는 뜻이며 한때는 모든 해운을 천부사가 도맡아 관할한 적도 있

남해1호 침몰선에서 건져 올린 자기들

다. 원나라 조정은 해외무역에 대해 상당히 실무적인 태도를 취했다. 『원전장』에 "우리 땅에서 쓰지 않는 우산, 마합라, 자기, 발 등을 다른 나라의 물건으로 바꾸라"는 기록을 보면 이 점을 알 수 있다.

정리해보자면 이 시기 수출품은 방직품, 도자기, 금속 용기 및 일상 용품 등이었는데 이 상품들은 대부분 송대 이전부터 중국의 주요 수출품이었지만 송원 시기에 비약적인 발전을 이뤄 아시아, 아프리카 각국의 문화에 지대한 영향을 미쳤으며 그중 도자기 제작기술의 전파가 가장 큰 영향을 미쳤다는 것이다. 통계로 살펴본 수입품의 종류는 250가지가 넘는데 주로 진귀한 보석과 향료를 수입했다. 이 밖에도 약재, 방직품 및 일부 수공예품이 매우 중요한 수입품에 속했다. 이 시기는 여전히 통과무역(수출국에서 제3국으로 수출되는 물품이 자국을 경유하는 형태-옮긴이)이 주를 이뤘다.

현재까지 발견된 송원 시기에 침몰한 선박 및 항구 유적을 통해 당시 아시아, 아프리카 각국에서 중국 도자기가 성행했던 사실을 확인할 수 있다. 당시 외국으로 수출한 도자기는 주로 용천요 청자와 경덕진요의 청백자 및 청화자였다. 예를 들어 현재까지 발견된 침몰 선박 중 최대 규모를 자랑하는 송나라 때의 남해1호는 남송 시기에 광둥성 양장시 근처 해역에서 침몰한 것으로 중국 해역을 떠나 싱가포르, 인도 등 동남아나 중동 지역으로 가서 외국과 교역을 하려던 선박이었을 것이다. 남해1호에서는 백자, 청자, 청백자, 흑자, 녹유도, 흑유도 등 다양한 자기가 발견되었고 그릇 종류로는 주로 다양한 양식의 공기, 접시, 항아리, 작은 상자, 병, 주전자가 발견되었다. 이러한 도자기는 대개 중국 송나라 때 남방의 유명한 도자기 가마에서 생산된 것들이었다. 이 중에는 경덕진 청백자, 용천 청자 그리고 수출용 자기와 밀접한 관계가 있는 복건 지역의 자조요, 덕화요에서 생산한 도자기가 포함되어 있었다.

이 밖에도 원나라 중후기에 등장한 청화자는 가마에서 빼내기가 바쁘게 해외 각지로 팔려나갔다. 특히 이란, 터키, 인도 등에서 소장 중인 정교하기 이를 데 없는 대형 청화자기는 원나라 때 다양한 문화가 융합되고 해외무역이 번창했었다는 사실을 증명하는 방증이다. 페르시아만에 있는 고대 항구 키시섬과 호르무즈에서는 땅바닥 곳곳에서 중국 용천요와 경덕진요에서 생산한 자기를 볼 수 있으며 이집트 카이로 외곽에 있는 푸스타트 유적에서도 당오대 시기부터 명청 시기까지 생산된 대부분의 중국 유명 도자기를 확인할 수 있다.

세계 곳곳에
전해지다

명청 시기 중국의 해외무역은 여전히 지속적으로 발전하기는 했지만 송원 시기와 달리 숱한 장애물을 넘으며 어렵사리 발전했다. 한마디로 중국은 세계의 경제글로벌화에 자연스럽게 들어서지 못했다. 명 왕조와 청 왕조는 점차 나라의 문을 걸어 잠그고자 했다. 청나라 때에 이르러서는 4개의 통상항구로 제한하기도 하고 심지어 광주 한 곳만 남겨두기도 했다. 그러나 객관적인 상황을 보자면 연해지역에서는 민간무역과 밀수가 활발하게 이뤄졌다. 중국은 어쩔 수 없이 새로운 세계 경제체계에 휘말려 들어갔지만 이미 해양에서의 주도권을 잃었기 때문에 막강한 해군력을 자랑하는 유럽 열강의 강압 앞에서 근대화를 향한 고통스러운 걸음을 옮길 수밖에 없었다.

명나라 초 정화의 대항해는 역사상 최대 규모로 진행된 정부 차원의 무역이었다. 경제적 이익을 목적으로 한 송원 시기의 무역과 달리 명나라 때의 대외무역은 먼 곳의 오랑캐를 회유한다는 정치적 기능에 치중한, 비용을 따지지 않고 나라의 위력을 널리 펼쳐 보이는 외교적 수단이기도 했다. 수행통역원 마환이 『영애승람』에 남긴 기록으로 봤을 때 정화 선단이 가져간 용천청자와 청화자기는 해외 각국의 환영을 받았다.

고고학적 발견으로 봤을 때 문헌에 기록된 정화 선단이 거쳐간 동남아시아, 남아시아, 서아시아, 북아프리카 및 동아프리카 지역에서 모두 15세기 이후의 중국 도자기가 발견되었다. 1975년 남중국해 파라셀 제도 베이자오 산호초에서 명나라 초기에 침몰한 선박의 잔해가 발

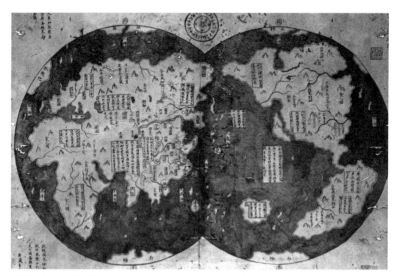

전하는 바에 따르면 정화 버전의 세계지도라고 한다. 청나라 건륭 연간에 제작되었다.

견되었다. 여기에서는 400kg이 넘는 동전이 발견되었는데 그중 대부분이 영락통보였다. 정화 선단이나 중국 도자기와 관련된 유물은 케냐에서도 발견되었다. 케냐 연해 중부의 라무제도상, 대륙 연해에 위치한 게디 고성 유적에서 명나라 초기 용천요 자기와 경덕진 청화백자, 오채자기가 무더기로 쏟아져 나왔다. 앞서 언급했던 이집트 카이로 외곽 푸스타트 유적에서도 수천 개나 되는 15~18세기 중국 도자기 조각이 출토되었는데 주로 용천요 청자, 경덕진 청백자, 청화자, 단색유 및 각종 채자기들이었다.

제5장

실크로드와 비상
일대일로 배후의 전략

새로운 미래를 창조하다[29]

중국 고도 장안에서 시작된 실크로드는 오랜 세월 연주되지 않은 먼 옛날의 악보와 비슷하다. 악보상에서 서로 이어진 동방 문명, 인도 문명, 아라비아 문명, 페르시아 문명, 유럽 문명은 서로 다른 시공간에서 만나고 부딪치고 섞이고 나뉘며 확연하게 다른 역사를 서술했다.

장건이 실크로드를 개척한 뒤 '무수한 방울소리 아득히 자갈밭을 지나니 틀림없이 흰 비단 싣고 안서 땅으로 가' 점차 육상 실크로드와 해상 실크로드를 형성했다. 중국인에게 있어 서쪽을 향한 걸음걸음은 발자국으로 측량해낸 지리상의 대발견이나 다름없다. 사람들은 지리적 한계를 뛰어넘어 다른 문명을 알아갔다. 그리하여 마침내 중국인의 더 넓은 세계관과 평등한 교류방식을 일궈냈다.

해상과 육로라는 두 가지 서로 다른 운송방식 중에서 육상 실크로드

_____

29 글_ 우치

는 다시 북쪽 루트와 남쪽 루트로 나뉜다. 고대 해상 실크로드의 역사도 2,000여 년 전으로 거슬러 올라간다. 한무제가 동남아시아에서 인도에 이르는 해상통로를 개척하면서 시작된 해상 실크로드는 명나라 중엽에 이르러 유럽 식민강국들이 동쪽으로 항해하고 명나라가 복건성 장주 월항에서 부분적으로나마 해금을 풀고 사무역상의 출항을 허가하기에 이르렀다. 스페인 식민지배자가 마닐라에서 멕시코에 이르는 대범선 무역항로를 개척하면서 중국 상선이 마닐라로 운송한 생사와 견직물은 태평양을 거쳐 아메리카 대륙으로 운송된 다음, 다시 대서양을 거쳐 유럽 각지로 전해졌다. 이로 인해 중국의 고대 해상 실크로드에는 엄청난 변화가 생겨나 역내 무역항로에서 동서양을 잇는 글로벌 무역항로로 발전했다.

2013년 9월 시진핑 국가주석은 카자흐스탄을 방문해 "실크로드 경

키르기스스탄 수도 비슈케크와 제2의 도시인 오슈를 잇는 41호 도로

제벨트를 함께 건설하는 것은 실크로드상에 자리한 각국 국민들에게 혜택을 안겨줄 큰 사업"이라고 밝혔다. 이로써 중국의 실크로드 경제 벨트 건설과 관련한 전략적 구상이 처음으로 대외에 공개되었다. 그로 부터 한 달 뒤 시진핑 국가주석은 아시아태평양경제협력체^{APEC} 정상들의 비공식회의에 참석했다. 이 자리에서 시진핑 국가주석은 예로부터 동남아시아 지역은 해상 실크로드의 중요한 허브였으며 중국은 동남 아시아국가연합^{ASEAN}과 해상협력을 강화해 중국 정부가 설립한 중국- 아세안 해양협력기금을 잘 활용해 해양협력파트너 관계를 발전시키고 21세기 해상 실크로드를 함께 건설하고자 한다는 뜻을 밝혔다. 이어서 중국은 점차 일대일로 구상을 보완해나가는 한편 2015년 3월 국가발 전개혁위원회, 외교부, 상무부가 공동으로 「실크로드 경제벨트와 21세 기 해상 실크로드의 공동건설 추진 비전과 행동」을 발표하면서 일대일 로는 중국의 가장 중요한 중장기 발전전략이 되었다.

지금에 와서 다시금 제기된 일대일로는 평범한 중국인에게는 익숙 하지만 낯선 사람이나 다를 바 없다. 사람들은 중국 고대 경제의 번영 에 실크로드가 얼마나 중요한 역할을 맡았었는지 잘 알고 있고 부하라 나 페르가나와 같이 신비로운 이국적 색채가 느껴지는 지명도 어느 정 도 들어본 적이 있지만 저 깊은 심연에 잠들어 있는 기억이 오늘날의 삶과 어떤 관계를 맺게 될지에 대해서는 아는 바가 없다.

2014년 11월부터 2015년 하반기까지 「삼련생활주간」은 서쪽 탐방 에 나섰다. 기자들이 직접 서쪽으로 향하는 길 위에 자리한 대표적이 면서도 중요하고, 거점으로서의 성격을 지니는 국가와 도시들을 탐방 하면서 오랜 세월 중국인의 기억 속에서 지워졌던 서쪽 이웃국가들과 동서양을 잇는 길에 자리하고 있지만 경제가 발달하지 못한 탓에 형성된 움푹한 저지대를 이해하고자 했다. 우리는 사람의 발길이 많이 닿지 않은 광활하고도 아름다운 풍경에 넋을 잃었고 수선 떨지 않고 조용히 계승되는 전통 수공업, 자신의 신분을 탐구하고 정체성을 확인하는 사람들을 두 눈에 담았으며 외부세계의 흐름에 동참하고자 하는 현지인들의 열망을 보았다.

중국이 세계 제2의 경제체가 되었을 때 '나무 뒤에 숨은 코끼리는 더 이상 몸을 감출 수 없게 되었고', 중국과 세계의 관계도 변하기 시작했다. 중국은 더 이상 수동적으로 세계화에 편입되지 않고 일대일로의 힘을 빌려 세계의 균형을 재조정하고 있다. 학자들은 날로 늘어가는 세계의 수요와 낙후된 전 세계 공급 간의 갈등이 바로 중국이 일대일로를 추진하는 원동력이라고 했다. 일대일로를 통해 역외 직접투자를 늘리고 해외시장을 개척하고 상품 수출을 확대하고 과잉 생산능력을 소화해 최종적으로 중국의 장기적인 이익에 부합하는 세계무역 및 통화체계를 확립할 수 있다. 일대일로는 근대 이후로 해양이 인류의 운명을 결정하는 법칙에 어느 정도 균열을 일으켰다. 현재는 기술과 자금의 우위를 통해 해상과 육상에서의 일대일로를 동시에 추진해 세계 통치 중 중국의 제도적 발언권을 강화하는 데 더 많은 힘을 쏟아야 한다.

시진핑 국가주석은 냉전이 종식된 이후 아시아 국가들이 역내 협력을 추진하는 과정에서 점차 상호존중, 의견일치, 각 측의 입장을 배려하는 아시아식 방식을 형성했다고 말했다. 이와 같은 방식은 국가관계를 정확하게 처리하고 새로운 국제관계 건설을 추진하는 데 역사적인 공헌을 했다. 이를 바탕으로 한 일대일로는 당연히 중국만의 독주가 아니라 관련 국가들의 합창이다. 일대일로 이니셔티브의 주요 협력파트너는 주변국들이고, 주요 수혜국도 주변국들이다. 협력이 진행되면서 미래의 새로운 국가관계도 이로써 기틀이 마련될 것이다. 중화민족의 부흥의 길은 멀고도 멀 것인데 현재 중국은 중요한 지점에 이르렀다. 일대일로 전략은 현재의 국면을 타파하고 새로운 미래를 열어줄 것이다. 미래를 예측하는 가장 좋은 방식은 그것을 창조해내는 것이다. 일대일로 구상에 따르면 바로 그 창조해낸 미래를 볼 수 있을 것이다.

대국 굴기, 어느 길을 선택할 것인가[30]

전략적 관점에서 보면 일대일로를 선택한 것은 중화민족의 위대한
부흥이 매우 중요한 포인트에 이르렀음을 의미한다.

일대일로의
현실적 기초

삼련생활주간: 고대 실크로드가 형성되고 발전하기 시작한 것은 지금으
로부터 2,000년도 더 된 시기의 일인데 현재 이를 바탕으로 일대일로
를 제기한 까닭은 무엇인가? 도대체 일대일로라는 이니셔티브의 현실
적 기초를 어떻게 이해해야 하는가?

---

30 글_ 우치

쉬산다(전 중국 국가세무총국 부국장): 거시경제의 관점에서 볼 때 일대일로 이니셔티브는 중국이 당면한 경제 형세와 관련이 있다. 2009년 글로벌 금융위기 이후 국제수요가 약화되면서 중국의 생산능력 과잉 문제가 더욱 두드러졌다. 당시 정책결정자들은 일자리 문제의 해결방법을 찾느라 골머리를 앓았는데 가장 효과적인 방법이 바로 투자확대였다. 국민들은 국내총생산GDP의 절대치는 쉽게 느끼지 못하지만 취업상황은 직접 피부로 느낀다. 투자가 이뤄지면 GDP가 새로 늘어날수록 일자리 문제도 해결되고 세수도 늘어나게 된다. 사실 4조를 투자해 당시 곤경에 빠진 경제 문제를 해결한 것은 미래의 생산능력을 더 심각한 과잉 상태로 밀어넣는 것을 대가로 한 방법이었다.

18대(중국 공산당 제18차 전국대표대회) 이후 처음으로 열린 경제공작회의에서 시진핑 총서기는 생산능력 과잉 문제에 대해 가장 많이 언급했다. 생산능력 과잉에는 낙후된 생산능력, 낮은 기술수준, 심각한 품질 결함, 환경오염에 속하는 것도 일부 포함되어 있다. 이러한 생산능력은 모두 도태되어야 할 것으로, 이들이 미치는 부정적인 영향이 이득보다 훨씬 컸다. 그러나 GDP 통계를 낼 때는 부정적인 영향은 포함시키지 않기 때문에 환경오염의 영향은 그동안 GDP 통계에 반영되지 않았다. 또 과잉 생산능력 중 품질이 우수한 것은 도태가 아니라 새로운 수요를 찾거나 수요를 창조하는 방법으로 해결해야 한다. 이는 18대 이후 첫 번째 경제공작회의에서 국민경제 전반에 대해 내린 새로운 중요한 판단이고 이 판단이 중국의 거시경제 전략 방향을 조정할 것이다.

삼련생활주간: 과거 거시경제의 어려움을 해결하는 방법으로는 항상 내수확대를 언급했었다. 지금 상황에서는 단순히 내수를 확대하는 것만

으로 문제를 해결하기가 어렵지 않은가?

쉬산다: 국내 소비수요를 늘리는 것은 오랜 시간이 지나야 효과를 볼 수 있다. 우리가 주장하는 소비확대는 정부소비나 기업소비를 늘리자는 것이 아니라 국민의 소비를 늘리자는 것이다. 국민의 소비수요가 느는 데는 두 가지 요소가 영향을 미친다. 하나는 국민소득의 증가 속도가 전체 경제성장 속도보다 빨라야 한다는 것이다. 중국의 전체 GDP 중에서 국민소득이 차지하는 비중은 아직 상당히 낮은 수준이며 이 비중을 늘리는 것은 결코 쉬운 일이 아니다. 만약 국민소득 비중을 높이면 반드시 정부소득 비중 혹은 기업소득 비중을 낮추거나 정부소득과 기업소득 비중을 둘 다 낮춰야 하기 때문이다. 문건에서 국민소득 비중을 높이는 것에 관해서는 여러 차례 언급했지만 무엇의 비중을 낮출 것인지에 대해 언급하지 않고는 국민소득 비중을 높인다는 목표는 실현하기 어렵다. 또 이보다 더 중요한 것은 국민소득 비중을 높이는 것만으로는 국민소비율을 높일 수 없다는 것이다. 경제학계에서 일반적으로 받아들여지는 한계소비성향 체감의 법칙에 따르면 국민소득 비중을 제고하는 동시에 저소득계층의 성장 속도를 가속시켜 국민소득 격차를 줄여야만 국민소비율을 끌어올릴 수 있다고 했다. 그러나 국민소득을 끌어올림과 동시에 국민소득 격차를 줄이는 일은 단기적인 정책으로는 해결할 수 없다.

사실 중국의 국민소비에는 엄청난 수요가 존재하지만 이러한 수요가 꼭 경제학에서 말하는 유효수요인 것은 아니다. 예를 들어 중국 국가통계국의 통계에 따르면 2010년 중국 도시 거주자 중 5,000만 호가 1인당 평균 $8m^2$ 이하에서 거주 중이며 사용면적은 1인당 $5m^2$에 불과했다. 이들의 거주지에는 수도시설과 부엌, 화장실이 없었다. 이들 5,000만 호의 평균 가구원 수가 3명 이상이므로 약 1억 7,000만 명의 도시 거주자가 이러한 환경에서 생활한다는 뜻이었다. 심지어 여기에 농민공(농촌을 떠나 도시로 이주한 농민 출신 노동자)은 포함되지도 않았다. 이런 사실로 보아 생활환경 개선에 대한 국민의 실질적인 수요는 존재하지만 이는 무효수요다. 왜냐하면 이들은 돈이 없고 구매력이 없기 때문에 유효수요가 될 수 없다. 그렇다면 이들의 무효수요를 유효수요로 바꾸려면 어떻게 해야 할까? 몇몇 지방정부도 이를 해결할 효과적인 방법을 모색하고는 있지만 이런 문제는 단시간에 해결할 수 있는 것이 아니다. 그러므로 더 넓은 시장에서 더 많은 유효수요를 발굴할 필요가 있다.

일대일로 이니셔티브와 중국의 위치

삼련생활주간: 역사적 축적과 현실적 수요 측면에서 일대일로라는 전략을 발의하고 건설하는 데 있어 중국은 어떠한 부분에서 우위를 점하고 있는가?

쉬산다: 주변 개도국과 중국의 국내소비 상황에는 유사점이 많다. 즉, 실제 수요는 있지만 구매력을 수반하지 않는 수요다. 이들 국가 중에는 광산자원이 풍부한 나라도 있고 항구 등 지리적 자원을 갖춘 나라도 있다. 이러한 자원은 개발을 통해 새로운 부를 창출할 수 있지만 그

들은 자금이 부족하기 때문에 현실적인 구매력이 없다.

그런데 중국의 과잉 생산능력은 실질적인 수요와 정확히 부합한다. 따라서 이러한 개도국의 잠재적인 구매력을 현실적인 구매력으로 바꿀 수 있는지 여부가 매우 중요하다. 중국의 과도한 외환보유액은 과중한 부담으로 여겨지고 있는데 이러한 외환보유액은 개도국의 잠재구매력을 현실구매력으로 전환시킬 수 있는 금융요소가 될 수 있다.

나는 2009년에 공유발전계획, 다른 이름으로는 조화로운 세계계획이라고 불리는 계획을 제기한 바 있다. 이는 중국의 엄청난 외환보유액 중 일부 자금, 예를 들어 5,000억 달러를 들여 주변국의 발전을 도모하고 자금 수출을 통해 중국의 생산능력을 수출하고자 만든 계획이었다. 이는 미국의 마셜계획과는 상당히 다르지만 자금 수출로 생산능력을 수출한다는 경제활동의 본질로만 보자면 비슷하다고 할 수 있다. 지금에 와서 생각하는 것이지만 만약 그때 중국이 일부 자금을 투자해 국내경제를 진작시키는 한편, 외환보유액을 계획적으로 운용해 생산능력을 수출했다면 중국의 경제상황은 지금보다 훨씬 나아졌을 것이고 생산능력 과잉 문제도 이처럼 심각하지는 않았을 것이다. 안타깝게도 당시 우리는 국내건설과 해외투자를 큰 틀에서 함께 고려하지 못했다.

주변국의 발전 측면에서 봤을 때 중국의 우수한 생산능력은 이들 국가들에게도 필요하다. 예를 들어 중국의 인프라 건설능력이 그렇다. 중국은 품질, 효율, 가성비 면에서 세계적인 경쟁력을 갖추고 있다. 그리고 이러한 인프라 건설은 장기적인 우량자산이 될 수 있다. 인프라는 인터넷 산업처럼 시시각각 급변하는 것이 아니며, 짧은 기간 안에 기존의 기술을 뒤엎을 만한 기술혁명이 일어날 가능성이 매우 낮다.

세계의 부는 각종 자원의 결합을 통해 창조된다. 중국은 중국의 자금을 수출함으로써 이들 국가가 자신들의 잠재적인 구매력과 자원을 개발해내고 더 많은 새로운 부를 창조하도록 할 수 있다. 새로운 부가 창조되면 모두 함께 이 새로 창조된 부를 나누어 갖는 것, 이것이 바로 상호협력을 통해 원원하는 상황이다. 현재 세계 각국을 둘러봤을 때 이 같은 계획을 실시할 수 있는 나라가 꼭 중국뿐인 것은 아니지만 해낼 수 있는 나라 또한 그리 많지 않다. 왜냐하면 중국의 과잉 생산능력과 과잉 자금이 마침 이들 국가들의 자원과 상호보완 국면을 이루고 있기 때문이다.

이 밖에도 일대일로 전략은 중국이 외환보유액 구조를 최적화하는 데도 이로운 점이 있다. 중국의 외환보유액은 기본적으로 통화자산이다. 과거에는 수출로 외화를 창출한다는 말을 입에 달고 살며 얼마나 많은 옷과 신발을 팔아 얼마나 많은 달러와 유로를 벌어들였는지에 촉각을 곤두세웠다. 그러나 중국은 외환보유액 중 실물자산을 늘려야 한다. 중국이 해외에 투자한 광산, 철도도 모두 해외자산 중 일부로 봐야 한다.

삼련생활주간: 여태까지도 중국은 적잖은 해외투자를 시행했지만 일대일로처럼 국가의 중대한 전략적 배치로서 해외투자가 이뤄진 적은 없었다. 몇 년 전에 중국 국영기업 또는 민영기업이 해외투자에 나섰다가 실패했다는 보도가 일부 있었다. 일대일로 전략에서 구상하는 해외투자는 상대적으로 분산된 형태였던 지금까지의 해외투자와 비교해 어떤 특징이 있는가?

쉬산다: 해외투자 전략에 성공하려면 종합적인 연구능력이 뛰어나야

한다. 해외의 다양한 시장과 산업정책, 다양한 업계의 기술수준, 중국과 다양한 국가 사이의 외교관계 등 여러 요소를 종합적으로 분석할 수 있어야 한다. 이 분야에서는 미국이 상당히 뛰어난 편이다. 미국의 몇몇 싱크탱크는 몇 년 전에 세계 주요 수출품 가격이 하락할 것을 정확하게 예측했으며, 그들의 연구는 효과적으로 정부정책에 반영되었다. 미국 셰일가스의 성공적인 개발은 미국의 에너지구조에 큰 변화를 가져와 석유의존도를 크게 낮춰 전 세계 에너지구조에 영향을 미치는 한편, 미국의 제조업 원가를 큰 폭으로 낮췄다. 이는 모두 미래를 내다본 국가의 장기적인 정책이 낳은 효과였다.

일대일로는 대규모 투자와 프로젝트를 일으킬 것이다. 이는 지금까지 중국의 대외무역과는 매우 달라 중국의 대외경제모델에 큰 변화가 생길 것이다. 지금까지 중국은 값싼 노동력으로 수출성장을 이뤘다. 그러나 과거 중국의 저원가 중 일부는 실제와 맞지 않는 저원가였다. 직원들은 사회보장보험의 혜택을 받지 못했고, 오염물질은 아무렇게나 배출되었으며, 토지가격이 어이없을 정도로 낮았다. 이러한 비정상적인 저원가 상황이 중국의 고속성장을 지탱했다. 그러나 시장경제가 발전하면서 과거 감춰져 있던 원가들이 모두 수면 위로 드러나기 시작했다. 이제 오염물질을 배출하려면 오염물질 배출비용을 내야 하고, 토지를 사용하려면 합당한 비용을 지불해야 하고, 직원들에게는 사회보장보험을 제공해야 하고, 임금 또한 나날이 오르고 있다. 따라서 염가의 노동력에 의존하고 환경을 오염시키는 과거의 수출모델을 이어갈 수 없게 되었다. 앞으로도 끊임없이 늘어날 원가 중 일부는 진실한 원가일 것이고, 일부는 과거에 진실하지 못했던 저원가가 현실적으로 반영된 것일 것이다.

그러나 일대일로 모델은 다르다. 일대일로는 인프라 건설, 전신, 에너지 등 대형 프로젝트를 추진하는 것인데 이러한 것들은 저원가 노동력으로 해결할 수 있는 문제들이 아니다. 일대일로는 중국 기업에게 절호의 기회이기도 하지만 우리에게 중요한 문제를 제기한다. 즉 '중국 대기업은 자신들의 상품을 업계 표준으로 만들 능력이 있는가? 중소기업 중에는 이러한 대형 프로젝트의 장기적인 공급업체가 될 만한 곳이 없는가?'

과거에는 대기업이나 중소기업 모두 대외무역 수출에 나섰다. 대기업은 의류와 신발, 모자 등을 수출하고 일부 중소 민영기업도 나름의 해외업무를 발전시켰다. 그러나 구미 선진국의 제조업을 살펴보면 중국과 달리 중소기업이 직접 수출에 나서는 경우가 별로 없다. 예를 들어 유럽의 에어버스와 미국의 보잉처럼 대기업이 앞장서서 수많은 중소기업의 발전을 이끈다. 이처럼 대기업이 주요 상품을 수출하면서 몇몇 공급업체의 발전을 이끄는 것은 매우 좋은 비즈니스모델이다.

삼련생활주간: 이 같은 비즈니스모델은 구체적으로 어떤 이점이 있는가?

쉬산다: 이러한 비즈니스모델은 대기업의 경우 자신의 간판상품을 만들어내고 공급업체인 중소기업들은 특정 부품을 만드는 데만 집중해 끊임없이 기술을 개선하고 수준을 제고하는 데 도움이 된다. 예를 들어 구미권의 일부 완제품 조립공장은 중소 공급업체와 주식취득 또는 주식교환 방식으로 상호 주식을 보유한다. 이로써 장기적인 이익공동체를 형성한 그들은 끊임없이 R&D에 투자해 제품의 품질을 개선하고자 한다. 또 일대일로의 대형 프로젝트는 현지에 장기적으로 뿌리내리

는 것이기 때문에 참여기업은 단순히 설비를 수출하는 게 아니라 서비스, 이념까지 수출해야 한다. 이러한 것은 모두 중국의 대외경제모델에 더 높은 수준을 요구한다.

삼련생활주간: 금융 측면에서 일대일로는 위안화의 국제화를 추진하는 역할도 분명히 하고 있다.

쉬산다: 이는 일대일로의 매우 중요한 역할이다. 우리는 더 다양하게 금융도구를 운용해 국가전략을 완성하는 법을 배우고, 위안화가 직접적으로 국제시장에 진입할 수 있도록 해야 한다. 세계 각국의 외환보유액 중에서 위안화가 차지하는 총량은 여전히 매우 적은 수준이지만 위안화를 보유한 국가 수는 몇 년 전보다 훨씬 많아졌다. 만약 중국이 국민경제의 건강한 발전 추세를 유지할 수만 있다면 위안화가 국제통화가 되는 속도도 이전보다 훨씬 빨라질 것이다.

위안화의 국제화는 곧 국제 통화시장에서 중국이 화폐 주조이익, 즉 세뇨리지를 누릴 수 있다는 뜻이 된다. 어떤 국가의 화폐라도 국제시장에 쌓이면 세뇨리지를 얻을 수 있다. 현재 중국은 다른 나라에 세뇨리지를 납부하고 있지만 위안화가 국제화되면 우리가 국제시장에서 세뇨리지를 받을 수 있다. 일대일로를 실시함으로써 광범위한 지역에서 위안화의 국제화를 추진할 수 있다. 자금을 빌려줄 때 우리가 비축한 외환보유액을 사용할 수도 있지만 일부를 위안화로 빌려줄 수도 있기 때문이다. 일부 국가들은 프로젝트를 실시할 때 중국의 생산능력을 구매해야 하고 중국은 그들의 광산개발을 비롯해 전력, 항구, 고속도로, 철도, 시정 건설 등등에 협력해야 한다. 이때 제품이 되었든 서비스가 되었든 상당히 많은 양을 중국에서 구매해야 한다.

　그래서 중국이 위안화로 자금을 대출해주고 그들이 위안화로 중국의 생산능력을 구매하면 프로젝트 원가를 대폭 낮출 수 있다. 일반적으로는 이 과정에서 두 번이나 환전을 해야 하는데 그 비용이 상당히 높기 때문이다. 만약 중국의 대외프로젝트 중에서 50% 또는 60%, 70%에 해당하는 자금을 위안화로 진행한다면 전체 프로젝트의 비용 저감 효과는 상당히 클 것이 분명하다.

　그러므로 일대일로 전략은 위안화의 국제화를 이루는 새로운 창구이자 새로운 경로가 된다. 나는 앞으로 몇 년 안에 위안화의 국제화 수준이 큰 폭으로 제고될 것이라고 확신한다.

일대일로의
전략적 고려

삼련생활주간: 현재 중국은 이미 세계 제2의 경제체가 되었다. 강대한 경제대국이 된 지금 세계에서 중국이 차지하는 위치를 어떻게 볼지, 그리고 다른 국가와의 관계를 어떻게 이어나갈지도 일대일로가 고려하는 출발점이지 않은가?

왕이웨이(중국인민대학 충양금융연구원 고급연구원): 일대일로는 중국 지도자가 현재 중국의 발전 특징, 수요, 중국과 세계의 관계 등 여러 문제를 바탕으로 제기한 이니셔티브로 중국이 세계화의 참여자에서 창조자로 변모하는 것을 상징한다.

몇 년 전 오스트레일리아를 방문한 중국 지도자는 한 가지 현실적인 문제와 마주하게 되었다. '오스트레일리아의 철광석이 대량으로 중국에 수출되고 있다. 중국은 비록 소비대국이지만 철광석 담판 문제에 있어서는 발언권이 없다.' 이에 중국 지도자는 더욱 절박하게 이 같은 문제를 고민하게 되었다. '중국이 글로벌 분업체계 속에서 저급에서 고급으로 격상하려면 어떻게 해야 할까?' 중국 노동력 원가가 계속해서 상승하고 있는 상황에서 여전히 과거의 경제모델로 발전을 꾀한다면 서양 선진국과의 경제마찰은 갈수록 빈번해질 게 분명하다. 그러나 글로벌 분업체계에서 더 아래쪽에 자리한 주변국들과의 협력을 발전시킬 여지는 상당했다. 게다가 미국이 주도하는 TPP(환태평양 경제동반자 협정) 등으로 동쪽 해상에서부터 압력이 가해지고 있는 점도 중국이 서쪽으로의 발전을 모색하는 데 집중하게 만들고 있다.

고대 육상 실크로드와 해상 실크로드는 동서양을 연계하는 중국의 국도로 중국, 인도, 그리스, 이 3개 주요 문화가 교류하는 다리 역할을 했다. 오늘날 실크로드는 다시금 활력을 되찾아 새로운 형세에서 중국의 중요한 대외개방 전략이 되었다. 일대일로가 지나는 길에 자리한 중앙아시아, 아세안, 남아시아, 중동부 유럽, 서아시아, 북아프리카 등 65개 국가(물론 일대일로는 개방적이므로 이들 국가에만 국한되지는 않는다)의 인구는 44억 명이나 되고 경제규모는 GDP 기준으로 약 21조 달러로 각각 전 세계의 63%와 29%를 차지한다. 중국은 이처럼 거대한 무대에서 새로운 성과를 낼 수 있을 것이다.

삼련생활주간: 중국 입장에서 봤을 때 일대일로는 경제발전의 원동력이 되는 것 외에 또 어떤 중요한 역할을 할 수 있는가?

왕이웨이: 일대일로는 중국의 과잉 생산능력 문제를 해결해야 할 뿐만 아니라 자원획득, 전략적 깊이 확장, 국가안보 강화 등의 중요한 전략적 사명을 짊어지고 있다.

중국의 우수한 잉여 생산능력의 시장 문제에 관해 언급하자면, 과잉 생산능력은 중국 경제가 돌아가는 데는 심각한 문제가 되고 있지만 다른 개도국에게는 꼭 필요한 것일 수도 있다. 또한 일대일로는 중국의 자원획득 문제를 해결하는 데 어느 정도 기여할 수도 있다. 중국의 석유 및 천연가스 자원과 광산 자원에 대한 대외의존도는 상당히 높은 편으로 현재 이러한 자원들은 주로 연해 해로를 통해 중국으로 실어오고 있다. 철광석은 오스트레일리아와 브라질, 석유는 중동, 이런 식으로 비교적 단일한 루트에 의존하고 있다. 일대일로는 유효한 육로 자원의 진입채널을 새로 늘려 자원획득의 다양화 측면에서 매우 중요한 역할을 한다.

일대일로는 중국의 전략적 깊이 확장과 국가안보 강화에도 도움이 된다. 중국은 현재 주로 연해 해로를 통해 자원을 들여오고 있다. 이 연해 해로는 외부의 위협에 그대로 노출되어 전시에는 극도로 취약해진다. 중국의 산업과 인프라도 연해지역에 집중되어 있어 만약 외부의 공격을 받게 되면 전 중국이 순식간에 핵심시설을 잃게 된다. 전략적 깊이가 더 높은 중서부지역, 특히 서부지역은 드넓은 면적에 비해 거주인주가 매우 적고 이렇다 할 산업도 없기 때문에 산업과 인프라의 발전 잠재력이 무한하며 전시에 위협을 받게 될 가능성도 적다. 일대일로를 통해 서부지역에 대한 개발을 확대하는 것은 전략적 깊이 확장 및 국가안보 강화에도 이로울 것이다.

일대일로는 중국의 중요한 전략적 문제 세 가지를 직접적으로 건드리고 있는데 통로通路, 통항通航, 통상通商은 일대일로가 전략적 문제를 해결하는 데 가장 효과적인 수단이다. 현실적으로 서부 인프라가 취약한 점을 고려했을 때 외부와의 연계와 내부의 호응이 더 순조롭게 이뤄지도록 하기 위해서는 막힘없는 교통로를 건설하는 것이 선결과제이자 일대일로 이니셔티브에도 부합하는 조치다. 즉, 급선무는 통로와 통항이라는 뜻이다.

일대일로 건설은 곧 역외 직접투자를 늘리고 해외시장을 개척하고 상품 수출을 확대하는 것이다. 일대일로는 차이나드림을 실현하는 길이자 대국으로 부상한 중국이 발언권을 얻고 비교우위를 점하기 위한 전략적 기획이며, 더 아름다운 세상을 만들고자 하는 중국의 책임까지 짊어지고 있다. 날로 늘어가는 세계의 수요와 낙후된 전 세계 공급 간의 갈등이 바로 중국이 일대일로를 추진하는 원동력이다.

삼련생활주간: 중국은 일대일로를 가장 중요한 중장기 발전 전략으로 삼았는데 이 전략의 중요성을 어떻게 이해해야 하는가?

왕이웨이: 일대일로는 확실히 향후 중국의 발전에 심대한 의미를 갖고 있고 중화 문명의 전환을 추진하는 역사적 사명까지 짊어지고 있다. 중화 문명은 오랜 세월 북방의 위협에 시달리느라 내륙에만 발이 묶여 있었다. 바다를 수비할 것인가? 아니면 국경을 수비할 것인가? 이 문제는 오랫동안 중국의 방어구도를 혼란스럽게 만들었다. 바나로 갈 것인가? 아니면 육로를 통해 서쪽으로 갈 것인가? 이 문제 또한 지속적으로 중국의 발전 포석에 혼란을 야기했다. 일대일로는 육로와 해로, 누 가지 노선을 통한 해외진출을 명확히 하고 있다. 한마디로 전통적

인 육상문명의 우위를 발휘하면서 해양문명의 발전을 추진해 중국의 육상문명과 해상문명을 조화롭게 발전시킨다는 것이다.

일단 이 두 실크로드는 유라시아 지역의 교통망이다. 이는 철도, 도로, 항공, 항해, 석유 및 천연가스 파이프라인, 송전선과 통신망으로 이뤄진 종합적이고 입체적으로 상호 교류와 소통을 가능케 하는 네트워크로 향후 정책소통, 인프라연통, 무역창통, 자금융통, 민심상통 등 각국을 연결하는 5통通을 기반으로 삼아 여섯 번째로 인터넷까지 통하게 할 수도 있다.

그러므로 일대일로는 하이테크로드이자 중국의 자본과 기술로 맞바꾼 대규모 유라시아 시장으로서 메이드 인 차이나가 국제표준이 되도록 만들고 중국이 농경문명에서 산업-정보통신문명으로의 전환을 이루는 것을 지켜볼 것이다. 일대일로는 중국의 10여 개 성과 아시아·아프리카·라틴아메리카 지역을 연결시키고 남태평양 지역까지 뻗어나가 세계와 중국을 서로 연결시켰다. 북극 항로가 개통되면서 일대일로는 세계의 지정학geo-politics 및 지경학geo-economics 판도를 재구성하고 군수업체를 포함한 중국 기업의 해외진출을 추진한, 중국이 글로벌화에 제공한 공공상품으로 중국이 지역문명에서 세계문명으로 전환한 것을 상징한다.

이와 동시에 일대일로는 현재 세계의 리밸런싱을 추진하고 있다. 일대일로는 서쪽으로의 개방을 장려하고 서부 개발 및 중앙아시아, 몽골 등 내륙국가의 개발을 이끌며 국제사회에서 글로벌화를 추진하는 포용적인 발전 이념이다. 또 중국이 자발적으로 서쪽 지역에 중국의 양질의 생산능력과 비교우위 산업을 보급해 일대일로가 지나는 육로와 해로에 자리한 국가들이 가장 먼저 혜택을 보게 했으며 중앙아시아 등 실크로드상에 자리한 지역이 역사적으로 동서양 무역, 문화교류의 통로에 불과했던 상황을 바꿔 발전된 저지대로서의 면모를 드러내게 했다. 이는 유럽인이 일으킨 글로벌화가 만들어낸 빈부 격차, 지역발전 불균형을 뛰어넘어 지속적인 평화, 보편적인 안전, 공동번영하는 조화로운 세계 건설을 추진했다.

중국 표준과
발언권

삼련생활주간: 중국이 제안한 일대일로는 현재 거의 60개국의 적극적인 호응을 이끌어냈다. 일대일로와 관련된 유럽, 중앙아시아 지역 등은 중국이 제안한 이 이니셔티브에 대해 어떻게 생각하는가?

왕이웨이: 실크로드는 중국이 지난 2,000여 년 동안 은행에 보관해둔 소중한 자산이다. 지금에 와서 그것을 사용하려고 보니 이자가 상당히 불어 있었다. 과거 중국은 항상 '우리는 패권을 다투지 않는다', '우리는 동맹을 맺지 않는다'고 선언해왔기 때문에 다른 국가들은 상당한 의혹을 품게 되었다. 바로 '넌 항상 이것도 싫다 저것도 싫다고 하는데 대체 원하는 게 뭐야?' 하고 생각하게 된 것이다. 이제 우리는 분명하게 대답할 수 있다. 우리가 원하는 것은 일대일로라고 말이다.

중국이 고대 실크로드 개념을 다시 제기하자 터키, 아랍 등의 국가들도 매우 격한 반응을 보이며 환영의 뜻을 밝혔다. 이들도 유구한 역사를 자랑하는 고대 문명국으로 고대 실크무역과 대항해시대는 이들 국가에 수많은 역사적 흔적을 남겼다. 중국이 제기한 개념은 그토록 많은 국가와 다양한 문명을 서로 이어놓았지만 이 노선의 기점이자 이 이니셔티브를 발의한 나라는 바로 중국이다. 이러한 자원을 가진 나라는 중국뿐이다.

우리가 일대일로를 제기한 것은 연선국가들이 지닌 고대의 지혜에서 영감을 얻고 오래된 지혜를 이용하자는 것이지 단순히 서방의 공업 문명을 숭상하는 것이 아니다. 기존의 세계화는 80%의 대도시, 자본, 인구가 연해 100km 이내 지역에 집중되어 있어 내륙지역과 국가들이 얻을 수 있는 발전기회는 매우 제한적이었다. 현재 중국이 제기한 일대일로에 대해 가장 큰 내륙국가인 카자흐스탄과 같은 나라는 무척 반기고 있다.

중국은 실크로드 경제벨트라는 전략을 제시했다. 이 전략은 크게 유라시안 대륙교가 주가 되는 북쪽 노선(베이징-러시아-독일-북유럽), 석유 천연가스 파이프라인이 주가 되는 중앙 노선(베이징-시안-우루무치-아프가니스탄-카자흐스탄-헝가리-파리), 국경을 넘나드는 도로가 주가 되는 남쪽 노선(베이징-난장-파키스탄-이란-이라크-터키-이탈리아-스페인)으로 나뉘어진다.

실크로드 경제벨트는 고대 실크로드 개념을 바탕으로 만들어낸 새로운 경제발전 구역이다. 일단 실크로드 경제벨트에서 경제벨트라는 개념은 경제벨트상에 위치한 각 도시들이 집중적으로 협력해 발전한다는 생각을 보여준다. 실크로드 연선국가는 대부분 2개의 거대 경제 기구 사이의 움푹 꺼진 지대에 자리하고 있으며 전 지역이 양 끝은 높고 중간은 낮은 현상을 보인다. 이 지역에 자리한 국가와 국민들은 보편적으로 경제발전과 삶다운 삶의 추구를 요구한다. 이 같은 수요와 거대 경제기구 2개와 연계되고자 하는 수요가 겹쳐져 실크로드 경제벨트의 국제적 전략기반을 구축했다.

삼련생활주간: 2016년 3월 28일 국가발전개혁위원회, 외교부, 상무부가 공동으로 『실크로드 경제벨트와 21세기 해상 실크로드의 공동건설 추진 비전과 행동』을 발표하면서 일대일로 건설은 더 명확한 목표와 행동지침을 갖게 되었다. 일대일로 전략은 중국의 국제적 위상을 재설계하는 데 어떤 영향을 미치게 되는가?

왕이웨이: 일대일로가 제기된 배경 중 하나는 중국과 세계의 관계가 변했다는 것이다. 중국은 더 이상 단순히 세계화에 참여하는 국가가 아니라 새로운 세계화표준을 만들려는 국가가 되었다. 전 세계는 현재 다양한 역내 협력을 추진하고 있다. 미국도 TPP, TTIP(범대서양 무역투자 동반자 협정)를 적극적으로 추진하고 있다. 세계적인 투자협정 담판, 국제질서와 국제규범 자체가 변하고 있으며 기존의 국제체계는 더 이상 지속될 수 없게 되었다. 중국은 이미 단순한 이해관계자가 아니다. 특히 금융위기 이후에는 더욱 그렇다.

　현재 중국은 기술적으로 더 이상 다른 나라에 뒤처지지 않았다. 특정 분야에서는 이미 기술을 선도하고 있으며 자본도 충분한 편으로 외환보유액이 4조 달러에 달한다. 자본과 기술에서 어느 정도 우위를 점했다면 이제 더 큰 시장을 찾아나서서 기술과 자본의 우위를 표준의 우세로 바꿔야 한다. 예를 들어 고속철과 전력망을 널리 보급함으로써 중국 표준을 만들어 중국이 새로운 글로벌 경쟁에서 산업체인의 하등, 중등수준에서 고등수준으로 발전하도록 해야 한다. 과거 메이드 인 차이나는 전 세계를 대상으로 생산되었지만 지금의 세계는 그렇게 많은 상품을 소비할 수 없고 중국 경제도 신창타이(중국 경제의 '새로운 상태'를 일컫는 말)에 진입했다. 이러한 상황에서 중국은 과도한 생산능력을 해외로 이전해야 한다.

현재 중국은 스스로 만들어낼 수 있는 능력을 갖춰 가고 있다. 자본과 기술 측면에서의 우위 외에도 또 다른 요인이 하나 있는데 바로 게임의 규칙을 정하는 미국의 능력과 의향이 줄어들고 있다는 것이다. 그래서 중국은 이미 단순한 세계화의 이해관계자가 아니라 세계화의 견인차 역할을 하고 있다. 전 세계 분업체계 속에서 중국의 생산방식이 차지하는 위치가 중국과 세계의 관계를 변화시켰으며 더 나아가 외교정책의 대응방식을 결정했다. 중국과 세계의 관계는 현재 매매관계, 투자관계에서 발전관계로 격상되었고 이익공동체, 책임공동체에서 운명공동체로 격상되었다.

선진국을 상대로 중국은 여전히 상생을 강조하지만 개도국에게는 상생만을 강조할 수 없다. 중국은 이미 평범한 개도국이 아니라 다른 개도국에 대한 원조와 초기 투입, 기술이전을 하고 있다. 그래서 제3세계에는 정확한 의리관과 책임공동체 의식을, 선진국에게는 이익공동체를, 주변국에게는 운명공동체를 제시하고 있다.

삼련생활주간: 과거 중국은 외교적으로 도광양회(韜光養晦, 자신을 드러내지 않고 때를 기다리며 실력을 기른다)와 중국의 발전은 화평굴기(和平崛起, 평화롭게 우뚝 선다는 뜻으로 후진타오 집권 초기 중국의 대외전략)라고 강조했다. 현재 중국은 일대일로를 통해 더 많은 나라의 발전을 이끌겠다는 제안을 주도적으로 제시했다. 어떤 생각의 변화가 반영된 것인가?

왕이웨이: 중국 역사를 쭉 살펴보면 고대의 실크로드는 육상과 해상이 동시에 번영했던 적이 거의 없었다. 장건이 활동하던 시기에는 해상 실크로드가 형편없었고 정화가 활동하던 시기에는 육상 실크로드가 별 볼 일 없었다. 하지만 지금 중국이 제시한 일대일로는 해상 실크로드와 육상 실크로드를 동시에 번영시키는 전략이다.

중국은 일대일로를 실시하는 과정에서 우리 자신의 표준과 발언권을 내놓아야 한다. 세계적으로 제1차 세계대전 전후로 식민체계가 성행했고 제2차 세계대전 이후로 연맹체계가 형성되었다. 그러나 이러한 것은 오늘날의 형세에 더 이상 적응할 수 없다. 중국은 세계 최대의 무역국가지만 비동맹정책 원칙을 고수하며 해상의 지배자인 미국과 새로운 대국관계를 건설하자고 제안했다. 이를 위해 중국은 21세기 해양협력에 관한 새로운 이념을 제기하고 항운, 물류, 안보 협력모델을 혁신하고 특허경영권과 공유항구 공동건설 등의 방식을 통해 해상과 육상 실크로드를 연계시켜야 한다.

21세기 해상 실크로드에서 핵심은 21세기다. 이 말은 곧 중국은 과거 서양 열강이 그랬듯이 해양으로의 확장, 충돌, 식민의 길을 걷지도 않고 미국과 해양패권을 다투는 그릇된 길을 걷지도 않을 것이며 기존의 세계화 리스크를 효과적으로 피하면서 사람과 바다가 하나되고, 조화롭게 공생하고, 지속적으로 발전할 수 있는 새로운 해양문명을 창조하는 길을 모색하겠다는 뜻이다.

일대일로는 태평양과 대서양 사이에 두 살래 경제벨트를 형성해 세계의 균형적인 발전을 꾀하고 내륙문명의 부흥을 추진하고 해상문명과 내륙문명을 연계시킨다. 중국이 굴기하려면 반드시 혁신적인 체계를 갖춰야 하고 중국의 제도적인 표준과 국세발언권을 내놓아야 한다.

여기에서 말하는 표준은 세 가지를 내포한다. 먼저 산업표준이다. 중국 제품은 엄청나게 큰 시장을 가지고 있으므로 중국의 상품을 세계 표준으로 만들어야 한다. 소위 일류라 불리는 기업이 표준을 쟁취하면 향후 중국 기업은 더 많이, 직접적으로 해외에서 생산과 판매를 진행할 수 있다. 현재 중국은 매년 700여 만 명이나 되는 대학 졸업생을 배출하고 있는데 이는 매년 유럽, 미국, 일본에서 새로 배출하는 엔지니어의 총합에 맞먹는 숫자다. 충분히 많은 인재를 배출해 더욱 우수한 제품을 만들어내면 중국의 산업표준을 세우는 데 도움이 된다.

두 번째로 중국은 대종상품의 가격결정권을 쟁취해 과거의 조방형 (양적 성장) 무역방식을 바꿔야 한다. 과거 중국의 무역방식은 덧셈이었는데 금융속성을 가진 무역이야말로 곱셈이 된다.

세 번째로 중국은 국제무역과 국제투자 규칙에 대한 표준을 제정해야 한다. WTO는 전통적인 경제영역에 대한 규범으로 관련된 투자내용이 매우 적다. 더욱이 전자상거래 등 새로운 분야에 대해서는 관련 내용이 전혀 없다. 게다가 회원국 수가 160여 개국에 달하기 때문에 협상원가가 너무 높다. 이러한 게임의 규칙은 효과적으로 지속되기 어렵다. 중국 네티즌 수가 6억 8,000만 명이나 되는데 중국도 e-WTO를 만들 수 있지 않을까?

과거 국가 간의 관계는 동맹관계이거나 비동맹관계이거나 둘 중 하나였다. 현재 중국은 이 두 가지 관계에 새로운 국제무역관계를 제시해야 한다. 중국은 전략적 거점국가, 거점지역을 만들어 발전을 모색할 수 있다.

전 세계 분업체계에서 중국이 차지하는 위치에 관해 말하자면 과거에는 중국에서 세계화가 일어난다고 했다. 중국이 세계의 공장이 되었고 대외무역에서 수출량과 수입량이 모두 엄청났다. 현재 중국은 '중국이 세계화를 만든다'는 개념을 제시했다. 대외무역에서는 부가가치가 높은 제품을 생산해 수출하고, 중국의 산업을 업그레이드시키는 데 도움이 될 기술을 수입한다.

일대일로는 중국의 고속철, 항공, 항해, 전신, 에너지 개발, 대형 설비 임대 등 다양한 산업의 발전을 이끌 것이다. 중국은 단순히 설비를 수출하는 게 아니라 서비스까지 수출하게 된다. 과거 중국은 항상 중국 기업에게 해외진출을 장려했는데 사실 진출이 아니라 진입을 해야 한다. 해외시장에 진입하려면 산업체인, 서비스 등을 모두 현지화함으로써 현지에 뿌리내릴 수 있도록 만들어야 한다.

외교적 분발이
성과를 거두다

삼련생활주간: 선생은 중국의 일대일로 정책에 대한 서술에서 특별히 유럽을 잡으라고 강조했는데 중국이 일대일로를 추진하는 데 있어 유럽이 이토록 중요한 까닭은 무엇인가?

왕이웨이: 일대일로는 중국이 제기한 전방위적인 국제협력 이니셔티브로 공상共商, 공건共建, 공향共享, 즉 함께 협의하고, 힘께 건설하며, 함께 누린다는 원칙에 따라 유럽, 아시아, 아프리카에 이르는 65개 국가의 인구 44억 명에게 혜택을 주고자 하는 전략이다. 유럽 국가는 최첨단 기술을 보유하고 있고 중국은 제조능력과 최첨단 기술의 시장화능력

이 매우 뛰어나다. 따라서 유럽과 중국이 서로 힘을 합쳐야만 불필요한 경쟁을 피하고 더 큰 시장을 확보할 수 있다. 중국과 유럽이 협력해 제3자 시장을 개발하는 것도 국제 생산능력 협력의 계통효과를 드러내는 것으로 시장전망이 밝다. 전형적인 예가 있다. 프랑스의 원자력에너지 기술은 세계 최고 수준이고 전력 중 80%를 원자력에너지에서 얻고 있다. 중국은 전 세계 원자력발전소 중 37%를 건설하고 있으며 가장 뛰어난 건설 및 관리경험을 가지고 있다. 만약 중국과 프랑스가 협력해 제3자 원자력발전소 시장을 개척한다면 완벽한 팀이 될 것이다. 가성비가 가장 높은 중국 원자력발전 장비에 기술력이 가장 뛰어나고 가장 안전한 프랑스의 핵연료심을 장착한다면 영국의 원자력발전 시장까지 얻어 양국이 윈윈하는 데서 삼국이 윈윈하는 상황까지 만들어낼 수 있다.

칭다오 쓰팡지처차량주식유한공사의 생산 현장. 이 회사는 중국 고속철 차량의 주요 공급업체 중 하나로 해외진출을 적극적으로 모색하고 있다.

유럽은 세계적인 기술력과 발언권을 가지고 있으므로 중국은 유럽을 잡아야만 한다. 중국은 유럽과의 협력을 더욱 강화해 미국을 진정시켜야 한다. 나는 2006년에 쓴 글에서 '미국이 지나치게 빨리 쇠락하는 것을 막아야 한다'고 언급한 바 있는데 내 말의 의도를 이해하지 못하는 사람도 있었다. 내 뜻은 기존의 낡은 국제질서에서는 아직 미국이 앞에 나가 세계의 공공상품을 제공할 필요가 있고 특히 보초근무를 설 필요가 있으며 미국이 지나치게 빨리 쇠락하면 우리가 발전의 황금기를 잃게 된다는 것이었다. 중국과 유럽의 협력은 양측에 모두 이로운 일이다.

이러한 원원은 상호보완성이 상당히 강하다. 과거 일부 유럽 국가나 회사들은 중국에 핵심기술을 이전하는 데 부정적이었다. 그러나 기술이 시장과 결합되지 않으면 생명력을 잃게 되고 사용과정에서 끊임없이 개선할 원동력이 부족하게 된다. 예를 들어 독일의 자기부상열차는 사실상 중국 시장을 개척할 기회를 잃었다. 중국 스스로 만든 고속열차가 이미 강력한 기술력을 지닌 중요한 수출상품이 되었기 때문이다. 유럽에 기술이 있다면 중국은 기술을 시장화하는 능력이 출중하다. 만약 유럽의 기술과 중국의 시장화능력이 합쳐진다면 양측에 모두 이로울 것이다. 이 밖에도 중국과 유럽은 해상협력도 추진할 수 있다. 대항해시대에 앞서 나간 덕분에 유럽은 오늘날 항해규범의 제정자가 되었다. 중국과 유럽은 일대일로 지역에서의 항구건설과 항운 분야에서 협력을 진행할 수 있다. 유럽과의 협력은 중국이 북극 지역에서의 발전을 도모하는 데도 도움이 된다.

삼련생활주간: 현재의 구도로 볼 때 중국 외교는 '대국이 핵심, 주변이

우선, 개도국이 기초, 다자는 중요한 무대'라는 전방위적인 외교구도를 형성했다. 이러한 구도의 전환을 어떻게 이해해야 하는가?

왕이웨이: 세계 힘의 구도는 이미 대국과 개도국이라는 두 가지로 나눌 수 있을 만큼 간단하지가 않다. 대국도 다양한 단계로 나눌 수 있다. 중국과 미국은 새로운 대국관계를 구축해야만 역사상 대국끼리 충돌한 비극의 재현을 막을 수 있다. 중국은 신흥 국가를 대표하고 미국은 전통적인 선진국을 대표한다.

양국 사이의 권력이동 또는 협력은 단순히 두 나라와만 관계된 것이 아니라 두 가지 질서, 두 세계의 구축과 관계되어 있다. 이 밖에도 대국에는 브릭스, 중간국도 끼어 있다. 중간국은 유엔안전보장이사회 상임이사국도 아니고 일본, 인도, 독일처럼 세계적으로 영향력이 있는 대국도 아니지만 어느 정도 영향력이 있는 오스트레일리아, 한국, 멕시코, 캐나다와 같은 10~20개국을 일컫는다. 이들 국가는 적극적 외교와 비동맹 외교를 통해 미국이 할 수 없는 방식으로 중국의 굴기에 영향을 미칠 수 있다.

중국의 주변 전략은 경중과 완급을 분명히 한다는 것이다. 안보에 있어서는 동쪽이 긴장상태이므로 서쪽은 더 적극적으로 추진하고 남쪽과 협력한다. 그러므로 전략적인 면에서 외교는 자기중심적으로 추진하기 시작했으며, 중미관계를 핵심으로 보던 단계에 이별을 고했다.

아시아 신안보관은 운명공동체를 반영한 것으로 주변의 문제들을 해결하고 중국과 주변국이 장기적으로 잘 지낼 수 있는 길을 모색하고자 한다. 과거 경제건설을 중심에 두었던 외교는 이제 발전과 안보, 이 두 바퀴로 움직이고 있다. 여기에서 말한 발전에는 지속가능한 발전,

기후변화, 에너지, 안보 등 다양한 분야가 포함되어 있어 경제발전보다 훨씬 광범위하다.

삼련생활주간: 그렇다면 일대일로 전략을 제의하는 과정에서 다른 국가와의 관계를 어떻게 조율해야 국제사회에서 더 많은 지지를 받을 수 있는가?

왕이웨이: 시진핑 국가주석이 말한 대로 '중국의 이야기를 잘 말하고 중국의 목소리를 전해야' 한다. 다시 말해 국제무대에서 중국의 발언권을 강화하고 게임의 규칙을 제정하고, 새로운 개념과 새로운 이니셔티브를 제기해 국제사회의 지지를 얻어야 한다. 그러므로 차이나드림이든 일대일로든, 아니면 아시아 신안보관이든 과거와는 그 해석이 다르다. 지금까지는 오랜 시간 동안 평화굴기에 대해 이야기했다. 그러나 평화굴기는 오직 중국 자신에 관한 설명이었을 뿐 중국과 다른 국가의 관계에 대해서는 정확하게 정의내리지 않았다. 현재 우리는 변증법적이고 더 균형적이고 완벽해졌다. 중국 스스로도 평화로운 발전의 길을 걷겠지만 다른 나라도 평화로운 발전의 길을 걸어야 한다는 것이 국제사회의 공통된 인식이 되었다.

중국이 선양하는 것은 반드시 통약성commensurability이 있어야 하고 다른 사람도 같은 생각을 가지고 있어야지 자신의 입장만 떠들어서는 안 된다. 예를 들어 일대일로는 중국이 추진하려는 전략이 아니라 중국의 위대한 이니셔티브를 말하며, 연선국가 및 국제상의 이해관계자와 함께 상의하는 지역협력 계획이자 중국이 국제사회에 제공한 공공상품이고 국제사회에 보답하는 협력에 관한 주장이다.

삼련생활주간: 일대일로와 관련된 지역이 광범위하고 국가마다 정치·경제적 상황이 상이할 뿐만 아니라 많은 프로젝트의 투자주기가 상당히 길어 운행과 유지보수가 쉽지 않다. 이 때문에 일대일로 추진과정에서 맞닥뜨릴 리스크에 대해 우려하는 사람이 적지 않다.

왕이웨이: 일대일로는 확실히 리스크와 도전에 직면해 있다. 이러한 리스크에는 일단 투자, 세수 리스크 등이 포함된 경제적 리스크가 있다. 그다음으로는 정치적 리스크도 존재한다. 여기에서 말하는 정치적 리스크는 이들 국가의 내정 불안을 포함해 정치적 충돌 및 대국의 정치적 각축을 가리킨다. 안보 리스크는 국내와 국제적 안보위협, 전통적인 안보위협과 비전통적인 안보위협 등을 가리킨다. 법률적 리스크로는 국내와 국제법의 리스크가 포함되는데 예를 들어 남해 지역의 국제해양법 적용 문제 등이 이에 해당된다. 도덕적 리스크는 중국 제품의 품질, 프로젝트 및 중국 측 건설공사 인원의 소양 등을 말한다. 이러한 리스크는 새로운 도전을 제기했으며 일대일로 이니셔티브를 지속적으로 개선하고 글로벌 리밸런싱을 효과적으로 추진할 것을 요구한다.

일대일로 전략 및 추진[31]

중앙아시아는 중국의 일대일로 전략을 서쪽으로 확장하기 위한 첫
번째 관문으로 대세를 좌지우지할 만큼 중요한 곳이다.

실크로드의
첫 번째 관문

2016년 5월 키르기스스탄에서 계속 서쪽으로 향해 우즈베키스탄을 횡
단했다. 원시의 자연풍광과 자급자족하는 유목문명과 농경문명이 살아
숨 쉬는 이 땅에서는 곳곳에서 바깥으로 뻗어나가려는 힘이 느껴졌다.
키르기스스탄의 수도 비슈케크에서 동쪽으로 뻗은 도로의 이름은 실

---

31 글_ 쉬징징

크로드였다.

이 나라를 통과하는 5일 동안 나는 거의 매일 중국에서 온 도로건설 부대를 볼 수 있었다. 폴란드산 사과, 중국산 일용품, 파키스탄산 귤을 키르기스스탄 남부 주요 도시 오슈의 1,000년 역사를 자랑하는 그랜드바자르에서 모두 볼 수 있었다. 거기에서 서쪽으로 길을 잡으면 한국 방직공장, 독일 버스공장이 우즈베키스탄 페르가나분지의 농지 사이에 분포해 있다. 스페인이 부설한 고속철이 타슈켄트와 고대도시 사마르칸트를 연결시켰으며, 그보다 더 서쪽으로 향하면 부하라로 통하는 도로의 확장 재건공사가 진행 중이다.

내가 본 것은 아주 제한적인 일부에 지나지 않는다. 카자흐스탄 남부에서 중국 시공팀이 땅이 얼기 전에 중국 서부와 유럽 서부를 연결하는 통로의 일부 구간을 완성하기 위해 구슬땀을 흘리고 있었다. 이 길은 전체 길이가 대략 8,000km에 이르는 서유럽-러시아-카자흐스탄-중국 서부를 잇는 국제 도로운송회랑인 쌍서도로다. 유즈노카자흐스탄주는 카자흐스탄의 농업과 목축업 기지다. 대규모 농산물 집산지인 심켄트에는 중앙아시아 각국과 러시아에서 온 화물차들이 엄청난 양의 신선한 과일과 채소를 카자흐스탄 전 지역은 물론이고

우즈베키스탄 페르가나분지의 쿠바 고성. 울타리 안쪽이 고성 유적이다.

유럽으로까지 운송하고 있지만 울퉁불퉁 홈이 파이고 돌이 잔뜩 깔린 낡은 도로는 이미 오래전에 운송로로서 제 기능을 못하고 있는 실정이다. 이에 중국, 러시아, 카자흐스탄은 현대화된 물류운송망을 공동건설하기로 결정했다. 이 운송로가 재건해야 하는 도로는 주로 카자흐스탄 영내에 있다.

중국 내륙에서 유럽으로 향하는 철도 노선도 나날이 분주해지고 있다. 2011년 10월 충칭에서 독일 뒤스부르크로 향하는 국제화물열차가 처음으로 운행을 시작했다. 현재 매주 네 편의 국제화물열차가 두 도시 사이를 오가고 있다. 뒤스부르크가 위치한 노르트라인-베스트팔렌주는 중국 기업이 가장 집중적으로 투자하고 있는 지역으로, 총 800여 개 기업이 이곳에서 활동하고 있다.

중국과 유럽을 연결하는 8개의 국제철도 노선의 경우 2015년에 총

1,000년 역사를 자랑하는 키르기스스탄 오슈 바자르는 여전히 중앙아시아 지역에서 가장 중요한 상품 집산 시장 중 하나다.

308대의 열차가 중국과 유럽을 오갔다. 이는 전년 대비 285%나 증가한 수치였다. 2014년 1월 20일에는 이우에서 중앙아시아 5개국으로 향하는 철도 노선이 개통되었다. 이 열차는 이우에서 카자흐스탄, 우즈베키스탄, 키르기스스탄, 투르크메니스탄, 타지키스탄 등 5개 내륙국가로 향한다. 2014년 9월 시진핑 국가주석은 베이징에서 스페인의 마리아노 라호이 총리를 만나 이신오우 공동건설을 제안하고 화물운송 열차가 스페인 수도 마드리드까지 곧장 향하도록 하겠다는 뜻을 분명히 밝혔다. 이 이신오우 국제열차는 이우를 출발해 신장을 통해 국경을 넘어 카자흐스탄, 러시아, 벨로루시, 폴란드, 독일, 프랑스, 스페인 등 7개 국가를 거치며 총 길이 1만 3,050km에 이르는 세계에서 가장 긴 국제화물열차 노선이다.

2014년 6월 허신오우 철로가 개통되었다. 허페이 북역을 출발해 아

카자흐스탄 톈산산맥에서 생활하는 카자흐족 주민

라산커우나 호르고스(중국어로는 훠얼거쓰)를 경유해 중앙아시아 5개국을 거쳐 러시아, 독일, 폴란드 등 유럽 국가에 이르는 열차의 운행시간은 약 18일로 해운보다 최소 15일이 단축된다. 2014년 12월 중국과 유럽을 잇는 톈마하오 열차가 처음으로 간쑤 우웨이를 출발해 카자흐스탄 알마티로 향했다. 톈마하오의 종착역은 우웨이에서 8,000km나 떨어진 네덜란드 외로포르트까지 연장될 것이다.

중국에서 유럽으로 향할 때 육상의 어떤 길을 이용하더라도 반드시 거쳐야 하는 중앙아시아 5개국은 난관이자 가장 중요한 지역이다. 세계은행의 2015년 통계에 따르면 일대일로의 주요 연선국가 중에서 싱가포르의 수입효율이 가장 높아 컨테이너 1개를 수입하는 데 4일밖에 걸리지 않는다. 인도, 러시아, 중국 등 기타 무역대국은 20일 정도가 소요되며, 가장 긴 시간이 걸리는 우즈베키스탄은 104일이나 소요되었

카자흐스탄 알마티 동쪽 약 200km 지점의 중국 서부–서유럽 교통회랑의 도로교 시공 현장

다. 중국 민간연구기관인 궈관즈쿠가 일대일로와 관계된 60여 개 국가의 교통·통신·전력 인프라 발전수준을 조사한 결과 중앙아시아 5개국 중에서 카자흐스탄만이 평균수준을 웃도는 것으로 평가되었다.

레일을 교체하는 문제는 중국-유럽 철도 노선의 효율에 영향을 미치는 주요 요소 중 하나다. 중국의 표준궤는 두 레일의 간격인 궤간이 1,435mm인데 중앙아시아에서 사용하는 광궤는 1,520mm다. 레일을 바꾼다는 것은 사실상 열차 차량을 바꾸는 것인데 타워크레인으로 열차에 실린 컨테이너를 다른 열차로 옮겨 싣는 것을 말한다. 이신오우 열차는 유럽에 도착하기 전에 카자흐스탄, 폴란드 및 프랑스와 스페인의 접경지대에서 세 차례 레일 교체를 실시한다.

2013년 9월 시진핑 국가주석은 카자흐스탄 나자르바예프대학에서의 연설 도중 처음으로 실크로드 경제벨트 이니셔티브를 제기했다. 시진핑은 이렇게 말했다. "우리와 유럽 각국 사이의 경제적 연계를 더욱 강화하고 상호협력을 더 심도 있게 추진하고 더 광활한 발전공간을 마련하기 위해 우리는 혁신적인 협력모델로 실크로드 경제벨트를 공동 건설할 수 있습니다." 실크로드 경제벨트를 공동건설하는 것에 대한 공감대는 이미 중국과 중앙아시아 5개국이 체결한 공동선언문과 발전계획 등 정치문서에 포함되었다. 카자흐스탄의 누를리 졸(빛의 길), 타지키스탄의 에너지·교통·식량 3대 국가진흥 전략, 투르크메니스탄의 강성행복시대 등의 국가발전 전략은 모두 실크로드 경제벨트 건설과 접점을 찾았다.

중국과 중앙아시아의 번영과 운명은 다시금 실크로드로 인해 긴밀하게 연결되었다. 그렇다면 중앙아시아는 중국에게 어떤 의미가 있는가? 또 중국은 중앙아시아에서 어떤 역할을 할 수 있는가?

지역 안전밸브로서의
역할

중국과 중앙아시아가 유구한 교류역사를 이어가고 있기는 하지만 1990년 6월부터 12월까지 중앙아시아 5개국이 잇달아 독립하고 난 이후에야 신중국은 진정한 중앙아시아 5개국과 외교관계를 맺기 시작했다. 중국 국제문제연구원 유럽아시아연구소 부소장이자 일대일로 연구센터 부주임인 리쯔궈는 이렇게 말했다. "구소련이 중국과 중앙아시아의 소통을 가로막는 바람에 양측은 서로를 제대로 이해할 기회가 없었다. 일단 중소관계 때문에 구소련 시기에는 중국과 중앙아시아 지역의 관계가 좋지 않았다. 또 중국은 러시아라는 하나의 민족, 하나의 연방으로 소련을 인식했다. 소련에 대한 중국의 이해는 사실 러시아에 대한 이해이자 인식이었다. 중앙아시아가 중국의 이웃국가이기는 하지만 너무도 먼 곳에 있었다. 처음으로 타지키스탄에 갔을 때 이 나라가 중국 신장과 국경을 맞대고 있다고 생각하니 참으로 머나먼 이웃나라라는 감탄이 절로 나왔다."

중국의 대중앙아시아 외교 25년을 회고하며 란저우대학 중앙아시아연구소 소장인 양수 교수는 이렇게 말했다. "중국의 대중앙아시아 전략 중 최상위 전략에는 중대한 변화가 생긴 적이 없다. 소련이 해체되고 난 뒤 중국은 곧바로 왕복외교를 진행했다. 당시 중국은 중국과 서쪽에 자리한 광활한 지역의 관계를 잘 처리해야 한다는 점을 예리하게 포착했다. 그때 카자흐스탄의 무핵화는 대국의 관심을 불러일으켰다. 중국 국내에서 신장에 불안한 조짐이 나타나기 시작했다. 우리가 주로 연구하는 깃은 중앙아시아의 안보요소다. 안보 분야에서 국경회담은 중국-중앙아시아 관계에서 가장 상징적인 조치였다."

영토 문제는 예로부터 지금까지 가장 첨예하고 해결이 어려운 문제이자 가장 쉽게 충돌을 불러오는 문제이기도 하다. 1960년 여름 신장 보자이거고개에서 소련 국경수비대가 중국 유목민들이 국경을 넘어 방목한다는 이유로 중국 유목민을 습격했다. 같은 해 중국 외교부는 중소변경문제판공실을 설립해 소련과의 국경회담 준비에 나섰다. 1964년에 이뤄진 제1차 국경회담은 전문가들이 국경에 영토분쟁 지역이 존재한다는 사실을 인정하는 선에서 끝났다. 1969년 3월 양국은 국경 문제로 전바오섬(소련명은 다만스키섬)에서 무력충돌을 빚었다. 같은 해 9월 소련 각료회의 의장 코시긴은 베트남 대통령 호치민의 장례에 참가한 뒤 베이징을 지나는 길에 중국 지도자와 만나고 싶다는 뜻을 전했다. 9월 10일 코시긴은 타지키스탄 수도 두샨베에 도착했을 때 중국 총리로부터 그의 베이징 방문을 환영한다는 회답을 얻었다. 11일 베이징 수도공항 청사 서쪽에 있는 귀빈실에서 코시긴과 저우언라이는 3시간 40분에 걸쳐 공항회담을 가졌다. 회담을 마치기 직전 코시긴은 한결 가벼워진 말투로 이렇게 말했다. "우리는 한참을 돌아왔습니다." 이리하여 두 핵보유국의 긴장국면은 일시적으로 누그러졌다. 그러나 이후 9년에 걸친 국경회담에서 중소 양국은 국경 대치상황 해결을 위한 어떠한 성과도 내지 못했다.

1991년 12월 소련이 해체되면서 3,300km에 달하던 기존 중소 국경의 서쪽 지역에 자리하다가 독립한 카자흐스탄, 키르기스스탄, 타지키스탄이 중국의 새로운 이웃국가가 되었다.

1992년 1월 2일부터 7일까지 대외경제무역부 부장 리란칭과 외교부 부부장 톈쩡페이는 중국 정부 대표단을 이끌고 잇달아 중앙아시아

5개국을 방문해 신속하게 5개국과 외교관계를 수립했다. 중국 대표단은 우즈베키스탄에서 이슬람 카리모프 대통령을 알현하고 외교부 장관 접견 리셉션에 참석한 뒤 외교부 부부장 회담을 주관하고 일정 내내 호위 차량의 호송을 받았다. 카자흐스탄에서 누르술탄 나자르바예프 대통령은 중국 정부 대표단의 방문을 통찰력 있는 결정으로 보고 양국의 관계발전에 무한한 기대감을 표시했다. 타지키스탄 대통령은 중국 대사관이 있는 거리를 베이징 거리로 명명하자고 제안했다. 키르기스스탄에서는 중국을 두 번이나 방문한 적이 있는 아스카르 아카예프 대통령이 공자의 말을 수차례 인용하며 중국 경제개혁의 경험이 키르기스스탄의 국가상황에 매우 적합하다고 했다. 투르크메니스탄에서 사파르무라트 니야조프 대통령은 모든 방문자에게 투르크메니스탄의 전통 수공예 모직 양탄자를 선물했다. 니야조프는 리란칭 부장에게 자신들의 고문 역할을 맡아달라고 두 번이나 요청했으며 양국의 경제무역관계를 확장할 장기적인 청사진을 고민하기 시작했다.

리쯔궤는 이렇게 말했다. "새로 성립된 중앙아시아 각국은 대국이며 유엔안전보장이사회 상임이사국이자 중요한 이웃국가의 인정을 받기를 간절히 원하고 있다." 양측의 적극적인 교류 염원은 변경 문제 해결의 밑거름이 되었다. 1992년 10월 중국 정부 대표단은 카자흐스탄, 키르기스스탄, 러시아, 타지키스탄 등 4개국 정부연합 대표단과 베이징에서 소련 해체 이후 처음으로 변경 문제에 관해 국경회담을 개최했다. 22차례의 회담 끝에 1996년 4월 26일 5개국은 상하이에서 '국경지역의 군사적 신뢰 강화를 위한 협정'을 체결했다. 이때 양측이 국경지역에 배치한 군사력은 서로 공격하지 않는다, 양측은 상대방을 대상으로 한 군사훈련을 실시하지 않는다, 군사훈련의 규모와 범위·횟수를 제한한다, 국경 100km 이내 지역에서 이뤄지는 중요한 군사활동 상황에 대해 통보한다, 실전훈련을 관찰할 수 있도록 상호 초청한다, 위험한 군사활동을 예방한다, 양측의 변경지역 군사력과 국경수비대 사이의 우호 교류를 강화한다 등을 포함한 사항에 대해 공감대를 형성했다. 이듬해 5개국 지도자는 모스크바에서 개최된 회담에서 '국경지역의 군사력 상호 감축에 관한 협정'을 체결했다. 이로써 매년 각국이 돌아가며 회의를 개최하는 체제가 마련되었다. 이러한 공감대와 체제하에서 국경 문제는 최종적으로 해결되었다.

첨예한 영토 문제와 국경 문제가 해결된 데는 안보에 대한 중국과 중앙아시아 각국의 공통된 요구가 밑바탕이 되었다. 푸단대학 러시아 중앙아시아 연구센터, 상하이 협력기구 연구센터의 자오성화 주임은 『중국의 중앙아시아 외교』에서 여러 민족이 국경을 넘어 존재하는 현실 탓에 양측은 국가통일을 수호하고 민족 분열활동에 반대하는 입장에서 분열활동을 꾀하는 각종 세력을 함께 진압해야 하며, 중요한 전략적 방어벽으로써 양측의 국경안보가 국내 경제개혁의 안전계수를 높일 수 있다는 점에서 중국과 중앙아시아의 협력은 각국의 공동이익에 부합한다고 밝혔다.

원래 골치깨나 썩었던 국경 문제는 사실상 중국과 중앙아시아가 단시간 내에 상호간의 이해를 높이는 창구가 되었다. 국경회담은 지속적인 만남이 담보되어야 한다. 또한 국경 문제는 국가의 중대한 이익과 관련되어 있으므로 회담은 국가 최고위층의 지대한 관심 속에 진행되며 원칙적인 문제는 반드시 국가 최고위층이 의사결정을 내려야 한다. 회담 자체가 바로 중국과 중앙아시아 각국이 중앙아시아 지역에서 벌이는 협력으로, 회담을 통해 설립한 협력체제는 이후 더 큰 효과를 발휘했다. 바로 상하이 5국(중국, 카자흐스탄, 키르기스스탄, 러시아, 타지키스탄)을 바탕으로 2001년 6월 15일 상하이 5국 정상들과 우즈베키스탄 대통령이 상하이에서 회담을 갖고 '상하이 협력기구 성립선언'을 체결한 것이다.

안보협력은 줄곧 상하이 협력기구의 틀 아래서 가장 중요한 의제로 여겨졌다. 상하이 협력기구 성립선언에서 다시금 테러리즘, 극단주의, 분리주의를 겨냥한 '상하이 공약'을 천명했다.

예쯔청은 『지정학적 전략과 중국 외교』에서 다음과 같이 말했다. "당신에게 우호적이고 이익을 주는 국가라면 그 나라가 당신의 이웃국가인 덕에 이러한 이익이 배가될 것이다. 마찬가지로 당신에게 비우호적이고 손해를 끼치는 국가라면 그 나라가 당신의 이웃국가인 탓에 이러한 손해도 갑절로 늘 것이다." 만약 중앙아시아 국가들이 중국과의 협력에 적극적으로 나서지 않는다면 중국은 서부 국경의 안보와 안정을 유지하는 데 많은 어려움을 겪게 될 것이다.

역사상 중국 서부지역의 안보는 중앙아시아 지역과 밀접한 관계가 있었다. 1759년 청나라가 신장을 통일한 때부터 1911년 청나라가 멸망할 때까지 중국 신장 지역에서는 크고 작은 동란이 20여 차례나 발생했다. 그중 대다수 혼란은 중앙아시아에서 온 세력과 관련이 있었다. 문화적으로 중국 서북지역, 특히 신장 지역 거주민들은 민족·언어·종교 등 여러 분야에서 이슬람세계와 같거나 비슷하다. 현재 중앙아시아는 범이슬람주의와 범투르크주의의 영향을 다방면에서 받고 있다. 최근 몇 년간 이슬람 극단주의, 민족분열주의, 테러리즘이 중앙아시아 지역에서 서로 합류해 중앙아시아 각국의 안정에 심각한 위협을 야기하고 있다. 만약 중앙아시아 각국이 이슬람 부흥운동의 지속적인 발전을 통제하지 못한다면 이슬람 부흥운동으로 인해 파생된 종교 급진주의와 범이슬람주의가 범투르크주의와 결합해 중국 서북지역까지 만연해져 이 지역은 중국 육상국경에서 취약한 부분 중 하나가 되고 만다.

1990년대부터 중국 국경 안에서의 테러리즘과 분열활동이 카스 최전방으로 빠르게 결집하는 추세를 보이고 있다. 신장의 분리주의 세력은 난장 동파미르 지역을 돌파구로 삼을 생각이었다. 즉, 중앙아시아와 연계할 외부원조 통로이자 시짱 독립세력과 손잡기 편한 곳으로 만들 셈이었다. 리쯔궈에 따르면 우즈베키스탄의 조사결과 동투르키스탄이슬람운동과 극단주의 단체인 우즈베키스탄 이슬람운동 회원은 유동적이어서 동투르키스탄 이슬람운동 회원들이 우즈베키스탄 이슬람운동 내부에서 요직을 맡을 수 있다고 했다. 우즈베키스탄 이슬람운동은 90년대 중앙아시아에서 활약하며 한때 아프가니스탄, 타지키스탄, 파키스탄에서 수천 명을 수용한 훈련소를 운영했다. 우즈베키스탄 이슬람운동이 아프가니스탄에서 운영하던 훈련소는 북부에 자리한 각 성을 위시해 거의 아프가니스탄 전 지역에 세워졌다. 파키스탄 페샤와르와 펀자브주에만 훈련소 네 곳이 있고 라호르 지역에도 고급훈련소 몇 곳이 더 있다. 타지키스탄 북부 가름 지역에 있는 군사기지와 훈련소는 이미 상당한 규모를 갖췄다. 타지키스탄 주재 유엔 난민기구 대표는 1999년 초에 가름 일대에서 활동한 우즈베키스탄 이슬람운동 테러리스트가 1,500명에 달한다고 했다. 이러한 군사시설은 최신 무기로 무장했고 무기 유형도 매우 다양하다. 그들은 특히 유격전을 대비한 훈련과 파괴적인 테러활동 훈련에 집중했다. 소식통에 따르면 당시 빈라덴과 터키의 어떤 조직이 역외 신장 독립세력에 제공한 자금을 전해준 단체가 바로 우즈베키스탄 이슬람운동이라고 한다.

독립 초기 중앙아시아 국가는 중국이 동투르키스탄 이슬람운동 테러세력 및 관련 세력을 엄단하는 문제에 대해 불간섭을 기본 원칙으로 하는 소극적인 태도를 취했다. 그러나 이후 중앙아시아 극단주의 세력의 급부상이 중앙아시아 각국에게도 가장 심각한 안보위협이 되면서 테러리즘, 종교 극단주의 세력, 분리주의 세력에 대한 대응태도에 근본적인 변화가 생겼다. 그러면서 반테러행동에서 수동적인 자세를 취했던 중국의 상황도 완전히 바뀌었다. 신장독립을 꾀하는 테러세력은 더 이상 중앙아시아 국가를 기지로 수많은 테러리스트들을 훈련시킬 수 없게 되었다. 신장에서 테러를 저지른 뒤 중앙아시아로 도망쳐 이른바 정치적 피난처를 구하던 통로도 봉쇄되었다. 7·5 사건을 포함해 중국의 반테러활동은 중앙아시아 5개국의 이해와 지지를 얻었다.

상하이 협력기구가 설립된 이후 각국은 테러리즘·극단주의·분리주의 세력 타파, 마약 밀매 및 범죄 등 여러 분야와 관련된 테러리즘·극단주의·분리주의를 타파하는 상하이 공약, 반테러리즘 공약, 마약·정신약물 및 그 전구체의 불법밀매 공동단속을 위한 협의, 무기·탄약·폭발물 불법밀매 단속을 위한 협정, 국제정보 안보보장을 위한 협력협정 등 10여 건의 중요 문건에 공식 서명했다. 중국은 카자흐스탄, 타지키스탄, 우즈베키스탄과 테러리즘·극단주의·분리주의 세력 타파에 관한 협력협정을 체결하고 이들 국가의 안보, 국경 수비, 국방 등의 부문과 주기적인 연락체계를 갖췄다. 중국은 중앙아시아 국가에 적극적으로 군사적 원조를 제공해 군사장비의 수준을 높이고 군관을 양성하는 데 도움을 주고 있다.

2002년 10월 중국과 키르기스스탄 육로 국경 양측의 고산지대에서 중국과 키르기스스탄 양국의 국경수비부대와 특수부대가 반테러연합 군사훈련을 실시했다. 이는 신중국 성립 이후 처음으로 외국과 실시한 연합 반테러 군사훈련이자 중국 인민해방군이 해외에서 처음으로 실시한 군사훈련이었다. 2003년 8월 신장 이닝 지역과 카자흐스탄 우차랄시에서 중국, 카자흐스탄, 키르기스스탄, 러시아, 타지키스탄 5개국의 무장한 군사들이 상하이 협력기구의 틀 안에서 첫 번째 다자간 반테러연합 군사훈련을 실시했다.

국제 테러조직이 수시로 인터넷을 통해 테러 동영상을 유포하고 극단주의 사상을 전파하고 동조자를 모집한다는 사실을 감안해 상하이 협력기구 지역 반테러기구이사회는 2013년 인터넷 전문가팀을 구성했다. 2016년 10월 14일 각 회원국 주관기관은 푸젠성 샤먼시에서 샤먼-2015 인터넷 반테러훈련을 성공적으로 실시했다.

최근 들어 국제정세의 변화로 인해 중앙아시아의 지역 안전밸브로

중국, 키르기스스탄, 타지키스탄 안보집행기관은 연합 반테러훈련을 실시했다. 훈련 중 장갑차에 탄 특공대가 테러리스트 캠프에 대한 소탕작전을 펼치고 있다.

서의 역할이 갈수록 중요해지고 있다. 중국 사회과학원이 내놓은『중앙아시아 황서: 중앙아시아 국가발전 보고(2014)』에서는 다음과 같이 밝혔다. "중앙아시아의 안보는 리스크 상승기에 진입했다. 중동의 전세계적인 이슬람 보수주의 부흥 물결에서 시작되어 중동-남아시아-중앙아시아-중국 신장을 잇는 종교 극단주의와 테러리즘이 부채꼴형으로 횡적 연결되어 지역안보에 심각한 위협을 초래하고 있다.

지난 10년간의 반테러전쟁 중에 성장한 신세대 종교 급진세력이 아프가니스탄에서 활약하고 있어 중앙아시아 국가와 아프가니스탄 국경수비상황에 대한 우려를 자아내고 있다. 타지키스탄과 아프가니스탄의 국경선은 1,344km에 이르고 투르크메니스탄과 아프가니스탄의 국경선은 900km에 이른다. 철통같은 방어태세를 갖춘 우즈베키스탄과 아프가니스탄 사이의 국경선이 137km에 불과한 것에 비해 타지키스탄과 투르크메니스탄 양국은 아프가니스탄과의 접경지대를 제대로 관리하지 못하고 있는 실정으로 온갖 무장세력들이 중앙아시아로 들어갈 수 있는 이 입구 두 곳을 호시탐탐 노리고 있다. 이 모든 것은 앞으로 중국과 중앙아시아 각국이 실무적인 국제협력을 통해 각종 위협에 공동으로 대처해야 한다는 것을 의미한다."

에너지
동로

2014년 9월 13일 중국과 타지키스탄 양국 정상이 지켜보는 가운데 중국-중앙아시아 친연가스 파이프라인 D라인 타지키스탄 측이 타지키스탄 수도 두샨베에서 공사를 시작했다. 이는 시진핑 국가주석이 실크로드 경제벨트 전략구상을 제기한 이후 중국이 중앙아시아 지역에서 실시한 첫 번째 중대한 전략투자 프로젝트였다.

에너지는 실크로드 경제벨트의 선행 프로젝트로 견고한 기초가 있다. 1990년대 중후반 중국은 해외진출 전략 실시를 명확히 밝히며 중국 기업에게 국내자원과 국내시장을 잘 이용하는 것은 물론이요, 외국의 자원과 국제시장을 더 많이, 더 효과적으로 이용함으로써 해외로 나가 국내의 부족한 자원을 공동개발하고 중국 내 산업구조 조정과 자원교환을 촉진해 종합적인 실력과 국제경쟁력을 제고할 것을 주문했다. 당시 중앙아시아는 경제수준이나 인프라는 낙후되었지만 풍부한 자원을 가지고 있었다. 미국 에너지정보국은 중앙아시아 카스피해의 확인 매장량이 24~46억 6,000만 톤, 미확인 매장량이 약 322억 톤으로 채굴가능한 석유 총량은 346~368억 톤에 이를 것이고 미확인 천연가스 매장량은 약 8조 m³에 달할 것이라고 예측했다. 카스피해와 주변 지역의 석유 및 천연가스 채굴가능량은 영국의 북해 유전과 비슷하며 전 세계 매장량의 3%에 가깝다. 또 이 지역의 미확인 천연가스 매장량은 전 세계에서 가장 많을 것이다. 비록 현재는 중앙아시아 지역의 석유 및 천연가스 매장량과 생산량이 전 세계 석유, 천연가스 시장에서 차지하는 비중이 그다지 높지 않지만 에너지 시장에서 중앙아시아가 차지하는 비중은 점차 커지고 있다. 현지에서 소비하는 에너지는 유한하기 때문에 수출가능한 석유 및 천연가스량은 상당할 것이다. 1997년 카자흐스탄 악토베 유전을 매입하면서 국영 중국석유천연가스그룹CNPC은 중앙아시아에 포석을 깔았다.

세계 최대의 석유 소비시장이지만 중국에게는 국제유가에 관한 발언권이 없다. 그래서 중국의 에너지 구성은 향후 중국의 에너지안보를 결정할 뿐만 아니라 중국 경제안보에도 직접적인 영향을 미치게 된다. 국제 에너지기구의 예측에 따르면 2030년 전 세계 에너지 수요는 연평균 1.6%의 속도로 증가할 것이며, 그중 아시아 개도국의 수요 성장이 가장 빠를 것이라고 한다. 중국의 석유 수요량은 매년 3.4%의 성장률을 보일 것이며, 2030년 중국의 원유 소비량은 매년 1,530만 배럴(그 가운데 77%를 수입에 의존)에 달할 것으로 예측했다. 현재 중국의 석유 대외의존도는 거의 60%에 가깝고 천연가스의 대외의존도는 31.6%에 달한다. 석유안보는 이미 국가안보 전략에서 가장 중요한 부분 중 하나가 되었다.

그러나 중국의 에너지 공급 문제에 있어 치명적인 단점이 하나 있었으니 바로 수입국이 한곳에 집중되어 있어 리스크가 너무 크다는 것이다. 오랜 세월 중국은 전체 원유 수입량 중 절반 이상을 중동에서 수입했다. 지난 20년 동안 중동 지역의 정치상황은 줄곧 혼란스러웠다. 팔레스타인-이스라엘 문제, 미국-이라크 전쟁, 국제 테러리즘 등으로 이 지역은 단시간 안에는 평화와 안정을 실현하기 어려울 것으로 보이며 때문에 석유 운송에도 리스크가 존재했다. 미국-이라크 전쟁 이후 미국은 중동 지역에 대한 통제를 강화했을 뿐만 아니라 최근 들어서는 동남아시아와 남해에서도 갈수록 빈번하게 활동하고 있다. 그런데 중국 석유 운송선 중 70%가 말라카해협을 통과해야 한다.

에너지자원 수입처 다변화를 실현하기 위해 중국은 베네수엘라, 나이지리아 등 라틴아메리카와 아프리카 국가와의 석유협력을 강화했다. 그러나 국가 석유안보의 장기적인 이익에서 봤을 때 이러한 에너지자원 공급처는 모두 치명적인 단점을 가지고 있었다. 바로 매우 먼 거리의 해상수송로를 통해 공급받는 과정에서 일부 중요한 해로들을 거친다는 점이었다.

중국과 러시아는 중요한 전략적 협력동반자이지만 천연가스자원을 둘러싼 협력은 그리 순조롭지 않다. 오랫동안 유럽연합에 대한 천연가스 자원공급을 우선적으로 보장하는 것이 러시아의 전략 방향이었다. 러시아는 유럽연합이 수입하는 천연가스의 2분의 1, 석유의 3분의 1을 공급하고 있으며 자국의 천연가스 전체 수출량의 60% 이상을 유럽연합으로 수출하고 있다. 러시아가 중국으로 수출하는 석유는 러시아의 석유 수출 총량 중 극히 일부를 차지할 뿐이며 중국과 러시아는 오랫동안 천연가스 가격에 있어 의견일치를 보지 못했다. 2008년 러시아와 조지아의 충돌로 서방세계와 러시아의 관계가 악화되면서 서양에서 러시아의 전략적 공간이 축소되었다. 이러한 상황에서 2009년 러시아 연방정부는 '2030년 전 러시아 에너지 전략'을 수정 발표하면서 아시아태평양 시장에 대한 석유 수출량을 22~25%로 늘리고 천연가스 수출량을 19~20%로 늘리겠다고 밝혔다. 러시아는 석유탐사, 공사수주 등 업스트림에 대한 국제협력에 매우 신중한 편이다. 2014년 9월 러시아는 CNPC에 러시아 육지석유 프로젝트에 지분참여를 요청해 외국 석유회사가 자국의 업스트림 부문 협력에 참여하는 데 대한 갖가지 제한을 없앴다. 여기에는 그럴 만한 사정이 있었다. 2014년 우크라이나 위기가 발발하면서 러시아가 서방세계의 제재를 받게 되었고, 국제 액화천연가스 생산능력이 대거 유럽으로 유입되면서 파이프라인 천연가스에 대한 유럽의 수요가 30~40% 줄어들었으며, 세계 에너지 가격이 오랫동안 약세를 면치 못하고 있기 때문이었다.

중국과 중앙아시아의 에너지 협력 추진 속도는 이보다 훨씬 빨랐다.

2003년 서쪽의 카스피해 아티라우 지역에서 시작되어 악토베를 거쳐 중국과 카자흐스탄의 국경인 아라산커우에 이르는 중국-카자흐스탄 송유관이 건설되었다. 2007년 투르크메니스탄은 CNPC와 동부 아무 다리야강 인근 바그티얄리크 가스전 개발을 위한 생산물 분배계약을 체결했다. 현재 이 가스전의 채굴가능 매장량은 2,527억 m³로 중국이 중앙아시아 5개국에서 진행하는 천연가스 협력 프로젝트 중 최대 규모 다. 2010년 6월 우즈베키스탄과 중국은 기본 협정을 맺고 투르크메니 스탄-중국 가스 파이프라인을 통해 중국으로 천연가스를 수출하기로 했다. 2012년 8월 우즈베키스탄은 투르크메니스탄-중국 가스 파이프 라인을 통해 중국으로 천연가스를 수출하기 시작했으며, 2013년 가스 송출량은 약 30억 m³에 달했다. 이 밖에도 CNPC는 우즈베키스탄에서 2개의 협력 프로젝트를 진행 중이다. 하나는 카라쿨 유전에 전액 출자 프로젝트로 CNPC가 확보한 천연가스 채굴가능량은 226억 m³에 이른 다. 다른 하나는 밍불라크 유전 협력 프로젝트로 CNPC가 50%의 지분 을 보유했으며 채굴가능량은 570만 톤이다.

정리하자면 중국은 에너지 수입처 다변화를 추구하고 중앙아시아 국가들은 에너지 수출처 다변화를 추구하기 때문에 양측의 이해관계 가 들어맞는다. 소련 정권 시기 중앙아시아 천연가스는 줄곧 투르크메 니스탄-우즈베키스탄-카자흐스탄-러시아 경로를 따라 수출되었다. 이 방향으로는 이미 중앙아시아-중앙 파이프라인과 부하라-우랄 파이 프라인이 개통되어 있다. 소련이 해체된 뒤에도 러시아는 계속해서 중 앙아시아에서의 에너지 우위를 유지하고자 했다. 2007년 5월 푸틴 대 통령은 투르크메니스탄에서 투르크메니스탄, 카자흐스탄 정상과 3자 회담을 실시해 카스피해 연안 천연가스 파이프라인 부설 및 중앙아시아 천연가스 수송능력 제고에 관한 공동성명을 채택했다. 3국은 2012년 완공을 목표로 2008년 하반기부터 카스피해를 따라 천연가스 파이프 라인 부설공사를 실시하기로 했다. 새로 개통된 파이프라인으로는 매년 적어도 200억 m³에 달하는 천연가스를 수송할 수 있을 것으로 보았다. 이와 동시에 중앙아시아에서 러시아로 통하는 기존 중앙아시아-중앙 파이프라인에 대한 개보수를 진행해 중앙아시아-중앙 파이프라인 시스템의 연간 실제 수송능력을 현재의 440~450억 m³에서 800억 m³로 높일 계획이다. 2003년에 체결되어 유효기간이 2028년까지인 천연가스 수출계약에 따라 2007년 러시아는 투르크메니스탄으로부터 600~700억 m³에 달하는 천연가스를 구입할 수 있고, 2009~2028년까지는 연평균 700~800억 m³에 달하는 천연가스를 구입할 수 있다. 러시아는 이를 바탕으로 중앙아시아의 천연가스를 자신이 일괄수매-일괄판매하려는 목적을 달성하고자 한다.

그러나 중앙아시아 국가들은 자국의 에너지 수출권리를 온전히 러시아에게 맡길 생각이 없다. 2003년 4월부터 2005년 말까지 러시아는 1,000m³당 44달러라는 저렴한 가격으로 투르크메니스탄의 천연가스를 매입해 코카서스 각국에 2배 가격을 받고 팔았으며, 터키에는 3배 가격을 받았다. 2005년 투르크메니스탄은 우크라이나와 약 400억 m³에 달하는 천연가스 공급계약을 맺었다. 천연가스를 둘러싼 러시아와 우크라이나 사이의 갈등이 끊이지 않은 탓에 러시아 가즈프롬사는 통과화물에 대한 허가를 내주지 않아 투르크메니스탄과 우즈베키스탄이 계약을 이행할 수 없도록 만들었다. 공급루트 측면에서 러시아의 통제를 받기 때문에 투르크메니스탄은 수출가격을 올리겠다는 입장을 단호하게 견지할 수가 없다.

현재 카자흐스탄은 미국, 영국, 네덜란드, 프랑스, 이탈리아, 중국, 러시아 등 45개 국가를 유전개발에 참여시키고 있으며 자국 석유 매장량 중 80%, 전체 생산량 중 85.7%를 외국기업과 합자기업에 맡겨 생산하도록 하고 있다. 텡기즈, 카라차가나크, 카샤간 등 대형 유전 모두 여러 국가의 독립재단이나 카즈무나이가스사와의 컨소시엄이 투자개발을 맡고 있다. 투르크메니스탄은 자신이 속한 카스피해 구역을 30여 개의 블록으로 나누고 이탈리아, 말레이시아, 독일, 인도 등의 국가가 탐사개발을 진행하고 있다. 우즈베키스탄은 2000년부터 석유 및 천연가스 탐사 프로젝트를 개방해 러시아, 말레이시아, 미국, 한국, 중국 등의 국가를 끌어들여 우스튜르트, 부하라, 수르한다리야와 페르가나 지역에서 탐사를 진행하고 있다. 이 국가들은 파이프라인 부설에 관해서도 다방면으로 참여할 뜻을 비치고 있다. 투르크메니스탄을 예로 들자면 이미 1997년에 이란까지 이르는 200km 길이의 천연가스 파이프라인을 부설했다. 이는 역사상 처음으로 러시아를 거치지 않고 다른 나라까지 연결한 중앙아시아 천연가스 수출 파이프라인이었다. 2007년 미국은 러시아를 비껴서 카스피해를 건너는 천연가스 파이프라인을 건설해 투르크메니스탄 투르크멘바시와 아제르바이잔 바쿠를 연결하겠다고 제안했고, 투르크메니스탄도 깊은 관심을 보였다.

그러나 중앙아시아의 에너지 수출처 다변화 전략은 순조롭게 진행되지 않았다. 중앙아시아가 서쪽으로 에너지를 수출하는 길에는 지정학적 힘겨루기가 빈번해 카스피해를 넘는 천연가스 파이프라인은 아직까지도 건설되지 못하고 있다. 또 남쪽 인도 방향으로 가는 길에는 아프가니스탄과 파키스탄의 정치적 혼란으로 인해 심각한 리스크가 존재한다. 이 와중에 엄청난 소비수요와 자금, 뛰어난 채굴기술과 인프라 건설기술을 가진 중국도 중앙아시아 에너지의 중요한 수출처가 되었다. 2009년 12월 14일 중국, 투르크메니스탄, 카자흐스탄, 우즈베키스탄 등 4개국 정상은 투르크메니스탄 아무다리야강 우측 바그티얄리크 계약구역의 첫 번째 천연가스 처리공장의 가스밸브를 개방했다. 이는 중국-중앙아시아 천연가스 파이프라인 A라인이 정식으로 가동되었음을 뜻했다. 이듬해 10월 B라인이 두 달 일찍 가스 공급에 들어갔다. A, B라인은 거의 동시에 부설된 파이프라인으로 아무다리야강 우측의 투르크메니스탄과 우즈베키스탄 국경에서 시작해 우즈베키스탄 중부와 카자흐스탄 남부를 거쳐 아라산커우를 통해 중국으로 들어가 서기동수(西氣東輸, 중국 서부의 천연가스를 동부로 공급하기 위한 파이프라인 건설사업) 2차 파이프라인과 연결된다.

2015년 5월 C라인이 가동되기 시작했다. C라인은 투르크메니스탄

중국 해양석유총공사의 '해양석유 981' 해저 보링용 플랫폼 작업자가 심해저 유정 폭발방지장치 엄빌리컬을 설치하고 있다.

과 우즈베키스탄의 국경에서 시작해 우즈베키스탄, 카자흐스탄을 거쳐 신장 호르고스를 통해 중국 영내로 들어가 서기동수 3차 파이프라인과 연결된다. D라인은 총연장 1,000km로 서쪽의 투르크메니스탄과 우즈베키스탄 국경의 우즈베키스탄 출발역에서 시작되어 우즈베키스탄, 타지키스탄, 키르기스스탄을 거쳐 중국 국경을 넘어 신장 우차 종착역으로 들어와 서기동수 5차 파이프라인과 이어진다. D라인은 2020년 말에 완공될 예정이다. 그때가 되면 매년 중앙아시아 지역에서 중국으로 수출되는 천연가스는 800억 m³에 달해 중국 천연가스 수입량의 20%를 차지할 것으로 예측된다.

중앙아시아가 이토록 에너지 수출에 사활을 거는 까닭은 무엇일까? 리쯔궈의 설명에 따르면 이러하다. "카자흐스탄 대통령은 향후 세계 경제발전의 추세는 끊임없는 기술혁신이라고 밝힌 바 있다. 새로운 기술과 소재가 등장하면 원재료에 대한 수요가 줄어들기 마련이다. 새로운 에너지는 경이적인 속도로 발전하고 있어 미래 인류는 석유와 천연가스 외에도 새로운 에너지와 재생가능한 에너지에 더 많이 의존하게 될 것이다. 그러므로 카자흐스탄의 발전 방향 중 하나는 보유자원을 가능한 빨리 경제 다원화를 촉진시킬 자본으로 바꾸는 것이다."

유라시아 대륙에 자리한 중앙아시아

란저우대학 중앙아시아연구소 양수 소장은 이렇게 말했다. "일대일로는 과거 중앙아시아 정책의 연장선이지만 중앙아시아를 더 넓은 공간

안에 두고 고려한 것이다. 과거 중국은 중앙아시아를 지역적인 시각에서 봤지만 지금은 유라시아 대륙의 큰 틀 아래에서 보고 있다." 이러한 변화는 어떠한 외교적 요구를 반영한 것인가? 리쯔궈는 이렇게 설명했다. "수동적이고 방어적인 외교에서 능동적이고 계획적인 외교로의 전환을 뜻한다. 국제질서를 수동적으로 받아들이지 않고 국제질서를 만드는 데 참여하고, 국제 공공상품을 만들어내며, 우리만의 독창적인 견해를 제기할 수도 있다."

몇 년 전부터 중국학계는 서쪽으로의 진출을 적극적으로 논의하기 시작했다. 2012년 당시 베이징대학 국제관계학원장 왕지쓰는 다음과 같은 글을 썼다. "미국 오바마 정부는 '아시아태평양으로 돌아가자'를 주제로 한 전략 리밸런싱 구상을 제기했다. 러시아, 인도, EU 등 다른 주요 세력들도 자신의 지정학적 전략을 조정했다. 대국의 지정학·지경학 경쟁이 날로 치열해지고 있다. 미국의 전략적 중심이 동쪽으로 이동하고 있고 유럽, 인도, 러시아 등도 동쪽을 바라보고 있는 상황에서 아시아태평양의 중심에 자리한 중국은 연해 영토, 전통적인 경쟁상대와 협력파트너로만 시야를 고정하지 말고 서쪽으로의 진출 전략을 세워야 한다." 또 중미관계 측면에서만 보면 "동아시아에서 중미 양국의 경쟁은 이미 날로 제로섬 양상을 보이고 있다. 그러나 만약 서쪽으로 진출한다면 투자·에너지·반테러·핵확산 금지·지역안정 수호 등 분야에서 양국의 협력 잠재력이 상당히 크다. 또한 군사대치의 위험성도 제로에 가깝다. 아프가니스탄, 파키스탄 등 국가의 안정을 유지하는 문제에 있어서 미국은 중국의 도움을 간절히 바라고 있다."

경제적 냉전이 끝난 뒤 세계의 판도에 근본적인 변화가 발생해 국제관계에서 경제적 요소의 영향이 날로 중요해졌다. 지경학에서는 냉전이 끝난 뒤 이데올로기의 대립은 부차적인 것으로 밀려났고 인류사회는 경제의 지속가능한 발전, 생태건설 및 환경보호 등의 문제에 직면했다고 강조한다. 국가 사이의 경쟁과 협력이 이루어지는 주요 영역은 더 이상 군사영역이 아니라 경제영역이 되었고, 모든 국가는 경제글로벌화 중에서 자국 경제이익의 극대화를 꾀하고 있다. 경제 분야에서 중국이 서쪽을 향해 자신의 독창적인 견해를 제시할 조건이 이미 충분히 성숙한 것이다.

유라시아 대륙 전 지역의 교통로를 부흥시킨다는 생각은 역사상으로 전례가 많이 있다. 1959년 UN 아시아태평양 경제사회위원회는 아시아 횡단철 사업을 제안했다. 이 사업에는 4개 간선철도가 포함되어 있는데 그중 북부 노선은 거의 고대 실크로드를 따라 운행하지만 실크로드라는 이름을 사용하지 않았고 복잡다단하게 얽힌 냉전시기의 국제형세가 이 사업의 실시에 영향을 미쳤다. 1990년 중국-카자흐스탄 철도가 국경에서 연결되고 1992년부터 운행에 들어가면서 중국에서 유럽까지 횡적으로 이어지는 첫 번째 철도수송로가 생겨나게 되었다. 이 수송로는 제2의 유라시아 대륙교라고 불리게 되었으며 이후 관련 연구가 진행되면서 제2의 대륙교 경제벨트, 대륙교를 따라 이어진 경제벨트, 신유라시아 대륙교 경제벨트 등의 이름이 생겨났다. 그러나 시간이 지날수록 연구 열기가 잦아들었다. 대륙교의 발전상황이 예상에 훨씬 못 미친 것이 주요 원인이었다. 대륙교 개통 초기부터 철도 운송능력이 부족하고 국경통관이 원활하게 이뤄지지 않았으며 물류정보 서비스 질이 떨어지는 데다 레일교체가 불편한 문제 등이 불거져 대륙교가 지나는 국가들의 소통을 이끌어내는 역할을 충분히 발휘하지 못했고, 대륙교와 관련된 중국 각 성들의 경제발전에도 그다지 큰 도움을 주지 못했다.

양수 소장은 이러한 현상이 나타난 것은 당시의 객관적인 조건과 관계가 깊다고 했다. 제2의 대륙교 개통 초기 중국 서북지역과 중앙아시아 지역의 경제발전 수준은 모두 상당히 낮은 편이었고 중국과 중앙아시아 사이의 경제무역 교류도 매우 적었다. 제2의 유라시아 대륙교가 개통되었을 때 러시아와 중앙아시아의 경제는 최악의 수렁에 빠져 허우적대고 있었다. 당시는 소련이 해체된 지 얼마 되지 않았을 때라 중앙아시아 국가들은 심각한 경제위기를 겪고 있었다. 게다가 당시 중앙아시아 국가들의 주요 무역파트너는 러시아와 독립국가연합의 다른 회원국들이었기 때문에 수출입 무역액이 많지 않았다.

1992년 중앙아시아 5개국의 수출입 무역액은 41억 7,600만 달러에 불과했다. 당시 중국 서북지역, 특히 신장 지역의 대외교류능력도 형편없는 수준이었다. 1990년 신장 수출입무역 총액은 4억 1,000만 달러에 불과했고 1995년에도 14억 2,800만 달러밖에 안 되었다. 2000년이 되어서야 20억 달러를 돌파했다. 1992년 중국과 중앙아시아 지역 전체의 무역액은 겨우 4억 6,000만 달러에 불과했다.

그러나 최근 몇 년간 실크로드 주변 여건에 뚜렷한 변화가 생겼다. "2000년 서부 대개발이 시작되면서 신장의 인프라 건설이 활발하게 이루어졌고 서부 전 지역의 경제가 큰 폭으로 발전했다. 독립 초기 중앙아시아의 경제상황은 중국 서부보다 나았지만 중국은 10년 만에 상황을 역전시켰다. 카자흐스탄을 제외하면 중국 서부지역은 이미 중앙아시아를 뛰어넘었다. 이 또한 중국과 중앙아시아 사이의 경제무역 교류를 위한 기초를 다졌다."

실크로드 경제벨트 개념이 제기되기 전 2002년부터 2012년까지 중국과 중앙아시아 5개국의 양자간 무역 총액은 연평균 36.4%의 속도로 증가했다. 이는 중국 대외무역 총액의 연평균 증가 속도를 훨씬 웃도는 수치였다. 연도별로 살펴보면 카자흐스탄과 우즈베키스탄 등 국가에 대한 무역 총액 증가 속도는 800%를 넘기기도 했다. 중앙아시아 5개국이 봤을 때 중국은 이미 러시아를 대신해 가장 중요한 무역파트너가 되었다. 중국은 이미 카자흐스탄, 투르크메니스탄, 키르기스스탄, 타지키스탄의 최대 무역파트너이고 우즈베키스탄의 2대 무역파트너다. 2012년 대중국 무역 총액이 카자흐스탄 무역 총액에서 차지하는 비중은 25%를 넘었고 우즈베키스탄은 20% 정도, 타지키스탄은 40%, 키르기스스탄과 투르크메니스탄은 50%가 넘었다.

이와 동시에 구소련으로부터 독립해 20년 동안 발전하면서 중앙아시아 5개국의 해외진출에 대한 염원도 갈수록 강해졌다. 중앙아시아가 봤을 때 동쪽으로의 발전을 꾀하는 데 있어 중국은 전략적 통로로서 바닷길로 나갈 수 있는 믿을 만한 루트를 제공할 수 있는 나라였다. 중앙아시아 국가들은 주로 천연자원 위주의 제품을 수출하는데 가치에 비해 수량이 많고 운송비가 비싸 기존의 운송시스템과 국제항만 물자집산지를 잇는, 쉽게 받아들일 수 있으면서도 경제적이고, 실행가능하면서도 비용이 싼 편리한 노선을 찾아야만 한다. 과거 중앙아시아 국가들은 독립국가연합 철도시스템을 이용해 국경을 넘어 제품을 운송했는데 운송거리가 너무 멀고 운송원가 또한 매우 높았다. 철도-카스피해 수상운수-철도를 통해 조지아, 터키 및 이란의 항구에 이르면 운송거리를 크게 줄일 수 있어 운송원가를 효과적으로 낮출 수 있다. 그러나 이 통로는 반드시 코카서스 산지를 거쳐야 하는데 이 지역은 정치 및 군사충돌이 끊이지 않는 곳이라 안전을 보장할 수 없어 마음놓고 이용할 수 없다. 중앙아시아 국가에게 중국과 연계한 국경통과 운송시스템은 자신들을 더 직접적이고 활발하게 동아시아, 동남아시아 시장과 연결시켜줄 뿐만 아니라 기존의 시베리아 대륙교보다 3,000km 이상 운송거리를 줄일 수 있는 획기적인 시스템이다.

일대일로 전략 중 처음으로 실시한 구체적인 프로젝트는 중국과 카자흐스탄이 협력해 건설한 중국-카자흐스탄 물류기지다. 장쑤 롄윈강 시 항구지구의 핵심구역에서 알마티에서 롄윈강까지 오는 데 단 6일밖에 걸리지 않는다. 2014년 우크라이나 사태로 서양의 제재를 받게 된 러시아가 반격을 위해 카자흐스탄과 벨로루시를 거쳐 운송되는 유럽 농산품에 대해 제재를 가하겠다고 밝혔다. 이 같은 결정에 유가하락의 영향까지 더해져 카자흐스탄 정부는 이 해의 경제성장 목표를 3분의 1이나 하향조정해 국가예산을 다시 심사할 수밖에 없었다. 그러나 중국-유럽 루트는 카자흐스탄이 이로 인한 손실을 메우는 데 어느 정도 보탬이 되었다. 위신오우가 개통된 뒤 신장 이리카자흐자치주 호르고스에서 카자흐스탄으로 통하는 노선이 운행을 시작했다. 중국이 이 노선을 통해 유럽으로 운송하는 표준컨테이너 수량이 갈수록 늘어나면서 연선국가인 카자흐스탄도 그만큼의 경제적 이득을 얻었다. 카자흐스탄 국영철도회사 사장은 2020년이 되면 이 운송로의 연수입이 35억 달러에 달할 것으로 예상했다. 게다가 이신오우가 개통됨으로써 이러한 효과는 배가될 것이 분명했다.

서쪽으로 향하는 길에서 실크로드 경제벨트는 유럽을 겨냥한다. 유럽은 중앙아시아 국가가 진입하기를 갈망하는 목적지이기도 하다. 2008년 카자흐스탄은 '2009~2011년 유럽에 이르는 길 국가계획'을 제정했다. 이 계획은 유럽 국가들과 기술, 에너지, 교통, 기술표준, 경제무역, 중소기업, 민생, 인문 등 다양한 영역에서의 협력을 강화할 목적으로 만들어졌다. EU는 이미 카자흐스탄의 중요한 협력파트너가 되었다. 카자흐스탄 국가통계국이 발표한 대외무역 통계수치에 따르면 2012년 EU회원국에 대한 카자흐스탄의 수출입 총액은 538억 1,600만 달러로 카자흐스탄 대외무역 총액의 52.4%를 차지했다. 또한 EU국가들은 우즈베키스탄에게도 독립국가연합을 제외한 주요 무역파트너. 면화생산 대국인 우즈베키스탄은 전체 면화 중 40%를 EU국가에 수출하고 있다.

리쯔궈는 이렇게 말했다. "단순히 국경통과 통로의 문제가 아니다. 전형적인 예가 세계 방직업에 나타난 산업이전 현상이 중국에서 남아시아로 이전하고 있지 세계 면화생산의 중심지인 중앙아시아로 향하고 있지 않다는 것이다. 실크로드 경제벨트는 중앙아시아 국가들이 국제분업에 참여하고 세계화에 편입할 수 있는 기회를 제공한다."

제안자의
개념

2013년 시진핑 국가주석은 카자흐스탄 나자르바예프대학에서의 연설 도중 실크로드 경제벨트 개념을 제기하면서 다음과 같이 강조했다. "중국은 역내 사무의 주도권을 모색하지 않고 세력범위를 조성하지도 않는다." 일대일로는 특정한 지리적 제한이 없다. 통합된 조직도 아니고 구체적인 통합목표를 가지고 있지도 않다. 협력의 선결조건을 미리 정해두지도 않았고 가입절차도 없다. 또 배타적이지 않다. 경제벨트에 참여한 국가는 다른 어떤 통합된 조직에도 참여할 수 있으며 자유롭게 판단해서 행동할 수 있다. 리쯔궈는 일대일로 이니셔티브에서 중국이 맡은 역할에 대해 이렇게 설명했다. "우리는 제안자다. 초기 단계에서는 선창자이기도 하다. 그러나 합창과 마찬가지로 모두가 함께 불러야 한다. 우리는 결코 리더가 아니다." 중앙아시아라는 지역적 배경을 고려했을 때 이 같은 설계와 포지셔닝을 어떻게 이해해야 할까?

안보·에너지·경제적 측면에서 봤을 때 중앙아시아는 도전과 기회가 공존하는 땅이다. 중앙아시아는 지리적으로 중국, 러시아, 인도, 이란 등 대국과 국경을 맞대고 있기 때문에 필연적으로 세계와 지역의 각종 세력이 적극적인 움직임을 보일 수밖에 없다. 이들 대국들은 하나같이 중앙아시아를 자신의 전략적 틀 아래 두고자 한다.

1997년 9월 나토^{NATO}(북대서양 조약기구)는 중앙아시아에서 중앙아시아 평화유지를 위한 UN 군사훈련을 실시해 미군 제82공수사단 소속 군인 500명이 카자흐스탄에서 공수낙하했다. 미국의 비상주 부대가 처음으로 중앙아시아에 진입했다. 같은 해 9월 중앙아시아 5개국은 또다시 유럽대서양협력평의회에 끌려 들어갔다. 9·11 사태 이후 반테러 물결 속에서 중앙아시아에 대한 미국의 군사개입은 점점 더 심화되었다. 2002년 4월 미국 국방부는 비밀리에 2004~2009년 키르기스스탄에 15억 달러를 원조하는 계획을 제정해 마나스 공군기지 확장 및 키르기스스탄이 미군과 연합 군사행동을 펼칠 수 있는 능력을 갖추도록 지원할 준비를 했다. 같은 해 미국은 우즈베키스탄이 국경 수비를 강화하고 무기를 개선할 수 있도록 1억 6,000만 달러를 제공했다. 2003년 미국은 키르기스스탄군에 120만 달러의 재정원조를 제공했고 타지키스탄에 약 135만 달러어치의 군복을 제공했다. 또 카자흐스탄에는 군사

교육과 훈련비용으로 100만 달러를 제공하는 한편 5년간의 군사협력 협정도 체결했다. 그러나 아프가니스탄의 군사행동이 종결되면서 중앙아시아에서 미군의 존재도 합법성을 잃게 되었다.

2011년 7월 당시 미국 국무장관 힐러리 클린턴은 인도에서의 연설 도중 처음으로 신실크로드 계획을 명확하게 언급했다. 신실크로드 계획은 미국 존스홉킨스대학 중앙아시아코카서스연구소 소장인 프레데릭 스타의 구상에서 비롯되었다. 프레데릭 스타는 남아시아, 중앙아시아, 서아시아를 잇는 교통운송망과 경제발전망을 건설해 아프가니스탄을 중심으로 해서 유전자원이 풍부한 중앙아시아, 서아시아 국가와 경제발전 속도가 빠른 인도, 더 나아가 소룡小龍과 소호小虎가 집중된 동남아시아, 동아시아를 연결시킬 것을 제안했다. 프레데릭 스타는 자신의 구상을 지정학적·지경학적 전략으로 격상시키는 것을 인정하지 않았고 미국이 이 지역의 경제사회발전을 주도하는 데도 찬성하지 않았지만 미국 정부는 아프가니스탄과 유라시아 대륙 한복판에서 주도권을 유지하려는 분명한 전략적 목표를 가지고 그의 구상을 채택했다.

미국에 비해 러시아가 중앙아시아에서 맡은 역할은 훨씬 더 중요했다. 국제관계 연구자들은 러시아는 여전히 중앙아시아에서 가장 영향력 있는 국가라고 입을 모은다. 러시아와 중앙아시아는 군사적으로 밀접한 관계에 있다. 소련 해체 이후 오랜 시간 동안 중앙아시아 국가들은 변경 수비에 러시아군의 도움을 받았다. 1992년 러시아, 카자흐스탄, 우즈베키스탄, 키르기스스탄, 타지키스탄과 아르메니아 정상은 독립국가연합 국가 사이에 방어공간을 구축하고 공동방어능력을 제고하며 독립국가연합 내부 및 독립국가연합의 지역적 무력분쟁을 방지하고 중재하기 위해 집단안보 조약에 서명했다. 러시아는 여전히 중앙아시아에 군사시설을 남겨두고 있다. 러시아가 카자흐스탄과 체결한 바이코누르 우주기지 임대협정의 유효기간은 2050년까지다.

러시아의 경제적 영향력이 줄어들고 있기는 하지만 러시아는 여전히 중앙아시아 에너지의 중요한 운송통로다. 흔히 간과하는 사실이 하나 있는데 러시아에서 일하는 중앙아시아 출신 노동자들이 본국으로 송금하는 돈이 이들 국가 GDP 총액의 47%나 된다. 문화적으로 중앙아시아, 특히 카자흐스탄은 여전히 러시아족이 인구 중 상당수를 차지하고 있다. 또한 소련이 중앙아시아에 남긴 언어와 문화의 흔적은 여전히 뚜렷하다.

러시아는 줄곧 다른 나라들이 중앙아시아에서 펼치는 활동을 예의주시하며 경계해왔다. 2010년 러시아 정부는 구소련 지역에 대한 전략을 수정하기 시작했다. 2012년 재선에 성공한 푸틴 대통령은 '러시아 연방 외교정책에 관한 실시 조치'를 발표했다. 여기에서 천명한 새로운 외교정책 방안은 바로 이 전략의 최종 버전이다. 이 문건은 독립국가연합 국가에 대한 관계를 우선 정책으로 명명했다. 2011년 10월 18일부터 실시한 자유무역협정은 러시아가 구소련 지역에서 추진한 주요 임무였다. 이 법령에서도 관세동맹과 러시아·벨로루시·카자흐스탄의 통일 경제공간 안에서의 유라시아 단일화 전략방침을 확인했으며 2015년 1월 1일 전에 유라시아 경제연합을 건설하자고 제안했다.

이러한 대국들의 움직임이 중앙아시아에 미치는 영향을 어떻게 해석해야 할까? 신장대학 중앙아시아연구원장 판즈핑은 자신의 글에서 다음과 같이 밝혔다. "사람들이 대국의 정치에 관심을 갖는 까닭은 대국의 정치가 지역의 지정학에 중대한 영향을 미치기 때문이다. 그러나 현재 중앙아시아 각국은 독립적인 국가로서 과거처럼 수동적인 위치에 있지 않다. 그러므로 대국끼리 서로 경쟁하는 상황에서 중앙아시아 각국이 자신의 판단에 따라 국가의 행동을 결정하는 것도 이 지역의 형세에 중요한 영향을 미친다."

모스크바 국립국제관계대학 동아시아와 상하이 협력기구 연구센터 알렉산더 루킨 교수는 중앙아시아 국가의 각종 지역틀, 구상과 전략에 대한 태도에 대해 다음과 같이 분석한다. "중앙아시아 국가는 자신의 운명과 관련된 프로젝트에 대해 매우 실무적인 태도를 취한다. 물론 나라마다 특징이 다르지만 전체적으로 봤을 때 중앙아시아 국가들은 금융발전과 투자를 촉진하고 국가의 질서와 안보기초에 해를 끼치지만 않는다면 어떤 분야의 프로젝트도 지지할 준비가 되어 있다." 수많은 정치평론가들이 중앙아시아에 대해 비슷한 의견을 보인다. 즉, 중앙아시아 국가들은 역사 속에서 배운 바가 있기 때문에 중앙아시아를 주도하는 그 어떤 대국에 대해서도 경계심을 품고 있으며 그들이 중앙아시아에서 서로 견제와 균형을 이루는 사이, 자신의 이익을 더 많이 챙길 수 있도록 더 다양한 세력을 받아들이는 쪽을 선호한다는 것이다.

2013년 러시아 국제사무위원회의 연구보고서인 『러시아의 중앙아시아에서의 이익: 내용, 전망, 제약요소』에도 이 같은 내용이 언급되어 있다. 우즈베키스탄을 예로 들자면 우즈베키스탄은 유라시아 경제공동체를 탈퇴하고 수차례에 걸쳐 집단안보 조약기구를 탈퇴했다 재가입하기를 반복했으며 신속대응군 집단협력 참여를 거절했다. 이 모든 행보는 우즈베키스탄 정권이 러시아가 주도하는 중앙아시아 단일화에 소극적이라는 사실을 반영한다. 정리해보자면 우즈베키스탄에게 있어 국가주권은 절대적이기 때문에 우즈베키스탄은 애당초 어떠한, 설령 아주 먼 곳에서 온 것이나 진정한 단일화를 조건으로 한 것이라도 초

국가적인 기구의 출현을 거절한다. "우즈베키스탄은 마치 영원히 자신의 이익을 따지는 것을 집단행동의 전망 속에 두며 여기에 결코 예외를 두지 않는 듯하다."

중앙아시아의 얽히고설킨 국제관계 형세와 이익의 요구 때문에 중국의 중앙아시아 외교는 줄곧 개방적이고 협력적인 태도를 유지했다. 상하이 협력기구는 1국 1표제, 만장일치 원칙을 따르며 모든 회원국이 평등한 발언권을 가지고 있다. 또한 상하이 협력기구는 대국관계를 처리하는 데 플랫폼을 마련해주었다. 이에 대해 양수 소장은 이렇게 평가했다. "상하이 협력기구의 중요한 효용 중 하나는 중국과 러시아 양국이 협력의 방식으로 중앙아시아에 진입할 수 있도록 적당한 때에 적당한 매체를 제공했다는 것이다. 상하이 협력기구가 있기 때문에 중국과 러시아는 중앙아시아에서 동료이자 파트너가 되었다. 이는 중앙아시아에서 발생할 수도 있는 양국 간의 의심과 충돌을 줄이는 데 크게 기여했다." 사실 중국은 중앙아시아에서의 수많은 다자간 안보 및 경제협력을 상하이 협력기구의 틀 아래서 진행한다. 다자간 활동의 다변화에 있어 가장 큰 기능 중 하나도 바로 배타성을 피하는 것이다.

경제 분야에서 자유무역협정, 역내 단일화 등 배타적인 체제는 확실히 좋은 효과를 낳지 못했다.

상하이 협력기구는 성립 초기에 역내 경제통합을 제기한 적이 있지만 이 개념은 금세 사그라졌고 그 대신 더 실제적이고 구체적인 경제협력 프로젝트가 실시되었다. 그러나 평론가들은 대체적으로 상하이 협력기구의 경제 분야에서의 협력 성과는 안보 분야에서의 성과에 크게 못 미친다고 본다. 2003년 각국은 '상하이 협력기구 회원국 다자간 경제무역 협력 요강'에 서명했다. 2004년 상하이 협력기구는 '다자간 경제무역 협력 요강 실현 조치 계획'을 보충했다. 2005년에는 이보다 더 구체적인 '다자간 경제무역 협력 요강 실현 조치 계획 실시체제'를 마련했다. 이처럼 끊임없이 협정을 체결했음에도 회원국 간 무역장벽을 근본적으로 개선하지는 못했으며 경제무역 협력도 가다 서다를 되풀이하는 상태였다. 그 주요 원인은 안보 분야에서 대체로 의견일치를 본 것과 달리 경제 분야에서는 회원국 간의 보유자원 및 발전수준의 차이가 너무 큰 데다 이익구조가 복잡해 수시로 이익을 둘러싸고 의견일치를 이루지 못했기 때문이다.

푸틴이 추진하는 유라시아 경제연합의 진전도 순조롭지 않았다. 리쓰궈는 사실 중앙아시아 국가들이 단일화를 거부하는 경향을 보인다고 했다. 연맹은 러시아의 수혈을 바탕으로 성립되었다. 키르기스스탄을 가입시키기 위해 러시아는 키르기스스탄과 총 12억 달러에 달하는

중국 필하모닉 오케스트라가 아테네 헤로데스 아티쿠스 음악당에서 2015 실크로드 순회공연의 마지막 공연을 하고 있다.

발전기금 및 원조자금협정을 맺었고 향후 4~5년 안에 70~80억 달러의 출자약정을 승인했다. 그러나 우즈베키스탄은 유라시아 경제연합이나 관세동맹에 가입하지 않겠다는 뜻을 수차례 밝혔고 투르크메니스탄은 유라시아 경제연합에 가입할 계획이 없다고 선언했다.

중국 경제관계로 보자면 각국 모두 중국과 자유무역협정을 맺을 뜻이 없다. 이에 대해 리쯔궈는 이렇게 말했다. "각국은 자국의 경쟁력이 중국에 훨씬 뒤지기 때문에 현 단계에서 중국과 자유무역협정을 체결하는 것은 이롭지 않다고 생각한다." 주중 우즈베키스탄 대사 다니야르 쿠르바노프는 다음과 같이 말했다. "현재 경제수준에서 중국과 자유무역협정을 맺는 것은 경제적 자살이나 마찬가지다. 우즈베키스탄의 산업과 제조업은 심각한 타격을 받거나 심한 경우 붕괴될 수도 있다." 카자흐스탄 대통령전략연구소의 한 학자는 신장 한 곳만 놓고 보더라도 산업경쟁력이 중앙아시아 각국을 이기기에 충분하다고 했다.

세계 각국이 참여한 아시아투자은행도 이러한 국제환경을 위해 마련된 것이다. 리쯔궈는 이렇게 말했다. "중국과 중앙아시아 사이의 금융 플랫폼은 더 이상 양자간이 아니라 아시아투자은행의 이 다자간 기제다. 상하이 협력기구 내부에 은행체제를 구축하지 못한 원인 중 하나는 러시아의 우려 때문이었다. 이에 비해 아시아투자은행은 국제금융체제로 의사결정 방법이 다르다. 아시아투자은행을 통해 중앙아시아 지역에 대출을 제공하면 중국의 일방적인 색채가 약해지고, 그 대신 국제기관의 신분으로 바뀐다. 동시에 이 금융기제에는 서양국가를 광범위하게 받아들였다. 서양의 투자 및 대출은 국제표준이 있고 대출국과 수원국에 대한 구속력이 훨씬 강해 리스크를 낮췄다."

위안화 국제화의 명과 암[32]

세계의 총수요가 눈에 띄게 부족하고 위안화가 여전히 달러를 옴짝
달싹 못하게 하는 상황에서 중국의 해외투자는 물론이고 위안화의
국제화를 위해서는 혁신이 이루어져야 하며 함정에 빠지지 않도록
조심해야 한다.

2015년 10월 29일 중국공산당 제18기 중앙위원회 제5차 전체회의에
서 '중공중앙 국민경제사회발전 제13차 5개년 규획에 관한 건의'를 통
과시켰다. 여기에서는 '위안화 자본항목 자유태환을 점진적으로 실현
하고 위안화의 국제통화기금IMF 특별인출긴 기반통화 편입을 추진함
으로써 자유로운 사용과 태환이 가능한 통화로 만든다'는 목표를 분명
히 제시했다. 저우샤오촨 중국인민은행 행장도 매체와의 인터뷰에서

---

32 글_ 리우이

제13차 5개년 규획 기간 말에 중국 전체 위안화 및 외환 국제수지에서 위안화의 비중이 3분의 1을 넘을 것이라고 했다. 11월 말 국제통화기금 집행이사회는 위안화를 특별인출권 통화바스켓에 포함시킬지 여부를 결정하는 투표를 진행할 것이다. 여론은 통과될 확률이 80%에 가깝다고 예측했다. 위안화 국제화에 박차를 가하는 포석이 일사불란하게 전개되고 있다.

한 나라의 통화가 국제화된다는 것은 곧 이 나라의 통화가 국제경제 거래 중에서 교환의 매개수단·가치척도·가치저장 수단으로서의 기능을 행사한다는 뜻이며, 해외에서도 사용이 가능하고 국제적으로 인정받는다는 것이 주요 특징이다. 중국이 위안화의 국제화에 박차를 가하는 것도 제13차 5개년 규획 요강에 기재된 자본시장의 양방향 개방 추진, 일대일로 건설 추진 등의 단계와 호응하는 것으로 국제여론의 지대한 관심을 일으켰다. 위안화 세계화의 장단점을 전문적으로 분석하기 위해 오랫동안 대종상품Bulk commodities 투자와 경제사 연구에 종사한 중국 유명 헤지펀드 연구부 주관 저우샤오캉 씨를 인터뷰했다.

삼련생활주간: 새로 공개된 13차 5개년 규획 건의는 위안화 국제화라는 목표를 '개방적인 발전을 견지하고 협력을 통한 상생 실현에 진력한다'는 표제 아래 열거되었다. 이와 함께 열거된 목표로는 '대외무역 최적화 가속, 투자구성 개선 및 일대일로 건설 추진' 등이 있다. 선생께서 보기에 이 목표들 사이에는 어떤 관계가 있는가? 그중 위안화 국제화는 어떤 가치가 있는가?

저우샤오캉: 레닌은 20세기 초에 세계자본 수출에 관한 지론을 제기했

다. 그중 몇몇 관점이 오늘날의 조건에서는 더 이상 성립되지 않는다고 하더라도 기본적인 논리는 여전히 정확하다. 즉, 한 나라의 자본을 대외로 수출할 때 특히 후진국으로 수출할 때는 주로 원자재 산지, 상품 판매지 및 자본 증식지를 찾아야 한다.

중국의 해외투자도 이와 같은 논리를 벗어난 적이 없었다. 오랫동안 세계의 공장 역할을 맡은 탓에 어쩔 수 없이 생산능력 과잉 상황이 빚어져 국내시장만으로는 철강, 시멘트, 전해알루미늄 등 전통적인 업계의 산출을 소화할 수 없는 지경이라 해외시장을 찾는 것은 매우 현실적인 선택이 되었다. 이 밖에도 날로 커지는 경제규모도 석유, 천연가스, 철광석, 구리 슬래그 등 수입원료에 대한 의존도를 높이고 있다. 정부는 대외투자 과정 중에 원료 산지 문제를 일부 해결할 수 있기를 기대하고 있다.

해외투자 포석의 중요한 단계로 일대일로 건설 구상을 제기한 것은 그 목적성이 분명하다. 많은 관심을 받고 있는 고속철 수출 문제를 예로 들어보자. 북아메리카와 서유럽이 강한 반응을 보이지 않는 것은 이들 지역이 고속여객운수철도에 대한 수요가 그다지 절박하지 않은 탓이 크다. 중국에 고속철이 쉽게 보급될 수 있었던 것은 정부의 강력한 추진도 한몫했지만 중국이 광활한 영토를 가진 대국이었기 때문이었다. 급속한 도시화 과정으로 대규모 인구이동이 발생했는데, 이 때문에 현실적으로 철도 수송능력과 운수품질을 개선해야만 했다. 그러나 선진국(특히 인구성장률이 낮은 유럽 국가)에서는 이와 같은 수요가 그다지 크지 않다. 그러나 일대일로 특히 실크로드 경제벨트 연선국가는 이에 대한 수요가 상당히 강하다.

중국이 400억 달러를 출자해 설립한 실크로드 펀드가 일대일로 연선국가의 인프라 건설, 자원개발 및 산업협력에 자금융자를 해준 것도 현실을 고려한 조치였다. 안보와 정치 분야의 잠복된 위험 외에도 후진국의 경제가 안정적으로 발전할 수 없는 핵심적인 요인은 기본적인 산업과 교통 인프라가 심각하게 부족하기 때문이다. 다시 철도를 예로 들어보겠다. 이들 국가에 철도망을 부설하는 한편 연선지역의 전력공급 및 후속 유지보수 문제도 해결해야만 한다. 이 같은 후속조치가 제대로 이뤄지지 않으면 철도가 완공되더라도 소기의 경제발전 촉진작용을 할 수 없다. 전통적인 국제자본은 이러한 종류의 투자 회수주기가 길고 불확실성이 크기 때문에 융자를 꺼리는 경향이 있었다. 그래서 일대일로 특히 일로와 관련된 국가들은 원자재를 캐내 수출하는 산업만 발전한 편이다. 중국은 지난 30여 년간 급속한 도시화 과정을 겪었는데 이 점은 일대일로 연선국가들이 현재 처한 상황과 비슷한 점이 있다. 또 중국의 전통적인 산업에 있어 남는 생산능력은 마침 해외 인프라 건설에 유용할 수 있다. 물론 노동력 등의 요소를 고려하면 투자 회수주기가 길고 불확실성이 크다는 문제점은 시종일관 해소되지 않을 것이다.

위안화 국제화 문제에 관해 말하자면, 지난 10여 년 동안 국제시장에서 위안화는 가치척도와 교환수단으로서의 기능을 일부 실현했다. 그러나 가치저장의 기능은 향후 더 강화해야 한다. 일대일로 구상을 추진하는 과정에서 위안화를 인프라 융자시스템의 핵심통화로 만들 수 있고 대외투자 및 프로젝트 파이낸싱 중 위안화 상품을 늘릴 수도 있다. 또 연선국가들이 위안화로 석유, 천연가스, 원자재 등 주요 상품의 대금을 결산하도록 장려할 수도 있다. 이러한 조치들은 위안화의 국제적 지위를 높이는 데 크게 기여할 것이다.

삼련생활주간: 대종상품 투자 전문가로서 국제 원자재시장의 현황에 대해 어떻게 보고 있으며 중국의 대외투자에 있어 호재와 악재로는 각각 무엇이 있다고 보는가? 이는 위안화 국제화에 어떤 영향을 미칠 수 있는가?

저우샤오촨: 한 가지 특별히 강조해야 할 문제가 있다. 바로 중국이 해외투자를 통해 생산능력 과잉 문제를 해결하는 데 큰 기대를 거는 동시에 사실상 세계적으로 유효수요 부족 문제가 상당히 보편적이면서도 두드러지게 존재한다는 사실이다.

포스트 냉전시대 세계화 과정의 중요한 특징 중 하나는 신흥 경제체가 비약적인 발전을 이뤘고 과거 소수 선진국이 독점하던 공업과 과학기술 상품의 이윤율이 최저치로 떨어졌다는 점이다. 중국이 가장 전형적인 예다. 겨우 20년 전만 하더라도 중국은 전자산업 분야에 있어 낙후된 국가였다. 그러나 현재 중국은 이미 놀라운 규모를 자랑하는 국내시장을 가지고 있고 더 많은 국가와 지역에 제품을 수출하고 있다. 이 모든 것은 과학기술제품 분야에서 구미권 선진국의 높은 이윤율 축소를 전제로 한 것이었다. 현재 이들 국가는 수출을 꺼리는 일부 핵심기술을 제외하면 이미 엄청난 이윤을 창조할 만한 공간이 상당히 부족한 실정이며 이러한 탓에 다른 지역의 원자재, 노동력, 판매시장의 잠재력을 일깨우는 데 도움이 될 산업이 부족해 세계화를 더 추진할 뒷심이 부족해졌다. 2008년 경제위기가 발발한 뒤 선진국은 부양정책을 통해 부흥을 꾀하고자 했다. 이로 인해 짧은 시간 동안 개도국에서 에너지, 광산, 인프라 등의 분야에 엄청난 자본이 투입되었다. 그러나 그 결과 더 심각한 공급과잉 문제가 발생했고 가격이 대폭 하락하는 사태를 맞이했다. 이는 경제회복을 이끌지도 못했으며 신흥 경제체의 금융과 채무 리스크까지 급속히 높이는 악수가 되었다.

한편 과거 30여 년간 이어진 세계 대번영은 사실 노동력의 지속적인 공급을 바탕으로 이룬 것이었다. 1990년대 선진국의 노동인구는 6억 8,500만 명에 달했고 동유럽의 급변과 중국의 대외개방으로 인해 8억 2,000만 명이 더 늘어났다. 앞서 언급한 글로벌 상품 원가와 가격이 하락한 것과 염가의 노동력 사이에는 직접적인 관련이 있었다. 그러나 이와 동시에 전 세계 출산율은 1970년대 4.85명에서 2.43명으로 급격한 하락세를 보이며 거의 반토막이 났다. 이는 엄청난 인구로 일군 번영이 곧 막을 내릴 것이라는 뜻이었다. 고령화로 인한 건강보험 및 복지비용 부담으로 재정지출이 증가함과 동시에 노동력 공급 부족으로 인한 임금 협상능력이 제고되었다. 이는 저성장, 고인플레이션의 스태그플레이션 국면이 다시 발생할 가능성이 있음을 뜻했다.

중국 입장에서는 일대일로 연선국가에 현실적인 개발기회가 있더라도 이들 국가 자체의 경제안정성과 재정정책이 국제환경의 영향을 받지 않을 수 없음을 알아야 한다. 세계의 유효수요를 확대하기 어렵고 장기적인 스태그플레이션이 발생할 수 있는 상황에서 후진국의 실제 수요와 사회계층의 상호작용은 엄청난 충격을 받을 것이고 뒤이어 중국이 이들 지역에서 진행한 투자의 안전성 및 위안화 국제화 포석에도 영향을 미칠 것이다. 이 밖에도 중국 자체의 부양조치가 이들 지역의 경제발전을 이끌 수 있느냐도 논의해봐야 할 문제다. 특히 올해 중국에서 주식시장이 폭락하는 사태가 발생한 상황에서 중국 자본시장의 안정성 및 중국 자본시장이 위안화의 해외진출에 제공할 수 있는 자원 규모에 대해서도 검증이 필요하다.

삼련생활주간: 위안화 국제화는 매우 중대한 문제로 단시간 안에 불거진 문제일 수 없다. 최근 들어 중국 정부는 이 방향으로 어떤 조치를 취하며 노력을 기울였고 효과는 어떠했는가?

저우샤오촨: 중국은 위안화 국제화 문제에 있어서 줄곧 양자와 다자를 동시에 진행한다는 방침을 견지해왔다. 양자라 함은 중국이 수중에 보유한 달러로 몇몇 국가에 유동성을 제공하고 다시 이들 국가가 국제무역 과정에서 위안화로 결산하도록 한 것을 말한다. 예를 들어 1997년 동남아시아 금융위기가 발발하자 중국 정부는 IMF가 마련한 틀 안에서 양자 채널을 통해 태국 등 국가에 총액 40억 달러가 넘는 자금을 원조했다. 또 광범위한 양자 통화스와프를 통해 위안화의 글로벌 정산네트워크를 형성하고 위안화 역외 거래센터를 설치하기도 했다.

현재까지 중국인민은행은 이미 33개 국가 및 지역의 중앙은행 또는 통화당국과 총 규모 5조 위안이 넘는 양자 통화스와프 협정을 체결했으며 홍콩, 마카오, 타이베이 및 12개 해외도시에 위안화 결산센터를 설치했다. 올해 10월 시진핑 국가주석이 영국을 방문한 기간에 중국은행은 런던에 중국은행 런던 거래센터를 설립해 유럽과 아메리카의 역외 위안화, 외환, 귀금속, 상품, 채권 및 기타 파생상품의 가격 제시 및 거래를 전면적으로 포괄하겠다고 공표했다. 중국인민은행도 런던에서 50억 위안이 넘지 않는 1년 만기 중국인민은행 어음을 발행해 해외투자자들에게 고품질의 위안화 담보물을 제공했다. 이는 중앙은행이 해외에서 발행한 위안화로 표시된 첫 번째 어음으로 국제무역과 투자의 편의를 증진시키는 데 긍정적인 의미가 있는 조치였다. 이러한 대책은 모두 양자의 틀 아래에서 추진한 위안화 국제화를 위한 노력이었다.

다자간 틀 안에서의 노력은 SDR 편입을 위주로 이뤄졌다. 이 이니셔티브는 2010년에 한 번 제기된 적이 있었지만 이후 위안화가 '자유롭게 사용할 수 있는 화폐'라는 정의에 부합하는지 여부를 두고 5년에 걸친 줄다리기가 이어지다가 2015년 마침내 선을 넘었다. 만약 SDR 편입 신청이 최종적으로 통과된다면 위안화는 자연스럽게 중요한 국제 비축통화 역할을 할 기회와 조건을 더 많이 얻게 될 것이다.

삼련생활주간: SDR 문제에 관해 IMF는 최근 위안화를 정식으로 SDR 통화바스켓에 편입시킬지 여부를 심사할 것이다. 이 같은 조치의 의미와 실제 효과에 대해 자세하게 분석해줄 수 있는가?

저우샤오캉: 먼저 SDR이 생겨나게 된 원인을 살펴보자. 1969년 유럽 주요국 및 일본이 미국과 협상해 SDR을 도입한 취지는 브레튼우즈체제하에서의 유동성 부족 문제를 해결하기 위함이었다. 그래서 새로운 산출방식을 도입해 가상의 달러 대신 SDR로 국제수지 적자의 균형을 맞추고 준비자산의 역할을 맡기고자 했다. 그러나 전체 계산체계가 지나치게 복잡했기 때문에 브레튼우즈체제가 붕괴된 이후 SDR은 IMF가 당초 예상한 것과 달리 달러를 대신해 국제통화가 되지 못했다. 현재 세계 외환보유액에서 SDR이 차지하는 비중은 고작 4%에 불과하다.

그러나 SDR이 전혀 가치가 없는 것은 아니다. 자유롭게 사용할 수 있는 화폐라는 중요한 속성은 투자자의 심리에 분명히 영향을 미치기 때문이다. 일단 위안화가 SDR에 편입된다면 현재 중국의 무역규모로 봤을 때 통화바스켓 중에서의 비중이 일본의 엔화를 넘어설 것이다. 이는 국제 외환보유액 중 위안화의 비중을 늘리는 데 어느 정도 자극제가 되어 중국이 IMF에서의 발언권을 높이는 데도 도움이 될 것이다.

이 밖에 반드시 언급해야 할 문제가 바로 SDR 편입은 곧 중국 자본 시장에 대한 더 높은 수준의 개혁과 개방을 의미한다는 것이다. 역사 적으로 어떤 화폐라도 준비통화가 되려면 경제 총량이 상당할 것, 거 시경제가 안정적일 것, 정부의 정책적 지지가 수반될 것, 금융시장이 발달했을 것, 고도의 개방성 등 일련의 조건을 충족해야 한다. 오랜 시 간 IMF는 중국의 경제규모 및 상품과 서비스의 수출에 대해서는 인정 하는 모습을 보였지만 금융시장의 개방성, 특히 환율개방성과 직접융 자 시장의 관리 부분에 대해서는 양측의 기준이 서로 달랐다. 이번 SDR 편 입을 위해 중국 정부는 지대한 열의를 보였다. 이를 위해 2016년 8월 중국의 중앙은행인 인민은행은 원샷 위안화 절하를 단행했으며 13·5 규 획건의에서 2020년 자본계정의 자유화를 실현하는 것에 관한 목표를 확정했다.

이는 모두 국제사회에 적극적인 메시지를 보낸 것이다. 중국의 경제 성장 속도가 느려지고 위안화의 국제화에 국제사회의 지지가 필요해 지자 개방도를 높이고 법제를 완비하는 것이 한층 중요해졌다. 관리감 독 수준과 정보개방 정도도 이해관계자가 의사결정을 하는 데 매우 중 요한 참고기준이 된다. 중국 금융시장이 글로벌 금융시장과 보폭을 맞 출 수 있도록 더 노력해야 위안화의 국제화도 더 큰 공간과 기회를 얻 게 될 것이다.

삼련생활주간: SDR이 달러를 대신해 기축통화가 될 수 없었다는 말을 했다. 그렇다면 달러가 기축통화의 역할을 하는 것이 위안화 국제화의 영향을 상당히 약화시키는 것 아닌가?

저우샤오촨: 기축통화 기능은 문제의 일부일 뿐이고 또 다른 새로운 상황을 예의주시해야 한다. 중국이 2009년에 위안화 국제화를 목표로 내놓게 된 중요한 계기 중 하나는 바로 달러가 약세를 보여 중국이 리스크를 피하기 위해 달러 외환보유액의 증가를 줄일 조치를 취해야 했다는 것이다. 그러나 2015년 상황은 180도 변했다. 2014년 7월 이래 달러가치가 다시 오르기 시작해 2003년 이래 최고점을 찍었다. 셰일오일 혁명으로 미국은 에너지 수입국에서 수출국으로 변모했고(2020년까지 세계 최대 원유생산국이 될 것으로 예상) 에너지시장에 구조적인 충격을 안겨 자금환류를 촉진했다. 유럽과 일본 중앙은행이 취한 양적완화 조치도 간접적으로 달러가치를 상승시켰다. 달러 가치상승이 수출에 부정적인 영향을 미칠 수는 있지만 현재 미국 경제성장률은 여전히 매우 높은 수준이다.

바꿔 말하면 2009년 후진국들이 달러자산을 기꺼이 다른 통화자산으로 바꾼 상황과 달리 오늘날의 중국은 위안화 국제화를 추진하는 과정에서 달러 강세의 도전에 부딪칠 수 있다. 회복 조짐이 뚜렷한 미국 경제에 정치·외교·안보 분야에서 막강한 영향력을 행사하는 워싱턴의 힘이 더해지면 달러는 세계의 상당히 많은 지역에서 위안화보다 훨씬 환영받는 통화가 될 것이다. 그리고 중국이 자본시장을 더 개방하는 동시에 정부가 역외 위안화 환율의 파동을 헤징할 만한 충분한 금융자원이 있는지 여부가 매우 현실적인 도전이다. 객관적으로 말해 5~6년 전보다 지금의 국제금융 형세가 위안화 국제화의 가속화에 더 큰 도전이 되고 있다.

일대일로 해외 인프라 건설 계획[33]

해외 인프라 구축 계획 및 건설-일대일로 전략의 구체적인 실시는 현재진행형이다.

2013년 9월과 10월 시진핑 국가주석은 실크로드 경제벨트와 21세기 해상 실크로드 전략적 구상을 잇달아 제시했다. 이후 일대일로가 점차 국가전략으로 격상됨에 따라 중국 정부는 대내적으로는 자원을 통일적으로 계획하고 대외적으로는 연선국가와의 소통과 협상, 실무협력을 강화하면서 일련의 정책을 실시해 안정적으로 추진하고 있다.

계획에 따라 일대일로는 아시아, 유럽, 아프리카 대륙을 관통하는데 한쪽은 활기 넘치는 동아시아 경제권이고 다른 한쪽은 선진적인 유럽 경제권이다. 실크로드 경제벨트는 중국에서 중앙아시아·러시아를 거

---

33 글_ 푸샤오잉

처 유럽(발트해)에 이르는 길, 중국에서 중앙아시아·서아시아를 거쳐 페르시아만·지중해에 이르는 길, 중국에서 동남아시아·남아시아·인도양에 이르는 길을 개통하는 데 중점을 두고 있다. 21세기 해상 실크로드는 중국 연해항구에서 남해를 거쳐 인도양에 이르렀다가 유럽까지 연장하는 해로, 중국 연해항구에서 남해를 거쳐 남태평양에 이르는 해로 개척에 중점을 두고 있다.

일대일로의 방향에 따라 육상에서는 국제통로를 빌려 연선 중심도시를 지지대로 삼고 주요 경제무역산업단지를 협력 플랫폼으로 삼아 신유라시아 대륙교, 중국-몽골-러시아, 중국-중앙아시아-서아시아, 중국-중남반도 등 국제경제협력회랑을 공동건설하고자 한다. 해상에서는 주요 항구를 접점으로 삼아 원활하고 안전하고 효율적인 운송통로를 공동건설하고자 한다. 그중 인프라의 횡적 연결은 일대일로 건설의 핵심이라고 할 수 있다. 2015년 3월 28일 국가발전개혁위원회, 외교부, 상무부가 공동으로 일대일로 계획의 전문인『실크로드 경제벨트와 21세기 해상 실크로드의 공동건설 추진 비전과 행동』을 발표했는데 여기에서 에너지·교통·통신 등 인프라를 상호 연결하는 것이 일대일로 건설의 우선 분야라고 명시했다.

그런데 인프라 상호 연결 중에서도 교통인프라 연결이 중요한 돌파구가 되었다. 일대일로 전략을 실시한 이래 중국의 해외 인프라 건설 계획도 착착 진행되고 있다. 이 중에서도 일대일로를 따라 이어진 고속철 프로젝트를 가장 우선적으로 발전시키고자 한다. 2009년 중국은 이미 중앙아시아 고속철, 유라시아 고속철, 범아시아 고속철 등 3개 고속철 전략을 확정했다. 이 중 중앙아시아 고속철과 유라시아 고속철은 유럽까지 연결된다. 중앙아시아 고속철은 그 옛날의 실크로드와 노선이 겹친다. 키르기스스탄, 우즈베키스탄 등 중앙아시아 국가를 거쳐 이란을 지나 터키에 이른 다음, 최종적으로 독일에 도착하는 노선이다. 현재 계획 중인 유라시아 고속철은 런던을 출발해 파리, 베를린, 바르샤바, 키예프를 거쳐 모스크바를 지난 다음 두 갈래로 갈라지는데 하나는 카자흐스탄으로 들어가고 다른 하나는 멀리 극동지방에 있는 하바롭스크로 향한 다음 중국 영내의 만저우리로 들어간다. 범아시아 고속철은 동남아시아 지역을 포괄하는 고속철로 쿤밍에서 출발해 베트남, 미얀마, 캄보디아, 태국, 말레이시아 등의 국가를 거쳐 최종적으로 싱가포르에 닿을 계획이다.

이에 대해 분석한 결과 현재 계획 중인 고속철망 중 인도네시아 자카르타에서 반둥에 이르는 고속철 프로젝트, 중국에서 라오스에 이르는 철도 및 중국에서 태국에 이르는 철도 프로젝트 등 동남아시아 철도건설 프로젝트 3개에 큰 진전이 있었다. 이 세 철도 프로젝트의 가치만 해도 총 200억 달러를 넘고 더 많은 해외인프라 프로젝트도 계속해서 준비 중이다.

자카르타–반둥
고속철

2015년 10월 16일 중국 철도총공사가 앞장서 구성한 중국 기업 낀소시엄과 인도네시아 국영건설회사 위카사가 앞장서 구성한 인도네시아 기업 컨소시엄이 자카르타에서 중국 인도네시아 합자회사를 세운다는 협정을 정식으로 체결했다. 이 합자회사는 자카르타에서 반둥에 이르는 고속철 프로젝트의 건설과 운영을 맡는다. 이는 정부가 판을 마련하고 양국 기업이 협력해 건설하는 첫 번째 고속철 프로젝트다.

중국이 최종 협력자로 낙점되기 전, 이 고속철 프로젝트를 두고 중국과 일본 양국이 치열한 경쟁을 벌였다. 그러나 2015년 9월 29일 인도네시아 측은 자카르타-반둥 고속철 프로젝트에서 일본이 내놓은 방안을 채택하지 않겠다고 알렸다. 인도네시아가 중국이 내놓은 방안을 더 선호하는 이유는 인도네시아 정부가 고속철 프로젝트로 재정부담을 지거나 채무담보를 제공할 필요가 없기 때문이었다.

현재 중국과 인도네시아 양측이 공동으로 작성한 보고서에 따르면 이 고속철의 총연장은 약 150km이고, 투자 총액은 약 60억 달러에 이른다. 철로는 중국 기술, 중국 표준, 중국 장비로 만들고 시속 250~300km로 설계하며 2015년 11월부터 공사에 들어가 3년 만에 완공할 계획이다. 그때가 되면 현재 세 시간 이상 걸리는 자카르타에서 반둥까지의 이동시간을 40분 정도 단축할 수 있을 것이다.

동남아시아 최대 경제체인 인도네시아는 중국이 실시하는 21세기 해상 실크로드 전략의 중요한 협력파트너다. 중국과 인도네시아가 협력해 건설하는 자카르타-반둥 고속철은 양국이 일대일로의 틀 아래서 실무협력을 심화하고 인프라 건설과 생산능력협력을 강화하는 데 선도효과와 시범효과가 있을 것이다. 중국 입장에서 자카르타-반둥 고속철은 중국 고속철의 기술표준, 측량설계, 공정시공, 장비제조부터 물자공급, 운영관리, 인재양성 등에 이르기까지 통째로 해외진출을 이룬 첫 번째 프로젝트로 중국 고속철이 해외진출에 성공한 사례이자 중대한 혁신이다. 이 고속철의 건설은 일대일로 전략을 추진하는 데 철도가 맡은 서비스 보장 역할을 발휘하고, 중국 철도와 동남아시아 관련

국가철도의 협력을 심화하고, 범아시아 철도망 건설에 박차를 가하고, 중국과 일대일로 연선국가의 교통 인프라 상호 연계를 실현하는 데 도움이 된다. 인도네시아 입장에서는 일자리 증가, 민생 개선, 자카르타-반둥 간 교통정체 완화, 자카르타-반둥을 오가는 국민들의 교통편의 제공, 자카르타-반둥 경제회랑 건설 가속화, 인도네시아 경제사회발전 촉진 등에 도움이 된다.

중국-라오스 철도

2015년 11월 13일 베이징에서 중국과 라오스 철도 프로젝트 계약식이 거행되었다. 이는 중국-라오스 철도 프로젝트가 정식으로 실시단계에 들어가 프로젝트의 후속 건설운행 및 양국의 철도 인프라 협력 심화에 견실한 기반을 마련했다는 것을 의미했다. 이는 10월 중순 중국 컨소시엄과 인도네시아 컨소시엄이 자카르타-반둥 고속철 프로젝트를 공동추진하기로 한 이후 중국 철도가 전한 두 번째 기쁜 소식이었다.

중국-라오스 철도는 범아시아 철도 노선 중선中線의 중요한 구성 부분으로 윈난성 쿤밍시에서 시작해 라오스의 유명 관광지인 루앙프라방을 거쳐 라오스의 수도 비엔티안에 도착하며 총연장은 417km에 이른다. 이 해외철도 프로젝트의 투자건설 및 운영의 주체는 중국 측이며 전 노선에 걸쳐 중국 기술표준을 채택하고 중국 설비를 사용하며, 중국 철도망과 직접적으로 연결된다. 중국 구간인 모한철도는 윈난성 쿤밍시에서 시작해 윈난성 남부 시솽반나다이족자치주 중부의 징시를 거쳐 최종적으로 윈난성 최남단 모한에 이른다. 해외구간은 양국 국경인 모한과 보텐 세관에서 라오스로 들어가며 남쪽으로 이어져 라오스의 수도 비엔티안에 이른다. 이 두 구간의 철도는 서로 연결되어 완전한 중국-라오스 철도 통로를 형성한다.

중국-라오스 철도의 여객운수 속도는 시속 160km, 화물운수는 시속 120km로 설계되었다. 중간에 터널이 76개 있는데 거리가 대략 195km에 이르며 메콩강을 건너는 대교 2개를 포함해 총 154개의 교량이 있고 31개의 정차역이 설치되어 있다. 프로젝트 부지면적은 3,058ha다. 중국-라오스 철도건설에는 68억 달러가 소요될 것으로 예상되며 중국과 라오스 정부는 이미 철도 총 투자액의 40%를 양국이 공동으로 출자하기로 협의했다. 철도건설 기간은 4~5년이며 2020년이면 완공되어 철도를 운행할 수 있을 것으로 예상된다. 중국-라오스 철도가 개통되면 라오스 입장에서는 경제사회발전을 촉진하고 현지 운수효율과 수준을 높여 라오스에 엄청난 일자리를 제공할 것이다. 또 중국 입장에서는 중국 서남지역의 경제발전에 새로운 원동력이 될 것으로 예상된다.

중국-태국 철도

중국-태국 철도도 현재 일대일로 해외 인프라 계획에서 확정한 프로젝트 중 하나다. 계획 중인 중국-태국 철도는 총연장 867km의 표준궤 철도로 북쪽의 태국 북동부 농카이주의 주도인 농카이시에서 시작해 남쪽으로 뻗어나가 우돈타니주, 콘깬주, 나콘랏차시마주를 거쳐 중부 사라부리주 깽코이에서 동남선과 서남선으로 나뉘어진다. 동남 방향은 라용주의 맙타풋에 이르고 서남 방향은 태국 수도 방콕에 이른다. 그 중 농카이-깽코이-맙타풋 노선은 총연장 734km이고 깽코이-방콕 노선은 133km다.

태국 교통부가 제작한 태국-중국 철도계획도에 따르면 총 4단계로 나뉘어 건설될 예정이다. 1단계 구간은 133km에 이르는 깽코이-방콕 선로, 2단계는 246km에 이르는 깽코이-맙타풋 선로, 3단계는 138km에 이르는 나콘랏차시마-깽코이 선로, 4단계는 355km에 이르는 나콘랏차시마-농카이 선로다. 중국-태국 철도협력 프로젝트는 모두 복선 철도로 건설될 계획이며 시속 약 180km로 운행될 것이다. 이 4개 선로는 사람 인人자 형상으로 태국 방콕 이북의 남북 국토를 관통한다. 태국 매체는 이 프로젝트에 4,000억 바트, 달러로 환산하면 약 122억 달러가 소요될 것이라고 예상했다.

계획에 따라 중국은 이 철도건설 투자에 참여할 것이다. 그러나 중국-태국 철도 프로젝트는 한마디로 파란만장하다. 2013년 리커창 총리는 태국을 방문해 당시 태국 총리였던 잉락 친나왓과 중국-태국 철도 협력과 농산물 수입 양해각서^{MOU}를 체결해 쌀과 철도를 맞바꾸려 했지만 이후 태국 정부가 실각하면서 이행이 보류되었다. 2014년 이후 리커창 총리는 외교무대에서 현 태국 총리 프라윳 찬오차를 몇 차례 만나 철도와 농산물 무역협력을 조속히 추진하자고 했다. 중국 정부의 노력으로 양국은 이전의 협의를 회복했을 뿐만 아니라 중국-태국 철도 공정거리를 기존에 상의한 300km에서 800km로 연장했으며, 전 구간에서 중국 장비와 중국 표준을 도입하기로 했다. 태국 싱크탱크 카시꼰 리서치센터는 11월에 발표한 보고서에서 잉락 정부의 고속철 계획에 비해 태국 내각이 비준한 동북선 쌍궤철도 방안의 경제적 효과가 훨씬 크며 계획 중인 중국-라오스 철도와도 연결된다고 했다.

중국-태국 철도협력은 중국의 일대일로 이니셔티브와 태국 프라윳 인프라 건설계획과 효과적으로 연결되는 모범적인 사례로 중국과 동남아시아의 상호 연결 전략과도 관계되어 있다. 또 북쪽으로는 라오스 비엔티안을 거쳐 쿤밍까지 연결하고, 남쪽으로는 말레이시아와 싱가포르에 이르러 범아시아 철도계획의 중요한 부분이 될 것으로 보인다. 중국-태국 철도협력은 태국의 경제사회발전에도 실질적인 혜택을 줄 것이다. 이 노선은 여객과 화물을 모두 운송할 수 있는 준고속철도로 태국 무역의 새로운 통로가 되어줄 것이고, 쿤밍에서 라오스를 거쳐 태국에 이르는 황금 관광노선을 형성할 수도 있다. 중국-태국 철도가 개통되면 쿤밍에서 방콕을 오가는 철도운임이 3,600바트(위안화로 환산하면 약 700위안)로 항공료의 절반이나 3분의 1 수준일 것이고, 화물운임은 항공운임의 9분의 1에 불과할 것이다. 이 철도로 인해 태국을 찾는 중국 관광객이 매년 200만 명 정도 늘어날 것이며 태국 농산물 수출에도 이로워 태국을 아세안의 교통허브로 만드는 데 일조할 것이다. 그러나 협력의 세부사항이나 양측의 투자비율은 여전히 오리무중이다.

과다르항의
전략

파키스탄 발루치스탄주 서남부에 위치한 과다르항은 파키스탄의 세 번째 심수항으로 전 세계의 주요 석유공급로인 호르무즈해협에서 거우 400km밖에 떨어져 있지 않으며 아프리카, 유럽, 동아시아, 태평양 지역을 지나는 여러 주요 해로들의 숨통을 콱 틀어쥐고 있어 전략적으로 매우 중요하다. 따라서 중국-파키스탄 경제회랑의 가장 중요한 프로젝트이자 일대일로 전략의 중요한 유닛 프로젝트가 되었다.

2015년 11월 11일 파키스탄 정부는 성대한 행사를 개최해 과다르항 자유무역지구 2281묘(약 9.23km²)의 토지사용권을 중국 해외항구지주회사에 43년 동안 임대하기로 했다. 11월 12일 중국과 파키스탄이 카라치에서 사용권 이전 문서에 서명함으로써 중국 측은 과다르 국제공항, 과다르 자유무역지구와 해운서비스 제공업체인 과다르 국제항구유한공사, 과다르 해운서비스유한공사, 과다르 자유무역지구유한공사까지 관리하며 과다르항의 업무를 전권으로 처리하게 되었다. 양측이 이전에 체결한 협정에 따라 과다르항 자유무역지구 수입 총액의 15%는 과다르항 관리국에 귀속된다.

중국이 과다르항 건설에 참여하기 시작한 것은 2001년으로 마침 그해는 중국과 파키스탄이 수교를 맺은 지 50주년이 되는 해였다. 이 기회를 빌려 페르베즈 무샤라프 대통령은 중국 측에 과다르항 건설협력을 제안했고 이에 중국은 곧바로 찬성의 뜻을 밝혔다. 파키스탄 정부는 과다르항을 두 단계로 나눠 건설한다는 계획을 세웠다. 2001년 5월 당시 중국 국무원 총리 주룽지가 파키스탄을 방문하자 양국 정부는 방문기간 동안 정식으로 협정을 체결해 중국 정부의 과다르 심수항 1차 공정 건설원조를 확정했다. 1차 공정에는 총 2억 4,800만 달러가 투입되었다. 이 가운데 중국 측이 1억 9,800만 달러를 출자했는데 기부, 무이자대출, 우대대출과 구매자 신용방식으로 융자해주었다. 이 자금은 다기능 부두 3개와 총 길이 4,350m에 이르는 항구항로 등을 포함해 주로 항구인프라 건설에 쓰였다. 또한 중국은 관련 기술과 시공 분야에서도 지원을 제공했다. 파키스탄은 매칭펀드 5,000만 달러를 마련해 각종 세금을 납부하고 항구 사무빌딩 등 자족 기능시설을 건설하는 데 사용했다. 2차 공정은 선박 정박시설 10개를 건설하는 것이었는데 이 중 3개는 컨테이너 부두였다.

2002년 3월 과다르항의 1차 프로젝트가 착공에 들어가 4년 뒤 예정대로 완공되었다. 2007년 3월 중국 기업이 입찰에 참여하지 않은 상황에서 싱가포르 항만공사의 항만터미널 운영법인인 PSA 인터내셔널(이하 PSA)이 40년간의 과다르항 운영권을 따냈다. 그러나 이후 몇 년 동안이 항구의 발전은 가시밭길을 걸었다. 2013년 PSA가 과다르항 운영에서 물러난 것이다. 이후 중국 해외항구지주회사가 항구 경영권을 이어받았다. 그해 5월 리커창 총리는 파키스탄을 방문해 중국-파키스탄 경제회랑 건설을 제안하며 신장 카스와 파키스탄 과다르항을 연결해 양측이 이 경제회랑을 따라 인프라, 정보통신, 에너지전력 등 다양한 분야에서 협력할 것을 제안했다.

일대일로 전략이 제기된 이후 중국-파키스탄 경제회랑 건설에 더욱 관심이 집중되었다. 2015년 4월 시진핑 국가주석이 파키스탄을 방문한 기간에 양국은 51개 항목의 협력협정을 체결해 에너지, 인프라 등 여러 분야에 걸쳐 투자를 진행하기로 했다. 이에 따른 투자 총액은 460억 달러에 달하는데 이는 파키스탄 연평균 GDP의 20%에 해당하는 규모로 중국-파키스탄 경제회랑 건설과 파키스탄 경제발전에 박차를 가하는 조치였다.

중국-파키스탄 경제회랑 건설 프로젝트 중 가장 중요한 항목으로서 과다르항은 매우 중요한 의미를 갖는다. 중국이 과다르항 관리를 맡음으로써 생긴 영향은 지역을 넘어 세계적으로 미치고 있다. 인도양 연안의 항구인 과다르항은 말라카해협에서 멀리 떨어져 있어 중국이 말라카의 곤경에서 벗어나는 데 도움을 주었다. 이리하여 중국 상품 및 에너지 수입에 지름길을 제공해 인도양에 곧바로 도달할 수 있게 되었다. 과다르항은 이란과 사우스파스 가스전에 가까이 있어 중국이 중동에서 석유를 운송하는 거리를 크게 단축시킬 수 있으며 갈수록 늘어나는 중국의 천연가스 수입수요도 충족시켜준다. 파키스탄은 이미 이란과 협정을 맺고 향후 5년 동안 양자간 무역액을 50억 달러로 늘리고 과다르항에서 시작하는 파이프라인 시설을 건설하기로 했다. 이는 중국이 이란에서 천연가스를 수입할 수 있으며 과다르항이 중국의 에너지 공급안보를 보장해줄 수 있음을 의미했다. 과다르항이 정식 운영에 들어가면 중국-파키스탄 경제회랑은 더욱 활기를 띠게 될 것이고 주변국들의 경제발전도 가속시키는 역할을 할 것이므로 일대일로 전략의 실시에 상징적인 의미와 시범효과가 있다.